Objectif CRPE 2022

Maths

Erik Kermorvant
Professeur agrégé de mathématiques
Formateur à l'INSPE de Bretagne, Master MEEF 1er et 2nd degrés

Katia Odiot
Professeure agrégée de mathématiques
Formatrice à l'INSPE de Paris, Master MEEF 1er et 2nd degrés

Joseph Sansonetti
Professeur agrégé de mathématiques
Formateur à l'INSPE de Corse, Master MEEF 1er et 2nd degrés

Emmanuelle Servat
Professeure agrégée de mathématiques
Formatrice à l'INSPE de Paris, Master MEEF 1er et 2nd degrés

Jean-Christophe Tomasi
Professeur agrégé de mathématiques
Docteur en mathématiques pures
Formateur à l'INSPE de Corse, Master MEEF 1er et 2nd degrés

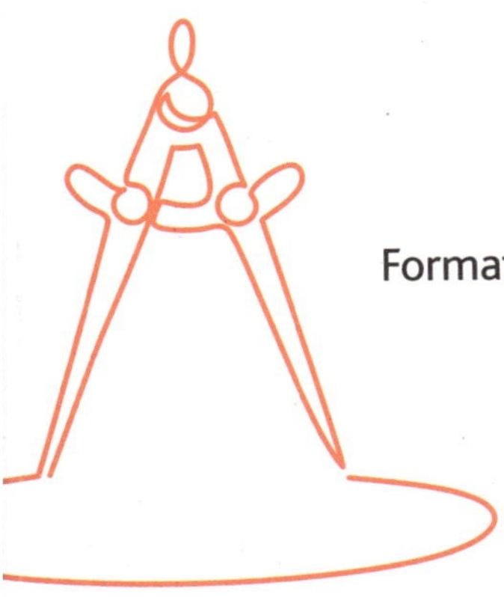

hachette
ÉDUCATION

L'éditeur remercie Messieurs Julien Cuminetto et Laurent Bonnet, auteurs de la présentation du concours, pp. 8 à 15.

Les tutos pratiques (pp. 418-419 ; 428-431) ont été réalisés d'après les ouvrages de la collection de Maths Collège, Mission Indigo, Hachette Éducation.

Couverture : Stéphanie Benoit
Maquette intérieure : Manon Guérin
Mise en pages et schémas : Ma petite FaB – Laurent Grolleau
Édition : Sabine Mary

ISBN : 978-2-01-787727-1

58, rue Jean Bleuzen, CS 70007, 92178 Vanves Cedex.
www.parascolaire.hachette-education.com

Achevé d'imprimer en août 2021 en Espagne par Grafo - Dépôt légal: Septembre 2021 - Édition 01 - 21/8741/6

SOMMAIRE

CHAPITRE 7. Triangles égaux, semblables et théorème de Thalès

CHAPITRE 8. Les transformations

CHAPITRE 9. Géométrie dans l'espace

CHAPITRE 10. Longueur, aire, volume

CHAPITRE 11. Durée, masse, angle, grandeurs produits et grandeurs quotients

CHAPITRE 12. Proportionnalité

Tout savoir sur le concours et l'épreuve écrite de mathématiques

1 Les modalités du Concours de recrutement de professeurs des écoles (CRPE)

Conditions d'inscription pour le concours externe

À compter de la session 2022, **seuls les étudiants inscrits en 2nde année de master ou** les candidats déjà **titulaires d'un master** pourront se présenter au concours externe de recrutement des professeurs. Les étudiants en M1 à la rentrée de septembre 2021 ne pourront donc pas présenter le concours en 2022. Ils devront attendre la session suivante, lorsqu'ils seront inscrits en M2.

Faut-il détenir un master spécifique pour s'inscrire au concours externe rénové ?

Non. Le métier de professeur n'est pas une profession réglementée. L'inscription au concours est conditionnée à la détention d'un niveau de diplôme (master 2), pas à celle d'un titre spécifique.

Faudra-t-il présenter certaines attestations comme un brevet de secourisme ?

Ces informations sont disponibles sur les sites académiques détaillant l'organisation des épreuves.

Qu'en est-il des candidats en situation de handicap ?

Les candidats en situation de handicap peuvent solliciter un aménagement des conditions de concours en adressant leur demande à l'un des médecins désignés par la Commission des droits et de l'autonomie des personnes handicapées (CDAPH) territorialement compétente. La demande doit être formulée, au plus tard, à la date limite d'inscription au concours concerné, sauf dans le cas où le handicap est découvert après cette échéance ou si les besoins liés au handicap ont évolué. Le médecin rend un avis qui est adressé à l'autorité administrative compétente pour ouvrir et organiser le concours, dans lequel il propose des aménagements. L'autorité administrative décide, ensuite, des aménagements accordés et notifie sa décision au (à la) candidat(e). **Voir la circulaire n° 2015-127 du 3 août 2015.**

Se préparer au concours

Le master MEEF des INSPE

▶ Pour devenir professeurs des écoles, les étudiants ayant validé une licence peuvent candidater auprès d'un INSPE (Institut national supérieur du professorat et de l'éducation) pour suivre la formation du **master MEEF** (Métiers de l'enseignement, de l'éducation et de la formation). Ce master oriente ses enseignements sur la préparation au concours et dispense une **formation universitaire professionnalisante**, fondée sur une articulation entre le théorique et la pratique, à partir d'expériences et de **stages en milieu professionnel**. L'ensemble du parcours de formation comprend des activités diversifiées correspondant à 800 h d'enseignement et d'encadrement pédagogique, hors stage, par étudiant (annexes de l'arrêté du 27 août 2013 fixant le cadre national des formations dispensées au sein des masters MEEF, modifié par l'arrêté du 24 juillet 2020).

▶ Dans le cadre des MEEF, les étudiants peuvent être recrutés par le rectorat en qualité d'**alternants en école** (le plus souvent, en M2) et donc placés en responsabilité devant des élèves, avec un temps de service correspondant à un tiers de l'obligation réglementaire de service annuelle (cela équivaut à une journée en classe par semaine). Ce temps de service pouvant être réparti sur les différents semestres du master, sa bonne articulation avec les temps de formation à l'INSPE doit favoriser la réussite des étudiants au concours.

▶ Cette formation en alternance, particulièrement ambitieuse, varie en fonction des INSPE. Si celle-ci vous intéresse, vous pouvez participer à des journées « portes ouvertes » ou prendre contact avec le responsable du master.

L'alternance à l'INSPE est-elle rémunérée ?

L'alternance des étudiants en M2 repose sur un contrat de travail, avec une rémunération mensuelle autour de 720 € nets (en 2021). Celle-ci est cumulable avec la bourse, si l'étudiant en bénéficie. Les étudiants ne sont pas obligés d'être alternants en 2e année de master. Ils doivent alors réaliser 2 jours de stage par semaine, pendant 18 semaines, soit 216 heures.

Plus d'informations sur le site www.devenirenseignant.gouv.fr.

Les formations privées

De nombreux organismes privés proposent des formations payantes et un accompagnement annuel à la carte (concours blancs corrigés, remises à niveau, accompagnement individualisé, etc.). Ces formations permettent à certains candidats de bénéficier d'un accompagnement important, tout en poursuivant une activité professionnelle.

En candidat libre

C'est la solution qui vous permet de réviser à votre rythme et en fonction de vos disponibilités professionnelles et/ou familiales. Vous ne pourrez, cependant, compter que sur vous-même et sur vos propres lectures pour réussir le concours.

Un concours académique

▶ Le **choix de l'académie** au moment de l'inscription au CRPE est très important : les admis seront affectés dans une école de l'académie où ils ont réussi le concours. **L'admission dans une académie ne vaut donc pas admission dans les autres.** Pour changer d'académie, vous devrez faire une demande de mutation. Or, pour que celle-ci soit acceptée, il faut, souvent, attendre plusieurs années.

▶ Les académies précisent, toujours, les dates des épreuves et leurs modalités pratiques sur leur site Internet.

Nombre de postes par académie

Les **taux d'admission** sont très différents d'une académie à l'autre. Cela dépend de plusieurs facteurs, dont le nombre de candidats, les besoins en postes dans l'académie ou encore le nombre d'habitants.

Le contenu des épreuves du concours externe

▶ Les épreuves des concours de recrutement de professeurs des écoles sont précisées en annexes de l'arrêté du 25 janvier 2021 fixant les modalités d'organisation du concours externe, du concours externe spécial, du second concours interne, du second concours interne spécial et du troisième concours de recrutement de professeurs des écoles.

Les épreuves écrites d'admissibilité

▶ **3 épreuves d'admissibilité** sont organisées **à l'écrit** :
– une épreuve écrite de **français** ;
– une épreuve écrite de **mathématiques** (voir le descriptif complet p. 16) ;
– une épreuve écrite d'**application**.

▶ L'épreuve d'application est à choisir parmi 3 domaines :
– Histoire, Géographie, Enseignement moral et civique (EMC) ;
– Arts ;
– Sciences et Technologie.

▶ En Histoire/Géographie/EMC et en Arts, 2 composantes seront au programme (par exemple, Histoire/EMC pour le domaine de l'Histoire, Géographie, EMC et Histoire des arts/Éducation musicale pour le domaine des Arts), comme l'évoque le BO : *« Au titre d'une session, la commission nationale compétente* […] *détermine deux composantes parmi les trois enseignements. »*

Épreuves d'admissibilité	Durée	Note
Français	3 h	sur 20 (coeff. 1)
Mathématiques	3 h	sur 20 (coeff. 1)
Application	3 h	sur 20 (coeff. 1)

▶ Les copies des épreuves écrites d'admissibilité des candidats sont anonymisées avant d'être soumises à une double correction. À l'issue de celle-ci, le jury fixe, après délibération, la **liste des candidats admis à passer les épreuves d'admission**. En cas d'échec, vous pouvez vous rapprocher du rectorat pour demander vos copies, afin d'en analyser les erreurs.

Les épreuves orales d'admission

▶ **2 épreuves d'admission** sont organisées **à l'oral** :
– **une épreuve de leçon :** elle porte, successivement, sur le français et les mathématiques. Elle a pour objet la conception et l'animation d'une séance d'enseignement à l'école primaire, dans chacune de ces matières, à partir d'un dossier, fourni par le jury, comportant au plus 4 documents de nature variée (supports pédagogiques, extraits de manuels scolaires, traces écrites d'élèves, extraits des programmes…). Elle vise à apprécier votre maîtrise disciplinaire et vos compétences pédagogiques ;
– **une épreuve d'entretien :** une 1re partie est consacrée à l'éducation physique et sportive, intégrant la connaissance scientifique du développement et la psychologie de l'enfant (à partir d'un sujet fourni par le jury, proposant un contexte d'enseignement et un objectif d'acquisition pour la séance, vous devez proposer une situation d'apprentissage) ; et une 2nde partie porte sur votre motivation et votre aptitude à vous projeter dans le métier de professeur au sein du service public de l'Éducation.

Épreuves d'admission	Temps de préparation	Temps d'examen
Épreuve de leçon (coeff. 4)	2 h	• Français (noté sur 10) : 30 min
		• Mathématiques (noté sur 10) : 30 min (exposé : 10-15 min / entretien : 15-20 min)
Épreuve d'entretien (coeff. 2)	30 min	• 1re partie (noté sur 10) : 30 min (exposé : 15 min au maximum / entretien : 15 min au minimum)
		• 2nde partie (noté sur 10) : 35 min

Remarques générales

▶ Toutes les épreuves sont notées sur 20. Toute note inférieure ou égale à 5 sur 20 est éliminatoire. La note 0 obtenue à l'une des 2 parties de l'épreuve d'admission est éliminatoire.

▶ Les candidats admissibles qui en ont fait la demande au moment de leur inscription peuvent passer une **épreuve facultative de langue vivante étrangère** : allemand, anglais, espagnol ou italien. L'épreuve est notée sur 20. Seuls les points obtenus au-dessus de 10 sont pris en compte pour l'admission des candidats à l'issue des épreuves.

▶ Dans le concours externe spécial de recrutement de professeurs des écoles chargés d'un enseignement de et en langue régionale, les épreuves écrites et orales sont les mêmes. Le (La) candidat(e) aura, en plus, une épreuve écrite en langue régionale, ainsi qu'une épreuve orale de langue régionale.

▶ À l'issue des épreuves d'admission et après délibération, le jury, en fonction du nombre total de points que les candidats ont obtenus à l'ensemble des 2 séries d'épreuves (écrit + oral) et dans la limite des places mises au concours, fixe, par ordre de mérite, la **liste des candidats sur la liste principale**. Il peut établir, dans le même ordre, **une liste complémentaire**.

À SAVOIR

Pour les candidats admissibles, les points capitalisés à l'écrit ne peuvent suffire à obtenir le CRPE. La différence se fait à l'oral, et notamment sur les compétences pédagogiques du (de la) candidat(e).

Conseils pour réussir le concours

Organisez-vous pour travailler efficacement

▶ Se préparer à un concours de recrutement de l'Éducation nationale est **un marathon**. Pour tenir le rythme et assimiler au mieux les expériences et les savoirs, il faut commencer à travailler le plus tôt possible !

- Si vous êtes en M1 et inscrit(e) en MEEF, préparez-vous un plan de travail dès cette 1re année de master. N'hésitez pas à aller observer des oraux (ouverts au public dans certaines académies) au moment des épreuves d'admission : cela vous permettra de vous projeter et de visualiser concrètement le déroulement des épreuves, les questions possibles, etc.
- Si vous êtes en M2, commencez vos révisions dès le début de l'été ! D'autant que, si vous suivez la formation à l'INSPE, **vous aurez des échéances importantes à tenir en plus de votre concours** (stages en alternance, mémoire professionnel, etc.).

▶ Avec un rythme régulier et précoce, vous appréhenderez les apprentissages plus sereinement ! Planifiez donc vos révisions en vous fixant des objectifs raisonnables sur **un emploi du temps mensuel, voire annuel**, qui mélange le personnel et le scolaire, et que vous pourrez faire évoluer au fil des semaines. C'est le meilleur outil pour savoir où vous en êtes.

▶ Constituez-vous des **fiches de révision** par type d'épreuve (écrit français, écrit mathématiques, écrit H-G/EMC, etc.).

▶ **L'oral ne peut se réussir qu'en le préparant dès le début de l'année.** Des révisions régulières vous permettront de consolider vos connaissances et d'appréhender plus efficacement les enjeux didactiques et pédagogiques des mathématiques et du français. Dans le même esprit, un travail très anticipé sur l'épreuve d'entretien permettra de laisser mûrir votre réflexion et votre projet professionnel.

Coopérez et mutualisez vos travaux avec un petit groupe de candidats

▶ Réussir un concours aussi exigeant tout(e) seul(e) est très difficile. Essayez de constituer **un trinôme ou un binôme de travail** sur lequel vous pourrez vous appuyer dans les moments difficiles. Constituez votre groupe en fonction de vos compétences. Il est, par exemple, plus stratégique de travailler avec des étudiants qui se débrouillent bien en mathématiques si vous avez des lacunes dans cette discipline. De la même façon, optez pour un groupe avec des étudiants qui travailleront la même discipline que vous pour l'épreuve écrite d'application, si vous êtes sûr(e) de votre choix. Enfin, entraînez-vous à plusieurs sur des sujets zéro ou des concours blancs tout au long de l'année et mutualisez vos travaux.

▶ Dans le cadre de votre formation à l'INSPE ou dans d'autres types de formations privées, vous pouvez, très rapidement, commencer à repérer d'autres étudiants qui ont le même profil que vous mais avec des **compétences complémentaires**.

▶ N'hésitez pas à vous rapprocher de vos formateurs ou bien de professeurs du 1er degré, qui partageront avec vous leurs expériences. Ce lien peut vous permettre de **construire une culture du métier** indispensable pour discuter efficacement des problématiques posées durant les épreuves.

Découvrez ce qu'est un élève

▶ Cela peut paraître évident, mais avez-vous déjà vu des élèves de maternelle ? Avez-vous déjà observé des élèves en train de faire des mathématiques en CM1 ?

▶ **L'élève est le sujet central du concours.** Le système éducatif est construit pour tâcher de le faire réussir, et il ne doit pas être un angle mort de vos révisions. La nouvelle mouture du CRPE est portée sur les enjeux didactiques et pédagogiques. La plupart des questions qui vous seront posées – à l'écrit comme à l'oral – vous amèneront à imaginer des situations pour faire travailler efficacement les élèves, leur faire acquérir des apprentissages, les faire progresser, etc.

▶ Si vous êtes inscrit(e) dans la formation à l'INSPE, **tirez parti le plus possible de vos stages, que vous soyez en observation ou en alternance**. Faites-vous des fiches thématiques avec des exemples concrets observés ou éprouvés, qui vous permettront d'illustrer vos propos lors des oraux et de mettre en perspective vos connaissances théoriques (l'école inclusive, l'évaluation, les valeurs de la République...).

Adoptez une posture réflexive

▶ **Le professeur est un « *praticien réflexif* »** (Philippe Perrenoud), c'est-à-dire qu'il réfléchit pour concevoir et mettre en œuvre son enseignement, élabore des stratégies pour remédier aux problématiques rencontrées face aux élèves. Cette posture, vous ne pouvez, bien sûr, pas encore l'incarner, mais vous pouvez parfaitement commencer à l'appréhender en vous posant des questions de manière systématique, face aux différents enjeux scientifiques, didactiques et pédagogiques rencontrés. Les épreuves d'oral vous demandent, en effet, d'adopter une posture réflexive, d'être ouvert(e) au questionnement, d'imaginer des solutions face aux études de cas proposées, de réfléchir à voix haute à propos des enjeux du métier de professeur.

▶ Tâchez aussi de **suivre l'actualité du système éducatif** dès que possible et tout au long de votre année de concours. Faites-vous des fiches à propos des grands débats scolaires ou disciplinaires (la question de la mémoire en histoire, la laïcité à l'école en EMC, le développement durable en géographie, par exemple). Il ne s'agit pas d'être un expert de toutes les réformes qui doivent intervenir dans le système éducatif, mais de connaître celles qui, dès la rentrée suivante, auront un impact sur votre enseignement.

Luttez sans relâche contre le stress !

▶ **Adoptez une bonne hygiène de vie** pendant votre année de concours. Cela passe par une alimentation équilibrée : évitez les aliments trop gras et trop lourds qui vous empêcheront de dormir correctement ; évitez aussi les nuits blanches, qui vous donneront l'impression d'avancer dans vos révisions mais qui diminueront la faculté de votre cerveau à retenir toutes les informations.

▶ Des études scientifiques ont prouvé, depuis longtemps, que **le cerveau a besoin de se reposer régulièrement pour être au maximum de ses capacités**. Le seul moyen de le ménager est de dormir ou se relaxer, en lisant un livre, en jouant modérément aux jeux vidéo, en allant se promener, en faisant du sport, etc. Le sommeil permet de régénérer les cellules du cerveau et de réorganiser ses pensées : en cas de fatigue prononcée, adoptez la micro-sieste de 15-20 min !

▶ **Ne vous coupez pas du monde !** Si vous organisez correctement vos révisions, vous pourrez profiter de vos proches, de vos amis, et sortir de chez vous. Accordez-vous des récompenses quand vous êtes satisfait(e) de votre travail !

2 Se préparer à devenir professeur des écoles

Après le concours : être stagiaire dans son académie

▶ Avec la réforme du concours, les fonctionnaires stagiaires ne cumulent plus ce statut avec celui d'étudiant et peuvent donc se consacrer pleinement à leur formation initiale statutaire. Celle-ci pourra être adaptée en fonction du profil du stagiaire : le type de master obtenu, la formation reçue en alternance, etc.

▶ Les dispositions statutaires applicables aux professeurs stagiaires prévoient que la formation initiale est organisée, dans le cadre des orientations définies par l'État, par un établissement d'enseignement supérieur. Les INSPE en sont les opérateurs. **La formation initiale des stagiaires dépendra de leur parcours avant le concours.**

▶ Les lauréats du concours externe n'ayant pas suivi le master MEEF exerceront à mi-temps à l'école et seront en formation à l'INSPE l'autre moitié du temps. Ceux issus d'un master MEEF exerceront, quant à eux, à temps plein dès leur nomination et bénéficieront de décharges adaptées à leur parcours. Ces dernières leur permettront de suivre, autant que nécessaire, des modules de formation à l'INSPE ou en circonscription.

▶ Les stagiaires, quel que soit leur parcours préalable, feront l'objet d'un suivi et d'une attention particulière des **inspecteurs de l'Éducation nationale** (IEN) chargés de la circonscription de leur stage.

L'école et ses responsabilités

▶ Une fois leur concours acquis, les professeurs stagiaires peuvent être intégrés dans n'importe quel niveau de classe, de la Petite Section au CM2. Cependant, le CP, classe sensible à cause de l'apprentissage de l'écriture et de la lecture, est rarement attribué. Les professeurs sont, parfois, placés en stage dans des doubles niveaux (MS/GS, CP/CE1, CE2/CM1, etc.).

▶ Dès leur stage, les professeurs des écoles exercent 3 types de responsabilités :
- **Une responsabilité morale :** vous êtes responsable d'un groupe d'élèves que des parents vous ont confiés.
- **Une responsabilité civile :** elle vise à réparer les dommages que vous provoqueriez par votre fait ou par non-respect de règles que vous auriez dû suivre (un élève qui se blesse sous votre surveillance).
- **Une responsabilité pénale :** elle vous oblige à répondre des infractions que vous commettriez et de subir la peine prévue par les textes de loi (problèmes de mœurs ou actes physiques commis à l'encontre d'un élève, par exemple).

Le métier de professeur des écoles

▶ Le professeur des écoles doit maîtriser un certain nombre de compétences professionnelles pour exercer son métier. Le référentiel des compétences professionnelles des métiers du professorat et de l'éducation a été publié dans le *BO* du 25 juillet 2013.

▶ Ce référentiel de compétences a plusieurs objectifs :
- affirmer que tous les personnels concourent à des **objectifs communs** et peuvent se référer à la **culture commune de leur profession** ;

– reconnaître la **spécificité des métiers** du professorat et de l'éducation, dans leur contexte d'exercice ;
– identifier les **compétences professionnelles attendues**. Celles-ci s'acquièrent et s'approfondissent dès la formation initiale, puis se poursuivent tout au long de la carrière par l'expérience professionnelle et l'apport de la formation continue.

▶ Une des particularités du professeur des écoles est sa **polyvalence**. Il enseigne, en effet, plusieurs disciplines et peut les croiser pour tâcher de donner plus de sens aux enjeux du programme (le développement durable s'enseigne, par exemple, en sciences, en géographie ou en EMC).

Spécialisations et perspectives de carrière

▶ Il est possible d'évoluer dans sa mission et son poste, à travers une nouvelle affectation :
– en changeant de niveau de scolarité ;
– en obtenant une mutation dans une autre école ;
– en enseignant à l'étranger.

▶ En obtenant une qualification supplémentaire, le ou la professeur des écoles peut devenir :
– directeur(trice) d'école ;
– professeur(e) des écoles maître-formateur (PEMF) ;
– conseiller(ère) pédagogique ;
– enseignant(e) spécialisé(e) ;
– maître(esse) d'accueil temporaire (MAT).

▶ Grâce aux concours ouverts aux enseignants, le ou la professeur des écoles peut également changer d'activité et devenir :
– psychologue de l'Éducation nationale (PsyEN) ;
– inspecteur(trice) de l'Éducation nationale chargé(e) d'une circonscription du 1er degré (IEN CCPD) ;
– enseignant(e) au collège ;
– enseignant(e) au lycée ;
– chef d'établissement.

3 Descriptif de l'épreuve écrite de mathématiques et conseils de méthode

Descriptif de l'épreuve

▶ L'épreuve est constituée d'un ensemble d'au moins trois exercices indépendants, permettant de vérifier les connaissances du candidat. Le sujet zéro fourni par le ministère rassemble cinq exercices, dont le plus long s'apparente à un problème.
▶ L'épreuve est notée sur 20. Une note globale égale ou inférieure à 5 est éliminatoire.
▶ Durée : trois heures ; coefficient 1.

Programme de l'épreuve

Le programme de l'épreuve est constitué du programme en vigueur de mathématiques du cycle 4 (fin de Troisième) complété de la partie « Nombres et calculs » du programme de mathématiques de Seconde générale et technologique.

L'ouvrage que vous tenez entre les mains a été conçu pour vous aider dans votre préparation au concours : le cours, relativement bref, traite l'intégralité du programme, chaque définition ou propriété est illustrée par un exemple ; les méthodes de résolution sont explicitées et suivies d'une série d'exercices de difficulté progressive, tous entièrement corrigés.

Voici donc un outil complet et accessible dont il faut vous emparer au plus vite !
Les apprentissages mathématiques exigent en effet du temps si on veut à la fois comprendre les notions en jeu et posséder une certaine dextérité dans leur mise en œuvre.

Se préparer au concours tout au long de l'année

Même si – notamment – la notion de mesure suppose une certaine familiarité avec les nombres et la géométrie, vous n'êtes pas tenu de lire les chapitres les uns après les autres. Au contraire, pratiquer les mathématiques, c'est repérer des points communs entre des situations à première vue différentes, en ramenant, par exemple, un problème géométrique à une résolution d'équation ou bien en s'aidant d'une figure pour effectuer un dénombrement. Or, créer de tels liens requiert une fréquentation que quelques mois de travail suffiront à retrouver à partir de vos souvenirs scolaires, à condition d'étudier attentivement le cours et de chercher la solution des exercices proposés.

▶ **Commencez donc par le chapitre qui vous tente**, lisez les quelques pages de cours puis les méthodes détaillées et testez-vous à l'aide des dix questions du QCM. Si vous n'avez pas de difficultés, passez à la partie Échauffement, sinon revenez au cours pour analyser les éléments qui vous ont gêné, et reprenez ensuite la partie Entraînement.

▶ **N'hésitez pas à multiplier ces allers-retours entre théorie et pratique**, en cherchant à résoudre les exercices dans l'ordre croissant de leur difficulté. Chaque thème sera ainsi un centre autour duquel vous tournerez en spirale.

▶ **Traitez les exercices les plus longs** et les plus complexes du chapitre choisi de manière à avoir un réel avant-goût de l'épreuve du concours.

▶ **Progressivement, la lecture des corrigés vous aidera à rédiger vos réponses**, car il ne s'agit pas seulement de trouver une solution mais de l'expliquer, c'est-à-dire de convaincre votre lecteur, en partant des hypothèses de l'énoncé – les données – et en cherchant à prouver le résultat visé à l'aide d'outils répertoriés : propriétés, théorèmes, algorithmes.

▶ Enfin, lorsque vous aurez étudié, au moins partiellement, tous les chapitres du livre, **consacrez-vous aux Sujets de concours** ! Et bien sûr ne craignez pas de faire marche arrière…

Être efficace pendant l'épreuve

LE MATÉRIEL LE JOUR J

Le jour de l'épreuve, vous devez apporter votre matériel, du crayon à la calculatrice, sans oublier une montre car le téléphone n'est pas autorisé pendant l'épreuve…

▶ **Lisez en diagonale l'énoncé** de manière à repérer les domaines mathématiques des exercices les plus courts : probabilité, statistiques, géométrie, arithmétique, algorithmique, etc. **Cela vous permettra de traiter prioritairement ceux qui appartiennent aux champs que vous maîtrisez le mieux**.

▶ **L'exercice le plus long s'apparente à un problème** dans lequel vous retrouverez des domaines divers : nombres, calculs, grandeurs, logiciels… En général la difficulté est progressive, au moins dans chaque partie ; vous pouvez donc l'aborder en premier.

▶ **La gestion du temps** est essentielle pour réussir l'épreuve : nous avons donc mentionné des indications de durée dans les exercices d'entraînement et vous devez apprendre progressivement à en tenir compte. Essayez de ne pas passer plus de cinq ou dix minutes sur une même question si vous n'avez aucune idée de la méthode à mettre en œuvre, quitte à admettre explicitement le résultat demandé pour pouvoir traiter le reste de l'exercice. Vous pourrez éventuellement y revenir après avoir résolu l'un ou l'autre des exercices du sujet.
Inversement ne consacrez pas plus de temps que nécessaire à une question que vous savez traiter : restez concis et précis.

▶ **Effectuez vos recherches au brouillon et rédigez ensuite proprement les réponses**, question par question, ou bien exercice par exercice, en mettant en évidence l'enchaînement logique des arguments qui permet de passer des données de l'énoncé à la conclusion visée.

▶ **Reprenez la formulation de la question à laquelle vous répondez :** *Montrons que le nombre N est pair* ; *Prouvons que le quadrilatère ABCD est un carré*… Cela rendra la lecture de votre copie plus agréable et permettra de mieux s'y repérer.

▶ **Prêtez une grande attention à la langue :** vocabulaire, syntaxe, argumentation, car il s'agit de résoudre des problèmes de mathématiques mais aussi de montrer votre capacité à enseigner, donc vos qualités d'expression et de raisonnement.
Soignez votre écriture et n'utilisez le langage mathématique qu'à bon escient, c'est-à-dire en respectant les conventions et sans abuser des symboles.
Relisez votre copie et vérifiez que les exercices et les réponses sont bien numérotés.

▶ **Réalisez les figures sur des intercalaires individuels** de manière à les conserver sous les yeux pendant que vous rédigez vos réponses et de façon à ne pas être obligé de les refaire en cas d'erreur.
Pour les mêmes raisons, il vaut mieux traiter chaque exercice sur une feuille séparée, vous pourrez ainsi y revenir si vous butez sur une question et reprendre votre travail.

Enfin, n'oubliez pas que l'épreuve est conçue pour qu'un candidat bien préparé puisse montrer l'étendue de ses connaissances et de ses capacités !
Vous aurez par conséquent toutes les raisons de l'aborder en confiance si vous suivez les conseils précédents et la progression proposée dans l'ouvrage.

1 Arithmétique

L'arithmétique est l'étude des nombres et des opérations.
Ce chapitre concerne l'arithmétique élémentaire des nombres entiers naturels. Quand les lettres *a*, *b*, *c*, *d*, *D*, *k*, *n*, *N*, *q*, *r*... désignent des nombres, ce sont donc toujours des entiers naturels.

A Diviseurs et multiples

1. Définitions

Exemple 1

Sachant que $30 = 6 \times 5$, on peut dire que 6 est un diviseur de 30 (ou que 6 divise 30) ; on peut dire aussi que 30 est un multiple de 6.

DÉFINITIONS

Sachant que $n = a \times k$ (avec $a > 0$), on peut dire que a est un diviseur de n (ou que a divise n) ; on peut dire aussi que n est un multiple de a.

Remarques :

- Sachant que pour tout entier naturel n, on a : $n = 1 \times n = n \times 1$, on peut dire que 1 est diviseur de tout entier naturel et que tout entier naturel est diviseur de lui-même.
- Sachant que pour tout entier naturel n, on a : $0 = n \times 0$, on peut dire que tout entier naturel n est diviseur de 0.

2. Critères de divisibilité d'un nombre entier naturel

Si on ne dispose pas d'une calculatrice, la divison peut s'avérer fastidieuse. Il est donc nécessaire de mémoriser des critères pratiques qui permettent de savoir rapidement si un nombre entier naturel est divisible par 2, 3, 5, 9 ou 10, sans même connaître l'égalité du type $n = a \times k$.

Divisibilité par	Critère de divisibilité d'un nombre entier naturel
2	Il faut et il suffit que le chiffre des unités du nombre soit pair, c'est-à-dire qu'il se termine par 0, 2, 4, 6, ou 8. Ex. : 30, 12, 154, 96, 178 sont divisibles par 2.
3	Il faut et il suffit que la somme des chiffres qui forment le nombre soit divisible par 3. Ex. : 117 est divisible par 3 ($1 + 1 + 7 = 9$ et 9 est divisible par 3).
5	Il faut et il suffit que le chiffre des unités du nombre soit 5 ou 0. Ex. : 30, 55, 115 sont divisibles par 5.
9	Il faut et il suffit que la somme des chiffres du nombre soit divisible par 9. Ex. : 198 est divisible par 9 ($1 + 9 + 8 = 18$; $1 + 8 = 9$ et 9 est divisible par 9).
10	Il faut et il suffit que le chiffre des unités du nombre soit 0.

MÉTHODE 1, p. 29

B Division euclidienne

1. Écriture de la division euclidienne

Exemple 2

Avec 15 jetons, combien peut-on faire, au maximum, de paquets complets de 6 jetons et combien reste-t-il de jetons isolés ?
On peut résoudre ce problème grâce à l'égalité : $15 = 6 \times 2 + 3$.
On peut donc faire 2 paquets et il reste 3 jetons isolés avec lesquels on ne peut pas faire un autre paquet car : $3 < 6$.
On a effectué la division euclidienne de 15 par 6.
15 est le dividende. 6 est le diviseur.
2 est le quotient. 3 est le reste.
Attention : il faut toujours s'assurer que : $0 \leq$ reste $<$ diviseur.
Ici, on a bien $0 \leq 3 < 6$.

DÉFINITIONS

Soit a et b deux entiers naturels ($b \neq 0$), la division euclidienne est l'opération par laquelle on associe à a et b, les entiers naturels q et r tels que :

$$a = b \times q + r \text{ avec } 0 \leq r < b.$$

a est le dividende. b est le diviseur.
q est le quotient. r est le reste.

Remarque : Si l'on veut effectuer la division euclidienne de 32 par 6, l'égalité : $32 = 6 \times 4 + 8$, bien que juste, ne permet de déterminer ni le quotient ni le reste car $8 > 6$ (on peut faire ici un paquet de plus).
On va donc extraire un paquet de 6 de 8 en remplaçant dans l'égalité 8 par $6 + 2$: $32 = 6 \times 4 + 8 = 6 \times 4 + 6 + 2 = 6 \times 5 + 2$.
$32 = 6 \times 5 + 2$ est bien l'écriture de la division euclidienne car $2 < 6$.
Le quotient est donc 5 et le reste 2.

Attention !
- Il faut toujours vérifier que : $0 \leq r < b$, sinon la division euclidienne n'est pas effectuée bien que l'égalité puisse être juste.
- Ne pas confondre le diviseur et le quotient.

2. Encadrement avec la division euclidienne

Exemple 3

Dans la division euclidienne de 34 par 4, on trouve 8 et 2 tels que $34 = 4 \times 8 + 2$ et on a bien :
$4 \times 8 \leq 34 < 4 \times (8 + 1)$ soit : $32 \leq 34 < 36$.
On a ainsi encadré 34 entre deux multiples consécutifs de 4.

Quand on effectue la division euclidienne de a par b ($b \neq 0$), on détermine q et r tels que :
$a = b \times q + r$ et $0 \leq r < b$.
En ajoutant $b \times q$ à chaque membre de cette double inégalité, on obtient :
$b \times q + 0 \leq b \times q + r < b \times q + b$, soit :
$b \times q \leq a < b \times (q + 1)$.
Ainsi, trouver le quotient de la division euclidienne de a par b, c'est situer a entre deux multiples consécutifs de b.

C Les nombres premiers

1. Définitions

Exemple 4

$6=1\times6=2\times3$; ainsi 6 a quatre diviseurs : 1, 2, 3, 6.
7 n'a que deux diviseurs :1 et 7.
6 n'est pas un nombre premier ; 7 est un nombre premier.

DÉFINITIONS

- Un entier naturel est un nombre premier s'il a exactement deux diviseurs distincts : 1 et lui-même.
- Un entier $n \geq 2$ qui n'est pas premier est composé ; n possède alors au moins un diviseur d tel que $1<d<n$.

Remarques :

- Tout entier naturel est diviseur de 0, donc 0 n'est pas un nombre premier.
- 1 a un seul diviseur : lui-même ; il n'est donc pas un nombre premier.
- 2 est le seul nombre pair qui est premier.

2. Liste de nombres premiers à connaître

- Il existe une infinité de nombres premiers et nous verrons une méthode pour les déterminer au moins jusqu'à 100.
- Il est conseillé toutefois de les connaître jusqu'à 37 : 2, 3, 5, 7, 11, 13, 17, 19, 23, 29, 31, 37.

3. Représentation à l'aide de jetons

- Les nombres premiers sont donc les entiers qu'on ne peut pas écrire sous forme d'un produit de facteurs différents de 1.
- On peut visualiser le caractère premier ou composé d'un nombre n : n est composé si et seulement si n jetons peuvent être disposés en plusieurs lignes identiques.

7 jetons ne peuvent être disposés qu'en une seule ligne : O O O O O O O.
18 jetons peuvent être disposés en 2 lignes de 9 jetons (ou en 3 lignes de 6 jetons) :

O O O O O O O O O	ou	O O O O O O
O O O O O O O O O		O O O O O O
		O O O O O O

4. Tester la primalité d'un grand nombre

Exemple 5

Pour montrer que 13 est premier, il suffit de montrer qu'il n'est pas divisible par les nombres premiers : 2 ; 3 ; 5 ; 7 ; 11.
En effet, on voit facilement que si 2 n'est pas diviseur de 13, il est inutile de tester, par exemple, 4.

PROPRIÉTÉ

Un entier est premier s'il n'a pas d'autre diviseur premier que lui-même.

Pour savoir si un entier $n \geq 2$ est premier, il suffit donc de vérifier que tous les nombres premiers qui lui sont inférieurs ne sont pas des diviseurs de cet entier.

Exemple 6

Pour savoir si 97 est premier, on peut encore optimiser les tests.
On va tester les nombres premiers inférieurs à $\sqrt{97} \simeq 9{,}8$.
On teste donc successivement 2, 3, 5 et 7 ; on constate qu'ils ne sont pas diviseurs de 97.
Il n'est pas nécessaire d'aller au-delà, on peut conclure que 97 est premier.
En effet, il n'est pas nécessaire de tester 11 car si 11 était diviseur de 97, il existerait un diviseur d tel que : $d \times 11 = 97$.
On voit alors que d doit être inférieur à 9,8 (car $9{,}8 \times 11 > 97$). Or, comme on a déjà montré par les tests que 97 n'a pas de diviseur premier inférieur à 9,8, il ne peut avoir un diviseur inférieur à 9,8.

Ainsi, plutôt que de tester la divisibilité d'un entier n donné par tous ceux qui lui sont inférieurs, on peut utiliser le test de primalité suivant.

PROPRIÉTÉ si $n \geq 2$ n'admet aucun diviseur premier inférieur ou égal à $\sqrt{n}$, alors n est premier.

5. Déterminer la liste des nombres premiers inférieurs ou égaux à 100

• On dispose d'une méthode pour établir la liste des entiers premiers inférieurs à un entier donné appelée crible d'Ératosthène.
• Par exemple, pour obtenir les nombres premiers inférieurs à 100 :
– on écrit tous les entiers naturels de 1 à 100 (sous forme de tableau) ;
– on barre 1 ; on entoure le nombre qui suit, donc 2, et on barre ses multiples ; on recommence, c'est-à-dire qu'on entoure le nombre non barré qui suit 2, donc 3, et on barre ses multiples ; on réitère jusqu'à avoir barré ou entouré tous les nombres du tableau. Les nombres entourés sont les nombres premiers cherchés.

1	2	3	4	5	6	7	8	9	10
11	12	13	14	15	16	17	18	19	20
21	22	23	24	25	26	27	28	29	30
31	32	33	34	35	36	37	38	39	40
41	42	43	44	45	46	47	48	49	50
51	52	53	54	55	56	57	58	59	60
61	62	63	64	65	66	67	68	69	70
71	72	73	74	75	76	77	78	79	80
81	82	83	84	85	86	87	88	89	90
91	92	93	94	95	96	97	98	99	100

Remarque : La propriété vue page p. 20 (4. Tester la primalité d'un grand nombre) appliquée au crible d'Ératosthène montre que les nombres non barrés après avoir barré les multiples de 7 sont premiers (car 7 est le plus grand nombre premier avant $\sqrt{100} = 10$).

D Décomposition d'un entier naturel en produit de facteurs premiers

Tout nombre entier supérieur ou égal à 2 soit est premier, soit s'écrit de façon unique comme produit de facteurs premiers.
Ainsi, 12 qui n'est pas premier peut s'écrire : $12 = 2 \times 2 \times 3 = 2^2 \times 3$.
13 est premier et ne peut donc pas s'écrire sous la forme de produit de facteurs premiers.

Méthode de décomposition

Exemple 7

Pour décomposer par exemple 140 en produit de facteurs premiers, on va utiliser la liste des nombres premiers qu'il est conseillé de connaître : 2, 3, 5, 7, 11, 13, 17, 19, 23, 29, 31, 37.

On commence, dans l'ordre, par tester si 2 est un diviseur de 140 :
$140 = 2 \times 70$, donc 2 est retenu.

On organise la décomposition à l'aide de deux colonnes que l'on va compléter.

$$\begin{array}{r|l} 140 & 2 \\ 70 & \\ & \end{array}$$

On teste à nouveau 2 :
$70 = 2 \times 35$, donc 2 est à nouveau retenu.

$$\begin{array}{r|l} 140 & 2 \\ 70 & 2 \\ 35 & \end{array}$$

2 n'est plus retenu car il n'est pas diviseur de 35. On passe au nombre premier suivant dans la liste : 3.
3 n'est pas retenu car il n'est pas non plus diviseur de 35.

On teste le suivant : 5.
On a : $35 = 5 \times 7$, donc 5 est retenu.

$$\begin{array}{r|l} 140 & 2 \\ 70 & 2 \\ 35 & 5 \\ 7 & \end{array}$$

Conseil
Les critères de divisibilité vus page 18 sont parfois utiles pour anticiper les nombres premiers qui seront diviseurs.

5 n'étant pas un diviseur de 7, on passe au nombre premier suivant : 7.
On a : $7 = 7 \times 1$, donc 7 est retenu.

$$\begin{array}{r|l} 140 & 2 \\ 70 & 2 \\ 35 & 5 \\ 7 & 7 \\ 1 & \end{array}$$

L'obtention de 1 dans la colonne de gauche indique que la décomposition est terminée.
On a obtenu : $140 = 2 \times 2 \times 5 \times 7 = 2^2 \times 5 \times 7$.

E Déterminer l'ensemble des diviseurs d'un nombre

Il peut être utile dans certains problèmes de savoir déterminer la liste exhaustive de tous les diviseurs (pas nécessairement premiers) d'un nombre entier naturel. Nous allons pour cela utiliser la décomposition en facteurs premiers.

1. Arbre donnant la liste des diviseurs

Exemple 8

Cherchons tous les diviseurs de 140.
Nous avons vu précédemment que $140 = 2^2 \times 5 \times 7 = 2^2 \times 5^1 \times 7^1$.
Si un nombre D est diviseur de 140, alors il y aura nécessairement dans sa propre décomposition en facteurs premiers :
– zéro, un ou deux 2 (car l'exposant de 2 dans la décomposition de 140 est 2) ;
– zéro ou un 5 (car l'exposant de 5 dans la décomposition de 140 est 1) ;
– zéro ou un 7 (car l'exposant de 7 dans la décomposition de 140 est 1).
Par exemple, en choisissant pour décomposition du diviseur D : zéro 2, un 5 et un 7, on obtient : $5 \times 7 = 35$ qui est bien un diviseur de 140.
Si l'on choisit de ne pas mettre de 2, c'est-à-dire zéro 2, dans la décomposition multiplicative de D, il suffira d'écrire 2^0 car $2^0 = 1$.
Pour déterminer la liste exhaustive de tous les diviseurs de 140, nous allons représenter tous les choix possibles à l'aide d'un arbre :

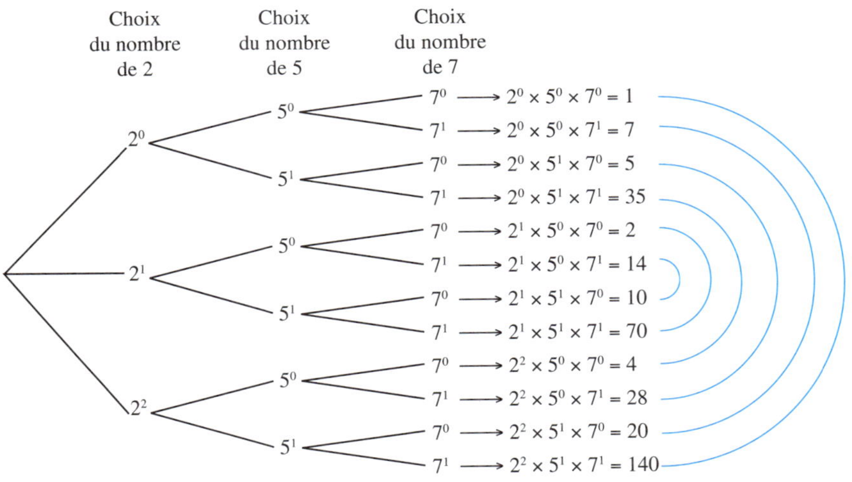

Nous obtenons la liste complète de tous les diviseurs de 140 :
1, 7, 5, 35, 2, 14, 10, 70, 4, 28, 20, 140.

Remarque : L'organisation de la construction de l'arbre permet de réunir les diviseurs en couple, avec des demi-cercles bleus, tels que :
$1 \times 140 = 7 \times 20 = 5 \times 28 = 35 \times 4 = 2 \times 70 = 14 \times 10 = 140$.

2. Nombre de diviseurs

En reprenant l'exemple précédent, avec la décomposition en facteurs premiers de 140 : $2^2 \times 5^1 \times 7^1$, on constate que l'exposant 2 du 2 impose $2+1=3$ branches dans l'arbre donnant la liste des diviseurs.
De même, l'exposant 1 du 5 impose $1+1=2$ branches et l'exposant 1 du 7 impose $1+1=2$ branches.
La structure de l'arbre permet de compter le nombre de branches finales qui donnent la liste des diviseurs. Il y a donc :
$(2+1)\times(1+1)\times(1+1)=3\times2\times2 = 12$ diviseurs.

Pour connaître le nombre de diviseurs d'un entier naturel, on écrit sa décomposition en facteurs premiers, on ajoute 1 à chaque exposant des facteurs et on les multiplie entre eux.
Ainsi, si la décomposition de N est $a^n \times b^m \times c^p \times d^q$, alors N possède :
$(n+1)\times(m+1)\times(p+1)\times(q+1)$ diviseurs.

MÉTHODE 2, p. 29

F Diviseurs communs, PGCD

1. Définition

Exemple 9

Pour constituer le quadrillage d'un rectangle de 6 cm sur 9 cm avec des carreaux parfaitement carrés et tous identiques dont les côtés mesurent un nombre entier de cm, on cherche la mesure des côtés de ces carreaux.
Les valeurs numériques dans cet exercice étant peu élevées, on pourrait trouver les deux solutions graphiquement :

Solution 1

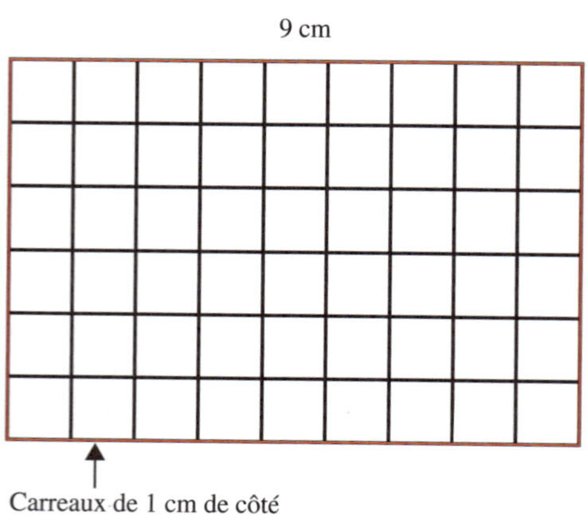

Solution 2

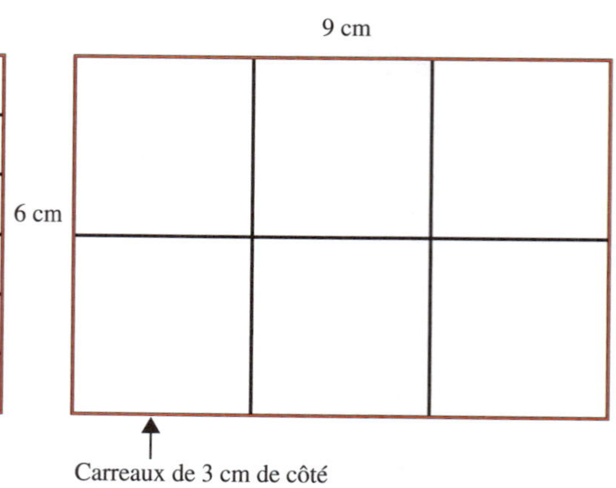

On peut aussi déterminer ces solutions par le calcul. En effet, on constate que la mesure du côté d'un carreau doit diviser à la fois la longueur et la largeur du rectangle. Ainsi, on est amené à chercher un diviseur commun à 9 et à 6.
Sachant que $9=1\times3\times3$ et que $6=1\times2\times3$, on trouve deux diviseurs communs : 1 et 3.
Pour répondre aux contraintes de la situation, on peut donc quadriller le rectangle avec des carreaux de 1 cm de côté ou avec des carreaux de 3 cm de côté.

Si l'énoncé avait imposé un quadrillage avec des carreaux aux côtés les plus grands possibles, nous aurions été amenés à chercher le plus grand commun diviseur (ici, nous aurions trouvé 3).

DÉFINITION

Le plus grand entier naturel pouvant diviser plusieurs entiers naturels non nuls est appelé le Plus Grand Commun Diviseur de ces nombres (PGCD).

2. Déterminer le PGCD à l'aide la décomposition en facteurs premiers

Exemple 10

Pour déterminer le PGCD de 980 et de 7 350, on effectue leur décomposition en facteurs premiers :

980	2
490	2
245	5
49	7
7	7
1	

7 350	2
3 675	3
1 225	5
245	5
49	7
7	7
1	

$980 = 2 \times 2 \times 5 \times 7 \times 7$ et $7\,350 = 2 \times 3 \times 5 \times 5 \times 7 \times 7$

La propre décomposition du PGCD doit se retrouver aussi bien dans 980 que dans 7 350.

Il y a deux 2 dans la décomposition de 980 et un seul 2 dans celle de 7 350 ; on retiendra donc un seul 2.

Il y a un 3 dans la décomposition de 7 350 mais aucun 3 dans celle de 980 ; on ne retiendra donc aucun 3.

Il y a un 5 dans la décomposition de 980 et deux 5 dans celle de 7 350 ; on retiendra donc un seul 5.

Il y a deux 7 dans la décomposition de 980 et deux 7 dans celle de 7 350 ; on retiendra donc deux 7.

Le PGCD de 980 et 7 350 est donc : $2 \times 5 \times 7 \times 7 = 2 \times 5 \times 7^2 = 490$.

Il est souvent utile d'écrire alors :

$980 = 2 \times 2 \times 5 \times 7 \times 7 = 2 \times 490$

et $7\,350 = 2 \times 3 \times 5 \times 5 \times 7 \times 7 = 15 \times 490$.

Remarque : Les diviseurs communs de 980 et de 7 350 sont les diviseurs de leur PGCD, 490.

DÉFINITIONS

- Le PGCD de deux nombres décomposés en facteurs premiers est égal au produit de tous les facteurs premiers communs à ces nombres, chacun d'eux n'étant pris qu'une seule fois et affecté du plus petit exposant.
- Les diviseurs communs de plusieurs entiers naturels sont les diviseurs de leur PGCD.

3. Déterminer le PGCD de deux nombres à l'aide de l'algorithme d'Euclide

Exemple 11

Pour calculer le PGCD de 858 et 210, on va effectuer des divisions euclidiennes successives :

$858=4\times210+18$	On commence par prendre 858 pour dividende et 210 pour diviseur.
$210=11\times18+12$	210 devient le nouveau dividende et 18 le diviseur.
$18=1\times12+6$	18 devient le dividende et 12 le diviseur.
$12=2\times6+0$	12 devient le dividende et 6 le diviseur.

Le reste étant nul, l'algorithme prend fin et le dernier reste non nul est le PGCD.
On a donc PGCD $(858\ ;\ 210)=6$.

L'algorithme d'Euclide permet de calculer le PGCD de deux entiers naturels non nuls a et b : soit a le plus grand des deux entiers, on effectue la division euclidienne de a par b. On note r le reste.
Si le reste est nul, le PGCD de a et b est alors b.
Sinon, b prend le rôle de a et r prend le rôle de b (l'ancien diviseur devient le nouveau dividende et l'ancien reste devient le nouveau diviseur). On effectue à nouveau la division du nouveau a par le nouveau b et on note r le nouveau reste.
Tant que le reste est différent de 0, on réitère le procédé.
Quand une division donne un reste nul, le PGCD est b (le dernier reste non nul).

G Multiples communs, PPCM

1. Définition

Exemple 12

Le 1er janvier 2020, deux bateaux quittent en même temps le port de Marseille pour un programme de croisière. Le bateau A reviendra à Marseille tous les 6 jours, et le bateau B tous les 9 jours.
On cherche à savoir quel jour ils seront à nouveau ensemble à Marseille pour la première fois.
On peut résoudre cet exercice par le calcul. On est, en effet, amené à chercher un multiple commun à 6 et à 9. De plus, la précision : « pour la première fois » dans l'énoncé impose de chercher le plus petit commun multiple.
Sachant que $6=2\times3$ et que $9=3\times3$, un multiple commun à 6 et à 9 doit nécessairement avoir dans sa décomposition, au minimum, un 2 et deux 3, soit $2\times3\times3=18$.
On a bien :
$18=2\times3\times3=6\times3$ est multiple de 6
et $18=2\times3\times3=2\times9$ est multiple de 9.
$2\times3\times3=18$ est le plus petit commun multiple de 6 et 9.

Les bateaux seront à nouveau ensemble à Marseille pour la première fois 18 jours après le 1er janvier 2020 soit le le 19 janvier 2020.
On note : PPCM $(6\ ;\ 9) = 18$.

DÉFINITION

Le Plus Petit Commun Multiple non nul de plusieurs nombres est appelé le PPCM de ces nombres.

MÉTHODE 3, p. 30

2. Déterminer le PPCM à l'aide la décomposition en facteurs premiers

Exemple 13

Pour déterminer le PPCM de 980 et de 7 350, on effectue leur décomposition en facteurs premiers :

980	2
490	2
245	5
49	7
7	7
1	

7 350	2
3 675	3
1 225	5
245	5
49	7
7	7
1	

$980 = 2 \times 2 \times 5 \times 7 \times 7$ et $7\,350 = 2 \times 3 \times 5 \times 5 \times 7 \times 7$

Dans la propre décomposition du PPCM, on doit retrouver la décomposition de 980 et de 7 350.

Il y a deux 2 dans la décomposition de 980 et un seul 2 dans celle de 7 350 ; on retiendra donc deux 2.

Il y a un 3 dans la décomposition de 7 350 et aucun 3 dans celle de 980 ; on retiendra donc un 3.

Il y a un 5 dans la décomposition de 980 et deux 5 dans celle de 7 350 ; on retiendra donc deux 5.

Il y a deux 7 dans la décomposition de 980 et deux 7 dans celle de 7 350 ; on retiendra donc deux 7.

Le PPCM de 980 et 7 350 est donc :
$2 \times 2 \times 3 \times 5 \times 5 \times 7 \times 7 = 2^2 \times 3 \times 5^2 \times 7^2 = 14\,700$.

Il est souvent utile d'écrire alors :
$14\,700 = 2 \times 2 \times 3 \times 5 \times 5 \times 7 \times 7 = 15 \times 980$
et $14\,700 = 2 \times 2 \times 3 \times 5 \times 5 \times 7 \times 7 = 2 \times 7\,350$.

Remarque : Les multiples communs de 980 et de 7 350 sont les multiples de leur PPCM, 14 700.

DÉFINITIONS

- Le PPCM de deux nombres décomposés en facteurs premiers est égal au produit de tous les facteurs premiers communs ou non, chacun d'eux n'étant pris qu'une seule fois et affecté du plus grand exposant.
- Les multiples communs de plusieurs entiers naturels sont les multiples de leur PPCM.

H Nombres premiers entre eux

1. Définition

Exemple 14

Les critères de divisibilité permettent de voir facilement que 210 est divisible par 2 et par 10. Peut-on en conclure que 210 est divisible par $2 \times 10 = 20$?

Plus généralement, si un entier N non nul est divisible par deux entiers a et b, peut-on en conclure que N est divisible par $a \times b$?

210 n'est pas divisible par $2 \times 10 = 20$. Comment expliquer alors que cela contredit la première intuition ?

En fait, dans la décomposition de $210 = 2 \times 3 \times 5 \times 7$, on constate la présence d'un seul 2. Or, dans le produit $2 \times 10 = 2 \times (5 \times 2)$, il y a deux 2 et ce produit ne peut donc pas diviser 210.

2 et 10 ont un diviseur commun (2), ce qui, dans l'exemple choisi, n'a pas permis que leur produit divise 210 alors que chacun d'eux divise 210.

On peut donc être amené à s'intéresser aux nombres n'ayant pas d'autre diviseur commun que 1.

DÉFINITIONS

- Deux nombres sont dits premiers entre eux quand 1 est leur seul diviseur commun.
- Cela équivaut à dire : deux nombres sont premiers entre eux quand leur PGCD est égal à 1.

Attention !

- Ne pas confondre nombre premier et nombres premiers entre eux : 10 et 21 sont premiers entre eux et, pourtant, ni 10 ni 21 ne sont premiers.
- Toutefois, deux nombres premiers distincts sont premiers entre eux.

PROPRIÉTÉ

Si un entier N non nul est divisible par deux entiers a et b, et si a et b sont premiers entre eux, alors N est divisible par $a \times b$.

2. Théorème de Gauss

Exemple 15

Si on sait que 6 divise 35×78, comme 6 est premier avec 35 (ils n'ont aucun diviseur communs autre que 1), on peut conclure que 6 divise 78.

Contre-exemple : Si on sait que 6 divise 182×255 et que 6 ne divise pas 182, il serait faux de conclure qu'alors 6 divise 255. Le théorème de Gauss ne peut pas s'appliquer car 6 et 182 ne sont pas premiers entre eux (ils ont 2 comme diviseur commun).

THÉORÈME

Si un entier a divise le produit d'entiers $b \times c$ et s'il est premier avec b, alors a divise c.

méthode 1 Savoir utiliser la division euclidienne

Le 21 juillet 1969 à 3 h 56 (heure française), Neil Armstrong a été le premier homme à effectuer un premier pas sur la Lune. Sachant que le 1er janvier 1969 était un mercredi, retrouver quel jour de la semaine a eu lieu cet événement marquant dans l'histoire de l'humanité.

CORRIGÉ COMMENTÉ

On peut commencer à réfléchir à cet exercice en remarquant que, si le 1er janvier était un mercredi, alors, une semaine plus tard, le 8 janvier (7 + 1) est aussi un mercredi, ainsi que, deux semaines plus tard, le 15 janvier ($2\times7+1$).
Du 1er janvier au 8 janvier, il s'est écoulé : $8-1=7$ jours.
Du 1er janvier au 15 janvier, il s'est écoulé : $15-1=14=2\times7$ jours.
Ainsi, si le nombre de jours écoulés depuis le 1er janvier peut s'écrire sous la forme d'un multiple de 7, on retombera sur un mercredi.
On voit de même facilement que si le nombre de jours écoulés depuis le 1er janvier peut s'écrire sous la forme d'un multiple de 7 plus 1, on tombera sur un jeudi.
On est donc amené à déterminer le nombre de jours écoulés depuis le 1er janvier 1969 jusqu'au 21 juillet 1969 et à trouver le reste de la division euclidienne de ce nombre par 7.

Si le reste est :	0	1	2	3	4	5	6
Alors le 21 juillet 1969 est :	mercredi	jeudi	vendredi	samedi	dimanche	lundi	mardi

Il y a 31 jours en janvier, 28 jours en février (année non bissextile), 31 jours en mars, 30 jours en avril, 31 jours en mai, 30 jours en juin.
Donc le nombre de jours écoulés du 1er janvier 1969 au 21 juillet 1969 est :
$(31+28+31+30+31+30+21)-1=202-1=201$.
Effectuons la division euclidienne de 201 par 7 : $201=7\times28+5$.
Le reste est 5 et le 21 juillet 1969 est donc un lundi.

méthode 2 Savoir utiliser l'outil PGCD

Un confiseur a fabriqué 910 bonbons au miel et 770 bonbons au citron. Il veut les répartir dans des sachets identiques, chaque sachet doit avoir la même composition de bonbons au miel et au citron.

Tous les bonbons doivent être placés dans les sachets.

1. Quel nombre maximal de sachets identiques le confiseur peut-il ainsi réaliser ?
2. Quelle est alors la composition de chaque sachet ?

CORRIGÉ COMMENTÉ

1 Le nombre de sachets doit diviser le nombre de bonbons au miel et le nombre de bonbons au citron. C'est donc un diviseur commun à 910 et à 770.
Le nombre maximal de sachets pouvant être réalisés est donc le plus grand commun diviseur de 910 et 770. On cherche alors le PGCD de 910 et de 770.

On a $910 = 2 \times 5 \times 7 \times 13$ et $710 = 2 \times 5 \times 7 \times 11$,
donc PGCD $(910 ; 770) = 2 \times 5 \times 7 = 70$.
Le confiseur peut réaliser au maximum 70 sachets identiques.

2 En reprenant la décomposition de 910 et de 770 et en faisant apparaître le PGCD, on a :
$910 = \mathbf{70} \times 13$ et $770 = \mathbf{70} \times 11$.
Dans chaque sachet, il y aura 13 bonbons au miel et 11 bonbons au citron.

méthode 3 Savoir utiliser l'outil PPCM

Le bus 2 et le bus 3 se retrouvent en même temps à la station République à 9 h 05.

Le bus 2 revient à la station République toutes les 24 minutes.

Le bus 3 revient à la station République toutes les 54 minutes.

Dans cet exercice, on ne tiendra pas compte des temps d'arrêt aux stations.

1 À quelle heure les deux bus se retrouveront-ils à nouveau en même temps à cette station pour la première fois ?

2 Combien de fois, depuis 9 h 05, chacun des deux bus sera-t-il alors repassé par République ?

CORRIGÉ COMMENTÉ

1 Le bus 2 revient à la station République à chaque multiple de 24 minutes et le bus 3 à chaque multiple de 54 minutes. Pour trouver à quel moment les bus reviennent en même temps à la station République, il faut trouver un multiple commun de 24 et 54. Pour trouver quand cet événement aura lieu à nouveau pour la première fois après 9 h 05, il faut chercher le plus petit commun multiple de 24 et 54.
On cherche PPCM (24 ; 54).
On décompose 24 et 54 en produit de facteurs premiers :
$24 = 2^3 \times 3$ et $54 = 2 \times 3^3$.
Un multiple commun de 24 et 54 doit nécessairement avoir dans sa décomposition, au minimum, trois 2 et trois 3 soit :
PPCM $(24 ; 54) = 2^3 \times 3^3 = \mathbf{216}$.
Les deux bus se retrouveront à nouveau en même temps à la station République pour la première fois après 216 min, soit après 3 h et 36 min $(216 = 60 \times 3 + 36)$.
9 h 05 min + 3 h 36 min = 12 h 41 min.
C'est donc à 12 h 41 que les bus se retrouvent à la station République pour la première fois.

2 En reprenant la décomposition du PPCM, on fait apparaître tour à tour 24 et 54 :
$216 = 2^3 \times 3^3 = 2^3 \times 3 \times 3^2 = 24 \times \mathbf{9}$ Le bus 2 est donc repassé 9 fois par la station.
$216 = 2^3 \times 3^3 = 2^2 \times 2 \times 3^3 = \mathbf{4} \times 54$ Le bus 3 est donc repassé 4 fois par la station.

ENTRAÎNEMENT

Se tester en 10 questions

→ Corrigés p. 35

Pour chaque question suivante, indiquez la (ou les) bonne(s) réponse(s).

1. On peut dire que 0 est :
a) un diviseur de tout entier n. b) multiple de tout entier n. c) un nombre premier.

2. Sachant que : $13 \times 7 = 91$, on peut dire que :
a) 13 est multiple de 91.
b) 91 n'a pas d'autre diviseur que 13 et 7.
c) 91 est un multiple de 7 et de 13.

3. On peut dire que 1 est :
a) multiple de 0. b) diviseur de tout entier. c) un nombre premier.

4. le nombre 111 111 111 111 111 est :
a) divisible par 6. b) divisible par 3. c) divisible par 9.

5. L'égalité $25 = 3 \times 7 + 4$ permet d'affirmer que :
a) la division euclidienne de 25 par 3 a pour quotient 7 et pour reste 4.
b) la division euclidienne de 25 par 3 a pour quotient 7 et pour reste 1.
c) la division euclidienne de 25 par 7 a pour quotient 3 et pour reste 4.

6. Si a et b sont deux nombres premiers alors $a + b$ est un nombre premier.
Cette affirmation est : a) vraie b) fausse

7. Sachant que la décomposition en produit de facteurs premiers de 56 est : $56 = 2^3 \times 7^1$, on peut affirmer que :
a) 56 a exactement 8 diviseurs distincts.
b) 56 a exactement 2 diviseurs distincts.
c) 56 a exactement 4 diviseurs premiers distincts.

8. Sachant que : $56 = 2^3 \times 7^1$ et $196 = 2^2 \times 7^2$, on en déduit que PGCD (56 ; 196) est égal à :
a) $2^3 \times 7^2$ b) $2^2 \times 7^1$ c) 2×7

9. Sachant que : $280 = 2^3 \times 7^1 \times 5$ et $196 = 2^2 \times 7^2$, on en déduit que PPCM (280 ; 196) est égal à :
a) $2^2 \times 7^1 \times 5$ b) $2^3 \times 7^2$ c) $2^3 \times 7^2 \times 5$

10. 133 et 209 sont :
a) premiers entre eux.
b) des nombres premiers.
c) ni premiers ni premiers entre eux.

Réponses : 1. b ; 2. c ; 3. b ; 4. b ; 5. c ; 6. b ; 7. a ; 8. b ; 9. c ; 10. c.

Échauffement

→ Corrigés p. 35

1 Distinguer multiples et diviseurs

1. 10 est-il multiple de 4 ?
2. 5 est-il diviseur de 25 ?
3. 252 est-il multiple de 9 ?
4. 18 est-il diviseur de 9 ?
5. Quel est l'ensemble des multiples de 5 ?
6. Quel est l'ensemble des diviseurs de 48 ?

2 Connaître l'écriture de la division euclidienne

Sachant que :
$36\ 202\ 744 = 9\ 658 \times 3\ 748 + 4\ 560$,
donner le quotient de la division euclidienne de 36 202 744 par 3 748.

3 Utiliser des écritures littérales Caractériser une division euclidienne

1. Montrer que si un entier est impair alors son carré est impair.
2. Quel est le reste dans la division euclidienne par 8 du carré d'un nombre impair ?

4 Utiliser un contre-exemple

La formule suivante $f(n) = n^2 - n + 41$, où n est un entier, donne-t-elle toujours un nombre premier ?

5 Utiliser les critères de divisibilté

On multiplie tous les nombres impairs de 1 à 2 021. Par quel chiffre se termine le produit ?

Pour réussir au concours

→ Corrigés p. 36

6 ★ 15 min *Sujet de CRPE*

Indiquer si les affirmations suivantes sont vraies ou fausses en justifiant la réponse. Une réponse exacte, mais non justifiée, ne rapporte aucun point. Une réponse fausse n'enlève pas de point.

1. 117 est un nombre premier.

2. Pour n'importe quel nombre entier n, $(n+2)^2 - (n-2)^2$:
a) est un multiple de 8.
b) est un multiple de 32.

3. Il existe au moins un nombre entier pair supérieur à 7, divisible par 3 mais divisible ni par 9 ni par 4.

7 ★ 15 min

1. Déterminer avec l'algorithme d'Euclide le PGCD de 6 555 et 3 315.

2. Le script ci-après du programme Scratch qui détermine le PGCD de deux entiers naturels par l'algorithme d'Euclide est incomplet.

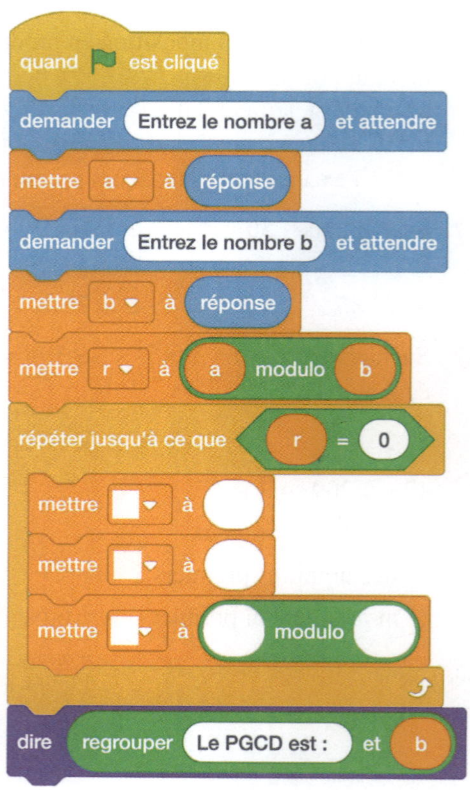

Compléter le bloc :

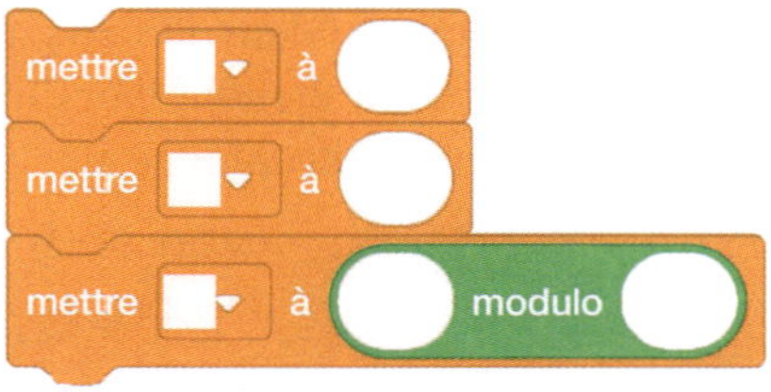

On rappelle que le bloc (a modulo b) donne le reste de la division euclidienne de a par b.

8 ★ ★ 10 min

Un décorateur décide de poser du carrelage sur un mur rectangulaire de 2,73 m de hauteur et de 3,57 m de largeur. Il veut utiliser des carreaux parfaitement carrés et tous identiques dont la longueur des côtés est égale à un nombre entier de centimètres.

1. S'il s'impose de poser un maximum de carreaux, déterminer la longueur des côtés de ces carreaux et le nombre de carreaux posés.

2. S'il s'impose de poser des carreaux dont la longueur des côtés est la plus grande possible, déterminer cette longueur et le nombre de carreaux posés.

9 ★ ★ 15 min

Un groupe de soldats étudie une disposition pour défiler. Ils décident de se placer en rangées pour former un rectangle.

L'un d'eux remarque que :

– quand les soldats se placent par rangées de six, il en reste trois non placés ;

– quand les soldats se placent par rangées de cinq, tous sont placés.

1. Si les soldats se placent par rangées de trois, reste-t-il des soldats non placés ? Justifier.

2. Si les soldats se placent par rangées de deux, reste-t-il des soldats non placés ? Justifier.

3. On fait l'hypothèse qu'il y a en tout moins de cinquante soldats. Quel peut être leur nombre ? Donner toutes les solutions.

10 ★ ★ 10 min *Sujet de CRPE*

Les lettres a et a' désignent des entiers naturels. Dans la division euclidienne de a par 11, le reste est r. Dans la division euclidienne de a' par 11, le reste est r'.

1. Déterminer le reste dans la division euclidienne de $a+a'$ par 11.

2. Déterminer le reste dans la division euclidienne de $3a$ par 11.

11 ★ ★ 15 min

Le programme ci-dessous est utilisé.

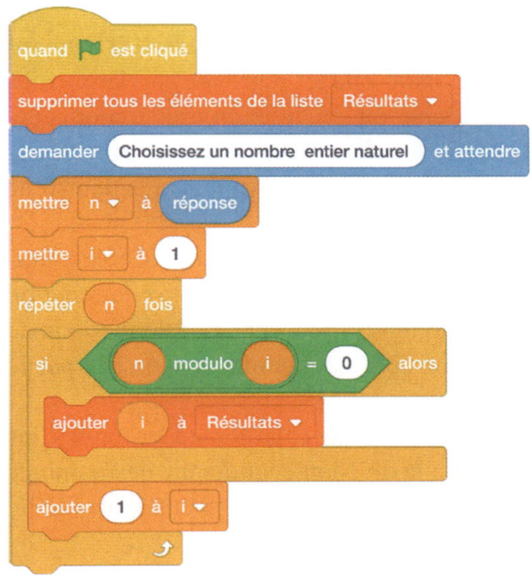

On rappelle qu'une « liste » est une suite d'éléments, ici une suite de nombres. Par exemple, (17 ; 245 ; 32) est une liste de trois nombres.

On rappelle également que la fonction (a modulo b) où a et b sont des entiers naturels, renvoie le reste de la division euclidienne de a par b.

Ainsi (10 modulo 3) renvoie le nombre 1 car $10=3\times3+1$;

et (35 modulo 7) renvoie le nombre 0 car $35=5\times7+0$.

1. Que va contenir la liste « résultats » une fois le programme exécuté, si l'utilisateur entre le nombre 4 ?

2. L'utilisateur entre un nombre entier naturel non nul.

a) Que va contenir la liste « résultats » une fois le programme exécuté ?

b) Que peut-on dire sur le nombre entré par l'utilisateur si la liste ne contient qu'un nombre une fois le programme exécuté ?

c) Que peut-on dire sur le nombre entré par l'utilisateur si la liste contient exactement deux nombres une fois le programme exécuté ?

12 ★ ★ 15 min

Emma propose à son ami Jules de lui donner ses bonbons à la condition qu'il trouve exactement combien elle en a.

Emma lui dit qu'elle a moins de 100 bonbons et que lorsqu'elle les regroupe par deux, trois, quatre, cinq ou six, il lui en reste toujours un.

1. Combien Emma a-t-elle de bonbons ? Justifier la réponse en explicitant la démarche utilisée.

2. Pour vérifier sa réponse, Jules décide d'utiliser un tableur. Pour cela, il utilise la fonction MOD(nombre ; diviseur), qui donne le reste de la division euclidienne du nombre par le diviseur.

Jules a prévu de calculer en colonnes les restes de la division euclidienne des nombres de la colonne A par 2, 3, 4, 5 et 6 (voir feuille de calcul ci-contre).

a) Parmi les formules suivantes, en choisir une qui pourrait être insérée dans la cellule B2 et qui pourrait, en étant étendue vers le bas, compléter correctement la colonne B.

= MOD(1 ; 2)	= MOD(A2 ; B1)	= MOD(A2 ; 2)
= MOD(1 ; B1)	= MOD(A2 ; B$1)	= MOD(2 ; 1)

b) Jules a rempli de la même façon le reste du tableau. Comment peut-il l'utiliser pour résoudre ce problème ?

	A	B	C	D	E	F
1		2	3	4	5	6
2	1					
3	2					
4	3					
5	4					
6	5					
7	6					
8	7					
9	8					
10	9					
11	10					
12	11					
13	12					
14	13					
15	14					

CORRIGÉS

Se tester en 10 questions

→ Énoncés p. 31

1 **Réponse b.** En effet, pour tout entier n, on a $0 = n \times 0$.

2 **Réponse c.** 13 n'est pas un multiple de 91, c'est un diviseur de 91 ; 91 a comme autre diviseur 1 et lui-même.

3 **Réponse b.** En effet, pour tout entier n, on a : $n = 1 \times n$.
1 n'est pas premier car il n'a pas deux diviseurs distincts.

4 **Réponse b.** En effet, la somme de ses chiffres est 15 qui est divisible par 3.
Il n'est pas divisible par 6 car il n'est pas divisible par 2. Il n'est pas divisible par 9 car la somme de ses chiffres n'est pas divisible par 9.

5 **Réponse c.** Il faut que le reste soit plus petit que le diviseur pour que l'égalité soit celle de la division euclidienne.

6 **Réponse b.** Il suffit de trouver un contre-exemple : 3 et 7 sont premiers, mais $3+7=10$ n'est pas premier.

7 **Réponse a.** On ajoute 1 à chacun des exposants de la décomposition de 56 et on multiplie les résultats entre eux. On obtient $(3+1)\times(1+1)=8$ diviseurs distincts.
D'autre part, 56 a exactement 2 diviseurs premiers distincts : 2 et 7.

8 **Réponse b.** Le PGCD de deux nombres décomposés en facteurs premiers est égal au produit de tous les facteurs premiers communs à ces nombres, chacun d'eux n'étant pris qu'une seule fois et affecté du plus petit exposant.

9 **Réponse c.** Le PPCM de deux nombres décomposés en facteurs premiers est égal au produit de tous les facteurs premiers communs ou non, chacun d'eux n'étant pris qu'une seule fois et affecté du plus grand exposant.

10 **Réponse c.** Les deux décompositions : $133 = 19 \times 7$ et $209 = 19 \times 11$ montrent que 133 et 209 ne sont pas des nombres premiers.
19 est un diviseur commun aux deux nombres donc ils ne sont pas, non plus, premiers entre eux.

Échauffement

→ Énoncés p. 32

1 **1.** Non, $10 = 2{,}5 \times 4$, mais 2,5 n'est pas un entier naturel.
2. Oui, $25 = 5 \times 5$, et 5 est bien un entier naturel.
3. Oui, $252 = 28 \times 9$ et 28 est bien un entier naturel.
4. Non, $9 = 0{,}5 \times 18$ et 0,5 n'est pas un entier naturel.
5. 0, 5, 10, 15, 20... Cet ensemble contient une infinité d'éléments, tous de la forme $5k$ où k est un entier naturel.
6. Les diviseurs de 48 sont : 1, 2, 3, 4, 6, 8, 12, 16, 24 et 48.

2 **On constate que $4\,560 > 3\,748$, donc $36\,202\,744 = 9\,658 \times 3\,748 + 4\,560$ n'est pas l'écriture de la division euclidienne de 36 202 744 par 3 748.**

Dans 4 560 on peut faire un paquet de 3 748 de plus : $4\,560 = 3\,748 + 812$.

On peut écrire :

$$\begin{aligned}36\,202\,744 &= 3\,748 \times 9\,658 + (3\,748 + 812)\\ &= 3\,748 \times 9\,659 + 812.\end{aligned}$$

Le quotient de la division euclidienne de 36 202 744 par 3 748 vaut donc 9 659 et le reste est 812 (on a bien $812 < 3\,748$).

3 **1.** On considère un entier impair n, donc on sait par définition que n peut s'écrire $n = 2k+1$, où k est un entier. Ainsi, en utilisant la double distributivité (ou la 1re identité remarquable) :

$$\begin{aligned}n^2 &= (2k+1)^2 = (2k)^2 + 2 \times 2k \times 1 + 1^2\\ &= 4k^2 + 4k + 1.\end{aligned}$$

Par conséquent, en factorisant :
$n^2 = 4k(k+1)+1 = 2\times 2k(k+1)+1$,
qui est impair puisque de la forme $2K+1$ (où $K=2k(k+1)$ est bien un entier).

2. On a obtenu que $n^2 = 4k(k+1)+1$. Or $k(k+1)$ est le produit de deux entiers consécutifs, et donc l'un des deux est pair. Supposons par exemple que k soit pair, donc de la forme $2l$ où l est un entier. On a alors $n^2 = 4\times 2l(2l+1)+1 = 8l(2l+1)+1$, qui est une écriture de la forme $8q+1$, où $q=l(2l+1)$ est un entier et $1<8$, donc cette égalité traduit la division euclidienne de n^2 par 8 et le reste est égal à 1.

4 On peut appliquer la formule pour quelques valeurs de n, par exemple :
$f(0)=41,\ f(1)=41,\ f(2)=43,\ f(6)=71,$
$f(10)=131.$

On constate que ces nombres sont premiers, il est donc tentant de conjecturer : « quel que soit l'entier n, $f(n)$ est un nombre premier ».
Pourtant, cette propriété est fausse comme le montre le contre-exemple suivant :
$f(41)=41^2-41+41=41^2=1\,681$, qui possède trois diviseurs : 1, 41 et 1 681.

5 **On cherche à utiliser les critères portant sur le dernier chiffre.**
Le produit contient le facteur 5, il est donc divisible par 5, et son dernier chiffre est par conséquent 0 ou 5.
Les facteurs sont tous impairs, donc le produit est impair, ainsi son dernier chiffre n'est pas 0.
Finalement, le produit se termine par le chiffre 5.

Pour réussir au concours

→ *Énoncés p. 32*

6 **1.** L'affirmation est fausse.
Grâce aux critères de divisibilité, on voit facilement que 117 est divisible par 3.
En effet, la somme de ses chiffres : $1+1+7=9$ est divisible par 3.
117 a donc d'autres diviseurs que 1 et lui-même, et ce n'est donc pas un nombre premier.

2. a) L'affirmation est vraie.
En utilisant les identité remarquables on développe l'expression :

$$\begin{aligned}(n+2)^2-(n-2)^2 &= (n^2+4n+4)-(n^2-4n+4)\\ &= n^2+4n+4-n^2+4n-4\\ &= 8n.\end{aligned}$$

On obtient donc bien un multiple de 8.

b) L'affirmation est fausse.
Il suffit de trouver un contre-exemple.
Si on prend $n=2$, l'expression donne $(n+2)^2-(n-2)^2=8n=16$ qui n'est pas multiple de 32.

3. L'affirmation est vraie.
On cherche un nombre multiple de 2 et de 3 et donc, puisque 2 et 3 sont premiers entre eux, multiple de $2\times 3=6$.
Il s'écrit donc $6p$.
p ne peut pas être un multiple de 2, car alors $6p$ serait multiple de 4.
p ne peut pas être un multiple de 3 car alors $6p$ serait multiple de 9.
p n'est pas égal à 1 car alors $6p=6$ qui est inférieur à 7.
Donc 1, 2, 3, 4 ne sont pas de bons candidats pour p. Testons l'entier suivant.
Si $p=5$, on a $6p=30$ et 30 réalise toutes les conditions demandées.

7 **1. On effectue la division euclidienne de 6 555 par 3 315 :**
$6\,555=1\times 3\,315+3\,240$.
Le reste étant non nul, on effectue la division euclidienne de 3 315 par 3 240 :
$3\,315=1\times 3\,240+75$.
Le reste étant non nul, on effectue la division euclidienne de 3 240 par 75 :
$3\,240=43\times 75+15$.
Le reste étant non nul, on effectue la division euclidienne de 75 par 15 :
$75=5\times 15+0$.
Le reste étant nul, le PGCD cherché est 15 (dernier reste non nul dans les divisions successives).
Donc PGCD (6 555 ; 3 315) = 15.

2. Le bloc complété est :

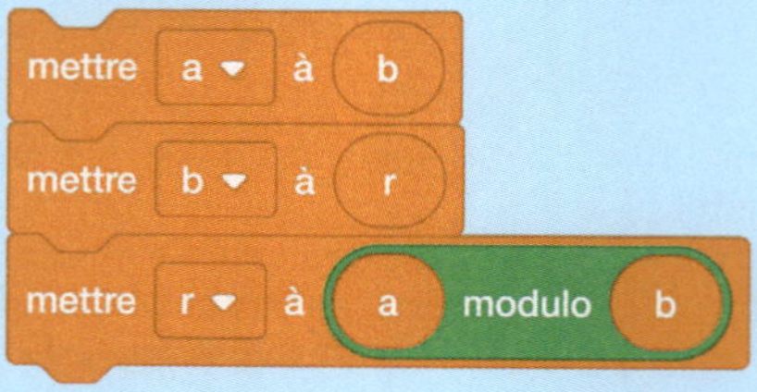

En effet, dans l'algorithme d'Euclide, après avoir divisé *a* par *b*, si le reste est non nul, dans la division suivante, *b* prend le rôle de *a* et *r* prend le rôle de *b*. On détermine alors le nouveau reste dans la division du nouveau *a* par le nouveau *b*.

8 **On commence par convertir les mesures en cm. 2,73 m = 273 cm et 3,57 m = 357 cm.**
1. Le nombre de carreaux est maximal quand le côté de chaque carreau est le plus petit possible et

divise 273 et 357.
Chaque carreau a donc pour mesure de côté 1 cm.
On utilise alors $273 \times 357 = 97\ 461$ carreaux.

2. La longueur maximale du côté d'un carreau doit diviser 273 et 357 ; on cherche donc le PGCD (357 ; 273).
$357 = 3 \times 7 \times 17$ et $273 = 3 \times 7 \times 13$.
Donc PGCD $(357 ; 273) = 3 \times 7 = 21$.
La longueur des côtés la plus grande possible pour le choix des carreaux est donc 21 cm.
Sachant que :
$357 = (3 \times 7) \times 17 = 21 \times 17$
et $273 = (3 \times 7) \times 13 = 21 \times 13$,
on en déduit que l'on peut alors poser 17 carreaux en largeur et 13 carreaux en hauteur, soit : $17 \times 13 = 221$ carreaux.

9 **1.** Quand les soldats se placent par rangées de 6, il en reste 3 non placés. Chacune des rangées de 6 constitue deux rangées de 3. Quand les soldats se placent par rangées de 3, les 3 précédemment non placés constituent alors une rangée complète. Il ne reste donc pas de soldats non placés.

On peut aussi donner une formulation littérale.

D'après la première hypothèse, il y a $6k+3$ soldats (avec k entier). Or $6k+3 = 3 \times (2k+1)$, qui est multiple de 3. Par rangées de 3, les soldats seront donc tous placés.

2. Quand les soldats se placent par rangées de 6, il en reste 3 non placés. Chacune des rangées de 6 constitue trois rangées de 2. Quand les soldats se placent par rangées de 2, les 3 précédemment non placés constituent alors une rangée de 2, mais il en reste 1 non placé.

Formulation littérale

D'après la première hypothèse, il y a $6k+3$ soldats (avec k entier). Or $6k+3 = 2(3k+1)+1$, qui n'est pas multiple de 2. Par rangées de 2, il reste donc un soldat non placé.

3. D'après la première hypothèse, il y a $6k+3$ soldats (avec k entier), soit 3, 9, 15, 21, 27, 33, 39 ou 45 soldats, puisqu'ils sont moins de cinquante.
D'après la seconde hypothèse, le nombre de soldats est un multiple de 5, soit 15 ou 45. Les soldats sont donc 15 ou 45.

10 **1.** Les lettres a et a' désignent des entiers naturels. Dans la division euclidienne de a par 11, le reste est r. Dans la division euclidienne de a' par 11, le reste est r'.
Il existe donc deux entiers naturels q et q' tels que :
$a = 11q + r$ avec $0 \leq r < 11$
et $a' = 11q' + r'$ avec $0 \leq r' < 11$.
En faisant la somme membre à membre de ces deux égalités puis de ces deux inégalités, on obtient :
$a + a' = 11(q+q') + r + r'$ avec $0 \leq r + r' < 22$.

Pour obtenir l'écriture de la division euclidienne de $a+a'$ par 11, il faut distinguer deux cas :

• **1er cas :** $0 \leq r + r' < 11$
Alors l'égalité $a + a' = 11(q+q') + r + r'$ permet d'affirmer que le reste de la division euclidienne de $a + a'$ par 11 est : $r + r'$.

• **2nd cas :** $11 \leq r + r' < 22$

En enlevant 11 à chaque membre de cette inégalité, on obtient :

$0 \leq r + r' - 11 < 11$.

On fait apparaître artificiellement $r + r' - 11$ dans l'égalité $a + a' = 11(q+q') + r + r'$. On obtient :

$a + a' = 11(q+q') + 11 - 11 + r + r'$, soit :
$a + a' = 11(q+q'+1) + r + r' - 11$.
Comme $0 \leq r + r' - 11 < 11$, la dernière égalité permet d'affirmer que, dans ce cas, le reste de la division euclidienne de $a + a'$ par 11 est : $r + r' - 11$.

2. Dans la division euclidienne de a par 11, le reste est r.
Il existe donc un entier naturel q tel que :
$a = 11q + r$ avec $0 \leq r < 11$.
En multipliant chaque membre de cette égalité, puis de cette inégalité, par 3, on obtient :
$3a = 11(3q) + 3r$ avec $0 \leq 3r < 33$.

Pour obtenir l'écriture de la division euclidienne de $3a$ par 11, il faut distinguer trois cas :

• **1er cas :** $0 \leq 3r < 11$
Alors l'égalité $3a = 11(3q) + 3r$ permet d'affirmer que le reste de la division euclidienne de $3a$ par 11 est : $3r$.

• **2e cas :** $11 \leq 3r < 22$

En enlevant 11 à chaque membre de cette inégalité, on obtient :

$0 \leq 3r - 11 < 11$.

On fait apparaître artificiellement $3r - 11$ dans l'égalité $3a = 11(3q) + 3r$. On obtient :

$3a = 11(3q) + 11 + 3r - 11$, soit :
$3a = 11[3q+1] + 3r - 11$.
Et, comme $0 \leq 3r - 11 < 11$, la dernière égalité permet d'affirmer que, dans ce cas, le reste de la division euclidienne de $3a$ par 11 est : $3r - 11$.

• **3e cas :** $22 \leq 3r < 33$

En enlevant 22 à chaque membre de cette inégalité, on obtient :

$0 \leq 3r - 22 < 11$.

On fait apparaître artificiellement $3r - 22$ dans l'égalité $3a = 11(3q) + 3r$. On obtient :

$3a = 11(3q) + 22 + 3r - 22$, soit :
$3a = 11[3q+2] + 3r - 22$.
Et, comme $0 \leq 3r - 22 < 11$, la dernière égalité permet d'affirmer que, dans ce cas, le reste de la division euclidienne de $3a$ par 11 est : $3r - 22$.

11 **1.** Quand l'utilisateur entre un nombre, il est mis dans la variable n. Dans la variable i, on met 1.
On va alors répéter n fois :
on teste si i divise n, dans ce cas on ajoute i à la liste « résultats » et on augmente i d'une unité.
La boucle répétée n fois teste ainsi tous les entiers de 1 à n pour savoir s'ils sont diviseurs de n et les met alors dans la liste « résultats ».

Donc si l'utilisateur entre 4, la liste « résultat » contiendra : 1 ; 2 ; 4.

2. a) La liste « résultats » contiendra donc tous les diviseurs du nombre entré par l'utilisateur.
b) Le nombre n'ayant qu'un seul diviseur ne peut être que 1.
c) Si un nombre a exactement deux diviseurs (1 et lui-même), c'est un nombre premier.

12 **1.** Soit N le nombre de bonbons d'Emma , on a $N < 100$.
Quand Emma dit, par exemple, qu'en regroupant ses bonbons par 3 il en reste 1, on peut traduire cela en disant qu'il existe un entier q tel que :
$N = 3q + 1$ c'est-à-dire que $N - 1 = 3q$.
Donc cela se traduit en disant que $N - 1$ doit être multiple de 3.
Ainsi Emma indique de même que $N - 1$ doit être multiple de 2 , 3 , 4 , 5 , 6.
$N - 1$ est multiple commun de (2 , 3 , 4 , 5 , 6) donc multiple de leur PPCM.
Or 2 , 3 , 5 sont premiers et $4 = 2 \times 2$ et $6 = 2 \times 3$.
Donc PPCM (2 ; 3 ; 4 ; 5 ; 6) $= 2 \times 2 \times 3 \times 5 = 60$.
Le seul multiple non nul de 60 inférieur à 100 est 60 lui-même.
$N - 1 = 60$ d'où $N = 61$.
Emma a 61 bonbons.

2. a) La formule =MOD (A2 ; B$1) peut être insérée dans la cellule B2.
En effet, en tirant vers le bas, A2 va être incrémentée de 1 et le $ devant le 1 de B$1 va bloquer l'incrémentation du 1.
b) Il faut trouver le nombre qui dans la division euclidienne par 2 , 3 , 4 , 5 , 6 donne toujours un reste égal à 1.
Donc il faut trouver le nombre de la colonne A qui est sur la même ligne que cinq 1 dans les colonnes B, C, D, E, F.

2 Systèmes de numération

Nous désignons les nombres entiers à l'aide d'un système de numération décimal, particulièrement astucieux, qui peut nous paraître simple et naturel, alors qu'il a fallu la contribution de plusieurs civilisations pour l'élaborer. Un enseignant de l'école primaire doit prendre conscience de cette complexité sous-jacente pour mieux appréhender les obstacles didactiques liés à cet apprentissage.

A Analyse de notre système de numération décimal (base 10)

1. Définitions et vocabulaire

Exemple 1

Pour coder par un nombre la quantité de bâtons ci-dessus dans notre système de numération décimal, on regroupe les bâtons en paquets de dix, puis en paquets de dix paquets de dix et ainsi de suite tant que cela est possible :

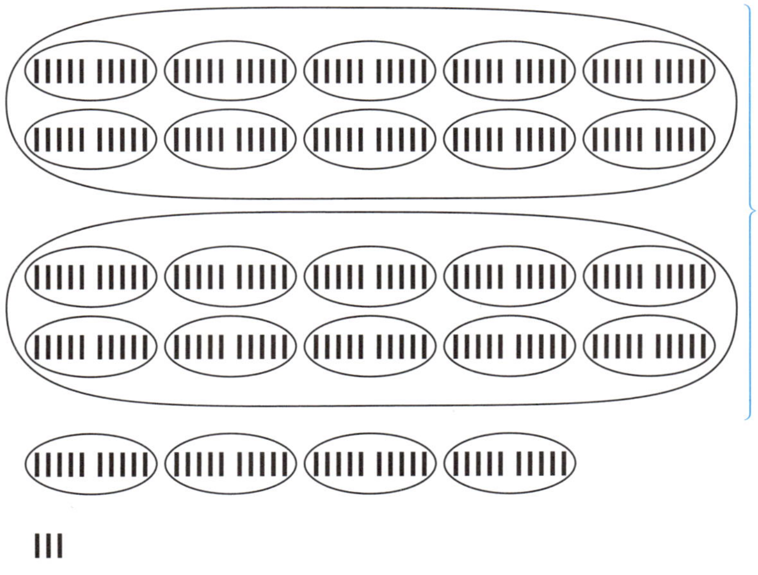

2 paquets de dix paquets de dix bâtons

4 paquets de dix bâtons

3 bâtons isolés

On a donc regroupé les batôns par groupements de différents ordres :

– paquets de dix, soit par dizaines, c'est-à-dire par 10, que l'on peut écrire 10^1 ;

– paquets de dix paquets de dix, soit par centaines, c'est-à-dire par 100, que l'on peut écrire 10^2.

Il reste des batôns isolés en nombre insuffisant pour former un paquet de 10, ce sont les unités simples restantes.

Remarque

Pour pouvoir unifier l'écriture, on utilisera pour les unités simples la convention : $10^0 = 1$.
On conviendra d'ailleurs par la suite que, quel que soit a différent de 0, $a^0 = 1$.

Ainsi le nombre de bâtons s'écrit : $2\times10^2+4\times10^1+3\times1$
$=2\times10^2+4\times10^1+3\times10^0$
$=243.$

Avec l'écriture 243, les puissances de dix ne sont plus écrites explicitement, la position de chaque chiffre dans le nombre indique à quel groupement d'unités il se réfère.

DÉFINITIONS

- Notre système de numération est un système positionnel, la position d'un signe renseigne sur sa valeur.
- C'est un système décimal, on groupe toujours par dix les unités de chaque ordre.
- On dit aussi que notre numération est une numération en base dix.

Exemple 2

On a regroupé ainsi une quantité de batons :

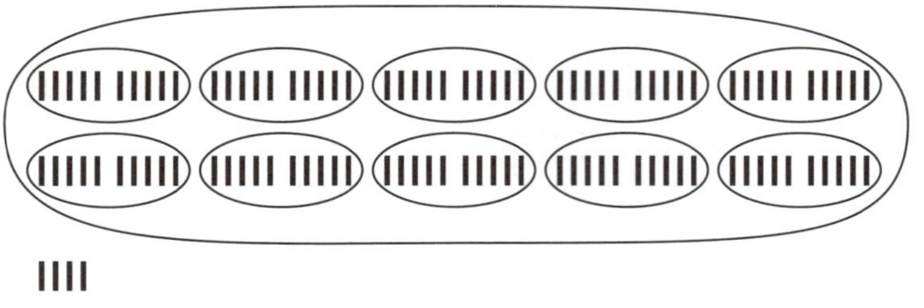

Il y a donc 1 paquet de dix paquets de dix bâtons et 4 bâtons isolés soit :
$1\times10^2+4\times1=1\times10^2+4\times10^0$.

Coder ce nombre par 14 rendrait notre système positionnel incohérent, il faut signaler ici l'absence de paquets de dix : $1\times10^2+0\times10^1+4\times10^0=104$.

DÉFINITIONS

- Le zéro est un signe qui indique l'absence de groupement dans un ordre d'unités.
- Notre système de numération décimal utilise dix signes appelés chiffres pour écrire tous les nombres : 0 ; 1 ; 2 ; 3 ; 4 ; 5 ; 6 ; 7 ; 8 ; 9.

MÉTHODE 1, p. 45

2. Décomposition canonique

Exemple 3

Le nombre 4 657 peut s'écrire : $4\times1\,000+6\times100+5\times10+7\times1$
$=4\times10^3+6\times10^2+5\times10^1+7\times10^0$

Cette décomposition utilisant les puissances de dix est appelée la décomposition canonique de 4 657.

DÉFINITIONS

- Tout nombre écrit dans notre système positionnel en base 10 a une unique décomposition canonique.
- En reprenant l'exemple de façon plus générale, un nombre quelconque à quatre chiffres $\overline{mcdu}$ peut s'écrire : $m\times10^3+c\times10^2+d\times10^1+u\times10^0$.

Attention !

L'écriture *mcdu* sans la barre pourrait être confondue avec $m\times c\times d\times u$.
L'écriture $\overline{mcdu}$ avec la barre indique que les lettres représentent des chiffres juxtaposés.

B Étude d'une numération positionnelle dans une autre base

THODES 2 ET 3, p. 45

1. Numération en base 5

1-1 Codage en base 5

Exemple 4

Pour coder par un nombre la quantité de bâtons ci-dessus en base 5, on regroupe les bâtons en paquets de cinq, puis en paquets de cinq paquets de cinq et ainsi de suite tant que cela est possible.

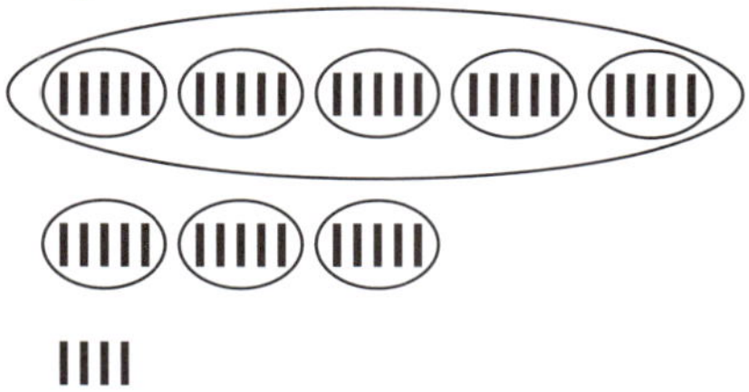

1 paquet de cinq paquets de cinq

3 paquets de cinq

4 bâtons isolés

On a donc regroupé les bâtons par :
– paquet de cinq paquets de 5, c'est-à-dire 5×5, que l'on peut ecrire 5^2 ;
– paquets de 5, que l'on peut écrire 5^1.
Il reste des bâtons isolés en nombre insuffisant pour former un paquet de 5, ce sont les unités simples restantes.
Ainsi le nombre de bâtons s'écrit en base 10 : $1 \times 5^2 + 3 \times 5^1 + 4 \times 1 = 1 \times 5^2 + 3 \times 5^1 + 4 \times 5^0$
soit en base 5 : $\overline{134}^{5}$.

Notations

La barre avec l'exposant 5 est une notation qui permet de ne pas confondre avec l'écriture usuelle du nombre en base 10.
$\overline{134}^{5}$ peut aussi s'écrire $\overline{134}^{\text{cinq}}$ ou 134_5, 134_{cinq}, (134)5, (134)cinq.

- En base 5, on groupe toujours par cinq les unités de chaque ordre.
- Un nombre quelconque, par exemple à quatre chiffres en base 5, pourra s'écrire : $\overline{abcd}^{5}$ et a donc pour décomposition canonique :

$a \times 5^3 + b \times 5^2 + c \times 5^1 + d \times 5^0$.

1-2 Correspondance entre la base 10 et la base 5

Nombre en base 10	Quantité d'objets	Nombre en base 5	Remarques
1	I	1	La barre n'est pas nécessaire, l'écriture a la même signification qu'en base 10.
2	II	2	"
3	III	3	"
4	IIII	4	"
5		$\overline{10}^{5}$	On a codé 1 paquet de cinq et 0 unité simple.
6		$\overline{11}^{5}$	On a codé 1 paquet de cinq et 1 unité simple.

Nombre en base 10	Quantité d'objets	Nombre en base 5	Remarques
7		$\overline{12}^5$	
8		$\overline{13}^5$	
9		$\overline{14}^5$	
10		$\overline{20}^5$	On a codé 2 paquets de cinq et 0 unité simple.
11		$\overline{21}^5$	
12	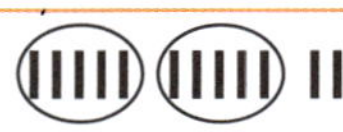	$\overline{22}^5$	
13	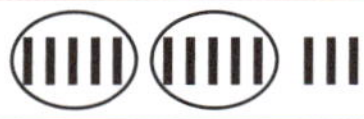	$\overline{23}^5$	
14	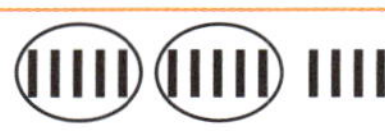	$\overline{24}^5$	
15		$\overline{30}^5$	On a codé 3 paquets de cinq et 0 unité simple.
16		$\overline{31}^5$	
19	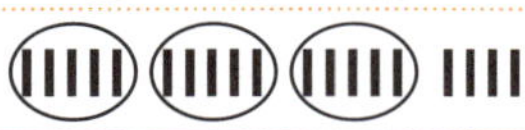	$\overline{34}^5$	
20		$\overline{40}^5$	On a codé 4 paquets de cinq et 0 unité simple.
21	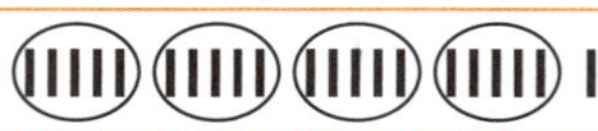	$\overline{41}^5$	
24	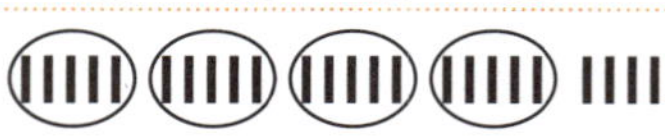	$\overline{44}^5$	
25	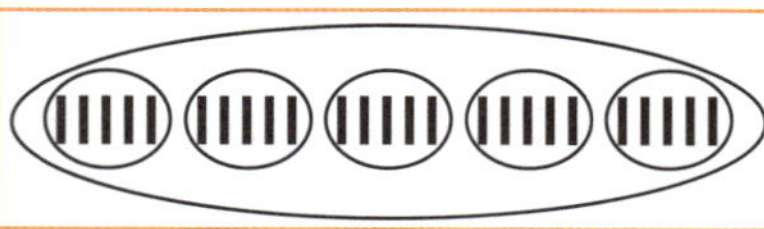	$\overline{100}^5$	On a codé 1 paquet de cinq paquets de cinq, 0 paquet de cinq et 0 unité simple.
26	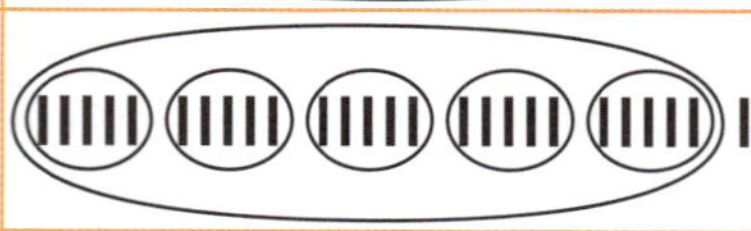	$\overline{101}^5$	On a codé 1 paquet de cinq paquets de cinq, 0 paquet de cinq et 1 unité simple.

• La numération en base 5 utilise cinq signes pour écrire tous les nombres : 0 ; 1 ; 2 ; 3 ; 4.
• Plus géralement, pour une base a donnée (a entier supérieur ou égal à 2), on utilise a signes pour écrire tous les nombres de 0 à $a - 1$.
• Tout nombre écrit dans notre système positionnel en base 10 peut s'écrire de manière unique en base 5.

2. Numération en base 60

2-1 Codage en base 60

Exemple 5

Pour convertir 39 570 secondes en heure, minute, seconde, il faut faire des groupements :
– en minute, soit 60 secondes (60^1) ;
– en heure, soit 60 minutes, c'est-à-dire $60 \times 60 = 60^2 = 3\ 600$ secondes.
On effectue la division euclidienne de 39 570 par 3 600 : $39\ 570 = 10 \times 3\ 600 + 3\ 570$.
On effecture ensuite la division euclidienne de 3 570 par 60 : $3\ 570 = 59 \times 60 + 30$.
En remplaçant dans l'égalité précédente, il vient : $39\ 570 = 10 \times 3\ 600 + 59 \times 60 + 30$.
On obtient donc : 10 heures 59 minutes 30 secondes.
On vient d'effectuer la décomposition canonique de 39 570 dans la base 60 :
$39\ 570 = (10) \times 60^2 + (59) \times 60^1 + (30) \times 60^0$.
On peut coder en base 60 : $39\ 570 = \overline{(10)(59)(30)}^{60}$.

• La base 60, appelée numération sexagésimale, code un nombre en procédant par groupements de puissances de 60.
• La base 60 exigeant 60 signes, on utilise le système décimal usuel pour les écrire.
• Les parenthèses déterminent un signe. Dans l'exemple précédent, (10) est considéré comme un seul signe.
• Le nombre $\overline{(10)(59)(30)}^{60}$ n'est donc constitué que de trois signes.

2-2 Utiliser la calculatrice

CASIO fx–92	TI-Collège plus
Touche de saisie de valeurs sexagésimales : 	Touche de saisie de valeurs sexagésimales : angle
Pour convertir **3 725 secondes** en heure, minute, seconde, il faut entrer 0 heure, 0 minute et 3 725 secondes avec la touche :   → 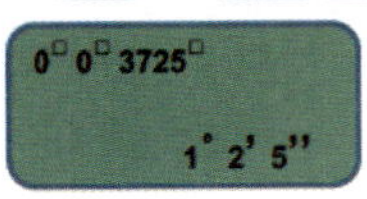 **On obtient : 1 heure 2 minutes 5 secondes.**	Pour convertir **3 725 secondes** en heure, minute, seconde, il faut entrer 0 heure, 0 minute et 3 725 secondes avec la touche : angle  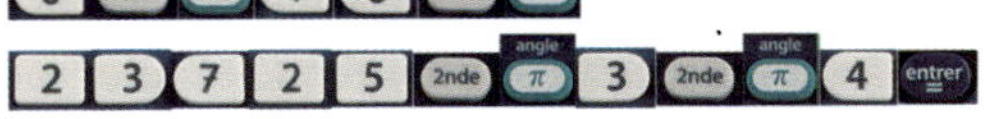 →  **On obtient : 1 heure 2 minutes 5 secondes.**
Pour convertir l'écriture décimale **1,125 heure** en écriture sexagésimale, il n'est pas nécessaire de rentrer 0 minute et 0 seconde : 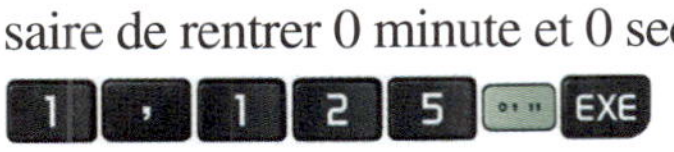 → 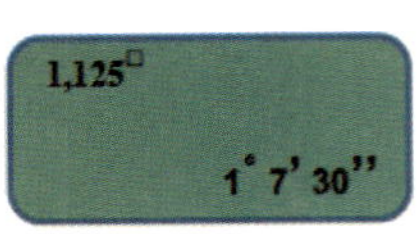 **On obtient :1 heure 7 minutes 30 secondes.**	Pour convertir l'écriture décimale **1,125 heure** en écriture sexagésimale, il n'est pas nécessaire de rentrer 0 minute et 0 seconde : 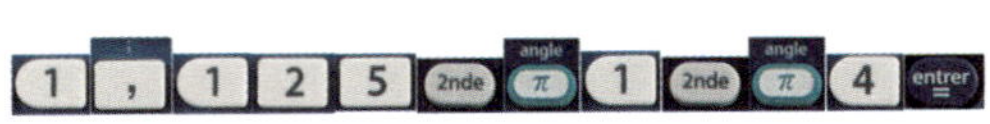 →  **On obtient :1 heure 7 minutes 30 secondes.**

CASIO fx–92	TI-Collège plus
Pour convertir **1 heure 19 minutes 12 secondes** en heure décimale : 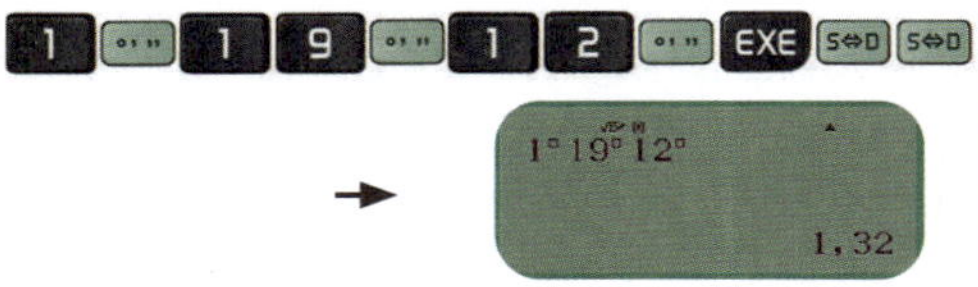 **On obtient : 1,32 heure.**	Pour convertir **1 heure 19 minutes 12 secondes** en heure décimale : 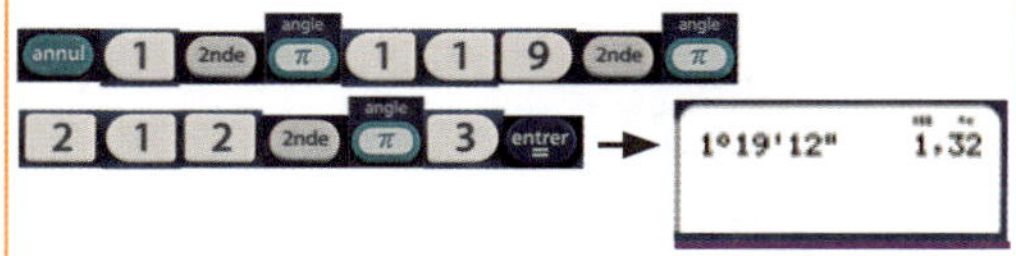 **On obtient : 1,32 heure.**

C Étude d'une numération additive : la numération romaine

Exemple 6

Nous utilisons toujours la numération romaine pour les dates et les chapitres des livres.
Le 21e siècle s'écrit aussi le XXIe siècle. Le chapitre 5 peut se noter : chapitre V.
2021 s'écrit MMXXI (écriture obtenue par décomposition additive :
1 000 + 1 000 + 10 + 10 + 1).

• La numération romaine utilise principalement sept signes appelés chiffres romains :
I = 1 ; V = 5 ; X = 10 ; L = 50 ; C = 100 ; D = 500 ; M = 1 000.
• Les chiffres juxtaposés écrits dans l'ordre décroissant s'additionnent.
• La numération romaine est une numération additive.

Plutôt que d'écrire 4 en juxtaposant quatre fois le signe I comme suit : IIII, la numération romaine applique une règle économique en écrivant IV (4 est obtenu par soustraction : 5 – 1 = 4).
De même, au lieu d'écrire 90 = LXXXX (50 + 10 + 10 + 10 + 10), cette règle permet d'écrire : 90 = XC (100 – 10).

• Quand un chiffre a, à sa gauche, un chiffre de valeur inférieure, il faut lui soustraire ce dernier.
• Cette règle permet d'éviter de répéter plus de trois fois le même chiffre dans l'écriture d'un nombre.

Remarques :
• La valeur d'un chiffre ne dépend pas de sa position.
• Il n'y a pas de signe équivalent à notre zéro.
• La numération romaine est peu appropriée pour représenter des grands nombres ou pour faire des opérations.

MÉTHODES

méthode 1 Traduire en écriture mathématique un énoncé d'arithmétique avec le système de numération décimal

Soit N un nombre entier naturel à trois chiffres tel que la somme de son chiffre des centaines et de son chiffre des unités est égale à son chiffre des dizaines.

Montrer que ce nombre est alors multiple de 11.

CORRIGÉ COMMENTÉ

En prenant 473, on a bien $4+3=7$ et on peut vérifier que 473 est bien multiple de 11 : $473=11\times 43$.
Mais on ne peut pas se contenter de traiter un ou plusieurs exemples pour montrer que cette propriété est vraie ; on va donc utiliser des lettres représentant les chiffres.

N s'écrit donc $\overline{cdu}$ avec c, d, u entiers compris entre 0 et 9 ($c \neq 0$).

Donc : $N=\overline{cdu}=100\times c+10\times d+u(*)$.

> **Conseils**
> - Pour résoudre ce genre d'exercice, il faut traduire l'expression : « Soit N un nombre entier naturel à trois chiffres » par $N=\overline{cdu}$ (c, d, u étant des entiers compris entre 0 et 9 avec $c \neq 0$).
> - Pour pouvoir travailler sur cette écriture, il faut utiliser la forme canonique : $N=\overline{cdu}=100\times c+10\times d+u$.

L'expression : « La somme de son chiffre des centaines et de son chiffre des unités est égale à son chiffre des dizaines » se traduit par $c+u=d$. On reporte cette valeur de d dans l'écriture (*).

D'où $N=100\times c+10\times(c+u)+u$

$=100\times c+10\times c+10\times u+u$

$=110\times c+11\times u$

$=11\times(10c+u)$.

On a montré que N est multiple de 11.

méthode 2 Coder dans une autre base un nombre écrit dans le système de numération usuel (base 10)

1. Donner l'écriture en base 4 du nombre 3 035.
2. Donner l'écriture en base 4 du nombre 770.

CORRIGÉ COMMENTÉ

1 **Pour convertir le nombre 3 035 en base 4, on va décomposer ce nombre selon les puissances de 4.**
On note : $4^0=1$; $4^1=4$; $4^2=16$; $4^3=64$; $4^4=256$; $4^5=1\,024$; $4^6=4\,096$.
4 096 (4^6) dépasse 3 035.

> **Écriture mathématique**
> Les nombres écrits dans notre système de numération usuel (base 10) seront codés sans barre.

On commence donc par chercher combien on peut faire de paquets de 1 024 (4^5) dans 3 035. On effectue, pour cela, la division euclidienne de 3 035 par 1 024 :
$3\,035=2\times 1\,024+987=2\times 4^5+987$.

> **Conseil**
> Quand on travaille dans une base, il est utile d'écrire au brouillon la valeur des premières puissances de la base (on veillera ici à dépasser le nombre 3 035).

Dans le reste 987, on va chercher combien on peut faire de paquets de 256 (4^4).
$987 = 3\times256 + 219 = 3\times4^4 + 219$. **On reporte cette décomposition de 987 dans l'égalité précédente.**
On obtient : $3\ 035 = 2\times4^5 + 3\times4^4 + 219$.

Dans le reste précédent (219), on va chercher combien on peut faire de paquets de 64 (4^3).
$219 = 3\times64 + 27 = 3\times4^3 + 27$. **On reporte cette décomposition de 219 dans l'égalité précédente.**
On obtient : $3\ 035 = 2\times4^5 + 3\times4^4 + 3\times4^3 + 27$.

Dans le reste précédent (27), on va chercher combien on peut faire de paquets de 16 (4^2).
$27 = 1\times16 + 11 = 1\times4^2 + 11$. **On reporte cette décomposition de 27 dans l'égalité précédente.**
On obtient : $3\ 035 = 2\times4^5 + 3\times4^4 + 3\times4^3 + 1\times4^2 + 11$.

Dans le reste précédent (11), on va chercher combien on peut faire de paquets de 4 (4^1).
$11 = 2\times4 + 3 = 2\times4^1 + 3$. **On reporte cette décomposition de 11 dans l'égalité précédente.**
On obtient : $3\ 035 = 2\times4^5 + 3\times4^4 + 3\times4^3 + 1\times4^2 + 2\times4^1 + 3$.
Donc : $3\ 035 = 2\times4^5 + 3\times4^4 + 3\times4^3 + 1\times4^2 + 2\times4^1 + 3\times4^0$
que l'on peut coder en base 4 : $3\ 035 = \overline{233123}^4$.

2 **4^5 étant supérieur à 770, on commence donc par chercher combien on peut faire de paquets de 256 (4^4) dans 770. On effectue, pour cela, la division euclidienne de 770 par 256 :**
$770 = 3\times256 + 2 = 3\times4^4 + 2$.
Dans le reste précédent 2, on ne peut pas faire de paquet de 4^3, ni de 4^2, ni de 4^1.
$770 = 3\times4^4 + 0\times4^3 + 0\times4^2 + 0\times4^1 + 2\times4^0$
que l'on peut donc coder en base 4 :
$770 = \overline{30002}^4$.

Attention !
Le codage $\overline{32}^4$ traduirait $3\times4^1 + 2\times4^0$.

Conseil
Même si la décomposition ne comporte pas de puissance à un certain exposant, il est préférable d'écrire quand même toutes les puissances, dans l'ordre décroissant, affectées du coefficient 0.

méthode 3 Convertir en base 10 un nombre écrit dans une autre base

1 Convertir en base 10 le nombre $\overline{136}^7$.
2 Convertir en base 10 le nombre $\overline{1011}^2$.

CORRIGÉ COMMENTÉ

1 Pour écrire le nombre $\overline{136}^7$ en base 10, il faut écrire sa décomposition canonique en référence à la base 7 :
$\overline{136}^7 = 6\times7^0 + 3\times7^1 + 1\times7^2 = 6\times1 + 3\times7 + 1\times49$
$= 6 + 21 + 49 = 76$.

Conseil
Il est préférable de commencer par la droite pour interpréter les chiffres constituant le nombre.

2 $\overline{1011}^2 = 1\times2^0 + 1\times2^1 + 0\times2^2 + 1\times2^3 = 1 + 2 + 0 + 8 = 11$.

ENTRAÎNEMENT

Se tester en 10 questions

→ Corrigés p. 51

Pour chaque question suivante, indiquez la (ou les) bonne(s) réponse(s).

1. Quel est le nombre de dizaines dans 7 536 ? a) 3 b) 753 c) 3×10
2. Quel est le chiffre des centaines dans le nombre 4 035 ? a) 40 b) 100 c) 0
3. Soit a un entier compris entre 1 et 9, en base 10 le nombre $\overline{aaaa}$ est égal à :
   a) a^4 b) $4 \times a$ c) $1\,111 \times a$
4. L'expression en base 5 du nombre $4 + 3 \times 5^2$ est : a) $\overline{304}^5$ b) $\overline{43}^5$ c) $\overline{34}^5$
5. En base 8, quel est le successeur de $\overline{77}^8$? a) $\overline{78}^8$ b) $\overline{177}^8$ c) $\overline{100}^8$
6. En base 4, quel est le prédécesseur de $\overline{100}^4$? a) $\overline{133}^4$ b) $\overline{99}^4$ c) $\overline{33}^4$
7. En base 60, comment code-t-on la somme $\overline{(30)}^{60} + \overline{(30)}^{60}$?
   a) $\overline{(01)(00)}^{60}$ b) $\overline{10}^{60}$ c) $\overline{(30)(30)}^{60}$
8. Comment code-t-on le nombre 880 dans la numération romaine ?
   a) CCMXXC b) CCCCCCCCXXXXXXXX c) DCCCLXXX
9. Comment code-t-on le nombre 990 dans la numération romaine ?
   a) DCCCCLXXXX b) CMXC c) XM
10. Comment peut-on traduire dans notre système de numération l'écriture en chiffres romains CMXL ?
    a) 1 160 b) 1 040 c) 940

Réponses : 1. b ; 2. c ; 3. c ; 4. a ; 5. c ; 6. c ; 7. a ; 8. c ; 9. b, c ; 10. c.

Échauffement

→ Corrigés p. 52

1 Distinguer nombre et chiffre

Déterminer le nombre entier naturel N sachant que :
- le nombre de centaines dans N est 23 ;
- le chiffre des dizaines de N est 7 ;
- le nombre M constitué des deux derniers chiffres (à droite) de N est multiple de 25.

1. a) Quel est le plus petit nombre N possible ?
b) Quel est le plus grand nombre N possible ?
c) Dresser la liste des nombres N pour lesquels le chiffre des milliers est 6.

2 Considérer la position du chiffre dans le nombre

Sujet de CRPE

Soit $N = \overline{mcdu}$ un nombre entier naturel écrit en base dix pour lequel $m > c > d > u > 0$.

2. On appelle N' le nombre entier obtenu à partir de N en permutant le chiffre des unités avec celui des unités de mille et le chiffre des centaines avec celui des dizaines.
On appelle D le nombre obtenu en faisant la différence $N - N'$.

a) Exprimer D en fonction de m, c, d et u.

b) Montrer que D est un multiple de 9.

c) Pour quelle(s) valeur(s) de N, D est-il maximum ? Quelle est la valeur maximale de D ?

d) Pour quelle(s) valeur(s) de N, D est-il minimum ? Quelle est la valeur minimale de D ?

3 Utiliser le codage en base 10 pour transcrire un énoncé en écriture mathématique

Sujet de CRPE

1. a) Soit N un nombre entier naturel à trois chiffres. Démontrer que si le nombre formé par le chiffre des dizaines et le chiffre des unités est divisible par 4, alors N est divisible par 4.
Par exemple, pour 732, comme 32 est divisible par 4, alors 732 est divisible par 4.

b) Cette règle fontionne-t-elle pour la divisibilité par 8, c'est-à-dire « Si le nombre formé par le chiffre des dizaines et le chiffre des unités d'un nombre N supérieur à 10 est divisible par 8 alors N est divisible par 8 » ?

2. On considère toujours un nombre entier naturel N à trois chiffres.

a) Calculer la différence entre N et la somme de ses chiffres.

b) Démontrer que si la somme de ses chiffres est divisible par 9, alors N l'est aussi.

3. Un nombre à trois chiffres a 4 pour chiffre des centaines. Ce nombre est 26 fois plus grand que le nombre à deux chiffres obtenu en enlevant le chiffre des centaines. Trouver ce nombre.

4 Additionner et multiplier dans une autre base que la base 10

Compléter, en base 5, les tables d'addition et de multiplication suivantes :

+	1	2	3	4
1				
2				
3				
4				

×	1	2	3	4
1				
2				
3				
4				

5 Savoir coder et décoder en base 60 (sexagésimale)

Sujet de CRPE

1. Écrire en base 10 le nombre dont l'écriture en base sexagésimale est : $\overline{(03)(00)(17)(48)}^{60}$.

2. Trouver l'écriture sexagésimale du nombre qui s'écrit 54 325 432 en base dix.

Pour réussir au concours

→ Corrigés p. 54

6 ★ 10 min *Sujet de CRPE*

Dans la tribu des Cincofiles, on a une manière particulière de compter. Lors d'un voyage dans cette tribu, un chercheur a ramené un certain nombre d'observations qu'il a retranscrites dans un carnet.
Voici ce qu'il a noté sur la manière de compter des Cincofiles :
– c'est une numération de position ;
– il n'y a que cinq symboles pour noter les nombres :

Symbole	•	I	Λ	▽	□
Valeur	0	1	2	3	4

– une observation :

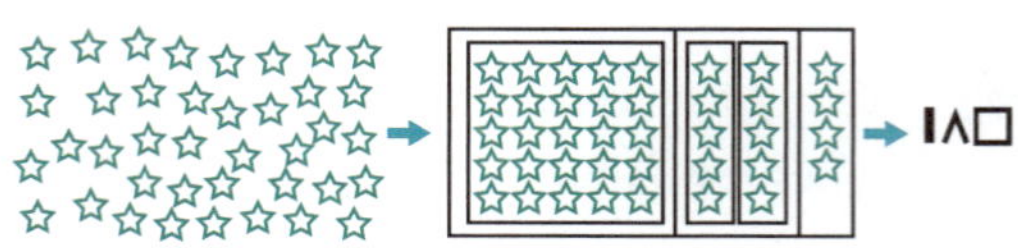

– des exemples de transcriptions :

I▽	□Λ	Λ•□	II▽□
8	22	54	169

1. En expliquant votre démarche :

a) Transcrire dans notre système de numération le nombre noté par les Cincofiles « □□□ ».

b) Transcrire dans le système Cincofile le nombre que nous notons 273.

2. Sans passer par une transcription dans notre système de numération décimale et en justifiant votre réponse, écrire :

a) Le nombre qui précède le nombre « ∇□• » dans le système Cincofile.

b) Le nombre qui suit le nombre « ∧□□ » dans le système Cincofile.
Ces deux derniers nombres seront donnés en écriture Cincofile.

7 ★★ 15 min *Sujet de CRPE*

Un nombre de trois chiffres est tel que :
– la différence entre ce nombre et le nombre retourné est 297 ;
– la somme des chiffres est 11 ;
– la somme du triple du chiffre des centaines et du double du chiffre des dizaines est 22.
Trouver ce nombre.
(Indication : si, par exemple, le nombre était 231, le nombre retourné serait 132.)

8 ★★ 15 min *Sujet de CRPE*

1. Déterminer la base a (si elle existe) dans laquelle $\overline{113}^a = \overline{21}^a + \overline{32}^a$.

2. Déterminer la base b (si elle existe) dans laquelle $\overline{26}^b + \overline{12}^b = \overline{43}^b$.

9 ★★ 15 min *Sujet de CRPE*

1. Montrer que si 7 est un diviseur commun aux deux entiers naturels $\overline{ab}$ et $\overline{bc}$, alors 7 divise également le nombre $\overline{ca}$.

2. En déduire que, dans ce cas, le nombre $\overline{abbcca}$ est divisible par 7.

10 ★★ 10 min

Soit N un nombre entier dont l'écriture sexagésimale est $\overline{(\overline{ab})(\overline{ba})}^{60}$, a et b étant deux chiffres de notre système de numération en base 10.

1. Quelles conditions doivent vérifier a et b pour que l'écriture $\overline{(\overline{ab})(\overline{ba})}^{60}$ soit correcte ?

2. On suppose désormais que N est un multiple de 5. Que peut-on en déduire à propos de l'écriture sexagésimale de N ?

11 ★★ 15 min *Sujet de CRPE*

1. a) Quel nombre entier est représenté par $\overline{132}^6$?

b) Ce nombre est-il multiple de 6 ? Est-il multiple de 2 ?

2. Montrer que $\overline{324}^6$, $\overline{222}^6$ et $\overline{550}^6$ sont multiples de 2. Sont-ils multiples de 6 ?

3. a) Montrer que $\overline{abc}^6$ est multiple de 2 si $c = 0$ ou $c = 2$ ou $c = 4$.

b) À quelle condition est-il multiple de 6 ?

4. Énoncer les théorèmes de divisibilité par 6 et par 2 à partir de l'écriture en base six d'un nombre.

5. a) Montrer que $\overline{325}^6$, $\overline{212}^6$ et $\overline{555}^6$ sont multiples de 5.

b) Quel critère de divisibilité par 5 pourrait-on énoncer ?
On pourra éventuellement remarquer que la base est égale à $5+1$.

12 ★★★ 30 min *Sujet de CRPE*

L'écriture en base 3 d'un nombre n positif est de la forme $\overline{a_k a_{k-1} \ldots a_1 a_0}^3$ avec :
– k entier naturel ;
– les termes $a_k, a_{k-1}, \ldots a_1, a_0$ entiers compris entre 0 et 2 ;
– $a_k > 0$ sauf si $n = 0$ (auquel cas, $k = 0$ et $a_0 = 0$) ;
– $n = a_k 3^k + a_{k-1} 3^{k-1} + \ldots + a_1 3 + a_0$.
Les termes $a_k, a_{k-1}, \ldots a_1, a_0$ sont alors appelés les chiffres de l'écriture en base 3 de n.

1. a) Vérifier que l'écriture en base 3 de 11 est $\overline{102}^3$.

b) Quelle est l'écriture en base 3 du nombre 74 ?

c) Que peut-on dire d'un nombre dont l'écriture en base 3 se termine par le chiffre 0 ?

2. On s'intéresse aux nombres entiers n dont aucun chiffre de l'écriture en base 3 ne prend la valeur 2.
On appellera ces nombres des entiers 2-lacunaires.

Par exemple $12=\overline{110}^{3}$ est 2-lacunaire alors que $19=\overline{201}^{3}$ ne l'est pas.

a) Déterminer le nombre d'entiers 2-lacunaires compris entre 0 et 100.

b) À quelle condition nécessaire et suffisante un nombre 2-lacunaire possédant 4 chiffres en base 3 est-il divisible par 2 ?

3. On appelle nombres 1-lacunaires les nombres entiers n dont aucun chiffre de l'écriture en base 3 ne prend la valeur 1.

a) Montrer que tout entier 1-lacunaire est le double d'un entier 2-lacunaire.

b) Montrer que tout entier peut se décomposer comme la somme d'un entier 2-lacunaire et d'un entier 1-lacunaire.

c) Montrer que cette décomposition n'est pas toujours unique.

Se tester en 10 questions

→ Énoncés p. 47

1 **Réponse b.** $7\,536 = 753 \times 10 + 6$. Donc le nombre de dizaines est 753.

2 **Réponse c.** Dans notre système positionnel, le chiffre des centaines d'un nombre entier est le troisième chiffre à partir de la droite. Dans 4 035, le chiffre des centaines est donc 0.

3 **Réponse c.** Soit a un entier compris entre 1 et 9, en base 10 le nombre :
$\overline{aaaa} = 1\,000a + 100a + 10a + a = 1\,111a$.

4 **Réponse a.** L'expression en base 5 du nombre $4 + 3 \times 5^2$ est :
$4 + 3 \times 5^2 = 3 \times 5^2 + 0 \times 5^1 + 4 \times 5^0 = \overline{304}^5$.

Pour les questions 5 et 6, on peut procéder par analogie avec la base dix en remarquant qu'en base huit, 7 joue le rôle tenu par 9 dans la base dix et, qu'en base quatre, 3 joue le rôle tenu par 9 dans la base dix.
Ainsi, sachant que le successeur de 99 est 100, par analogie, en base huit, le successeur de $\overline{77}^8$ est $\overline{100}^8$.
De même, sachant que le prédécesseur de 100 est 99, par analogie, en base quatre, le prédécesseur de $\overline{100}^4$ est $\overline{33}^4$.

5 **Réponse c.** $\overline{77}^8$ représente 7 paquets de huit et 7 unités simples. En ajoutant une unité pour obtenir le successeur, on obtient 8 unités simples donc un nouveau paquet de huit. On a donc 8 paquets de huit, soit un paquet de huit paquets de huit.
Après ce regroupement, il reste alors 0 paquet de huit et 0 unité simple isolés.

$$\overline{77}^8 + 1 = (7 \times 8^1 + 7) + 1 = 7 \times 8^1 + 7 + 1 = 7 \times 8^1 + 8 = 8 \times 8^1$$
$$= 8^2 = 1 \times 8^2 + 0 \times 8^1 + 0 \times 8^0 = \overline{100}^8.$$

6 **Réponse c.** $\overline{100}^4$ représente 1 paquet de 4 paquets de quatre.
Pour retrancher une unité, il faut ouvrir le paquet de 4 paquets de quatre, prélever un paquet de quatre, l'ouvrir et enlever une unité. Il reste donc 3 paquets de quatre et 3 unités soit : $\overline{33}^4$.
$\overline{100}^4 - 1 = 1 \times 4^2 - 1 = 16 - 1 = 15 = 3 \times 4 + 3 = 3 \times 4^1 + 3 \times 4^0 = \overline{33}^4$.

7 **Réponse a.** $\overline{(30)}^{60} + \overline{(30)}^{60} = 30 + 30 = 60 = 1 \times 60^1 + 0 \times 60^0 = \overline{(01)(00)}^{60}$.

8 **Réponse c.** $880 = 800 + 80 = 500 + 100 + 100 + 100 + 50 + 10 + 10 + 10$.
$880 = \text{DCCCLXXX}$.

9 **Réponse b et c .** Deux solutions de codage :
$990 = 900 + 90 = (1\,000 - 100) + (100 - 10) = \text{CMXC}$;
$990 = 1\,000 - 10 = \text{XM}$.

10 **Réponse c.** C étant placé avant le M et étant de valeur inférieure, l'écriture CM signifie : $1\,000 - 100 = 900$.
X étant placé avant le L et étant de valeur inférieure, l'écriture XL signifie : $50 - 10 = 40$.
CMXL signifie donc $900 + 40 = 940$.

Échauffement

→ Énoncés p. 47

1 **Rappel : Les nombres sont écrits avec des signes appelés chiffres. Notre système utilise 10 chiffres pour écrire tous les nombres (0 ; 1 ; 2 ; 3 ; 4 ; 5 ; 6 ; 7 ; 8 ; 9).**
25 est un nombre écrit avec les chiffres 2 et 5.
5 peut être considéré comme un nombre écrit avec le chiffre 5.
« le nombre de centaines dans N est 23 » se traduit par : $N = \overline{23du}$ (d et u étant des entiers compris entre 0 et 9).
« le chiffre des dizaines de N est 7 » se traduit par : $d = 7$, donc $N = \overline{237u}$.
« le nombre M constitué des deux derniers chiffres (à droite) de N est multiple de 25 » se traduit par : $M = \overline{7u}$ multiple de 25, donc $M = 75$. **(75 est le seul nombre à deux chiffres multiple de 25 et ayant 7 comme chiffre des dizaines.)**
D'où : $N = 2\ 375$.

2 **Dans notre système de numération décimal, quand il n' y a pas d'ambiguïté, la notation avec la barre n'est utilisée que lorsque les chiffres sont représentés par des lettres.**

1. a) La contrainte $m > c > d > u > 0$ impose à u une valeur minimale de 1 donc à d une valeur minimale de 2, 3 pour c et 4 pour m.
Le plus petit nombre possible pour N est donc : 4 321.

b) En donnant 9 comme valeur à m pour que N soit maximum, la contrainte $m > c > d > u > 0$ impose de choisir comme valeur maximale 8 pour c, 7 pour d et 6 pour u.
Le plus grand nombre possible pour N est donc : 9 876.

c) Toujours en tenant compte de la contrainte $m > c > d > u > 0$, la liste des nombres N pour lesquels le chiffre des milliers est 6 est :
6 543 ; 6 542 ; 6 541 ; 6 532 ; 6 531 ; 6 521 ; 6 432 ; 6 431 ; 6 421 ; 6 321.

2. On a donc $N = \overline{mcdu}$ et $N' = \overline{udcm}$.
Rappel : Pour pouvoir travailler avec les nombres écrits en base 10 avec la barre, il faut les traduire à l'aide de la décomposition canonique.

a) $N = \overline{mcdu} = 1\ 000m + 100c + 10d + u$
et $N' = \overline{udcm} = 1\ 000u + 100d + 10c + m$.

$$\begin{aligned} D &= N - N' \\ &= (1\ 000m + 100c + 10d + u) \\ &\quad - (1\ 000u + 100d + 10c + m) \\ &= 1\ 000m + 100c + 10d + u - 1\ 000u - 100d \\ &\quad - 10c - m. \end{aligned}$$

$D = N - N' = 999m + 90c - 90d - 999u$.

b)
$$\begin{aligned} D &= 999m + 90c - 90d - 999u \\ &= 999(m-u) + 90(c-d) \\ &= 9[111(m-u) + 10(c-d)]. \end{aligned}$$

Comme $m > u$, on a : $(m-u) > 0$.
Comme $c > d$, on a : $(c-d) > 0$.
$[111(m-u) + 10(c-d)]$ est donc un entier naturel, on l'appellera K.
On peut donc écrire $D = 9 \times K$.
D est donc un multiple de 9.

c) L'expression de D : $9[111(m-u) + 10(c-d)]$ montre que pour que D soit maximum, il faut prioritairement que $(m-u)$ soit le plus grand possible car $(m-u)$ est multiplié par 111 alors que $(c-d)$ n'est multiplié que par 10.
On choisit donc $m = 9$ et $u = 1$.
On peut maintenant rendre $(c-d)$ le plus grand possible en tenant compte de la contrainte $m > c > d > u > 0$. On choisit donc $c = 8$ et $d = 2$ pour avoir la plus grande différence.
Pour que D soit maximum, il faut que $N = 9\ 821$.
D vaut alors :
$9[111(9-1) + 10(8-2)] = 9(888 + 60)$.
$D = 8\ 532$.

d) Pour que D soit minimum, il faut prioritairement que $(m-u)$ soit le plus petit possible.
On choisit donc $(m-u) = 3$. On a plusieurs cas possibles :
– Si on choisit $m = 9$ et $u = 6$, le choix de $c = 8$ et $d = 7$ s'impose et donc $N = 9\ 876$.
– Si on choisit $m = 8$ et $u = 5$, le choix de $c = 7$ et $d = 6$ s'impose et donc $N = 8\ 765$.
– Si on choisit $m = 7$ et $u = 4$, le choix de $c = 6$ et $d = 5$ s'impose et donc $N = 7\ 654$.
– Si on choisit $m = 6$ et $u = 3$, le choix de $c = 5$ et $d = 4$ s'impose et donc $N = 6\ 543$.
– Si on choisit $m = 5$ et $u = 2$, le choix de $c = 4$ et $d = 3$ s'impose et donc $N = 5\ 432$.
– Si on choisit $m = 4$ et $u = 1$, le choix de $c = 3$ et $d = 2$ s'impose et donc $N = 4\ 321$.
On remarque que l'on a toujours $(c-d) = 1$, donc $D = 9[111(3) + 10(1)] = 9(333 + 10)$.
$D = 3\ 087$.

3 **1. a)** N s'écrit $\overline{cdu}$ avec c, d, u entiers compris entre 0 et 9 ($c \neq 0$).
Si $\overline{du}$ est divisible par 4, cela signifie qu'il existe un entier k tel que $\overline{du} = 4 \times k$, c'est-à-dire :
$\overline{du} = 10d + u = 4 \times k$.
Or $N = \overline{cdu} = 100c + 10d + u = 100c + 4 \times k$. **(On a remplacé $10d + u$ par $4 \times k$.)**
D'où : $N = 4(25c + k)$. **(On a mis 4 en facteur.)**
N est écrit sous la forme de 4 multiplié par un nombre donc :
N est divisible par 4.

b) Cette règle ne fonctionne pas pour la divisibilité par 8. Il suffit de trouver un contre-exemple. Prenons le nombre 116 : on a 16 divisible par 8, or 116 n'est pas divisible par 8.

2. a) Soit $N = \overline{cdu} = 100c + 10d + u$, la différence entre N et la somme de ses chiffres est :

$100c + 10d + u - (c + d + u)$
$= 100c + 10d + u - c - d - u$
$= 99c + 9d = 9(11c + d)$.

b) On a donc :
$100c + 10d + u - (c + d + u) = 9(11c + d)$
c'est-à-dire : $N - (c + d + u) = 9(11c + d)$.

En faisant passer $(c + d + u)$ à droite de l'égalité, on obtient :

$N = (c + d + u) + 9(11c + d)$.

Si $(c + d + u)$ est divisible par 9, cela veut dire qu'il existe un entier k tel que : $(c + d + u) = 9 \times k$.

En reportant dans l'expression de N au-dessus, on obtient :

$N = 9 \times k + 9(11c + d) = 9(k + 11c + d)$ alors N est divisible par 9.

3. On appelle N le nombre à trois chiffres cherché. N s'écrit donc $\overline{cdu}$ avec c, d, u entiers compris entre 0 et 9 ($c \neq 0$).

« Le nombre a 4 pour chiffre des centaines » se traduit par :

$N = \overline{4du}$.

« Ce nombre est 26 fois plus grand que le nombre à deux chiffres obtenu en enlevant le chiffre des centaines » se traduit par :

$\overline{4du} = 26 \times \overline{du}$ soit :
$4 \times 100 + 10d + u = 26 \times (10d + u)$.

En distribuant 26, on obtient :

$4 \times 100 + 10d + u = 260d + 26u$.

En regroupant les termes, on obtient :

$400 = 250d + 25u$. Équation (1)

Pour résoudre cette équation, il y a ici deux méthodes :

Méthode 1 : On sait que d et u sont des entiers compris entre 0 et 9.
d ne peut pas être supérieur ou égal à 2 car $250 \times 2 = 500$ dépasse 400.
d a donc deux valeurs possibles : 0 ou 1.
Si $d = 0$, l'équation (1) devient $400 = 25u$ et donc $\frac{400}{25} = u$, soit $u = 16$, ce qui est impossible car u est compris entre 0 et 9.
Donc $d = 1$ et l'équation (1) devient :
$400 = 250 + 25u$,
soit $150 = 25\ u$,
soit $\frac{150}{25} = u$, donc $u = 6$.
Le nombre cherché est 416.

Méthode 2 : L'équation (1) peut s'écrire $400 = 25 \times (10\ d + u)$,
soit $400 = 25 \times \overline{du}$ et donc $\frac{400}{25} = \overline{du}$,
d'où $\overline{du} = 16$. Donc le nombre cherché est 416.

4 Rappel : En base 5 on n'utilise que cinq signes pour écrire tous les nombres : 0 ; 1 ; 2 ; 3 ; 4.
Notation : Quand l'écriture d'un nombre a la même signification qu'en base 10, la barre n'est pas nécessaire. Pour trouver le résultat de $4 + 3$, on calcule en base 10, puis on convertit en base 5 à l'aide de la décomposition en puissance de 5 :
$4 + 3 = 7 = 1 \times 5 + 2 = 1 \times 5^1 + 2 = \overline{12}^5$.
De même, pour calculer 4×3, on trouve :
$12 = 2 \times 5 + 2 = 2 \times 5^1 + 2 = \overline{22}^5$.

On obtient donc en base 5 :

+	1	2	3	4
1	2	3	4	$\overline{10}^5$
2	3	4	$\overline{10}^5$	$\overline{11}^5$
3	4	$\overline{10}^5$	$\overline{11}^5$	$\overline{12}^5$
4	$\overline{10}^5$	$\overline{11}^5$	$\overline{12}^5$	$\overline{13}^5$

×	1	2	3	4
1	1	2	3	4
2	2	4	$\overline{11}^5$	$\overline{13}^5$
3	3	$\overline{11}^5$	$\overline{14}^5$	$\overline{22}^5$
4	4	$\overline{13}^5$	$\overline{22}^5$	$\overline{31}^5$

5 Il est préférable de commencer par la droite pour interpréter les chiffres constituant le nombre.

1. $\overline{(03)(00)(17)(48)}^{60}$
$= 48 + 17 \times 60^1 + 0 \times 60^2 + 3 \times 60^3$
$= 649\,068$.

2. On écrit les puissances successives de 60 jusqu'à dépasser 54 325 432.
$60^5 = 777\,600\,000 ; 60^4 = 12\,960\,000 ; 60^3 = 216\,000 ;$
$60^2 = 3\,600\ ; 60^1 = 60$.
On effectue la division euclidienne de 54 325 432 par 12 960 000 (60^4).
$54\,325\,432 = 4 \times 12\,960\,000 + 2\,485\,432$
$= 4 \times 60^4 + 2\,485\,432$ (1)
On effectue la division euclidienne de 2 485 432 par 216 000 (60^3).
$2\,485\,432 = 11 \times 216\,000 + 109\,432$
$= 11 \times 60^3 + 109\,432$
En remplaçant dans (1), on obtient :
$54\,325\,432 = 4 \times 60^4 + 11 \times 60^3 + 109\,432$ (2)
On effectue la division euclidienne de 109 432 par 3 600 (60^2).
$109\,432 = 30 \times 3\,600 + 1\,432 = 30 \times 60^2 + 1\,432$
En remplaçant dans (2), on obtient :
$54\,325\,432$
$= 4 \times 60^4 + 11 \times 60^3 + 30 \times 60^2 + 1\,432$ (3)
On effectue la division euclidienne de 1 432 par 60 (60^1).
$1\,432 = 23 \times 60 + 52$
En remplaçant dans (3), on obtient :
$54\,325\,432 = 4 \times 60^4 + 11 \times 60^3 + 30 \times 60^2$
$+ 23 \times 60^1 + 52$
Soit $54\,325\,432 = \overline{(04)(11)(30)(23)(52)}^{60}$.

Pour réussir au concours

→ Énoncés p. 48

6 Le système Cincofile est une numération de position en base 5, les signes utilisés pour les chiffres diffèrent des chiffres de notre système.

On rappelle :

Symbole	●	I	∧	▽	□
Valeur	0	1	2	3	4

1. a) Le nombre « □□□ » se traduit donc par : $4\times5^2+4\times5^1+4\times1=4\times25+4\times5+4=124$.

b) 273 peut s'écrire : $2\times125+4\times5+3=2\times5^3+0\times5^2+4\times5^1+3$.
On peut donc l'écrire dans le système Cincofile ∧●□▽.

2. a) Le nombre qui précède « ▽□● » est obtenu en enlevant une unité. Comme il y a 0 au rang des unités, il faut « casser » un paquet de cinq et prélever une unité. Il ne restera donc que 3 paquets de cinq et 4 unités isolées (les groupements de 25 n'ont pas été impactés).
Le nombre qui précède « ▽□● » est donc « ▽▽□ ».

b) Le successeur de « ∧□□ » est obtenu en ajoutant une unité. Comme il y a 4 au rang des unités, on forme un paquet de plus de cinq et il reste zéro unité isolée. Or il y a 4 au rang des paquets de cinq ; on forme donc un paquet de 25 de plus et il reste zéro au rang des paquets de cinq.
Le nombre qui suit « ∧□□ » est donc « ▽●● ».

7 On appelle N le nombre à trois chiffres cherché. N s'écrit donc $\overline{cdu}$ avec c, d, u entiers compris entre 0 et 9 ($c \neq 0$).

« La différence entre ce nombre et le nombre retourné est 297 » se traduit par :
$\overline{cdu}-\overline{udc}=297$,
soit $(100c+10d+u)-(100u+10d+c)=297$.

En enlevant les parenthèses, on obtient :
$100c+10d+u-100u-10d-c=297$,
soit $99c-99u=297$.

En divisant les deux membres par 99, on obtient :
$c-u=3$. (1)

« La somme des chiffres est 11 » se traduit par :
$c+d+u=11$. (2)

« La somme du triple du chiffre des centaines et du double du chiffre des dizaines est 22 » se traduit par :
$3c+2d=22$. (3)

***c, d, u* doivent être solutions des trois équations précédentes.**

Les équations (1), (2), (3) forment le système :

$$\begin{cases} c-u=3 \\ c+d+u=11 \\ 3c+2d=22 \end{cases}$$

On exprime *u* en fonction de *c* dans la première équation :

$$\begin{cases} c-3=u \\ c+d+u=11 \\ 3c+2d=22 \end{cases}$$

On remplace cette valeur de *u* dans la deuxième équation pour obtenir un sous-système de deux équations à deux inconnues :

$$\begin{cases} c-3=u \\ \begin{cases} c+d+(c-3)=11 \\ 3c+2d=22 \end{cases} \end{cases}$$

Ce qui équivaut à :

$$\begin{cases} c-3=u \\ \begin{cases} 2c+d=14 \\ 3c+2d=22 \end{cases} \end{cases}$$

On multiplie la deuxième équation par 2 :

$$\begin{cases} c-3=u \\ \begin{cases} 4c+2d=28 \\ 3c+2d=22 \end{cases} \end{cases}$$

On soustrait la troisième équation à la deuxième et on conserve la deuxième équation (simplifiée) :

$$\begin{cases} c-3=u \\ \begin{cases} c=6 \\ 2c+d=14 \end{cases} \end{cases}$$

En remplaçant la valeur de *c* dans la première et la troisième équation, on obtient :

$$\begin{cases} u=3 \\ c=6 \\ d=2 \end{cases}$$

Donc le nombre cherché est $N = 623$.

8 **1.** La présence du chiffre 3 dans l'écriture de $\overline{113}^a=\overline{21}^a+\overline{32}^a$ montre que la base a si elle existe est strictement supérieure à 3.
L'équation se traduit par :
$1\times a^2+1\times a^1+3=2\times a^1+1+3\times a^1+2$,
ce qui équivaut à : $a^2-4a=0$,
c'est-à-dire : $a(a-4)=0$.
Cette équation produit a deux solutions, 0 et 4. La solution 0 est impossible car la base a doit être strictement supérieure à 3.
La base cherchée est donc $a=4$.

2. La présence du chiffre 6 dans l'écriture de $\overline{26}^b+\overline{12}^b=\overline{43}^b$ montre que la base b si elle existe est strictement supérieure à 6.
L'équation se traduit par :
$2\times b^1+6+1\times b^1+2=4\times b^1+3$,

ce qui équivaut à : $5 = b$, ce qui est impossible car la base b doit être supérieure à 6.
Il n'existe donc pas de base b qui vérifie cette équation.

9 **1.** **« 7 est un diviseur commun aux deux entiers naturels $\overline{ab}$ et $\overline{bc}$ » se traduit par :**
Il existe alors un entier naturel K et un entier naturel K' tel que :
$\overline{ab} = 7\ K$, soit $10\ a + b = 7K$ (1) et
$\overline{bc} = 7K'$, soit $10b + c = 7K'$ (2).
$\overline{ca}$ s'écrit $10c + a$ (3).
De l'équation (2), on tire : $c = 7K' - 10b$.
En multipliant par 10, on obtient :
$10c = 70K' - 100b$ **que l'on remplace dans l'expression (3). On obtient :**
$\overline{ca} = 10c + a = 70K' - 100b + a$ (4).
De l'équation (1), on tire : $b = 7K - 10a$ **que l'on remplace dans (4). On obtient :**

$$\begin{aligned}\overline{ca} &= 70K' - 100(7K - 10a) + a\\ &= 70K' - 700K + 1\,000a + a\\ &= 70K' - 700K + 1\,001a.\end{aligned}$$

D'où, **en mettant 7 en facteur**, on obtient : $\overline{ca} = 7(10K' - 100K + 143a)$ (5).
Donc $\overline{ca}$ est divisible par 7.

2. $\overline{abbcca}$ peut s'écrire $\overline{ab} \times 10\,000 + \overline{bc} \times 100 + \overline{ca}$.
D'après (1), (2) et (5), on obtient :

$$\begin{aligned}\overline{abbcca} &= 7K \times 10\,000 + 7K' \times 100\\ &\quad + 7(10K' - 100K + 143a)\\ \overline{abbcca} &= 7 \times [K \times 10\,000 + K' \times 100\\ &\quad + (10K' - 100K + 143a)].\end{aligned}$$

Donc $\overline{abbcca}$ est aussi divisible par 7.

10 **1.** Pour que l'écriture $\overline{(\overline{ab})(\overline{ba})}^{60}$ soit correcte, il faut que chaque signe $(\overline{ab})$ et $(\overline{ba})$ soit inférieur strictement à (60), donc que a et b soient inférieurs strictement à 6.

2. $N = (\overline{ab}) \times 60 + (\overline{ba})$. On peut en déduire :
$N - (\overline{ab}) \times 60 = (\overline{ba})$.
Si N est multiple de 5, comme 60 est multiple de 5, $N - (\overline{ab}) \times 60$ est multiple de 5, soit $(\overline{ba})$ est multiple de 5, et donc a est multiple de 5.
On peut conclure que a vaut 0 ou 5.
D'où $N = \overline{(\overline{0b})(\overline{b0})}^{60}$ ou $N = \overline{(\overline{5b})(\overline{b5})}^{60}$.

11 **1. a)** $\overline{132}^{6} = 1 \times 6^2 + 3 \times 6^1 + 2$
$= 36 + 18 + 2 = 56.$

b) 56 n'est pas multiple de 6 mais est multiple de 2 : $56 = 2 \times 28$.

2. $\overline{324}^{6} = 3 \times 6^2 + 2 \times 6^1 + 4 = 124$, multiple de 2, mais pas de 6.
$\overline{222}^{6} = 2 \times 6^2 + 2 \times 6^1 + 2 = 86$, multiple de 2, mais pas de 6.
$\overline{550}^{6} = 5 \times 6^2 + 5 \times 6^1 + 0 = 210$, multiple de 2 et multiple de 6. **($210 = 6 \times 35$)**

3. a) $\overline{abc}^{6} = a \times 6^2 + b \times 6^1 + c = 36a + 6b + c$
$= 2 \times (18a + 3b) + c.$
(On a écrit $\overline{abc}^{6}$ comme somme d'un multiple de 2 et de c).
– Si $c = 0$ ou $c = 2$ ou $c = 4$, c est multiple de 2. La somme de deux multiples de 2 étant multiple de 2, $\overline{abc}^{6}$ est alors multiple de 2.
– Si $\overline{abc}^{6}$ est multiple de 2, alors $\overline{abc}^{6} - 2 \times (18a + 3b) = c$ est multiple de 2 et, comme c est un entier compris entre 0 et 5, on en déduit que $c = 0$ ou $c = 2$ ou $c = 4$.
Pour que $\overline{abc}^{6}$ soit un multiple de 2, il faut et il suffit que $c = 0$ ou $c = 2$ ou $c = 4$.

b) $\overline{abc}^{6} = a \times 6^2 + b \times 6^1 + c = 36a + 6b + c$
$= 6 \times (6a + b) + c.$
– Si $\overline{abc}^{6}$ est multiple de 6, alors $\overline{abc}^{6} - 6 \times (6a + b) = c$ est multiple de 6.
– Si c est multiple de 6, alors $6 \times (6a + b) + c = \overline{abc}^{6}$ est multiple de 6.
– c multiple de 6 équivaut à $c = 0$ car c est un entier compris entre 0 et 5.
Pour que $\overline{abc}^{6}$ soit un multiple de 6, il faut et il suffit que $c = 0$.

4. On voit facilement à partir des décompositions canoniques en base 6 que l'on peut généraliser les résultats de la question **3** qui se cantonnaient à un nombre à trois chiffres.
Un nombre écrit en base 6 se divise par 2 si et seulement si son premier chiffre en partant de la droite est 0 ou 2 ou 4.
Un nombre écrit en base 6 se divise par 6 si et seulement si son premier chiffre en partant de la droite est 0.

5. a) $\overline{325}^{6} = 3 \times 6^2 + 2 \times 6^1 + 5 = 125$ est multiple de 5.
$\overline{212}^{6} = 2 \times 6^2 + 1 \times 6^1 + 2 = 80$ est multiple de 5.
$\overline{555}^{6} = 5 \times 6^2 + 5 \times 6^1 + 5 = 215$ est multiple de 5.

b) Essayons de trouver un critère de divisibilité par 5 pour un nombre à trois chiffres en base 6.

$$\begin{aligned}\overline{abc}^{6} &= a \times 6^2 + b \times 6^1 + c\\ &= a \times 6 \times (5+1) + b \times (5+1) + c\\ &= 5 \times (6a + b) + 6a + b + c\\ &= 5 \times (6a + b) + 5a + a + b + c\\ &= 5 \times (6a + b + a) + a + b + c\\ &= 5 \times (7a + b) + a + b + c.\end{aligned}$$

Donc $\overline{abc}^{6} = 5 \times (7a + b) + a + b + c$.
– Si $a + b + c$ est multiple de 5, alors $5 \times (7a + b) + a + b + c = \overline{abc}^{6}$ est multiple de 5.
– Si $\overline{abc}^{6}$ est multiple de 5 alors $\overline{abc}^{6} - 5 \times (7a + b) = a + b + c$ est multiple de 5.
Donc $\overline{abc}^{6}$ est divisible par 5 si et seulement si la somme de ses chiffres $a + b + c$ est divisible par 5.
On peut généraliser le critère : un nombre écrit en base 6 est divisible par 5 si la somme de ses chiffres est divisible par 5.

12 **1.** On écrit les premières puissances de 3 : $3^1 = 3$; $3^2 = 9$; $3^3 = 27$; $3^4 = 81$; $3^5 = 243$.

a) $11 = 9 + 2 = 1 \times 3^2 + 0 \times 3^1 + 2 = \overline{102}^3$

b) $74 = 2 \times 27 + 20 = 2 \times 3^3 + 20$.
$20 = 2 \times 9 + 2 = 2 \times 3^2 + 2$.

On remplace cette décomposition de 20 dans l'égalité précédente :

$$74 = 2 \times 3^3 + 2 \times 3^2 + 2$$
$$= 2 \times 3^3 + 2 \times 3^2 + 0 \times 3^1 + 2 = \overline{2202}^3.$$

c) Un nombre dont l'écriture en base 3 se termine par le chiffre 0 s'écrit :

$$\overline{a_k\ a_{k-1}\ \dots\ a_1 0}^3 = a_k 3^k + a_{k-1} 3^{k-1} + \dots + a_1 3^1 + 0.$$

On peut mettre 3 en facteur :

$$\overline{a_k\ a_{k-1}\ \dots\ a_1 0}^3 = 3 \times \left(a_k 3^{k-1} + a_{k-1} 3^{k-2} + \dots + a_1\right).$$

Donc ce nombre est multiple de 3.

2. a) **On cherche le nombre d'entiers compris entre 0 et 100 en base 10 qui sont 2-lacunaires en base 3.**
100 s'écrit :

$$1 \times 3^4 + 0 \times 3^3 + 2 \times 3^2 + 0 \times 3^1 + 1 = \overline{10201}^3.$$

Donc en base 3, on cherche les entiers compris entre 0 et $\overline{10201}^3$ qui sont 2-lacunaires.

- **Les nombres à cinq chiffres 2-lacunaires doivent avoir comme chiffres à gauche 1 puis 0 pour être inférieurs à $\overline{10201}^3$.**

En plaçant 1 comme troisième chiffre à partir de la gauche, on dénombre :

$\overline{10100}^3$; $\overline{10101}^3$; $\overline{10110}^3$; $\overline{10111}^3$.

En plaçant 0 comme troisième chiffre à partir de la gauche, on dénombre :

$\overline{10000}^3$; $\overline{10001}^3$; $\overline{10010}^3$; $\overline{10011}^3$.

- **Les nombres à quatre chiffres doivent avoir 1 comme premier chiffre à gauche.**

En plaçant 1 comme deuxième chiffre à partir de la gauche, on dénombre :

$\overline{1100}^3$; $\overline{1101}^3$; $\overline{1110}^3$; $\overline{1111}^3$.

En plaçant 0 comme deuxième chiffre à partir de la gauche, on dénombre :

$\overline{1000}^3$; $\overline{1001}^3$; $\overline{1010}^3$; $\overline{1011}^3$.

- **Les nombres à trois chiffres doivent avoir 1 comme premier chiffre à gauche. On dénombre :**

$\overline{110}^3$; $\overline{111}^3$; $\overline{100}^3$; $\overline{101}^3$.

- **On dénombre deux nombres à deux chiffres :**

$\overline{10}^3$; $\overline{11}^3$.

- **On dénombre deux nombres à un chiffre :** 0 ; 1.

Il y a donc 24 nombres 2-lacunaires compris entre 0 et 100.

b) Un nombre 2-lacunaires N à quatre chiffres s'ecrit :

$$N = \overline{1a_2a_1a_0}^3$$
$$= 3^3 + a_2 3^2 + a_1 3^1 + a_0$$
$$= 27 + 9a_2 + 3a_1 + a_0$$

avec a_0 ; a_1 ; a_2 pouvant prendre les valeurs 0 ou 1.
***N* divisible par 2 est équivalent à *N* pair.**
Rappel : La somme d'un nombre pair de termes impairs est paire.
La somme d'un nombre impair de termes impairs est impaire.

27, 9 et 3 étant impairs, dans l'écriture $\overline{1a_2a_1a_0}^3$, N est pair si et seulement si il y a un nombre pair de 1.

Exemple : $N = \overline{1100}^3$. Il y a deux 1.
$N = 1 \times 3^3 + 1 \times 3^2 + 0 \times 3^1 + 0 = 27 + 9 = 36$ est pair.

3. a) À partir d'un nombre 1-lacunaire N, on fabrique un nombre 2-lacunaire N' en remplaçant tous les chiffres 2 de N par 1.
Les autres chiffres de N et de N' étant des zéros, la décomposition canonique en puissance de 3 montre alors facilement que $N = 2N'$.

Exemple : si $N = \overline{20220}^3$, alors $N' = \overline{10110}^3$.

$$N = 2 \times 3^4 + 2 \times 3^2 + 2 \times 3^1 = 2 \times \left(3^4 + 3^2 + 3^1\right)$$
$$= 2 \times \left(1 \times 3^4 + 1 \times 3^2 + 1 \times 3^1\right) = 2 \times \overline{10110}^3 = 2N'.$$

b) À partir de l'écriture d'un nombre N quelconque en base 3 :
– on fabrique un nombre N_1 1-lacunaire en remplaçant par 0 tous les chiffres 1 de N ;
– on fabrique un nombre N_2 2-lacunaire en remplaçant par 0 tous les chiffres 2 de N.
La décomposition canonique en puissance de 3 montre alors facilement que $N = N_1 + N_2$.

Exemple : si $N = \overline{1210}^3$, alors $N_1 = \overline{0200}^3$ et $N_2 = \overline{1010}^3$ et on a :

$$N = 1 \times 3^3 + 2 \times 3^2 + 1 \times 3^1$$
$$= \left(2 \times 3^2\right) + \left(1 \times 3^3 + 1 \times 3^1\right)$$
$$= \overline{200}^3 + \overline{1010}^3$$
$$= N_1 + N_2.$$

c) $\overline{1210}^3$ peut s'écrire $\overline{200}^3 + \overline{1010}^3$ mais peut aussi s'écrire $\overline{1001}^3 + \overline{202}^3$. La décomposition n'est pas toujours unique.

3 Les ensembles de nombres

Les nombres peuvent être regroupés selon leurs propriétés caractéristiques et selon les problèmes ou équations qu'ils permettent de résoudre. On obtient alors des *ensembles* de nombres, comme les entiers relatifs, les nombres rationnels, les nombres décimaux ou les nombres réels.

A Les entiers relatifs

1. Ensemble $\mathbb{Z}$ des entiers relatifs

1-1 Opposés

Exemple 1

Les entiers naturels de l'ensemble $\mathbb{N}$ ne permettent pas de résoudre l'équation $x+7=3$, il faudrait pour cela savoir « neutraliser » le terme 7. On crée donc un nombre « opposé » à 7, noté (-7), qui vérifie : $7+(-7)=0$. On peut alors résoudre l'équation en ajoutant (-7) à chaque membre. On obtient : $x+7+(-7)=3+(-7)$, donc $x+0=3+(-7)$, soit : $x=3+(-7)$.

D'une manière générale, on crée les opposés des entiers naturels : (-1), (-2), (-3)…, qu'on peut noter sans parenthèses s'il n'y pas d'ambiguïté. L'opposé d'un nombre est ainsi le nombre qu'il faut lui ajouter pour obtenir 0, par exemple l'opposé de -4 est 4 et on peut écrire $-(-4)=4$.

DÉFINITIONS

- L'ensemble constitué des entiers naturels et de leurs opposés s'appelle l'ensemble des entiers relatifs, on le note $\mathbb{Z}$ (initiale du mot allemand *zahl* : « nombre »).
- On peut donc écrire : $\mathbb{Z}=\{...-3,\ -2,\ -1,\ 0,\ 1,\ 2,\ 3...\}$. Les entiers naturels sont ainsi des entiers relatifs particuliers, l'ensemble des entiers naturels est donc inclus dans l'ensemble des entiers relatifs, ce qui s'écrit $\mathbb{N}\subset\mathbb{Z}$.

Remarque : 0 est son propre opposé, donc $-0=0$.

1-2 Représentation graphique

On peut représenter les entiers relatifs sur un axe gradué. Chaque entier naturel correspond à l'abscisse d'un point de la graduation à droite de l'origine (d'abscisse 0) et son opposé est l'abscisse du symétrique de ce point par rapport à l'origine :

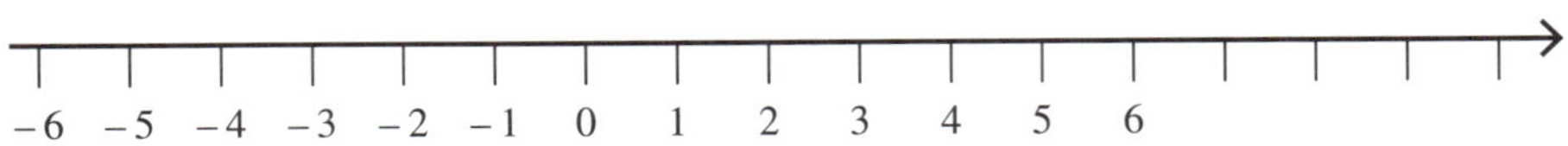

DÉFINITION

La valeur absolue (ou partie numérique) d'un entier relatif m, notée $|m|$, est la distance entre le point d'abscisse m et l'origine de l'axe, par exemple $|-7|=7$.

2. Opérations et ordre dans $\mathbb{Z}$

On définit sur $\mathbb{Z}$ des opérations d'addition et de multiplication qui prolongent celles de $\mathbb{N}$ en conservant les propriétés de commutativité, d'associativité et de distributivité.

2-1 Addition

$(-2)+(-5)=-(2+5)=-7$
$(-3)+10=+(10-3)=+7=7$

• Si les **termes** sont de **même signe**, on garde le signe commun et on additionne les valeurs absolues.
• Si les **termes** sont de **signe différent**, on garde le signe du terme de plus grande valeur absolue et on calcule la différence des valeurs absolues.

> **Règle**
> Par définition, soustraire un entier relatif c'est additionner son opposé : $7-(-3)=7+3=10$.

2-2 Multiplication

$(-4)\times(-2)=+(4\times 2)=8$
$2\times(-3)=-(2\times 3)=-6$

• Si les **facteurs** sont de **même signe**, le produit est positif et on multiplie les valeurs absolues.
• Si les **facteurs** sont de **signe différent**, le produit est négatif et on multiplie les valeurs absolues.

> **Conseil**
> On retient en général la **règle des signes pour le produit** : « plus par plus donne plus, moins par moins donne plus et plus par moins donne moins ».

2-3 Relation d'ordre

La relation d'ordre définie sur $\mathbb{N}$ s'étend à $\mathbb{Z}$: soit m et n deux entiers relatifs, $m \leq n$ s'il existe un entier naturel p tel que $n = m + p$.

Remarque : Les opposés des entiers naturels sont négatifs : par exemple $(-3) \leq 0$ car il existe un entier naturel p tel que $(-3)+p=0$, en l'occurrence $p=3$.
Le mot « relatif » renvoie à la relation avec 0 : les entiers négatifs sont inférieurs à 0 et les entiers naturels sont supérieurs à 0.

B Les nombres rationnels

1. Ensemble $\mathbb{Q}$ des nombres rationnels

Exemple 2

Le partage équitable de 2 litres entre 3 personnes est équivalent au partage de 4 litres entre 6 personnes : ce n'est pas le même partage (en tiers dans le premier cas, en sixièmes dans le second) mais le résultat du partage est le même (car on donne dans le second cas deux fois plus de parts qui sont deux fois plus petites).
On a donc $\frac{2}{3}=\frac{4}{6}$ (ce que l'on peut vérifier en effectuant les produits en croix : $2\times 6=3\times 4$).

Historiquement la notion de nombre *rationnel* apparaît avec ce type de problèmes, ce qui signifie que l'on considère toujours deux nombres : le nombre d'unités à partager (le *numérateur*) et le nombre de « candidats » au partage (le *dénominateur*).

$\frac{3}{4}$ est un nombre rationnel, donc $\frac{3}{4} \in \mathbb{Q}$.

DÉFINITIONS

• Un nombre rationnel est un nombre qui peut s'écrire sous forme de fraction, c'est-à-dire comme quotient $\frac{m}{n}$ de deux entiers m et n (n étant non nul). On dit que $\frac{m}{n}$ est une écriture fractionnaire du nombre rationnel considéré.
• L'ensemble des nombres rationnels se note $\mathbb{Q}$ (initiale du mot *quotient*).

COURS

• Un entier relatif m est un nombre rationnel particulier car $m=\frac{m}{1}$, donc l'ensemble $\mathbb{Z}$ est inclus dans l'ensemble $\mathbb{Q}$. Ainsi : $\mathbb{N}\subset\mathbb{Z}\subset\mathbb{Q}$.

$\frac{4}{6}=\frac{28}{42}=\frac{6}{9}$ car on vérifie que les produits en croix sont égaux (ou bien parce qu'on peut simplifier chacune de ces fractions pour obtenir $\frac{2}{3}$).

MÉTHODE 2, p. 66

PROPRIÉTÉS

• Deux fractions $\frac{a}{b}$ et $\frac{c}{d}$ sont équivalentes (c'est-à-dire représentent le même nombre rationnel) si les produits en croix sont égaux (c'est à dire si $ad=bc$).

On écrit alors $\frac{a}{b}=\frac{c}{d}$.

• En multipliant le numérateur a et le dénominateur b d'une fraction par un même entier n non nul on obtient une fraction équivalente, donc $\frac{a}{b}=\frac{na}{nb}$ (en effet, les produits en croix sont égaux : $anb=bna$).

• Il existe une infinité de fractions représentant un même nombre rationnel.

DÉFINITION

On appelle fraction irréductible la fraction que l'on ne peut plus réduire (on dit aussi simplifier), c'est-à-dire celle dont le numérateur et le dénominateur sont premiers entre eux.

2. Opérations et ordre dans $\mathbb{Q}$

2-1 Opérations

• On définit l'addition et la multiplication des nombres rationnels de façon à étendre les opérations déjà définies sur l'ensemble des entiers relatifs.

$\frac{3}{4}\times\frac{5}{7}=\frac{3\times5}{4\times7}=\frac{15}{28}$

• Le **produit** de deux fractions s'obtient en multipliant leurs numérateurs et leurs dénominateurs : $\frac{a}{b}\times\frac{c}{d}=\frac{ac}{bd}$.

$\frac{3}{4}+\frac{5}{7}=\frac{3\times7}{4\times7}+\frac{5\times4}{7\times4}=\frac{21}{28}+\frac{20}{28}=\frac{21+20}{28}=\frac{41}{28}$

Conseil

On a intérêt à simplifier les fractions avant d'effectuer les calculs :

$\frac{21}{10}\times\frac{15}{28}=\frac{21\times15}{10\times28}=\frac{3\times\cancel{7}\times3\times\cancel{5}}{2\times\cancel{5}\times4\times\cancel{7}}=\frac{9}{8}$.

MÉTHODE 1, p. 66

• La **somme** de deux fractions de même dénominateur s'obtient en additionnant leurs numérateurs et en conservant le dénominateur commun.
Si les fractions n'ont pas le même dénominateur, on cherche des fractions équivalentes de même dénominateur.

2-2 Propriétés des opérations

• L'**addition** est commutative, associative et admet un élément neutre qui est 0.

L'opposé de $\frac{3}{4}$ est $\frac{-3}{4}$ car $\frac{3}{4}+\frac{-3}{4}=\frac{3-3}{4}=\frac{0}{4}=0$.

Tout nombre rationnel $\frac{a}{b}$ possède un **opposé** qui est $\frac{-a}{b}$ (aussi noté $-\frac{a}{b}$).

• La **multiplication** est commutative, associative, distributive sur l'addition et admet un élément neutre qui est 1.

L'inverse de $\frac{3}{4}$ est $\frac{4}{3}$ car $\frac{3}{4}\times\frac{4}{3}=\frac{3\times4}{4\times3}=\frac{12}{12}=1$.

Tout nombre rationnel non nul $\frac{a}{b}$ possède un **inverse** qui est $\frac{b}{a}$. En effet, le produit de ces deux nombres vaut $\frac{a}{b}\times\frac{b}{a}=1$.

- Le nombre rationnel x d'écriture fractionnaire $\frac{a}{b}$ vérifie l'égalité $bx = a$.

> $\frac{2}{7} - \frac{3}{5} = \frac{2}{7} + \frac{-3}{5}$

- **Soustraire** un nombre rationnel revient à ajouter son opposé : $\frac{a}{b} - \frac{c}{d} = \frac{a}{b} + \frac{-c}{d}$.

> $\frac{2}{7} : \frac{3}{5} = \frac{2}{7} \times \frac{5}{3} = \frac{10}{21}$

- **Diviser** un rationnel $\frac{a}{b}$ par un rationnel $\frac{c}{d}$ non nul revient à multiplier $\frac{a}{b}$ par l'inverse de $\frac{c}{d}$,

soit : $\dfrac{\frac{a}{b}}{\frac{c}{d}} = \frac{a}{b} \times \frac{d}{c}$.

2-3 Ordre sur l'ensemble des rationnels

> Si on veut comparer $\frac{5}{11}$ et $\frac{3}{7}$ c'est-à-dire déterminer l'ordre entre ces deux nombres, on peut calculer leur différence et regarder son signe : $\frac{5}{11} - \frac{3}{7} = \frac{5 \times 7}{11 \times 7} - \frac{3 \times 11}{7 \times 11} = \frac{35 - 33}{77} = \frac{2}{77} > 0$, donc $\frac{5}{11} - \frac{3}{7} > 0$ et ainsi $\frac{5}{11} > \frac{3}{7}$.

PROPRIÉTÉS

- On a : $\frac{m}{-n} = \frac{-m}{n}$ (car les produits en croix sont égaux), donc on peut convenir d'écrire les fractions avec un dénominateur positif : $\frac{2}{-3}$ s'écrira $\frac{-2}{3}$ ou bien $-\frac{2}{3}$. Autrement dit, le signe est placé devant le numérateur.
- Une fraction est donc positive si son numérateur est positif.
- Soit $\frac{a}{b}$ et $\frac{c}{d}$ deux fractions (de dénominateurs positifs), on a $\frac{a}{b} \leq \frac{c}{d}$ si et seulement si $ad \leq bc$.

DÉMONSTRATION

$\frac{a}{b} \leq \frac{c}{d} \Leftrightarrow \frac{a}{b} - \frac{c}{d} \leq 0 \Leftrightarrow \frac{ad}{bd} - \frac{cb}{db} \leq 0 \Leftrightarrow \frac{ad - bc}{bd} \leq 0 \Leftrightarrow ad - bc \leq 0 \Leftrightarrow ad \leq bc$.

> On cherche un nombre rationnel compris entre $\frac{3}{5}$ et $\frac{4}{5}$. On a $\frac{3}{5} = \frac{30}{50}$ et $\frac{4}{5} = \frac{40}{50}$, donc $\frac{35}{50} = \frac{7}{10}$ convient.

PROPRIÉTÉ

L'ordre défini sur l'ensemble des nombres rationnels est dense au sens où on peut toujours trouver un nombre rationnel entre deux nombres rationnels donnés (par exemple leur moyenne) et on peut donc toujours trouver une infinité de nombres rationnels entre eux en réitérant le procédé.

Cette propriété de densité permet d'approcher n'importe quel point de la droite graduée par des points d'abscisses rationnelles.

C Les nombres décimaux

1. Des rationnels particuliers

Exemple 3

Les nombres $\frac{43}{7}$ et $\frac{99}{36}$ sont rationnels. Si on utilise une calculatrice affichant dix chiffres, on obtient les quotients 43 : 7 = 6,142857143 (la machine a effectué un arrondi) et 99 : 36 = 2,75. Si on pose les divisions en utilisant l'algorithme traditionnel, on obtient :

43	7
10	6,142857
30	
20	
60	
40	
50	
1	

99	36
270	2,75
180	
0	

On constate que les quotients correspondant à ces deux rationnels sont d'une nature différente : l'écriture décimale de $\frac{99}{36}$ ne comporte qu'un nombre fini de chiffres alors que dans celle de $\frac{43}{7}$ les mêmes chiffres se répètent à l'infini (car on obtient un reste 1 déjà obtenu à la première étape donc on retrouvera le même chiffre correspondant au quotient).
On dit que le nombre rationnel $\frac{99}{36}$ est un nombre décimal et que le nombre rationnel $\frac{43}{7}$ n'est pas un nombre décimal.

DÉFINITIONS

- Un nombre décimal est un nombre rationnel qui peut s'écrire sous forme de fraction décimale, c'est-à-dire une fraction dont le dénominateur est égal à une puissance de 10 ($10^0=1$; $10^1=10$; $10^2=100$; $10^3=1000$; etc.), autrement dit sous la forme $\frac{m}{10^n}$ où m est un entier relatif et n un entier naturel.
L'ensemble des nombres décimaux se note $\mathbb{D}$ (initiale du mot *décimal*).
- Tout entier relatif m est un nombre décimal car $m=\frac{m}{1}=\frac{m}{10^0}$.
- On a donc $\mathbb{N}\subset\mathbb{Z}\subset\mathbb{D}\subset\mathbb{Q}$.

$\frac{99}{36}=\frac{9\times 11}{9\times 4}=\frac{11}{4}=\frac{11}{2^2}$, cette fraction irréductible a un dénominateur de la forme $2^2\times 5^0$, donc le nombre $\frac{99}{36}$ est décimal.

$\frac{21}{60}=\frac{3\times 7}{3\times 20}=\frac{7}{20}=\frac{7}{2\times 2\times 5}=\frac{7}{2^2\times 5^1}$, cette fraction irréductible a un dénominateur de la forme $2^2\times 5^1$, donc le nombre $\frac{21}{60}$ est décimal.

$\frac{30}{70}=\frac{3}{7}$, le dénominateur de cette fraction irréductible n'est pas de la forme $2^m\times 5^n$, où m et n sont des entiers naturels, donc $\frac{30}{70}$ n'est pas un nombre décimal.

MÉTHODE 3, p. 66

PROPRIÉTÉ

Un nombre rationnel est décimal si et seulement si le dénominateur de la fraction irréductible qui le représente est de la forme $\mathbf{2^p5^q}$, où p et q sont des entiers naturels (donc le dénominateur du représentant irréductible se décompose en produit de 2 et de 5).

DÉMONSTRATION

Un nombre rationnel est décimal si et seulement si on peut l'écrire sous forme d'une fraction décimale, c'est-à-dire d'une fraction de dénominateur égal à une puissance de 10, donc de la forme 10 × 10 × … × 10, or 10 = 2 × 5, et la fraction irréductible obtenue après simplification éventuelle aura bien un dénominateur égal à un produit de 2 et 5.

Conseil

On obtient facilement l'écriture décimale (dite par abus de langage « à virgule ») d'un nombre décimal donné sous forme fractionnaire en réduisant complètement la fraction et en la transformant en une fraction décimale équivalente.

$\frac{99}{36}=\frac{9\times 11}{9\times 4}=\frac{11}{4}=\frac{11}{2^2}$, on multiplie le dénominateur (et donc le numérateur pour que la fraction obtenue soit équivalente) par les facteurs 5 qui manquent pour avoir un produit égal à 2 × 5 = 10. Ici, il suffit de multiplier par 5 × 5, soit $\frac{11}{2^2}=\frac{11\times 5^2}{2^2\times 5^2}=\frac{11\times 25}{10^2}=\frac{275}{100}$.

Remarque : L'écriture décimale est une notation inventée au XVIe siècle pour rendre compte de la décomposition canonique en unités, dixièmes, centièmes, millièmes, etc. Par exemple :

$$\frac{7\,932}{100}=\frac{7\times 1000+9\times 100+3\times 10+2}{100}=\frac{7\times 1000}{100}+\frac{9\times 100}{100}+\frac{3\times 10}{100}+\frac{2}{100}=7\times 10+9+3\times\frac{1}{10}+2\times\frac{1}{100}$$

que l'on a décidé d'écrire 79,32.
79 est la **partie entière** de 79,32 et 0,32 est sa **partie décimale**.

2. Utilité des nombres décimaux

Pour calculer 0,2 × 0,2 on peut écrire que $0{,}2=\frac{2}{10}$,
donc $0{,}2\times 0{,}2=\frac{2}{10}\times\frac{2}{10}=\frac{2\times 2}{10\times 10}=\frac{4}{100}=0{,}04$.

Les nombres décimaux étant ceux dont l'écriture décimale ne comporte qu'un nombre fini de chiffres, leur manipulation est plus facile que celle des autres nombres rationnels (il suffit de choisir des fractions décimales de même dénominateur).

2-1 Comparer des nombres décimaux

La comparaison des nombres décimaux est plus facile que pour les rationnels en général :
– on compare d'abord les parties entières, ainsi 14,2475 < 16,1 car 14 < 16 ;
– en cas d'égalité des parties entières, on compare les parties décimales **décimale par décimale**, c'est-à-dire chiffre par chiffre, jusqu'à trouver une première décimale différente. Ainsi 14,856720 > 14,8529 car les chiffres des dixièmes (respectivement des centièmes) sont égaux mais le chiffre des millièmes du premier nombre est supérieur à celui des millièmes du second nombre (6 > 2).

2-2 Intercaler un nombre décimal

MÉTHODE 5, p. 67

Exemple 4

Pour intercaler un nombre décimal entre 11,04 et 11,05 on peut s'appuyer sur la décomposition canonique $11{,}04=11+\frac{4}{100}=11+\frac{40}{1\,000}$ et $11{,}05=11+\frac{5}{100}=11+\frac{50}{1\,000}$, donc le nombre $11+\frac{41}{1\,000}$ est compris entre 11,04 et 11,05, soit 11,04 < 11,041 < 11,05.
Cela revient à écrire un chiffre 0 au chiffre des millièmes des deux nombres entre lesquels on cherche à intercaler un nombre : 11,040 < 11,041 < 11,050.
On peut réitérer le procédé pour intercaler un nombre décimal entre 11,04 et 11,041. Par exemple 11,0404 convient.

L'intercalation d'un nombre décimal entre deux nombres décimaux est donc plus simple que dans le cas général des rationnels.

PROPRIÉTÉ Les nombres décimaux sont denses : on peut intercaler une infinité de nombres décimaux entre deux nombres décimaux donnés.

2-3 Encadrer un nombre rationnel par des nombres décimaux

L'algorithme de la division permet d'approcher un nombre rationnel donné par des nombres décimaux à une précision voulue (c'est-à-dire en commettant une erreur inférieure à un dixième, un centième, un millième, etc.) comme on l'a vu avec l'exemple de $\frac{43}{7} = \mathbf{6,142857142857}$... On a donc :

$\mathbf{6 < \frac{43}{7} < 7}$ **(encadrement à l'unité)**

$\mathbf{6,1 < \frac{43}{7} < 6,2}$ **(encadrement au dixième)**

$\mathbf{6,14 < \frac{43}{7} < 6,15}$ **(encadrement au centième)**, etc.

> **Périodicité**
>
> Dans une division donnée (ici 43 par 7), les restes obtenus sont strictement inférieurs au diviseur (ici strictement inférieurs à 7), on retrouve ainsi nécessairement un reste déjà obtenu et donc aussi le chiffre correspondant au quotient. Par conséquent, l'écriture décimale du quotient devient *périodique* à partir d'un certain rang (ici la période est 142857, elle est de longueur six et on écrit $\frac{43}{7} = 6,\overline{142857}$).

PROPRIÉTÉ L'écriture décimale d'un nombre rationnel est périodique à partir d'un certain rang.

Remarque : Un nombre décimal étant un nombre rationnel particulier, la propriété précédente entraîne que son écriture décimale doit être périodique à partir d'un certain rang, c'est en effet le cas puisqu'on peut écrire des 0 après le dernier chiffre de la partie décimale : $\frac{1}{2} = 0,5 = 0,5000... = 0,50$. On choisit de ne pas écrire ces 0 inutiles.

D Les nombres réels

1. Ensemble $\mathbb{R}$ et racines carrées

1-1 Ensemble $\mathbb{R}$

Exemple 5

On peut montrer que $\sqrt{2}$ (c'est-à-dire la longueur de la diagonale d'un carré de côté 1) n'est pas un nombre rationnel.

Les mathématiciens ont construit un ensemble de nombres contenant les nombres rationnels dans lequel on sait notamment résoudre l'équation $x^2 = 2$. Cet ensemble s'appelle l'ensemble des nombres réels.

DÉFINITION L'ensemble des nombres réels est l'ensemble de toutes les écritures décimales, finies ou non ; on le note $\mathbb{R}$ (initiale du mot *réel*).
On a donc $\mathbb{N} \subset \mathbb{Z} \subset \mathbb{D} \subset \mathbb{Q} \subset \mathbb{R}$.

PROPRIÉTÉS

- On peut effectuer dans l'ensemble des réels $\mathbb{R}$ les mêmes opérations d'addition et de multiplication que dans l'ensemble $\mathbb{Q}$ des rationnels, avec les mêmes propriétés.
- On peut définir dans l'ensemble des réels $\mathbb{R}$ un ordre qui prolonge celui des nombres rationnels.

L'équation $x^2 = 4$ possède deux solutions qui sont 2 et -2.

L'équation $x^2 = a$ (où a est un nombre réel positif) admet deux solutions de signes opposés.

1-2 Racine carrée

$\sqrt{4}$ est le nombre positif dont le carré vaut 4, donc $\sqrt{4} = 2$; $\sqrt{1} = 1$; $\sqrt{0} = 0$.

DÉFINITION Soit a un nombre réel positif, on appelle « racine carrée de a » et on note $\sqrt{a}$ le nombre positif dont le carré vaut a.

Remarques :

- L'équation $x^2 = a$ ne possède pas de solution dans l'ensemble des réels si a est strictement négatif (car un carré est toujours positif d'après la règle des signes), donc la racine carrée d'un nombre strictement négatif n'existe pas.
- L'écriture $\sqrt{a}$ suppose que $a \geq 0$, que $\sqrt{a} \geq 0$ et que $(\sqrt{a})^2 = (-\sqrt{a})^2 = a$.

MÉTHODE 4, p. 67

1-3 Règles de calcul

Soit a et b deux réels positifs,

– la **racine d'un produit** est égal au produit des racines : $\sqrt{ab} = \sqrt{a}\sqrt{b}$;

– la **racine d'un quotient** est égal au quotient des racines : $\sqrt{\frac{a}{b}} = \frac{\sqrt{a}}{\sqrt{b}}$, où b est non nul.

Attention !

La racine d'une somme n'est pas égale à la somme des racines (sauf si l'un des termes est nul), donc si a et b sont strictement positifs : $\sqrt{a+b} \neq \sqrt{a} + \sqrt{b}$ (par exemple : $\sqrt{1+1} \neq \sqrt{1} + \sqrt{1}$ car $\sqrt{1+1} = \sqrt{2}$ alors que $\sqrt{1} + \sqrt{1} = 1 + 1 = 2$).

2. Écriture décimale des réels

On a vu que, si un nombre est rationnel, alors son écriture décimale est périodique à partir d'un certain rang. La réciproque de cette propriété est vraie : si un nombre réel admet une écriture décimale périodique à partir d'un certain rang alors ce nombre est rationnel.

THÉORÈME Un nombre réel est rationnel si et seulement si son écriture décimale est périodique à partir d'un certain rang.

PROPRIÉTÉ Entre deux nombres réels, il existe toujours un nombre décimal (on dit que les nombres décimaux sont denses dans l'ensemble des nombres réels).

Droite numérique

Une unité et un sens étant choisis sur une droite, chaque point de l'axe gradué ainsi obtenu a pour abscisse un nombre réel et un seul.

2-1 Valeurs approchées décimales d'un réel

Exemple 6

$\pi = 3{,}141592...$, donc $3{,}14 < \pi < 3{,}15$. On dit que 3,14 est la valeur approchée par défaut de π au centième et que 3,15 en est la valeur approchée par excès au centième.

La valeur **arrondie** de π au centième est la plus proche de ces deux valeurs approchées, en l'occurrence 3,14 est plus proche de π que ne l'est 3,15 car la décimale qui suit vaut 1, donc est strictement inférieure à 5 :

$3{,}14 = 3{,}140 < \pi = 3{,}141... < 3{,}150 = 3{,}15$.

Pour tout nombre réel il existe des valeurs approchées décimales par **défaut** et par **excès** à n'importe quelle précision.

2-2 Notation scientifique d'un réel positif

La notation scientifique de 0,5 est 5×10^{-1}.
La notation scientifique de 103,45 est $1{,}0345 \times 10^{2}$.

• Tout réel positif peut s'écrire comme le produit d'une puissance de 10 et d'un nombre dont la partie entière ne comporte qu'un chiffre, c'est-à-dire sous la forme $a \times 10^{n}$ où $1 \leq a < 10$ et n est un entier relatif.

$3{,}5 \times \mathbf{10^{9}}$ W = 3,5 GW

• Lorsque des unités sont utilisées (watt, litre, mètre, gramme, etc.), on peut aussi recourir à des préfixes multiplicatifs (on donne entre parenthèses le symbole et la puissance associés) : giga (G, $\mathbf{10^{9}}$), méga (M, $\mathbf{10^{6}}$), kilo (k, $\mathbf{10^{3}}$), hecto (h, $\mathbf{10^{2}}$), déca (da, $\mathbf{10^{1}}$), déci (d, $\mathbf{10^{-1}}$), centi (c, $\mathbf{10^{-2}}$), milli (m, $\mathbf{10^{-3}}$), micro (µ, $\mathbf{10^{-6}}$), nano (n, $\mathbf{10^{-9}}$).

méthode 1 Calculer avec des rationnels

Calculer sans machine $\frac{45}{162}+\frac{7}{24}$.

CORRIGÉ COMMENTÉ

On simplifie les fractions en utilisant les critères de divisibilité :

$\frac{45}{162}+\frac{7}{24}=\frac{9\times5}{9\times18}+\frac{7}{24}=\frac{5}{18}+\frac{7}{24}$.

On cherche un dénominateur commun, par exemple le plus petit multiple commun des dénominateurs : $18 = 2 \times 3^2$ et $24 = 2^3 \times 3$ donc ppcm $(18 ; 24) = 2^3 3^2 = 72$.

On transforme les fractions à ajouter en fractions équivalentes de dénominateur 72 :

$\frac{5}{18}+\frac{7}{24}=\frac{5\times4}{18\times4}+\frac{7\times3}{24\times3}=\frac{20}{72}+\frac{21}{72}=\frac{41}{72}$, fraction irréductible.

méthode 2 Comparer des rationnels

1. Comparer sans calculatrice $\frac{19}{21}$ et $\frac{19}{24}$.

2. Les nombres $\frac{342}{27\,777\,500}$ et $\frac{41}{3\,330\,000}$ sont-ils égaux ?

CORRIGÉ COMMENTÉ

1. **On peut comparer les produits en croix :** $19\times24>19\times21$ donc $\frac{19}{21}>\frac{19}{24}$.

2. **Une calculatrice avec un affichage de dix chiffres ne permet pas de répondre directement car elle fournit le même quotient : 0,000012312. On revient donc à la caractérisation de l'égalité des fractions :** les fractions sont égales si et seulement si les produits en croix sont égaux, or $342 \times 3\,330\,000$ et $41 \times 27\,777\,500$ ont respectivement 0 et 5 comme chiffre des centaines, donc sont différents.

Ainsi $\frac{342}{27\,777\,500}\neq\frac{41}{3\,330\,000}$.

méthode 3 Reconnaître un nombre décimal

Déterminer parmi les rationnels suivants ceux qui sont des nombres décimaux :
$\frac{49}{28}, \frac{39}{75}, \frac{172}{68}, \frac{36}{91}, \frac{115}{46}$.

CORRIGÉ COMMENTÉ

On rend les fractions irréductibles et on regarde si le dénominateur est de la forme 2^n5^m :

$\frac{49}{28}=\frac{7\times7}{4\times7}=\frac{7}{4}=\frac{7}{2^2}$ fraction irréductible de dénominateur 2^25^0, donc le nombre est décimal.

$\frac{39}{75}=\frac{3\times13}{3\times25}=\frac{13}{5^2}$ fraction irréductible de dénominateur 2^05^2, donc le nombre est décimal.

$\frac{172}{68}=\frac{4\times 43}{4\times 17}=\frac{43}{17}$ fraction irréductible de dénominateur 17, le nombre n'est pas décimal.

$\frac{36}{91}=\frac{4\times 9}{7\times 13}$ fraction irréductible de dénominateur 7 × 13, le nombre n'est pas décimal.

$\frac{115}{46}=\frac{5\times 23}{2\times 23}=\frac{5}{2}$ fraction irréductible de dénominateur 2, le nombre est décimal.

méthode 4 Calculer et comparer des racines carrées

1. Comparer sans calculatrice $\sqrt{5}\sqrt{7}$ et 6.
2. Comparer $\sqrt{2}+1$ et $\frac{1}{\sqrt{2}-1}$.
3. Simplifier le plus possible le nombre $A=\frac{2}{\sqrt{5}}-\frac{13\sqrt{5}}{15}$.

CORRIGÉ COMMENTÉ

1 **On utilise le fait que deux nombres positifs sont dans le même ordre que leurs carrés.**

$\left(\sqrt{5}\sqrt{7}\right)^2=\sqrt{5}^2\sqrt{7}^2=5\times 7=35$ et $6^2=36$, or $35<36$ donc $\sqrt{5}\sqrt{7}<6$.

2 **Si le dénominateur est de la forme $\sqrt{x}-\sqrt{y}$ on « chasse » les racines en multipliant par l'expression « conjuguée » $\sqrt{x}+\sqrt{y}$ pour utiliser l'identité remarquable $(a-b)(a+b)=a^2-b^2$:**

$\frac{1}{\sqrt{2}-1}=\frac{1\times(\sqrt{2}+1)}{(\sqrt{2}-1)(\sqrt{2}+1)}=\frac{\sqrt{2}+1}{\sqrt{2}^2-1^2}=\frac{\sqrt{2}+1}{2-1}=\frac{\sqrt{2}+1}{1}=\sqrt{2}+1$, les deux nombres sont donc égaux.

3 $A=\frac{2}{\sqrt{5}}-\frac{13\sqrt{5}}{15}=\frac{2\sqrt{5}}{\sqrt{5}\sqrt{5}}-\frac{13\sqrt{5}}{15}=\frac{2\sqrt{5}}{5}-\frac{13\sqrt{5}}{15}$

On réduit au même dénominateur :

$$\frac{2\sqrt{5}}{5}-\frac{13\sqrt{5}}{15}=\frac{2\times 3\sqrt{5}}{5\times 3}-\frac{13\sqrt{5}}{15}=\frac{6\sqrt{5}}{15}-\frac{13\sqrt{5}}{15}=\frac{6\sqrt{5}-13\sqrt{5}}{15}=\frac{(6-13)\sqrt{5}}{15}=\frac{-7\sqrt{5}}{15}$$

méthode 5 Intercaler des décimaux

Donner dix nombres décimaux strictement compris entre 3 et 3,01.

CORRIGÉ COMMENTÉ

On sait que ces nombres existent car $\mathbb{D}$ est un ensemble dense : il existe une infinité de décimaux entre deux nombres donnés. Il suffit d'utiliser la valeur positionnelle des chiffres de l'écriture décimale pour en trouver : $3{,}01 = 3{,}010 = 3 + \frac{10}{1\,000}$; on obtient donc immédiatement neuf décimaux entre 3 et 3,01 :

$3 < 3{,}001 < 3{,}002 < 3{,}003 < 3{,}004 < 3{,}005 < 3{,}006 < 3{,}007 < 3{,}008 < 3{,}009 < 3{,}010$.

On peut intercaler un dixième nombre décimal entre 3,001 et 3,002 par exemple :

$3{,}001 = 3{,}0010 < 3{,}0013 < 3{,}0020 = 3{,}002$.

ENTRAÎNEMENT

Se tester en 10 questions

→ Corrigés p. 72

Pour chaque question suivante, indiquez la (ou les) bonne(s) réponse(s).

1. $-2{,}5$ est dans : **a)** $\mathbb{N}$ **b)** $\mathbb{Z}$ **c)** $\mathbb{D}$
2. $\frac{1}{7}$ est dans : **a)** $\mathbb{D}$ **b)** $\mathbb{Q}$ **c)** $\mathbb{R}$
3. $0{,}3 + 0{,}8 =$ **a)** 0,11 **b)** 1,1 **c)** 2,4
4. La somme de deux décimaux : **a)** peut être un entier **b)** est un décimal **c)** ne peut pas être un entier
5. $x^3 + x^2 + x = 0{,}875$ a pour solution : **a)** 3 **b)** $\frac{1}{3}$ **c)** 0,5
6. $\dfrac{\frac{-4}{15}}{\frac{6}{25}}$ est égal à : **a)** $\frac{-24}{375}$ **b)** $\frac{-100}{90}$ **c)** $\frac{-10}{9}$
7. $\frac{0{,}6}{0{,}3}$ vaut : **a)** 0,2 **b)** 0,02 **c)** 2
8. $\frac{1}{2} + \frac{2}{5}$ vaut : **a)** $\frac{3}{7}$ **b)** $\frac{9}{10}$ **c)** $\frac{3}{10}$
9. L'inverse de $\frac{2}{9}$ est : **a)** > 9 **b)** égal à 4,5 **c)** < 2
10. La fraction $\frac{143}{132}$ est : **a)** comprise entre 1 et 1,1 **b)** décimale **c)** irréductible

Réponses : 1. c ; 2. b, c ; 3. b ; 4. a, b ; 5. c ; 6. b, c ; 7. c ; 8. b ; 9. b ; 10. a.

Échauffement

→ Corrigés p. 72

1 Réduire une fraction

Rendre les fractions $\frac{1469}{565}$ et $\frac{148}{222}$ irréductibles sans utiliser la calculatrice.

2 Reconnaître un nombre décimal

Le nombre $\frac{2}{21} \times \frac{35}{12}$ est-il décimal ?

3 Reconnaître un nombre rationnel

Le nombre $\dfrac{\sqrt{48} + \sqrt{363}}{\sqrt{3}}$ est-il un nombre rationnel ?

4 Résoudre des problèmes mettant en jeu la divisibilité (engrenages)

On considère l'engrenage suivant composé de deux roues, l'une comportant 16 dents et l'autre 24 dents.

Lorsque la roue 2 de l'engrenage fait 64 tours, est-il vrai que la roue 1 fait exactement 96 tours ?

5 Prendre la fraction d'une grandeur

1. Convertir en minutes : 0,2 h ; 0,5 h ; 0,25 h.

2. Exprimer en heures : 36 min ; 20 min ; 1 h 45 min.

Pour réussir au concours

→ Corrigés p. 73

6 ★ 30 min

La calculatrice n'est pas autorisée dans cet exercice.

On considère les nombres suivants : $A=\frac{146}{113}$, $B=\frac{32}{25}$, $C=\frac{31}{24}$ et $D=\frac{195}{150}$.

1. Quels sont les nombres décimaux parmi les nombres A, B, C et D ?

2. Ranger A, B, C et D dans l'ordre croissant.

3. Trouver un nombre décimal strictement compris entre A et C.

4. Trouver une écriture fractionnaire d'un nombre non décimal, différent de A et C, strictement compris entre B et D.

7 ★ 5 min

Lorsqu'on divise 12 par 13, la 134e décimale et la 542e décimale du quotient sont-elles les mêmes ?

8 ★ 5 min

Soit A le réel d'écriture décimale périodique 72,324324… = $72,\overline{324}$. Écrire A sous forme de fraction irréductible (*indication* : calculer 1 000A – A).

9 ★★ 25 min

On suppose que $\sqrt{2}$ peut s'écrire sous forme de fraction irréductible $\frac{a}{b}$ où a et b sont des entiers naturels.

1. Montrer que dans ce cas $a^2=2b^2$.

2. Recopier et compléter le tableau suivant :

Chiffre des unités de a	0	1	2	3	4	5	6	7	8	9
Chiffre des unités de a^2										

3. Recopier et compléter le tableau suivant :

Chiffre des unités de b	0	1	2	3	4	5	6	7	8	9
Chiffre des unités de $2b^2$										

4. Quels doivent être les chiffres des unités de a et b pour que a^2 puisse être égal à $2b^2$?

5. En quoi est-ce contradictoire avec l'hypothèse faite au début ?

6. Que peut-on en déduire pour $\sqrt{2}$?

10 ★★ 10 min

1. La fraction $\frac{201\,134\,546\,112}{145\,261\,781\,121}$ est-elle irréductible ?

2. La fraction $\frac{n}{n+1}$, où n est un entier, est-elle irréductible ?

11 ★★ 15 min

La calculatrice n'est pas autorisée dans cet exercice.

On considère les deux nombres $\frac{29}{55}$ et $\frac{39}{75}$.

1. Sont-ils décimaux ?

2. Comparer ces nombres.

3. Trouver un nombre décimal strictement compris entre eux.

4. Trouver une fraction qui ne soit pas un nombre décimal strictement comprise entre eux.

12 ★★ 20 min

Les questions 1 et 2 sont indépendantes. Toutes les réponses devront être justifiées.

1. On considère un nombre rationnel $\frac{p}{q}$, où p et q sont des nombres entiers, q étant non nul. Ce nombre a pour valeur approchée par excès à 10^{-3} près 1,118. On sait de plus que $q=1\,789$. Quelle(s) est (sont) la (les) valeur(s) possible(s) pour p ?

2. L'objectif de cette question est d'établir un résultat pour la comparaison de deux nombres ayant pour écritures fractionnaires $\frac{n-1}{n}$ et $\frac{n}{n+1}$ où n est un nombre entier naturel non nul.

a) Comparer $\frac{1}{2}$ et $\frac{2}{3}$; $\frac{12}{13}$ et $\frac{13}{14}$; $\frac{176}{177}$ et $\frac{177}{178}$.

Quel résultat général peut-on conjecturer ?

b) Démontrer ce résultat.

c) Comparer les nombres $\dfrac{987\,654\,322}{987\,654\,323}$ et $\dfrac{987\,654\,321}{987\,654\,322}$ sans effectuer de calcul.

13 ★★ 10 min

Peut-on trouver une fraction $\frac{a}{b}$ telle que $\frac{1}{2}+\frac{a}{b}=\frac{1+a}{2+b}$?

14 ★★ 5 min

Le but de l'exercice est de déterminer l'écriture décimale de $\frac{42}{17}$.

En utilisant un tableur pour effectuer la division de 42 par 17 on obtient le tableau :

	A	B
1	42	17
2	8	2
3	12	4
4	1	7
5	10	0
6	15	5
7	14	8
8	4	8
9	6	2
10	9	3
11	5	5
12	16	2
13	7	9
14	2	4
15	3	1
16	13	1
17	11	7
18	8	6
19	12	4
20	1	7
21	10	0
22	15	5
23	14	8

À partir de la cellule A2, la colonne A donne les restes successifs de la division de 42 par 17, et à partir de la cellule B2, la colonne B donne les quotients successifs.

1. Donner la 20e décimale de l'écriture décimale de $\frac{42}{17}$.

2. Pourquoi sait-on qu'on retrouvera dans la cellule A18 un reste déjà obtenu ?

15 ★★★ 30 min

On appelle nombre d'or le réel noté φ égal à $\frac{1+\sqrt{5}}{2}$.

1. En raisonnant par l'absurde et un utilisant le théorème de décomposition en facteurs premiers, montrer que $\sqrt{5}$ est irrationnel.

2. En raisonnant par l'absurde, déduire de la question précédente que φ est irrationnel.

3. En utilisant la calculatrice, donner une valeur arrondie de φ à 10^{-3} près.

4. En utilisant la calculatrice, donner une valeur arrondie de φ^2 à 10^{-3} près. Conjecturer une relation entre φ^2 et φ.

5. On se propose de vérifier la conjecture énoncée à la question précédente.

a) Montrer que $\varphi^2=\frac{3+\sqrt{5}}{2}$.

b) Calculer φ + 1 et vérifier que $\varphi^2=\varphi+1$.

6. En utilisant la relation établie à la question précédente, montrer que $\varphi^3=2\varphi+1$.

7. Peut-on déterminer des relations entre les puissances de φ et φ ?

16 ★★★ 1 h 15 min *Sujet de CRPE*

On justifiera toutes les réponses.

On appelle « fraction égyptienne » toute fraction de la forme $\frac{1}{n}$, n désignant un nombre entier naturel non nul. Dans l'Égypte ancienne, on n'écrivait les nombres rationnels positifs inférieurs à 1 que sous la forme de sommes de « fractions égyptiennes » toutes différentes.

Par exemple, $\frac{25}{28}$ peut s'écrire $\frac{1}{2}+\frac{1}{4}+\frac{1}{7}$.

Le but du problème est de présenter quelques méthodes de décomposition de nombres rationnels en somme de « fractions égyptiennes » toutes différentes.

PARTIE A : Exemples

1. Calculer la somme des six « fractions égyptiennes » $\frac{1}{2}$, $\frac{1}{4}$, $\frac{1}{8}$, $\frac{1}{16}$, $\frac{1}{32}$ et $\frac{1}{64}$.

2. Décomposer $\frac{5}{8}$ en somme de « fractions

égyptiennes » toutes différentes, dont les dénominateurs sont tous des puissances de 2.

PARTIE B : Présentation d'une méthode de décomposition dans un cas particulier

On s'intéresse au cas où la fraction à décomposer a un numérateur égal à 2 et un dénominateur égal au produit de deux nombres entiers naturels impairs p et q.

1. Démontrer la formule :

$$\frac{2}{pq}=\frac{1}{p\left(\frac{p+q}{2}\right)}+\frac{1}{q\left(\frac{p+q}{2}\right)}.$$

2. Justifier que les dénominateurs des fractions précédentes sont des nombres entiers naturels.

3. En utilisant la formule établie à la question **1.**, trouver deux décompositions différentes de $\frac{2}{15}$ en somme de «fractions égyptiennes » différentes.

4. Soit n un nombre entier naturel non nul. Donner une décomposition de la fraction $\frac{2}{2n+1}$ en somme de deux « fractions égyptiennes » différentes.

PARTIE C « Algorithme glouton » de Fibonacci

En 1201, Léonard de Pise (1175-1250), dit « Fibonacci », prouva que tout nombre rationnel compris entre 0 et 1 peut s'écrire sous la forme d'une somme de « fractions égyptiennes » toutes différentes et proposa la méthode suivante pour obtenir une telle décomposition : *« Soustraire à la fraction donnée la plus grande fraction égyptienne possible qui lui est inférieure, répéter l'opération avec la nouvelle fraction, et ainsi de suite jusqu'à ce que l'on obtienne 0. »*

1. Appliquer cet algorithme à $\frac{13}{81}$ et donner une décomposition de la fraction $\frac{13}{81}$ en somme de trois « fractions égyptiennes » toutes différentes.

2. Dans le papyrus Rhind (1650 av. J.-C.), exposé au *British Museum*, figure une des plus anciennes approximations du nombre π égale à $\frac{256}{81}$ (écriture moderne).

a) Écrire $\frac{256}{81}$ sous la forme d'une somme d'un entier naturel et d'une fraction comprise entre 0 et 1.

b) Proposer une écriture de l'approximation de π donnée dans le papyrus Rhind sous forme d'une somme d'un nombre entier naturel et de « fractions égyptiennes » toutes différentes.

CORRIGÉS

Se tester en 10 questions

→ Énoncés p. 68

1 **Réponse c.** –2,5 peut s'écrire sous forme de fraction décimale : $\frac{-25}{10}$, donc –2,5 appartient à $\mathbb{D}$ (*cf.* Méthode 3), et à plus forte raison à $\mathbb{Q}$ et $\mathbb{R}$.

2 **Réponses b et c.** $\frac{1}{7}$ est une fraction irréductible dont le dénominateur n'est pas de la forme 2^n5^m donc $\frac{1}{7}$ n'appartient pas à $\mathbb{D}$ (*cf.* Méthode 3) mais à $\mathbb{Q}$ et $\mathbb{R}$.

3 **Réponse b.** $0{,}3+0{,}8=\frac{3}{10}+\frac{8}{10}=\frac{11}{10}=1{,}1$ (*cf.* Méthode 1).

4 **Réponses a et b.** La somme de deux nombres décimaux peut être un entier : 0,5 + 2,5 = 3 ; la somme de deux décimaux est un décimal car la somme de deux fractions décimales est une fraction décimale.

5 **Réponse c.** On remplace x par les nombres proposés pour vérifier s'ils sont des solutions : $3^3+3^2+3=27+9+3=39\neq 0{,}875$.

$\left(\frac{1}{3}\right)^3+\left(\frac{1}{3}\right)^2+\frac{1}{3}=\frac{1}{27}+\frac{1}{9}+\frac{1}{3}=\frac{1}{27}+\frac{3}{27}+\frac{9}{27}=\frac{13}{27}$, qui n'est pas un nombre décimal, donc n'est pas égal à 0,875 (*cf.* Méthodes 1 et 3).

$(0{,}5)^3+(0{,}5)^2+0{,}5=0{,}125+0{,}25+0{,}5=0{,}875$.

6 **Réponses b et c.** $\dfrac{\frac{-4}{15}}{\frac{6}{25}}=\frac{-4}{15}\times\frac{25}{6}=\frac{-100}{90}=\frac{-10}{9}$.

7 **Réponse c.** On a $\frac{0{,}6}{0{,}3}=\frac{0{,}6\times 10}{0{,}3\times 10}=\frac{6}{3}=2$.

8 **Réponse b.** $\frac{1}{2}+\frac{2}{5}=\frac{5}{10}+\frac{4}{10}=\frac{9}{10}$ (*cf.* Méthode 1).

9 **Réponse b.** L'inverse de $\frac{2}{9}$ est $\frac{9}{2}=4{,}5$.

10 **Réponse a.** On a $\frac{143}{132}=\frac{11\times 13}{11\times 12}=\frac{13}{12}=\frac{13}{2^2\times 3}$, donc $\frac{143}{132}$ est réductible et non décimale (*cf.* Méthode 3), de plus $\frac{13}{12}=\frac{12+1}{12}=\frac{12}{12}+\frac{1}{12}=1+\frac{1}{12}$, comme : $1<1+\frac{1}{12}<1+\frac{1}{10}=1{,}1$ on a $1<\frac{143}{132}<1{,}1$.

Échauffement

→ Énoncés p. 68

1 On peut calculer le pgcd du numérateur et du dénominateur, en utilisant la décomposition en facteurs premiers si les critères de divisibilité s'appliquent, sinon avec l'algorithme d'Euclide.

1 469 = 565 × 2 + 339
565 = 339 × 1 + 226
339 = 226 × 1 + 113
226 = 113 × 2 + 0
Donc pgcd (1 469 ; 565) = 113 et, en remontant les calculs à partir de la dernière ligne, on obtient que 565 = 113 × 5 et que 1 469 = 113 × 13, ainsi $\frac{1\,469}{565}=\frac{13\times 113}{5\times 113}=\frac{13}{5}$.

148 = 2 × 74 = 2 × 2 × 37
et 222 = 2 × 111 = 2 × 3 × 37
donc pgcd (148 ; 222) = 2 × 37 = 74,
et $\frac{148}{222}=\frac{2\times 74}{3\times 74}=\frac{2}{3}$.

2 On décompose en facteurs premiers et on simplifie la fraction.

$\frac{2}{21}\times\frac{35}{12}=\frac{2\times 7\times 5}{3\times 7\times 2^2\times 3}=\frac{5}{3^2\times 2}$ irréductible, nombre non décimal.

3 On décompose en facteurs premiers pour simplifier les racines.

$$\frac{\sqrt{48}+\sqrt{363}}{\sqrt{3}}=\frac{\sqrt{2^4\times 3}+\sqrt{11^2\times 3}}{\sqrt{3}}$$

$$=\frac{\sqrt{2^4}\times\sqrt{3}+\sqrt{11^2}\times\sqrt{3}}{\sqrt{3}}=\frac{2^2\times\sqrt{3}+11\sqrt{3}}{\sqrt{3}}$$

$$=\frac{4\sqrt{3}+11\sqrt{3}}{\sqrt{3}}=\frac{15\sqrt{3}}{\sqrt{3}}=15$$

qui est un entier naturel donc un nombre rationnel.

4 On utilise les écritures littérales.

Soit n le nombre de tours effectués par la roue 1 lorsque la roue 2 en fait 64, on doit avoir : $16n = 24 \times 64$ donc $n=\frac{24\times 64}{16}=\frac{24\times 4\times 16}{16}=96$.

C'est donc vrai.

5 On peut utiliser les écritures fractionnaires.

1. Convertissons en minutes :

$0{,}2\text{ h}=\frac{2}{10}\times 60\text{ min}=2\times 6=12\text{ min}$;

$0{,}5\text{ h}=\frac{1}{2}\times 60\text{ min}=30\text{ min}$;

$0{,}25\text{ h}=\frac{1}{4}\times 60\text{ min}=15\text{ min}$.

2. Exprimons en heures :

$36\text{ min}=36\times\frac{1}{60}\text{ h}=\frac{36}{60}\text{ h}=\frac{6\times 6}{6\times 10}\text{ h}=\frac{6}{10}\text{ h}=0{,}6\text{ h}$;

$20\text{ min}=20\times\frac{1}{60}\text{ h}=\frac{20}{3\times 20}\text{ h}=\frac{1}{3}\text{ h}$;

$1\text{h }45\text{ min}=1\text{ h}+45\times\frac{1}{60}\text{ h}=1+\frac{3\times 15}{4\times 15}\text{ h}$

$=1+\frac{3}{4}\text{ h}=1+0{,}75\text{ h}=1{,}75\text{ h}$.

On peut aussi utiliser des relations connues : $20\text{ min}=\frac{1}{3}$ h ou $45\text{ min}=\frac{3}{4}$ h.

Pour réussir au concours

→ Énoncés p. 69

6 1. On utilise la méthode 2.

$A=\frac{146}{113}=\frac{2\times 73}{113}$ irréductible puisque 113 n'est divisible ni par 2 ni par 73, A n'est pas un nombre décimal.

$B=\frac{32}{25}=\frac{2^5}{5^2}$, la fraction est irréductible, B est un nombre décimal.

$C=\frac{31}{24}=\frac{31}{2^3\times 3}$, la fraction est irréductible, C n'est pas un nombre décimal.

$D=\frac{195}{150}=\frac{3\times 5\times 13}{3\times 5\times 5\times 2}=\frac{13}{2\times 5}$, la fraction est irréductible, D est un nombre décimal.

2. Rangeons A, B, C et D dans l'ordre croissant.

On ne dispose pas de la calculatrice donc la réduction au même dénominateur des quatre fractions est difficile, on peut commencer par déterminer l'écriture décimale des nombres décimaux B et D.

$B=\frac{32}{5^2}=\frac{32\times 2^2}{5^2 2^2}=\frac{128}{10^2}=\frac{128}{100}=1{,}28$

et $D=\frac{13}{2\times 5}=\frac{13}{10}=1{,}3$ donc $B<D$.

Pour ranger A et C, on peut poser simultanément les divisions jusqu'à obtenir une décimale différente dans les deux quotients, soit $A = 1{,}292\ldots$ et $C = 1{,}291\ldots$ donc $C < 1{,}292 < A$.
Finalement $B < C < A < D$.

3. D'après la question précédente, 1,292 est un nombre décimal strictement compris entre A et C.

4. On utilise la caractérisation des fractions irréductibles qui correspondent à des nombres décimaux, c'est-à-dire dont le dénominateur est de la forme 2^m5^n.

Trouvons une écriture fractionnaire d'un nombre non décimal strictement compris entre $B=\frac{32}{25}$ et $D=\frac{13}{10}$.

On cherche pour cela un multiple commun des dénominateurs 25 et 10 qui ne soit pas de la forme 2^m5^n, c'est-à-dire un multiple de leur ppcm possédant un facteur différent de 2 et de 5. Or ppcm (25 ; 10) = 50, donc 3×50 convient.

On a $B=\frac{32}{25}=\frac{64}{50}=\frac{192}{150}$

et $D=\frac{13}{10}=\frac{13\times 15}{10\times 15}=\frac{195}{150}$.

Il reste à trouver un numérateur compris entre 192 et 195 qui soit premier avec le dénominateur 150 (c'est-à-dire sans facteur 2, 3 et 5 dans sa décomposition) de façon que la fraction correspondante soit irréductible, 193 convient, et on a donc $B<\frac{193}{150}<D$ avec $\frac{193}{150}$ non décimal.

7 Lorsqu'on divise 12 par 13, on obtient un nombre rationnel dont l'écriture est donc périodique à partir d'un certain rang, la calculatrice affiche 0,9230769231, valeur arrondie à 10^{-10} près du quotient (car le chiffre qui suit 0 est $7 \geq 5$). Ainsi le quotient vaut $0{,}\overline{923076}$ et la longueur de la période est six ; puisque $134 = 6 \times 22 + 2$ et $542 = 6 \times 90 + 2$, la 134e décimale et la 542e décimale sont les mêmes que la 2e.

8 Écrivons $A = 72{,}324324... = 72{,}\overline{324}$ sous forme de fraction irréductible **(on sait qu'une telle écriture existe d'après le cours).**
On a $1\,000A = 7\,2324{,}\overline{324}$ **(car la multiplication par 1 000 revient à décaler la virgule),**
donc $1\,000A = 72\,324 + 0{,}\overline{324}$.
On a également $A = 72 + 0{,}\overline{324}$ donc en remplaçant : $1\,000A - A = 72\,324 + 0{,}\overline{324} - (72 + 0{,}\overline{324}) = 72\,324 + 0{,}\overline{324} - 72 - 0{,}\overline{324} = 72\,324 - 72 = 72\,252$. Or $1\,000A - A = 999A$, donc $A = \dfrac{72\,252}{999}$. Le critère de divisibilité par 9 montre qu'on peut simplifier cette fraction et donc $A = \dfrac{72\,252}{999} = \dfrac{8\,028}{111}$; le critère par 3 montre qu'on peut encore simplifier et donc $A = \dfrac{8\,028}{111} = \dfrac{2\,676}{37}$ qui est irréductible puisque 37 est un nombre premier.

9 Supposons que $\sqrt{2}$ puisse s'écrire sous forme de fraction irréductible $\dfrac{a}{b}$ où a et b sont des entiers naturels.

1. On a par hypothèse $\dfrac{a}{b} = \sqrt{2}$ donc en élevant au carré les deux membres de l'égalité on obtient $\left(\dfrac{a}{b}\right)^2 = (\sqrt{2})^2$ soit encore $\dfrac{a^2}{b^2} = 2$ et donc $a^2 = 2b^2$.

2. On a :

Chiffre des unités de a	0	1	2	3	4	5	6	7	8	9
Chiffre des unités de a^2	0	1	4	9	6	5	6	9	4	1

3. On a :

Chiffre des unités de b	0	1	2	3	4	5	6	7	8	9
Chiffre des unités de $2b^2$	0	2	8	8	2	0	2	8	8	2

4. Pour que a^2 puisse être égal à $2b^2$, il faut que leurs chiffres des unités soient égaux, or d'après les tableaux précédents cela n'est possible que si a se termine par 0 et b par 0 ou 5.
5. On aurait alors a et b divisibles par 5 ce qui contredit l'hypothèse d'irréductibilité faite au début.
6. On peut en déduire que $\sqrt{2}$ ne peut pas s'écrire sous forme de fraction irréductible donc que ce nombre est irrationnel.

10 **1.** La fraction $\dfrac{201\,134\,546\,112}{145\,261\,781\,121}$ n'est pas irréductible car la somme des chiffres du numérateur vaut 30 et celle du dénominateur vaut 39, donc la fraction peut être simplifiée par 3.

2. On peut tester quelques valeurs : $\dfrac{3}{4}$, $\dfrac{31}{32}$, $\dfrac{75}{76}$ sont irréductibles, on cherche à généraliser le résultat en remarquant que le numérateur et le dénominateur sont deux entiers consécutifs.
Montrons que $\dfrac{n}{n+1}$ est irréductible, c'est-à-dire que n et $n+1$ sont premiers entre eux ; on peut remarquer qu'un diviseur commun de $n+1$ et n doit aussi diviser leur différence qui vaut 1, donc leur seul diviseur commun est bien 1.

11 **1.** $\dfrac{29}{55} = \dfrac{29}{5\times 11}$ la fraction est irréductible, le nombre n'est pas décimal.
$\dfrac{39}{75} = \dfrac{3\times 13}{3\times 5^2} = \dfrac{13}{5^2}$ la fraction est irréductible, le nombre est décimal.

2. On réduit ces fractions au même dénominateur, le ppcm de 5×11 et 5^2 est $5^2\times 11$, donc $\dfrac{29}{55} = \dfrac{29\times 5}{55\times 5} = \dfrac{145}{275}$ et $\dfrac{13}{5^2} = \dfrac{13\times 11}{5^2\times 11} = \dfrac{143}{275}$.
Comme $\dfrac{143}{275} < \dfrac{145}{275}$ on a $\dfrac{39}{75} < \dfrac{29}{55}$.

3. On a $\dfrac{39}{75} = \dfrac{13}{5^2} = \dfrac{13\times 2^2}{5^2\times 2^2} = \dfrac{52}{100} = 0{,}52$ et on a vu que $\dfrac{29}{55} - \dfrac{39}{75} = \dfrac{145}{275} - \dfrac{143}{275} = \dfrac{2}{275} > \dfrac{1}{1\,000}$ (d'après les produits en croix) donc $0{,}52 + \dfrac{1}{1\,000} = 0{,}521$ est un nombre décimal strictement compris entre $0{,}52$ et $\dfrac{29}{55}$ **(on pouvait aussi poser la division de 29 par 55).**

4. $\dfrac{144}{275}$ est irréductible (car $144 = 12^2 = 2^4\times 3^2$ et $275 = 5^2\times 11$ sont premiers entre eux) et ce nombre non décimal est bien strictement compris entre $\dfrac{39}{75} = \dfrac{143}{275}$ et $\dfrac{29}{55} = \dfrac{145}{275}$.

12 **1.** La valeur approchée de $\dfrac{p}{q}$ par excès à 10^{-3} près est 1,118 donc $1{,}117 \leq \dfrac{p}{q} < 1{,}118$.
On sait de plus que $q = 1\,789$
donc $1{,}117 \times 1\,789 \leq p < 1{,}118 \times 1\,789$
soit $1\,998{,}313 \leq p < 2\,000{,}102$.
Les valeurs possibles pour l'entier p sont ainsi 1 999 et 2 000.

2. a) On a $\dfrac{1}{2} = \dfrac{3}{6}$ et $\dfrac{2}{3} = \dfrac{4}{6}$ donc $\dfrac{1}{2} < \dfrac{2}{3}$.
$\dfrac{12}{13} = \dfrac{12\times 14}{13\times 14} = \dfrac{168}{13\times 14}$ et $\dfrac{13}{14} = \dfrac{13\times 13}{13\times 14} = \dfrac{169}{13\times 14}$
donc $\dfrac{12}{13} < \dfrac{13}{14}$.
Si on ne veut pas utiliser la calculatrice pour trouver un dénominateur commun et comparer $\dfrac{176}{177}$ et $\dfrac{177}{178}$ on peut comparer leurs inverses $\dfrac{177}{176}$

et $\frac{178}{177}$ (puis on utilise que $0 < x < y$ si et seulement si $0<\frac{1}{y}<\frac{1}{x}$). Or $\frac{177}{176}=\frac{176+1}{176}=1+\frac{1}{176}$ et $\frac{178}{177}=\frac{177+1}{177}=1+\frac{1}{177}$ avec $\frac{1}{177}<\frac{1}{176}$ donc $\frac{178}{177}<\frac{177}{176}$ et en inversant on obtient $\frac{177}{178}>\frac{176}{177}$.
On conjecture que $\frac{n-1}{n}<\frac{n}{n+1}$ où n est un entier naturel non nul.

b) On peut comparer le quotient de $\frac{n-1}{n}$ et $\frac{n}{n+1}$ avec le nombre 1 (car pour deux nombres x et y strictement positifs on a $x < y$ si et seulement si $\frac{x}{y}<1$). On a :

$$\frac{\frac{n-1}{n}}{\frac{n}{n+1}}=\frac{n-1}{n}\times\frac{n+1}{n}=\frac{(n-1)(n+1)}{n^2}$$

$$=\frac{n^2-1^2}{n^2}=\frac{n^2-1}{n^2}=1-\frac{1}{n^2}<1$$

donc $\frac{n-1}{n}<\frac{n}{n+1}$.
On pouvait aussi généraliser la méthode du passage aux inverses utilisée pour $\frac{177}{178}$ et $\frac{176}{177}$ ou bien calculer la différence en réduisant au même dénominateur.
c) On pose $n=987\ 654\ 322$ et on applique la méthode de la question précédente.

13 $\frac{1}{2}+\frac{a}{b}$ et $\frac{1+a}{2+b}$ sont des fractions égales si et seulement si $\left(\frac{1}{2}+\frac{a}{b}\right)\times(2+b)=1+a$, c'est-à-dire en distribuant : $1+\frac{b}{2}+a+\frac{2a}{b}=1+a$, soit après simplification $\frac{b}{2}+\frac{2a}{b}=0$ ou encore $\frac{b}{2}=\frac{-2a}{b}$ soit $b^2=-4a$ en calculant les produits en croix. Puisqu'un carré est positif, cette équation n'a de solution que si a est l'opposé d'un carré parfait, par exemple $a = -25$ et $b^2=-4\times(-25)=100$, donc $b = 10$ ou $b = -10$. On vérifie par exemple que $\frac{1}{2}-\frac{25}{10}=\frac{1-25}{2+10}$ car on a bien $-2=\frac{-24}{12}$.

14 **1.** La 20e décimale de l'écriture décimale de $\frac{42}{17}$ est donnée par la cellule B22, c'est donc un 5.
2. On retrouvera dans la cellule A18 un reste déjà obtenu car, dans une division par 17, les restes sont inférieurs strictement à 17 donc compris entre 0 et 16, 0 est exclu car le nombre rationnel $\frac{42}{17}$ n'est pas décimal, donc les restes possibles sont les seize entiers compris entre 1 et 16, et ainsi le dix-septième reste donné dans la cellule A18 a nécessairement déjà été obtenu dans l'une des seize cellules qui précèdent.

15 **1.** On suppose que $\sqrt{5}$ peut s'écrire sous forme de fraction irréductible : $\sqrt{5}=\frac{a}{b}$ où a et b sont premiers entre eux. On aurait alors $a^2=5b^2$ en élevant au carré et en effectuant les produits en croix. Le théorème fondamental de l'arithmétique affirme que tout entier supérieur ou égal à 2 se décompose de manière unique en produit de facteurs premiers. En particulier, la décomposition du carré d'un entier s'obtient en prenant le carré de sa décomposition, donc les exposants des facteurs premiers sont pairs dans les décompositions de a^2 et de b^2, les exposants de 5 sont donc pairs (éventuellement nuls) dans a^2 et b^2, donc l'exposant de 5 est impair dans $5b^2$ (car on multiplie b^2 par 5^1), ce qui contredit l'unicité de la décomposition de $a^2=5b^2$ puisque 5 aurait un exposant pair à gauche et impair à droite.
2. Raisonnons par l'absurde : si φ est rationnel, c'est-à-dire si $\varphi=\frac{m}{n}$ où m et n sont des entiers (n non nul), alors $\frac{1+\sqrt{5}}{2}=\frac{m}{n}$ et donc, en effectuant les produits en croix, $n(1+\sqrt{5})=2m$, soit encore $n+n\sqrt{5}=2m$ et $\sqrt{5}=\frac{2m-n}{n}$, donc $\sqrt{5}$ serait un nombre rationnel ce qui contredit la réponse **1**.
3. En utilisant la calculatrice, on obtient $\varphi\approx 1{,}618$ valeur arrondie à 10^{-3} près.
4. En utilisant la calculatrice, on obtient $\varphi^2\approx 2{,}618$ valeur arrondie à 10^{-3} près. On conjecture donc que $\varphi^2=\varphi+1$.
5. On se propose de vérifier la conjecture énoncée à la question précédente.

a) Montrons que $\varphi^2=\frac{3+\sqrt{5}}{2}$.
On a :

$$\varphi^2=\left(\frac{1+\sqrt{5}}{2}\right)^2=\frac{(1+\sqrt{5})^2}{2^2}=\frac{1^2+2\sqrt{5}+\sqrt{5}^2}{2^2}$$

$$=\frac{1+2\sqrt{5}+5}{4}=\frac{6+2\sqrt{5}}{4}=\frac{2(3+\sqrt{5})}{2\times 2}=\frac{3+\sqrt{5}}{2}.$$

b) On a $\varphi+1=\frac{1+\sqrt{5}}{2}+1=\frac{1+\sqrt{5}}{2}+\frac{2}{2}=\frac{1+\sqrt{5}+2}{2}$

$$=\frac{3+\sqrt{5}}{2}.$$

donc d'après le **a)** on a : $\varphi+1=\varphi^2$.
6. En utilisant que $\varphi^2=\varphi+1$ on obtient :

$$\varphi^3=\varphi\varphi^2=\varphi(\varphi+1)=\varphi^2+\varphi=(\varphi+1)+\varphi$$

$$=2\varphi+1.$$

7. De proche en proche, la méthode précédente permet de déterminer des relations entre les puissances de φ et φ, par exemple :

$$\varphi^4=\varphi\varphi^3=\varphi(2\varphi+1)=2\varphi^2+\varphi=2(\varphi+1)+\varphi$$

$$=3\varphi+2.$$

On obtiendrait de la même façon φ^5 en multipliant cette dernière relation par φ puis en remplaçant φ^2 par $\varphi+1$, le coefficient multipliant φ est donc $3 + 2 = 5$ et le terme isolé vaut 3 donc

$\varphi^5 = 5\varphi + 3$, autrement dit : $\begin{cases} \varphi^4 = 3\varphi + 2 \\ \varphi^5 = 5\varphi + 3 \end{cases}$

16 PARTIE A

1. Calculons la somme $S = \frac{1}{2} + \frac{1}{4} + \frac{1}{8} + \frac{1}{16} + \frac{1}{32} + \frac{1}{64}$.

On réduit au même dénominateur les six fractions, on obtient $S = \frac{32}{64} + \frac{16}{64} + \frac{8}{64} + \frac{4}{64} + \frac{2}{64} + \frac{1}{64} = \frac{63}{64}$.

2. Décomposons $\frac{5}{8}$ en somme de « fractions égyptiennes » toutes différentes, dont les dénominateurs sont tous des puissances de 2. On a $\frac{5}{8} = \frac{4}{8} + \frac{1}{8} = \frac{1}{2} + \frac{1}{2^3}$.

PARTIE B

1. On a :

$$\frac{1}{p\left(\frac{p+q}{2}\right)} + \frac{1}{q\left(\frac{p+q}{2}\right)} = \frac{q}{pq\left(\frac{p+q}{2}\right)} + \frac{p}{pq\left(\frac{p+q}{2}\right)}$$

$$= \frac{q+p}{pq\left(\frac{p+q}{2}\right)} = \frac{q+p}{pq} \times \frac{2}{p+q}$$

$$= \frac{2}{pq}$$

2. Les dénominateurs des fractions précédentes sont des nombres entiers naturels car p et q étant des entiers impairs, leur somme est un entier pair donc divisible par 2.

3. On a $15 = 3 \times 5$ donc, avec $p = 3$ et $q = 5$, la formule précédente donne :

$$\frac{2}{15} = \frac{2}{3\times 5} = \frac{1}{3\left(\frac{3+5}{2}\right)} + \frac{1}{5\left(\frac{3+5}{2}\right)} = \frac{1}{12} + \frac{1}{20}.$$

Et $15 = 1 \times 15$ donc, avec $p = 1$ et $q = 15$, la formule précédente donne :

$$\frac{2}{15} = \frac{2}{1\times 15} = \frac{1}{1\left(\frac{1+15}{2}\right)} + \frac{1}{15\left(\frac{1+15}{2}\right)} = \frac{1}{8} + \frac{1}{120}.$$

4. Soit n un nombre entier naturel non nul, on peut encore utiliser la formule avec $p = 1$ et $q = 2n + 1$ (entier impair), on obtient :

$$\frac{2}{2n+1} = \frac{1}{1\left(\frac{1+2n+1}{2}\right)} + \frac{1}{(2n+1)\left(\frac{1+2n+1}{2}\right)}$$

$$= \frac{1}{n+1} + \frac{1}{(2n+1)(n+1)}$$

PARTIE C

1. Appliquons l'algorithme à $\frac{13}{81}$. On cherche donc la plus grande fraction égyptienne $\frac{1}{n}$ inférieure ou égale à $\frac{13}{81}$, c'est-à-dire le plus petit entier n tel que : $\frac{1}{n} \leq \frac{13}{81}$, soit encore $n \geq \frac{81}{13} = 6,...$ donc $n = 7$ est le plus petit dénominateur qui convienne.

On calcule donc :

$$\frac{13}{81} - \frac{1}{7} = \frac{13\times 7}{81\times 7} - \frac{81}{7\times 81} = \frac{91}{567} - \frac{81}{567} = \frac{10}{567}.$$

On cherche donc la plus grande fraction égyptienne $\frac{1}{n}$ inférieure ou égale à $\frac{10}{567}$, c'est-à-dire le plus petit entier n tel que : $\frac{1}{n} \leq \frac{10}{567}$, on trouve $n = 57$ et on calcule donc :

$$\frac{10}{567} - \frac{1}{57} = \frac{570}{567\times 57} - \frac{567}{57\times 567} = \frac{3}{57\times 567}$$

$$= \frac{1}{19\times 567} = \frac{1}{10\,773}$$

qui est une fraction égyptienne.

On a finalement en remplaçant la décomposition :

$$\frac{13}{81} = \frac{1}{7} + \frac{1}{57} + \frac{1}{10\,773}.$$

2. a) On a $256 = 81 \times 3 + 13$ donc $\frac{256}{81} = 3 + \frac{13}{81}$.

b) On utilise les deux questions précédentes : $\frac{256}{81} = 3 + \frac{1}{7} + \frac{1}{57} + \frac{1}{10\,773}$.

4 Calcul littéral

Les écritures littérales – utilisation de symboles, notamment de lettres – aident à énoncer des formules. Sans elles, il serait difficile de pratiquer les mathématiques puisque des résultats simples deviendraient longs à exprimer. Le calcul littéral – manipulation algébrique des écritures littérales – constitue un outil important car il permet de démontrer une propriété générale ou de résoudre des problèmes se traduisant par des équations.

A Écritures littérales

1. Statuts de la lettre

L'**algèbre** généralise les méthodes de l'arithmétique en substituant des lettres aux nombres. Dans une écriture algébrique, une **lettre** peut avoir différents statuts : **indéterminée**, **variable**, **inconnue**, **paramètre**.

Exemple 1

(D'après le test PISA 2000)

Pour protéger leurs pommiers plantés en carré, des agriculteurs les entourent de conifères (comme dans le schéma ci-dessous où trois rangées de pommiers représentés par des points sont entourées par des conifères représentés par des croix). On cherche une formule donnant le nombre de conifères, quel que soit le nombre de rangées de pommiers.

×	×	×	×	×
×	•	•	•	×
×	•	•	•	×
×	•	•	•	×
×	×	×	×	×

Après quelques essais, la nécessité de désigner le nombre de rangées de pommiers justifie l'utilisation d'une lettre. Les méthodes de calcul utilisées et donc les formules peuvent être différentes. Par exemple, si n désigne le nombre de rangées de pommiers et N le nombre de conifères, on peut obtenir :
$N=4n+4$; $N=2n+2(n+2)$; $N=4(n+1)$ ou encore : $N=(n+2)^2-n^2$.

Pour une même expression, le statut de la lettre varie en fonction de la tâche. Ainsi, dans l'exemple précédent, la lettre n a le statut :
– de variable lorsque, dans la formule $N=4(n+1)$, n est remplacé par une valeur numérique ;
– d'indéterminée lorsqu'il s'agit de prouver l'équivalence des expressions $4(n+1)$ et $4n+4$;
– d'inconnue s'il s'agit de déterminer le nombre de pommiers quand le nombre de conifères est connu.

Dans la propriété de commutativité : $a+b=b+a$, a et b sont des nombres indéterminés.

Plus généralement, une lettre a le statut d'**indéterminée** dès qu'elle représente un nombre quelconque dans une identité toujours vraie.

Dans la formule du périmètre du cercle : $p = 2\pi R$, le périmètre p dépend des valeurs attribuées à la valeur variable du rayon R.

Plus généralement, une lettre a le statut de **variable** lorsqu'elle désigne – dans une formule ou une expression – une quantité qui peut changer.

Dans $2x+1=0$, x est un nombre qui vérifie l'égalité.

Plus généralement, une lettre a le statut d'**inconnue** si l'on cherche par quelle valeur elle doit être remplacée dans une équation pour obtenir une égalité.

Dans la définition de la fonction linéaire de coefficient a donnée par $x \mapsto ax$, x désigne la variable et a un nombre déterminé.
Dans une équation du premier degré à une inconnue $ax + b = c$, x désigne l'inconnue, a, b, c des nombres déterminés ; quand on énonce que toute expression du premier degré peut être écrite sous la forme $ax + b$, x est indéterminé, a et b sont déterminés.

Plus généralement, une lettre a le statut de **paramètre** quand elle représente une quantité supposée connue par rapport à d'autres qui ont le statut de variable, d'inconnue ou d'indéterminée.

MÉTHODES 1 À 4, p. 86

2. Utilisation des écritures littérales

Exemple 2

Une suite de Syracuse est une suite de nombres entiers construite de la manière suivante :
- le premier terme de cette suite est un nombre entier naturel arbitrairement choisi ;
- si ce nombre est pair, on le divise par 2 pour obtenir le terme suivant de la suite ;
- sinon, on le multiplie par 3 et on ajoute 1 au résultat pour obtenir le terme suivant de la suite ;
- on itère la procédure avec le nombre obtenu pour construire les termes successifs.

Les cinq premiers termes de la suite de Syracuse commençant par 7 sont ainsi :
7 – 22 – 11 – 34 – 17.
On se demande si, dans une telle suite, un nombre impair peut être suivi par un nombre impair. La question étant générale, il faut pouvoir envisager tous les cas et, pour cela, on utilise le fait qu'un nombre impair est de la forme $2k+1$ où k est un entier (voir Méthode 4). Le nombre qui lui succède dans la suite de Syracuse vaut donc $3(2k+1)+1$, soit, en distribuant le facteur 3 sur les termes entre parenthèses : $6k+3+1=6k+4$. $6k+4$ est une somme de nombres pairs et c'est donc un nombre pair. La réponse est donc négative : dans une telle suite, un nombre impair est toujours suivi par un nombre pair.

Les écritures littérales servent à énoncer des formules (aires, périmètres…), des propriétés, des conjectures, elles permettent également de traduire des problèmes (voir Méthode 1), de prouver un résultat ou encore de désigner des nombres particuliers (comme le nombre π).

Les premières lettres de l'alphabet désignent en général des nombres supposés connus (paramètres, indéterminées, comme des coefficients, des longueurs…) alors que les dernières lettres de l'alphabet désignent plutôt des nombres inconnus ou variables.

Exemple 3

(Dénombrement)
Lors d'une réunion, n personnes se saluent en se serrant la main. On cherche combien de poignées de mains sont échangées. Pour répondre, on peut numéroter les participants et imaginer que le $n^{\text{ième}}$ serre la main des autres avant de quitter la salle ; il serre donc $n-1$ mains. Puis le $(n-1)^{\text{ième}}$ serre la main des $n-2$ autres et sort ; ainsi de suite jusqu'au deuxième qui serre la main du premier et sort. Il y a donc $(n-1)+(n-2)+\ldots+1$ poignées de mains échangées.
Cette formule ne permettant pas de calculer facilement le résultat lorsque n est grand, on peut procéder comme suit.
On détermine d'abord le nombre de couples $(a\ ;\ b)$ qu'on peut former avec les numéros des personnes présentes : il y a n choix possibles pour le premier numéro d'un couple puis $(n-1)$ choix pour le second, soit $n(n-1)$ couples possibles. Or, si l'on s'intéresse aux poignées de mains échangées, l'ordre n'a pas d'importance puisque les couples $(a\ ;\ b)$ et $(b\ ;\ a)$ correspondent à la même poignée de mains (la même paire $\{a, b\}$). Le nombre de couples doit donc être divisé par 2 pour obtenir le nombre de paires de numéros, c'est-à-dire de poignées de mains, soit $\dfrac{n(n-1)}{2}$.
On vient par conséquent de prouver que la somme des entiers consécutifs $1+2+\ldots+(n-1)$ vaut $\dfrac{n(n-1)}{2}$ et que le nombre de paires qu'on peut constituer avec n éléments est $\dfrac{n(n-1)}{2}$ (voir exercice 4).

Remarque : Le type de preuve formelle donné dans l'exemple 2 suppose de savoir traduire une hypothèse du langage courant en langage mathématique. Ces allers-retours entre langage usuel et langage formel (voir Méthodes 1,2, 3 et 4) sont indispensables non seulement par économie de temps mais aussi pour pouvoir écrire des preuves générales.

B Calcul littéral

1. Écritures littérales et opérations

1-1 Expression algébrique

Exemple 4

L'expression algébrique $x+3+2x-1$ peut être réduite, c'est-à-dire simplifiée, sous la forme $3x+2$ car $x+2x=3x$ et $3-1=2$.

DÉFINITION

Une expression algébrique est une combinaison de variables x, y… liées par des opérations (addition, multiplication…).

Une expression du type $(4\times(-y))\times(2y-1)$, est plus lisible que l'expression réduite équivalente $-4y(2y-1)$.

PRIORITÉS

- Les parenthèses sont des séparateurs de blocs de calcul qui indiquent dans quel ordre les calculs doivent être effectués.

• Elles peuvent être redondantes pour aider le lecteur à comprendre la structure de l'expression algébrique.

Remarque : Si une expression comporte des parenthèses imbriquées, il faut partir des parenthèses les plus intérieures.

1-2 Manipulation des écritures littérales : opérations sur des égalités

• L'égalité $\frac{a}{b}=\frac{c}{d}$ équivaut, en multipliant par b chaque membre, à l'égalité $b\times\frac{a}{b}=b\times\frac{c}{d}$, soit, en simplifiant à gauche, à l'égalité $a=\frac{b\times c}{d}$.

En multipliant par d les deux membres, on obtient l'égalité équivalente $ad=bc$ (on retrouve donc la règle vue dans le chapitre 3 : *deux fractions sont égales si et seulement si les produits en croix sont égaux*).

• Si $a-b=0$, alors, en ajoutant b à chaque membre de l'égalité, on obtient $a-b+b=0+b$, soit $a=b$.

PROPRIÉTÉS

• Une égalité donne une égalité équivalente si on multiplie ou si on divise les deux membres par un même nombre non nul.

• Une égalité donne une égalité équivalente si on ajoute ou soustrait le même nombre à ses deux membres.

Remarque : Pour une inégalité, le sens est inversé si on multiplie (ou divise) par un nombre négatif (voir Méthode 3).

MÉTHODE 1, p. 86

1-3 Règle du produit nul

$(a-b)\times(a+b)=0$ équivaut à $(a-b)=0$ ou $(a+b)=0$.

Un **produit** est **nul** si et seulement si l'**un de ses facteurs est nul**.

1-4 Puissances

Exemple 5

Les nombres de Fermat sont les nombres de la forme $F_n=1+2^{2^n}$, où n est un entier naturel.

Ainsi $F_0=1+2^{2^0}=1+2^1=3$ (car $2^0=1$ et $2^1=2$),

$F_1=1+2^{2^1}=1+4=5$,

$F_2=1+2^{2^2}=1+2^4=1+16=17$,

$F_3=1+2^{2^3}=1+2^8=1+256=257$,

$F_4=65\,537$.

Or 3, 5, 17, 257 et 65 537 sont des nombres premiers. Fermat a donc pensé que tous les nombres F_n étaient premiers. Un siècle plus tard, Euler montrera que F_5 (dont l'écriture comporte déjà dix chiffres) est divisible par 641, donc n'est pas premier. La conjecture de Fermat était fausse.

Les règles de calcul sur les puissances s'énoncent et se démontrent à l'aide du calcul littéral.

FORMULES
MÉTHODE 5, p. 90

Pour tous m et n entiers relatifs :

$$a^0 = 1$$

$$a^m a^n = a^{m+n} \qquad \frac{a^m}{a^n} = a^{m-n}$$

$$\left(a^m\right)^n = a^{mn} \qquad (ab)^n = a^n b^n$$

2. Distributivité

MÉTHODE 2, p. 87

• On a intérêt à savoir si deux expressions algébriques sont égales ou à transformer une expression en une autre plus facile à interpréter. On utilise souvent pour cela la propriété suivante.

Pour tous nombres a, b et k, on a $k(a+b) = ka + kb$.

Cette distributivité de la multiplication sur l'addition est mobilisée dans le calcul mental, par exemple pour multiplier par 11, c'est-à-dire par $10+1$.

• La **double distributivité** consiste à distribuer deux fois :

$(a+b)(c+d) = a(c+d) + b(c+d) = ac + ad + bc + bd$.

MÉTHODE 1, p. 86

2-1 Développer une expression

$2a(10a+3) = 2a \times 10a + 2a \times 3 = 20a^2 + 6a$

Développer une expression, c'est utiliser la distributivité pour transformer un produit en somme algébrique.

2-2 Factoriser une expression

$3x + x^3 = 3x + x \times x^2 = x\left(3 + x^2\right)$

Factoriser une expression, c'est utiliser la distributivité pour transformer une somme algébrique en produit. La factorisation permettra de résoudre certaines équations.

HODES 1 ET 4, p. 86

2-3 Identités remarquables

L'équivalence : $a^2 = b^2 \Leftrightarrow a = b$ ou $a = -b$ peut être prouvée avec la 3e identité remarquable. On a en effet : $a^2 = b^2$ si et seulement si $a^2 - b^2 = 0$ c'est-à-dire $(a-b)(a+b) = 0$, ce qui d'après la règle du produit nul équivaut à $a - b = 0$ ou $a + b = 0$, soit encore $a = b$ ou $a = -b$.

Trois égalités – appelées **identités remarquables** – sont particulièrement utiles :

$$(a+b)^2 = a^2 + 2ab + b^2$$

$$(a-b)^2 = a^2 - 2ab + b^2$$

$$(a-b)(a+b) = a^2 - b^2$$

Remarques :

• Dans chacune des identités remarquables, le membre de gauche est la forme factorisée, le membre de droite la forme développée.

• Pour développer, on commencera par utiliser les identités remarquables ; pour factoriser, on cherchera d'abord un facteur commun (nombre, lettre, produit d'un nombre et d'une lettre, somme algébrique entre parenthèses), puis on cherchera des identités remarquables.

2-4 Prouver l'identité de deux expressions

Exemple 6

Soit l'expression $A(x)=x(20-x)$. On veut montrer que $A(x)=100-(10-x)^2$.
On développe (voir Méthode 1) successivement chacune des expressions.
D'une part : $A(x)=x(20-x)=20x-x^2$.
D'autre part, en utilisant la 2e identité remarquable pour développer $(10-x)^2$ puis en changeant les signes à cause du signe négatif devant les crochets, on obtient :
$100-(10-x)^2=100-[x^2-2\times10x+10^2]=100-x^2+20x-100=20x-x^2$.
Ce qui est bien une forme commune pour les deux expressions.
On aurait aussi pu factoriser $100-(10-x)^2$ en $x(20-x)$ en reconnaissant dans $10^2-(10-x)^2$ la 3e identité remarquable a^2-b^2 avec $a=10$ et $b=10-x$, soit $(a-b)(a+b)$, donc ici :
$[10-(10-x)][10+(10-x)]=[10-10+x][10+10-x]=x(20-x)$.

Pour prouver que deux expressions A et B sont égales, on peut, au choix :
– transformer A pour obtenir B ;
– transformer B pour obtenir A ;
– transformer **successivement** A puis B pour obtenir une même expression C, autrement dit on montre que $A=C$, puis que $B=C$, et on en conclut que $A=B$ (on parle de « transitivité » de la relation d'égalité).
L'erreur à ne pas commettre serait de transformer simultanément A et B, c'est-à-dire écrire dès le départ que $A=B$ alors qu'on ne l'a pas encore prouvé.
On peut également montrer que $A-B=0$ ou bien que $\frac{A}{B}=1$.

C Équations

1. Vocabulaire

1-1 Résoudre une équation

Exemple 7

$x^2-3x=2-4x$ est une équation d'inconnue x, du second degré. Le nombre 3 n'en est pas une solution car en remplaçant x par 3 on obtient $0=-10$, ce qui est faux. Le nombre 1 est une solution car en remplaçant x par 1 on obtient $-2=-2$, ce qui est vrai.

MÉTHODE 1, p. 86

• Une équation est une égalité dont la valeur (**vraie** ou **fausse**) dépend de celle d'une **inconnue**.
• Une **solution** de l'équation est un nombre qui, substitué à l'inconnue, donne une égalité « vraie ».
• Le **degré** de l'équation est la plus grande puissance de l'inconnue.
• **Résoudre une équation** signifie trouver toutes ses solutions, en général dans un ensemble de nombres donné : $\mathbb{N}$, $\mathbb{Z}$, $\mathbb{Q}$…

1-2 Résoudre un problème

Exemple 8

Constance a 36 ans ; elle a le double de l'âge qu'avait son mari quand elle avait l'âge que son mari a maintenant. Quel âge a son mari ?

La question incite à noter x l'âge du mari de Constance. L'énoncé est complexe mais après analyse on constate qu'il fait référence à deux temps :

– un temps présent où Constance a 36 ans et son mari x ans ;

– un temps passé où Constance avait ce même âge x et où son mari avait 18 ans (la moitié des 36 ans de Constance).

On peut résumer la situation dans le tableau qui suit :

	Avant	Maintenant
Âge de Constance	x	36
Âge du mari	18	x

On ne peut mettre en équation le problème qu'en gardant à l'esprit la situation réelle : la différence d'âge entre les époux reste la même dans le temps (c'est bien un problème de « constance »), soit $36 - x = x - 18$ (on peut aussi traduire que le temps s'écoule de façon identique pour Constance et son mari et obtenir la même équation). Autrement dit, le modèle algébrique ne doit pas masquer la situation d'un temps physique uniforme.

Résoudre un **problème** que l'on a traduit par une ou plusieurs équations suppose de garder à l'esprit le sens de la situation et donc de ne pas appliquer de recettes à l'aveugle. En effet, la **mise en équation** d'un problème suppose :

– une **modélisation** (c'est-à-dire une compréhension de la situation dans laquelle on retient les éléments pertinents en regard de la question posée et pour laquelle on sait mobiliser des outils adaptés). Cette modélisation conduira au choix d'une ou plusieurs inconnues (*« On appelle x… »*) ;

– la **résolution** de l'équation ou du système d'équations (*« On obtient x = … »*) ;

– l'**interprétation** par rapport à la situation initiale (*« Ici x désigne une longueur donc on ne retient que les solutions positives de l'équation »*).

Ainsi, la mise en équation n'est jamais systématique comme l'illustre l'exemple précédent.

2. Équations du premier degré à une inconnue

Exemple 9

L'équation : $3x + 1 = 7$ se résout par transformations successives :

$3x + 1 = 7$

$3x = 7 - 1$

$3x = 6$

$x = \dfrac{6}{3}$

$x = 2$

La solution est 2.

> **Conseil**
>
> Pour résoudre une équation du 1er degré de la forme $ax + b = cx + d$, on cherche à « isoler » l'inconnue, c'est-à-dire à transformer l'équation initiale en une équation équivalente du type $Ax = B$.

Les techniques de résolution s'appuient sur les opérations conservant les égalités vues au paragraphe B. 1-2 (Manipulation des écritures littérales : opérations sur des égalités p. 80). On montre ainsi qu'une équation de la forme $ax + b = c$ a pour seule solution $x = \dfrac{c - b}{a}$.

Exemple 10

Après une augmentation de 5 cm de son côté, l'aire d'un carré augmente de 100 cm^2. Que valait le côté initial ? Si on note x la mesure en cm du côté initial, l'aire correspondante est x^2 et l'aire finale est $(x+5)^2$, l'augmentation étant de 100 cm^2, on doit avoir : $(x+5)^2 = x^2 + 100$. En développant on obtient $x^2 + 10x + 5^2 = x^2 + 100$, qu'on simplifie en $10x + 25 = 100$, soit $x = \dfrac{100-25}{10} = 7{,}5$ cm.

Remarque : Une équation de degré supérieur peut parfois se ramener à une équation du 1er degré.

3. Complément : résolution d'un système de deux équations à deux inconnues

La résolution par un algorithme d'un système de deux équations à deux inconnues n'est pas au programme du cycle 4. Il est cependant formateur d'étudier une méthode algébrique pour résoudre un tel système. On procède en deux étapes pour ne pas avoir à se soucier des équivalences successives. Développons sur un exemple la méthode de résolution par « substitution ».

$$\begin{cases} 2x - 5y = 7 \\ 3x + 4y = 8 \end{cases}$$

Il s'agit de déterminer les couples de nombres $(x\ ;\ y)$ qui satisfont les deux égalités simultanément. Dans un premier temps, on choisit une des deux équations pour exprimer une inconnue en fonction de l'autre.

Par exemple, on exprime y en fonction de x dans la 1re équation, soit : $2x - 7 = 5y$, donc $y = \dfrac{2x-7}{5}$; on substitue ensuite cette expression à y dans l'autre équation et on obtient : $3x + 4 \times \dfrac{2x-7}{5} = 8$.

Pour résoudre cette équation du 1er degré en x, on multiplie les deux membres de cette égalité par 5 pour éliminer le dénominateur, soit :

$15x + 4(2x-7) = 40$, donc $23x - 28 = 40$, d'où $23x = 68$ et $x = \dfrac{68}{23}$.

Enfin, on substitue cette valeur à x dans l'expression $y = \dfrac{2x-7}{5}$, on obtient $y = \dfrac{2\left(\frac{68}{23}\right) - 7}{5}$,

soit, en réduisant au même dénominateur : $y = \dfrac{\frac{136}{23} - \frac{161}{23}}{5} = \dfrac{\frac{-25}{23}}{5} = \dfrac{-25}{23} \times \dfrac{1}{5} = \dfrac{-5}{23}$.

On vérifie que le couple $(x\ ;\ y) = \left(\dfrac{68}{23} ; \dfrac{-5}{23}\right)$ est bien solution du système.

Remarques :

- La résolution par substitution est naturelle mais on a intérêt à comprendre la résolution par « élimination » qui consiste à combiner les équations pour faire disparaître une inconnue, puis l'autre (voir exercice 5 p. 92). En effet, la compréhension de cette méthode témoigne d'une bonne maîtrise des règles permettant de manipuler des équations.
- Un système peut avoir une infinité de solutions, une seule solution, ou aucune. En effet, chaque équation du système est représentée graphiquement par une droite, et une solution $(x\ ;\ y)$ correspond aux coordonnées d'un éventuel point intersection des droites représentatives, qui peuvent être confondues, sécantes ou disjointes.

MÉTHODE 1, p. 86

4. Équation du second degré à une inconnue

Exemple 11

L'équation $(2x-8)(5-4x)=0$ équivaut d'après la règle du produit nul à $2x-8=0$ ou $5-4x=0$, donc $x=\frac{8}{2}=4$ ou $x=\frac{5}{4}$.

Certaines équations de degré supérieur à 1 peuvent se ramener à un produit d'équations du 1er degré, elles se résolvent alors en appliquant la règle du produit nul.
La méthode de résolution consiste donc à se ramener par soustraction/addition à une équation de membre nul, puis à factoriser le membre non nul, pour enfin appliquer la règle du produit nul.

Remarque : La résolution générale des équations du second degré à une inconnue n'est pas au programme, en revanche on doit savoir que l'équation $x^2=a$, avec $a \geq 0$, possède comme solutions : $\sqrt{a}$ et $-\sqrt{a}$.

méthode 1 Traduire un problème en équation et le résoudre

Voici deux programmes de calcul ; le premier est codé avec le logiciel Scratch.

Programme A

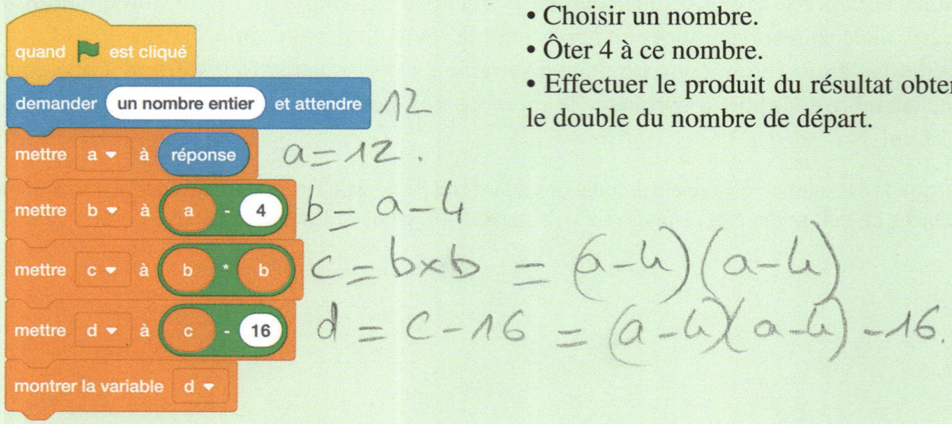

Programme B

- Choisir un nombre.
- Ôter 4 à ce nombre.
- Effectuer le produit du résultat obtenu par le double du nombre de départ.

1 En les appliquant à un même nombre de départ, les programmes A et B peuvent-ils donner un résultat identique ?

2 Déterminer le (ou les) nombre(s) que l'on doit choisir au départ pour obtenir 0 comme résultat avec le programme A.

CORRIGÉ COMMENTÉ

1 Soit x la valeur d'entrée, **exprimons les résultats affichés par les deux programmes A et B en fonction de x.**

- Pour le programme A, on a successivement $a = x$; $b = x - 4$; $c = (x-4)^2$; $d = (x-4)^2 - 16$.
La valeur affichée par le programme A est donc $(x-4)^2 - 16$.

- Pour le programme B, on a successivement : x ; $x - 4$; $2x \times (x - 4)$.
La valeur affichée par le programme B est donc $2x \times (x-4)$.

- Pour avoir un résultat identique, on doit avoir :
$2x \times (x-4) = (x-4)^2 - 16$.
Résolvons cette équation en développant chaque membre :
$2x^2 - 8x = x^2 - 8x + 16 - 16$.
Puis, en passant tous les termes dans le même membre et en simplifiant, on obtient :
$2x^2 - 8x - (x^2 - 8x + 16 - 16) = 0$.
$x^2 = 0$, dont la seule solution est $x = 0$.

Rappel de cours

$(a-b)^2 = a^2 - 2ab + b^2$

Les programmes A et B donnent un résultat identique si et seulement si la valeur entrée est 0.

2 On doit résoudre l'équation : $(x-4)^2-16=0$, c'est-à-dire : $[(x-4)-4][(x-4)+4]=0$, soit encore : $(x-8)x=0$.
Ce produit est nul si et seulement si l'un des facteurs est nul, soit deux solutions : $x=8$ et $x=0$.
Pour obtenir 0 comme résultat avec le programme A, il faut choisir au départ 0 ou 8.

Rappel de cours

$a^2-b^2=(a-b)(a+b)$

méthode 2 Manipuler des expressions algébriques

Des enseignants souhaitent créer un potager pédagogique dans la cour de leur école, en voici un plan (qui n'est pas à l'échelle).

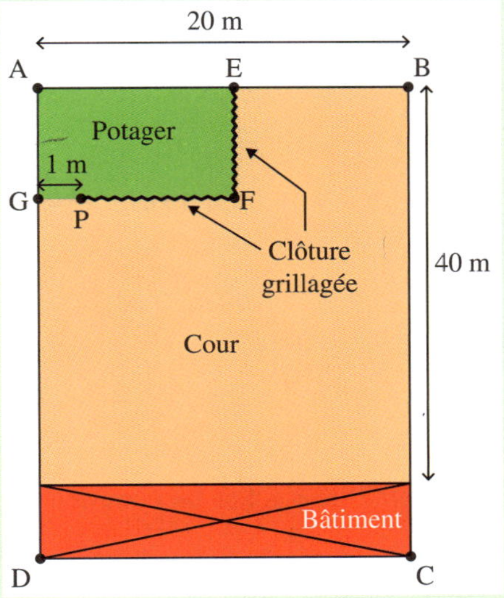

Le potager AEFG doit respecter les contraintes suivantes :
– être de forme rectangulaire ; avoir une aire de 90 m^2 ;
– être le long des murs d'enceinte [DA] et [AB] ;
– être bordé par un grillage le long des deux autres côtés ; disposer d'une porte de 1 m de large.
On souhaite de plus que le côté [AG] mesure entre 5 m et 20 m.
L'ouverture pour la porte correspond au segment [GP].
Le potager est donc le rectangle AEFG où E est un point du segment [AB] et G est un point du segment [AD] avec 5 m ≤ AG ≤ 20 m.
Pour des raisons de coût, les enseignants cherchent à déterminer les dimensions du potager afin que la longueur totale du grillage soit la plus petite possible.
Dans la suite, on note x la longueur de [AG], exprimée en mètres, et on appelle L la fonction qui, à tout nombre positif x compris entre 5 et 20, associe $L(x)$ la longueur du grillage, exprimée en mètres, nécessaire pour clôturer le potager.

1 Prouver que $L(x) = x + \frac{90}{x} - 1$.

2 Pour chacune des expressions suivantes, indiquer si elle est une autre expression de $L(x)$ (justifier vos réponses) :

a) $x+\frac{89}{x}$ **b)** $x+\frac{90-x}{x}$ **c)** $\frac{x^2-x+90}{x}$ **d)** $\frac{x^2+89}{x}$

CORRIGÉ COMMENTÉ

1 Déterminons l'expression $L(x)$.
Soit x la mesure en mètres de la longueur AG. Puisque l'aire de AEFG est 90 m^2, la mesure en mètres de la longueur AE est $\frac{90}{x}$. Ainsi, PF + FE = AE – 1 + AG, soit $L(x)=\frac{90}{x}-1+x$.

2 a) Pour $x=5$, l'expression proposée donne 22,8, ce qui ne correspond pas au résultat de la question précédente puisque $L(5)=\frac{90}{5}-1+5=18-1+5=22$, donc $x+\frac{89}{x}$ n'est pas une expression de $L(x)$.

b) $x+\frac{90-x}{x}=x+\frac{90}{x}-\frac{x}{x}=x+\frac{90}{x}-1=L(x)$.

c) $\frac{x^2-x+90}{x}=\frac{x^2}{x}-\frac{x}{x}+\frac{90}{x}=x-1+\frac{90}{x}=L(x)$.

d) Pour $x=5$, l'expression proposée donne 22,8, ce qui ne correspond pas à $L(5)=22$, donc $\frac{x^2+89}{x}$ n'est pas une expression de $L(x)$.

méthode 3 Résoudre une inéquation

Dans le potager vu à la méthode précédente, les élèves décident de planter des pieds de salade en période 4. Dans le commerce, plusieurs tarifs sont proposés :

Tarif A	Prix d'une barquette de 5 plants : 1,20 €
Tarif B	Prix d'un plant : 0,25 €, et à partir de 50 plants une réduction de 5% est faite sur l'ensemble de la commande
Tarif C	Achat de carte de fidélité : 3 €, puis 0,20 € le plant

1 Quel tarif va être le plus avantageux pour l'achat de 40 plants ?

2 L'école dispose d'un budget de 30 €. Quel tarif permet d'acheter le plus de pieds de salade ?

3 À partir de l'achat de combien de plants le tarif C devient-il plus intéressant que le tarif B ?

CORRIGÉ COMMENTÉ

1 **On calcule le tarif le plus avantageux pour l'achat de 40 plants.**

Tarif A

40 plants par barquette de 5 plants correspondent à 8 barquettes.
L'achat de 40 plants revient alors à $8\times1,20$ € $=9,60$ €.

Tarif B

L'achat de 40 plants revient à $40\times0,25$ € $=10$ €.

Tarif C

40 plants valent $40\times0,20=8$ €.
Avec les 3 € que coûte la carte de fidélité, l'achat de 40 plants revient à 11 €.
Le tarif A est le plus avantageux pour l'achat de 40 plants.

2 **On calcule le tarif le plus avantageux pour une dépense de 30 €.**

Tarif A

$30\div1,20=25$.
On peut acheter 25 barquettes de 5 plants chacune, soit 125 plants.

Tarif B

Sans réduction, on pourrait acheter : 30 ÷ 0,25 = 120 > 50. Une réduction de 5 % sera donc effectuée.

Calculons le nombre p de plants qu'on peut acheter avec 30 € en tenant compte de la remise :

$p \times 0,25 \times 0,95 = 30$, donc $p = \dfrac{30}{0,25 \times 0,95} \approx 126,32$, soit environ 126 plants.

Tarif C

$30 - 3 = 27$ € et $27 \div 0,20 = 135$.

On peut acheter 135 plants pour 30 € avec le tarif C.

Le tarif C est celui qui permet d'acheter le plus de plants avec cette somme.

3 On détermine à partir de combien de plants le tarif C devient plus avantageux que le tarif B.

Appelons p le nombre de plants, $B(p)$ et $C(p)$ les prix pour p plants respectivement avec les tarifs B et C. On a :

$B(p) = 0,25p$ pour $p < 50$ et $B(p) = 0,25p \times 0,95 = 0,2375p$ pour $p \geq 50$.

$C(p) = 0,20p + 3$.

On cherche la ou les valeurs de p pour lesquelles $C(p) < B(p)$. **Deux cas sont à envisager :**

Premier cas

$p < 50$ et on résout donc l'inéquation $0,20p + 3 < 0,25p$, soit $3 < 0,05p$, et donc $60 < p$, ce qui est impossible dans notre hypothèse.

Deuxième cas

$p \geq 50$ et on résout alors l'inéquation $0,20p + 3 < 0,2375p$, soit successivement :

$3 < 0,2375p - 0,20p$

$3 < (0,2375 - 0,20)p$

$3 < 0,0375p$

$\dfrac{3}{0,0375} < p$

$80 < p$.

Ainsi le tarif C devient plus avantageux que le tarif B à partir de 81 plants.

> **Rappel de cours**
>
> Le sens d'une inégalité ne change pas si on en divise chaque membre par un nombre positif.

méthode 4 Traduire et calculer littéralement

L'affirmation : « La somme des carrés de deux nombres entiers naturels consécutifs est toujours un nombre impair » est-elle vraie ?

CORRIGÉ COMMENTÉ

On peut faire quelques essais : $3^2 + 4^2 = 9 + 16 = 25$, qui est impair ; $10^2 + 11^2 = 100 + 121 = 221$, qui est impair. Ne trouvant pas de contre-exemple pour infirmer l'affirmation, on se donne deux entiers naturels consécutifs quelconques et on essaie de la prouver de manière générale.

Soit n et $n + 1$ deux entiers consécutifs, la somme de leurs carrés vaut $n^2 + (n+1)^2$ soit **(en utilisant la 1re identité remarquable)** $n^2 + n^2 + 2n + 1 = 2n^2 + 2n + 1 = 2(n^2 + n) + 1$ qui est de la forme $2N + 1$ où $N = n^2 + n$ est un entier naturel. L'affirmation est donc vraie.

méthode 5 Manipuler des puissances

L'affirmation : « Les nombres 32^{12} et $16^{15}+3$ sont égaux » est-elle vraie ?

CORRIGÉ COMMENTÉ

On remarque que la calculatrice ne peut pas afficher l'écriture décimale de nombres aussi grands, on utilise donc les formules permettant de transformer des puissances.

On a $32^{12}=\left(2^5\right)^{12}=2^{(5\times12)}=2^{60}$ et $16^{15}+3=\left(2^4\right)^{15}+3=2^{(4\times15)}+3=2^{60}+3$ donc l'affirmation est fausse.

On peut aussi raisonner en utilisant la parité des nombres : 32^{12} est un nombre pair. $16^{15}+3$ est la somme d'un nombre pair et d'un nombre impair : il est donc impair. Ainsi, ces deux nombres ne peuvent pas être égaux.

ENTRAÎNEMENT

Se tester en 10 questions

→ Corrigés p. 95

Pour chaque question suivante, indiquez la (ou les) bonne(s) réponse(s).

1 La lettre x désigne un nombre. Le produit de x par la différence entre x et 5 s'écrit :

a) $\frac{x}{x-5}$ b) x^2-5 c) $x(x-5)$

2 Pour $b=5$, la valeur de $(b-4)b$ est : a) 0 b) 5 c) 21

3 Un carré de côté x a pour aire : a) $4x$ b) x^2 c) x^4

4 $-5x(-2x)=$ a) $-10x$ b) $10x$ c) $10x^2$

5 $(x+y)^2=$ a) x^2+y^2 b) $x^2-2xy+y^2$ c) $x^2+2xy+y^2$

6 Le périmètre d'un rectangle de côtés $x-1$ et $x+1$ est : a) $4x$ b) x^2-1 c) $2x$

7 x^2+4 est : a) le produit de deux carrés b) le carré d'une somme c) la somme de deux carrés

8 L'écriture réduite de $3\times\frac{x}{x^2}$ est : a) $\frac{x^3}{x^2}$ b) $\frac{3}{x}$ c) x^2

9 Soit le programme suivant :

Choisir un nombre positif.
Lui ajouter 4.
Multiplier le résultat par le nombre de départ.
Ajouter 4 au nouveau résultat.

On obtient 16. De quel nombre est-on parti ?
a) -6 b) On ne peut pas savoir. c) 2

10 Paule et Christophe affichent le même nombre sur leur calculatrice. Paule multiplie le nombre affiché par 0,1 puis ajoute 1,3 au résultat obtenu. Christophe, lui, multiplie le nombre affiché par 0,4 puis retranche 2,1 au nombre obtenu. Paule et Christophe obtiennent le même résultat. Quel nombre ont-ils affiché au départ ?

a) 11,33 b) $11+\frac{1}{3}$ c) $\frac{34}{3}$

Réponses : 1. c ; 2. b ; 3. b ; 4. c ; 5. c ; 6. a ; 7. c ; 8. b ; 9. c ; 10. b, c.

Échauffement

→ Corrigés p. 95

1 Utiliser des écritures littérales

Sujet de CRPE

Voici un programme de calcul, appliqué sur un tableur :

	A	B
1	**Programme**	**Résultat**
2	Prendre un nombre	5
3	Ajouter 3 à ce nombre	8
4	Elever la somme précédente au carré	64
5	Retrancher le carré du nombre de départ au résultat précédent	39

Pour chacune des deux affirmations suivantes, dire si elle est exacte et justifier la réponse.

1. Affirmation 1 : « Aucun nombre ne permet d'obtenir 0 comme résultat final. »

2. Affirmation 2 : « Si on prend un nombre entier positif, le résultat est toujours divisible par 3. »

2 Transformer et interpréter des expressions algébriques

Sujet de CRPE

Pour chacune des affirmations ci-dessous, indiquer si elle est vraie ou fausse et justifier la réponse.

1. Affirmation 1 : « Pour tout nombre entier naturel n, le nombre $(n+1)^2-(n-1)^2$ est un multiple de 4. »

2. Affirmation 2 : « Pour tout nombre entier naturel n, le nombre $(n+1)(n-1)-1$ est le carré d'un nombre entier. »

3 Traduire un programme par une écriture littérale

On considère l'algorithme ci-après programmé à l'aide du logiciel Scratch.

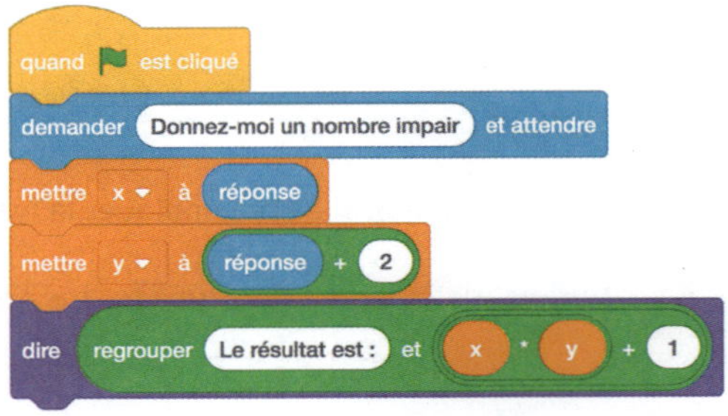

Démontrer que, quel que soit le nombre impair choisi au départ, le résultat est toujours le carré d'un nombre et un multiple de 4.

4 Résoudre un système de deux équations à deux inconnues

Résoudre par élimination le système :

$$\begin{cases} 2x-5y=7 \\ 3x+4y=8 \end{cases}$$

Pour réussir au concours

→ *Corrigés p. 96*

5 ★ 10 min *Sujet de CRPE*

On dispose des deux programmes de calcul ci-dessous :

Programme A

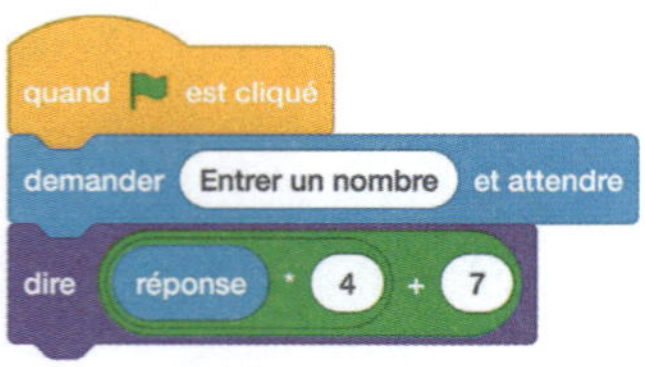

Programme B

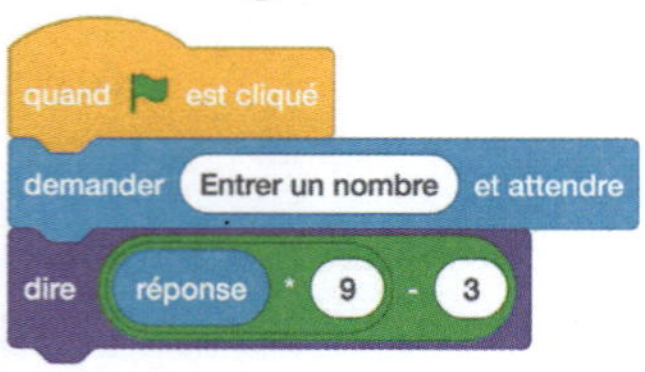

1. Quel nombre faut-il entrer dans le programme B pour que le résultat affiché soit égal à 0,69 ?

2. Prouver que quand on entre un nombre impair dans le programme B, le nombre obtenu est toujours un multiple de 6.

3. Existe-t-il des nombres qui permettent d'avoir le même résultat affiché avec les deux programmes ? Si oui, déterminer tous ces nombres.

6 ★ 15 min *D'après Sujets de CRPE*

Indiquer si les affirmations suivantes sont vraies ou fausses en justifiant la réponse.

1. « Pour n'importe quel nombre entier n, $(n+2)^2-(n-2)^2$ est un multiple de 8. »

2. « Pour n'importe quel nombre entier n, $(n+2)^2-(n-2)^2$ est un multiple de 32. »

3. « 6 est l'unique solution de l'équation $(x-7)(x+4)=(x-7)(16-x)$. »

7 ★★ 10 min *D'après Sujet de CRPE*

La figure ci-après qui n'est pas à l'échelle représente cinq carrés dont les mesures des côtés, en centimètre, sont des nombres entiers consécutifs. Les trois plus petits carrés sont gris, les deux autres sont blancs.

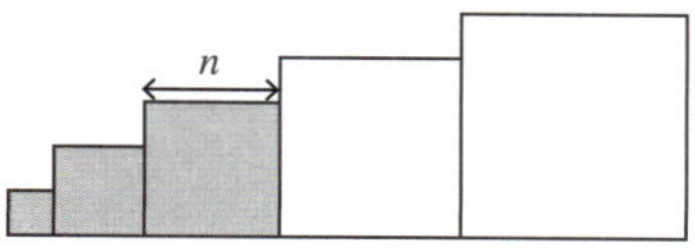

On désigne par n la mesure, exprimée en centimètre, du côté du carré gris le plus grand (carré du milieu). L'objectif est de chercher les valeurs de n pour lesquelles la somme des aires des trois carrés gris est égale à la somme des aires des deux carrés blancs.

1. Montrer que résoudre ce problème revient à résoudre l'équation $n^2 - 12n = 0$.

2. Quelles sont les solutions de l'équation $n^2 - 12n = 0$? Justifier la réponse.

3. Ces solutions peuvent-elles être retenues pour le problème ? Justifier votre réponse.

8 ★★ 15 min *D'après Sujet de CRPE*

La figure ci-dessous représente la trajectoire d'une goutte d'eau sortant d'une fontaine dans un plan vertical.

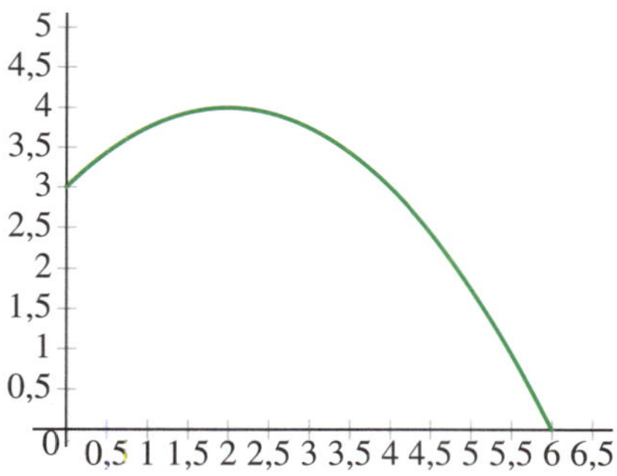

L'abscisse 0 correspond au centre de la fontaine et l'ordonnée 0 correspond au niveau du sol.

L'axe des ordonnées donne la direction de la colonne de laquelle jaillit l'eau. Quand la goutte d'eau est au point de coordonnées $(x ; y)$, cela signifie qu'elle est à la distance x, exprimée en mètre, de l'axe vertical situé au centre de la fontaine et à la hauteur y, exprimée en mètre, par rapport au sol. La courbe passe par les points de coordonnées (0 ; 3) et (6 ; 0).

Les graduations des axes expriment des mesures de longueurs en mètre.

La fonction représentée graphiquement ci-dessus est définie sur l'intervalle [0 ; 6] par une expression de la forme : $f(x) = -\frac{1}{4}x^2 + bx + c$, où b et c sont des nombres que nous allons chercher à déterminer.

1. Donner, en fonction de b et c, les images respectives de 0 et de 6 par la fonction f.

2. En déduire les deux nombres b et c.

3. Prouver que pour tout x de l'intervalle [0 ; 6], on a : $f(x) = -\frac{1}{4}(x-2)^2 + 4$.

4. En déduire la hauteur maximale atteinte par la goutte d'eau jaillissant de la fontaine. Justifier.

9 ★★★ 15 min *D'après Sujet de CRPE*

Un batelier descend une rivière de 120 km en un certain nombre de jours n, puis il la remonte. La distance parcourue quotidiennement lors de la remontée est inférieure de 6 km à celle parcourue quotidiennement lors de la descente. Le batelier met au total un jour de plus pour remonter que pour descendre. On considère qu'il descend à vitesse constante et qu'il remonte à vitesse constante.

1. Exprimer en fonction de n, la distance, en kilomètre, parcourue quotidiennement pendant la descente et la distance, en kilomètre, parcourue quotidiennement pendant la remontée.

2. Montrer que : $\frac{120}{n+1} = \frac{120}{n} - 6$.

3. Déduire de la question précédente que $n(n+1) = 20$.

4. En déduire la valeur de n et interpréter ce résultat.

10 ★★★ 20 min

On considère une demi-droite graduée. On numérote les points de la graduation avec les nombres 0, 1, 2, 3, 4, 5… On trace tous les segments dont une extrémité est le point A (comme ci-dessous) et l'autre un point de la graduation, en prenant les points de la graduation dans l'ordre croissant de leurs numéros.

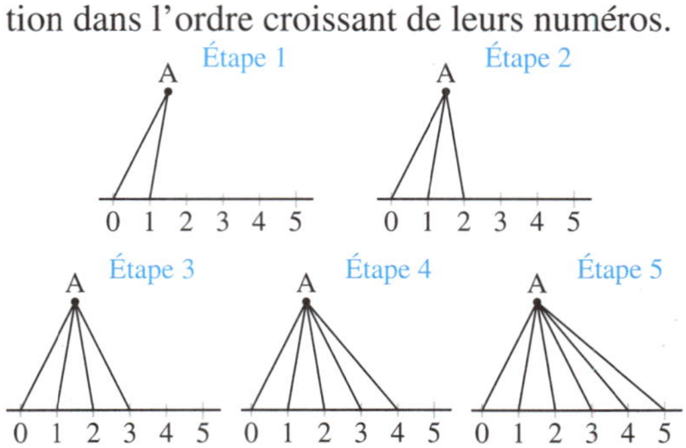

1. Cinq étapes ont été représentées ci-dessus. Combien de triangles sont visibles à chacune d'elles ?

2. Julio dit : « *Et s'il y avait 3 321 triangles sur le dessin, quel serait le numéro du dernier point marqué sur la demi-droite ?* » Répondre et justifier la réponse.

11 ★ ★ ★ 1 h 15 min *D'après Sujet de CRPE*

L'arbelos est une figure géométrique qui a été étudiée par Archimède il y a plus de deux millénaires.

A. Étude de l'aire d'un arbelos dans un cas particulier

On fixe AB = 10 cm.

On considère un point H appartenant au segment [AB], et on note $x = \text{BH}$.

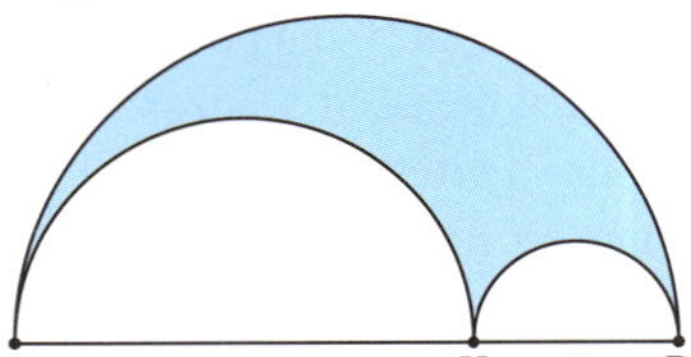

L'arbelos est la zone du plan en bleu sur la figure.

1. Exprimer l'aire de l'arbelos *A(x)* en fonction de x.

2. Montrer que l'on peut écrire :

$A(x) = \frac{25\pi}{4} - \frac{\pi}{4}(x-5)^2$.

3. Déterminer pour quelle valeur de x l'aire est maximale.

B. Étude de l'aire d'un arbelos dans le cas général

On donne deux points distincts A et B. On construit un demi-cercle de diamètre [AB].

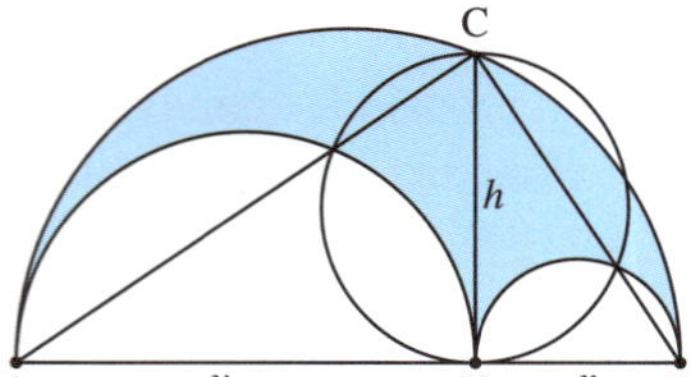

Soit C un point de ce demi-cercle distinct de A et B.

On appelle H le pied de la hauteur du triangle ABC issue du sommet C.

On construit les deux demi-cercles de diamètre [AH] et [HB] situés dans le demi-plan délimité par la droite (AB) contenant C.

On note x la longueur BH, y la longueur AH et h la longueur CH.

1. Montrer que les angles $\widehat{\text{CAH}}$ et $\widehat{\text{BCH}}$ sont de même mesure. En déduire que $\frac{h}{y} = \frac{x}{h}$ puis que $h^2 = xy$.

2. Montrer que l'aire de l'arbelos est égale à $\frac{\pi}{4}xy$. En déduire que l'aire de l'arbelos est égale à celle du disque de diamètre [CH].

C. Prolongements

Dans cette partie, le segment [AB] mesure 10 cm. On le partage en n segments d'égale longueur, n étant un entier naturel non nul, puis on construit n demi-disques de diamètres ces n segments comme indiqué dans les exemples ci-dessous.

On s'intéresse au périmètre et à l'aire des figures formées de ces n demi-disques, délimitées par le diamètre [AB] et les n demi-cercles (en bleu dans les deux exemples ci-dessous).

Pour $n = 2$

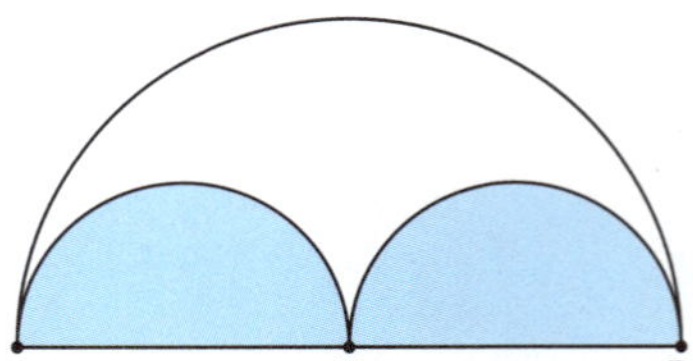

Pour $n = 4$

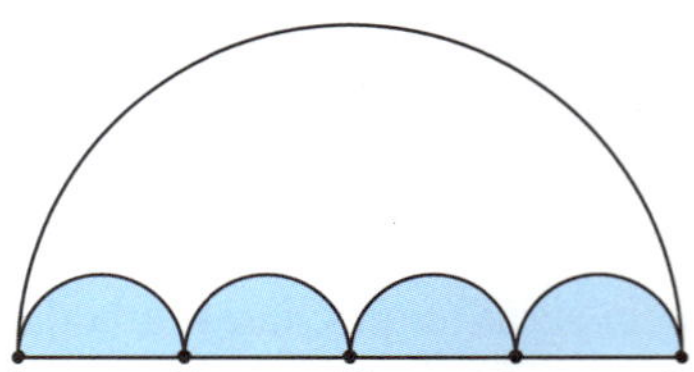

1. Montrer que le périmètre de la surface en bleu est le même quelle que soit la valeur de n.

2. Monter que l'aire de la surface en bleu est égale à $\frac{25\pi}{2n}$ cm^2.

3. Trouver la plus petite valeur de n pour que l'aire de la surface en bleu soit inférieure à 0,1 cm².

Se tester en 10 questions

→ Énoncés p. 91

1 **Réponse c.** La différence entre x et 5 est $x-5$ donc le produit est $x(x-5)$.

2 **Réponse b.** Pour $b=5$, la valeur de $(b-4)b$ est $(5-4)\times 5=1\times 5=5$.

3 **Réponse b.** Un carré de côté x a pour aire $x\times x=x^2$.

4 **Réponse c.** $-5x(-2x)=(-5)(-2)x\times x=10x^2$.

5 **Réponse c.** $(x+y)^2=x^2+2xy+y^2$.

6 **Réponse a.** Le périmètre d'un rectangle de côtés $x-1$ et $x+1$ est $2[(x-1)+(x+1)]=2\times 2x=4x$.

7 **Réponse c.** x^2+4 est la somme de deux carrés : le carré de x et le carré de 2.

8 **Réponse b.** L'écriture réduite de $3\times\frac{x}{x^2}$ est $\frac{3x}{x\times x}=\frac{3}{x}$.

9 **Réponse c.** On teste les solutions proposées : 2 convient car $(2+4)\times 2+4=12+4=16$.

10 **Réponses b et c.** Soit x le nombre affiché au départ, Paule et Christophe ont le même résultat donc $0{,}1x+1{,}3=0{,}4x-2{,}1$. On résout cette équation : $1{,}3+2{,}1=(0{,}4-0{,}1)x$, soit $x=\frac{3{,}4}{0{,}3}=\frac{34}{3}=\frac{33+1}{3}=\frac{33}{3}+\frac{1}{3}=11+\frac{1}{3}$.

Échauffement

→ Énoncés p. 91

1 1. **Affirmation 1 : FAUX**
Si on note x le nombre de départ, le programme calcule $(x+3)^2-x^2$, expression qu'on peut factoriser **(en utilisant la 3e identité remarquable)** sous la forme $[(x+3)-x][(x+3)+x]=3(2x+3)$. On cherche donc à résoudre l'équation $3(2x+3)=0$ qui admet la solution $x=-\frac{3}{2}=-1{,}5$. L'affirmation est donc fausse.
2. **Affirmation 2 : VRAI**
Si x est un nombre entier positif, l'expression factorisée du résultat du programme $3(2x+3)$ montre qu'on a bien un nombre divisible par 3 puisque $2x+3$ est un entier.

2 1. **Affirmation 1 : VRAI**
On peut faire quelques essais pour différentes valeurs de n. Par exemple, pour $n=5$, on calcule $(5+1)^2-(5-1)^2=36-16=20=4\times 5$ (multiple de 4), puis, ne trouvant pas de contre-exemple pour réfuter l'affirmation, il faut passer au cas général.
Quelle que soit la valeur de n, on a :

$$\begin{aligned}(n+1)^2-(n-1)^2&=\left(n^2+2n+1\right)-\left(n^2-2n+1\right)\\&=n^2+2n+1-n^2+2n-1\\&=4n\end{aligned}$$

n étant un entier naturel, on reconnaît dans cette expression un multiple de 4.
2. **Affirmation 2 : FAUX**
Pour réfuter une affirmation, il suffit de donner un contre-exemple.
Si n est égal à 2, on obtient $(2+1)(2-1)-1=2$. Or il n'existe pas d'entier dont 2 soit le carré. Donc l'affirmation est fausse.

3 **On montre que le résultat est toujours un carré.**
Si l'on note x le nombre de départ, le résultat est $xy+1=x(x+2)+1=x^2+2x+1$.
Or $x^2+2x+1=(x+1)^2$ **(1re identité remarquable)**, donc le résultat est toujours un carré **(que x soit ou non impair). On montre maintenant que le résultat est toujours un multiple de 4.**
Si x est un nombre impair alors $x+1$ est pair donc de la forme $2n$ où n est un entier. Ainsi, le résultat est $(x+1)^2=(2n)^2=2^2n^2=4n^2$, qui est bien un multiple de 4.

4 Pour éliminer y, on cherche des équations équivalentes à chacune des équations du système dans lesquelles y est multiplié par le même coefficient. Pour cela, on multiplie la 1re équation par –4 et la 2de par 5 ; on obtient :

$$\begin{cases} -8x+20y=-28 \\ 15x+20y=40 \end{cases}$$

En soustrayant ensuite membre à membre, par exemple la 1re équation à la 2de, on obtient :
$15x+20y-(-8x+20y)=40-(-28)$
$15x+20y+8x-20y=40+28$,
soit en réduisant l'expression :
$23x=68$, donc $x=\frac{68}{23}$.

Pour déterminer y, on élimine x en cherchant des équations équivalentes à chacune des équations du système initial dans lesquelles x est multiplié par le même coefficient. Pour cela, on multiplie la 1re équation par 3 et la 2de par 2 ; on obtient :

$$\begin{cases} 6x-15y=21 \\ 6x+8y=16 \end{cases}$$

En soustrayant ensuite membre à membre, par exemple la 1re équation à la 2de, on obtient :
$6x+8y-(6x-15y)=16-21$
$6x+8y-6x+15y=-5$,
soit en réduisant :
$23y=-5$, donc $y=\frac{-5}{23}$.

On vérifie enfin que le couple $\left(\frac{68}{23};\frac{-5}{23}\right)$ obtenu est solution du système.

Pour réussir au concours

→ Énoncés p. 92

5 **1.** Soit x le nombre entré dans le programme B, on doit donc avoir $9x-3=0{,}69$. On résout cette équation du 1er degré : $9x=0{,}69+3=3{,}69$, donc $x=\frac{3{,}69}{9}=0{,}41$.

2. Si x est un nombre impair, c'est-à-dire de la forme $2n+1$ où n est un entier, alors le nombre obtenu est $9(2n+1)-3=18n+9-3=18n+6=6(3n+1)$ qui est bien un multiple de 6.

3. Si x est le nombre entré dans le programme A, le résultat affiché est $4x+7$, donc les résultats obtenus seront les mêmes si et seulement si $4x+7=9x-3$. On résout cette équation :
$7+3=9x-4x$, soit $10=5x$, donc $x=10:5=2$.

6 **1.** **Pour faire apparaître un facteur 8, on peut utiliser la 3e identité remarquable pour factoriser cette expression qui est la différence de deux carrés.**

On a $(n+2)^2-(n-2)^2$
$=[(n+2)-(n-2)][(n+2)+(n-2)]$
$=[n+2-n+2][n+2+n-2]=4\times 2n=8n$,
qui est un multiple de 8. Quel que soit n entier, l'affirmation est donc vraie.

On peut aussi utiliser les identités remarquables pour développer l'expression donnée :

$(n+2)^2-(n-2)^2$
$=(n^2+4n+4)-(n^2-4n+4)$
$=8n$.

2. Si on reprend l'expression obtenue à la question précédente pour $n=1$, on obtient 8 qui n'est pas un multiple de 32 **(c'est 32 qui est multiple de 8)**. L'affirmation est donc fausse.

3. Le nombre 6 est solution de l'équation puisque, en remplaçant x par 6, on obtient : $-10=-10$, ce qui est vrai. On peut remarquer qu'en remplaçant x par 7 on obtient $0=0$, ce qui est également vrai, donc 7 est une autre solution. L'affirmation est donc fausse.

On peut aussi résoudre l'équation en factorisant l'expression pour la transformer en équation produit.

$(x-7)(x+4)=(x-7)(16-x)$
équivaut à $(x-7)(x+4)-(x-7)(16-x)=0$,
soit encore $(x-7)[(x+4)-(16-x)]=0$
et donc : $(x-7)(2x-12)=0$.
Un produit est nul si et seulement si l'un de ses facteurs est nul ; les solutions de l'équation sont donc 7 et $12:2=6$.

7 **1.** La somme des aires des trois carrés gris vaut :
$(n-2)^2+(n-1)^2+n^2$,
soit, en utilisant les identités remarquables,
$n^2-4n+4+n^2-2n+1+n^2=3n^2-6n+5$.
La somme des aires des deux carrés blancs vaut :
$(n+1)^2+(n+2)^2=n^2+2n+1+n^2+4n+4$
$=2n^2+6n+5$.
Les deux sommes sont donc égales si et seulement si $3n^2-6n+5=2n^2+6n+5$, c'est-à-dire si $n^2-12n=0$.

2. On résout l'équation du 2nd degré $n^2-12n=0$ en la factorisant sous la forme $n(n-12)=0$ et, en appliquant la règle du produit nul, $n(n-12)$ est nul si et seulement si l'un de ses facteurs est nul, on obtient $n=0$ ou $n-12=0$. Les solutions sont donc 0 et 12.

3. La solution $n=0$ correspond à des longueurs de côtés négatives pour les deux premiers carrés, elle doit donc être rejetée. Seule la solution $n=12$ peut être retenue : les carrés gris ont des côtés respectifs de 10, 11 et 12 cm et les carrés blancs ont des côtés de 13 et 14 cm.

8 **1.** En remplaçant x par 0 dans l'expression de f on obtient $f(0)=c$. De même, en remplaçant x par 6 on obtient $f(6)=-\frac{1}{4}6^2+b\times 6+c=-9+6b+c$.

2. On sait que la courbe passe par le point (0 ; 3) donc $f(0)=3$. Donc, d'après la question précédente, $c=3$.
De même, on sait que la courbe passe par le point (6 ; 0), donc $f(6)=0$. D'après la question précédente, $-9+6b+c=0$, soit encore, puisque $c=3$, $-9+6b+3=0$, d'où on tire $b=1$.
Ainsi $f(x)=-\frac{1}{4}x^2+x+3$.

3. On développe l'expression :
$-\frac{1}{4}(x-2)^2+4=-\frac{1}{4}\left(x^2-2\times 2x+2^2\right)+4$
et, en distribuant $-\frac{1}{4}$, on obtient :
$-\frac{1}{4}x^2+x-1+4=-\frac{1}{4}x^2+x+3=f(x)$.

4. Puisque $f(x)=-\frac{1}{4}(x-2)^2+4$, il s'agit de trouver le maximum de cette expression sur l'intervalle [0 ; 6]. Or $-\frac{1}{4}(x-2)^2\leq 0$ (le cas d'égalité correspond à $x=2$), donc $f(x)=-\frac{1}{4}(x-2)^2+4\leq 4$, le cas d'égalité correspondant à $x=2$, on a alors un maximum qui est $f(2)=4$.

9 **1.** Puisque le batelier parcourt à l'aller 120 km en n jours à vitesse constante, la distance parcourue quotidiennement en descendant est $\frac{120}{n}$.
De même, puisqu'il met un jour de plus pour remonter à vitesse constante ces 120 km, la distance parcourue quotidiennement en remontant est $\frac{120}{n+1}$.

2. La distance parcourue quotidiennement en remontant est inférieure de 6 km à la distance parcourue quotidiennement en descendant, donc $\frac{120}{n+1}=\frac{120}{n}-6$.

3. En multipliant les deux membres de l'équation précédente par le produit des dénominateurs $n(n+1)$ pour les faire disparaître, on obtient :
$120n=120(n+1)-6n(n+1)$,
soit $6n(n+1)=120(n+1)-120n$,
soit $6n(n+1)=120$
et donc $n(n+1)=\frac{120}{6}=20$.

On peut aussi écrire que $6=\frac{120}{n}-\frac{120}{n+1}$ et réduire les fractions au même dénominateur pour effectuer la soustraction :

$$6=\frac{120(n+1)}{n(n+1)}-\frac{120n}{n(n+1)}=\frac{120(n+1)-120n}{n(n+1)}$$
$$=\frac{120n+120-120n}{n(n+1)}=\frac{120}{n(n+1)},$$

donc $120=6n(n+1)$ et $n(n+1)=\frac{120}{6}=20$.

4. D'après la décomposition de 20 en facteurs premiers, les produits égaux à 20 sont (à l'ordre près) : 1×20, 2×10 et 4×5. Le seul dont les facteurs sont deux entiers consécutifs est 4×5, ce qui correspond, dans l'équation $n(n+1)=20$, à $n=4$.
Le batelier a mis 4 jours à descendre la rivière et 5 jours à la remonter.

10 **1. On doit dénombrer tous les triangles de sommet A. Par exemple, à l'étape 2, on voit les 3 triangles suivants qu'on peut désigner par leurs sommets : A-0-1, A-0-2 et A-1-2. De même, à l'étape 3, il y a tous les triangles visibles à l'étape 2 ainsi que ceux ayant pour sommets le point A, le point numéro 3 et n'importe lequel des points de numéro inférieur : 0, 1 ou 2. Soit donc 3 + 3 = 6 triangles.**

Étape	1	2	3	4	5
Nombre de triangles	1	3	6	10	15

2. Le raisonnement précédent montre qu'à l'étape *n* on peut tracer *n* nouveaux triangles : ceux ayant pour sommets A, le point de numéro *n* et un des *n* points de numéro inférieur : 0, 1, 2... *n* – 1. On est donc conduit à calculer la somme des entiers consécutifs 1 + 2 + 3 + 4 + ... + *n*. Cette méthode ne permet donc pas de répondre rapidement à la question posée.
On peut aussi reconnaître la même structure mathématique que celle de l'exemple des poignées de mains (voir p. 79).
Tracer un triangle revient à en choisir les sommets. Le sommet A étant imposé, il reste donc à choisir les deux autres. Pour le 1er, on doit choisir une graduation entre 0 et n, soit $n+1$ choix possibles, puis, pour choisir le 2nd sommet, on doit choisir une graduation parmi les n restantes. Il y a donc $(n+1)n$ couples de sommets possibles sur l'axe. L'ordre n'ayant pas d'importance dans le tracé d'un triangle, il faut diviser ce nombre de couples de graduations par 2 pour connaître celui des paires de graduations. Ainsi, le nombre de triangles visibles à l'étape n est $\frac{(n+1)n}{2}$.
Il s'agit donc de résoudre l'équation $\frac{(n+1)n}{2}=3\,321$, soit $(n+1)n=6\,642$.
Il ne s'agit pas d'une équation permettant d'appliquer la règle du produit nul. D'autre part, en développant, on obtient l'équation $n^2+n-6\,642=0$, qui n'est pas au programme car elle n'est pas de la forme $n^2=a$ où a est un nombre positif.
Puisque $(n+1)n\approx n\times n=n^2$ **(vrai pour n grand)**, on teste des valeurs de n proches de $\sqrt{6\,642}$ avec la calculatrice ; on vérifie alors que $n=81$ convient puisque $82\times 81=6\,642$.
Finalement, s'il y avait 3 321 triangles, le dernier point marqué aurait le numéro 81.

11 A. 1. **Rappel : L'aire d'un disque de diamètre d vaut $\frac{\pi d^2}{4}$.**

L'aire de l'arbelos s'obtient en retranchant les aires des demi-disques de diamètre [AH] et [HB] à l'aire du demi-disque de diamètre [AB], soit :

$$A=\frac{1}{2}\times\frac{\pi AB^2}{4}-\frac{1}{2}\times\frac{\pi HB^2}{4}-\frac{1}{2}\times\frac{\pi AH^2}{4},$$

or $AH = AB - HB = 10 - x$, donc :

$$A(x)=\frac{1}{2}\times\frac{\pi 10^2}{4}-\frac{1}{2}\times\frac{\pi x^2}{4}-\frac{1}{2}\times\frac{\pi(10-x)^2}{4}.$$

En utilisant la 2ᵉ identité remarquable, on peut simplifier cette expression :

$$\begin{aligned}A(x)&=\frac{\pi}{2\times4}\left[10^2-x^2-(10-x)^2\right]\\&=\frac{\pi}{2\times4}\left(100-x^2-100+20x-x^2\right)\\&=\frac{\pi}{4}x(10-x).\end{aligned}$$

2. On peut factoriser l'expression en utilisant la 3ᵉ identité :

$$\begin{aligned}&\frac{25\pi}{4}-\frac{\pi}{4}(x-5)^2\\&=\frac{\pi}{4}\left[25-(x-5)^2\right]\\&=\frac{\pi}{4}\left[5^2-(x-5)^2\right]\\&=\frac{\pi}{4}[5-(x-5)][5+(x-5)]\\&=\frac{\pi}{4}(5-x+5)(5+x-5)\\&=\frac{\pi}{4}(10-x)x\end{aligned}$$

où l'on retrouve bien $A(x)$.

3. Déterminons pour quelle valeur de x l'aire est maximale en utilisant l'expression de la question **2**.

On sait que $\frac{\pi}{4}(x-5)^2$ est positif ou nul, et donc son opposé vérifie : $-\frac{\pi}{4}(x-5)^2\leq 0$ (le cas d'égalité correspondant à $x-5=0$, c'est-à-dire $x=5$). En ajoutant le nombre $\frac{25\pi}{4}$ dans chaque membre de cette inégalité, on obtient $\frac{25\pi}{4}-\frac{\pi}{4}(x-5)^2\leq\frac{25\pi}{4}$ avec égalité si et seulement si $x=5$.

Finalement l'aire $A(x)$ est maximale pour $x=5$ et vaut alors $\frac{25\pi}{4}$.

B. 1. On remarque que le triangle ABC est rectangle en C car il est inscrit dans le cercle de diamètre [AB], donc $\widehat{BCH}=90-\widehat{ACH}$. Or, dans le triangle ACH rectangle en H, on a aussi $\widehat{CAH}=90-\widehat{ACH}$.

Finalement $\widehat{CAH}$ et $\widehat{BCH}$ sont bien de même mesure. On en déduit que les tangentes de ces angles sont égales, donc que $\frac{h}{y}=\frac{x}{h}$, puis, en effectuant les produits en croix, que $h^2=xy$.

2. On procède par soustraction comme dans le cas particulier du **A** et on utilise la 1ʳᵉ identité remarquable :

$$\begin{aligned}A(x)&=\frac{1}{2}\times\frac{\pi(x+y)^2}{4}-\frac{1}{2}\times\frac{\pi x^2}{4}-\frac{1}{2}\times\frac{\pi y^2}{4}\\&=\frac{\pi}{2\times4}\left(x^2+2xy+y^2-x^2-y^2\right)\\&=\frac{\pi}{4}xy.\end{aligned}$$

Puisqu'on a vu à la question précédente que $xy=h^2$, on peut en déduire que l'aire de l'arbelos est égale à celle du disque de diamètre [CH].

C. 1. **Rappel : Le périmètre d'un disque de diamètre d est πd.**

Calculons le périmètre de la surface en bleu. Chacun des n demi-disques a pour diamètre $\frac{10}{n}$, donc pour périmètre $\frac{1}{2}\times\pi\frac{10}{n}$. Ainsi le périmètre de la surface en bleu est $10+n\times\frac{1}{2}\times\pi\frac{10}{n}=10+5\pi$, valeur qui ne dépend pas de n.

2. Calculons l'aire A de la surface en bleu. Cette surface est constituée de n demi-disques de diamètre $\frac{10}{n}$ donc :

$$A=n\times\frac{1}{2}\times\frac{1}{4}\pi\left(\frac{10}{n}\right)^2=\frac{100n\pi}{8n^2}=\frac{25\pi}{2n}\ \text{cm}^2.$$

3. Déterminons la plus petite valeur de n pour laquelle l'aire A est inférieure à 0,1 cm². On doit donc résoudre dans $\mathbb{N}$ l'inéquation $\frac{25\pi}{2n}<0{,}1$, qui est équivalente à $25\pi<0{,}2n$ puisque n est positif, soit encore $n>\frac{25\pi}{0{,}2}=125\pi\approx392{,}7\ldots$

Ainsi la plus petite valeur de n tel que l'aire de la surface en bleu soit inférieure à 0,1 cm² est 393.

5 Géométrie plane

Parmi les concepts fondamentaux de la géométrie, on peut en identifier deux types :
– les concepts qui caractérisent les objets géométriques : le point, le segment, la droite, la demi-droite, l'angle, le cercle, les polygones, etc. ;
– les concepts qui caractérisent les relations géométriques entre certains objets : l'appartenance, l'alignement, le parallélisme, la perpendicularité, etc.
Dans ce chapitre, nous allons reprendre ces concepts fondamentaux en précisant le vocabulaire, le codage, les propriétés et les constructions associées.

A Point, segment, droite, demi-droite

1. Point, segment, droite, demi-droite

Exemple 1

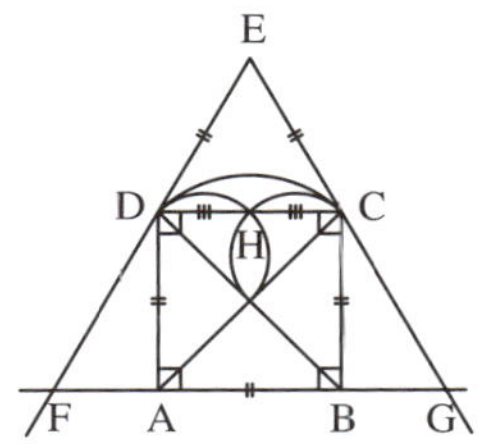

Sur papier uni (c'est-à-dire ni quadrillé, ni pointé), on cherche à reproduire le logo ci-contre dont plusieurs indications sont données par un codage.
Pour cela, nous pouvons tout d'abord repérer dans la figure quelques premiers objets géométriques :

Points	Segments	Droite	Demi-droites
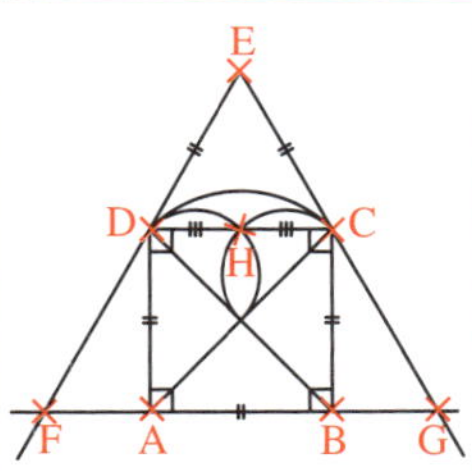	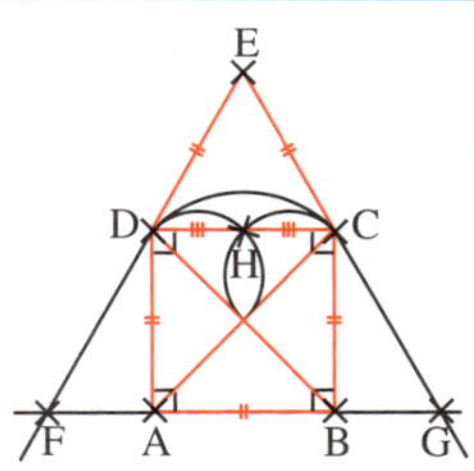	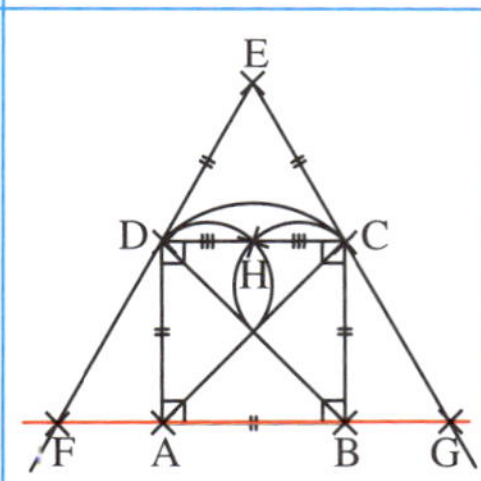	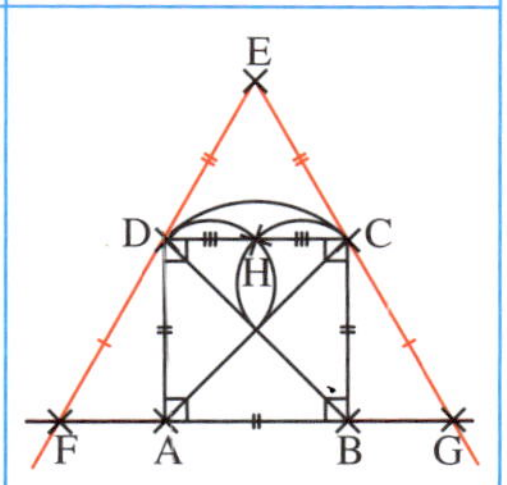
Nous pouvons déjà identifier 8 points que nous nommons A, B, C, D, E, F, G et H.	Beaucoup de segments peuvent être identifiés. Nous pouvons nommer les segments [AB], [BC], [CD], [DA], [DE], [CE]…	Une droite est également un élément du logo : la droite (FG), que l'on peut nommer également (AB), (AF), (AG)…	Deux demi-droites sont présentes : les demi-droites [EF) et [EG), ainsi que [DF) et [CG).

1-1 Définitions et notations

Point	Segment	Droite	Demi-droite
Un point est un objet géométrique sans taille ni dimension, souvent défini par l'intersection de deux droites.	Un segment est une portion de droite limitée par deux points appelés extrémités.	Une droite est l'abréviation d'une ligne droite. L'image est celle d'un fil parfaitement tendu et sans limite (elle est donc infinie).	Une demi-droite est une partie de droite avec une extrémité (appelée origine), mais dont l'autre extrémité est infinie.

Point	Segment	Droite	Demi-droite
Un point se nomme généralement avec une lettre majuscule et est représentée par une petite croix symbolisant l'intersection de deux droites.	• Un segment est généralement désigné par ses deux points extrémités et une paire de crochets. • La longueur d'un segment peut être désignée par ses deux extrémités sans symbole.	• Une droite est généralement désignée par deux points de la droite et une paire de parenthèses. • Elle peut également être désignée par une lettre minuscule, avec ou sans parenthèses.	Une demi-droite est désignée par son origine précédée d'un crochet fermé et un autre point de la demi-droite suivi d'une parenthèse.
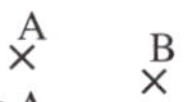 Point A Point B	 Segment [AB] AB est la distance de A à B, c'est-à-dire la longueur du segment [AB].	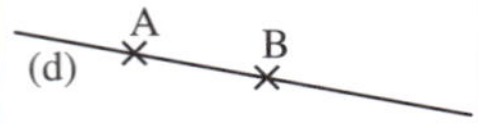 Droite (AB) ou d ou (d)	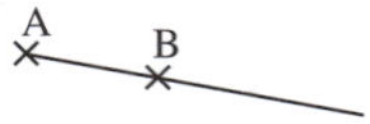 Demi-droite [AB), d'origine A passant par B

Remarque : Les parenthèses représentent un prolongement à l'infini, les crochets des extrémités.

1-2 Codage des longueurs

• Deux segments de même longueur sont codés sur le dessin avec les mêmes symboles.

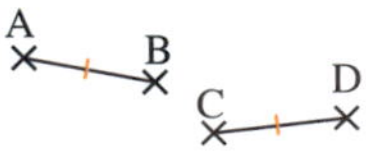

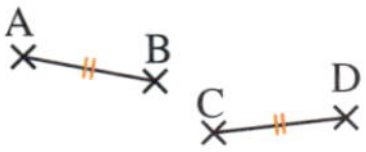

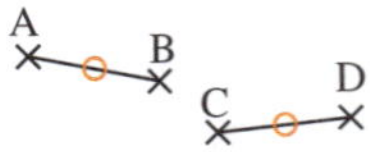

• On note AB = CD, et non [AB] = [CD].

2. Alignement, milieu

Nous pouvons continuer d'analyser le logo et repérer des relations géométriques entre certains points.

– Les points F, A, B et G sont alignés puisque les points F et G appartiennent à la droite (AB).

– Les points A, B et C ne sont pas alignés puisque le point C n'appartient pas à la droite (AB). On note : $C \notin (AB)$.

– Le point H du segment [CD] est tel que HC = HD selon le codage ; H est alors un point du segment [CD] à égale distance de C et de D, H est donc le milieu du segment [CD].

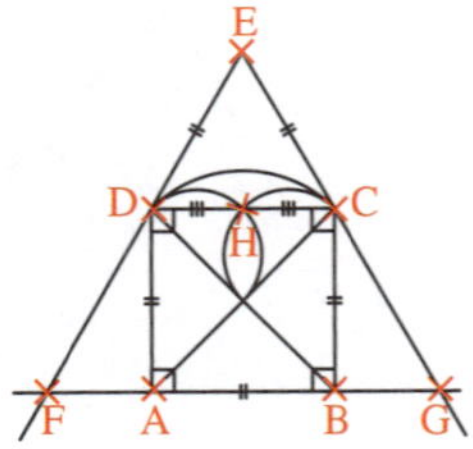

2-1 Définitions et notations

• Plusieurs points du plan sont alignés s'ils appartiennent à une même droite.  • On note : $F \in (AB)$ et $G \in (AB)$, ou même $A \in (FB)$, $A \in (FG)$, etc.	• Le milieu d'un segment est l'unique point du segment à égale distance des deux extrémités du segment.  • On note : $H \in [CD]$ et HD = HC.

2-2 Remarques

• Par un point du plan passe une infinité de droites.
• Par deux points du plan passe une unique droite.
• Deux points du plan sont alors toujours alignés !

Complément

La construction du milieu d'un segment donné à la règle et au compas est présentée en partie E–4, p. 113.

3. Droites et segments sécants, perpendiculaires, parallèles, confondus

Continuons d'analyser le logo en repérant des relations géométriques entre les segments, droites et demi-droites.
Les demi-droites [EF) et [EG) ont le point E en commun, elles sont sécantes.
Même si elles ne sont pas tracées, les droites (EF) et (EG) existent et sont également sécantes en E.
De plus, selon le codage, les droites (AB) et (BC) sont perpendiculaires.
De même, les droites (BC) et (CD) d'un côté, (DA) et (AB) de l'autre, sont perpendiculaires.

3-1 Définitions et notations

Des droites sécantes sont des droites ayant un unique point commun. Ce point est appelé le point d'intersection.	En particulier, deux droites perpendiculaires sont deux droites qui forment un angle droit.	Deux droites parallèles sont deux droites confondues (ayant une infinité de points en commun) ou qui ne sont pas sécantes.
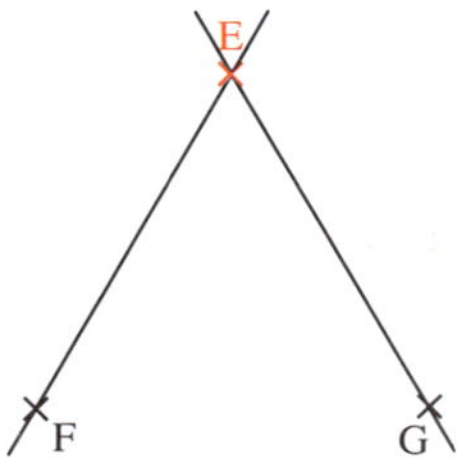 • Les droites (EF) et (EG) sont sécantes en E. • E est le point d'intersection des droites (EF) et (EG). • On note : $E = (EF) \cap (EG)$.	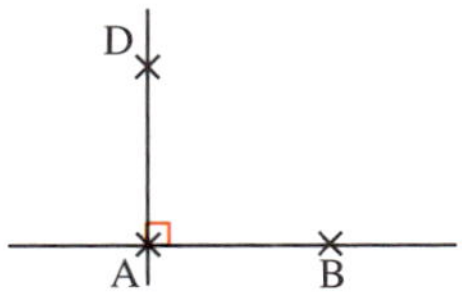 • Les droites (AB) et (AD) sont perpendiculaires. • On note : $(AB) \perp (AD)$.	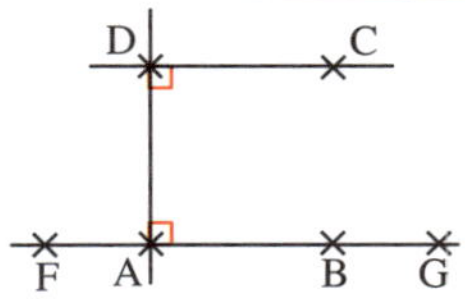 • Les droites (AB) et (FG) sont confondues, elles ont tous leurs points en commun. • Les droites (AB) et (CD) sont parallèles, elles n'ont aucun point en commun. • On note : $(AB) // (CD)$.

3-2 Remarque

Deux droites ayant deux points en commun sont confondues. En effet, par deux points du plan passe une unique droite !

3-3 Propriétés (admises)

• Si deux droites sont parallèles à une même troisième droite, alors elles sont parallèles entre elles.
• Si deux droites sont perpendiculaires à une même troisième droite, alors elles sont parallèles entre elles.

Selon le codage, les droites (AD) et (BC) sont toutes deux perpendiculaires à la droite (AB), elles sont donc parallèles.

• Si deux droites sont parallèles, toute droite perpendiculaire à l'une est perpendiculaire à l'autre.

Complément

La construction d'une droite perpendiculaire ou parallèle à une droite donnée passant par un point donné est présentée en parties E–5, p. 114, et E–6, p. 115.

MÉTHODE 4, p. 119

4. Médiatrice d'un segment : définition et propriété

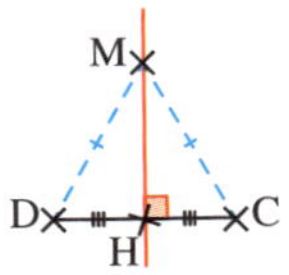 (MH) est la médiatrice de [DC].	• La médiatrice d'un segment est l'ensemble des points à égale distance des deux extrémités du segment. • Propriété : La médiatrice d'un segment est une droite. C'est la droite perpendiculaire à ce segment passant par son milieu.

Complément

La construction de la médiatrice d'un segment donné à la règle et au compas est présentée en partie E–4, p. 113.

MÉTHODE 1, p. 116

B Angles

1. Définitions et angles particuliers

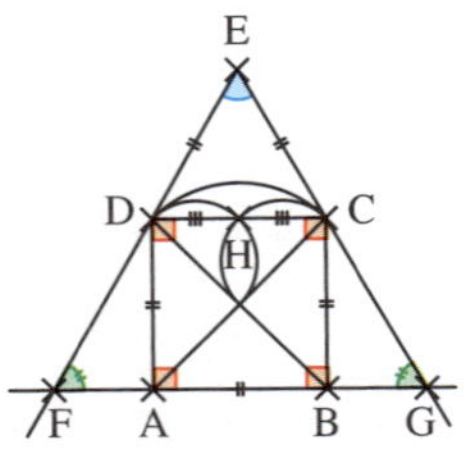

Dans le logo, nous pouvons identifier d'autres objets géométriques : des angles.
Certains angles sont codés à l'aide d'un petit carré, d'autres sont codés avec les mêmes symboles. Beaucoup d'angles ne sont pas codés.

1-1 Définitions et notations

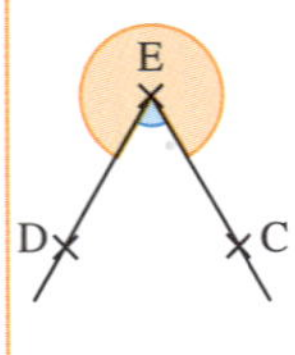

• Un secteur angulaire est une partie d'un plan délimitée par deux demi-droites de même origine.
• Ces deux demi-droites de même origine déterminent deux angles : un angle saillant (celui qui est plus petit que l'angle plat) et un angle rentrant (celui qui est plus grand qu'un angle plat).
• L'origine commune est appelée le sommet de l'angle et les deux demi-droites sont appelées les côtés de l'angle.
• Ci-contre, l'angle bleu est l'angle saillant et l'angle orange est l'angle rentrant.
Ils ont tous deux pour sommet le point E et pour côtés les demi-droites [ED) et [EC).
On les note : $\widehat{DEC}$.

Attention !

Dans la suite du chapitre, nous ne considérerons que les **angles saillants**.

Remarque : On confond souvent le secteur angulaire, qui est l'objet étudié, et l'angle, qui est la grandeur associée (voir Chapitre 11, p. 274). Afin de se familiariser avec cette pratique, nous utiliserons dans la suite du chapitre le terme angle pour désigner à la fois l'objet et sa mesure.

Complément

La reproduction d'un angle donné à la règle et au compas est présentée en partie E–2, p. 112.

1-2 Angles particuliers : définitions

Angle nul	Angle plat	Angle droit	Angle aigu	Angle obtus
• Un angle nul est déterminé par deux demi-droites confondues. • Sa mesure est 0°.	• Un angle plat est déterminé par deux demi-droites non confondues portées par une même droite. • Sa mesure est 180°.	Un angle droit est l'angle de mesure 90°.	Un angle aigu est un angle plus petit qu'un angle droit.	Un angle obtus est un angle plus grand qu'un angle droit.
 L'angle $\widehat{BAB}$ est nul : $\widehat{BAB} = 0°$.	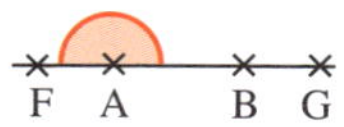 L'angle $\widehat{BAF}$ est plat : $\widehat{BAF} = 180°$.	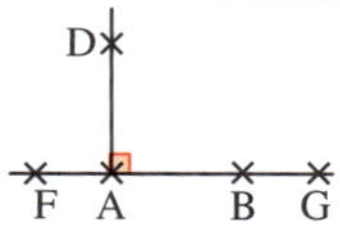 L'angle $\widehat{BAD}$ est droit : $\widehat{BAD} = 90°$.	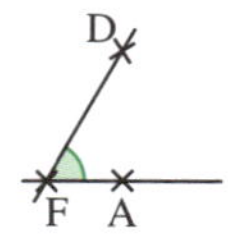 L'angle $\widehat{AFD}$ est aigu : $\widehat{AFD} < 90°$.	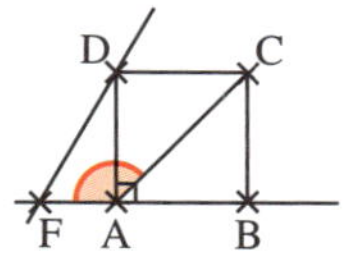 L'angle $\widehat{FAC}$ est obtus : $\widehat{FAC} > 90°$.

Complément

La reproduction d'un angle de mesure donnée à la règle et au compas est présentée en exercice 3, p. 122.

2. Angles adjacents, complémentaires, supplémentaires : définitions

Angles adjacents	Angles complémentaires	Angles supplémentaires
Deux angles sont adjacents s'ils ont leur sommet en commun, un côté en commun, et sont situés de part et d'autre de leur côté commun.	Deux angles sont complémentaires si la somme de leur mesure est égale à 90°.	Deux angles sont supplémentaires si la somme de leur mesure est égale à 180°.
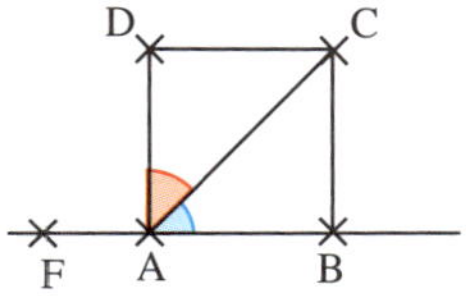 Les angles $\widehat{BAC}$ et $\widehat{CAD}$ sont adjacents : leur sommet commun est le point A et leur côté commun est la demi-droite [AC).	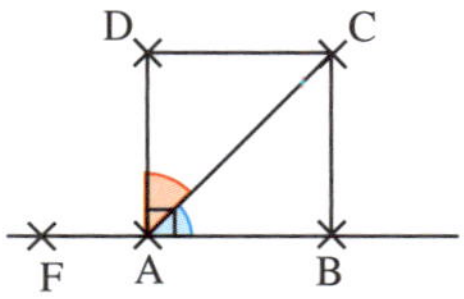 Les angles $\widehat{BAC}$ et $\widehat{CAD}$ sont complémentaires : $\widehat{BAC} + \widehat{CAD} = \widehat{BAD} = 90°$.	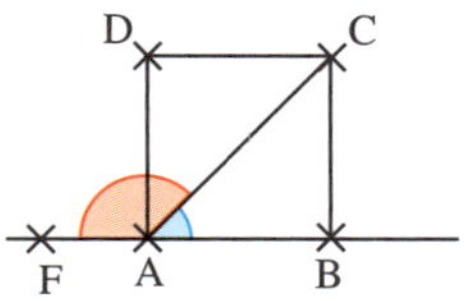 Les angles $\widehat{BAC}$ et $\widehat{CAF}$ sont supplémentaires : $\widehat{BAC} + \widehat{CAF} = \widehat{BAF} = 180°$.

Remarque : Deux angles complémentaires ou supplémentaires ne sont pas obligatoirement adjacents.

3. Angles opposés, alternes-internes, correspondants : définitions et propriétés

Angles opposés par le sommet	Angles alternes-internes	Angles correspondants
DÉFINITIONS		
Deux angles opposés par le sommet sont deux angles formés par deux droites sécantes et qui ne sont pas adjacents.	Deux angles alternes-internes sont deux angles, formés par deux droites et une sécante à ces droites, situés de chaque côté de la sécante (alternes) dans la région comprise à l'intérieur de deux droites (internes).	Deux angles correspondants sont deux angles non adjacents formés par deux droites et une sécante à ces droites, les deux angles étant situés du même côté de la sécante, l'un étant interne et l'autre externe.
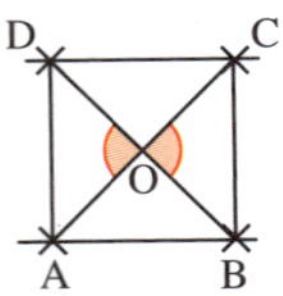 Les angles $\widehat{AOD}$ et $\widehat{BOC}$ sont opposés par le sommet O.	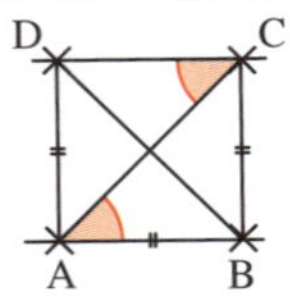 Les angles $\widehat{BAC}$ et $\widehat{ACD}$ sont alternes-internes.	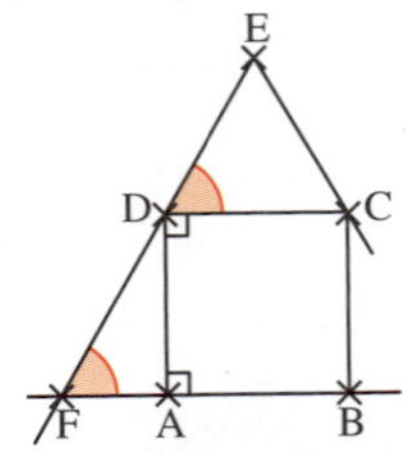 Les angles $\widehat{BFD}$ et $\widehat{CDE}$ sont correspondants.
PROPRIÉTÉS		
Deux angles opposés par le sommet sont de même mesure.	• Si les angles alternes-internes sont formés par une sécante et deux droites **parallèles**, alors ces angles sont de même mesure. • Réciproquement, si deux droites coupées par une sécante forment des angles alternes-internes de même mesure, alors ces droites sont **parallèles**.	• Si les angles correspondants sont formés par une sécante et deux droites **parallèles**, alors ces angles sont de même mesure. • Réciproquement, si deux droites coupées par une sécante forment des angles correspondants de même mesure, alors ces droites sont **parallèles**.
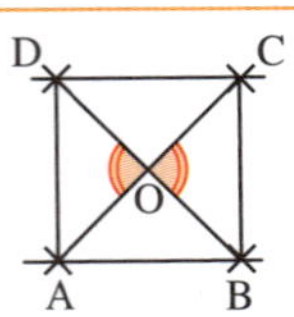 Les angles opposés $\widehat{AOD}$ et $\widehat{BOC}$ sont de même mesure : $\widehat{AOD} = \widehat{BOC}$.	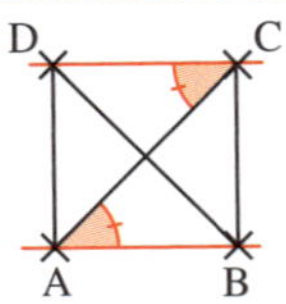 Les droites (AB) et (CD) sont parallèles, les angles alternes-internes $\widehat{BAC}$ et $\widehat{ACD}$ sont donc de même mesure : $\widehat{BAC} = \widehat{ACD}$.	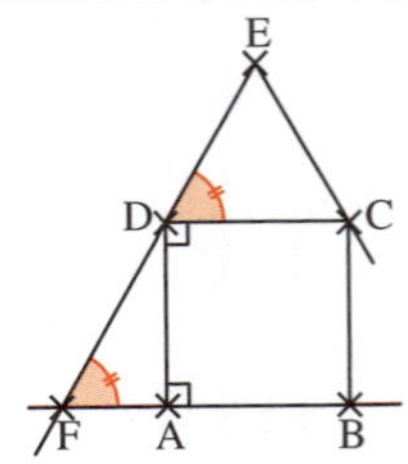 Les droites (AB) et (CD) sont parallèles, les angles correspondants $\widehat{BFD}$ et $\widehat{CDE}$ sont donc de même mesure : $\widehat{BFD} = \widehat{CDE}$.

4. Bissectrice d'un angle : définition

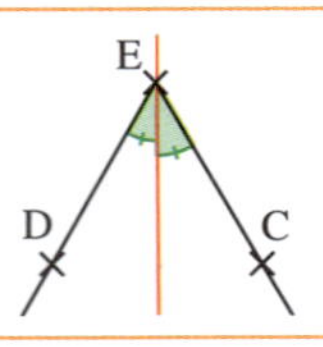

La bissectrice d'un angle est la droite issue du sommet de l'angle partageant l'angle en deux angles de même mesure.

Complément

La construction de la bissectrice d'un angle donné à la règle et au compas est présentée en partie E-3, p. 113.

C Cercle et disque

Dans ce logo, nous pouvons également identifier des portions de cercles.
Pour les reproduire, nous avons besoin de leurs éléments caractéristiques.

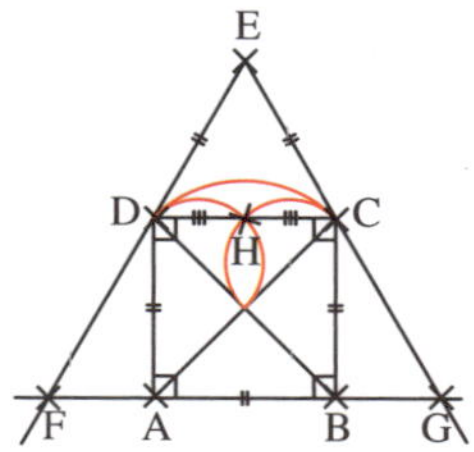

DÉFINITIONS

- Le cercle de centre O et de rayon r ($r > 0$) est l'ensemble des points du plan situés à une distance égale à r de O.
- Le disque de centre O et de rayon r ($r > 0$) est l'ensemble des points du plan situés à une distance inférieure ou égale à r de O.
- Un segment dont les extrémités sont le centre du cercle et un point du cercle est également appelé rayon du cercle (ou du disque).
- Une corde du cercle est un segment dont les extrémités sont sur le cercle.
- Un diamètre du cercle est une corde du cercle passant par le centre du cercle. Tous les diamètres d'un même cercle ont même longueur, appelée également diamètre du cercle.
- Un arc de cercle est une portion du cercle limitée par deux points du cercle.
- Ci-contre :

– le cercle (ligne rouge) est de centre O et de rayon 3 ;
– le disque (surface rouge) est de centre O et de rayon 3 ;
– le segment [OA] est un rayon du cercle ;
– le segment [AB] est un diamètre ;
– le segment [BC] est une corde du cercle ;
– $\overset{\frown}{BC}$ est un arc de cercle délimité par les points B et C.

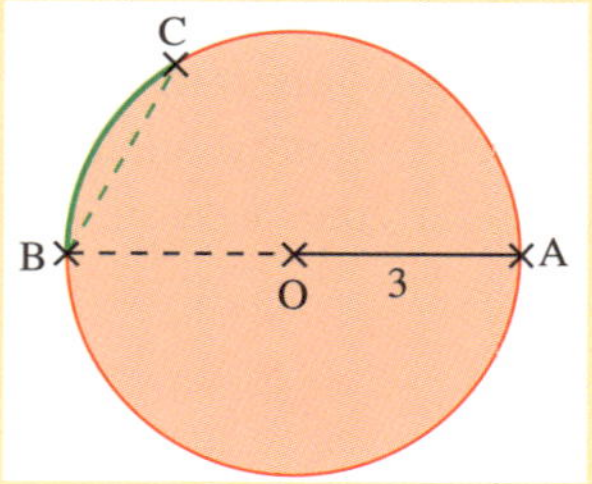

Remarques :

- Les mots **rayon** et **diamètre** désignent à la fois une longueur et un segment (on choisira le sens suivant le contexte). L'article utilisé devant ces mots a de l'importance. En effet :
– pour évoquer la longueur, on dira **le** rayon (unicité) ;
– pour évoquer un segment, on dira **un** rayon (infinité).
- D'après la définition du cercle, si M est un point du cercle de centre O et de rayon r, alors $OM = r$.
- Réciproquement, si M est un point du plan tel que $OM = r$, alors M est sur le cercle de centre O et de rayon r et O est sur le cercle de centre M et de rayon r.

Complément

La construction du centre d'un arc de cercle donné à la règle et au compas est présentée en exercice 13, p. 124.

L'arc de cercle $\overset{\frown}{CO}$ est un demi-cercle ayant pour diamètre le segment [CO].
Notons J le milieu du segment [CO]. Le demi-cercle $\overset{\frown}{CO}$ est donc une portion du cercle de centre J et de rayon JC.
L'arc de cercle $\overset{\frown}{DO}$ est un demi-cercle ayant pour diamètre le segment [DO].
Notons I le milieu du segment [DO]. L'arc de cercle $\overset{\frown}{DO}$ est donc une portion du cercle de centre I et de rayon ID.
Enfin, l'arc de cercle $\overset{\frown}{CD}$ est un quart du cercle de centre O et de rayon OC.

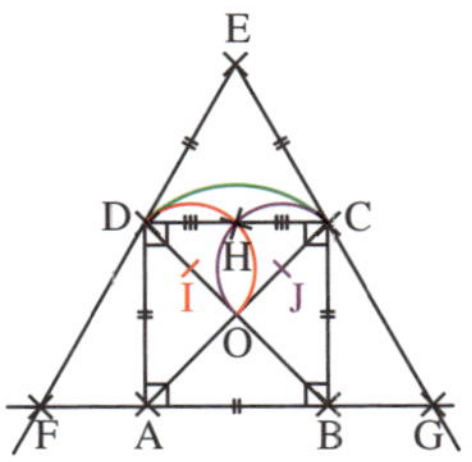

D Polygones

1. Définitions

DÉFINITION Un polygone est une ligne brisée fermée qui comporte plusieurs côtés rectilignes. Un polygone est composé de plusieurs sommets reliés entre eux par des segments.

Polygone convexe	Polygone concave	Polygone croisé	Polygone régulier
Un polygone est convexe s'il est situé tout entier du même côté de la droite qui contient l'un quelconque de ses côtés. 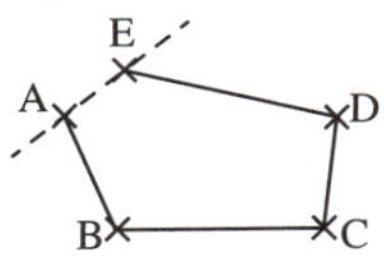	Un polygone concave est un polygone qui n'est pas convexe. 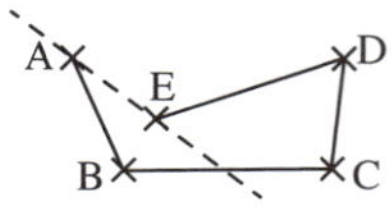	Un polygone est croisé si au moins deux de ses côtés se coupent en un point autre que leurs extrémités. 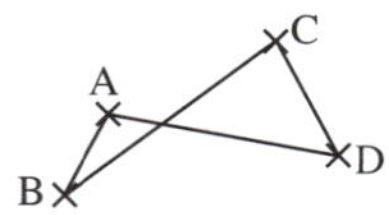	Un polygone est dit régulier quand tous ses côtés ont la même longueur, et que tous ses angles sont de même mesure. 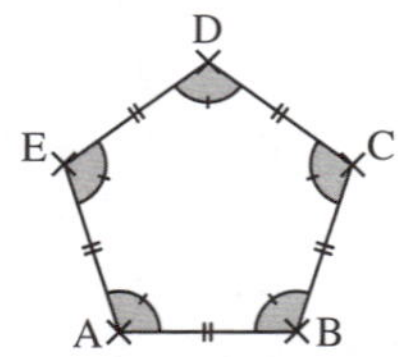

- Un polygone à trois côtés est un triangle.
- Un polygone à quatre côtés est un quadrilatère.

Dans la suite, nous allons étudier les cas particuliers des triangles et des quadrilatères convexes.

MÉTHODE 2, p. 117

2. Triangles

Dans ce logo, nous pouvons identifier plusieurs triangles différents.
Les triangles ADF et BCG ont deux côtés perpendiculaires, le triangle CDE a trois côtés de même longueur.
Les triangles bleus semblent avoir deux côtés de même longueur.

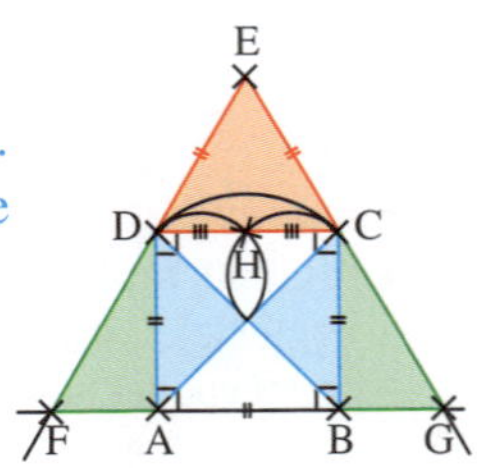

2-1 Inégalité triangulaire

PROPRIÉTÉ Dans un triangle, la longueur d'un côté est inférieure à la somme des longueurs des deux autres côtés.

Dans le triangle ADF ci-dessus, AD < AF + FD, AF < AD + DF et DF < DA + AF.

Remarques :

- Cette propriété s'appuie sur le fait que pour aller d'un point A à un point B, il est plus court d'aller tout droit en parcourant le segment [AB] plutôt que de passer par un point intermédiaire C.
- Cette propriété permet d'affirmer qu'un triangle est constructible ou non à partir de trois côtés dont on connaît les longueurs :

– si, pour chaque côté, la longueur du côté est inférieure ou égale à la somme des longueurs des deux autres côtés, il est possible de construire un triangle avec ces trois côtés ;
– si, pour au moins un côté, sa longueur est égale à la somme des deux autres côtés, le triangle constructible est plat ;
– si, pour au moins un côté, sa longueur est supérieure à la somme des deux autres côtés, le triangle n'est pas constructible.

2-2 Somme des angles d'un triangle

PROPRIÉTÉ La somme des mesures des angles d'un triangle est égale à 180°.

Remarque : Dans un triangle, si les mesures de seulement deux des angles sont données, il est facile de retrouver la mesure du troisième angle.

2-3 Triangles particuliers : définitions et propriétés (admises)

Triangle rectangle	Triangle isocèle	Triangle équilatéral
DÉFINITIONS		
• Un triangle rectangle est un triangle qui a un angle droit. • Le côté opposé à l'angle droit se nomme l'hypoténuse.	• Un triangle isocèle est un triangle qui a deux côtés de même longueur. • Le troisième côté se nomme la base du triangle isocèle.	Un triangle équilatéral est un triangle qui a trois côtés de même longueur.
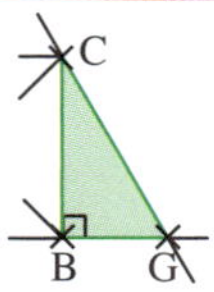 • Les droites (BC) et (BG) sont perpendiculaires, l'angle en B dans le triangle BCG est donc droit. • Le triangle BCG est rectangle en B et [CG] est son hypoténuse.	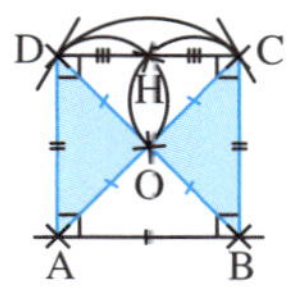 Le quadrilatère ABCD étant un carré, ses diagonales sont de même longueur et se coupent en leur milieu (voir D–3, p. 108). On obtient : OB = OC. Le triangle OBC est donc isocèle en O. De même, le triangle OAD est isocèle en O.	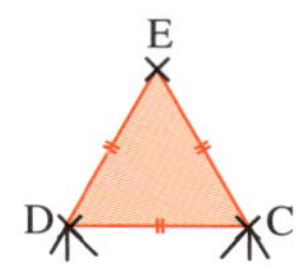 Le quadrilatère ABCD étant un carré, ses quatre côtés sont de même longueur (voir D–3, p. 108), donc CD = AB. On obtient d'après le codage : CD = CE = DE. Le triangle CDE est donc équilatéral.
PROPRIÉTÉS		
• Le centre du cercle circonscrit d'un triangle rectangle (c'est-à-dire le cercle qui contient tous les sommets du triangle) est le milieu de l'hypoténuse. • Réciproquement, si les sommets d'un triangle appartiennent à un cercle de diamètre un des côtés du triangle, ce triangle est rectangle et l'hypoténuse est le diamètre du cercle.	• Dans un triangle isocèle, les angles à la base sont de même mesure. • Réciproquement, si dans un triangle, deux angles sont de même mesure, alors le triangle est isocèle.	• Dans un triangle équilatéral, les trois angles sont de même mesure et mesurent 60°. • Réciproquement, si dans un triangle, les trois angles sont de même mesure 60°, alors le triangle est équilatéral.
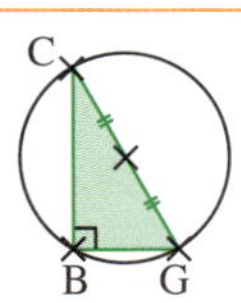 Le triangle BCG étant rectangle en B, le centre de son cercle circonscrit est le milieu de l'hypoténuse [CG].	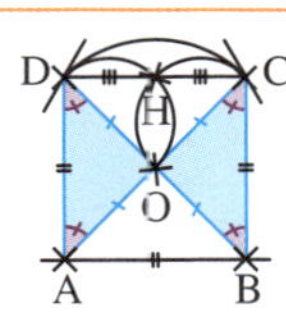 Le triangle OBC est isocèle en O, les angles $\widehat{OBC}$ et $\widehat{OCB}$ sont alors de même mesure. De même, dans le triangle OAD isocèle en O, $\widehat{OAD} = \widehat{ODA}$.	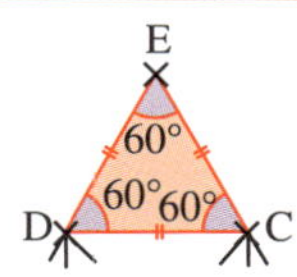 Le triangle CDE est équilatéral, les angles $\widehat{CDE}$, $\widehat{DEC}$ et $\widehat{ECD}$ sont de même mesure et mesurent 60°.

MÉTHODE 3, p. 118

2-4 Droites remarquables d'un triangle : définitions et propriétés

Médiatrices	Bissectrices	Hauteurs	Médianes
DÉFINITIONS			
Les médiatrices d'un triangle sont les médiatrices de chacun de ses côtés.	Les bissectrices d'un triangle sont les bissectrices de chacun de ses angles.	Une hauteur dans un triangle est la droite issue d'un sommet et perpendiculaire au côté opposé.	Une médiane dans un triangle est la droite issue d'un sommet et passant par le milieu du côté opposé.
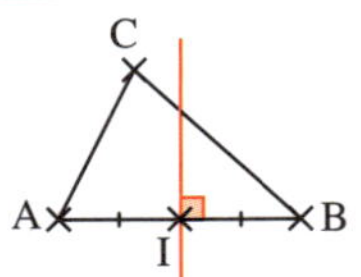 La droite perpendiculaire à [AB] passant par I est la médiatrice du segment [AB].	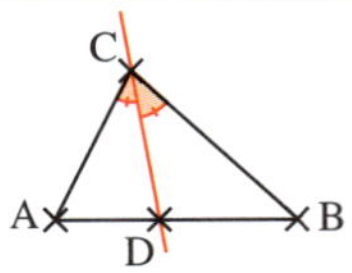 La droite (CD) est la bissectrice issue de C.	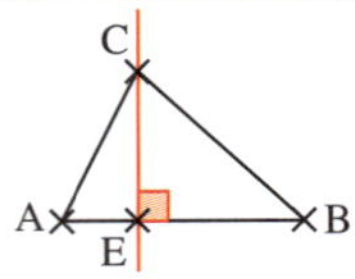 La droite (CE) est la hauteur issue de C. Le point E est le pied de la hauteur issue de C.	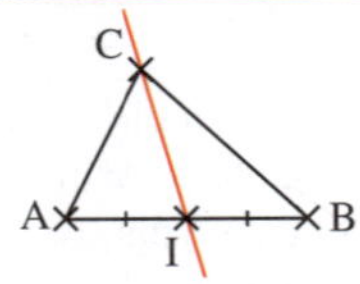 La droite (CI) est la médiane issue de C.
PROPRIÉTÉS			
Les trois médiatrices sont concourantes en un point qui est le centre du cercle passant par les trois sommets du triangle. Ce cercle est appelé cercle circonscrit au triangle.	Les trois bissectrices sont concourantes en un point qui est le centre du cercle tangent aux trois côtés du triangle. Ce cercle est appelé cercle inscrit dans le triangle.	Les trois hauteurs d'un triangle sont concourantes en un point appelé orthocentre.	Les trois médianes d'un triangle sont concourantes en un point appelé centre de gravité.
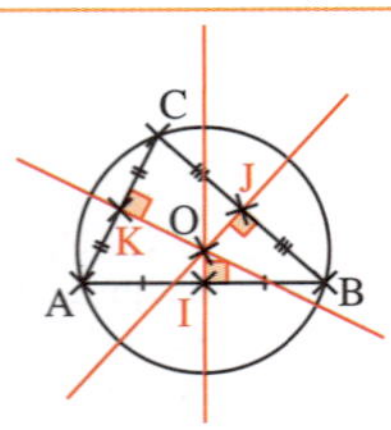	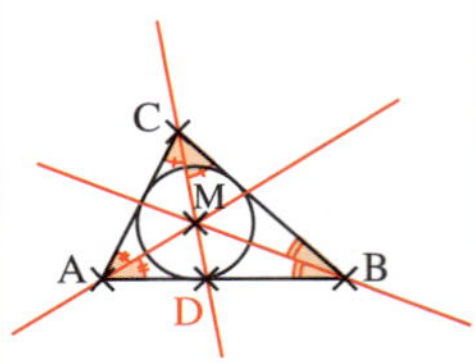	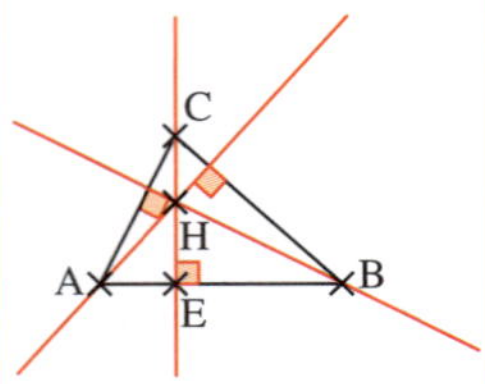	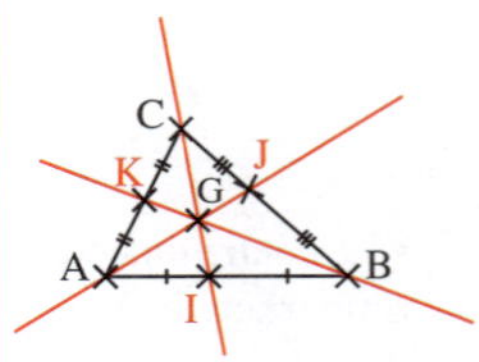

Remarques :

- Dans un triangle isocèle, la médiatrice de la base est également la bissectrice, la hauteur et la médiane issues du sommet opposé.
- Dans un triangle équilatéral, chaque médiatrice d'un côté est également la bissectrice, la hauteur et la médiane issues du sommet opposé.

MÉTHODES 4 ET 5, p. 119

3. Quadrilatères

3-1 Définitions et premières propriétés

On appelle diagonale le segment reliant deux sommets non consécutifs.

Cerf-volant	• Un cerf-volant est un quadrilatère convexe possédant deux paires de côtés adjacents de même longueur. • Propriété : Ses diagonales sont perpendiculaires, l'une coupe l'autre en son milieu.	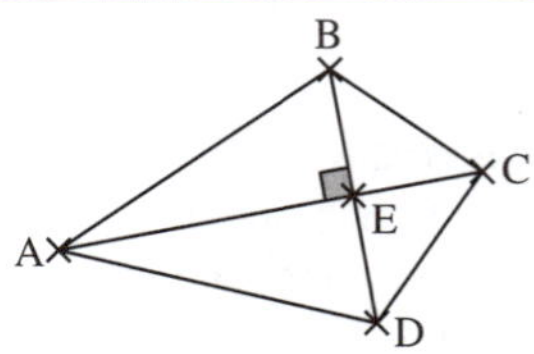

Trapèze	• Un trapèze est un quadrilatère convexe possédant au moins une paire de côtés parallèles. • Remarques : Un trapèze isocèle a ses côtés non parallèles de même longueur ; un trapèze rectangle a un angle droit.	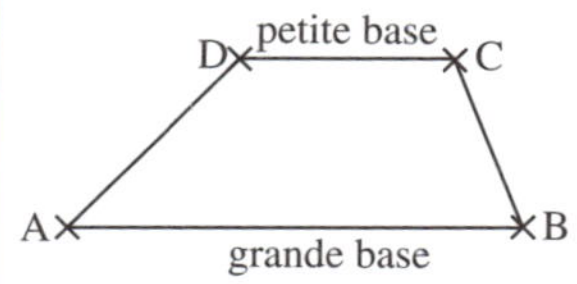
Parallélogramme	Un parallélogramme est un quadrilatère dont les côtés opposés sont parallèles deux à deux.	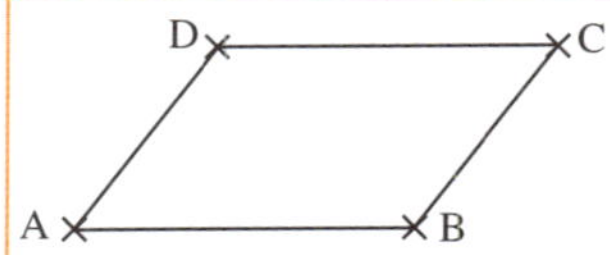

Remarque : Les quadrilatères qui suivent sont des parallélogrammes particuliers.

Rectangle	Losange	Carré
• Un rectangle est un quadrilatère qui a quatre angles droits. • Remarque : Trois angles droits suffisent pour caractériser un rectangle : s'il en a trois, il en a quatre !	• Un losange est un quadrilatère qui a quatre côtés de même longueur. • Propriété : Un losange est un cerf-volant particulier, ses diagonales sont donc perpendiculaires et ont même milieu.	• Un carré est un quadrilatère qui a quatre angles droits et quatre côtés de même longueur. • Remarque : Un carré est à la fois un rectangle particulier et un losange particulier.
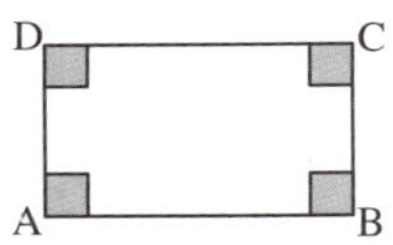	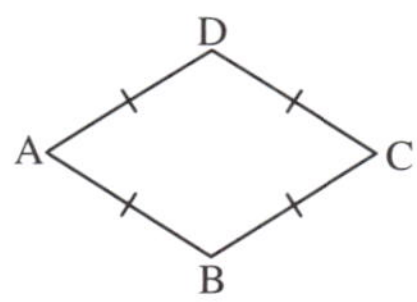	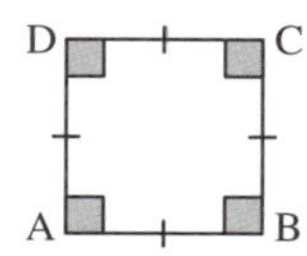

Complément

La construction de plusieurs quadrilatères particuliers à la règle et au compas est présentée en exercice 8, p. 123.

3-2 Parallélogrammes : propriétés

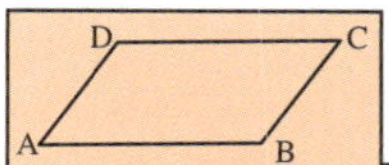

Si ABCD est un parallélogramme,

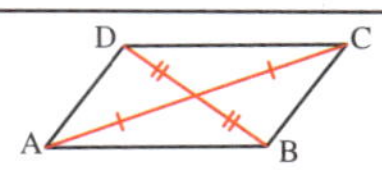

alors ses diagonales [AC] et [BD] ont même milieu.

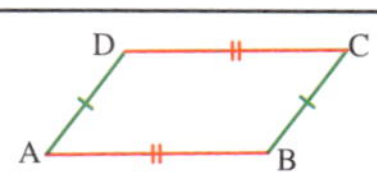

alors ses côtés opposés sont deux à deux de même longueur : AB = DC et AD = BC.

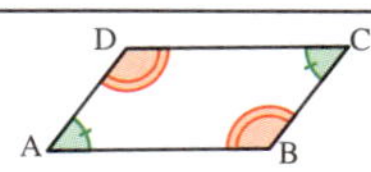

alors les angles opposés sont deux à deux de même mesure : $\widehat{DAB} = \widehat{DCB}$ et $\widehat{ABC} = \widehat{ADC}$.

Réciproquement, dans un quadrilatère convexe ABCD :

- Si les côtés opposés sont deux à deux parallèles : (AB) / / (CD) et (AD) / / (BC),
- Si les côtés opposés sont deux à deux de même longueur : AB = DC et AD = BC,
- Si les diagonales [AC] et [BD] ont même milieu,
- Si deux côtés opposés sont parallèles et de même longueur : (AB) / / (CD) et AB = CD,
- Si les angles opposés sont deux à deux de même mesure : $\widehat{DAB} = \widehat{DCB}$ et $\widehat{ABC} = \widehat{ADC}$,

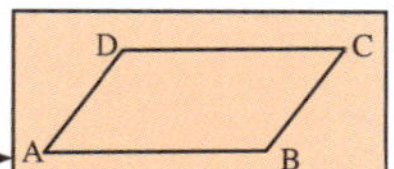

alors ABCD est un parallélogramme.

Remarque : Une seule de ces conditions suffit pour justifier que le quadrilatère en question est un parallélogramme. On obtient alors toutes les autres.

3-3 Rectangles : propriétés

Si ABCD est un rectangle,

- alors ses diagonales [AC] et [BD] ont même milieu et même longueur.
- alors ses côtés opposés sont parallèles deux à deux (c'est un parallélogramme particulier).
- alors ses côtés opposés sont de même longueur deux à deux.

Réciproquement, dans un quadrilatère convexe ABCD :

- Si le quadrilatère a trois angles droits,
- Si le quadrilatère est un parallélogramme et a ses diagonales de même longueur,
- Si le quadrilatère est un parallélogramme et a un angle droit,

alors ABCD est un rectangle.

Remarque : Une seule de ces conditions suffit pour justifier que le quadrilatère en question est un rectangle. On obtient alors toutes les autres.

3-4 Losanges : propriétés

Si ABCD est un losange,

- alors ses diagonales [AC] et [BD] sont perpendiculaires et ont même milieu.
- alors ses côtés opposés sont parallèles deux à deux (c'est un parallélogramme particulier).

Réciproquement, dans un quadrilatère convexe ABCD :

- Si ses quatre côtés sont de même longueur,
- Si le quadrilatère est un parallélogramme et a ses diagonales perpendiculaires,
- Si le quadrilatère est un parallélogramme et a deux côtés consécutifs de même longueur,

alors ABCD est un losange.

Remarque : Une seule de ces conditions suffit pour justifier que le quadrilatère en question est un losange. On obtient alors toutes les autres.

3-5 Carrés

Si ABCD est un carré,

- alors ses diagonales [AC] et [BD] sont perpendiculaires, ont même milieu et même longueur.
- alors ses côtés opposés sont parallèles deux à deux (c'est un parallélogramme particulier).

Réciproquement, dans un quadrilatère convexe ABCD :

- Si le quadrilatère a quatre angles droits et quatre côtés de même longueur,
- Si le quadrilatère est un losange et a des diagonales de même longueur,
- Si le quadrilatère est un losange et a un angle droit,
- Si le quadrilatère est un rectangle et a ses diagonales perpendiculaires,
- Si le quadrilatère est un rectangle et a deux côtés consécutifs de même longueur,

alors ABCD est un carré.

Remarque : Une seule de ces conditions suffit pour justifier que le quadrilatère en question est un carré. On obtient alors toutes les autres.

3-6 Synthèse

Le schéma ci-après résume les propriétés vues plus haut et peut être une aide aux raisonnements et aux démonstrations.

Attention !

Il ne s'agit pas d'un classement des quadrilatères particuliers mais d'une aide pour bâtir les raisonnements et les démonstrations.

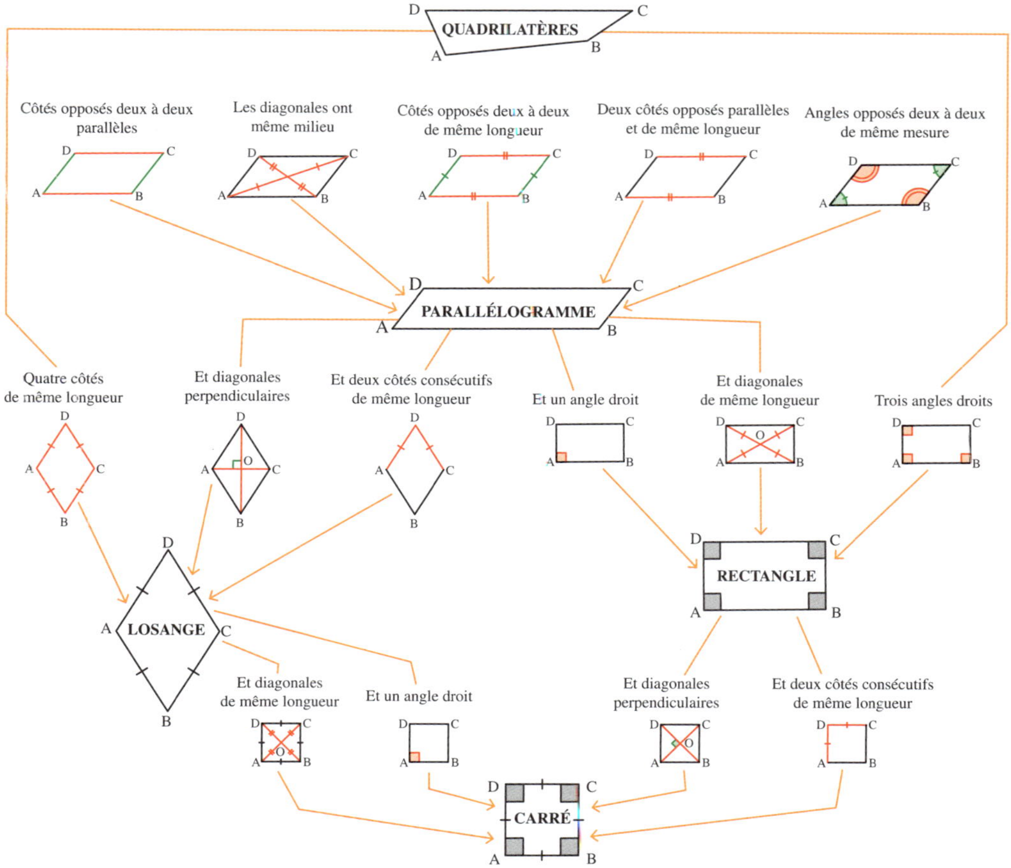

Nous avons démontré que les droites (AD) et (BC) sont parallèles. On montrerait de même que les droites (AB) et (DC) sont parallèles également.
Les côtés du quadrilatère ABCD sont parallèles deux à deux, c'est alors un parallélogramme.
De plus, d'après le codage, ce parallélogramme a au moins un angle droit, c'est donc un rectangle.
Enfin, d'après le codage également, ce rectangle a deux côtés consécutifs [AB] et [AD] de même longueur, c'est un carré.

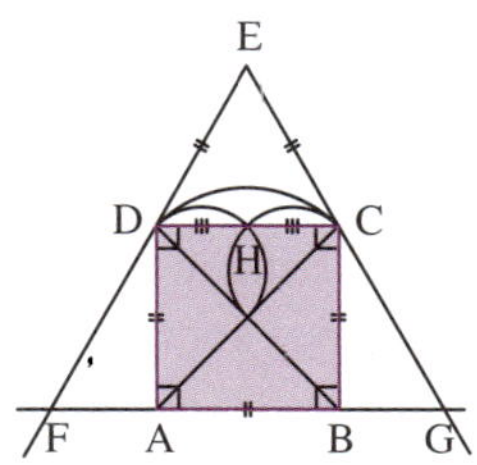

MÉTHODE 3, p. 118

E Constructions géométriques à la règle et au compas

Pour reproduire notre logo, il nous faut enfin connaître quelques tracés élémentaires comme le tracé d'une parallèle ou d'une perpendiculaire à une droite passant par un point donné.
Il nous faudra ensuite déterminer un ordre dans les étapes de la reproduction avant de rédiger un programme de construction.
Le programme de construction nécessitera d'être justifié en s'appuyant sur les définitions et les propriétés des objets géométriques et des relations géométriques.

1. Construire un triangle

On souhaite tracer un triangle ABC tel que AB = 7 cm, AC = 3 cm et BC = 5 cm.

Protocole de construction

On trace un segment [AB] de longueur 7 cm.
On trace un cercle (C_1) de centre A et de rayon 3 cm.
On trace ensuite un cercle (C_2) de centre B et de rayon 5 cm.
On note C l'un des deux points d'intersection entre les cercles (C_1) et (C_2).
Enfin, on trace les segments [AC] et [BC].

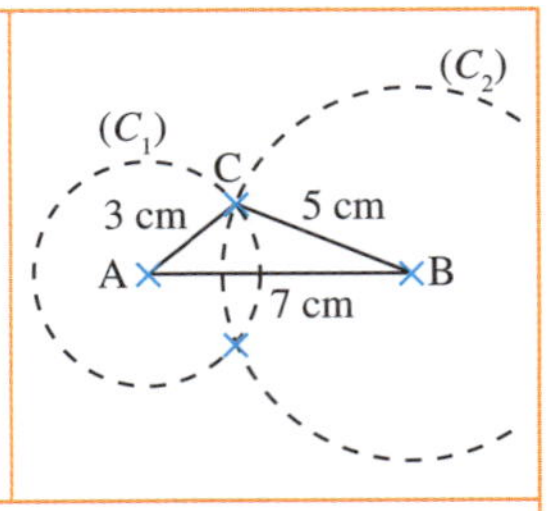

Justification

Le cercle (C_1) est l'ensemble des points situés à une distance de 3 cm de A et le cercle (C_2) est l'ensemble des points situés à 5 cm de B. Leurs points d'intersection sont à la fois à 3 cm de A et à 5 cm de B. En notant C un des deux points d'intersection, nous avons donc bien AC = 3 cm et BC = 5 cm.

2. Reproduire un angle

On souhaite reproduire un secteur angulaire $\widehat{AOB}$ quelconque à partir du sommet O′.

Protocole de construction

On trace un cercle (C_1) de centre O et de rayon quelconque. On note C et D les points d'intersection entre le cercle (C_1) et les demi-droites [OA) et [OB) respectivement.
On trace une demi-droite [O′A′).
On trace un cercle (C_2) de centre O′ et de même rayon que le cercle (C_1). On note C' le point d'intersection entre le cercle (C_2) et la demi-droite [O′A′).
On trace un cercle (C_3) de centre C′ et de rayon CD. On note D′ un point d'intersection entre le cercle (C_2) et le cercle (C_3).
Enfin, on trace la demi-droite [O′D′).

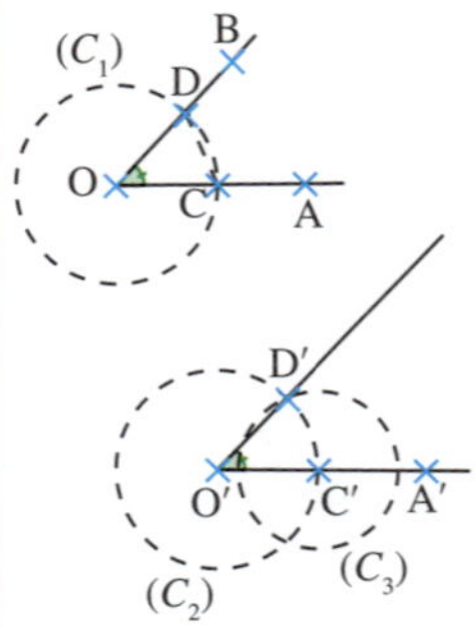

Justification

Nous avons reproduit le triangle OCD, les triangles OCD et O′C′D′ sont alors égaux (voir Chapitre 7, p. 149).
Leurs angles homologues sont donc de même mesure, en particulier $\widehat{A'O'D'} = \widehat{AOB}$.

3. Construire la bissectrice d'un angle donné

On souhaite tracer la bissectrice de l'angle $\widehat{AOB}$ donné.

Protocole de construction

On trace un cercle (C_1) de centre O. On note C et D les points d'intersection entre le cercle (C_1) et les demi-droites [OA) et [OB) respectivement.
On trace un cercle (C_2) de centre C et de rayon supérieur à la moitié de la longueur CD, puis le cercle (C_3) de centre D et de même rayon que (C_2).
On note E un des points d'intersection entre les cercles (C_2) et (C_3).
On trace la droite (OE).

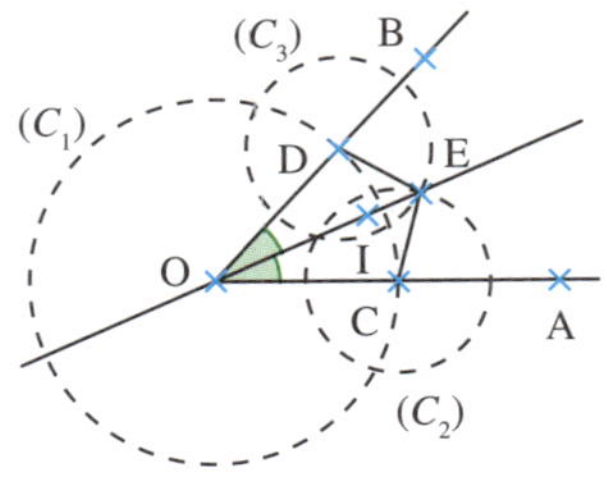

Justification

Les points C et D appartiennent au même cercle de centre O donc $OC = OD$.
Le triangle OCD est alors isocèle en O, les angles à la base $\widehat{ODC}$ et $\widehat{OCD}$ sont donc de même mesure.
De plus, le point E appartient aux cercles de centres C et D et de même rayon donc $CE = DE$.
Le quadrilatère OCED a deux paires de côtés adjacents de même longueur, OCED est donc un cerf-volant.
La diagonale [OE] coupe la diagonale [CD] perpendiculairement et en son milieu I. Les triangles OID et OIC sont alors rectangle en I. Par conséquent : $\widehat{DOI} = 90° - \widehat{ODC} = 90° - \widehat{OCD} = \widehat{IOC}$.
La droite (OE) partage bien l'angle $\widehat{AOB}$ en deux angles de même mesure.

4. Construire la médiatrice ou le milieu d'un segment donné

Rappels

- La médiatrice d'un segment est l'ensemble des points équidistants des extrémités de ce segment.
- La médiatrice d'un segment est la droite passant perpendiculairement par le milieu de ce segment.

On souhaite tracer la médiatrice d'un segment [AB] donné ou construire le milieu de ce segment.

Protocole de construction

On trace un cercle (C_1) de centre A et de rayon supérieur à la moitié de la longueur AB, puis le cercle (C_2) de centre B et de même rayon que (C_1).
On note C et D les deux points d'intersection entre (C_1) et (C_2).
Enfin, on trace la droite (CD).
On nomme I le point d'intersection entre la droite (CD) et le segment [AB].

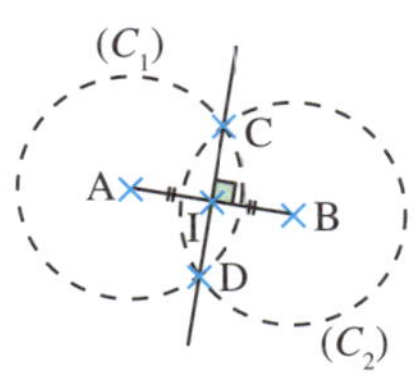

Justification

Les points C et D appartiennent aux cercles de centres A et B et de même rayon.
Les points C et D sont alors équidistants des points A et B. La droite (CD) est donc la médiatrice du segment [AB], elle est perpendiculaire au segment [AB] en passant par son milieu I.
Ce protocole de construction permet donc de construire le milieu d'un segment.

5. Construire la perpendiculaire à une droite donnée passant par un point donné

5-1 Lorsque le point donné appartient à la droite donnée

On souhaite tracer la droite perpendiculaire à une droite d donnée et passant par un point A appartenant à d.

Protocole de construction

On trace un cercle (C_1) de centre A et de rayon quelconque. On note B et C les points d'intersections entre le cercle (C_1) et la droite d.
On trace un cercle (C_2) de centre B et de rayon supérieur à la moitié de la longueur BC, puis le cercle (C_3) de centre C et de même rayon que (C_2).
On note D un des deux points d'intersection entre (C_2) et (C_3).
Enfin, on trace la droite (AD).

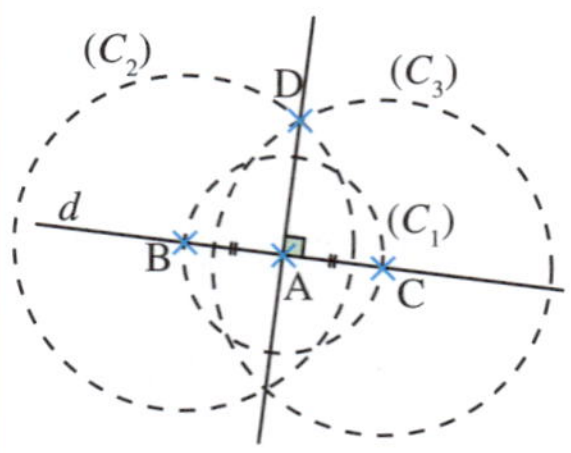

Justification

Le point A est le centre du cercle de diamètre [BC], donc AB = AC.
Le point D appartient aux cercles de centres B et C et de même rayon, donc DB = DC.
Les points A et D sont alors équidistants des points B et C. La droite (AD) est donc la médiatrice du segment [BC], elle est perpendiculaire à la droite d en passant par le point A, milieu du segment [BC].

5-2 Lorsque le point donné n'appartient pas à la droite donnée

On souhaite tracer la droite perpendiculaire à une droite d donnée et passant par un point A n'appartenant pas à d.

Protocole de construction

On trace un cercle (C_1) de centre A dont le rayon est suffisamment grand pour que (C_1) ait deux points d'intersection avec la droite d, que l'on nomme B et C.
On trace ensuite un cercle (C_2) de centre B et de rayon supérieur à la moitié de la longueur BC, puis le cercle (C_3) de centre C et de même rayon que (C_2).
On note D un des deux points d'intersection entre le cercle (C_2) et le cercle (C_3).
Enfin, on trace la droite (AD).

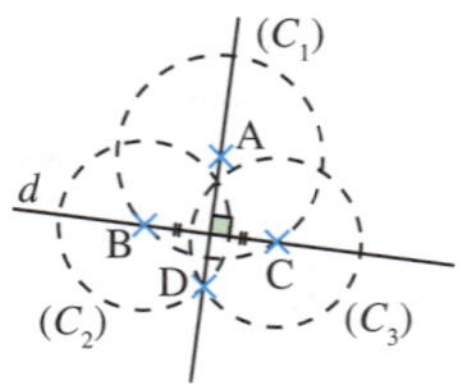

Justification

Les points B et C sont sur le cercle de centre A, donc AB = AC.
Le point D appartient aux cercles de centres B et C et de même rayon, donc DB = DC.
Les points A et D sont alors équidistants des points B et C. La droite (AD) est donc la médiatrice du segment [BC], elle est perpendiculaire à la droite d en passant par le milieu du segment [BC].

6. Construire la parallèle à une droite donnée passant par un point donné

On souhaite tracer la droite parallèle à une droite d donnée et passant par un point A n'appartenant pas à d.

6-1 Méthode 1

Protocole de construction

On trace une droite d_1 perpendiculaire à la droite d (à l'aide du protocole précédent).

On trace une droite d_2 perpendiculaire à la droite d_1 et passant par A (à l'aide du protocole précédent également).

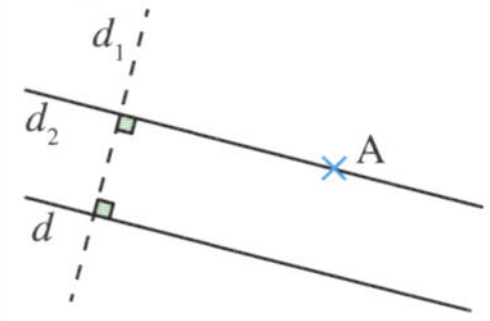

Justification

Les droites d et d_2 sont toutes deux perpendiculaires à la droite d_1, elles sont donc bien parallèles entre elles.

6-2 Méthode 2

Protocole de construction

On place deux points B et C sur la droite d.

On trace un cercle (C_1) de centre C et de rayon AB.

On trace un cercle (C_2) de centre A et de rayon BC.

On choisit parmi les deux points d'intersection des deux cercles celui qui peut constituer le quatrième sommet D d'un quadrilatère ABCD non croisé.

On trace la droite (AD).

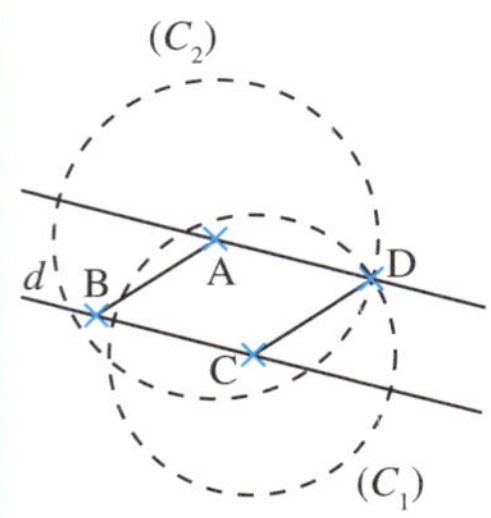

Justification

Le point D appartient au cercle de centre C et de rayon AB donc CD = AB.

Le point D appartient au cercle de centre A et de rayon BC donc AD = BC.

Les côtés opposés du quadrilatère non croisé ABCD sont deux à deux de même longueur, le quadrilatère ABCD est donc un parallélogramme.

Par conséquent, ses côtés opposés [BC] et [AD] sont parallèles.

MÉTHODES

méthode 1 Raisonner à l'aide des angles

Considérons les deux situations suivantes.

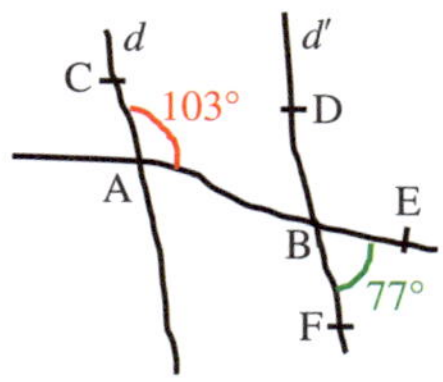

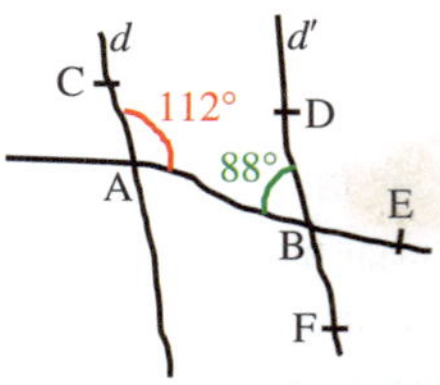

Dans chacune des situations ci-dessus, les droites d et d' sont-elles parallèles ?

CORRIGÉ COMMENTÉ

1 Méthode 1

Étape 1 : identifier les angles supplémentaires et les angles correspondants qui peuvent nous être utiles.

Les points D, B et F appartiennent à la droite d', donc les angles $\widehat{FBE}$ et $\widehat{EBD}$ sont supplémentaires.

Les droites d et d' sont coupées par la sécante (AB), donc les angles $\widehat{CAB}$ et $\widehat{DBE}$ sont correspondants.

Étape 2 : comparer les mesures des angles correspondants et conclure.

Les angles $\widehat{FBE}$ et $\widehat{EBD}$ sont supplémentaires, ce qui signifie : $\widehat{FBE}+\widehat{EBD}=180°$, c'est-à-dire $\widehat{EBD}=180°-\widehat{FBE}=180°-77°=103°$.

Les angles correspondants $\widehat{CAB}$ et $\widehat{DBE}$ formés par les droites d, d' et la sécante (AB) sont donc de même mesure, on peut donc conclure que les droites d et d' sont parallèles.

> **Rappels de cours**
>
> - Si deux droites coupées par une sécante forment des angles correspondants de même mesure, alors ces droites sont parallèles.
> - Si deux droites coupées par une sécante forment des angles alternes-internes de même mesure, alors ces droites sont parallèles.

Méthode 2

Étape 1 : identifier les angles supplémentaires et les angles alternes-internes qui peuvent nous être utiles.

Les points A, B et E appartiennent à la droite (AB), donc les angles $\widehat{FBE}$ et $\widehat{FBA}$ sont supplémentaires.

Les droites d et d' sont coupées par la sécante (AB), donc les angles $\widehat{CAB}$ et $\widehat{ABF}$ sont alternes-internes.

Étape 2 : comparer les mesures des angles correspondants et conclure.

Les angles $\widehat{FBE}$ et $\widehat{FBA}$ sont supplémentaires, ce qui signifie : $\widehat{FBE}+\widehat{FBA}=180°$, c'est-à-dire : $\widehat{FBA}=180°-\widehat{FBE}=180°-77°=103°$.

Les angles $\widehat{CAB}$ et $\widehat{ABF}$ sont alternes-internes et de même mesure, on peut donc conclure que les droites d et d' sont parallèles.

2 Étape 1 : identifier les angles alternes-internes et les angles correspondants qui peuvent nous être utiles.

Les points D, B et F appartiennent à la droite d', donc les angles $\widehat{DBA}$ et $\widehat{ABF}$ sont supplémentaires.

Les droites d et d' sont coupées par la sécante (AB), donc les angles $\widehat{CAB}$ et $\widehat{ABF}$ sont alternes-internes.

Étape 2 : comparer les mesures de deux angles alternes-internes ou de deux angles correspondants.

Les angles $\widehat{DBA}$ et $\widehat{ABF}$ sont supplémentaires, ce qui signifie : $\widehat{DBA}+\widehat{ABF}=180°$, c'est-à-dire $\widehat{ABF}=180°-\widehat{DBA}=180°-88°=92°$.

Les angles alternes-internes $\widehat{CAB}$ et $\widehat{ABF}$ formés par les droites d, d' et la sécante (AB) ne sont donc pas de même mesure ; on peut donc conclure que les droites d et d' ne sont pas parallèles.

Dans cette situation ②, nous aurions également pu raisonner à l'aide des angles correspondants, comme dans la situation ①.

méthode 2 Construire un triangle à partir des longueurs de ses côtés ou des mesures de ses angles

Les triangles suivants sont-ils constructibles ? Si oui, les tracer à la règle graduée et au compas.

① ABC tel que : $AB=4$ cm ; $AC=10$ cm et $BC=5$ cm.

② DEF tel que : $EF=3$ cm ; $DE=4$ cm et $DF=6$ cm.

③ GHI isocèle en I tel que : $GI=3$ cm et $GH=7$ cm.

④ JKL tel que : $JK=5$ cm ; $\widehat{JKL}=90°$; $\widehat{BJL}=60°$; $\widehat{JLK}=45°$.

CORRIGÉ COMMENTÉ

① $AB+BC=9$ cm et $AC=10$ cm.
Donc $AC>AB+BC$, la construction du triangle ABC n'est pas possible.

Rappel de cours

Dans un triangle :
– la longueur d'un côté est inférieure à la somme des longueurs des deux autres côtés ;
– la somme des mesures des angles d'un triangle est égale à 180°.

② $DF<EF+DE$
$DE<EF+DF$
$EF<DE+DF$
Donc la construction du triangle DEF est possible.

Construction du triangle DEF

On trace un segment [DF] de longueur 6 cm.
On trace un cercle (C_1) de centre D et de rayon 4 cm.
On trace ensuite un cercle (C_2) de centre F et de rayon 3 cm.
On note E l'un des deux points d'intersection entre les cercles (C_1) et (C_2).
Enfin, on trace les segments [DE] et [EF]

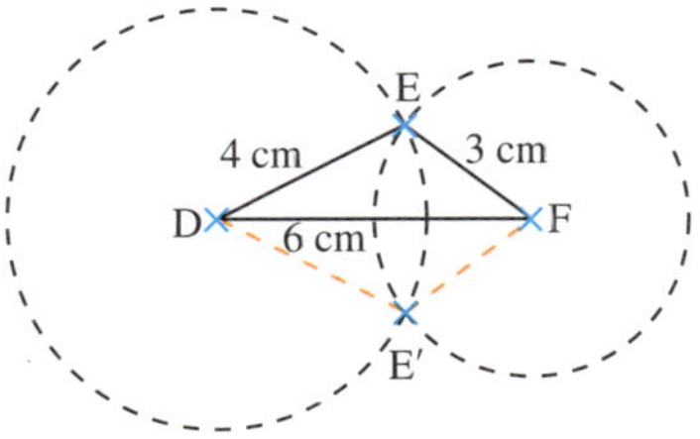

En notant E' le deuxième point d'intersection entre les cercles (C_1) et (C_2), le triangle DE'F obtenu convient également.

③ Le triangle GHI est isocèle en I donc $HI=GI=3$ cm.
$HI+GI=6$ cm et $GH=7$ cm.
Donc $GH>HI+GI$, la construction du triangle GHI n'est pas possible.

④ $\widehat{JKL}+\widehat{BJL}+\widehat{JLK}=90°+60°+45°=195°$
La somme de ces trois angles n'est pas égale à 180°, la construction du triangle JKL n'est pas possible.

méthode 3 Écrire et mettre en œuvre un protocole de construction à la règle et au compas

Considérons le triangle ABC ci-contre.

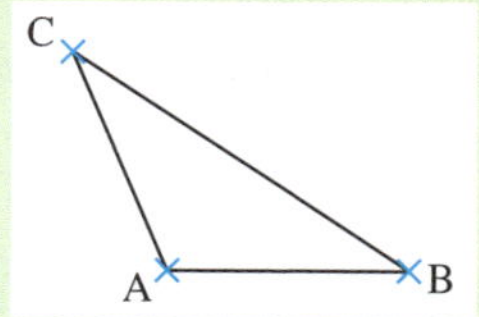

Construire à la règle et au compas :

1. son orthocentre H ;
2. son cercle circonscrit ;
3. son centre de gravité G ;
4. son cercle inscrit.

CORRIGÉ COMMENTÉ

1 L'orthocentre d'un triangle est le point de concours des hauteurs. Pour le construire, il suffit donc de construire deux hauteurs.

Étape 1 : on construit la hauteur issue de C, c'est-à-dire la droite perpendiculaire à la droite (AB) passant par C.

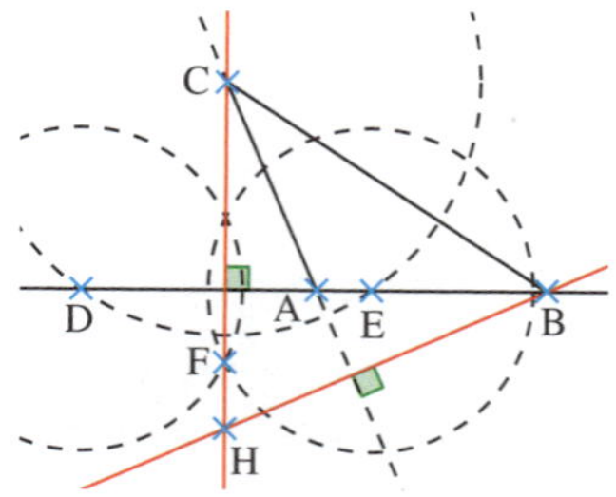

On trace la droite (AB) en prolongeant le segment [AB].
On trace un cercle (C_1) de centre C dont le rayon est suffisamment grand pour que (C_1) ait deux points d'intersection avec la droite (AB), que l'on nomme D et E.
On trace ensuite un cercle (C_2) de centre D et de rayon supérieur à la moitié de la longueur DE, puis le cercle (C_3) de centre E et de même rayon que (C_2).
On note F un des deux points d'intersection entre le cercle (C_2) et le cercle (C_3).
Enfin, on trace la droite (CF).

Étape 2 : on construit la hauteur issue de B, c'est-à-dire la droite perpendiculaire à la droite (AC) passant par B.

On procède de même avec le point B et la droite (AC).

Étape 3 : on nomme le point d'intersection des deux hauteurs.

On nomme H le point d'intersection des deux hauteurs. Le point H est l'orthocentre du triangle.

Dans le cas où un des angles du triangle est obtus, l'orthocentre est à l'extérieur du triangle, il ne faut pas s'en étonner !

2 Le centre du cercle circonscrit au triangle est le point de concours des médiatrices. Pour le construire, il suffit donc de construire deux médiatrices.

Étape 1 : on construit la médiatrice du segment [AB].

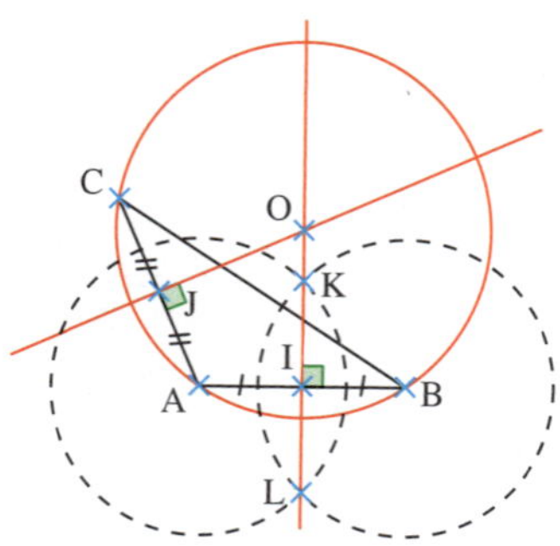

On trace un cercle (C_1) de centre A et de rayon supérieur à la moitié de la longueur AB, puis le cercle (C_2) de centre B et de même rayon que (C_1).
On note K et L les deux points d'intersection entre (C_1) et (C_2).
Enfin, on trace la droite (KL).

Étape 2 : on construit la médiatrice du segment [AC].

On procède de même en remplaçant le point B par le point C.

Étape 3 : on nomme le point d'intersection des deux médiatrices et on trace le cercle circonscrit au triangle.

On nomme O le point d'intersection des deux médiatrices.
On trace le cercle de centre O et de rayon OA.

Comme pour l'orthocentre, dans le cas où un des angles du triangle est obtus, le centre du cercle circonscrit au triangle est à l'extérieur du triangle, il ne faut pas s'en étonner !

3 Le centre de gravité du triangle est le point de concours des médianes. Pour le construire, il suffit donc de construire deux médianes.

Étape 1 : on construit la médiane issue de C.

Avec la construction de la médiatrice du segment [AB], nous avons obtenu le milieu I du segment [AB]. On trace la droite (CI).

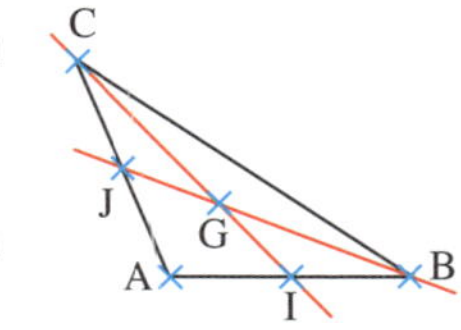

Étape 2 : on construit la médiane issue de B.

Avec la construction de la médiatrice du segment [AC], nous avons obtenu le milieu J du segment [AC]. On trace la droite (BJ).

Étape 3 : on nomme le point d'intersection des deux médianes.

On nomme G le point d'intersection des deux médianes.

4 Le centre du cercle inscrit dans le triangle est le point de concours des bissectrices. Pour le construire, il suffit donc de construire deux bissectrices

Étape 1 : on construit la bissectrice de l'angle en A.

On trace un cercle (C_1) de centre A. On note M et N les points d'intersection entre le cercle (C_1) et les demi-droites [AB) et [AC) respectivement. On trace un cercle (C_2) de centre M et de rayon supérieur à la moitié de la longueur MN, puis le cercle (C_3) de centre N et de même rayon que (C_2).

On note P un des points d'intersection entre les cercles (C_2) et (C_3).

On trace la droite (AP).

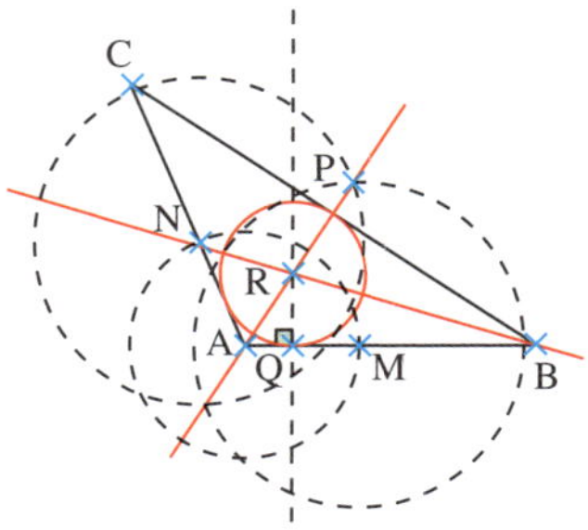

Étape 2 : on construit la bissectrice de l'angle en B.

On procède de même avec l'angle en B.

Étape 3 : on nomme le point d'intersection des deux bissectrices et on trace le cercle inscrit dans le triangle.

On nomme R le point d'intersection des deux bissectrices.

On trace la droite perpendiculaire à (AB) passant par R, on nomme Q le point d'intersection entre cette droite et la droite (AB).

On trace le cercle de centre R et de rayon RQ.

méthode 4 Reconnaître un quadrilatère particulier

Pour chacune des affirmations suivantes, dire si elle est vraie ou fausse et justifier.

1. Un quadrilatère qui a ses côtés opposés de même longueur est un rectangle.
2. Un quadrilatère qui a trois angles droits est un rectangle.
3. Un parallélogramme qui a ses diagonales de même longueur est un rectangle.
4. Un losange a ses diagonales perpendiculaires.
5. Un quadrilatère dont les diagonales sont perpendiculaires est un losange.
6. Un quadrilatère qui a deux angles droits est un trapèze rectangle.

CORRIGÉ COMMENTÉ

1. Faux : ce quadrilatère peut être un parallélogramme non rectangle.

Attention ! Ce quadrilatère peut être un rectangle, mais n'est pas un rectangle dans tous les cas. On ne peut donc pas affirmer que cette propriété est vraie en toute généralité.

2 Vrai : un quadrilatère qui a trois angles droits en a quatre, c'est donc un bien rectangle.

3 Vrai : si un quadrilatère ABCD est un parallélogramme, alors ses diagonales [AC] et [BD] ont même milieu O.
De plus, si ses diagonales ont même longueur, alors tous les sommets se trouvent sur le cercle de centre O et de rayon OA.
Les points A et C se trouvent sur le cercle de diamètre [BD], les triangles ABD et CBD sont donc rectangles en A et C respectivement.
Les points B et D se trouvent sur le cercle de diamètre [AC], les triangles BAC et DAC sont donc rectangles en B et D respectivement.
Pour le concours, on pourra utiliser directement le fait qu'un parallélogramme ayant ses diagonales de même longueur est un rectangle. Le quadrilatère ABCD a quatre angles droits, c'est bien un rectangle.

4 Vrai : un losange est un cerf-volant particulier, ses diagonales sont donc bien perpendiculaires.

5 Faux : on peut considérer le contre-exemple représenté ci-contre. Les diagonales de ce quadrilatère sont perpendiculaires mais ses quatre côtés ne sont pas de même longueur.
Un contre-exemple suffit pour démontrer qu'une affirmation est fausse !

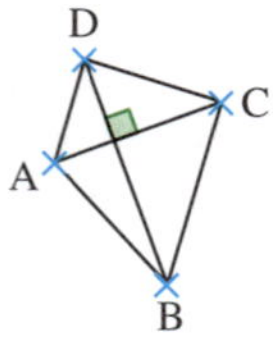

6 Faux : il est possible de construire un quadrilatère ayant deux angles droits non consécutifs, et aucune paire de côtés parallèles.

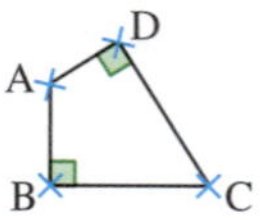

méthode 5 Mener un raisonnement en utilisant les propriétés des figures

ABCD est un parallélogramme. La parallèle à (AC) qui passe par B coupe (DC) en E. Soit I le milieu de [BC].

Démontrer que I est le milieu de [AE].

CORRIGÉ COMMENTÉ

Représenter la situation à l'aide d'un dessin codé au fur et à mesure peut vous aider à mener votre raisonnement.

Le quadrilatère ABCD est un parallélogramme, donc ses côtés opposés [AB] et [DC] sont parallèles. Comme E appartient à (DC), les droites (AB) et (CE) sont parallèles. Par ailleurs, la parallèle à (AC) qui passe par B coupe (DC) en E : les droites (BE) et (AC) sont donc parallèles.

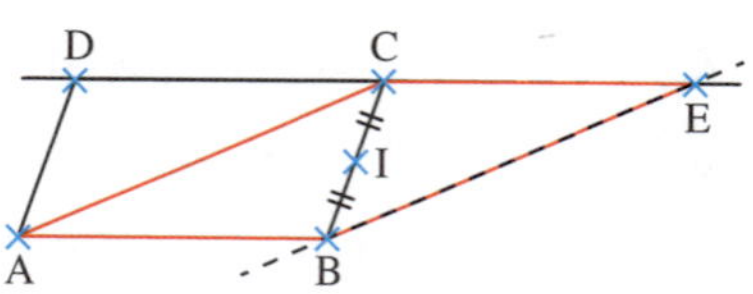

Les côtés opposés du quadrilatère ABEC sont donc parallèles deux à deux, c'est un parallélogramme.
Or, dans un parallélogramme, les diagonales ont même milieu. Dans ABEC, on sait que I est le milieu de [BC] ; on en déduit que I est aussi le milieu de [AE].

ENTRAÎNEMENT

Se tester en 10 questions

→ Corrigés p. 126

Pour chaque question suivante, indiquez la (ou les) bonne(s) réponse(s).

1 Parmi les affirmations suivantes, laquelle est fausse.

a) Si deux droites sont parallèles à une même troisième droite alors elles sont parallèles entre elles.

b) Si deux droites sont parallèles et qu'une troisième droite est perpendiculaire à l'une alors elle est perpendiculaire à l'autre.

c) Si deux droites sont parallèles et qu'une troisième droite est perpendiculaire à l'une alors elle est parallèle à l'autre.

d) Si deux droites sont perpendiculaires à une même troisième droite alors elles sont parallèles entre elles.

Pour les questions 2 à 4, on considère la situation ci-contre.

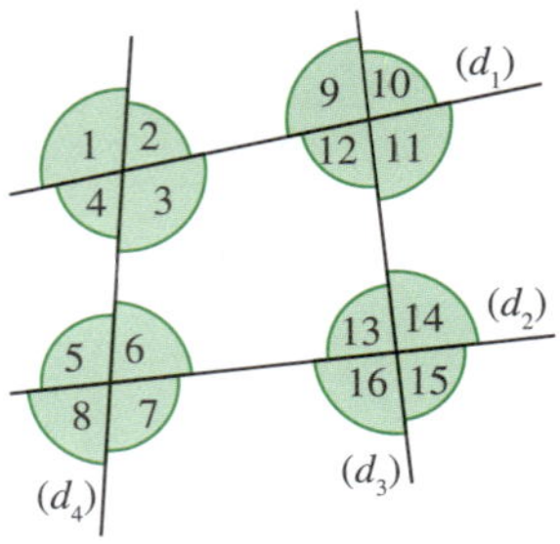

2 Quelles sont les affirmations correctes ?

a) Les angles 2 et 12 sont alternes-internes.

b) Les angles 1 et 6 sont alternes-internes.

c) Les angles 2 et 6 sont correspondants.

d) Les angles 3 et 13 sont opposés par le sommet.

3 On suppose que les angles 2 et 12 mesurent 60°. Parmi les quatre propriétés ci-dessous, sélectionner celle qui permet de conclure que les droites (d_3) et (d_4) sont parallèles.

a) Si deux droites sont parallèles, alors les angles alternes-internes qui reposent sur ces droites ont la même mesure.

b) Si deux droites sont parallèles, alors les angles correspondants qui reposent sur ces droites ont la même mesure.

c) Si deux angles correspondants ont la même mesure, alors les droites sur lesquelles ils reposent sont parallèles.

d) Si deux angles alternes-internes ont la même mesure, alors les droites sur lesquelles ils reposent sont parallèles.

4 On suppose maintenant que les droites (d_3) et (d_4) sont parallèles et qu'on connaît la mesure de l'angle 2. Combien de mesures d'angles de plus peut-on retrouver au maximum ?

a) 1 **b)** 3 **c)** 7 **d)** 15

5 Laquelle de ces affirmations est fausse ?

a) Un triangle rectangle possède un angle aigu.

b) Un triangle rectangle possède un angle obtus.

c) L'hypoténuse est le côté le plus grand d'un triangle rectangle.

d) L'hypoténuse est le côté opposé à l'angle droit d'un triangle rectangle.

6 Laquelle de ces affirmations est fausse ?

a) Un triangle isocèle a ses angles à la base de même mesure.

b) Un triangle isocèle peut avoir trois côtés de même longueur.

c) Un triangle isocèle peut avoir un angle droit.

d) Un triangle isocèle peut avoir deux angles droits.

7 Si un point M vérifie MA = MB = MC, alors M est :
a) le point de concours des médiatrices du triangle ABC.
b) le point de concours des bissectrices du triangle ABC.
c) le point de concours des hauteurs du triangle ABC.
d) le point de concours des médianes du triangle ABC.

8 Un quadrilatère a ses diagonales qui se coupent en leur milieu. Quelle est sa nature ?
a) Parallélogramme **b)** Rectangle **c)** Losange **d)** Carré

9 Un quadrilatère a ses diagonales qui se coupent en leur milieu et de même longueur. Quelle est sa nature ?
a) Parallélogramme **b)** Rectangle **c)** Losange **d)** Carré

10 Un quadrilatère a ses diagonales perpendiculaires, qui se coupent en leur milieu et de même longueur. Quelle est sa nature ?
a) Parallélogramme **b)** Rectangle **c)** Losange **d)** Carré

Réponses : 1. c ; 2. a, c ; 3. d ; 4. c ; 5. b ; 6. d ; 7. a ; 8. a ; 9. b ; 10. d.

Échauffement

→ *Corrigés p. 127*

1 Raisonner à l'aide des angles

Sur la figure ci-contre, les droites (CD) et (EF) sont parallèles.
Donner la mesure de chacun des angles suivants.

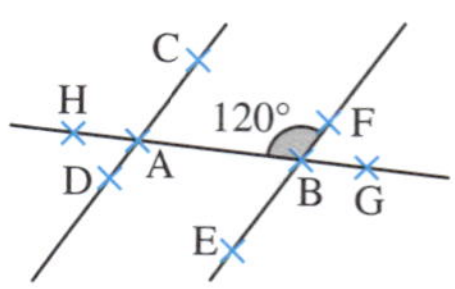

1. $\widehat{EBG}$ **2.** $\widehat{ABE}$ **3.** $\widehat{DAB}$ **4.** $\widehat{HAC}$

2 Construire un triangle

1. Tracer tous les triangles isocèles ABC tel que AB = 4 cm et BC = 6 cm.
2. Construire un triangle isocèle en A tel que BC = 4 cm et $\widehat{BAC} = 45°$.

3 Écrire et mettre en œuvre un protocole de construction à la règle et au compas

Construire à la règle et au compas :
1. un angle de 60°.
2. un angle de 30°.
3. un angle de 90°.
4. un angle de 45°.
5. un angle de 135°.

4 Identifier un ensemble de points

Soit [AB] un segment donné.
1. Quel est l'ensemble des points M du plan tels que le triangle AMB est rectangle en A ?
2. Quel est l'ensemble des points M du plan tels que le triangle AMB est isocèle en A ?
3. Quel est l'ensemble des points M du plan tels que [AM] soit le plus petit côté du triangle AMB ?

5 Reconnaître un quadrilatère particulier

Pour chacune des affirmations suivantes, dire si elle est vraie ou fausse et justifier.
1. ABCD est un quadrilatère ayant ses diagonales perpendiculaires et de même milieu.
Affirmation : ABCD est un carré.
2. Affirmation : Un quadrilatère qui a trois angles droits est un carré.
3. Quatre points distincts A, B, C et D sont sur un cercle de centre O.
Affirmation : Le quadrilatère ABCD est un parallélogramme.

Pour réussir au concours

→ Corrigés p. 128

6 ★ 10 min

Calculer l'angle $\widehat{BAC}$ dans chacun des cas suivants.

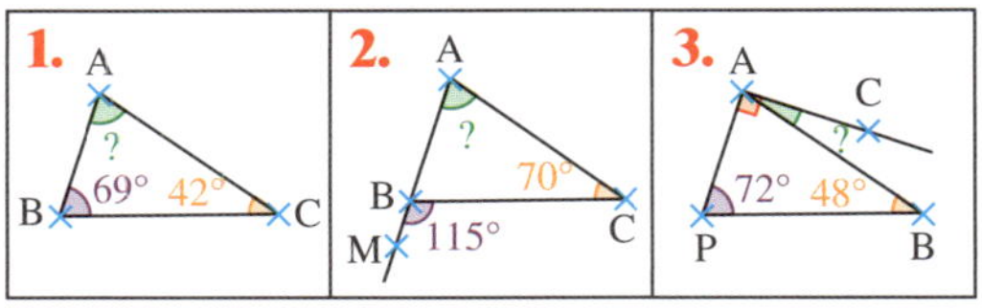

7 ★ 15 min *Sujet de CRPE*

Parmi les assertions suivantes, indiquer celles qui sont vraies. Justifier.

1. Un carré est un losange.
2. Un rectangle est un trapèze.
3. Un parallélogramme est un rectangle.
4. Un losange est un rectangle.
5. Un carré est un trapèze.

8 ★ 20 min

Tracer les figures demandées à la règle et au compas, et justifier la construction.

1. Un carré ABCD tel que AB = 4 cm.
2. Un rectangle EFGH tel que EF = 4 cm et EG = 5 cm.
3. Un losange IJKL tel que IK = 5 cm et JL = 7 cm.
4. Un parallélogramme ABCD tel que AB = 3 cm, AD = 4 cm et AC = 6 cm.

9 ★ 15 min *Sujet de CRPE*

Le programme ci-après a été écrit avec le logiciel Scratch pour tracer une figure. Il utilise une variable appelée « longueur ». L'unité de longueur est le pixel.

On suppose que le premier tracé se fait horizontalement vers la droite.

1. Construire sur la copie la figure obtenue en lançant le programme, en prenant 1 cm pour 10 pixels.
2. Quelle figure obtient-on si on supprime la ligne 6 du programme ?
3. Que doit-on modifier dans le programme de la question **2.** pour construire un octogone régulier ayant des côtés de longueur 40 pixels ?

Ligne	
1	quand [drapeau] est cliqué
2	effacer tout
3	mettre longueur à 20
4	stylo en position d'écriture
5	répéter 8 fois
6	ajouter 10 à longueur
7	avancer de longueur pas
8	tourner ↺ de 90 degrés
	↺

Rappel : Un polygone régulier est un polygone convexe dont tous les côtés ont la même longueur et tous les angles ont la même mesure.

10 ★★ 10 min

Sur la figure ci-contre, ABCD est un rectangle.
Le point M appartient à la droite (AB).
Le point N appartient à la droite (BD).
Quelle est la nature du quadrilatère BNMC ?

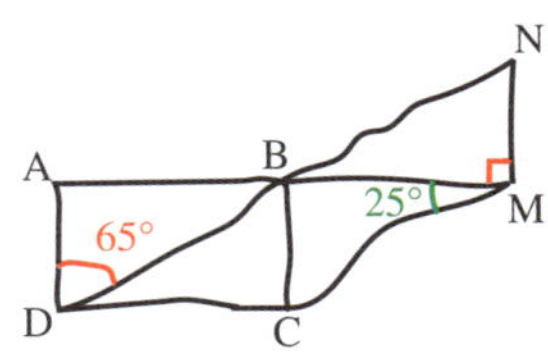

11 ★★ 20 min *D'après Sujet de CRPE*

Le syndicat d'initiative de la ville de Bellerive organise une chasse au trésor. Voici ci-dessous les indices recueillis par les concurrents.

Indice 1 : Le trésor se trouve à plus de 500 mètres de la ligne à haute tension (L).
Indice 2 : Le trésor est à plus de 800 mètres de l'école E.
Indice 3 : Le trésor se trouve à moins de 300 mètres de la bibliothèque B.
Indice 4 : Le trésor est à égale distance du stade S et de la piscine P.

Pour les quatre questions suivantes, aucune construction n'est demandée, seule la description des régions correspondantes dans la réalité est demandée.

1. En considérant uniquement l'indice 1, caractériser la région du plan dans laquelle le trésor se trouve.

2. Même question avec l'indice 2.

3. Même question avec l'indice 3.

4. Même question avec l'indice 4.

12 ★★ 5 min

Sur la figure ci-contre, les cercles de centre A et B sont sécants en M et P.
Que peut-on dire des droites (AB) et (MP) ?

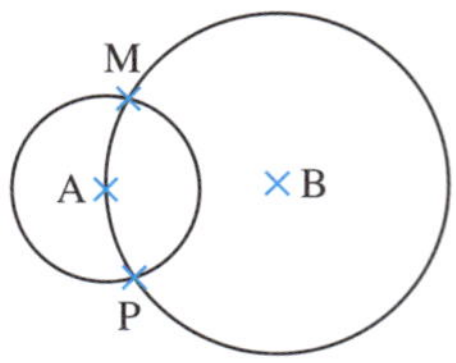

13 ★★ 10 min

À l'aide de la règle et du compas, construire un cercle prolongeant cet arc de cercle.

14 ★★ 15 min *D'après Sujet de CRPE*

Dans la figure ci-contre, le point M est extérieur au demi-disque de diamètre [AB] et les points K et L sont les intersections des segments [AM] et [BM] avec le demi-cercle.

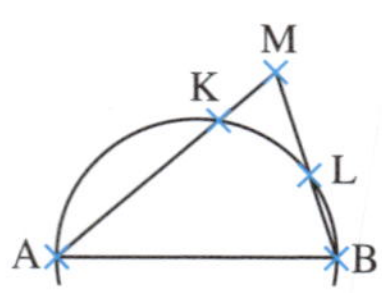

1. Quelle est la nature des triangles AKB et ALB ?

2. Démontrer que les droites (AL), (BK) et la perpendiculaire à (AB) passant par M sont concourantes.

15 ★★ 25 min *Sujet de CRPE*

La figure ci-dessous a été réalisée à l'aide du logiciel de programmation Scratch.

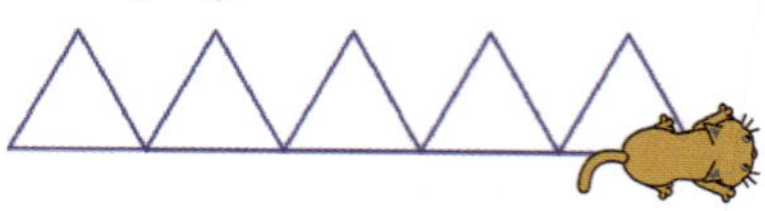

1. Parmi les programmes proposés ci-après, quel est celui qui permet de tracer ce dessin ? Aucune justification n'est demandée.

Programme A

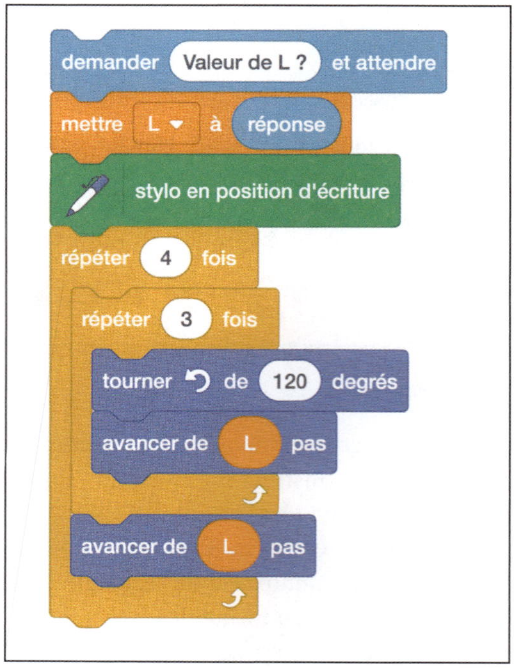

Programme B

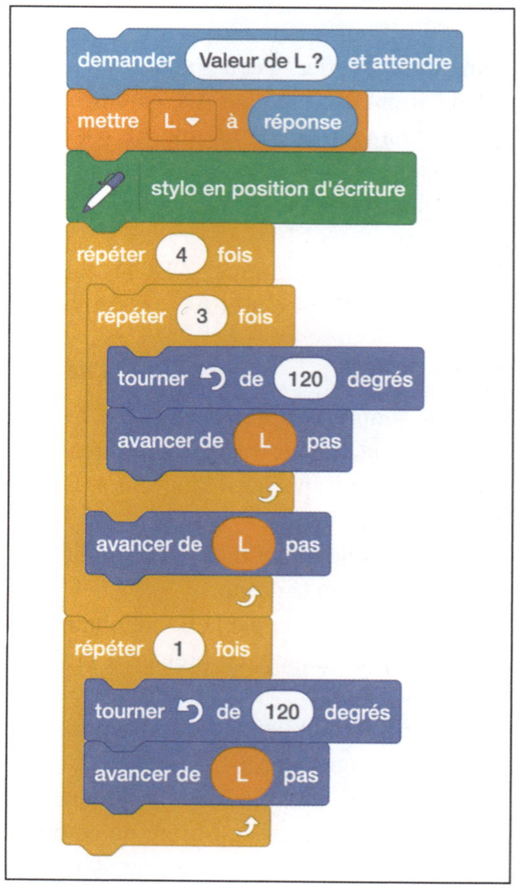

Programme C

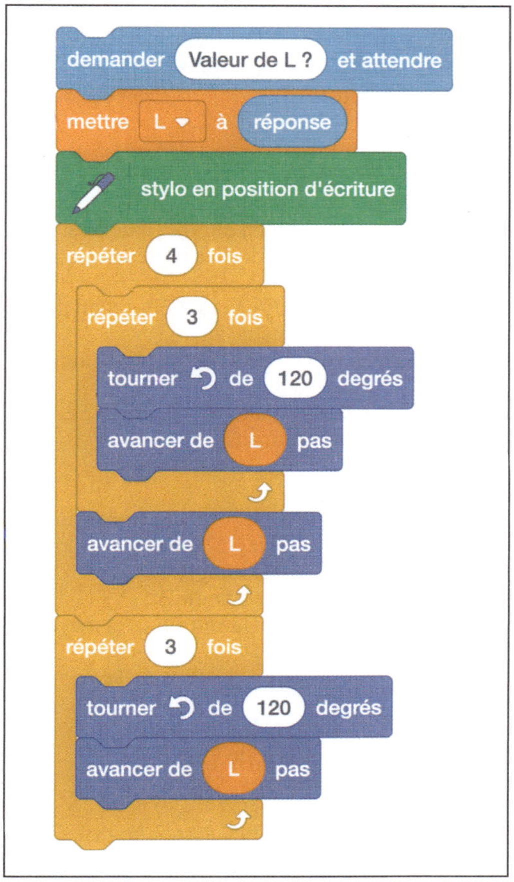

Programme D

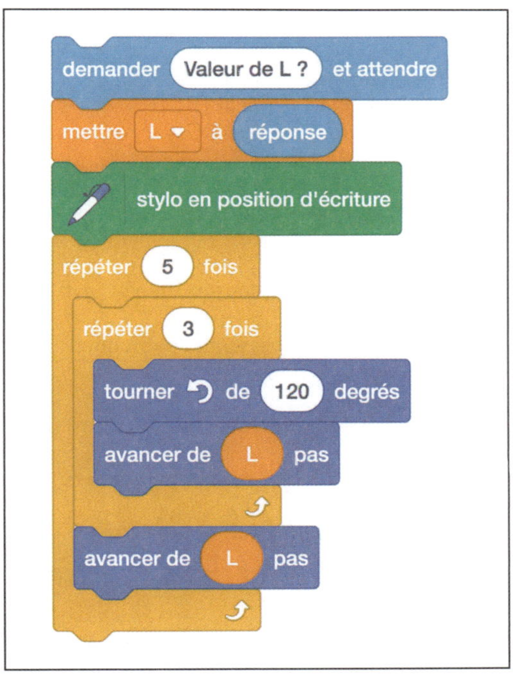

2. Dans ces programmes, l'angle de rotation est de 120°. Expliquer pourquoi.

3. Tracer à main levée les figures obtenues avec chacun des programmes non retenus à la question **1**.

16 ★★★ 30 min

A, B, C sont trois points distincts d'un cercle de centre O et [AD] est un diamètre de ce cercle. On complètera la figure fournie au fur et à mesure de la résolution du problème.

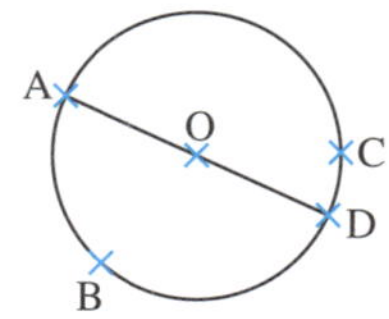

1. Quelle est la nature des triangles ABD et ACD ?

2. La parallèle à (BD) passant par C coupe (AB) en E.
Démontrer que (CE) est une hauteur du triangle ABC.

3. La perpendiculaire à (BC) passant par A coupe le cercle en J (distinct de A), la droite (CE) en H et la droite (BC) en I.

a) Démontrer que (BH) est perpendiculaire à (AC).

b) Démontrer que BHCD est un parallélogramme.

4. On appelle K le point d'intersection des diagonales de BHCD. Démontrer que K est milieu du segment [HD].

5. Quelle est la nature du triangle ADJ ? En déduire que (CI) et (DJ) sont parallèles.

CORRIGÉS

Se tester en 10 questions

→ Énoncés p. 121

1 **Réponse c.** L'affirmation c. est fausse, elle est corrigée par l'affirmation **b.**

2 **Réponses a et c.** Les angles 2 et 12 sont situés à l'intérieur de la région comprise entre les droites (d_3) et (d_4) et de part et d'autre de la sécante (d_1), ils sont bien alternes-internes.
Les angles 1 et 6 ne sont pas situés dans la région comprise entre deux droites représentées, ils ne peuvent pas être alternes-internes.
Les angles 2 et 6 sont formés par les droites (d_1) et (d_2) et la sécante (d_4) à ces droites, l'angle 6 étant interne et l'angle 2 étant externe, ils sont donc bien correspondants.
Les angles 3 et 13 n'ont pas leur sommet en commun, ils ne sont pas opposés par un sommet.

3 **Réponse d.** L'affirmation prend bien comme hypothèse que les angles alternes-internes 2 et 12 sont de même mesure et permet de conclure le parallélisme de deux droites.

4 **Réponse c.** Les droites (d_3) et (d_4) étant parallèles :
– les angles 2 et 4 sont opposés par le sommet, donc de même mesure, on peut retrouver la mesure de l'angle 4 ;
– les angles 1 et 2 sont supplémentaires, on peut retrouver la mesure de l'angle 1 ;
– les angles 3 et 4 sont supplémentaires, on peut retrouver la mesure de l'angle 3 ;
– les angles 2 et 12 sont alternes-internes, donc de même mesure, on peut retrouver la mesure de l'angle 12 ;
– les angles 2 et 10 sont correspondants, donc de même mesure, on peut retrouver la mesure de l'angle 10 ;
– les angles 9 et 10 sont supplémentaires, on peut retrouver la mesure de l'angle 9 ;
– les angles 11 et 12 sont supplémentaires, on peut retrouver la mesure de l'angle 11.
Nous n'avons aucune information sur les mesures des autres angles.

5 **Réponse b.** Dans un triangle rectangle, un angle est droit et les deux autres angles sont complémentaires, donc aigus. Aucun des angles ne peut être obtus.

6 **Réponse d.** Avec deux angles droits, deux côtés du triangle seraient perpendiculaires à un même côté et seraient donc parallèles, sans point d'intersection. Un tel triangle n'est donc pas possible.

7 **Réponse a.** Puisque MA = MB, alors M appartient à la médiatrice du segment [AB].
De plus, puisque MB = MC, alors M appartient à la médiatrice du segment [BC].
Le point M est donc le point d'intersection de deux médiatrices du triangle ABC, par conséquent M est le point de concours des trois médiatrices du triangle ABC.

8 **Réponse a.** Si les diagonales d'un quadrilatère se coupent en leur milieu, c'est un parallélogramme.

9 **Réponse b.** Si les diagonales d'un quadrilatère se coupent en leur milieu, c'est un parallélogramme.
Si, de plus, ses diagonales sont de même longueur, c'est un parallélogramme particulier : un rectangle.

10 **Réponse d.** Si les diagonales d'un quadrilatère se coupent en leur milieu, c'est un parallélogramme.
Si, de plus, ses diagonales sont de même longueur, c'est un parallélogramme particulier : un rectangle.
Enfin, si elles sont perpendiculaires également, c'est un rectangle particulier : un carré.

Échauffement

→ Énoncés p. 122

1 **1.** Les angles $\widehat{ABF}$ et $\widehat{EBG}$ sont opposés par le sommet B, ils sont donc de même mesure. On obtient donc : $\widehat{EBG} = \widehat{ABF} = 120°$.

2. Les angles $\widehat{ABE}$ et $\widehat{ABF}$ sont supplémentaires, on obtient donc : $\widehat{ABE} + \widehat{ABF} = 180°$, c'est-à-dire : $\widehat{ABE} = 180° - \widehat{ABF} = 180° - 120° = 60°$.

Les angles $\widehat{ABE}$ et $\widehat{EBG}$ sont également supplémentaires.

3. Les angles $\widehat{ABF}$ et $\widehat{DAB}$ sont alternes-internes. Puisque les droites (CD) et (EF) sont parallèles, ces angles alternes-internes sont de même mesure. On obtient donc : $\widehat{DAB} = \widehat{ABF} = 120°$.

4. Les angles $\widehat{ABF}$ et $\widehat{HAC}$ sont correspondants. Puisque les droites (CD) et (EF) sont parallèles, ces angles correspondants sont de même mesure. On obtient donc : $\widehat{HAC} = \widehat{ABF} = 120°$.

Les angles $\widehat{HAC}$ et $\widehat{DAB}$ sont également opposés par le sommet.

2 **1. Deux solutions sont possibles.**

• Soit ABC est un triangle isocèle en A, et donc AB = AC = 4 cm et BC = 6 cm.

On construit alors un segment [BC] de longueur 6 cm.
On trace un cercle de centre B et de rayon 4 cm, puis un cercle de centre C et de rayon 4 cm.

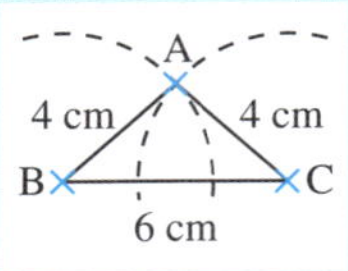

On nomme A un des deux points d'intersection entre les deux cercles.
On trace les segments [AB] et [AC].

• Soit ABC est un triangle isocèle en C, et donc AC = BC = 6 cm et AB = 4 cm.

On construit un segment [AB] de longueur 4 cm.
On trace un cercle de centre A et de rayon 6 cm, puis un cercle de centre B et de rayon 6 cm.
On nomme C un des deux points d'intersection entre les deux cercles.

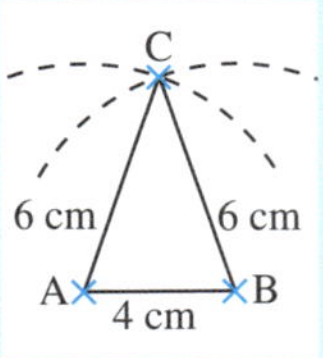

On trace les segments [AC] et [BC].

D'autres constructions sont possibles mais donneront des triangles égaux à au moins un des deux triangles ci-dessus.

2. Puisque la somme des angles d'un triangle est égale à 180° et que l'angle au sommet du triangle ABC isocèle en A mesure 45°, on en déduit que la somme des mesures des deux angles à la base est nécessairement égale à 135°, puis que la mesure de chacun de ces deux angles doit être égale à 67,5°.

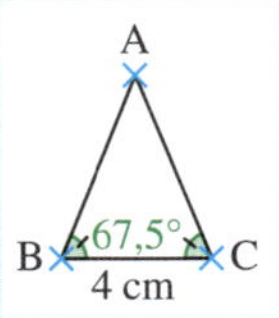

On trace alors un segment [BC] de longueur 4 cm.
On trace deux demi-droites d'origines respectives B et C du même côté de la droite (BC) et faisant chacune un angle de 67,5° avec [BC], à l'aide d'un rapporteur. Leur point d'intersection est le point A.
On trace les segments [AB] et [AC].

3 **1.** On construit un triangle équilatéral ABC **(dans un triangle équilatéral, les trois angles mesurent 60°)**. Pour cela, on trace un segment [AB], puis on trace deux cercles de rayon AB et de centres respectifs A et B. On note C l'un des points d'intersection des deux cercles. On trace les demi-droites [AB) et [AC).

2. On construit la bissectrice d'un angle de 60°. Pour cela, on reprend un angle de 60° comme construit précédemment.
On trace un cercle (C_1) de centre le sommet de l'angle. On nomme M et N les points d'intersection entre ce cercle et les côtés de l'angle.
On trace ensuite deux cercles sécants, de même rayon et de centres respectifs M et N. On note P un des deux points d'intersection de ces deux cercles.
On trace la droite passant par le sommet de l'angle et le point P.

3. On construit une perpendiculaire à une droite. Pour cela, on trace une droite et on nomme A un point de cette droite.
On trace un cercle de centre A, on nomme B et C les point d'intersection entre le cercle et la droite.
On trace ensuite deux cercles sécants, de même rayon et de centres respectifs B et C. On nomme D un des deux points d'intersection.
On trace la demi-droite [AD).

4. On construit la bissectrice d'un angle de 90°. Pour cela, on applique le même protocole que celui de la question **2.** avec l'angle de la question **3.**

5. On construit un angle de 45° et on construit ensuite son angle supplémentaire en prolongeant un des côtés de l'angle en une droite.

4 **1.** L'ensemble des points M du plan tels que le triangle AMB est rectangle en A est l'ensemble des points situés sur la droite perpendiculaire à la droite (AB) passant par A, excepté le point A.

2. L'ensemble des points M du plan tels que le triangle AMB est isocèle en A est l'ensemble des points situés sur le cercle de centre A et de rayon AB, excepté le point B.

3. Pour que [AM] soit le plus petit côté du triangle AMB, il faut :
– qu'il soit plus petit que le côté [AB], donc dans le disque de centre A et de rayon AB, excepté le contour ;
– qu'il soit plus petit que le côté [MB], donc dans le demi-plan délimité par la médiatrice du segment [AB] et contenant le point A, excepté la médiatrice.

5 **1.** Affirmation fausse : nous pouvons considérer le contre-exemple d'un losange non carré.
2. Affirmation fausse : nous pouvons considérer le contre-exemple d'un rectangle non carré.
3. Affirmation fausse : nous pouvons considérer le contre-exemple avec les points A et C sur un même diamètre d'une part, B et D, qui ne sont pas sur un même diamètre d'autre part. Les diagonales du quadrilatère n'ont alors pas même milieu, ce quadrilatère n'est donc pas un parallélogramme.

Pour réussir au concours

→ Énoncés p. 123

6 **1.** La somme des mesures des angles d'un triangle est égale à 180°, donc : $\widehat{BAC} = 180° - 69° - 42° = 69°$.
2. Les angles $\widehat{MBC}$ et $\widehat{CBA}$ sont supplémentaires, donc : $\widehat{CBA} = 180° - 115° = 65°$.
De plus, la somme des mesures des angles d'un triangle est égale à 180°, donc : $\widehat{BAC} = 180° - 65° - 70° = 45°$.
3. La somme des mesures des angles d'un triangle est égale à 180°, donc : $\widehat{PAB} = 180° - 72° - 48° = 60°$.
De plus, les angles $\widehat{PAB}$ et $\widehat{BAC}$ sont complémentaires, donc : $\widehat{BAC} = 90° - 60° = 30°$.

7 **1.** Vrai : tous les côtés d'un carré ont la même longueur, c'est donc un losange.
2. Vrai : un rectangle a deux côtés opposés parallèles, c'est donc un trapèze.
3. Faux : il suffit de considérer un parallélogramme sans angle droit.
Tout rectangle est un parallélogramme mais pour qu'un parallélogramme soit un rectangle, il faut au moins une condition supplémentaire, comme un angle droit par exemple.
4. Faux : il suffit de considérer un losange dont les diagonales ne sont pas de même longueur.
5. Vrai : un carré a deux côtés opposés parallèles, c'est donc un trapèze.

8 **1. Protocole de construction**
On construit un segment [AB] de longueur 4 cm puis, à la règle et au compas, la droite (d) perpendiculaire à (AB) passant par A.
On trace ensuite le cercle (C_1) de centre A passant par B et on note D un des deux points d'intersection entre la droite (d) et le cercle (C_1).
On trace également le cercle (C_2) de centre B passant par A et le cercle (C_3) de centre D passant par A ; on note C leur deuxième point d'intersection (autre que A).
Justification
Le quadrilatère ABCD ainsi obtenu a quatre côtés de même longueur, c'est alors un losange. Il a de plus un angle droit, c'est donc bien un carré.
2. Protocole de construction
On construit un segment [EF] de longueur 4 cm puis la droite (d) perpendiculaire à (EF) passant par F.
On trace ensuite le cercle (C_1) de centre E et de rayon 5 cm et on note G un des deux points d'intersection entre la droite (d) et le cercle (C_1).
On trace également le cercle (C_2) de centre E et de rayon FG et le cercle (C_3) de centre G et de rayon EF.
On note H leur point d'intersection qui permet d'obtenir un quadrilatère convexe.
Justification
Le quadrilatère EFGH ainsi obtenu a ses côtés deux à deux de même longueur, c'est un parallélogramme. Il a de plus un angle droit, c'est donc bien un rectangle. La condition sur la longueur de la diagonale [EG] est aussi bien respectée.

3. Protocole de construction
On construit un segment [IK] de longueur 5 cm puis son milieu M.
On trace ensuite la droite (d) perpendiculaire à (IK) passant par M. On place les points J et L sur (d) tels que JM = 3,5 cm et LM = 3,5 cm.
Justification
Le quadrilatère IJKL ainsi obtenu a ses diagonales perpendiculaires et de même milieu, c'est donc bien un losange. De plus, les conditions sur les longueurs des diagonales [IK] et [JL] sont bien respectées.

4. Protocole de construction
On doit avoir BC = AD = 4 cm.
On commence par la construction du triangle ABC. On construit un segment [AB] de longueur 3 cm puis le cercle (C_1) de centre B et de rayon 4 cm et le cercle (C_2) de centre A et de rayon 6 cm. On note C un des deux points d'intersection de (C_1) et (C_2).
On trace ensuite le cercle de centre A et de rayon BC et le cercle de centre C et de rayon AB ; on note D leur point d'intersection qui permet d'obtenir un quadrilatère convexe.
Justification
Le quadrilatère ABCD obtenu a ses côtés deux à deux de même longueur, c'est donc bien un parallélogramme. De plus, la condition sur la longueur de la diagonale [AC] est bien respectée.

9 **1.** *Figure à l'échelle 1/4.*

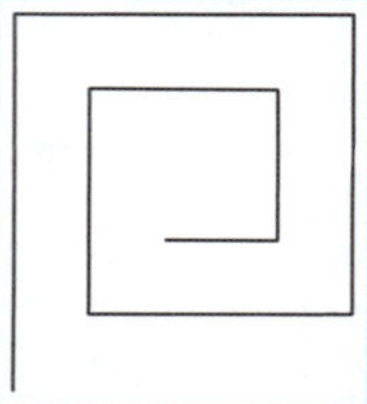

2. En supprimant la ligne 6 du programme, on obtient un carré (repassé une fois).
3. Avec la ligne 6 supprimée, il faut changer l'angle de la ligne 8 en 45°.

Justification

Dans l'octogone régulier ABCDEFGH ci-contre, notons O son centre.

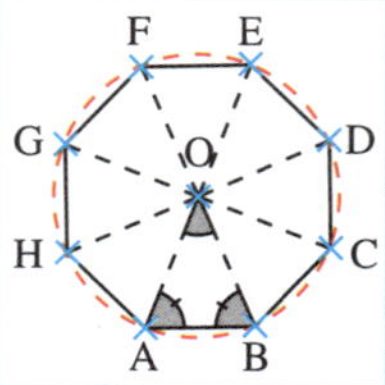

Dans cet octogone régulier, l'angle en O est partagé en huit angles de même mesure, soit de 45° chacun.
Puisque les sommets de l'octogone régulier appartiennent au cercle de centre O, on obtient : OA = OB. Ainsi le triangle OAB est isocèle en O. La somme des deux angles à la base du triangle OAB vaut 135°, un angle à la base du triangle OAB mesure alors 67,5°.
Les triangles OAB et OBC ont les mêmes mesures donc les angles à la base du triangle OBC mesurent également 67,5°.
L'angle en B, par exemple, mesure donc 135°.
Dans l'instruction « tourner de... » de Scratch, on renseigne finalement l'angle supplémentaire à celui de 135°, c'est-à-dire 45°.
Il faudra également modifier la ligne 3 et mettre « longueur » à 40.

10 Dans le triangle ABC, les côtés (AB) et (BC) sont perpendiculaires. D'après le codage de la figure, la droite (MN) est également perpendiculaire à la droite (AB). Les droites (MN) et (BC) sont donc parallèles.
Par ailleurs, dans le rectangle ABCD, les côtés opposés [AD] et [BC] sont parallèles. Les angles alternes-internes $\widehat{ADB}$ et $\widehat{DBC}$ sont de même mesure : $\widehat{DBC} = \widehat{ADB} = 65°$.
Les angles $\widehat{DBC}$ et $\widehat{ABD}$ sont complémentaires puisque dans le rectangle ABCD, l'angle en B est droit. On obtient alors : $\widehat{ABD} + \widehat{DBC} = 90°$, c'est-à-dire : $\widehat{ABD} = 90° - \widehat{DBC} = 90° - 65° = 25°$.
Les angles $\widehat{ABD}$ et $\widehat{MBN}$ sont opposés par le sommet B, ils sont donc de même mesure : $\widehat{MBN} = \widehat{ABD} = 25°$.
Puisque les angles alternes-internes $\widehat{MBN}$ et $\widehat{BMC}$ sont de même mesure, les droites (BN) et (MC) sont parallèles.
Les côtés du quadrilatère BNMC sont deux à deux parallèles, c'est donc un parallélogramme.

11 **1.** Indice 1 : Les points situés à 500 m de la ligne à haute tension (L) sont les points appartenant à l'une des deux droites parallèles à (L), situées de part et d'autre de (L), à 500 m de (L). Le trésor se trouve donc à l'extérieur de la région du plan comprise entre ces deux droites.

2. Indice 2 : Le trésor est à plus de 800 m de E, donc il est situé à l'extérieur du disque de centre E et de rayon 800 m.

3. Indice 3 : Le trésor se trouve à moins de 300 m du point B, donc il est situé dans le disque de centre B et de rayon 300 m.

4. Indice 4 : Le trésor est à égale distance de S et de P, il appartient à la médiatrice du segment [SP].

12 Les points M et P appartiennent au même cercle de centre A donc AM = AP.
Les points M et P appartiennent au même cercle de centre B donc BM = BP.
Les points A et B sont donc tous les deux équidistants des extrémités M et P du segment [MP], donc (AB) est la médiatrice du segment [MP].
On en déduit que les droites (AB) et (MP) sont perpendiculaires.

13 Il suffit de placer trois points distincts A, B et C sur l'arc de cercle, puis de construire les médiatrices de deux des segments formés à partir de ces trois points, par exemple de [AB] et de [BC].
On note O le point d'intersection de ces deux médiatrices, puis on trace le cercle de centre O passant par le point A.

14 **1.** Les points K et L appartiennent tous deux au cercle de diamètre [AB] ; les triangles AKB et ALB sont donc tous les deux rectangles, respectivement en K et L.

2. Le triangle AKB est rectangle en K, donc les droites (KB) et (MA) sont perpendiculaires. La droite (KB) est alors la hauteur issue de B dans le triangle ABM.
Le triangle ALB est rectangle en L, donc les droites (AL) et (MB) sont perpendiculaires. La droite (AL) est alors la hauteur issue de A dans le triangle ABM.
Dans le triangle AMB, la droite perpendiculaire à (AB) passant par M est la hauteur issue de M.
Les trois hauteurs d'un triangle sont concourantes, les droites (AL), (BK) et la perpendiculaire à (AB) passant par M sont donc bien concourantes.

15 **1.** Le programme correct est le programme C.
2. Le lutin tourne à l'extérieur du triangle, donc de l'angle supplémentaire à celui désiré, c'est-à-dire de : $180° - 60° = 120°$.
3.

Programme A	Programme B	Programme D

16 **1.** Les triangles ABD et ACD sont inscrits dans le cercle de diamètre [AD], ils sont donc rectangles respectivement en B et en C.
2. La droite (BD) est parallèle à la droite (CE) et perpendiculaire à la droite (AB), les droites (CE) et (AB) sont donc perpendiculaires. Dans le triangle ABC, la droite (CE) est donc bien la hauteur issue de C.
3. a) La droite (AI) est perpendiculaire à la droite (BC), elle est donc la hauteur issue de A dans le triangle ABC.
La droite (CE) est perpendiculaire à (AB), elle est donc la hauteur issue de C dans le triangle ABC.
Le point d'intersection des droites (CE) et (AI) est le point H, ce point est donc l'orthocentre du triangle ABC.

La droite (BH) est alors la troisième hauteur du triangle ABC, elle est perpendiculaire à la droite (AC).

b) D'une part, la droite (CH) est parallèle avec la droite (BD).

D'autre part, la droite (BH) est perpendiculaire à la droite (AC) et la droite (AC) est perpendiculaire à la droite (CD), donc la droite (BH) est parallèle à la droite (CD). Le quadrilatère BHCD a ses côtés parallèles deux à deux, c'est donc un parallélogramme.

4. Les diagonales d'un parallélogramme se coupent en leur milieu, donc K est le milieu des diagonales [BC] et [HD].

5. Le triangle ADJ est inscrit dans le cercle de diamètre [AD], il est donc rectangle en J.

Les droites (AJ) et (DJ) sont perpendiculaires. La droite (AJ), confondue avec la droite (AH), est perpendiculaire avec la droite (CI), confondue avec la droite (CB). Donc les droites (CI) et (DJ) sont parallèles.

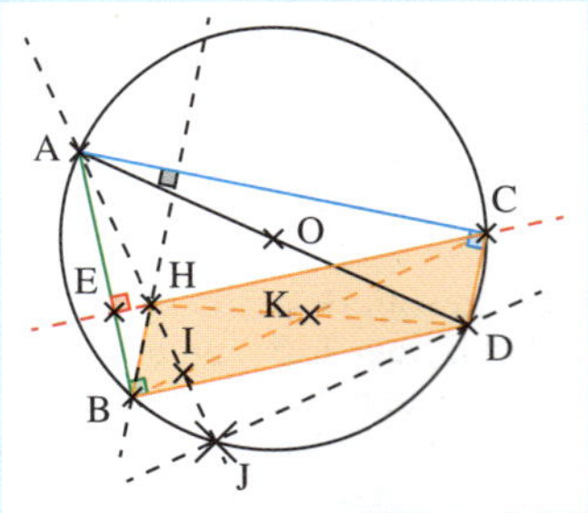

6 Théorème de Pythagore et trigonométrie

Contrairement à ce qu'on pourrait croire, le théorème de Pythagore était connu en Mésopotamie, et sans doute aussi dans d'autres régions du monde, 1 000 ans avant la naissance de Pythagore de Samos qui lui a pourtant donné son nom. Ce théorème, ainsi que la trigonométrie, permettent de mettre en relation les longueurs des côtés dans un triangle rectangle, et, par suite, de connaître des longueurs inaccessibles…

A Le théorème de Pythagore

1. Le théorème

Exemple 1

Sur la figure ci-contre, ABC est un triangle rectangle en C et les figures colorées sont des carrés.
On peut assembler les cinq morceaux des carrés bleu et vert pour recouvrir le grand carré orange, comme ci-dessous.

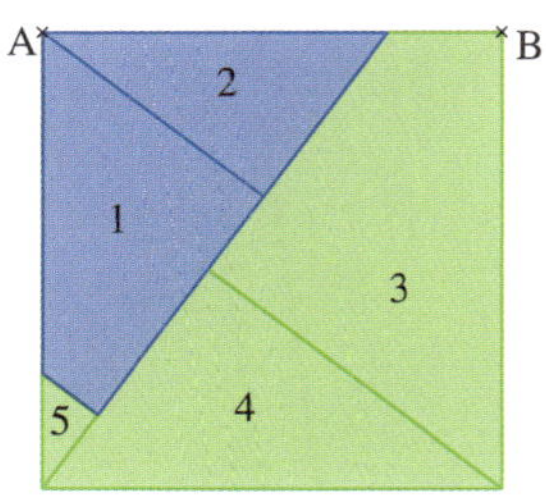

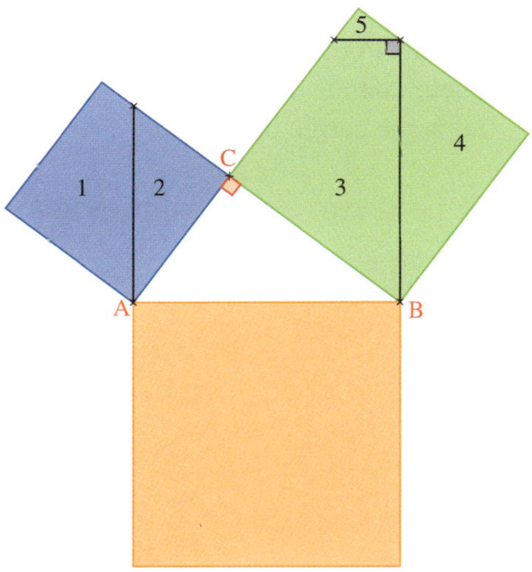

Cela montre que l'aire du carré orange est égale à la somme des aires des carrés bleu et vert.
Autrement dit, avec les longueurs des côtés du triangle ABC, on obtient :
$AB^2 = AC^2 + BC^2$.
Rappel : Ici le segment [AB] est l'hypoténuse du triangle rectangle considéré, c'est-à-dire le côté opposé à l'angle droit.

THÉORÈME

Si ABC est un triangle rectangle en C, alors le carré de la longueur de l'hypoténuse est égal à la somme des carrés des longueurs des côtés de l'angle droit, autrement dit $AB^2 = BC^2 + AC^2$.

MÉTHODE 1, p. 137

2. Applications

2-1 Calcul de la longueur de l'hypoténuse

Exemple 2

Dans le triangle MNO rectangle en M ci-contre, la longueur du segment [ON] peut être calculée à l'aide du théorème de Pythagore.

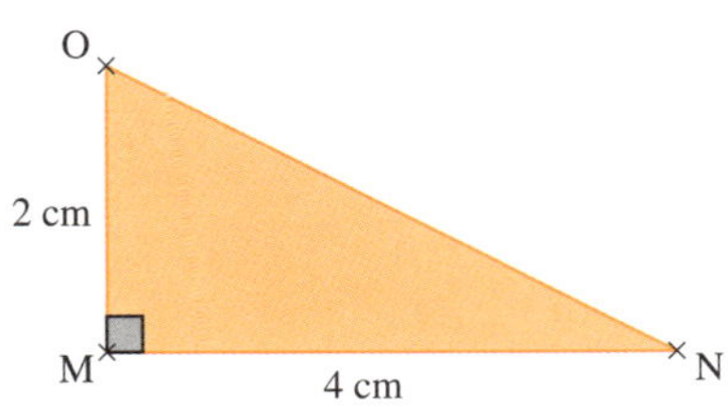

$ON^2 = MN^2 + MO^2 = (4\text{ cm})^2 + (2\text{ cm})^2 = 16\text{ cm}^2 + 4\text{ cm}^2 = 20\text{ cm}^2$.
Comme $ON \geq 0$, $ON = \sqrt{20}\text{ cm} \simeq 4{,}47\text{ cm}$.

Bilan : Pour calculer la longueur de l'hypoténuse, on additionne les carrés des longueurs des deux autres côtés, puis on prend la racine carrée du résultat.

2-2 Calcul de la longueur des côtés de l'angle droit

Exemple 3

Dans le triangle rectangle en A ci-contre, le théorème de Pythagore donne : $BC^2 = AB^2 + AC^2$ ou encore $BC^2 - AB^2 = AC^2$.
Finalement, on trouve :
$AC^2 = (5\text{ cm})^2 - (4\text{ cm})^2 = 25\text{ cm}^2 - 16\text{ cm}^2 = 9\text{ cm}^2$.
Soit $AC = 3$ cm, car AC est une longueur donc $AC > 0$.

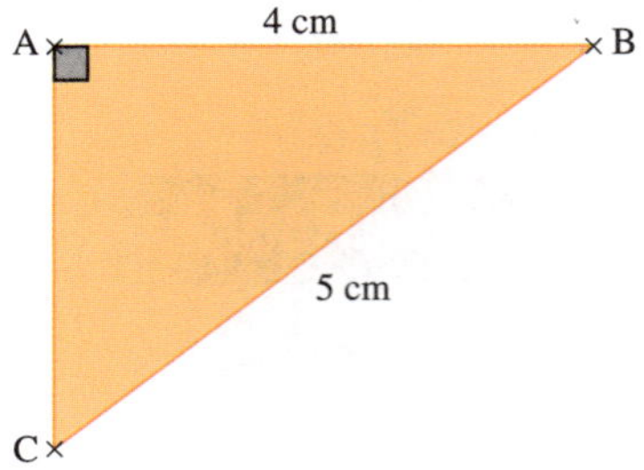

Bilan : Pour calculer la longueur d'un côté de l'angle droit, on soustrait le carré de la longueur connue du côté de l'angle droit au carré de la longueur de l'hypoténuse, puis on prend la racine carrée du résultat.

MÉTHODE 3, p. 138

3. Le théorème réciproque

Exemple 4

RST est un triangle tel que $SR = 2{,}5$ cm ; $ST = 6$ cm ; $RT = 6{,}5$ cm. On veut savoir si le triangle RST est rectangle.
Pour cela, nous calculons $SR^2 = (2{,}5\text{ cm})^2 = 6{,}25\text{ cm}^2$; $ST^2 = (6\text{ cm})^2 = 36\text{ cm}^2$; $RT^2 = (6{,}5\text{ cm})^2 = 42{,}25\text{ cm}^2$.
Ainsi, d'une part, $SR^2 + ST^2 = 6{,}25\text{ cm}^2 + 36\text{ cm}^2 = 42{,}25\text{ cm}^2$, et, d'autre part, $RT^2 = 42{,}25\text{ cm}^2$.
On a donc bien $SR^2 + ST^2 = RT^2$. La réciproque du théorème de Pythagore permet de conclure : le triangle RST est rectangle en S.

THÉORÈME

Si ABC est un triangle tel que les longueurs de ses côtés vérifient $BC^2 = AB^2 + AC^2$, alors ABC est un triangle rectangle en A.

MÉTHODE 2, p. 138

4. Triangles non rectangles

Exemple 5

Le triangle ABC tel que $AB = 7{,}6$ cm ; $BC = 6{,}6$ cm et $AC = 3{,}8$ cm est-il rectangle ?
Pour le savoir, nous calculons, d'une part, $AB^2 = (7{,}6\text{ cm})^2 = 57{,}76\text{ cm}^2$ et, d'autre part,

$$BC^2 + AC^2 = (6{,}6\text{ cm})^2 + (3{,}8\text{ cm})^2$$
$$= 43{,}56\text{ cm}^2 + 14{,}44\text{ cm}^2 = 58\text{ cm}^2.$$

Comme $58\text{ cm}^2 \neq 57{,}76\text{ cm}^2$, la contraposée du théorème de Pythagore permet d'affirmer que le triangle ABC n'est pas rectangle.

Attention !

Nous avons « mis à part » la longueur la plus grande, ici AB.
En effet, comme $BC < AB$, on sait déjà que $BC^2 < AB^2$ et donc $BC^2 < AB^2 + AC^2$.
De même pour AC : $AC < AB$, donc on sait déjà que $AC^2 < AB^2$ et donc $AC^2 < AB^2 + BC^2$.

THÉORÈME

Si ABC est un triangle tel que les longueurs de ses côtés vérifient $AB^2 \neq BC^2 + AC^2$, alors ce triangle n'est pas un triangle rectangle en C.

Remarque : C'est le théorème de Pythagore et non sa réciproque qui permet de montrer qu'un triangle n'est pas rectangle ! Pour cela, il faut supposer que le triangle est rectangle, et arriver à une absurdité ! C'est ce qui permet de démontrer la contraposée du théorème de Pythagore.

Exemple 5

Si ABC était rectangle, son hypoténuse serait le plus long côté, c'est-à-dire AB. Le théorème de Pythagore donnerait alors : $AB^2 = BC^2 + AC^2$. Ici $BC^2 + AC^2 = 58\text{ cm}^2$ et $AB^2 = 57,76\text{ cm}^2$, donc on aurait $57,76\text{ cm}^2 = 58\text{ cm}^2$: c'est absurde ! Le triangle ABC ne peut donc pas être rectangle. C'est ce qu'on appelle un raisonnement par l'absurde.

Conseil

Lors du concours, la première rédaction (voir exemple 3, p. 132) sera suffisante, en étant attentif :
- à calculer **d'une part** le carré de la plus grande longueur (AB^2 dans l'exemple), **d'autre part**, la somme des carrés des 2 autres longueurs ($BC^2 + AC^2$ dans l'exemple) ;
- à conclure en citant la réciproque du théorème de Pythagore s'il y a égalité, et la contraposée du théorème de Pythagore sinon.

B Lignes trigonométriques dans le triangle rectangle

Exemple 6

On rappelle que la pente d'un escalier est donnée par le rapport de la hauteur par la profondeur.
On se demande si les escaliers ci-dessous ont la même pente.
Remarque : Pour un escalier, le rapport de la hauteur par la profondeur est constant et ne dépend pas du nombre de marches choisies pour le calcul de la pente.

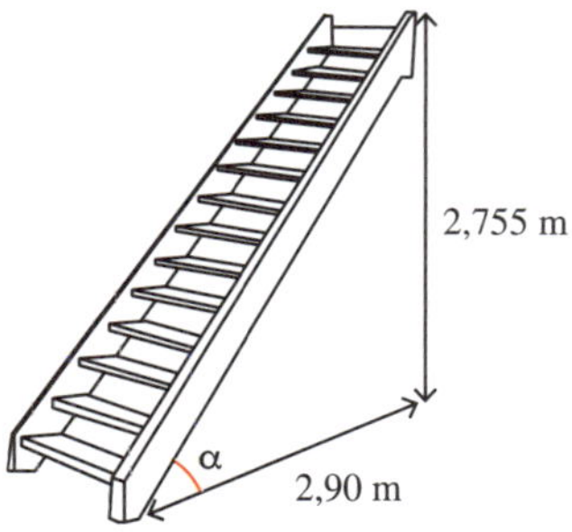

Escalier A

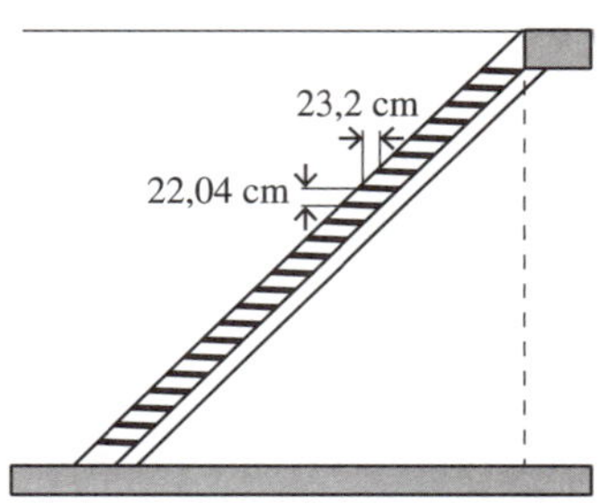

Escalier B

On calcule les pentes : escalier A : $\dfrac{2,755\text{ m}}{2,9\text{ m}} = 0,95$; escalier B : $\dfrac{22,04\text{ cm}}{23,2\text{ cm}} = 0,95$.

On peut alors conclure que les deux escaliers ont la même pente.

1. Définitions sinus, cosinus et tangente

PROPRIÉTÉ

Dans un triangle ABC rectangle en A, les rapports $\frac{AB}{BC}$, $\frac{AC}{BC}$, $\frac{AC}{AB}$ ne dépendent que de l'angle α.

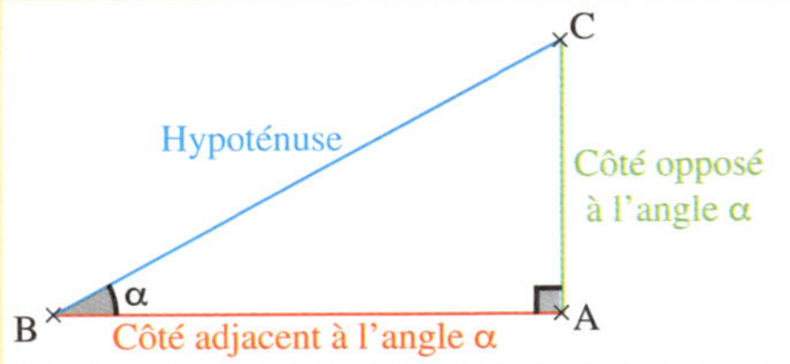

DÉFINITIONS

La propriété permet de définir le sinus, le cosinus et la tangente de l'angle α :

$$\mathbf{sin}(\alpha)=\frac{AC}{BC}=\frac{\text{longueur du côté opposé}}{\text{longueur de l'hypoténuse}},$$

$$\mathbf{cos}(\alpha)=\frac{AB}{BC}=\frac{\text{longueur du côté adjacent}}{\text{longueur de l'hypoténuse}},$$

$$\mathbf{tan}(\alpha)=\frac{AC}{AB}=\frac{\text{longueur du côté opposé}}{\text{longueur du côté adjacent}}.$$

Conseil

Pour mémoriser ces formules, il suffit de retenir **SOHCAHTOA** !

SOH : Sinus = côté Opposé / Hypoténuse

CAH : Cosinus = côté Adjacent / Hypoténuse

TOA : Tangente = côté Opposé / côté Adjacent

Dans l'exemple 6, on remarque qu'on a calculé la tangente de l'angle α.

Exemple 7

On s'intéresse maintenant à un troisième escalier représenté ci-dessous, dont on voudrait connaître la hauteur BC et la profondeur AB.

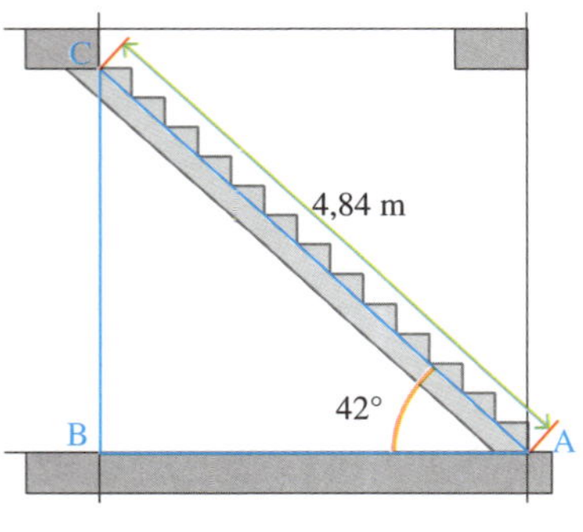

Avec les définitions ci-dessus, dans le triangle ABC rectangle en B, on a :

$\cos(42°)=\frac{AB}{AC}$, soit $AB=AC\times\cos(42°)$,

et donc $AB=4{,}84\times\cos(42°)$ m.

La calculatrice donne une valeur approchée :

$AB\simeq 3{,}60$ m, arrondi au cm près.

D'autre part, $\sin(42°)=\frac{BC}{AC}$,

soit $BC=AC\times\sin(42°)$.

De même, on obtient avec la calculatrice une valeur approchée au cm près : $BC\simeq 3{,}24$ m.

Remarque : On peut généraliser les définitions des sinus, cosinus et tangente à tout **angle aigu $\widehat{B}$** : il suffit de construire un triangle rectangle ayant un tel angle. Ici, par exemple, $\cos(\widehat{B})=\frac{AB}{BC}$.

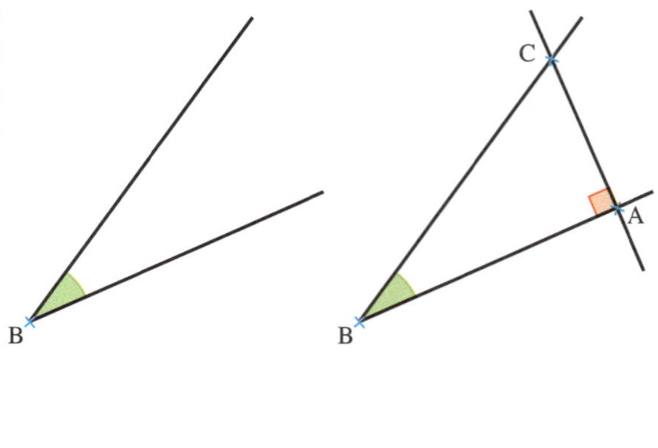

2. Propriétés sinus, cosinus et tangente

En remarquant que, dans un triangle rectangle, les longueurs des côtés sont strictement positives, et que l'hypoténuse est le plus long côté, les définitions des cosinus, sinus et tangente montrent que :

- Le sinus et le cosinus d'un angle aigu sont des nombres strictement compris entre 0 et 1.
- La tangente d'un angle aigu est un nombre strictement positif.

On a d'autre part :

- La somme des carrés du sinus et du cosinus d'un angle aigu est égale à 1 :

$$(\cos(\alpha))^2 + (\sin(\alpha))^2 = 1.$$

Dans l'exemple 7, cela aurait pu permettre, par exemple, de retrouver $\sin(\widehat{A})$ à partir de $\cos\widehat{A}$: $(\sin(42°))^2 = 1 - (\cos(42°))^2 \simeq 1 - (0{,}74)^2 \simeq 0{,}45$.
Par suite, $\sin(42°) \simeq \sqrt{0{,}45} \simeq 0{,}67$, car $\sin(42°)$ est positif.

- La tangente d'un angle aigu est égale au rapport du sinus sur le cosinus :

$$\tan(\alpha) = \frac{\sin(\alpha)}{\cos(\alpha)}.$$

Dans l'exemple 7, on peut écrire : $\tan(42°) = \dfrac{\sin(42°)}{\cos(42°)} \simeq 0{,}9$.

On trouve ici la pente de ce troisième escalier.

La preuve de ces résultats fait l'objet de l'exercice 13 en fin de chapitre (voir p. 144).

…DES 4 ET 5, p. 139

3. Applications

3-1 Calcul de mesures de longueurs inconnues

Exemple 8

On considère le triangle RST rectangle en R ci-contre. On veut calculer les mesures des longueurs SR et RT.

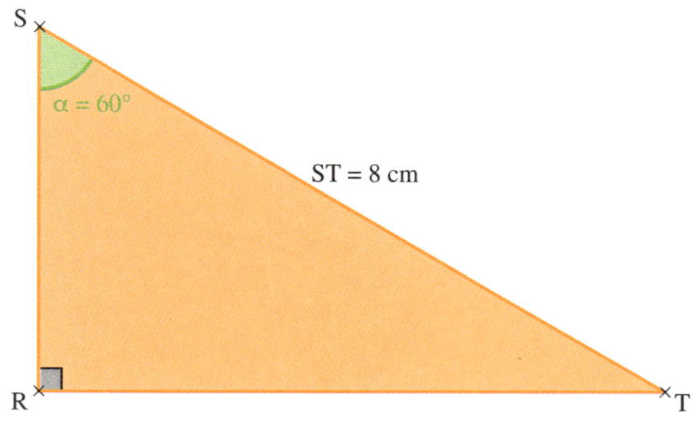

Ici, il manque une longueur pour pouvoir appliquer le théorème de Pythagore. Cependant, le sinus et le cosinus d'un angle de 60° sont donnés par la calculatrice, ce qui va nous permettre de répondre.

$\cos(60°) = \dfrac{SR}{ST} = \dfrac{SR}{8\text{ cm}}$; et la calculatrice donne $\cos(60°) = 0{,}5$. Finalement, $0{,}5 = \dfrac{SR}{8\text{ cm}}$ soit $SR = 0{,}5 \times 8\text{ cm} = 4\text{ cm}$.
On trouve donc $SR = 4\text{ cm}$.

De même $\sin(60°) = \frac{RT}{ST} = \frac{RT}{8 \text{ cm}}$ et la calculatrice donne $\sin(60°) \simeq 0{,}866$.

Finalement $0{,}866 \simeq \frac{RT}{8 \text{ cm}}$,

soit $RT \simeq 0{,}866 \times 8$ cm.

Ainsi $RT \simeq 6{,}93$ cm.

Remarquons qu'on aurait pu utiliser le théorème de Pythagore pour calculer cette dernière longueur.

Attention !

Pour des résultats précis, il est indispensable de ne remplacer les sinus et cosinus par leur valeur approchée qu'en fin de calcul.

Ici, on pourra écrire $\sin(60°) = \frac{RT}{8 \text{ cm}}$, soit $RT = 8 \times \sin(60°)$ cm $\simeq 6{,}93$ cm.

3-2 Calcul de mesures d'angles inconnus

Exemple 9

On considère le triangle RST rectangle en R ci-contre et on veut connaître la mesure de l'angle $\widehat{S}$.

Avec la formule de la tangente d'un angle, on obtient :

$$\tan(\widehat{S}) = \frac{\text{longueur du côté opposé}}{\text{longueur du côté adjacent}} = \frac{RT}{SR} = \frac{7{,}3 \text{ cm}}{2{,}5 \text{ cm}} = 2{,}92.$$

En tapant à la calculatrice Arctan(2,92), on obtient l'angle correspondant à une tangente de 2,92 ; ici environ 71°.

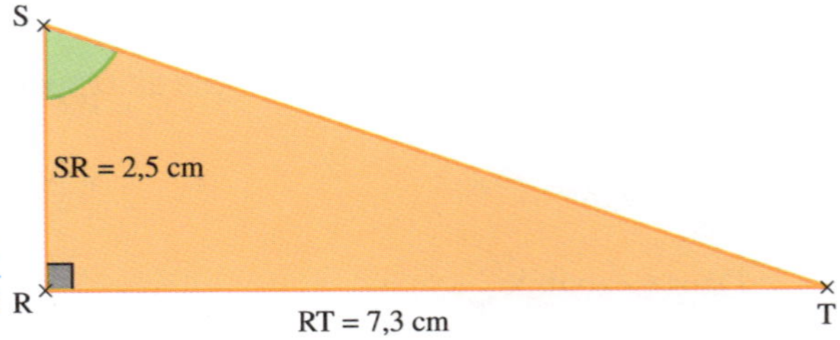

Conseil

On pourrait calculer de la même manière la tangente de l'angle en T pour déduire la mesure de cet angle, mais il est beaucoup plus rapide d'utiliser le fait que la somme des mesures des angles d'un triangle vaut 180°.

Ainsi $\widehat{T} \simeq 180° - 90° - 71°$, soit environ 19°.

MÉTHODES

méthode 1 Utiliser le théorème de Pythagore pour calculer une longueur

1 Quelle est la longueur des diagonales d'un carré dont les côtés mesurent 5 cm ?

2 On considère le rectangle ABCD ci-contre.

Est-ce un carré ?

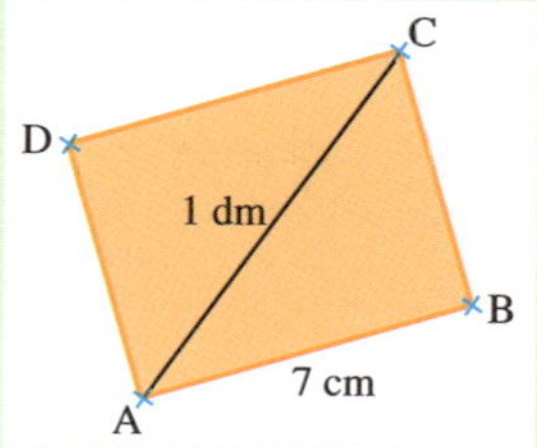

CORRIGÉ COMMENTÉ

1 Considérons un carré ABCD de côté 5 cm et calculons la longueur de sa diagonale [AC].

Étape 1 : exhiber le triangle rectangle

ABCD est un carré, donc l'angle en B est droit, et donc le triangle ABC est un triangle rectangle en B.

Étape 2 : appliquer le théorème

On applique le théorème de Pythagore au triangle ABC rectangle en B : $AC^2 = AB^2 + BC^2$.

Étape 3 : remplacer les longueurs par leur mesure

ABCD est un carré donc $AB = BC = 5$ cm (le triangle ABC est un triangle isocèle en B).
On obtient alors :

$$AC^2 = AB^2 + BC^2 = (5 \text{ cm})^2 + (5 \text{ cm})^2$$
$$= 25 \text{ cm}^2 + 25 \text{ cm}^2 = 50 \text{ cm}^2.$$

Étape 4 : obtenir la longueur en prenant une racine carrée, trouver une valeur approchée à la calculatrice

Finalement $AC = \sqrt{50}$ cm $\simeq 7{,}07$ cm car $AC > 0$.

> **Rappel**
> On ne s'étonne pas ici de l'unicité des longueurs des diagonales : dans un carré, les diagonales ont même longueur. On ne pourrait pas poser cette question pour un losange !

2 Nous allons calculer la longueur BC : si elle mesure 7 cm comme AB, alors ABCD sera un carré ; sinon, non !

Étape 1 : exhiber le triangle rectangle

ABCD est un rectangle, donc l'angle en B est droit, et donc le triangle ABC est un triangle rectangle en B.

Étape 2 : appliquer le théorème

On applique le théorème de Pythagore au triangle ABC rectangle en B : $AC^2 = AB^2 + BC^2$ ou encore $BC^2 = AC^2 - AB^2$.

Étape 3 : remplacer les longueurs par leur mesure dans la même unité

On sait que $AB = 7$ cm et $AC = 1$ dm $= 10$ cm.
Donc : $BC^2 = (10 \text{ cm})^2 - (7 \text{ cm})^2 = 100 \text{ cm}^2 - 49 \text{ cm}^2 = 51 \text{ cm}^2$.

Étape 4 : obtenir la longueur en prenant une racine carrée

Finalement $BC = \sqrt{51}$ cm $\simeq 7{,}14$ cm car $BC > 0$.

Étape 5 : conclure

Le rectangle n'est pas un carré car les longueurs AB et BC ne sont pas égales.

méthode 2 Utiliser la contraposée du théorème de Pythagore pour montrer qu'un angle n'est pas droit

J'ai construit un cadre pour placer une vitre rectangulaire mesurant 50 cm sur 80 cm. Sur ce cadre, l'emplacement de la vitre est représenté par un quadrilatère ABCD donc les dimensions sont les suivantes : AB = CD = 50 cm, AD = BC = 80 cm et BD = 90 cm.

Mon cadre est-il bien rectangulaire ?

CORRIGÉ COMMENTÉ

Le cadre conviendra si ABCD est un rectangle, ce qui ne peut pas être le cas si le triangle ABD n'est pas rectangle en A.

Étape 1 : calculer le carré de la plus grande longueur

On a $BD^2 = (90 \text{ cm})^2 = 8\ 100 \text{ cm}^2$.

Étape 2 : calculer la somme des carrés des deux autres longueurs

D'autre part, $AB^2 + AD^2 = (50 \text{ cm})^2 + (80 \text{ cm})^2 = 8\ 900 \text{ cm}^2$.

Étape 3 : comparer les résultats et conclure

On a donc : $BD^2 \neq AB^2 + AD^2$. La contraposée du théorème de Pythagore permet alors de conclure que le triangle ABD n'est pas rectangle.

Mon cadre n'a pas d'angle droit en A : je ne pourrai pas placer la vitre.

méthode 3 Utiliser la réciproque du théorème de Pythagore pour montrer qu'un angle est droit

J'ai construit le cadre représenté ci-contre pour placer une vitre rectangulaire mesurant 30 cm sur 40 cm. Mon cadre conviendra-t-il ?

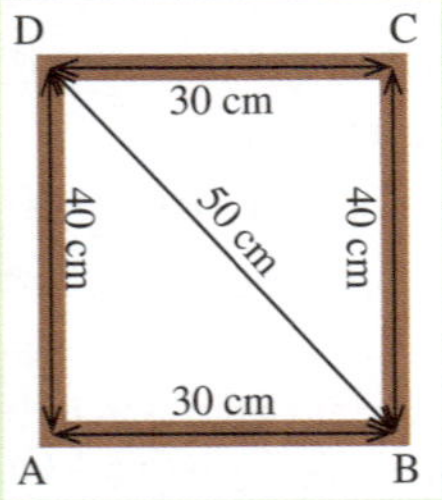

CORRIGÉ COMMENTÉ

Comme précédemment, on veut savoir si le cadre construit est bien rectangulaire, autrement dit si ABCD est un rectangle. On s'intéresse à nouveau au triangle ABD.

Étape 1 : calculer le carré de la plus grande longueur

On a $BD^2 = (50 \text{ cm})^2 = 2\ 500 \text{ cm}^2$.

Étape 2 : calculer la somme des carrés des deux autres longueurs

D'autre part, $AB^2 + AD^2 = (30 \text{ cm})^2 + (40 \text{ cm})^2 = 2\ 500 \text{ cm}^2$.

Étape 3 : comparer les résultats et conclure

On a donc : $BD^2 = AB^2 + AD^2$.

La réciproque du théorème de Pythagore permet alors de conclure que le triangle ABD est rectangle en A.

Étape 4 : conclure pour l'exercice

Le quadrilatère ABCD a bien un angle droit, mais est-ce un rectangle pour autant ?

Oui : comme le quadrilatère ABCD a ses côtés opposés de même longueur, c'est un parallélogramme (voir chapitre 5 p. 109).

ABCD est donc un parallélogramme avec un angle droit : c'est un rectangle.

Donc le cadre conviendra.

méthode 4 Utiliser sinus, cosinus et tangente pour calculer la mesure d'un angle

Un constructeur d'échelles recommande un angle entre le sol et l'échelle compris entre 65° et 75° pour assurer la sécurité de la personne l'utilisant.

On pose contre un mur vertical une échelle de 13 m de long.

Peut-on, en toute sécurité, atteindre une hauteur de 11 m en bout d'échelle ?

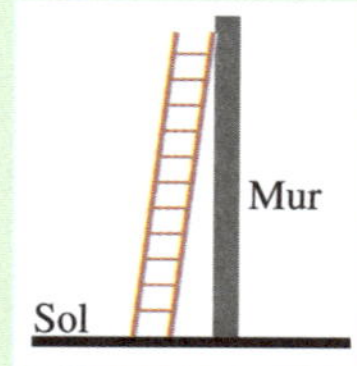

CORRIGÉ COMMENTÉ

On place l'échelle pour atteindre 11 m et on calcule l'angle entre le sol et l'échelle. On modélise la situation avec un triangle ABC, tel que $BC = 11$ m et $AC = 13$ m.

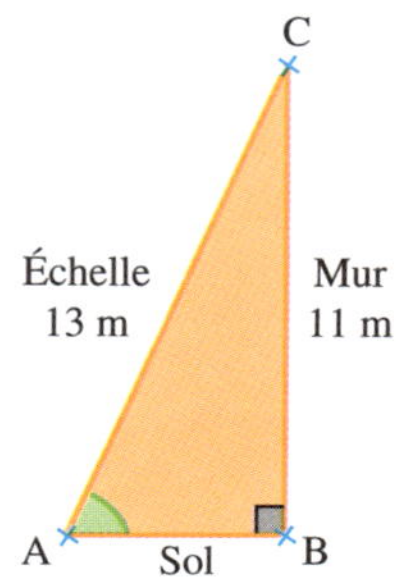

Étape 1 : exhiber le triangle rectangle

Le mur étant perpendiculaire au sol, ABC est un triangle rectangle en B.

Étape 2 : calculer une ligne trigonométrique pour l'angle $\widehat{A}$

Ici, on calcule le sinus car on ne connaît pas AB.

Dans le triangle ABC rectangle en B, on a :

$$\sin\left(\widehat{A}\right) = \frac{\text{longueur du côté opposé}}{\text{longueur de l'hypoténuse}} = \frac{BC}{AC} = \frac{11 \text{ m}}{13 \text{ m}} \simeq 0{,}85.$$

Étape 3 : calculer la mesure de l'angle correspondant

Par suite, $\widehat{A} = \arcsin\left(\frac{11}{13}\right) \simeq 57{,}8°$ (à la calculatrice).

Étape 4 : conclure

L'échelle n'est pas bien positionnée car $57{,}8 < 65$: l'échelle est trop « horizontale » et risque de tomber.

méthode 5 Utiliser les lignes trigonométriques pour calculer une longueur

On pose contre un mur vertical une échelle de 13 m de long en faisant un angle de 70°.

Quelle hauteur en bout d'échelle peut-on ainsi atteindre ?

CORRIGÉ COMMENTÉ

Comme précédemment, on modélise la situation avec un triangle ABC, mais cette fois on connaît la mesure de l'angle $\widehat{A}$.

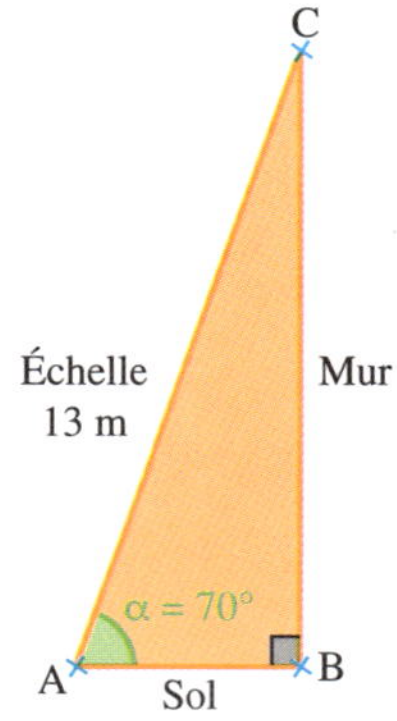

Étape 1 : exhiber le triangle rectangle

Le mur étant perpendiculaire au sol, ABC est un triangle rectangle en B.

Étape 2 : calculer une ligne trigonométrique intéressante

On s'intéresse à la longueur BC (hauteur) et on connaît la longueur AC (hypoténuse) et l'angle $\widehat{A}$. On peut donc utiliser le sinus de l'angle $\widehat{A}$.

Dans le triangle ABC rectangle en B, on a :

$\sin\left(\widehat{A}\right) = \frac{\text{longueur du côté opposé}}{\text{longueur de l'hypoténuse}}$, c'est-à-dire $\sin\left(\widehat{A}\right) = \frac{BC}{AC}$, soit ici $\sin\left(\widehat{A}\right) = \frac{BC}{13 \text{ m}}$. Finalement : $BC = 13 \text{ m} \times \sin\left(\widehat{A}\right)$.

Comme $\widehat{A} = 70°$, on a $BC \simeq 13 \times 0{,}94$ m (à la calculatrice) et donc $BC \simeq 12{,}22$ m.

On peut donc atteindre une hauteur d'environ 12,22 m, au centième de mètre près.

ENTRAÎNEMENT

Se tester en 10 questions

→ Corrigés p. 145

Pour chaque question suivante, indiquez la (ou les) bonne(s) réponse(s).

1 On considère le triangle STU tel que TS = 14 cm, SU = 19 cm et TU = 13 cm.

a) Le triangle STU est rectangle. b) Le triangle STU n'est pas rectangle.
c) Le triangle STU est isocèle.

2 ABC est un triangle rectangle en C, tel que AB = 4 cm et AC = 3 cm.

a) La longueur BC est 5 cm. b) La longueur BC est 2,65 cm.
c) La longueur BC est $\sqrt{7}$ cm.

3 L'aire du triangle ABC ci-contre est :

a) 37,5 cm^2

b) 75 cm^2

c) 97,5 cm^2

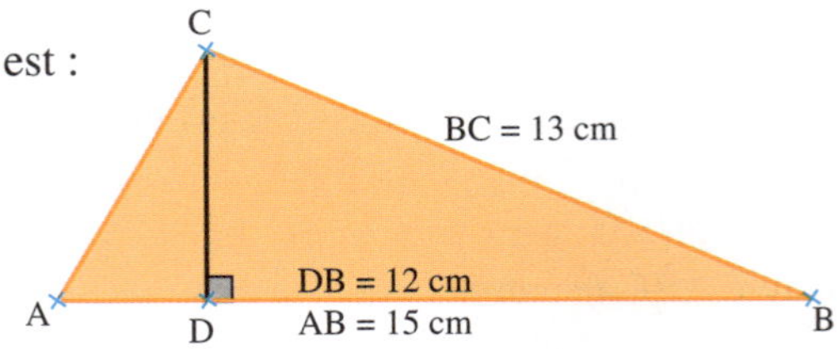

4 Sur la figure ci-contre, la longueur BD est égale à :

a) 2 cm b) 4 cm c) 1,98 cm d) une autre longueur

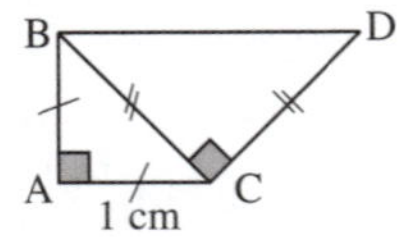

Pour les questions 5 à 9, on considère le triangle ABC rectangle en B ci-dessous :

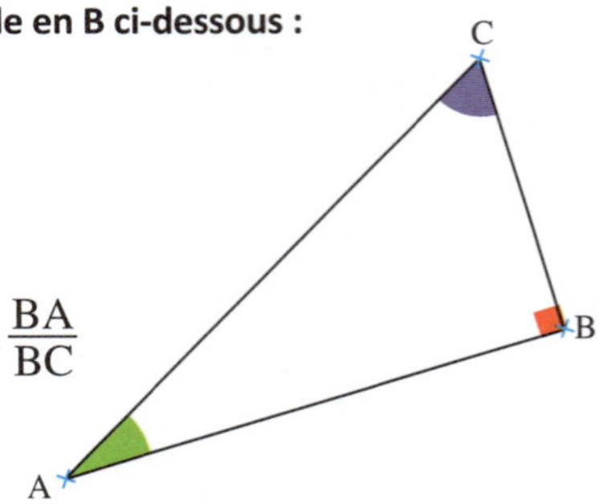

5 Le cosinus de l'angle vert vaut :

a) $\dfrac{BC}{AB}$ b) $\dfrac{AB}{AC}$ c) $\dfrac{BC}{AC}$

6 Le sinus de l'angle violet est égal :

a) à $\dfrac{BC}{AC}$ b) au cosinus de l'angle vert c) à $\dfrac{BA}{BC}$

7 Sachant que AB = 12 cm, BC = 9 cm,
le cosinus de l'angle vert vaut :

a) $\dfrac{9}{15}$ b) 0,8 c) $\dfrac{4}{5}$ d) $\dfrac{3}{4}$

8 Sachant qu'on a l'égalité de longueurs AB = 2BC, l'angle violet mesure :

a) 60° b) 30° c) environ 63,43° d) environ 26,56°

9 Sachant que l'angle vert mesure 30° et que AB = 5 cm, la longueur AC mesure :

a) 10 cm b) environ 8,66 cm c) environ 4,33 cm d) environ 5,77 cm

10 On considère la figure ci-contre où les droites (DE) et (AB) sont perpendiculaires. La longueur DE mesure :

a) $\sin(25°) \times 6$ cm

b) $\cos(25°) \times 6$ cm

c) la longueur BE

d) environ 2,54 cm

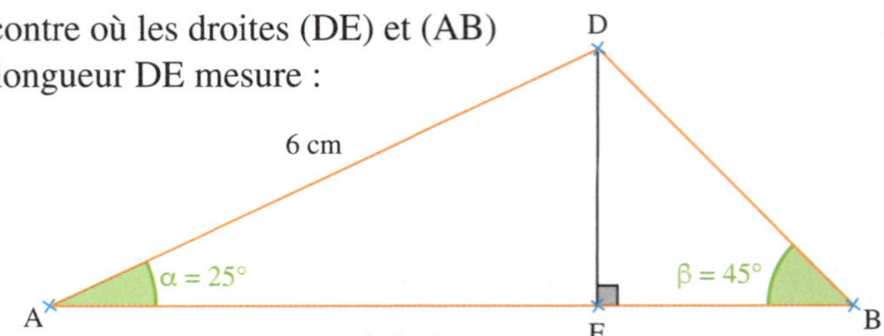

Réponses : 1. b ; 2. c ; 3. a ; 4. a ; 5. b ; 6. b ; 7. b, c ; 8. c ; 9. d ; 10. a, c, d.

Échauffement

→ Corrigés p. 145

1 Calculer des longueurs avec le théorème de Pythagore

On considère la figure ci-dessous dessinée à main levée.

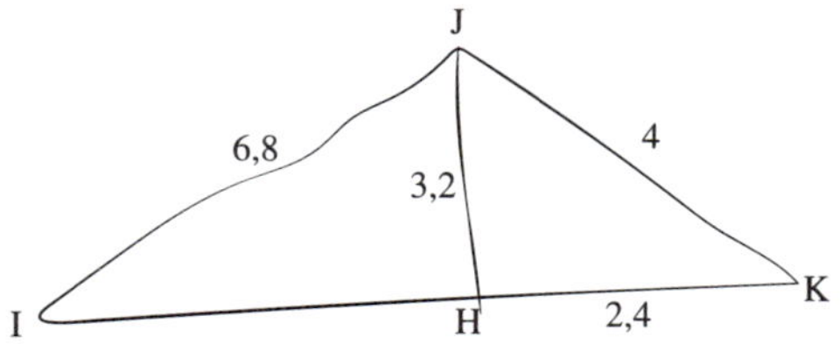

L'unité est le centimètre. Les points I, H et K sont alignés.

1. Construire la figure ci-dessus en vraie grandeur.

2. Démontrer que les droites (IK) et (JH) sont perpendiculaires.

3. Démontrer que IH = 6 cm.

2 Déterminer si un angle est droit

Ressource d'accompagnement cycle 4 Éduscol

On a posé une étagère sur un mur vertical comme ci-après.

On connaît les longueurs : AB = 58 cm, BC = 40 cm et AC = 42 cm.
L'étagère est-elle horizontale ?

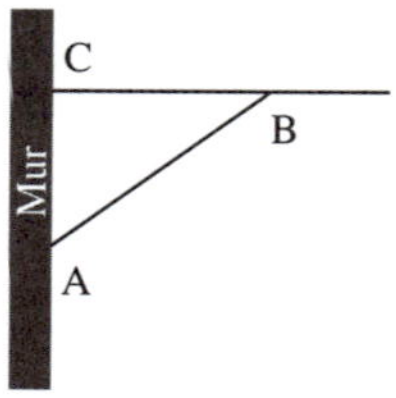

3 Utiliser les lignes trigonométriques pour calculer un angle

Un triangle ABC est rectangle en C. On donne AC = 5 cm et AB = 7 cm.

1. Construire le triangle ABC.

2. Donner la mesure de l'angle $\widehat{A}$ puis $\widehat{B}$ à 1° près.

4 Utiliser les lignes trigonométriques pour calculer une longueur

Un triangle ABC est rectangle en A. On donne AB = 4 cm et $\widehat{B} = 39°$.

1. Construire le triangle ABC.

2. Calculer les longueurs BC et AC à 0,1 cm près.

Pour réussir au concours

→ Corrigés p. 146

5 ★ 10 min

1. ABC est un triangle équilatéral de côté 3 cm. [AH] est sa hauteur issue de A. Calculer la valeur exacte de la longueur AH.

2. Le côté d'un losange mesure 27,4 cm et l'une de ses diagonales 42 cm. Quelle est la longueur de sa seconde diagonale ?

6 ★ 5 min

Calculer la hauteur de l'immeuble ci-contre.

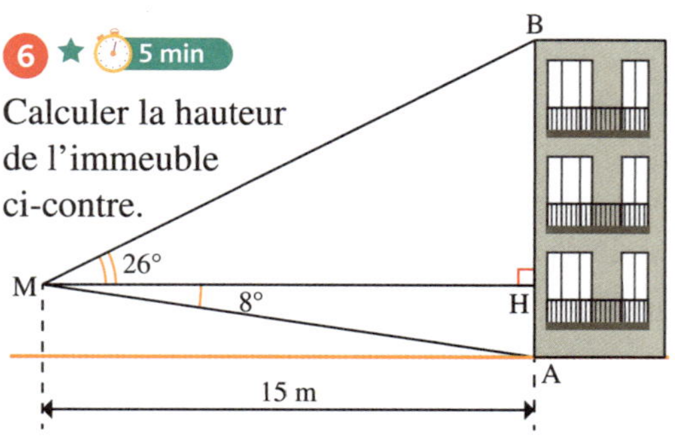

7 ★ 5 min *D'après Sujet de CRPE*

Vrai ou faux ? La figure ci-dessous représente trois carrés construits sur les trois côtés d'un triangle rectangle. Dans chacun des carrés est indiquée son aire.

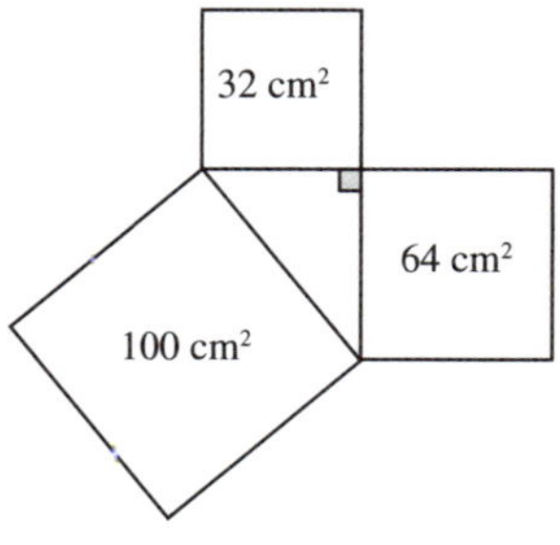

Affirmation : La construction à l'échelle de cette figure est possible.

8 ★★ 15 min

On considère le triangle ABC rectangle en A représenté ci-dessous. On donne AB = 6 m et BC = 7 m.

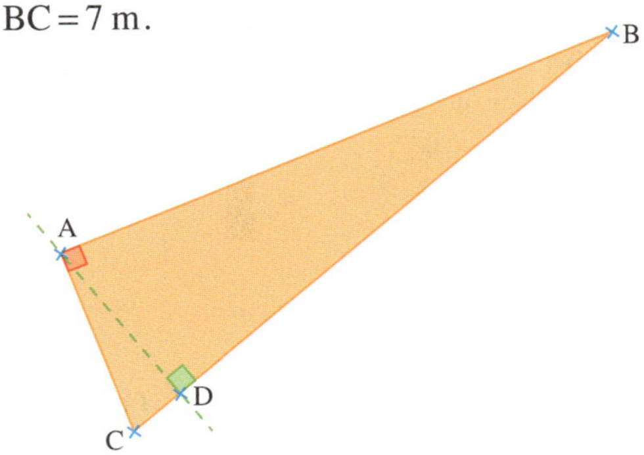

1. Calculer l'aire du triangle ABC.
2. En déduire la longueur AD, où D est le pied de la hauteur issue de A.

9 ★★ 15 min *D'après Sujet de CRPE*

Un couple souhaite aménager les combles de sa maison, représentée par la partie grisée du schéma ci-contre :

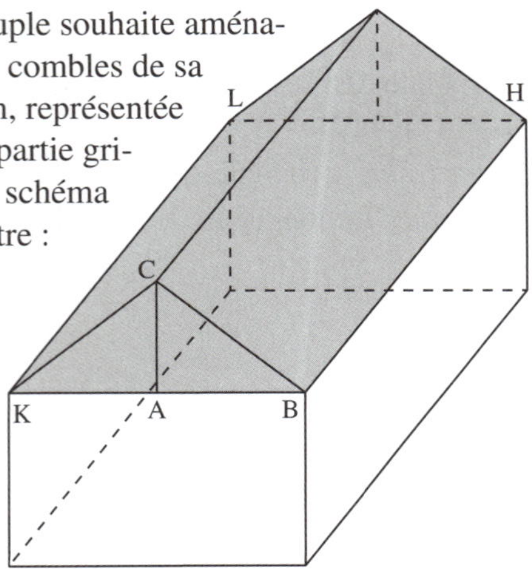

KBHL est un rectangle et le point A est le milieu du segment [BK].
Le triangle ABC ci-dessous représente une coupe de profil d'une partie des combles.

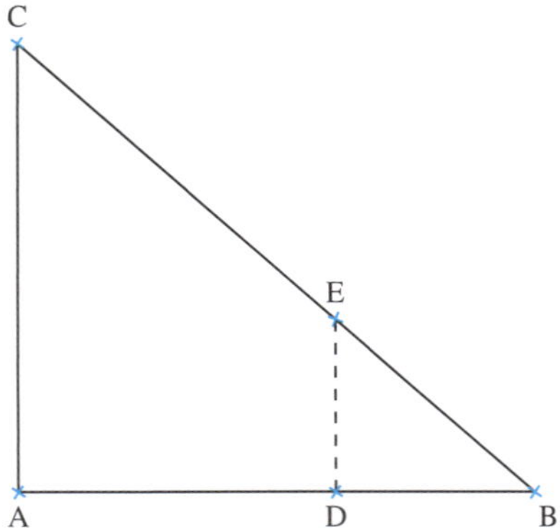

On donne les informations suivantes :
– la droite (AC) est perpendiculaire à la droite (AB) ;
– AB = 432 cm et AC = 390 cm ;
– les points D et E sont tels que D appartient au segment [AB], E appartient au segment [BC], la droite (DE) est perpendiculaire à la droite (AB) et DE = 1,80 m.

1. Démontrer que BC = 5,82 m.

2. Le couple cherche à connaître la superficie Carrez des combles, c'est-à-dire la surface pour laquelle la hauteur sous plafond est supérieure ou égale à 1,80 m. Le segment [DE], perpendiculaire au sol, représente une hauteur sous plafond de 1,80 m.
a) Exprimer la tangente de l'angle en B de deux manières différentes puis en déduire la longueur BD.
b) En déduire la superficie Carrez des combles, arrondie au mètre carré, sachant que la longueur de la maison est 20 m (BH = 20 m).

10 ★★ 20 min *D'après Sujet de CRPE*

L'île de Pâques, qui compte environ 6 400 habitants, est assimilée à un triangle ABC rectangle et isocèle en A, tel que AB = 18 km.

1. a) Déterminer le périmètre du triangle ABC, au kilomètre près ; il s'agit d'une estimation de la longueur du tour de l'île.
b) Déterminer l'aire du triangle ABC, en kilomètre carré ; il s'agit d'une estimation de la superficie de l'île.
c) En déduire une estimation de la densité de population de l'île de Pâques.

2. L'île de Pâques est parsemée de « moaïs », statues monumentales datant de 1250 à 1500, que l'on ne trouve que sur cette île. Sur la figure ci-dessous, est représenté le moaï de l'Ahu Ko Te Riku dont on cherche à estimer la hauteur.

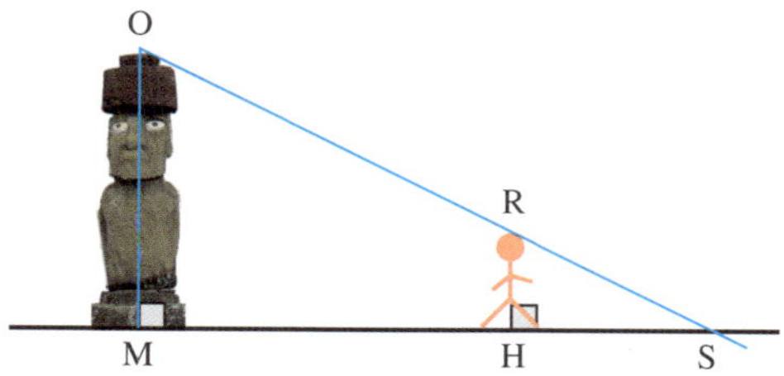

Cette figure n'est pas à l'échelle.

Sachant que MH = 2,9 m, que le personnage représenté par le segment [HR] mesure 1,80 m et que l'angle en S mesure 40°, quelle est la hauteur de la statue de l'Ahu Ko Te Riku ?

11 ★★ 15 min *D'après Sujet de CRPE*

ABE est un triangle rectangle en E. On donne AE = 5 cm et AB = 13 cm.

La droite (BE) et la droite perpendiculaire à (AB) passant par A se coupent en C.

La droite (AE) et la droite perpendiculaire à (AC) passant par C se coupent en D.

1. Réaliser la figure en vraie grandeur.

2. Déterminer l'aire du triangle CEA ; on donnera l'arrondi au dixième de mm^2.

12 ★★ 20 min *D'après Sujet de CRPE*

Dounia et Yanis ont acheté un coffret contenant des sachets de thé. Ces sachets ont une forme que l'on peut modéliser par un tétraèdre régulier.

On rappelle qu'un tétraèdre régulier est une pyramide dont les 3 faces latérales et la base sont des triangles équilatéraux.

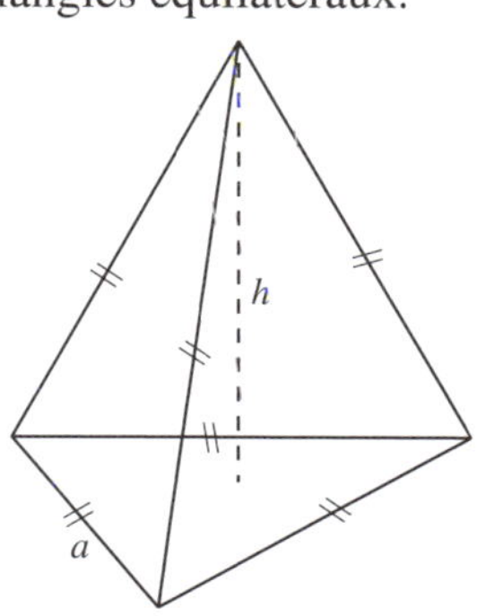

De plus, on rappelle que, pour un tétraèdre régulier ayant ses côtés de longueur notée a :

- la hauteur h correspondant à la base d'aire A_{base} est donnée par la formule $h = \frac{a\sqrt{6}}{3}$;
- le volume V est donné par la formule $V = \frac{A_{base} \times h}{3}$.

1. Le sachet de thé de Yanis a la forme d'un tétraèdre régulier ABCD de côté 5,5 cm et est fabriqué en gaze de papier. On note K le pied de la hauteur issue de A dans le triangle ABC.

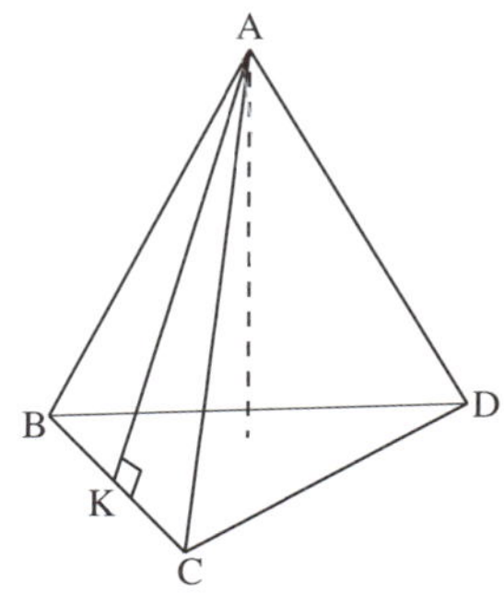

Yanis remarque que seuls trois « bords » sont collés (en bleu sur le dessin : [AK], [BC] et [AD]). Il découpe la gaze le long de ces segments [AD], [AK] et [BC], puis il met à plat. Il obtient un rectangle.

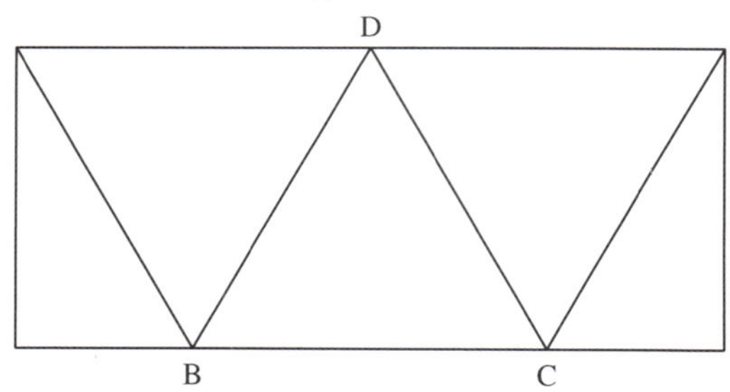

Cette figure n'est pas à l'échelle.

a) Déterminer les dimensions de ce rectangle.

b) Calculer le volume du sachet de thé de Yanis. On donnera une valeur arrondie au dixième de centimètre cube.

2. La marque pense proposer des sachets « grand format », présentés aussi sous la forme d'un tétraèdre régulier, mais d'un volume au moins deux fois plus grand que le sachet de thé choisi par Yanis.

Dounia pense qu'en multipliant par 1,3 les longueurs des côtés du tétraèdre ABCD, les conditions de la marque pour obtenir un sachet « grand format » seront satisfaites.

Justifier l'affirmation de Dounia.

13 ★★ 15 min

On considère le triangle ABC ci-contre, rectangle en B.

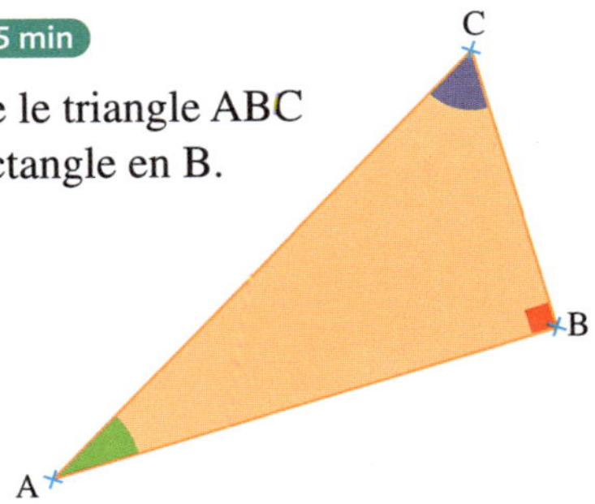

1. Montrer que $(\sin(\widehat{A}))^2 + (\cos(\widehat{A}))^2 = 1$.

2. Montrer que $\tan(\widehat{A}) = \dfrac{\sin(\widehat{A})}{\cos(\widehat{A})}$.

3. Montrer que $\tan(\widehat{C}) = \dfrac{1}{\tan(\widehat{A})}$.

14 ★★★ 35 min *D'après Sujet de CRPE*

On considère le triangle ABC rectangle en A, tel que AB = 6 cm et AC = 8 cm.

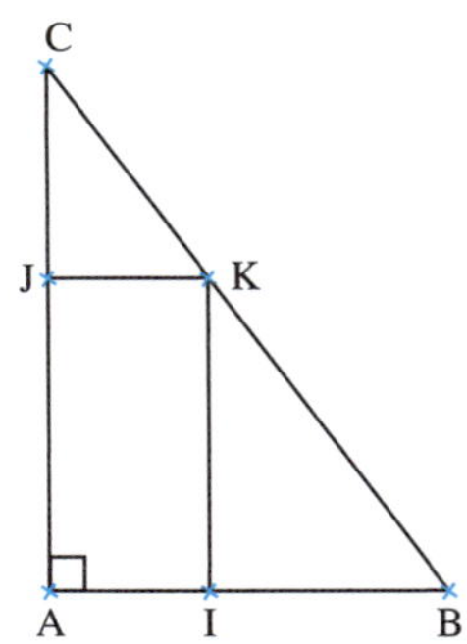

1. Montrer que la tangente de l'angle en B vaut $\frac{4}{3}$.

En déduire que l'angle en B mesure environ 53°.

2. On définit trois points I, K et J de la façon suivante :

– I est un point quelconque du segment [AB] ;

– K est le point du segment [BC] tel que (KI) est perpendiculaire à (AB) ;

– J est le point du segment [AC] tel que (KJ) est perpendiculaire à (AC).

Démontrer que AIKJ est un rectangle.

3. On se place dans le cas où AI = 2,4 cm.

a) Tracer le triangle ABC en vraie grandeur et placer les points I, J et K.

b) Montrer que IK = 4,8 cm.

c) Calculer l'aire du rectangle AIKJ en centimètre carré.

4. Le point I est maintenant mobile sur le segment [AB], la longueur AI est donc variable. On pose AI = x, où x est un nombre compris entre 0 et 6.

a) Exprimer BI en fonction de x.

b) Montrer que $IK = 8 - \frac{4}{3}x$.

c) En déduire une expression de l'aire du rectangle AIKJ en fonction de x.

d) Est-il possible de trouver une position du point I sur le segment [AB] pour laquelle AIKJ est un carré ? Justifier la réponse et, si cela est possible, donner la longueur AI correspondante.

15 ★★★ 30 min *D'après Sujet de CRPE*

1. On appelle triplet pythagoricien, tout triplet (a, b, c) formé de trois entiers positifs non nuls tels que : $a^2 + b^2 = c^2$.

a) Vérifier que le triplet (3, 4, 5) est un triplet pythagoricien.

b) Vérifier que, quel que soit l'entier positif n non nul, on a : $(3n)^2 + (4n)^2 = (5n)^2$.

c) En déduire un autre triplet pythagoricien composé d'entiers tous supérieurs à 100.

2. On s'intéresse maintenant à des triplets (a, b, c) tels que : $a = 2xy$; $b = y^2 - x^2$; $c = y^2 + x^2$, où x et y sont deux nombres entiers positifs non nuls, $x < y$.

À l'aide d'un tableur, on a obtenu la feuille de calcul reproduite ci-dessous :

	A	B	C	D	E	F	G
1	valeur de x	valeur de y	a	b	c	a² + b²	c²
2	1	2	4	3	5	25	25
3	1	3	6	8	10	100	100
4	3	6	36	27	45	2025	2025
5	4	15	120	209	241	58081	58081
6	8	12	192	80	208	43264	43264
7	12	15	360	81	369	136161	136161
8	7	8	112	15	113	12769	12769
9	2	3	12	5	13	169	169
10	11	13	286	48	290	84100	84100
11	7	8	112	15	113	12769	12769
12	4	5					

a) Donner une formule qui, entrée dans la cellule D2 puis recopiée vers le bas, permet de compléter la colonne D.

b) Recopier et compléter la ligne 12.

c) Au vu de cette feuille de calcul, quelle conjecture peut-on faire quant à la nature des triplets (a, b, c) ainsi définis ? Prouver cette conjecture.

3. Le triplet pythagoricien (3, 4, 5) a la particularité d'être constitué de trois nombres entiers consécutifs. Existe-t-il d'autres triplets pythagoriciens ayant cette particularité ? Justifier.

Se tester en 10 questions

→ Énoncés p. 140

1 **Réponse b.** La contraposée du théorème de Pythagore montre que ce triangle n'est pas rectangle : [SU] est le plus long côté du triangle.
$(19\text{ cm})^2 = 361\text{ cm}^2$ et $(13\text{ cm})^2 + (14\text{ cm})^2 = 365\text{ cm}^2$.
De plus, ce triangle n'a pas deux côtés de même longueur : il n'est pas isocèle.

2 **Réponse c.** Le théorème de Pythagore dans le triangle ABC rectangle en C donne :
$BC^2 = AB^2 - AC^2 = 16\text{ cm}^2 - 9\text{ cm}^2 = 7\text{ cm}^2$. Ainsi $BC = \sqrt{7}$ cm car $BC > 0$.
2,65 est une valeur approchée de BC.

3 **Réponse a.** Le théorème de Pythagore dans le triangle BCD rectangle en D permet de calculer :
$CD^2 = BC^2 - BD^2 = (13\text{ cm})^2 - (12\text{ cm})^2$
$= 25\text{ cm}^2$, donc $BD = 5$ cm car $BD > 0$.
L'aire du triangle est alors égale à $\dfrac{AB \times CD}{2} = 37{,}5\text{ cm}^2$.

4 **Réponse a.** On applique le théorème de Pythagore, d'abord dans le triangle ABC rectangle en A : $BC^2 = AC^2 + AB^2 = 2\text{ cm}^2$.
Puis dans le triangle BCD rectangle en C, on obtient alors :
$BD^2 = BC^2 + CD^2 = 2\text{ cm}^2 + 2\text{ cm}^2 = 4\text{ cm}^2$, donc $BD = 2$ cm car $BD > 0$.

5 **Réponse b.** C'est la définition du cosinus d'un angle dans le triangle ABC rectangle en B.

6 **Réponse b.** Avec les définitions : $\sin(\text{angle violet}) = \dfrac{AB}{AC} = \cos(\text{angle vert})$.

7 **Réponses b, c.** Avec le théorème de Pythagore, on calcule $AC = 15$ cm et donc :
$\cos(\text{angle vert}) = \dfrac{AB}{AC} = \dfrac{12\text{ cm}}{15\text{ cm}} = \dfrac{4\text{ cm}}{5\text{ cm}} = 0{,}8$.

8 **Réponse c.** $\tan(\text{angle violet}) = \dfrac{AB}{BC} = \dfrac{2BC}{BC} = 2$, donc l'angle mesure $\text{Arctan}(2) \simeq 63{,}43°$.

9 **Réponse d.** $\cos(30°) = \dfrac{AB}{AC} = \dfrac{5\text{ cm}}{AC}$, donc $AC = \dfrac{5\text{ cm}}{\cos(30°)} \simeq 5{,}77$ cm.

10 **Réponses a, c, d.** $\sin(25°) = \dfrac{DE}{AD}$, donc $DE = \sin(25°) \times 6\text{ cm} \simeq 2{,}54$ cm (**réponses a, d**).
De plus $\tan(45°) = \dfrac{DE}{EB}$ et $\tan(45°) = 1$ (à la calculatrice), soit DE = EB (**réponse c**).

Échauffement

→ Énoncés p. 141

1 **1.** On trace le segment [HK] de longueur 2,4 cm. On trace le cercle de centre K et de rayon 4 cm. On trace le cercle de centre H et de rayon 3,2 cm. Une des deux intersections entre les deux cercles est le point J. On trace la demi-droite [KH). On trace le cercle de centre J et de rayon 6,8 cm. L'intersection avec la demi-droite [KH) est le point I.
2. Comme les points I, H et K sont alignés, il suffit de montrer que le triangle HJK est rectangle en H.
D'une part : $JK^2 = (4\text{ cm})^2 = 16\text{ cm}^2$ ([JK] est le plus long côté du triangle).
D'autre part :
$HJ^2 + HK^2 = (3{,}2\text{ cm})^2 + (2{,}4\text{ cm})^2 = 16\text{ cm}^2$.
Ainsi $JK^2 = HJ^2 + HK^2$. La réciproque du théorème de Pythagore permet d'affirmer que le triangle HJK est rectangle en H, donc les droites (IK) et (JH) sont perpendiculaires.
3. Le triangle JHI est rectangle en H donc, d'après le théorème de Pythagore, $IJ^2 = IH^2 + HJ^2$, soit $HI^2 = IJ^2 - HJ^2 = (6{,}8\text{ cm})^2 - (3{,}2\text{ cm})^2 = 36\text{ cm}^2$ et alors $HI = 6$ cm (car $HI > 0$).

2 L'étagère est horizontale si l'angle en C est droit. On calcule d'une part :
$CA^2 + CB^2 = (42 \text{ cm})^2 + (40 \text{ cm})^2 = 3\,364 \text{ cm}^2$,
et d'autre part : $AB^2 = (58 \text{ cm})^2 = 3\,364 \text{ cm}^2$.
La réciproque du théorème de Pythagore permet de dire que ABC est un triangle rectangle en C, l'étagère est donc bien horizontale.

3 **1.** On construit un segment [AC] de longueur 5 cm. On construit la droite (d) perpendiculaire à [AC] passant par le point C. On trace le cercle de centre A et de rayon 7 cm. On choisit l'une des intersections du cercle et de (d) pour le point B.
2. Dans le triangle ABC rectangle en C :
$\cos\left(\widehat{A}\right) = \dfrac{AC}{AB} = \dfrac{5 \text{ cm}}{7 \text{ cm}}$
et donc $\widehat{A} = \text{Arcos}\left(\dfrac{5}{7}\right) \simeq 44°$.
Par suite $\widehat{B} \simeq 180° - 90° - 44°$, soit environ 46°.

4 **1.** On construit un segment [AB] de longueur 4 cm. On construit la droite (d) perpendiculaire à [AB] passant par le point A. On construit une demi-droite d'extrêmité B et faisant un angle de 39° avec [AB]. L'intersection de cette droite avec (d) est le point C.
2. Dans le triangle ABC rectangle en A :
$\cos(\widehat{B}) = \dfrac{AB}{BC} = \dfrac{4 \text{ cm}}{BC}$ et donc
$BC = \dfrac{4 \text{ cm}}{\cos\left(\widehat{B}\right)} = \dfrac{4 \text{ cm}}{\cos(39°)} \simeq 5{,}1 \text{ cm}$.
De même $\tan\left(\widehat{B}\right) = \dfrac{AC}{AB} = \dfrac{AC}{4 \text{ cm}}$ et donc
$AC = \tan\left(\widehat{B}\right) \times 4 \text{ cm} = \tan(39°) \times 4 \text{ cm} \simeq 3{,}2 \text{ cm}$.

Pour réussir au concours

→ Énoncés p. 141

5 **1.** Le triangle ABC est équilatéral, donc la hauteur relative à [BC] est aussi la médiane relative à [BC], donc le pied H de la hauteur issue de A est aussi le milieu de [BC] : $BH = \dfrac{1}{2}BC = \dfrac{3}{2}\text{cm} = 1{,}5 \text{ cm}$. Comme le triangle ABH est rectangle en H, le théorème de Pythagore permet d'écrire :
$AH^2 = AB^2 - BH^2 = 9 \text{ cm}^2 - \left(\dfrac{3}{2}\right)^2 \text{ cm}^2$
$= \dfrac{36}{4} \text{ cm}^2 - \dfrac{9}{4} \text{ cm}^2 = \dfrac{27}{4} \text{ cm}^2$, et, comme
$AH > 0$, $AH = \sqrt{\dfrac{27}{4}} \text{ cm} = \dfrac{\sqrt{9 \times 3}}{\sqrt{4}} = \dfrac{3\sqrt{3}}{2}$ cm.

Plus généralement, dans un triangle équilatéral dont le côté mesure *a*, les hauteurs mesurent $a\dfrac{\sqrt{3}}{2}$: c'est un résultat à retenir pour contrôler ses réponses.

2. On nomme ABCD le losange et O l'intersection de ses diagonales. Soit [AC] la diagonale dont la longueur est connue. Les diagonales d'un losange se coupent en leur milieu, ainsi $OA = OC = \dfrac{42 \text{ cm}}{2} = 21 \text{ cm}$.
Les diagonales d'un losange sont perpendiculaires, donc le triangle ABO est rectangle en O. Dans ce triangle rectangle, le théorème de Pythagore donne : $AB^2 = AO^2 + OB^2$, soit
$OB^2 = AB^2 - OA^2 = (27{,}4 \text{ cm})^2 - (21 \text{ cm})^2$
$= 309{,}76 \text{ cm}^2$
et, par suite, $OB = \sqrt{309{,}76} \text{ cm} = 17{,}6 \text{ cm}$.
La diagonale [BD] a donc pour longueur : $2OB = 2 \times 17{,}6 \text{ cm} = 35{,}2 \text{ cm}$.

6 Dans le triangle AMH rectangle en H :
$AH = \tan(8°) \times MH = \tan(8°) \times 15 \text{ m} \simeq 2{,}1 \text{ m}$.
Dans le triangle BMH rectangle en H :
$BH = \tan(26°) \times MH = \tan(26°) \times 15 \text{ m} \simeq 7{,}3 \text{ m}$.
Finalement, la hauteur de l'immeuble est environ 2,1 m + 7,3 m, soit environ 9,4 m.

7 **FAUX.** Les carrés représentés ont comme aire le carré de la longueur des côtés du triangle. Or $64 \text{ cm}^2 + 32 \text{ cm}^2 = 96 \text{ cm}^2 \neq 100 \text{ cm}^2$. La contraposée du théorème de Pythagore permet d'affirmer que le triangle n'est pas rectangle.

8 **1.** L'aire du triangle ABC est donnée par $\dfrac{AB \times AC}{2}$.
Calculons la longueur AC, en utilisant le théorème de Pythagore dans ce triangle rectangle en A :
$AC^2 = BC^2 - AB^2 = (7 \text{ m})^2 - (6\text{m})^2 = 13 \text{ m}^2$ et par suite $AC = \sqrt{13} \text{ m} \simeq 3{,}6 \text{ m}$.
On peut donc calculer l'aire du triangle :
$\dfrac{AB \times AC}{2} = \dfrac{6 \text{ m} \times \sqrt{13} \text{ m}}{2} \simeq 10{,}8 \text{ m}^2$.
L'aire du triangle est environ 10,8 m².
2. En prenant comme base [BC], et donc avec la hauteur (AD), on peut calculer d'une autre manière l'aire du triangle ABC : $\dfrac{BC \times AD}{2}$. Ainsi $\dfrac{BC \times AD}{2} = \dfrac{6\sqrt{13}}{2} \text{ m}^2$, soit
$AD = \dfrac{2\dfrac{6\sqrt{13}}{2} \text{ m}^2}{BC} = \dfrac{6\sqrt{13} \text{ m}^2}{7 \text{ m}} \simeq 3{,}1 \text{ m}$.

9 **1.** On applique le théorème de Pythagore dans le triangle ABC rectangle en A :

$BC^2 = AB^2 + AC^2 = (432 \text{ cm})^2 + (390 \text{ cm})^2$
$= 338\ 724 \text{ cm}^2$

$BC = \sqrt{338\ 724} \text{ cm} = 582 \text{ cm} = 5{,}82 \text{ m}$
(car $BC > 0$).

2. a) Dans le triangle ABC rectangle en A :
$\tan(\widehat{B}) = \frac{\text{côté opposé}}{\text{côté adjacent}} = \frac{AC}{AB}$.
Dans le triangle BDE rectangle en D :
$\tan(\widehat{B}) = \frac{\text{côté opposé}}{\text{côté adjacent}} = \frac{DE}{DB}$.

Ainsi, $\frac{AC}{AB} = \frac{DE}{DB}$. Et donc :
$DB = \frac{AB}{AC} \times DE = \frac{432 \text{ cm}}{390 \text{ cm}} \times 1{,}8 \text{ m} \simeq 1{,}99 \text{ m}$.

b) On calcule $AD = AB - BD \simeq 432 \text{ cm} - 1{,}99 \text{ m}$ $= 432 \text{ cm} - 199 \text{ cm} = 233 \text{ cm} = 2{,}33 \text{ m}$.
La surface ayant une hauteur sous plafond supérieure à 1,8 m est un rectangle de dimensions 20 m sur $2 \times AD \simeq 2 \times 2{,}33 \text{ m} \simeq 4{,}66 \text{ m}$. Son aire est donc de $20 \text{ m} \times 4{,}66 \text{ m} = 93{,}2 \text{ m}^2$.

10 **1. a)** ABC est un triangle isocèle en A donc $AC = AB = 18$ km.
Ce triangle est également rectangle en A donc on applique le théorème de Pythagore pour trouver BC :
$BC^2 = AB^2 + AC^2 = (18 \text{ km})^2 + (18 \text{ km})^2 = 648 \text{ km}^2$
et par suite $BC = \sqrt{648} \text{ km} \simeq 25{,}46 \text{ km} \simeq 25 \text{ km}$ si on arrondit au km près. Le périmètre de l'île est donc environ de 18 km + 18 km + 25 km, soit environ 61 km au km près.

b) L'aire du triangle ABC est donnée par $\frac{AB \times AC}{2}$.
On trouve donc une aire de :
$\frac{18 \text{ km} \times 18 \text{ km}}{2} = 162 \text{ km}^2$.

c) La densité de population est donnée par
$\frac{\text{nombre d'habitants}}{\text{superficie}} = \frac{6\ 400 \text{ hab.}}{162 \text{ km}^2} \simeq 39{,}5 \text{ hab./km}^2$.

2. • Calcul de MS :
Dans le triangle SRH rectangle en H :
$\tan(\widehat{S}) = \frac{Rl}{H'}$, donc
$HS = \frac{RH}{\tan(\widehat{S})} = \frac{1{,}80 \text{ m}}{\tan(40°)} \simeq 2{,}145 \text{ m}$.
Par conséquent : $MS = MH + HS \simeq 2{,}9 \text{ m} + 2{,}145 \text{ m}$, soit environ 5,045 m.

• Calcul de OM :
Dans le triangle SOM rectangle en M :
$\tan(\widehat{S}) = \frac{OM}{MS}$,
donc $OM = MS \times \tan(\widehat{S}) \simeq 5{,}045 \times \tan(40°) \text{ m}$,
soit environ 4,23 m.
La hauteur de la statue est d'environ 4,23 m, au cm près.

11 **1.** La figure ci-dessous n'est pas à l'échelle.

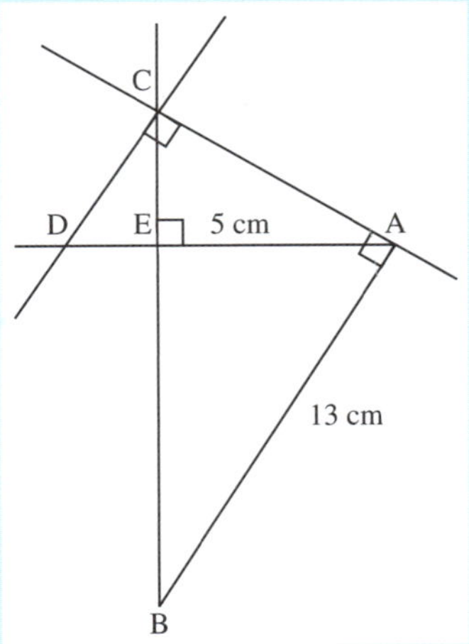

2. Dans le triangle AEB rectangle en E, on a :
$\cos(\widehat{EAB}) = \frac{AE}{AB}$
d'où $\widehat{EAB} = \arccos\left(\frac{AE}{AB}\right) = \arccos\left(\frac{5}{13}\right) \simeq 67{,}38°$.

Ainsi $\widehat{CAE} \simeq 90° - 67{,}38°$, soit environ 22,62°.
Puis dans le triangle CEA rectangle en E :
$\tan(\widehat{CAE}) = \frac{CE}{AE}$
d'où $CE = \tan(\widehat{CAE}) \times AE \simeq \tan(22{,}62°) \times 5 \text{ cm}$,
soit environ 2,08 cm.
Finalement :
$\text{aire}(CEA) = \frac{\text{base} \times \text{hauteur}}{2} \simeq \frac{2{,}08 \text{ cm} \times 5 \text{ cm}}{2}$
$\simeq 5{,}208 \text{ cm}^2$, soit environ $520{,}8 \text{ mm}^2$.

12 **1. a)** Les quatre faces du tétraèdre étant des triangles équilatéraux de côtés 5,5 cm, toutes les arêtes du tétraèdre sont de longueur 5,5 cm. La longueur du rectangle est égale à deux fois la longueur d'une arête, soit 11 cm.
La largeur du rectangle est la hauteur d'un des triangles équilatéraux, soit la longueur AK.
Appliquons le théorème de Pythagore dans le triangle ABK rectangle en K :
$AK^2 + KB^2 = AB^2$
$AK^2 = AB^2 - KB^2$
$AK^2 = (5{,}5 \text{ cm})^2 - (2{,}75 \text{ cm})^2$.
En effet, dans un triangle équilatéral, les hauteurs et les médianes sont confondues, le pied de la hauteur K est alors également le milieu du segment [BC]. Par suite :
$AK^2 = 30{,}25 \text{ cm}^2 - 7{,}5625 \text{ cm}^2$
$AK^2 = 22{,}6875 \text{ cm}^2$
$AK = \sqrt{22{,}6875} \text{ cm} \simeq 4{,}8 \text{ cm}$ (à 0,1 cm près).

b) • Calcul de l'aire de la base :
$A_{base} = \frac{BC \times AK}{2} = \frac{5{,}5 \text{ cm} \times \sqrt{22{,}6875} \text{ cm}}{2}$
$\simeq 13{,}099 \text{ cm}^2$ (à $0{,}1 \text{ mm}^2$ près).

• Calcul de la hauteur h du tétraèdre :

$$h = \frac{5{,}5\ \text{cm} \times \sqrt{6}}{3} \simeq 4{,}491\ \text{cm}^2 \text{ (à 0,001 cm}^2\text{ près).}$$

• Calcul du volume du tétraèdre :

$$V_{tetra} = \frac{A_{base} \times h}{3} \simeq \frac{13{,}099\ \text{cm}^2 \times 4{,}491\ \text{cm}}{3}$$
$$\simeq 19{,}6\ \text{cm}^3 \text{ (à 0,1 cm}^3\text{ près).}$$

2. Si toutes les longueurs des arêtes sont multipliées par 1,3, le volume du tétraèdre sera multiplié par $1{,}3^3 = 2{,}197$. Le volume sera bien au moins deux fois plus grand.
Dounia a raison.

13 **1.** On exprime les cosinus et sinus en fonction de la longueur des côtés du triangle ABC rectangle en B :

$$\left(\sin\left(\widehat{A}\right)\right)^2 + \left(\cos\left(\widehat{A}\right)\right)^2 = \left(\frac{BC}{AC}\right)^2 + \left(\frac{AB}{AC}\right)^2$$
$$= \frac{BC^2 + AB^2}{AC^2} = \frac{AC^2}{AC^2} = 1,$$

car $AC^2 = BC^2 + AB^2$ avec le théorème de Pythagore dans ce triangle rectangle en B.

2. Dans ABC rectangle en B, on a :

$$\tan\left(\widehat{A}\right) = \frac{\text{côté opposé}}{\text{côté adjacent}} = \frac{BC}{AB} = \frac{BC}{AB} \times \frac{AC}{AC}$$
$$= \frac{BC}{AC} \times \frac{AC}{AB} = \frac{\frac{BC}{AC}}{\frac{AB}{AC}} = \frac{\sin\left(\widehat{A}\right)}{\cos\left(\widehat{A}\right)}.$$

3. Dans ABC rectangle en B, on a :

$$\tan\left(\widehat{C}\right) = \frac{\text{côté opposé}}{\text{côté adjacent}} = \frac{AB}{BC} = \frac{1}{\frac{BC}{AB}} = \frac{1}{\tan\left(\widehat{A}\right)}.$$

14 **1.** Dans le triangle ABC rectangle en A :

$$\tan\left(\widehat{B}\right) = \frac{\text{côté opposé}}{\text{côté adjacent}} = \frac{AC}{AB} = \frac{8}{6} = \frac{4}{3}.$$

Ainsi $\widehat{B} = \arctan\frac{4}{3} \simeq 53°$.

2. AIKJ est un quadrilatère ayant un angle droit en A car ABC est un triangle rectangle ; un angle droit en I car (KI) est perpendiculaire à (AB) ; un angle droit en J car (KJ) est perpendiculaire à (AC). C'est donc un quadrilatère ayant 3 angles droits : c'est un rectangle.

3. a) On utilisera la règle graduée et l'équerre.
b) Le triangle BIK est rectangle en I car (AB) est perpendiculaire à (IK). On a alors :

$$\tan\left(\widehat{B}\right) = \frac{IK}{IB} \text{ donc } IK = IB \times \tan\left(\widehat{B}\right) = IB \times \frac{4}{3}.$$

Comme IB = AB – AI = 6 cm – 2,4 cm = 3,6 cm, on obtient $IK = 3{,}6\ \text{cm} \times \frac{4}{3} = 4{,}8\ \text{cm}$.

c) L'aire du rectangle AIKJ est :
$AI \times IK = 2{,}4\ \text{cm} \times 4{,}8\ \text{cm} = 11{,}52\ \text{cm}^2$.

4. a) On a BI = AB – AI = 6 – x.
b) On reprend l'expression de IK de la question **3. b)** : $IK = IB \times \frac{4}{3} = (6 - x) \times \frac{4}{3} = 8 - \frac{4}{3} \times x$.

c) L'aire du rectangle AIKJ est :
$AI \times IK = x \times \left(8 - \frac{4}{3} \times x\right) = 8x - \frac{4}{3}x^2$.

d) AIJK est un carré si on a l'égalité des longueurs : AI = IK, soit $x = 8 - \frac{4}{3} \times x$.

On résout : $x + \frac{4}{3} \times x = 8$, d'où $\frac{7}{3} \times x = 8$ et finalement $x = \frac{3}{7} \times 8 \simeq 3{,}43$, en centimètres.

15 **1. a)** D'une part : $5^2 = 25$ et d'autre part : $3^2 + 4^2 = 9 + 16 = 25$. On a donc : $3^2 + 4^2 = 5^2$; (3, 4, 5) est un triplet pythagoricien.

b) D'une part : $(5n)^2 = 25n^2$ et d'autre part : $(3n)^2 + (4n)^2 = 9n^2 + 16n^2 = 25n^2$. On a donc : $(3n)^2 + (4n)^2 = (5n)^2$.

c) Quel que soit l'entier positif n, ($3n$, $4n$, $5n$) est un triplet pythagoricien, donc en particulier, pour $n = 100$: (300, 400, 500) est un triplet pythagoricien.

2. a) =B2*B2-A2*A2
b) Pour $x = 4$ et $y = 5$: $a = 40$, $b = 9$, $c = 41$, $a^2 + b^2 = 1\,600 + 81 = 1\,681$, $c^2 = 1\,681$.

c) On peut conjecturer que les triplets ainsi formés sont des triplets pythagoriciens. Prouvons-le.

D'une part : $c^2 = \left(y^2 + x^2\right)^2 = y^4 + 2x^2y^2 + x^4$ et d'autre part :

$$a^2 + b^2 = (2xy)^2 + \left(y^2 - x^2\right)^2$$
$$= 4x^2y^2 + y^4 - 2x^2y^2 + x^4$$
$$= y^4 + 2x^2y^2 + x^4.$$

On obtient donc : $a^2 + b^2 = c^2$; ces triplets sont bien des triplets pythagoriciens.

3. On cherche un triplet pythagoricien de la forme $(n, n+1, n+2)$, où n est un nombre entier positif. Ce triplet doit vérifier l'égalité de Pythagore : $n^2 + (n+1)^2 = (n+2)^2$; soit $n^2 + n^2 + 2n + 1 = n^2 + 4n + 4$; soit $n^2 - 2n - 3 = 0$.

Or, $n^2 - 2n = \left(n^2 - 2n + 1\right) - 1 = (n-1)^2 - 1$; donc

$$n^2 - 2n - 3 = (n-1)^2 - 1 - 3 = (n-1)^2 - 4$$
$$= (n - 1 - 2)(n - 1 + 2) = (n-3)(n+1).$$

L'équation $n^2 - 2n - 3 = 0$ est alors équivalente à $(n-3)(n+1) = 0$.
Cette équation a deux solutions : $n = 3$ et $n = -1$.
La solution $n = -1$ est exclue par hypothèse (les trois entiers doivent être positifs non nuls).
Le triplet (3, 4, 5) est alors le seul triplet pythagoricien constitué de trois nombres entiers consécutifs.

7 Triangles égaux, semblables et théorème de Thalès

Les formes triangulaires se retrouvent dans de nombreux objets, mathématiques ou non, et interviennent dans de nombreux domaines comme la triangulation, l'astronomie, l'imagerie numérique, etc.
Au chapitre 6, nous nous sommes intéressés aux relations entre longueurs des côtés et mesures des angles dans un triangle. Dans ce chapitre 7, nous étudions les relations qui peuvent exister entre plusieurs triangles.

DES 1, 2 ET 3, p. 157

A Triangles égaux, triangles semblables

Exemple 1

Nous souhaitons comparer les triangles ci-dessous. Pour cela, repérons ceux qui sont superposables et ceux qui sont un agrandissement ou une réduction d'un autre triangle représenté ici.

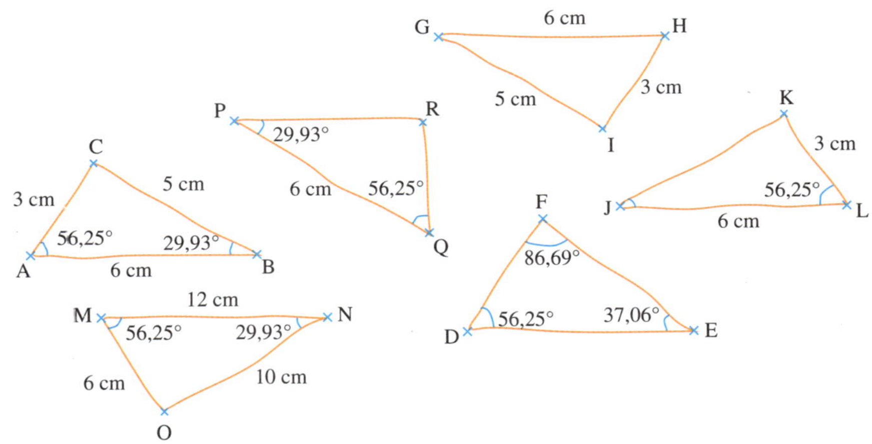

RAPPELS

- Deux triangles sont superposables lorsqu'on peut les faire coïncider par glissement ou par glissement suivi d'un retournement.
- Un triangle est un agrandissement ou une réduction d'un autre triangle si les longueurs des deux triangles sont proportionnelles. Le coefficient de proportionnalité est alors le coefficient d'agrandissement ou de réduction.

1. Triangles égaux

En reproduisant en vraie grandeur les triangles ABC et GHI sur du papier calque, il semble que ces deux triangles soient parfaitement superposables.
Ceci ne se vérifie pas avec tous les triangles : par exemple, ce n'est pas le cas des triangles ABC et MNO.

DÉFINITIONS

- Deux triangles sont égaux lorsque leurs côtés sont deux à deux de même longueur.
- Les côtés de même longueur sont appelés côtés homologues.

• Les triangles ABC et GHI sont superposables, leurs côtés sont deux à deux de même longueur, ces triangles sont donc égaux. Le côté du triangle GHI homologue au côté [AB] est [GH], celui homologue au côté [BC] est [GI], celui homologue au côté [AC] est [HI].
• Les triangles ABC et MNO n'ont qu'un côté de même longueur, ils ne sont pas égaux.

Remarque : « Homologue » signifie « qui correspond exactement à », « qui joue le même rôle ».

En reproduisant en vraie grandeur les triangles ABC et JKL sur du papier calque, il semble que ces deux triangles soient parfaitement superposables.
Il en est de même des triangles ABC et PQR.

PROPRIÉTÉS

a) Si deux triangles sont égaux alors leurs angles sont deux à deux de même mesure. Les angles de même mesure sont appelés angles homologues.

b) Si deux triangles ont, deux à deux, un angle de même mesure compris entre deux côtés de même longueur, alors ils sont égaux.

c) Si deux triangles ont, deux à deux, un côté de même longueur compris entre deux angles de même mesure, alors ils sont égaux.

DÉMONSTRATIONS

a) On obtient ce résultat en superposant deux triangles égaux. Les angles entre des côtés homologues se superposent alors également parfaitement et sont donc de même mesure.

b) Soient ABC et A′B′C′ deux triangles ayant deux à deux un angle de même mesure $\widehat{CAB}$ et $\widehat{C'A'B'}$ entre deux côtés de même longueur [AB] et [A′B′], [AC] et [A′C′].

Construisons un triangle AMN égal au triangle A′B′C′ où $\widehat{MAN} = \widehat{C'A'B'}$, M est sur la demi-droite [AB) tel que AM = A′B′, AN = A′C′.
Puisque AM = A′B′ = AB et M ∈ [AB), les points M et B sont confondus.
Deux positions sont possibles pour le point N de part et d'autre de la droite (AB). Retenons la position du même côté de la droite (AB) que le point C (l'autre position amène à un raisonnement identique à une symétrie près).
Puisque $\widehat{MAN} = \widehat{C'A'B'} = \widehat{CAB}$, le point N se trouve sur la demi-droite [AC).
De plus, puisque AN = A′C′ = AC, les points N et C sont alors confondus.
Les triangles AMN et ABC ont alors trois côtés de même longueur, ils sont donc égaux.
Les triangles AMN et A′B′C′ étant égaux, on peut conclure que les triangles ABC et A′B′C′ sont égaux.

c) Soient ABC et A′B′C′ deux triangles ayant deux à deux un côté de même longueur [AB] et [A′B′] entre deux angles de même mesure $\widehat{CAB}$ et $\widehat{C'A'B'}$, $\widehat{ABC}$ et $\widehat{A'B'C'}$.

Construisons un triangle AMN égal au triangle A′B′C′ où $\widehat{NAM} = \widehat{C'A'B'}$, $\widehat{AMN} = \widehat{A'B'C'}$, M est sur la demi-droite [AB) tel que AM = A′B′.
Puisque AM = A′B′ = AB et M ∈ [AB), les points M et B sont confondus.
Deux positions sont possibles pour le point N de part et d'autre de la droite (AB). Retenons la position du même côté de la droite (AB) que le point C (l'autre position amène à un raisonnement identique à une symétrie près).
Puisque $\widehat{NAM} = \widehat{C'A'B'} = \widehat{CAB}$, le point N se trouve sur la demi-droite [AC).
Puisque $\widehat{AMN} = \widehat{A'B'C'} = \widehat{ABC}$, le point N se trouve également sur la demi-droite [BC).
Les points N et C sont alors confondus.
Les triangles AMN et ABC ont alors trois côtés de même longueur, ils sont donc égaux.

Les triangles AMN et A′B′C′ étant égaux, on peut conclure que les triangles ABC et A′B′C′ sont égaux.

• Les triangles ABC et GHI étant égaux, on a également : $\widehat{CAB} = \widehat{GHI}$, $\widehat{ABC} = \widehat{HGI}$ et $\widehat{ACB} = \widehat{GIH}$.
• Les triangles ABC et JKL ayant un angle de même mesure $\left(\widehat{CAB} = \widehat{JLK}\right)$ compris entre deux côtés de même longueur (AC = KL et AB = JL), ils sont égaux.
• Les triangles ABC et PQR ayant un côté de même longueur (AB = PQ) compris entre deux angles de même mesure ($\widehat{CAB} = \widehat{RQP}$ et $\widehat{ABC} = \widehat{RPQ}$), ils sont donc égaux.

2. Triangles semblables

Nous avons constaté et démontré que les triangles ABC et MNO ne sont pas égaux. Ces deux triangles sont tout de même particuliers : ils semblent avoir « la même forme ».
À l'aide de leur reproduction sur papier calque, nous pouvons constater que leurs angles semblent deux à deux parfaitement superposables.
Ceci ne se vérifie pas avec tous les triangles : par exemple, ce n'est pas le cas des triangles ABC et DEF.

DÉFINITIONS

• Deux triangles sont semblables lorsque leurs angles sont deux à deux de même mesure.
• Les angles de même mesure sont appelés angles homologues.
• Les côtés opposés aux angles de même mesure sont appelés côtés homologues.

Conseil
Pour montrer que deux triangles sont semblables, il suffit de vérifier qu'ils ont deux angles deux à deux de même mesure.

• Les triangles ABC et MNO ont leurs angles $\widehat{CAB}$ et $\widehat{OMN}$, $\widehat{ABC}$ et $\widehat{MNO}$, deux à deux de même mesure.
La somme des angles d'un triangle étant égale à 180° quel que soit le triangle, les triangles ABC et MNO ont donc trois angles de même mesure. Ces triangles sont alors semblables.
• Le triangle ABC a au moins un angle qui n'est de même mesure avec aucun des angles du triangle DEF, ces deux triangles ne sont alors pas semblables.

Remarques :
• Deux triangles égaux ont leurs angles homologues de même mesure, ils sont donc également semblables : c'est le cas des triangles ABC et PQR.
• Deux triangles semblables ne sont pas forcément égaux : les triangles ABC et MNO sont semblables mais ne sont pas égaux.
• Deux triangles chacun semblables à un même troisième triangle sont semblables entre eux.

Les triangles ABC et MNO sont semblables. On peut constater que les longueurs de leurs côtés homologues (3 cm ; 5 cm ; 6 cm) et (6 cm ; 10 cm ; 12 cm) sont proportionnelles, de coefficient de proportionnalité 2.

PROPRIÉTÉS

a) Si deux triangles sont semblables, alors les longueurs de leurs côtés homologues sont proportionnelles.
b) Réciproquement, si les longueurs des côtés de deux triangles sont proportionnelles, alors ces triangles sont semblables.

DÉMONSTRATIONS

a) Ce résultat est admis.

b) Soient ABC et A′B′C′ deux triangles dont les longueurs des côtés sont deux à deux proportionnelles de coefficient de proportionnalité k tel que $k = \frac{AB}{A'B'} = \frac{AC}{A'C'} = \frac{BC}{B'C'}$.

Plaçons le point D sur la demi-droite [A′B′) tel que A′D = AB, puis traçons la droite parallèle à (B′C′) passant par D, qui coupe la demi-droite [A′C′) en E.

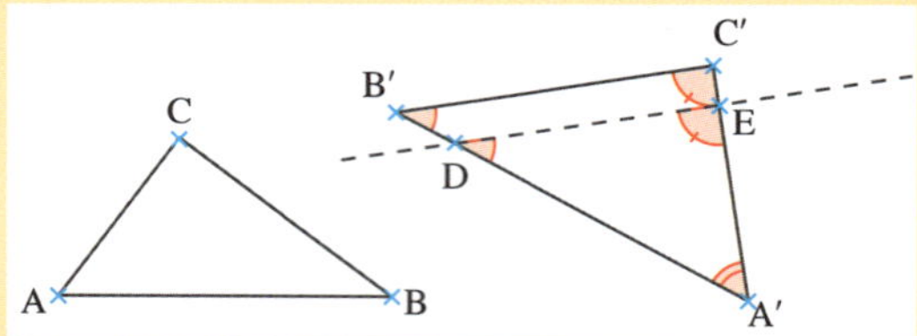

Les angles correspondants $\widehat{A'B'C'}$ et $\widehat{A'DE}$, $\widehat{A'C'B'}$ et $\widehat{A'ED}$ sont alors de mêmes mesures (voir Chapitre 5, p. 104), ce qui signifie que les triangles A′B′C′ et A′DE ont trois angles de mêmes mesures et sont donc semblables. Les longueurs de leurs côtés homologues sont alors proportionnelles de coefficient de proportionnalité $\frac{A'D}{A'B'} = \frac{A'E}{A'C'} = \frac{DE}{B'C'}$.

Puisque A′D = AB, on obtient :

- $\frac{AB}{A'B'} = \frac{A'E}{A'C'}$ et $\frac{AB}{A'B'} = \frac{AC}{A'C'}$ donc A′E = AC ;
- $\frac{AB}{A'B'} = \frac{DE}{B'C'}$ et $\frac{AB}{A'B'} = \frac{BC}{B'C'}$ donc DE = BC.

Les triangles A′DE et ABC ont trois côtés de même longueur, ils sont donc égaux.

Les triangles A′DE et A′B′C′ étant semblables, on en déduit que les triangles ABC et A′B′C′ sont également semblables.

MÉTHODES 3 ET 6, p. 159

B Le théorème de Thalès

1. Le théorème

Exemple 2

Selon la légende, au cours d’un de ses voyages en Égypte, Thalès de Milet obtint l’admiration du pharaon en mesurant la hauteur d’une de ses pyramides.

Comment Thalès de Milet aurait-il procédé ?

Face à cette pyramide, Thalès de Milet aurait regardé son ombre et pensé : « Le rapport que j’entretiens avec mon ombre est le même que celui que la pyramide entretient avec la sienne. » Il en aurait déduit : « À l’instant où mon ombre sera égale à ma taille, l’ombre de la pyramide sera égale à sa hauteur. »

On peut modéliser la situation ainsi :

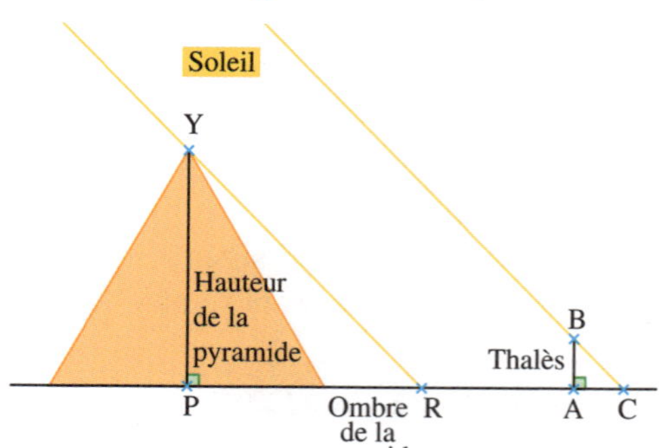

Notons que les triangles PYR et ABC sont semblables.

En effet, la hauteur de la pyramide [PY] et la hauteur de Thalès [AB] sont supposées perpendiculaires au sol (PC) ; les angles en P et en A sont alors des angles droits.

Ensuite, le soleil est suffisamment éloigné pour faire l’hypothèse que ses rayons (YR)

et (BC) sont parallèles. Les angles en R et en C sont alors correspondants et de même mesure (voir Chapitre 5, p. 104).
Par conséquent, les longueurs des côtés homologues de ces deux triangles sont proportionnelles : si AB = AC, alors PY = PR.
Soit, lorsque l'ombre de Thalès est égale à sa taille, l'ombre de la pyramide est bien égale à sa hauteur.
Si Thalès se situe de telle sorte que les points R et C soient confondus au moment où l'ombre de Thalès se fond dans celle de la pyramide, on obtient la modélisation ci-contre, les droites (PY) et (AB) étant parallèles. On retrouve une configuration bien connue.

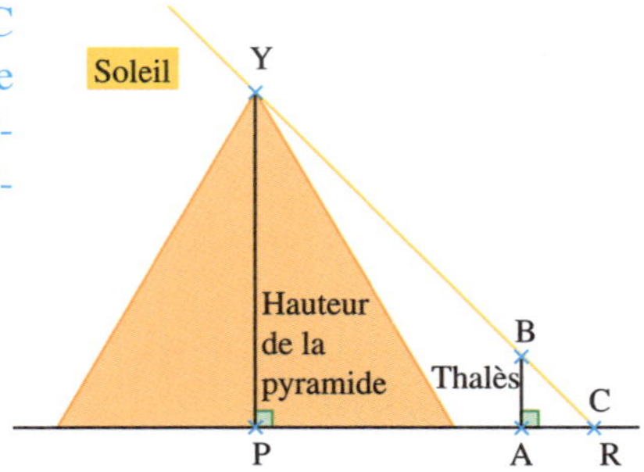

Longueurs des côtés du triangle PYR	PY	PR	YR
Longueurs des côtés du triangle ABC	AB	AC	BC

$\times k$

Ces grandeurs étant proportionnelles, leur rapport est constant.
Autrement dit, le coefficient de proportionnalité entre les longueurs des côtés des deux triangles est $\frac{AB}{PY} = \frac{AC}{PR} = \frac{BC}{YR}$.

THÉORÈME

Soient ABC et AMN deux triangles tels que :
- $M \in (AB)$ et $N \in (AC)$,
- les droites (BC) et (MN) sont parallèles,

alors les triangles ABC et AMN sont semblables et les longueurs de leurs côtés homologues sont proportionnelles, de coefficient de proportionnalité $\frac{AB}{AM} = \frac{AC}{AN} = \frac{BC}{MN}$.

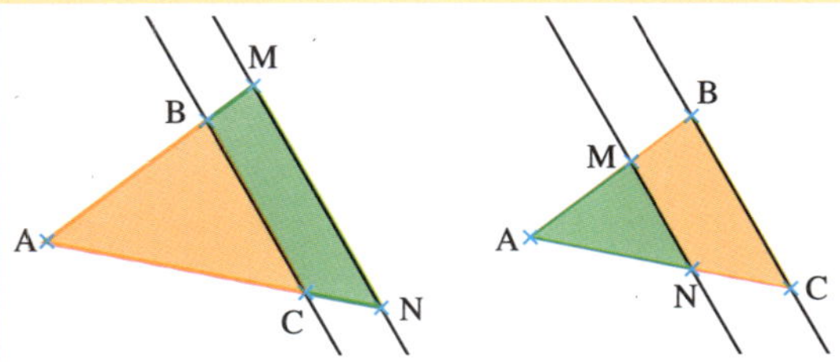

Configuration des triangles emboîtés

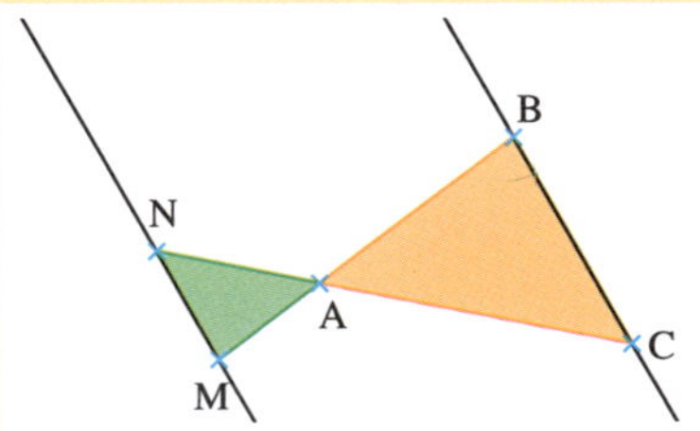

Configuration papillon

Longueurs des côtés du triangle AMN	AM	AN	MN
Longueurs des côtés du triangle ABC	AB	AC	BC

$\times \frac{AB}{AM}$ (ou $\frac{AC}{AN}$ ou $\frac{BC}{MN}$)

ONSTRATION

Les droites (BC) et (MN) étant parallèles, les angles correspondants $\widehat{ABC}$ et $\widehat{AMN}$, $\widehat{ACB}$ et $\widehat{ANM}$ sont de même mesure.
Les triangles ABC et AMN ont trois angles de même mesure, ils sont donc semblables.
Les longueurs de leurs côtés homologues sont alors proportionnelles et on obtient les égalités suivantes : $\frac{AB}{AM} = \frac{AC}{AN} = \frac{BC}{MN}$.

2. Applications : calcul d'une longueur

Exemple 3

Dans la configuration ci-dessous, les droites (AL) et (EN) sont parallèles. On peut calculer la longueur du segment [IE] à l'aide du théorème de Thalès :

- $N \in (AI)$ et $E \in (LI)$,
- les droites (AL) et (EN) sont bien parallèles.

Donc, d'après le théorème de Thalès, les triangles ALI et IEN sont semblables et les longueurs des côtés homologues sont proportionnelles.

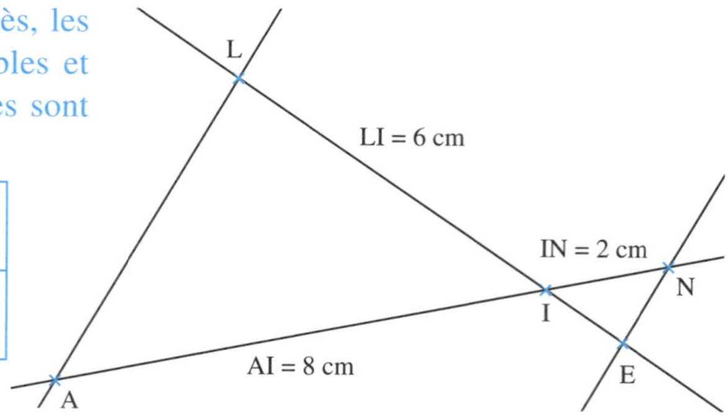

Longueurs des côtés du triangle ALI	AI 8 cm	LI 6 cm
Longueurs des côtés du triangle IEN	IN 2 cm	IE …

Le coefficient de proportionnalité est $\frac{1}{4}$ donc : $IE = 6\text{ cm} \times \frac{1}{4} = 1{,}5\text{ cm}$.

MÉTHODE 4, p. 159

3. Le théorème réciproque : reconnaître des droites parallèles

Exemple 4

Soit ABC un triangle tel que AB = 7,5 cm et AC = 9 cm.

On place un point D sur le segment [AB] tel que AD = 5 cm et un point E sur le segment [AC] tel que AE = 6 cm.

On cherche à savoir si les droites (BC) et (DE) sont parallèles.

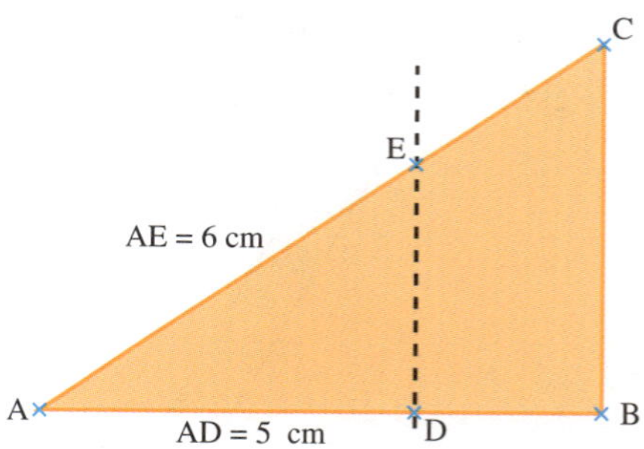

- Les points A, D, B et A, E, C sont alignés dans le même ordre.
- $\frac{AD}{AB} = \frac{5\text{ cm}}{7{,}5\text{ cm}} = \frac{2}{3}$ et $\frac{AE}{AC} = \frac{6\text{ cm}}{9\text{ cm}} = \frac{2}{3}$ donc $\frac{AD}{AB} = \frac{AE}{AC}$.

D'après la réciproque du théorème de Thalès, les droites (BC) et (DE) sont bien parallèles.

THÉORÈME

Si les points A, M, B et A, N, C sont alignés dans le même ordre et si les rapports $\frac{AM}{AB}$ et $\frac{AN}{AC}$ sont égaux, alors les droites (MN) et (BC) sont parallèles.

DÉMONSTRATION

Notons N′ le point d'intersection entre (AC) et la droite parallèle à (BC) passant par M.
D'après le théorème de Thalès, les triangles AMN′ et ABC sont alors semblables, les longueurs de leurs côtés homologues sont proportionnelles et on obtient : $\frac{AM}{AB} = \frac{AN'}{AC}$.
De plus, puisque $\frac{AM}{AB} = \frac{AN}{AC}$, on obtient $AN = AN'$.
Les points N et N′ appartenant à (AC), ils sont soit confondus, soit de part et d'autre du point A.

Par ailleurs, puisque les points A, M, B et A, N, C sont alignés dans le même ordre, les points N et N′ sont alors confondus, ce qui signifie que les droites (MN) et (BC) sont bien parallèles.

MÉTHODE 4, p. 159

4. Droites non parallèles

Exemple 5

Dans la configuration ci-contre, on cherche à savoir si les droites (AB) et (CD) sont parallèles.
Considérons les triangles OAB et OCD où les points A, O, C et B, O, D sont alignés dans le même ordre.
Les angles $\widehat{AOB}$ et $\widehat{COD}$ sont opposés par le sommet O, ils sont donc de même mesure.
Si les droites (AB) et (CD) sont parallèles, alors les angles alternes-internes $\widehat{ABO}$ et $\widehat{CDO}$, $\widehat{BAO}$ et $\widehat{DCO}$, sont deux à deux de même mesure, ce qui signifie alors que les triangles ABO et CDO sont semblables.

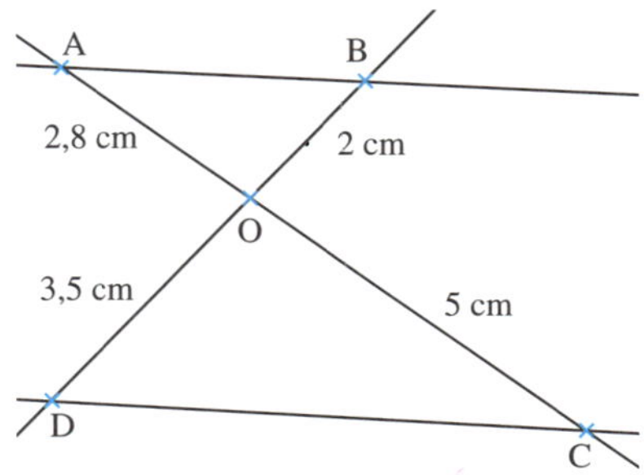

On obtiendrait alors une relation de proportionnalité entre les longueurs des côtés homologues :

Longueurs des côtés du triangle ABO	AB	AO 2,8 cm	BO 2 cm
Longueurs des côtés du triangle CDO	CD	CO 5 cm	DO 3,5 cm

Or, $\frac{CO}{AO} = \frac{5\text{ cm}}{2{,}8\text{ cm}} \simeq 1{,}79$, au centième de cm près, et $\frac{DO}{BO} = \frac{3{,}5\text{ cm}}{2\text{ cm}} = 1{,}75$, il n'y a donc pas de relation de proportionnalité entre ces longueurs.
Nous arrivons à une absurdité, l'hypothèse de départ est donc fausse : les droites (AB) et (CD) ne sont pas parallèles.

Remarque : C'est le théorème de Thalès et non sa réciproque qui permet de montrer que les droites ne sont pas parallèles. Pour cela, il faut supposer que les droites sont parallèles, et arriver à… une absurdité ! C'est ce qui permet de démontrer la contraposée du théorème de Thalès.

Conseil

Lors du concours, on pourra rédiger plus rapidement la résolution de l'exemple 5 :
– calculer les rapports $\frac{CO}{AO}$ et $\frac{DO}{BO}$;
– constater qu'ils ne sont pas égaux ;
– conclure au non-parallélisme des droites (AB) et (CD) en citant la contraposée du théorème de Thalès.

MÉTHODE 5, p. 160

5. Cas particulier : le théorème de la droite des milieux

Exemple 6

On considère la figure ci-contre. On cherche à savoir si les droites (IJ) et (BC) sont parallèles.

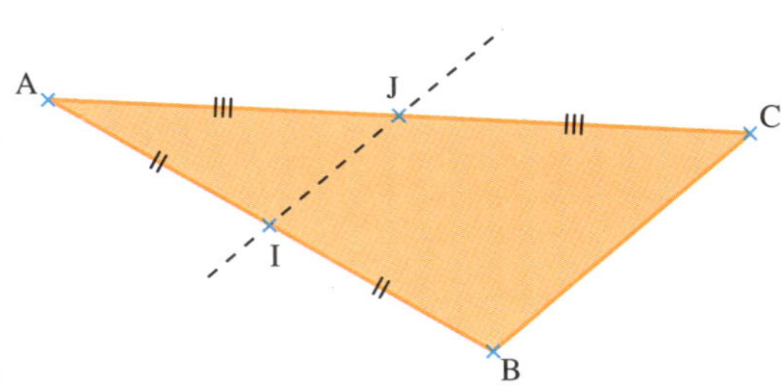

• Les points A, I, B et A, J, C sont alignés dans le même ordre.
• $\frac{AI}{AB} = \frac{AI}{2AI} = \frac{1}{2}$ et $\frac{AJ}{AC} = \frac{AJ}{2AJ} = \frac{1}{2}$, donc $\frac{AI}{AB} = \frac{AJ}{AC}$.

D'après la réciproque du théorème de Thalès, les droites (IJ) et (BC) sont parallèles.

THÉORÈME

Dans un triangle, la droite qui joint les milieux de deux côtés est parallèle au troisième côté et la longueur du segment qui joint les milieux de ces deux côtés est égale à la moitié de la longueur du troisième côté.

DÉMONSTRATION

Soient A, B et C trois points, I le milieu de [AB] et J le milieu de [AC].

- Les points A, I, B et A, J, C sont alignés dans le même ordre.
- $\frac{AI}{AB} = \frac{AI}{2AI} = \frac{1}{2}$ et $\frac{AJ}{AC} = \frac{AJ}{2AJ} = \frac{1}{2}$ donc $\frac{AI}{AB} = \frac{AJ}{AC}$.

D'après la réciproque du théorème de Thalès, les droites (IJ) et (BC) sont parallèles.

De plus, $\frac{AI}{AB} = \frac{AJ}{AC} = \frac{IJ}{BC}$, donc $\frac{IJ}{BC} = \frac{1}{2}$, ce qui signifie que $IJ = \frac{1}{2}BC$.

THÉORÈME RÉCIPROQUE

Dans un triangle, la droite qui passe par le milieu d'un côté parallèlement à un deuxième côté coupe le troisième côté en son milieu.

DÉMONSTRATION

Soient A, B et C trois points, I le milieu de [AB] et J le point d'intersection entre [AC] et la droite parallèle à (BC) passant par I.

- A, I, B et A, J, C sont alignés dans le même ordre.
- Les droites (IJ) et (BC) sont parallèles.

D'après le théorème de Thalès, on obtient : $\frac{AI}{AB} = \frac{AJ}{AC}$.

De plus, $\frac{AI}{AB} = \frac{AI}{2AI} = \frac{1}{2}$, donc $\frac{AJ}{AC} = \frac{1}{2}$, ce qui signifie que $AJ = \frac{1}{2}AC$.

Donc J est le milieu de [AC].

méthode 1 Reconnaître les cas d'égalité des triangles et les triangles semblables

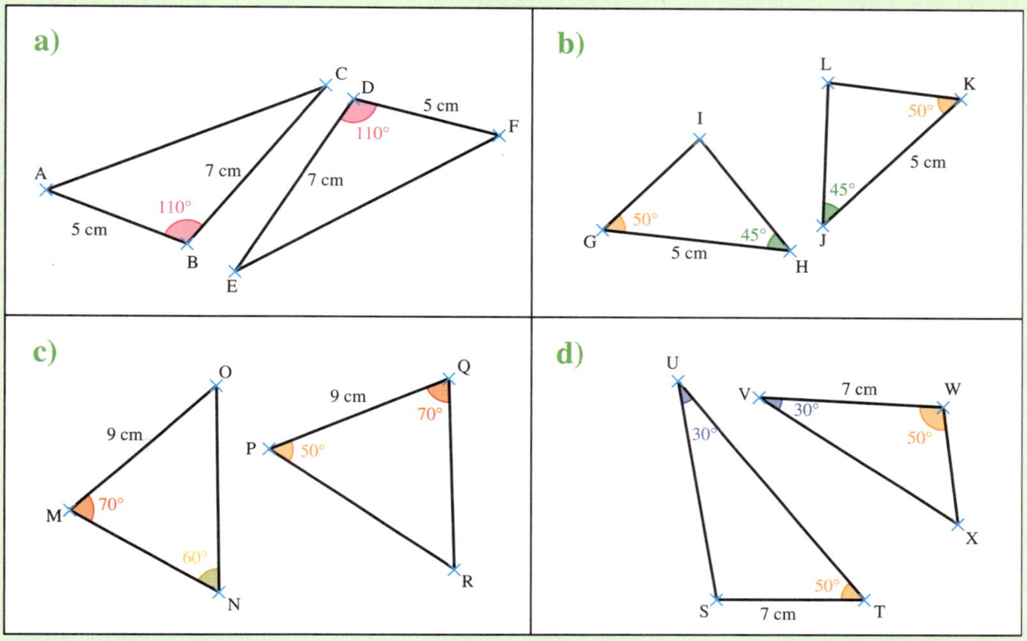

1 Quels sont les triangles égaux ? Justifier.

2 Quels sont les triangles semblables ? Justifier.

CORRIGÉ COMMENTÉ

1 et **2**

a) Les triangles ABC et DEF ont un angle de même mesure compris entre deux côtés de même longueur, ils sont donc égaux, et par conséquent semblables.

b) Les triangles GHI et JKL ont un côté de même longueur compris entre deux angles de même mesure, ils sont donc égaux, et par conséquent semblables.

c) L'angle en O du triangle MNO mesure : $\widehat{MON} = 180° - 70° - 60° = 50°$. Les triangles MNO et PQR ont donc un côté de même longueur compris entre deux angles de même mesure, ils sont donc égaux, et, par conséquent, semblables.

> **Rappel de cours**
>
> Il y a trois cas d'égalité des triangles :
> – trois côtés de même longueur ;
> – un angle de même mesure compris entre deux côtés de même longueur ;
> – un côté de même longueur compris entre deux angles de même mesure.
> Deux triangles égaux sont également semblables.

d) Les triangles STU et VWX ont deux angles de même mesure, donc trois angles de même mesure, ils sont donc semblables. Sont-ils également égaux ?

S'ils étaient égaux, les côtés homologues [UT] et [VW] seraient alors de même longueur 7 cm. Le triangle STU serait donc isocèle en T et les angles $\widehat{TUS}$ et $\widehat{UST}$ seraient de même mesure.

Or, $\widehat{UST} = 180° - 50° - 30° = 100°$ donc $\widehat{UST} \neq \widehat{TUS}$.

Les triangles STU et VWX ne sont donc pas égaux.

méthode 2 Raisonner avec les triangles égaux et semblables

Soit ABCD un quadrilatère tel que AB = BC et AD = DC.

Le point d'intersection des diagonales est noté H.

Démontrer que les diagonales de ce quadrilatère sont perpendiculaires.

On pourra s'intéresser aux triangles ABD et CBD, puis aux triangles ADH et CDH.

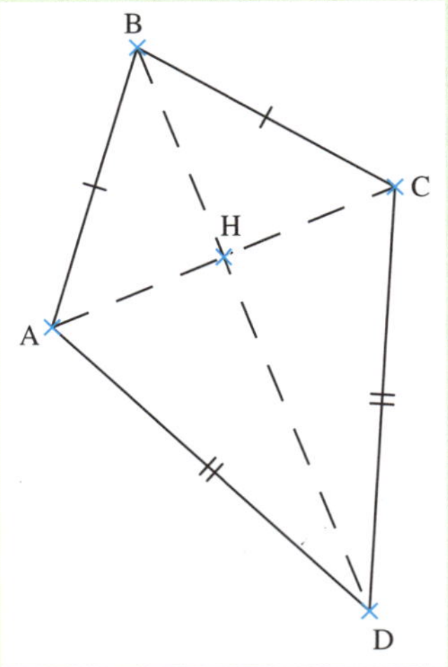

CORRIGÉ COMMENTÉ

Le quadrilatère ABCD est un cerf-volant. Les diagonales d'un cerf-volant sont perpendiculaires, c'est ce qu'on cherche à démontrer ici à l'aide des cas d'égalité des triangles.

Étape 1 : Intéressons-nous aux triangles ABD et CBD

On sait que AB = BC et AD = DC, les triangles ABD et CBD ont leurs côtés de même longueur deux à deux, ils sont donc égaux.

Étape 2 : Intéressons-nous aux triangles ADH et CDH

On sait que AD = DC, les triangles ADH et CDH ont alors deux côtés deux à deux de même longueur.
Qu'en est-il des angles compris entre ces côtés ?
Puisque les triangles ABD et CDB sont égaux, leurs angles sont deux à deux de même mesure, d'où $\widehat{ADH} = \widehat{CDH}$.
Finalement, les triangles ADH et CDH ont un angle de même mesure compris entre deux côtés de même longueur, ils sont donc égaux.

Étape 3 : Conclure

Les triangles ADH et CDH étant égaux, leurs angles homologues sont de même mesure, d'où $\widehat{AHD} = \widehat{CHD}$.
D'une part, le point H appartient au segment [AC] donc $\widehat{AHC} = 180°$.
D'autre part, $\widehat{AHC} = \widehat{AHD} + \widehat{CHD}$.
On obtient alors $\widehat{AHD} + \widehat{CHD} = 180°$, et donc $2 \times \widehat{AHD} = 180°$, c'est-à-dire $\widehat{AHD} = 90°$.
Ceci signifie que les droites (AH) et (HD) sont perpendiculaires.
Autrement dit, les diagonales du quadrilatère ABCD sont bien perpendiculaires.

méthode 3 Calculer une longueur à l'aide des triangles semblables ou du théorème de Thalès

Lorsque Lucie se place à 3 m du bassin, son regard placé à 1 m du sol, elle peut en voir le fond.

Quelle est la profondeur du bassin ?

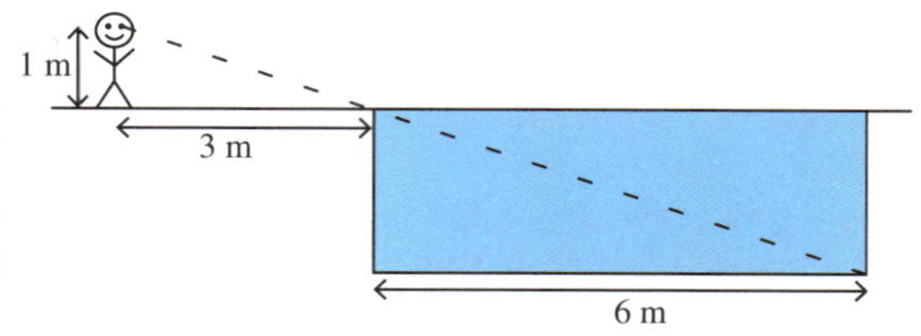

CORRIGÉ COMMENTÉ

Résumons la situation à l'aide de la figure ci-contre.

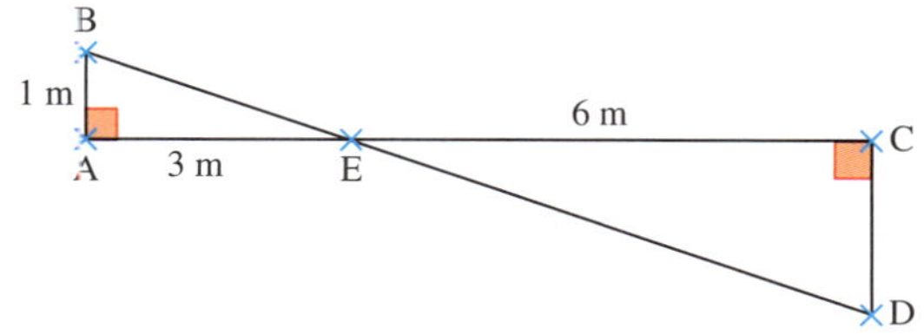

Procédure 1 : À l'aide des triangles semblables

On a :

- $\widehat{BAE} = \widehat{DCE} = 90°$;
- $\widehat{BEA} = \widehat{CED}$ car ces angles sont opposés par le sommet E.

Les triangles ABE et CDE ont deux angles de même mesure, ils sont donc semblables.

Les longueurs de leurs côtés homologues sont alors proportionnelles :

Longueurs des côtés du triangle ABE	AE 3 m	AB 1 m
Longueurs des côtés du triangle CDE	CE 6 m	CD

(×2)

On obtient alors : $CD = 2 \times AB = 2 \times 1\text{ m} = 2\text{ m}$.

Le bassin a 2 mètres de profondeur.

Procédure 2 : À l'aide du théorème de Thalès

On a :

– les points A, E, C et B, E, D sont alignés dans le même ordre ;

– les droites (AB) et (CD) sont toutes deux perpendiculaires à la droite (AC), elles sont donc parallèles.

D'après le théorème de Thalès, on a alors : $\dfrac{EA}{EC} = \dfrac{EB}{ED} = \dfrac{AB}{CD}$.

En particulier : $\dfrac{EA}{EC} = \dfrac{AB}{CD}$, ce qui implique $\dfrac{3\text{ m}}{6\text{ m}} = \dfrac{1\text{ m}}{CD}$, et donc $CD = \dfrac{1\text{ m}}{\dfrac{3\text{ m}}{6\text{ m}}} = 1\text{ m} \times \dfrac{6\text{ m}}{3\text{ m}} = 2\text{ m}$.

Le bassin a 2 mètres de profondeur.

méthode 4 Montrer que deux droites sont ou ne sont pas parallèles

La figure ci-contre n'est pas à l'échelle.

1. Les droites (DE) et (FG) sont-elles parallèles ?
2. Les droites (FG) et (BC) sont-elles parallèles ?

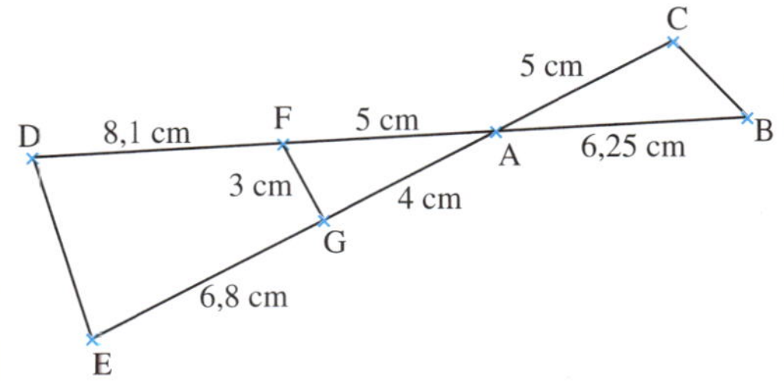

CORRIGÉ COMMENTÉ

Nous sommes dans une configuration de Thalès avec suffisamment de données.
Pour savoir s'il faut appliquer le théorème de Thalès ou sa réciproque, il faut tout d'abord calculer les rapports des longueurs des segments portés par les sécantes.
S'il y a égalité, on applique la réciproque du théorème de Thalès pour conclure que les droites sont parallèles.
S'il n'y a pas égalité, on applique le théorème de Thalès (plus précisément sa contraposée) pour conclure que les droites ne sont pas parallèles.

1 On se place dans les triangles emboîtés ADE et AFG.
Les points A, F, D et A, G, E sont alignés dans le même ordre.
$\frac{AD}{AF} = \frac{5\text{ cm} + 8{,}1\text{ cm}}{5\text{ cm}} = 2{,}62$ et $\frac{AE}{AG} = \frac{6{,}8\text{ cm} + 4\text{ cm}}{4\text{ cm}} = 2{,}7$ donc $\frac{AD}{AF} \neq \frac{AE}{AG}$.
D'après la contraposée du théorème de Thalès, les droites (DE) et (FG) ne sont pas parallèles.

2 On se place dans les triangles « en papillon » AFG et ABC.
Les points A, F, B et A, G, C sont alignés dans le même ordre.
$\frac{AF}{AB} = \frac{5\text{ cm}}{6{,}25\text{ cm}} = 0{,}8$ et $\frac{AG}{AC} = \frac{4\text{ cm}}{5\text{ cm}} = 0{,}8$ donc $\frac{AF}{AB} = \frac{AG}{AC}$.
D'après la réciproque du théorème de Thalès, les droites (FG) et (BC) sont parallèles.

méthode 5 Utiliser le théorème des milieux ou sa réciproque

On considère la figure ci-contre.

Quel est le périmètre du quadrilatère ABCD ?

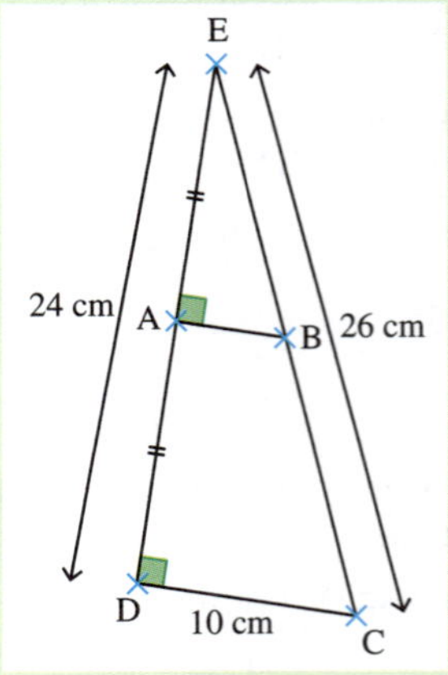

CORRIGÉ COMMENTÉ

Nous connaissons les longueurs AD (la moitié de la longueur ED) et CD, il reste alors à déterminer les longueurs AB et BC pour calculer le périmètre.

Étape 1 : Déterminer la longueur BC

Les droites (AB) et (CD) sont toutes deux perpendiculaires à une même droite, elles sont donc parallèles.
De plus, la droite (AB) coupe le segment [DE] en son milieu, donc, d'après la réciproque du théorème des milieux, le point B est le milieu du segment [CE].

On obtient donc : $BC = \frac{26\text{ cm}}{2} = 13\text{ cm}$.

Étape 2 : Déterminer la longueur AB

La droite (AB) joint les milieux des côtés [ED] et [EC], donc, d'après le théorème des milieux, le segment [AB] a pour longueur la moitié de la longueur CD : $AB = \frac{10\text{ cm}}{2} = 5\text{ cm}$.

Étape 3 : Calculer le périmètre

$AB + BC + CD + DA = 5 \text{ cm} + 13 \text{ cm} + 10 \text{ cm} + 12 \text{ cm} = 40 \text{ cm}$.

Le périmètre du quadrilatère ABCD est de 40 cm.

méthode 6 Appliquer le théorème de Thalès pour les constructions géométriques à la règle et au compas

Tracer un segment [AB].

À la règle non graduée et au compas, placer un point M sur [AB] tel que $AM = \frac{2}{3}AB$.

Justifier la construction.

CORRIGÉ COMMENTÉ

On reconstitue un guide-âne.

Extrait du document ressource *Fractions et nombres décimaux au cycle 3*, Annexe 5 : *Le guide-âne* : « Le guide-âne (en référence aux ânes qui tiraient les bateaux le long des berges) est une feuille de papier ligné, c'est-à-dire une feuille sur laquelle est tracé un réseau de droites parallèles équidistantes. Cet outil permet de partager très rapidement un segment en un nombre de parts égales. Il est particulièrement efficace pour obtenir très rapidement et sans mesure des tiers, cinquièmes, septièmes... »

Procédure 1 : $\frac{2}{3}$AB, c'est 2 fois le tiers de AB

Construction

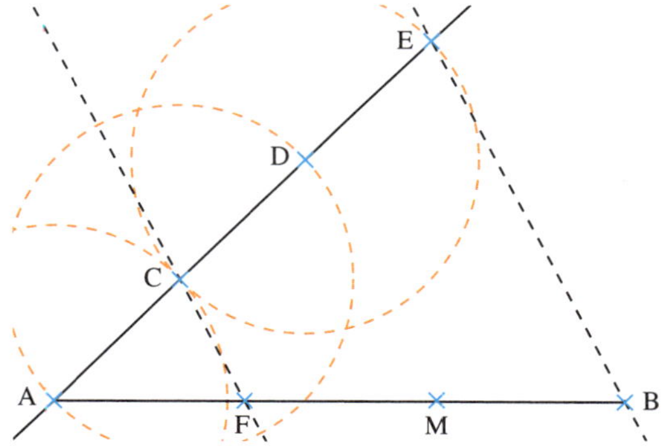

On trace une droite passant par A, non confondue avec (AB).

On place un point C sur cette droite, non confondu avec le point A.

À partir du point A, on reporte trois fois de suite sur cette droite la longueur AC à l'aide du compas, on obtient les points D et E.

On trace la droite (EB) et sa parallèle passant par C qui coupe le segment [AB] en F. La longueur AF est alors le tiers de la longueur AB.

Il suffit ensuite de reporter la longueur AF à l'aide du compas sur la demi-droite [AB) deux fois de suite en partant de A pour obtenir le point M situé aux deux tiers de [AB].

Justification

Plaçons-nous dans les triangles ABE et ACF : les points A, F, B et A, C, E sont alignés dans le même ordre et les droites (CF) et (BE) sont parallèles par construction, donc, d'après le théorème de Thalès, on obtient : $\frac{AC}{AE} = \frac{AF}{AB}$.

Or, $AE = 3AC$, donc $\frac{AC}{AE} = \frac{1}{3}$. Par conséquent : $\frac{AF}{AB} = \frac{1}{3}$ ce qui signifie que $AF = \frac{1}{3}AB$.

En reportant deux fois la longueur AF sur la demi-droite [AB) en partant de A, on obtient bien le point M tel que $AM = \frac{2}{3}AB$.

Procédure 2 : $\frac{2}{3}$AB, c'est le tiers de 2AB

Construction

On place le point B′ sur la demi-droite [AB) tel que AB′ = 2AB.

On trace une droite passant par A, non confondue avec (AB).

On place un point C sur cette droite, non confondu avec le point A.

À partir du point C, on reporte deux fois de suite sur cette droite la longueur AC à l'aide du compas, on obtient les points D et E.

On trace la droite (EB′) et sa parallèle passant par C qui coupe le segment [AB] en M.

La longueur AM est alors le tiers de la longueur 2AB.

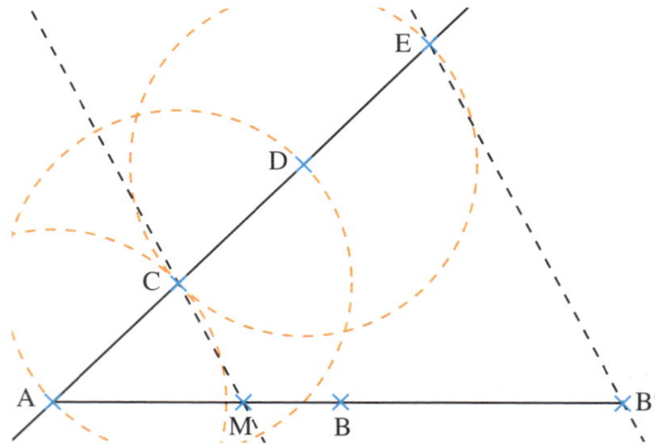

Justification

Plaçons-nous dans les triangles AB′E et ACM : les points A, M, B′ et A, C, E sont alignés dans le même ordre et les droites (CM) et (B′E) sont parallèles, donc, d'après le théorème de Thalès, on obtient : $\frac{AC}{AE} = \frac{AM}{AB'}$.

Or, AE = 3AC, donc $\frac{AC}{AE} = \frac{1}{3}$.

Par conséquent : $\frac{AM}{AB'} = \frac{1}{3}$ ce qui signifie que $AM = \frac{1}{3}AB' = \frac{1}{3} \times 2AB = \frac{2}{3}AB$.

ENTRAÎNEMENT

Se tester en 10 questions

→ Corrigés p. 169

Pour chaque question suivante, indiquez la (ou les) bonne(s) réponse(s).

1 Les triangles ABC et DEF sont égaux.

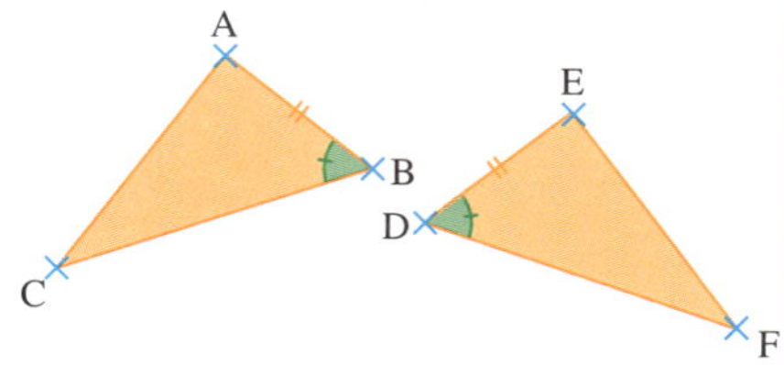

a) Les côtés [AC] et [EF] sont homologues.

b) Les côtés [DF] et [AC] sont homologues.

c) Les angles $\widehat{DEF}$ et $\widehat{ACB}$ sont homologues.

d) Les angles $\widehat{DEF}$ et $\widehat{BAC}$ sont homologues.

2 Les triangles GHI et JKL sont égaux.

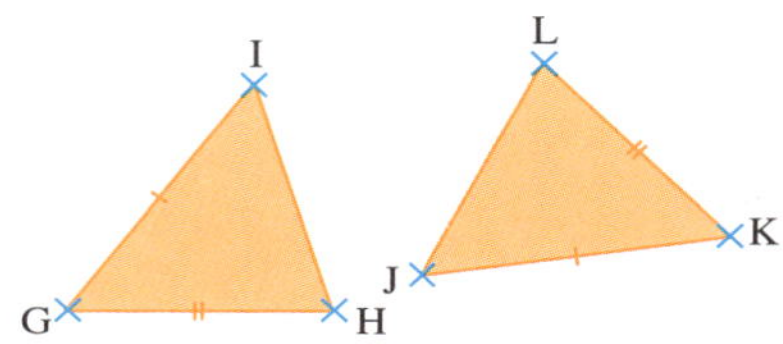

a) Les angles $\widehat{GIH}$ et $\widehat{JLK}$ sont de même mesure.

b) Les côtés [JL] et [IH] sont de même longueur.

c) Les angles $\widehat{IGH}$ et $\widehat{JKL}$ sont de même mesure.

d) Les angles $\widehat{IGH}$ et $\widehat{LJK}$ sont de même mesure.

3 Deux triangles semblables ont les longueurs de leurs côtés deux à deux :

a) semblables b) égales c) homologues d) proportionnelles

4 Les triangles MNO et PQR sont semblables. Quel côté du triangle MNO est homologue à [PR] ?

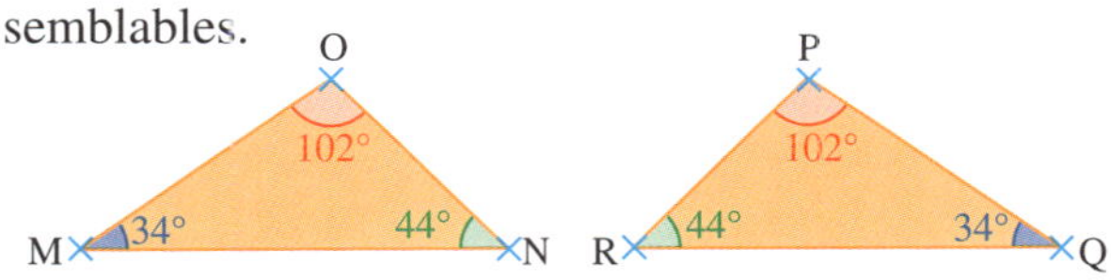

a) [NO] b) [MO] c) [MN]

5 Les triangles STU et VWX sont semblables.

$\frac{SU}{WX}$ est égal à :

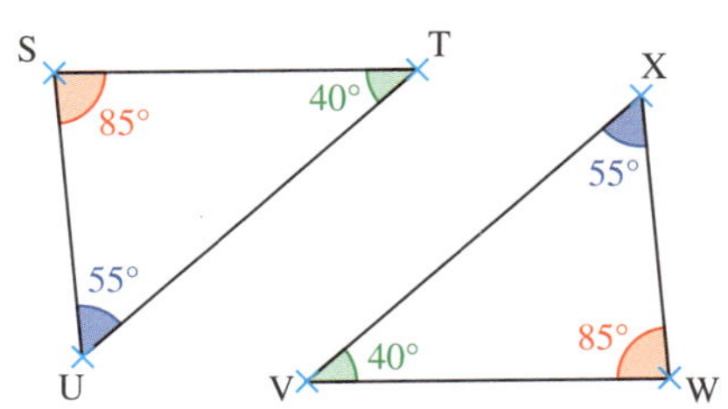

a) $\frac{VW}{TU}$ b) $\frac{TU}{VW}$ c) $\frac{TU}{VX}$ d) $\frac{VX}{TU}$

Pour les questions 6 et 7, on considère la figure ci-contre où les longueurs sont données en cm et :
– les points K, V et C sont alignés ;
– les points K, M et G sont alignés ;
– les droites (CG) et (VM) sont parallèles.

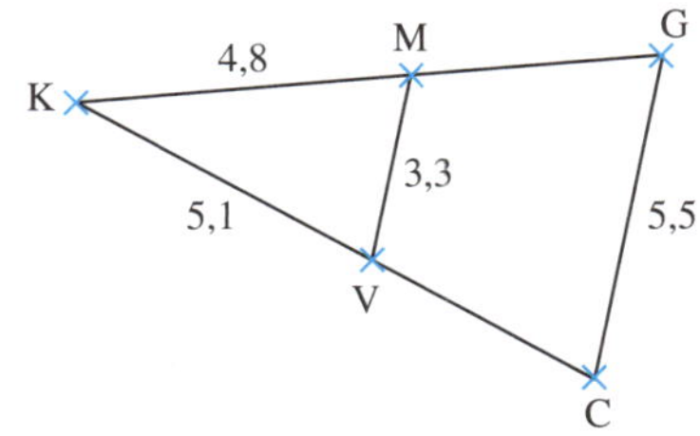

6 D'après le théorème de Thalès :

a) $\frac{KM}{KG} = \frac{KC}{KV} = \frac{VM}{CG}$ b) $\frac{KM}{KG} = \frac{KV}{KC} = \frac{VM}{CG}$

c) $\frac{KM}{KV} = \frac{KG}{KC} = \frac{VM}{CG}$ d) $\frac{MG}{KG} = \frac{VC}{KC} = \frac{VM}{CG}$

7 La longueur KG est égale à : a) 3,78 cm b) 2,88 cm c) 8,5 cm d) 8 cm

8 On considère la situation ci-contre où (TS) // (PV).

a) PV = 3 cm

b) PV = 20,16 cm

c) PV = 3,5 cm

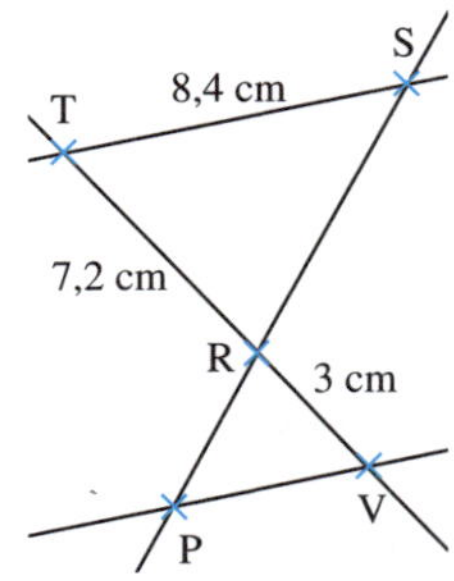

Pour les questions 9 et 10, on considère la figure ci-contre où :
– D ∈ [BA] et E ∈ [BC] ;
– BE = 2,7 cm ; BC = 8,1 cm ;
– BD = 3 cm ; BA = 9 cm.
On cherche à savoir si les droites (AC) et (DE) sont parallèles.

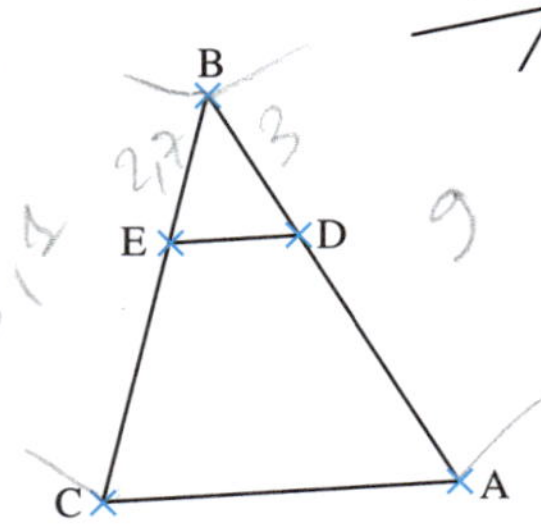

9 Quels rapports de longueurs faut-il calculer ?

a) $\frac{BE}{BC}$ et $\frac{DE}{AC}$ b) $\frac{BE}{EC}$ et $\frac{BD}{BA}$ c) $\frac{BE}{BC}$ et $\frac{BA}{BD}$ d) $\frac{BE}{BC}$ et $\frac{BD}{BA}$

10 a) Les droites (AC) et (DE) sont parallèles.
b) Les droites (AC) et (DE) ne sont pas parallèles. c) On ne peut pas savoir.

Réponses : 1. a, d ; 2. b, c ; 3. d ; 4. a ; 5. c ; 6. b ; 7. d ; 8. c ; 9. d ; 10. a.

Échauffement

→ Corrigés p. 170

1 Reconnaître un cas d'égalité des triangles

Soient A et B deux points situés sur un cercle de rayon 5 cm tels que AB = 3 cm.
C et D sont respectivement les points diamétralement opposés à A et B.
Quelle est la longueur du segment [CD] ?

2 Raisonner avec les triangles égaux et semblables

D'après Sujet de Brevet

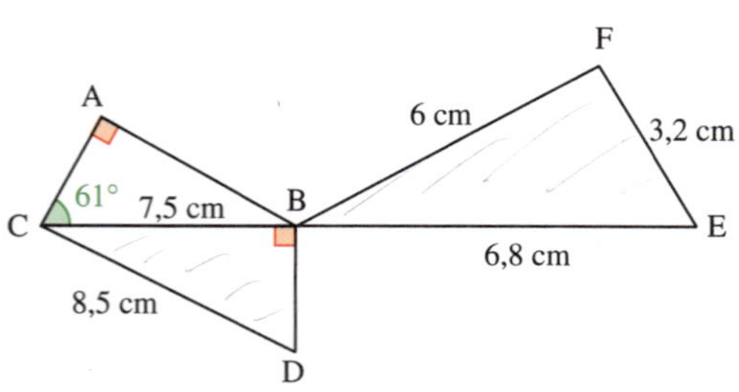

Les points C, B et E sont alignés.
Le triangle ABC est rectangle en A.
Le triangle BDC est rectangle en B.

1. Montrer que les triangles CBD et BFE sont semblables.

2. Sophie affirme que l'angle $\widehat{BFE}$ est un angle droit. A-t-elle raison ?

3 Calculer une longueur à l'aide des triangles semblables ou du théorème de Thalès

D'après Sujet de Brevet

Un silo à grains de forme cylindrique permet de stocker des céréales. Un ascenseur permet d'acheminer le blé dans le silo. L'ascenseur est soutenu par un pilier.
On modélise l'installation par la figure ci-après qui n'est pas réalisée à l'échelle, où [CM] représente l'ascenseur et [EF] le pilier :

– Les points C, E et M et les points C, F, H et P sont alignés.
– Les droites (EF) et (MH) sont perpendiculaires à la droite (CH).
– CH = 8,50 m et CF = 2,50 m.
– Hauteur du cylindre : HM = 20,40 m.
– Diamètre du cylindre : HP = 4,20 m.

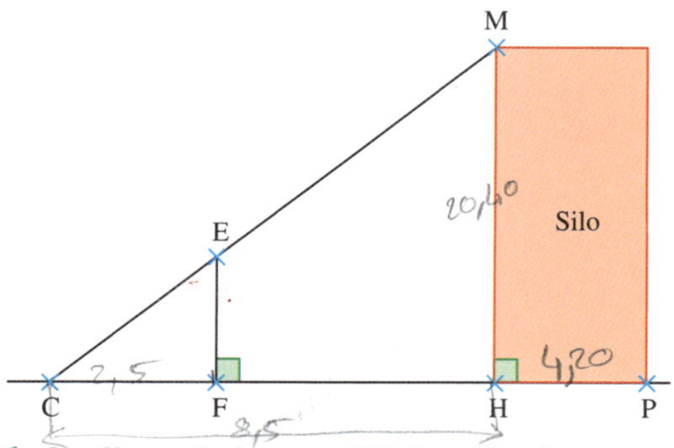

1. Quelle est la hauteur EF du pilier ?
2. Quelle est la longueur CM de l'ascenseur à blé ?

4 VRAI-FAUX. Montrer que deux droites sont ou ne sont pas parallèles

D'après Sujet de CRPE

1. On considère la figure ci-contre.
M ∈ [IJ] ; L ∈ [IK] ;
IM = 0,8 ; IL = 1,6 ;
LK = 2,4 ; IJ = 2.
Affirmation :
Les droites (ML) et (KJ) sont parallèles.

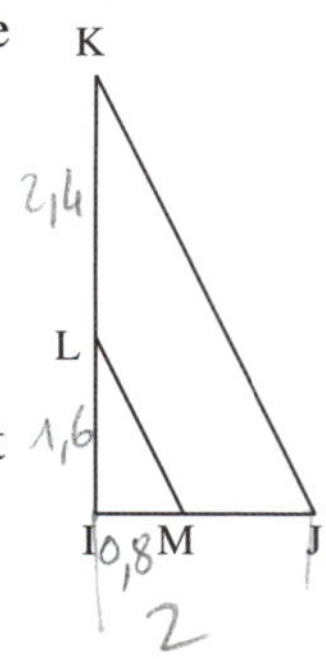

2. Sur la figure ci-contre, les droites (AD) et (CB) sont sécantes en E.
On a :
CE = 1,6 cm, DE = 1,2 cm, EA = 2,8 cm, EB = 3,4 cm.
Affirmation : Les droites (AB) et (CD) sont parallèles.

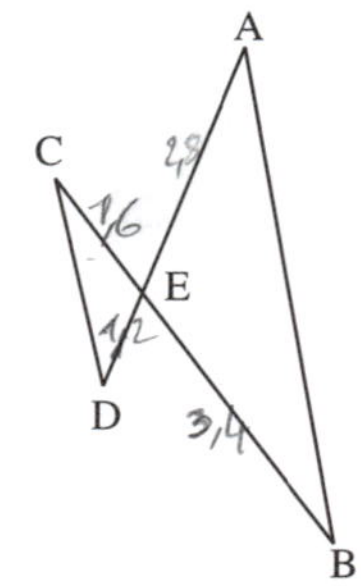

5 Appliquer le théorème des milieux ou sa réciproque

Calculer le périmètre du quadrilatère ABCD.

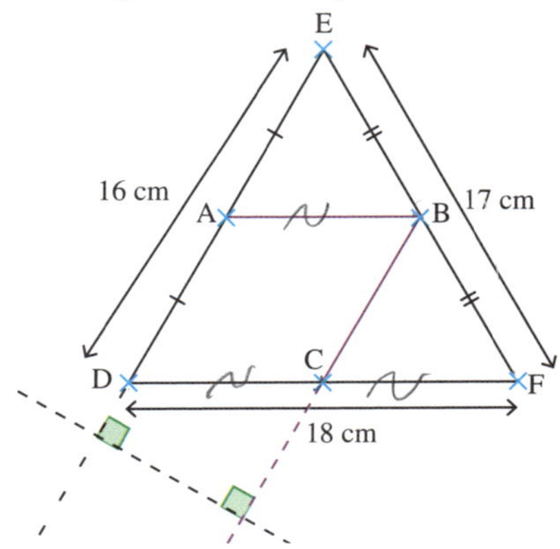

6 Appliquer le théorème de Thalès pour les constructions géométriques à la règle et au compas

Tracer un segment [AB].
À la règle non graduée et au compas, placer un point M sur [AB) tel que AM $= \frac{7}{5}$ AB.
Justifier la construction.

Pour réussir au concours

→ Corrigés p. 171

7 ★ 5 min

Soit ABCD un parallélogramme.
Démontrer que les triangles ABC et ACD sont égaux.

8 ★ 5 min

Soit un cercle de centre O dont [AB] et [CD] sont deux diamètres.

1. Prouver que les triangles OAC et OBD sont égaux.
2. Les triangles ABC et ABD sont-ils égaux ?

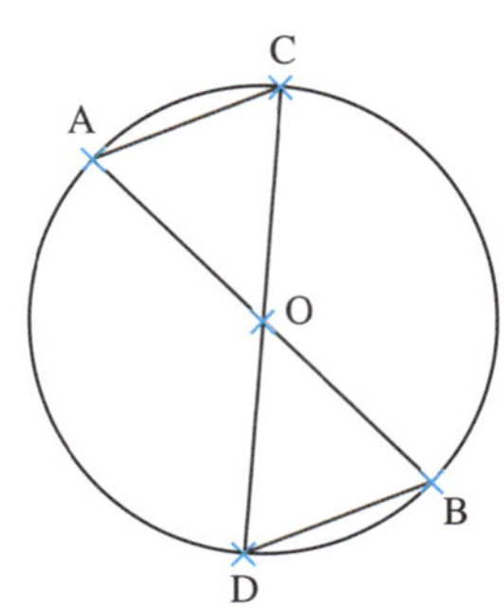

9 ★ 10 min *Sujet de Brevet*

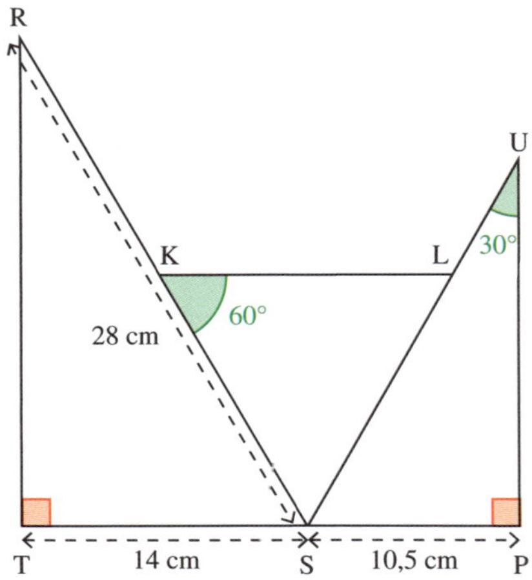

Données :
- TSR et SPU sont des triangles rectangles respectivement en T et en P.
- TS = 14 cm ; SP = 10,5 cm ; RS = 28 cm.
- $\widehat{SKL} = 60°$; $\widehat{SUP} = 30°$.
- Les points T, S et P sont alignés ; les points R, K et S sont alignés ; les points S, L et U sont alignés.

1. Démontrer que les triangles SRT et SUP sont semblables et donner le coefficient de réduction liant les triangles SRT et SUP.
2. Quelle est la nature du triangle SKL ?

10 ★ 10 min

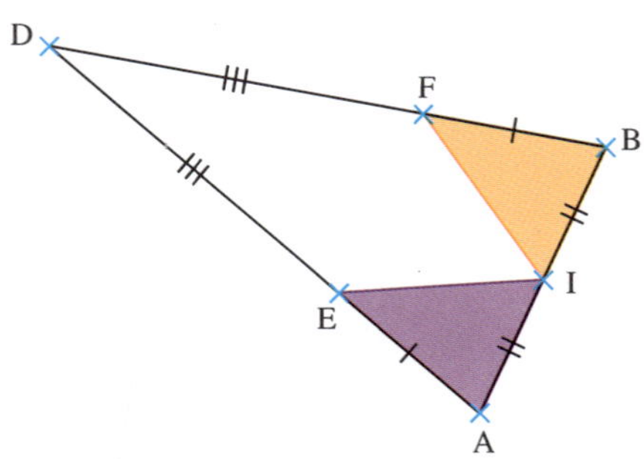

Le triangle ABD est isocèle en D, I est le milieu de [AB], E appartient à [AD] et F appartient à [BD] tels que AE = BF.
Les triangles AIE et BIF sont-ils semblables ? Égaux ? Justifier.

11 ★ 5 min *Sujet de Brevet*

Leïla est en visite à Paris. Aujourd'hui, elle est au Champ de Mars où l'on peut voir la tour Eiffel dont la hauteur totale est 324 m. Elle pose son appareil photo au sol à une distance de 600 m du monument et le programme pour prendre une photo (voir le dessin ci-dessous qui n'est pas à l'échelle).

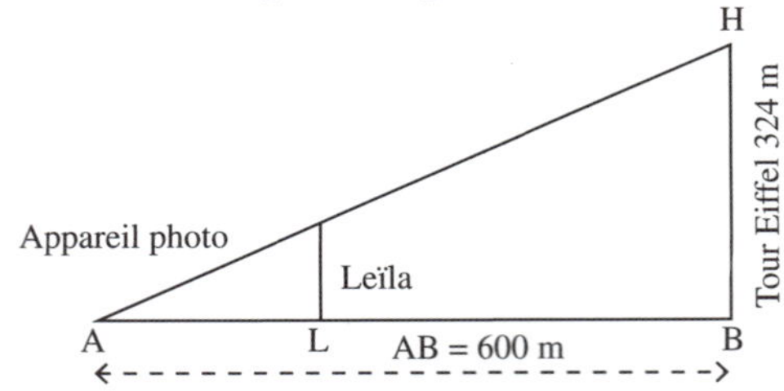

Sachant que Leïla mesure 170 cm, à quelle distance AL de son appareil doit-elle se placer pour paraître aussi grande que la tour Eiffel sur sa photo ?
Donner une valeur approchée du résultat au centimètre près.

12 ★ ★ 20 min *Sujet de Brevet*

Dans cet exercice, on donnera, si nécessaire, une valeur approchée des résultats au centième près.
Pour construire le décor d'une pièce de théâtre (figure 1), Joanna dispose d'une plaque rectangulaire ABCD de 4 m sur 2 m dans laquelle elle doit découper les trois triangles du décor avant de les superposer. Elle propose un découpage de la plaque (figure 2).

Figure 1

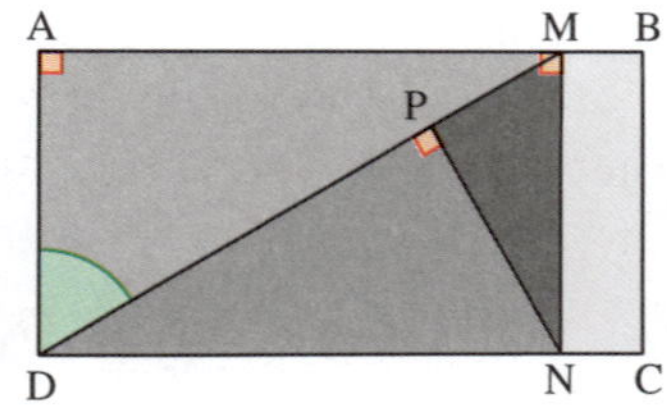

Figure 2

La figure 2 respecte les conditions suivantes :
– le triangle ADM est rectangle en A ;
– AB = 4 m et AD = 2 m ;
– $\widehat{ADM} = 60°$.
1. Montrer que [AM] mesure environ 3,46 m.
2. La partie de la plaque non utilisée est représentée par le rectangle MNCB sur la figure 2. Calculer une valeur approchée au centième de la proportion d'aire de plaque qui n'est pas utilisée.

3. Pour que la superposition des triangles soit harmonieuse, Joanna veut que les trois triangles AMD, PNM et PDN soient semblables. Démontrer que c'est le cas.

4. Joanna aimerait que le coefficient d'agrandissement pour passer du triangle PDN au triangle AMD soit plus petit que 1,5. Est-ce le cas ? Justifier.

13 ★★ 15 min

Soit ABC un triangle. Soient I et J les milieux respectifs des côtés [AB] et [AC].

Soit K le symétrique de I par rapport à B. La droite (KJ) coupe la droite (BC) en L.

Démontrer que le point L est milieu de [KJ].

(*On pourra commencer par démontrer que (IJ) est parallèle à (BL).*)

14 ★★ 10 min

Données :
- Les points T, C et E sont alignés.
- Les points T, H et F sont alignés.
- TC = 15 m.

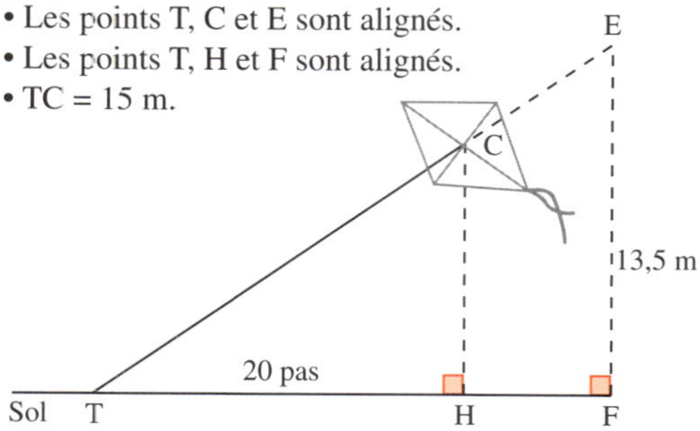

Thomas attache son cerf-volant au sol au point T.

Il fait 20 pas pour parcourir la distance TH. Un pas mesure 0,6 mètre.

Le schéma ci-dessus illustre la situation, il n'est pas à l'échelle.

1. Montrer que la hauteur CH du cerf-volant est égale à 9 m.

2. Thomas souhaite que son cerf-volant atteigne une hauteur EF de 13,5 m. Calculer la longueur TE de la corde nécessaire.

15 ★★ 20 min *Sujet de CRPE*

Des paysagistes veulent réaliser un parterre triangulaire avec des tulipes blanches et rouges.

Ils placent trois piquets A, B et C tels que :
– A et B sont distants de 8 m ;
– A et C sont distants de 6 m ;
– B et C sont distants de 10,5 m.

Puis ils tirent des cordes d'un piquet à l'autre. Ils décident de séparer ce parterre en deux parties. Le long de la corde reliant les piquets A et B, ils placent un piquet D distant de A de 4,8 m. Le long de la corde reliant les piquets A et C, ils placent un piquet E distant de A de 3,6 m. Puis ils tirent une corde entre D et E.

1. Construire une figure qui représente la situation en prenant pour échelle 1 cm pour 1 m.

La corde qui relie les piquets D et E délimite la zone dans laquelle seront plantées des tulipes rouges de celle dans laquelle seront plantées des tulipes blanches.

2. Pour des questions esthétiques, les paysagistes souhaitent que la corde qui relie les piquets D et E soit parallèle à la corde qui relie les piquets B et C. Cette situation est-elle vérifiée ? Justifier votre réponse.

3. Calculer la distance entre les piquets D et E.

4. Déterminer si l'aire de la zone dans laquelle seront plantées des tulipes rouges est égale à celle de la zone dans laquelle seront plantées des tulipes blanches.

16 ★★ 20 min *Sujet de Brevet*

Julien veut mesurer un jeune chêne avec une croix de bûcheron comme le montre le schéma ci-dessous.

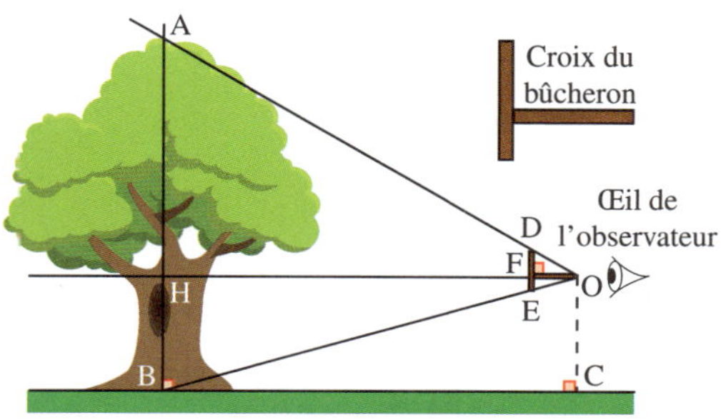

Il place la croix de sorte que O, D et A d'une part et O, E et B d'autre part soient alignés.

Il sait que DE = 20 cm et OF = 35 cm. Il place [DE] verticalement et [OF] horizontalement.

Il mesure au sol BC = 7,7 m.

1. Justifier que les triangles ABO et ODE sont semblables.

2. En déduire la hauteur de l'arbre en mètres.
3. Certaines croix du bûcheron sont telles que DE = OF. Quel avantage apporte ce type de croix ?

17 ★★ 20 min *Sujet de CRPE*

1. Sur la figure ci-contre, la droite (*d*) coupe trois rectangles de mêmes dimensions en les points A, B, C et D. Démontrer que AB = BC = CD.

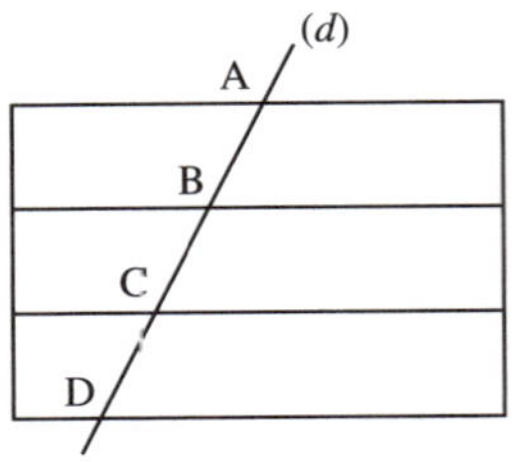

2. Un guide-âne est une feuille de papier calque de 21 cm sur 29,7 cm, sur laquelle sont tracées des droites parallèles entre elles et équidistantes de 1 cm. Ces droites sont parallèles au grand côté de la feuille.
Indiquer comment on peut utiliser le guide-âne pour partager un segment [MN] donné en cinq parties égales.

18 ★★★ 25 min *D'après Sujet de Brevet*

Une station de sports d'hiver est équipée d'un téléphérique pour permettre aux skieurs d'atteindre un plateau en altitude. Des pylônes sont placés en A, E, C et B pour soutenir le câble que l'on considérera rectiligne.
Le câble mesure 2,48 km. L'altitude au point A est 2 100 m, l'altitude au point B est 2 620 m.

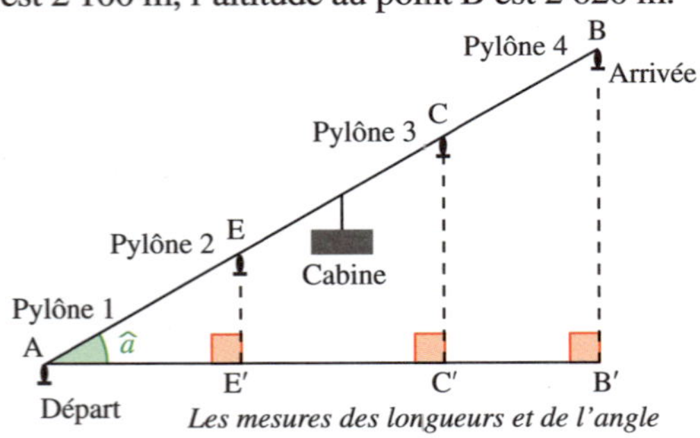

Les mesures des longueurs et de l'angle ne sont pas respectées.

1. On définit la pente comme étant le rapport entre la hauteur du dénivelé (BB′ sur le dessin) et la distance parcourue à l'horizontale (AB′ sur le dessin). Calculer la pente de ce câble et l'exprimer en pourcentage.
2. Entre B et C, le câble mesure 480 m.
a) Démontrer que CC' ≃ 419 m à 1 m près.
b) Calculer l'altitude au point C ; arrondir à 1 m près.
3. a) E′ est le milieu du segment [AC′]. Calculer la longueur EC.
b) Entre E et C, la cabine progresse à la vitesse constante de 5 m/s.
En combien de temps la cabine parcourt-elle la distance EC ? Donner le résultat en minutes et secondes.

19 ★★★ 20 min

On considère un quadrilatère ABCD dont I, J, K et L sont les milieux respectivement de [AB], [BC], [CD] et [DA].
1. Quelle est la nature du quadrilatère IJKL ?
2. À quelle(s) condition(s) sur ABCD le quadrilatère IJKL est-il un rectangle ?
3. À quelle(s) condition(s) sur ABCD le quadrilatère IJKL est-il un losange ?
4. À quelle(s) condition(s) sur ABCD le quadrilatère IJKL est-il un carré ?

20 ★★★ 25 min *Sujet de CRPE*

Dans cet exercice, on prendra 1 cm comme unité de longueur.
On considère un trapèze ABFE rectangle en A et B, c'est-à-dire tel que les droites (AE) et (BF) sont perpendiculaires à la droite (AB), et tel que AB = 14 ; AE = 3 ; BF = 9.
Le point M est un point variable sur le segment [AB].
Le but de cet exercice est de déterminer la position de M pour laquelle la valeur de EM + MF est minimale.
1. Construire le trapèze ABFE et le point G, symétrique du point F par rapport à la droite (AB).
2. On appelle P l'intersection des droites (AB) et (EG).
a) Montrer que pour tout point M de [AB], on a : EM + MG ≥ EP + PG.
b) En déduire que la valeur EM + MF est minimale lorsque M est placé en P.
3. a) Montrer que $\dfrac{AP}{14 - AP} = \dfrac{3}{9}$.
b) Calculer AP.
4. Calculer la valeur minimale de EM + MF. En donner la valeur exacte en cm, et la valeur arrondie au dixième.

Se tester en 10 questions

→ Énoncés p. 163

1 **Réponses a. et d.** Dans les triangles égaux ABC et DEF, les côtés [AC] et [EF] sont tous deux opposés aux angles $\widehat{ABC}$ et $\widehat{FDE}$ de même mesure, ils sont donc homologues.
Les angles $\widehat{DEF}$ et $\widehat{BAC}$ sont compris entre deux côtés homologues [AC] et [EF], [AB] et [DE], ils sont donc homologues.

2 **Réponses b. et c.** Dans les triangles égaux GHI et JKL, les côtés [JK] et [GI] sont de même longueur, les côtés [LK] et [GH] sont de même longueur, donc les côtés [JL] et [IH] sont homologues et donc de même longueur.
L'angle $\widehat{IGH}$ est compris entre les côtés [IG] et [GH], dont les homologues dans le triangle IJK sont respectivement [JK] et [LK]. L'angle homologue à l'angle $\widehat{IGH}$ est donc l'angle $\widehat{JKL}$.

3 **Réponse d.** Deux triangles semblables ont les longueurs de leurs côtés deux à deux proportionnelles.
Les longueurs sont égales lorsque les triangles sont en plus égaux, ce qui n'est pas indiqué.

4 **Réponse a.** Dans les triangles semblables MNO et PQR, le côté [PR] est opposé à l'angle de 34°. Il est donc homologue au côté du triangle MNO qui est également opposé à l'angle de 34°, c'est-à-dire au côté [NO].

5 **Réponse c.** Dans les triangles semblables STU et VWX, les côtés [SU] et [WX] sont homologues, les côtés [TU] et [VX] sont homologues et les côtés [ST] et [VW] sont homologues.
Les longueurs de ces côtés sont donc proportionnelles et on a : $\frac{SU}{WX} = \frac{TU}{VX} = \frac{ST}{VW}$.

6 **Réponse b.** Les côtés [KM] et [KG] sont homologues, les côtés [KV] et [KC] sont homologues et les côtés [VM] et [CG] sont homologues.
D'après le théorème de Thalès, les triangles KVM et KCG sont semblables et les longueurs des côtés homologues sont proportionnelles. On a donc : $\frac{KM}{KG} = \frac{KV}{KC} = \frac{VM}{CG}$.

7 **Réponse d.** $\frac{KM}{KG} = \frac{VM}{CG}$ équivaut à $\frac{4,8 \text{ cm}}{KG} = \frac{3,3 \text{ cm}}{5,5 \text{ cm}}$, qui équivaut à $\frac{KG}{4,8 \text{ cm}} = \frac{5,5 \text{ cm}}{3,3 \text{ cm}}$ puisque chaque longueur est non nulle.
Et donc : $KG = 4,8 \text{ cm} \times \frac{5,5 \text{ cm}}{3,3 \text{ cm}} = 8 \text{ cm}$.

8 **Réponse c.** Les points R, T, V et R, S, P sont alignés dans le même ordre et les droites (TS) et (PV) sont parallèles, donc, d'après le théorème de Thalès, les triangles RTS et RVP sont semblables et les longueurs des côtés homologues sont proportionnelles. On a donc : $\frac{PV}{TS} = \frac{RV}{RT}$ qui équivaut à $\frac{PV}{8,4 \text{ cm}} = \frac{3 \text{ cm}}{7,2 \text{ cm}}$, et donc $PV = 8,4 \text{ cm} \times \frac{3 \text{ cm}}{7,2 \text{ cm}} = 3,5 \text{ cm}$.

9 **Réponse d.** On cherche à savoir si les droites (AC) et (DE) sont parallèles. Si c'est le cas, les longueurs des côtés [BE] et [BC], [BD] et [BA] devraient être proportionnelles. On calcule donc les rapports $\frac{BE}{BC}$ et $\frac{BD}{BA}$.

10 **Réponse a.** $\frac{BE}{BC} = \frac{2,7 \text{ cm}}{8,1 \text{ cm}} = \frac{1}{3}$ et $\frac{BD}{BA} = \frac{3 \text{ cm}}{9 \text{ cm}} = \frac{1}{3}$.
De plus, les points B, E, C et B, D, A sont alignés dans le même ordre, donc, d'après la réciproque du théorème de Thalès, les droites (DE) et (AC) sont parallèles.

Échauffement

→ Énoncés p. 164

1 Les angles $\widehat{AOB}$ et $\widehat{COD}$ sont opposés par le sommet O, ils sont donc de même mesure.
Du plus, les segments [AO], [BO], [CO] et [DO] sont des rayons du cercle, ils sont donc de même longueur.
Les triangles ABO et CDO ont donc, deux à deux, un angle de même mesure compris entre deux côtés de même longueur, ces triangles sont donc égaux.
On obtient alors : CD = AB = 3 cm.

2 **1. Pour vérifier si les longueurs des côtés des triangles CBD et BFE sont proportionnelles, il faut commencer par calculer la longueur BD.**
Calcul de BD : le triangle BCD est rectangle en B, donc, d'après le théorème de Pythagore, $CD^2 = CB^2 + BD^2$.
On obtient :

$$BD^2 = CD^2 - BC^2$$
$$= (8,5 \text{ cm})^2 - (7,5 \text{ cm})^2$$
$$= 72,25 \text{ cm}^2 - 56,25 \text{ cm}^2$$
$$= 16 \text{ cm}^2.$$

Donc BD = 4 cm (car BD > 0).
D'où :

Longueurs des côtés du triangle CBD	CD 8,5 cm	BC 7,5 cm	BD 4 cm
Longueurs des côtés du triangle BFE	BE 6,8 cm	BF 6 cm	EF 3,2 cm

On a : $BE = 0,8 \times CD$;
$BF = 0,8 \times BC$
et $EF = 0,8 \times BD$.
Le tableau ci-dessus est donc bien un tableau de proportionnalité, ce qui signifie que les triangles CBD et BFE sont semblables.
2. L'angle $\widehat{BFE}$ est l'angle du triangle BFE homologue à l'angle droit $\widehat{CBD}$ du triangle CBD.
Les deux triangles sont semblables, leurs angles homologues sont alors de même mesure, l'angle $\widehat{BFE}$ est donc un angle droit. Sophie a raison.

3 **1. Procédure 1 : À l'aide des triangles semblables**
Les droites (EF) et (MH) sont perpendiculaires à une même droite, elles sont donc parallèles entre elles. Les angles correspondants $\widehat{CFE}$ et $\widehat{CHM}$, $\widehat{CEF}$ et $\widehat{CMH}$ sont alors de mêmes mesures. Les triangles CEF et CMH ont leurs angles deux à deux de mêmes mesures, ils sont donc semblables, les longueurs de leurs côtés sont donc proportionnelles.

Longueurs des côtés du triangle CEF	CF 2,50 m	EF
Longueurs des côtés du triangle CMH	CH 8,50 m	HM 20,40 m

On a : $CF = \dfrac{2,5}{8,5} \times CH$,

donc $EF = \dfrac{2,5}{8,5} \times HM$

$= \dfrac{2,5}{8,5} \times 20,40 \text{ m} = 6 \text{ m}$.

La hauteur du pilier est de 6 mètres.
Procédure 2 : À l'aide du théorème de Thalès
Les points C, E, M et C, F, H sont alignés dans le même ordre.
Les droites (EF) et (MH) sont perpendiculaires à une même droite, elles sont parallèles.
D'après le théorème de Thalès, on a :

$\dfrac{CF}{CH} = \dfrac{EF}{HM}$,

c'est-à-dire : $\dfrac{2,50 \text{ m}}{8,50 \text{ m}} = \dfrac{EF}{20,40 \text{ m}}$

et donc : $EF = 20,40 \text{ m} \times \dfrac{2,50 \text{ m}}{8,50 \text{ m}} = 6 \text{ m}$.

La hauteur du pilier est de 6 mètres.
2. Pour calculer la longueur CM, soit à l'aide des triangles semblables, soit à l'aide du théorème de Thalès, il nous faut la longueur CE qui manque ici. Cette longueur peut se retrouver à l'aide du théorème de Pythagore dans le triangle rectangle CEF. Le triangle CMH étant également rectangle, on peut appliquer le théorème de Pythagore dans ce triangle également.
Dans le triangle CMH rectangle en H, d'après le théorème de Pythagore, on a :

$$CM^2 = CH^2 + HM^2$$
$$= (8,50 \text{ m})^2 + (20,40 \text{ m})^2$$
$$= 72,25 \text{ m}^2 + 416,16 \text{ m}^2$$
$$= 488,41 \text{ m}^2.$$

D'où : $CM = \sqrt{488,41} \text{ m} = 22,10 \text{ m}$.
La longueur de l'ascenseur à blé est de 22,10 mètres.

4 **1.** Les points I, M, J et I, L, K sont alignés dans le même ordre.
$\dfrac{IM}{IJ} = \dfrac{0,8}{2} = 0,4$ et $\dfrac{IL}{IK} = \dfrac{1,6}{4} = 0,4$, donc $\dfrac{IM}{IJ} = \dfrac{IL}{IK}$.
D'après la réciproque du théorème de Thalès, les droites (ML) et (JK) sont parallèles.
L'affirmation est vraie.
2. Les points C, E, B et D, E, A sont alignés dans le même ordre.

$\dfrac{EB}{EC} = \dfrac{3,4 \text{ cm}}{1,6 \text{ cm}} = 2,125$

et $\dfrac{EA}{ED} = \dfrac{2,8 \text{ cm}}{1,2 \text{ cm}} \simeq 2,33$ au centième près,

donc $\dfrac{EB}{EC} \neq \dfrac{EA}{ED}$.

D'après la contraposée du théorème de Thalès, les droites (AB) et (CD) ne sont pas parallèles.
L'affirmation est fausse.

5 **Calcul de la longueur AB :** A est le milieu du segment [DE] et B est le milieu du segment [EF], donc, d'après le théorème des milieux, les droites (AB) et (DF) sont parallèles et le segment [AB] a pour longueur la moitié de la longueur [DF] :
$AB = \frac{18\text{ cm}}{2} = 9\text{ cm}$.

Calcul de la longueur DC : Les droites (AD) et (BC) sont toutes deux perpendiculaires à une même droite, elles sont donc parallèles. De plus, la droite (BC) coupe le segment [EF] en son milieu, donc, d'après la réciproque du théorème des milieux, le point C est le milieu du segment [DF] :
$DC = \frac{18\text{ cm}}{2} = 9\text{ cm}$.

Calcul de la longueur BC : B est le milieu du segment [EF] et C est le milieu du segment [DF], donc, d'après le théorème des milieux, le segment [BC] a pour longueur la moitié de la longueur [DE] : $BC = \frac{16\text{ cm}}{2} = 8\text{ cm}$.

Calcul du périmètre :
$AB + BC + CD + DA$
$= 9\text{ cm} + 8\text{ cm} + 9\text{ cm} + 8\text{ cm} = 34\text{ cm}$.

Autre méthode : Après avoir obtenu le parallélisme des droites (AB) et (DF) avec le calcul de la longueur AB, on peut conclure que les côtés du quadrilatère ABCD sont deux à deux parallèles. Le quadrilatère ABCD est alors un parallélogramme, ses côtés opposés sont de même longueur.
Son périmètre est alors égal à :
$2AB + 2AD = 2 \times 9\text{ cm} + 2 \times 8\text{ cm} = 34\text{ cm}$.

6 **$\frac{7}{5}$AB, c'est 7 fois le cinquième de AB.**

Construction :
On trace une droite passant par A, non confondue avec (AB).
On place un point C sur cette droite, non confondu avec le point A.
À partir du point A, on reporte cinq fois de suite sur cette droite la longueur AC à l'aide du compas, on obtient successivement les nouveaux points D, E, F et G.
On trace la droite (GB) et sa parallèle passant par C qui coupe le segment [AB] en N.
On reporte ensuite sept fois à l'aide du compas la longueur AN sur la demi-droite [AB) en partant du point A pour obtenir le point M.

Justification :
Plaçons-nous dans les triangles ABG et ACN : les points A, N, B et A, C, G sont alignés dans le même ordre et les droites (CN) et (BG) sont parallèles, donc, d'après le théorème de Thalès, on obtient : $\frac{AC}{AG} = \frac{AN}{AB}$.

Or, $AG = 5AC$, donc $\frac{AC}{AG} = \frac{1}{5}$.

Par conséquent : $\frac{AN}{AB} = \frac{1}{5}$

ce qui signifie que $AN = \frac{1}{5}AB$.

En reportant sept fois la longueur AN sur la demi-droite [AB) en partant de A, on obtient bien le point M tel que $AM = \frac{7}{5}AB$.

Pour réussir au concours

→ Énoncés p. 165

7 Dans un parallélogramme, les côtés opposés sont deux à deux de même longueur, donc $AB = CD$ et $AD = BC$.
De plus, les triangles ABC et ACD ont le côté [AC] en commun.
Les triangles ABC et ACD ont trois côtés de même longueur, ils sont donc égaux.

8 **1.** Puisque [AB] et [CD] sont deux diamètres du cercle de centre O, [OA], [OB], [OC], [OD] sont des rayons du cercle et sont donc de même longueur.
De plus, les angles $\widehat{AOC}$ et $\widehat{BOD}$ sont opposés au sommet O, ils sont donc de même mesure.

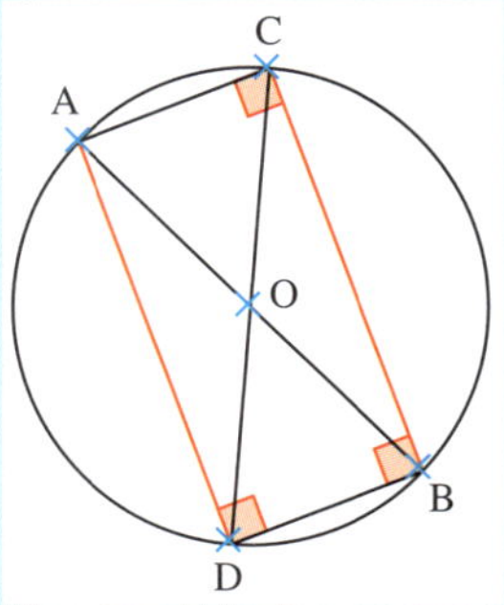

Les triangles OAC et OBD ont un angle de même mesure compris entre deux segments de même longueur, ils sont donc égaux.

2. Les triangles OAC et OBD étant égaux, leurs côtés sont deux à deux de même longueur et leurs angles deux à deux de même mesure. Les côtés [AC] et [BD] sont homologues, ils sont donc de même longueur. Les angles $\widehat{OAC}$ et $\widehat{OBD}$ sont homologues, ils sont donc de même mesure.
De plus, les triangles ABC et ABD ont un côté en commun : le côté [AB].
Les triangles ABC et ABD ont alors un angle de même mesure compris entre deux côtés de même longueur, ils sont donc égaux.

9 **1.** Dans le triangle SRT rectangle en T :
$\sin\left(\widehat{TRS}\right) = \frac{TS}{RS} = \frac{14\text{ cm}}{28\text{ cm}} = \frac{1}{2}$, donc $\widehat{TRS} = 30°$.

Les triangles SRT et SUP ont deux angles de même mesure, ils sont donc semblables.

Les côtés [ST] et [SP] sont homologues, le coefficient de réduction liant les deux triangles est alors :
$\frac{SP}{ST}=\frac{10{,}5\text{ cm}}{14\text{ cm}}=0{,}75.$

2. Dans le triangle STR :
$\widehat{TSR}=180°-\widehat{TRS}-\widehat{RTS}$
$=180°-30°-90°=60°.$
De plus, les triangles SRT et SUP sont semblables et les angles $\widehat{TSR}$ et $\widehat{PSU}$ sont de même mesure : $\widehat{PSU}=60°$.
Puisque le point S appartient au segment [TP], $\widehat{TSR}+\widehat{KSL}+\widehat{USP}=180°$, d'où $KSL=180°-60°-60°=60°$.
Le triangle SKL a deux angles de mesure 60°, son troisième angle mesure alors également 60°. Le triangle SKL est par conséquent équilatéral.

10 Les triangles AIE et BIF ont deux côtés deux à deux de même longueur : AI = IB et AE = BF.
De plus, le triangle ABD étant isocèle en A, les angles à la base sont de même mesure : $\widehat{IAE}=\widehat{IBF}$.
Les triangles AIE et BIF ont alors un angle de même mesure compris entre deux côtés de même longueur, ils sont donc égaux, et par conséquent également semblables.

11 Le segment représentant Leïla et celui représentant la tour Eiffel étant tous deux perpendiculaires au sol représenté par [AB], ils sont parallèles, donc, d'après le théorème de Thalès :
$\frac{\text{hauteur de Leïla}}{BH}=\frac{AL}{AB},$
d'où $AL=AB\times\frac{\text{hauteur de Leïla}}{BH}$
$=600\text{ m}\times\frac{170\text{ cm}}{324\text{ m}}$
$=600\text{ m}\times\frac{1{,}70\text{ m}}{324\text{ m}}\simeq3{,}15\text{ m}.$
Leïla doit se placer à environ 3,15 m, au cm près, pour paraître aussi grande que la tour Eiffel sur la photo.
Cet exercice, comme tous ceux qui suivent mobilisant le théorème de Pythagore, peut être résolu à l'aide des triangles semblables.

12 **1.** Dans le triangle ADM rectangle en A :
$\tan\left(\widehat{ADM}\right)=\frac{AM}{AD},$
d'où $AM=\tan\left(\widehat{ADM}\right)\times AD$
$=\tan(60°)\times2\text{ m}\simeq3{,}46\text{ m}$ arrondi au centième de mètre près.
2. L'aire de la plaque ABCD est : $4\text{ m}\times2\text{ m}=8\text{ m}^2$.
L'aire de la partie de plaque non utilisée est :
$(4\text{ m}-AM)\times2\text{ m}\simeq0{,}54\text{ m}\times2\text{ m}$, soit environ $1{,}08\text{ m}^2$.
La proportion de la plaque qui n'est pas utilisée est alors d'environ $\frac{1{,}08\text{ m}^2}{8\text{ m}^2}$, soit environ 0,135, c'est-à-dire environ 13,5 %.

3. Montrons que les angles de ces triangles sont trois à trois de même mesure.
Tout d'abord, $\widehat{DAM}=\widehat{DPN}=\widehat{MPN}=90°$.
Ensuite :
– dans le triangle ADM, puisque $\widehat{ADM}=60°$:
$\widehat{AMD}=180°-90°-60°=30°$;
– les angles $\widehat{ADM}$ et $\widehat{MDN}$ sont complémentaires, donc :
$\widehat{MDN}=90°-60°=30°$, et donc $\widehat{PDN}=30°$;
– dans le triangle PDN, puisque $\widehat{PDN}=30°$:
$\widehat{DNP}=180°-90°-30°=60°$;
– les angles $\widehat{DNP}$ et $\widehat{PNM}$ sont complémentaires, donc :
$\widehat{PNM}=90°-60°=30°$;
– dans le triangle PNM, puisque $\widehat{PNM}=30°$:
$\widehat{PMN}=180°-90°-30°=60°$.
Récapitulons ces résultats en recherchant les angles homologues :

Mesures des angles du triangle AMD	$\widehat{DAM}=90°$	$\widehat{ADM}=60°$	$\widehat{AMD}=30°$
Mesure des angles du triangle PDN	$\widehat{DPN}=90°$	$\widehat{DNP}=60°$	$\widehat{PDN}=30°$
Mesure des angles du triangle PNM	$\widehat{MPN}=90°$	$\widehat{PMN}=60°$	$\widehat{PNM}=30°$

Les angles de ces trois triangles sont bien trois à trois de même mesure, ils sont donc bien semblables.

4. Cherchons les côtés homologues des triangles AMD et PDN :

Longueurs des côtés du triangle AMD	DM	AD = 2 m	AM ≃ 3,46 m
Longueurs des côtés du triangle PDN	DN ≃ 3,46 m	PN	PD

Calculons la longueur DM :
Dans le triangle ADM rectangle en A, d'après le théorème de Pythagore, on a : $DM^2=DA^2+AM^2\simeq(2\text{ m})^2+(3{,}46\text{ m})^2$, soit environ $15{,}9\,716\text{ m}^2$. La longueur DM est alors égale à environ 4 m, au centième de m près.
Le coefficient d'agrandissement pour passer du triangle PDN au triangle AMD est alors égal à :
$\frac{DM}{DN}\simeq\frac{4\text{ m}}{3{,}46\text{ m}}$, soit environ 1,16. Ce coefficient d'agrandissement est bien inférieur à 1,5.

13
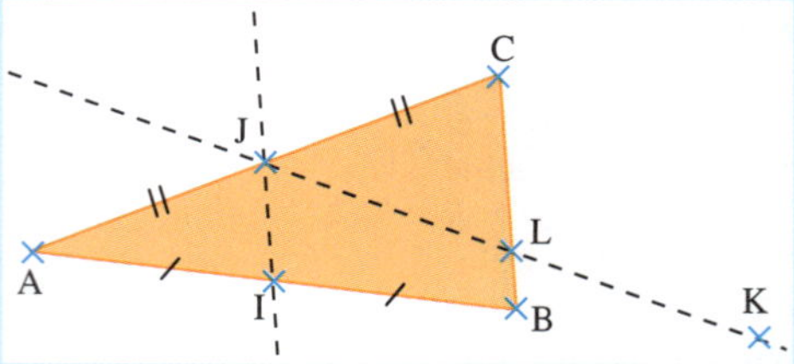

Dans le triangle ABC, le point I est le milieu de [AB] et le point J est le milieu de [AC], donc

d'après le théorème de la droite des milieux, la droite (IJ) qui joint les milieux des côtés [AB] et [AC] est parallèle à (BC), donc à (BL).
Dans le triangle KIJ, les droites (IJ) et (BL) sont parallèles et le point B est le milieu du segment [IK] puisque K est le symétrique de I par rapport à B, donc d'après la réciproque du théorème de la droite des milieux, le point L est le milieu de [KJ].

14 **1.** Dans le triangle TCH rectangle en H :

$TC^2 = TH^2 + HC^2$, d'où :

$HC^2 = TC^2 - TH^2$
$= (15 \text{ m})^2 - (20 \times 0{,}6 \text{ m})^2$
$= 225 \text{ m}^2 - 144 \text{ m}^2 = 81 \text{ m}^2$.

Donc : $HC = \sqrt{81} \text{ m} = 9 \text{ m}$.

2. Les points T, C, E et T, H, F sont alignés dans le même ordre et les droites (HC) et (FE) sont parallèles, donc, d'après le théorème de Thalès :
$\frac{TE}{TC} = \frac{FE}{HC}$, d'où :

$TE = TC \times \frac{FE}{HC}$
$= 15 \text{ m} \times \frac{13{,}5 \text{ m}}{9 \text{ m}} = 22{,}5 \text{ m}$.

La corde nécessaire doit être de longueur 22,5 m.

15 **1.** La figure est à l'échelle 1/2.

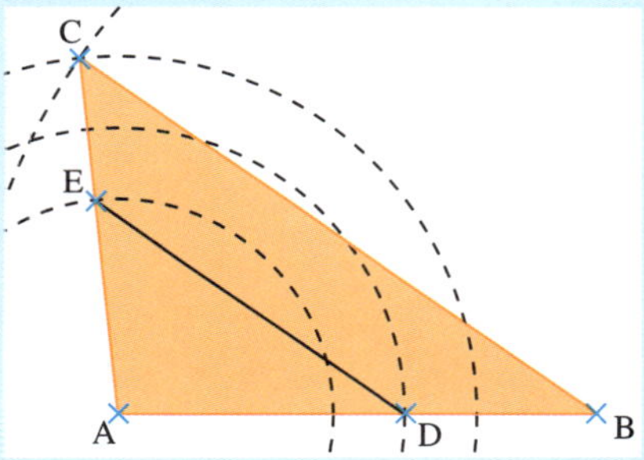

2. Les points A, D, B et A, E, C sont alignés dans le même ordre.
De plus, d'une part $\frac{AD}{AB} = \frac{4{,}8 \text{ m}}{8 \text{ m}} = 0{,}6$ et d'autre par $\frac{AE}{AC} = \frac{3{,}6 \text{ m}}{6 \text{ m}} = 0{,}6$.

Puisque $\frac{AD}{AB} = \frac{AE}{AC}$, d'après la réciproque du théorème de Thalès, les droites (BC) et (DE) sont parallèles.

3. Les droites (BC) et (DE) étant parallèles, d'après le théorème de Thalès, on a : $\frac{DE}{BC} = \frac{AD}{AB} = 0{,}6$; et donc : $DE = 0{,}6 \times BC = 0{,}6 \times 10{,}5 \text{ m} = 6{,}3 \text{ m}$.

4. D'après les questions précédentes, les triangles ADE et ABC sont semblables et le triangle ADE est une réduction du triangle ABC de coefficient 0,6, donc :
$\text{Aire}(ADE) = 0{,}6^2 \times \text{Aire}(ABC)$.
L'aire du quadrilatère BCED est égale à la différence entre l'aire du triangle ABC et l'aire du triangle ADE, donc :

$\text{Aire}(BCED) = \text{Aire}(ABC) - \text{Aire}(ADE)$
$= \text{Aire}(ABC) - 0{,}36 \times \text{Aire}(ABC)$
$= 0{,}64 \times \text{Aire}(ABC)$.

Par conséquent, les deux zones de plantations ne sont pas de même aire.

16 **1.** Le point D appartient à [OA) et le point E appartient à [OB), donc : $\widehat{AOB} = \widehat{DOE}$.
Les droites (DE) et (AB) sont parallèles, donc les angles correspondants sont égaux : $\widehat{BAO} = \widehat{EDO}$ et $\widehat{ABO} = \widehat{DEO}$.
Les angles des triangles ABO et ODE sont deux à deux de même mesure donc ces deux triangles sont semblables.

2. Les triangles ABO et ODE étant semblables, le triangle ABO est un agrandissement du triangle ODE de coefficient $\frac{CB}{OF} = \frac{7{,}7 \text{ m}}{35 \text{ cm}} = \frac{770 \text{ cm}}{35 \text{ cm}} = 22$.
La hauteur de l'arbre est égale à 22 fois la longueur DE, c'est-à-dire :
$22 \times 20 \text{ cm} = 440 \text{ cm} = 4{,}4 \text{ m}$.

3. Si DE = OF, alors ici AB = OH et, puisque les triangles ABO et ODE sont semblables, AB = BC.
La hauteur de l'arbre est donnée directement par la mesure de la distance au sol BC.

17 **1.** Notons E, F, G et H les quatre sommets alignés de ces trois rectangles.

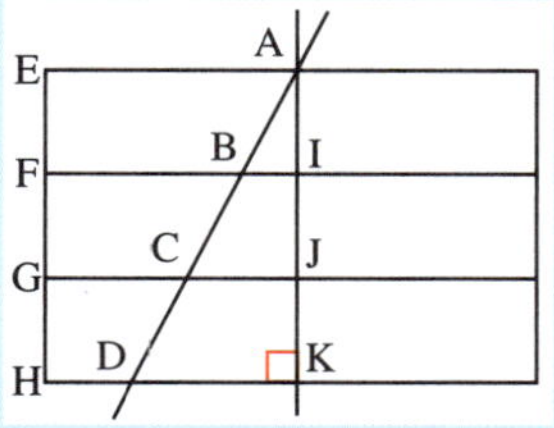

Puisque les trois rectangles ont les mêmes dimensions, EF = FG = GH.
Les droites (BI), (CJ) et (DK) sont parallèles, donc, d'après le théorème de Thalès, dans le triangle ADK :

- $\frac{AB}{AD} = \frac{AI}{AK} = \frac{1}{3}$, la longueur AB est donc égale à $\frac{1}{3}$ de la longueur AD ;
- $\frac{BC}{AD} = \frac{IJ}{AK}$, la longueur BC est donc égale à $\frac{1}{3}$ de la longueur AD ;
- $\frac{CD}{AD} = \frac{JK}{AK} = \frac{1}{3}$, la longueur CD est donc égale à $\frac{1}{3}$ de la longueur AD.

Par conséquent : AB = BC = CD.

2. D'après le document ressource *Fractions et nombres décimaux pour le cycle 3,* Annexe 5 *: Le guide-âne.*

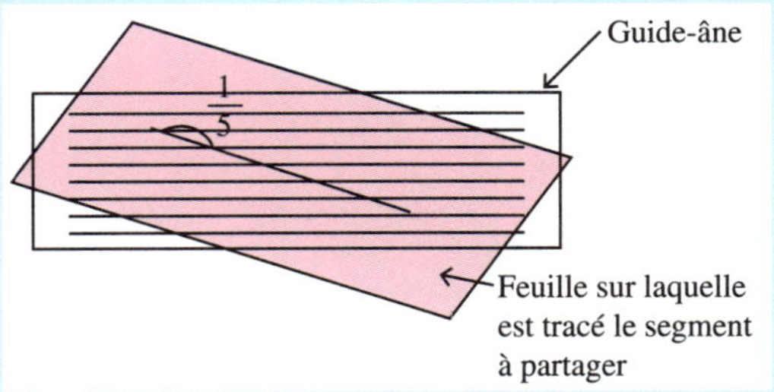

On place le segment [MN] sur une droite du guide-âne.
On fixe l'extrémité M du segment et on tourne la feuille de papier calque jusqu'à ce que le point N se retrouve cinq droites plus loin et donc de telle sorte que le segment [MN] soit partagé en 5 parties par le réseau de droites du guide-âne.
Justification mathématique : on se retrouve dans la situation de la question 1 avec 5 rectangles de mêmes dimensions.

18 **1.** L'altitude au point B′ est égale à l'altitude au point A, c'est-à-dire 2 100 m. L'altitude au point B est 2 620 m. Le dénivelé BB′ vaut alors : 2 620 m – 2 100 m = 520 m.
Dans le triangle ABB′ rectangle en B′ :
$AB^2 = AB'^2 + B'B^2$, d'où :
$AB'^2 = AB^2 - B'B^2$
$= (2{,}48\text{ km})^2 - (520\text{ m})^2 = (2\,480\text{ m})^2 - (520\text{ m})^2$
$= 6\,150\,400\text{ m}^2 - 270\,400\text{ m}^2 = 5\,880\,000\text{ m}^2$.
Donc $AB' \simeq 2\,424{,}9$ m, à 0,1 m près.
La distance parcourue à l'horizontale est d'environ 2 424,9 m, à 0,1 m près.
La pente est alors : $\dfrac{BB'}{AB'} \simeq \dfrac{520\text{ m}}{2\,424{,}9\text{ m}}$, soit environ 0,214, c'est-à-dire environ 21,4 % à 0,1 % près.
2. a) Les point A, C, B et A, C′, B′ sont alignés dans le même ordre et les droites (BB′) et (CC′) sont parallèles, donc d'après le théorème de Thalès :
$\dfrac{CC'}{BB'} = \dfrac{AC}{AB}$, d'où :
$CC' = BB' \times \dfrac{AC}{AB}$
$= 520\text{ m} \times \dfrac{2\,480\text{ m} - 480\text{ m}}{2\,480\text{ m}}$
$= 520\text{ m} \times \dfrac{2\,000\text{ m}}{2\,480\text{ m}} \simeq 419$ m, à 1 m près.
b) L'altitude au point C′ est égale à l'altitude au point A, c'est-à-dire 2 100 m. Le dénivelé CC′ est d'environ 419 m. L'altitude au point C est alors d'environ 2 100 m + 419 m, soit environ 2 519 m, à 1 m près.
3. a) E′ est le milieu du segment [AC′] et les droites (EE') et (CC′) sont parallèles, donc, d'après la réciproque du théorème des milieux, E est le milieu de [AC] et :
$EC = \dfrac{1}{2} \times AC$
$= \dfrac{1}{2} \times (2\,480\text{ m} - 480\text{ m})$
$= \dfrac{1}{2} \times 2\,000\text{ m} = 1\,000\text{ m}$.
b) La cabine parcourt 5 m en 1 s, donc 10 m en 2 s, et 1 000 m en 200 s.
200 s = 3 × 60 s + 20 s = 3 min + 20 s : la cabine parcourt la distance EC en 3 min 20 s.

19 **1.** Dans le triangle ABC, I est le milieu de [AB] et J est le milieu de [BC], donc, d'après le théorème de la droite des milieux, la droite (IJ) est parallèle à la droite (AC) et $IJ = \dfrac{1}{2}AC$.
De même, dans le triangle ACD, K est le milieu de [CD] et L est le milieu de [DA], donc, d'après le théorème de la droite des milieux, la droite (KL) est parallèle à la droite (AC) et $KL = \dfrac{1}{2}AC$.
Les droites (IJ) et (KL) sont toutes deux parallèles à une même droite, elles sont donc parallèles entre elles et $IJ = \dfrac{1}{2}AC = KL$. Le quadrilatère IJKL a deux côtés parallèles et de même longueur, c'est donc un parallélogramme.

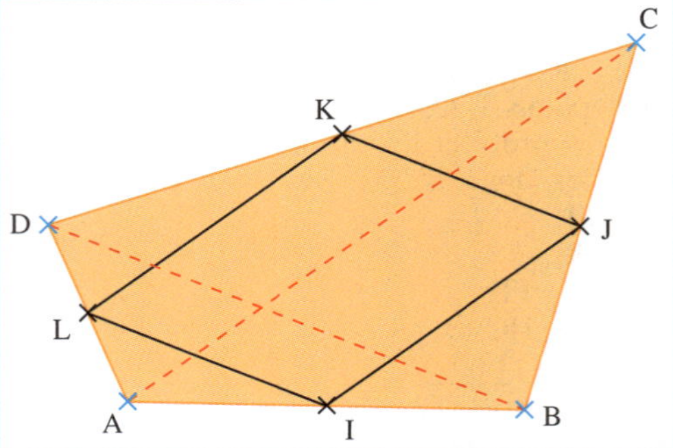

2. Pour que le parallélogramme IJKL soit un rectangle, il suffit qu'un de ses angles soit droit, par exemple l'angle en I.
D'après la question précédente, les droites (IJ) et (AC) sont parallèles.
Dans le triangle ABD, I est le milieu de [AB] et L est le milieu de [AD], donc, d'après le théorème de la droite des milieux, les droites (IL) et (BD) sont parallèles et $IL = \dfrac{1}{2}BD$.
Pour que les droites (IJ) et (IL) soient perpendiculaires, il faut alors que les droites (AC) et (BD) le soient également.
Le quadrilatère IJKL est un rectangle lorsque les diagonales du quadrilatère ABCD sont perpendiculaires.
3. Pour que le parallélogramme IJKL soit un losange, il suffit que deux côtés consécutifs soient de même longueur, par exemple [IJ] et [IL].
D'après les questions précédentes, $IJ = \dfrac{1}{2}AC$ et $IL = \dfrac{1}{2}BD$ donc IJ = IL lorsque AC = BD.
Le quadrilatère IJKL est un losange lorsque les diagonales du quadrilatère ABCD sont de même longueur.
4. Pour que le quadrilatère IJKL soit un carré, il suffit qu'il soit un rectangle et un losange.
Le quadrilatère IJKL est un carré lorsque les diagonales du quadrilatère ABCD sont perpendiculaires et de même longueur.
Le quadrilatère ABCD n'est alors pas un quadrilatère particulier. Il faudrait que ses diagonales aient le même milieu ou que l'une des diagonales coupe l'autre en son milieu pour obtenir un quadrilatère particulier.

20 **1.**

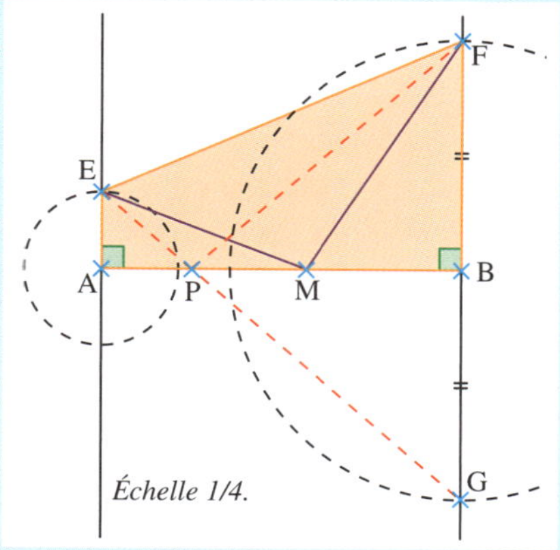

2. a) Le point G étant le symétrique du point F par rapport à la droite (AB) et M appartenant à (AB), le symétrique du segment [MG] par rapport à (AB) est le segment [MF]. Les segments [MG] et [MF] sont alors de même longueur.

$EM + MF = EM + MG$

et $EM + MG \geq EP + PG$ car P appartient à [EG].

$EP + PF = EP + PG$, d'où :

$EM + MF \geq EP + PF$, pour tout point M de [AB].

b) La longueur $EM + MF$ est minimale lorsque $EM + MG$ l'est.

La distance la plus courte entre les points E et G est celle du segment [EG]. La distance $EM + MF$ est alors minimale lorsque M est à l'intersection de (AB) et du segment [EG], c'est-à-dire en P.

3. a) Les droites (AE) et (BF) sont parallèles et les points P, A, B et P, E, G sont alignés dans le même ordre, donc, d'après le théorème de Thalès appliqué aux triangles PAE et PBG :

$\frac{AP}{PB} = \frac{AE}{BG}$; soit : $\frac{AP}{14 - AP} = \frac{3}{9}$.

b) $\frac{AP}{14 - AP} = \frac{3}{9}$ équivaut à :

$\frac{AP}{14 - AP} = \frac{1}{3}$ équivaut à :

$3AP = 14 - AP$, d'où :

$4AP = 14$ et donc :

$AP = \frac{14}{4} = \frac{7}{2}$ et $PB = 14 - \frac{7}{2} = \frac{21}{2}$.

4. Dans le triangle PAE rectangle en A, d'après le théorème de Pythagore :

$PE^2 = PA^2 + AE^2$

$= \left(\frac{7}{2}\right)^2 + 3^2 = \frac{85}{4}$

et donc $PE = \sqrt{\frac{85}{4}} = \frac{\sqrt{85}}{2}$.

De même, dans le triangle PBF rectangle en B :

$PF^2 = PB^2 + BF^2$

$= \left(\frac{21}{2}\right)^2 + 9^2 = \frac{765}{4}$

et donc $PF = \sqrt{\frac{765}{4}} = \frac{3\sqrt{85}}{2}$.

Par conséquent :

$EP + PF = \frac{\sqrt{85}}{2} + \frac{3\sqrt{85}}{2}$

$= 2\sqrt{85} \simeq 18,4$ arrondi à 0,1 près.

La valeur minimale de $EM + MF$ est $2\sqrt{85}$ cm, soit environ 18,4 cm arrondi au dixième.

8 Les transformations

Les transformations sont abordées dès l'école primaire avec la symétrie axiale via des pliages et découpages de napperons. Le chapitre 7 a établi des relations entre plusieurs triangles à travers l'étude des triangles semblables et des triangles égaux. Ce chapitre va permettre d'étendre ces relations à différents types de figures, en montrant comment passer d'une figure à une autre grâce aux transformations du plan et à leurs propriétés.

A Les isométries

1. Généralités

Exemple 1

La mosaïque ci-dessous a été obtenue à partir du motif 1, à droite ci-dessous :

Motif 1

Une première étape dans la construction de cette mosaïsque peut consister à reproduire le reflet du motif 1 sur un miroir :

On obtient le nouveau motif 2 ci-contre.
Ici, on imagine qu'en pliant selon l'axe rouge représentant la position du miroir, les deux parties se superposent exactement.

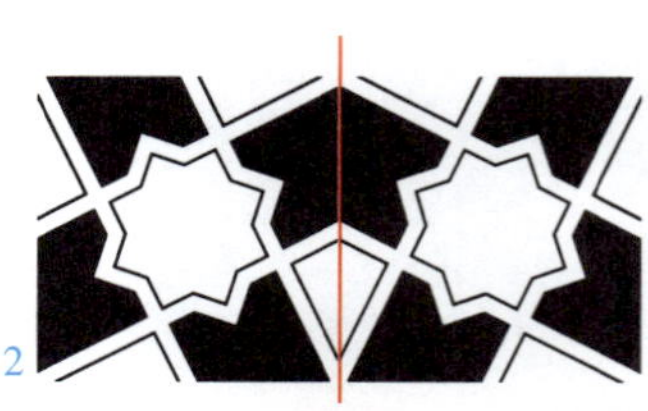

Motif 2

DÉFINITIONS

• Une transformation du plan associe à tout point M du plan, un point M′ du plan. Ce point M′ est appelé l'image de M par la transformation. Le point M est l'antécédent du point M′ par la transformation.

On peut avoir M = M′ pour certains points. On dit alors que ces points sont invariants par la transformation.

• Une isométrie est une transformation qui conserve les longueurs, c'est-à-dire que les images A′, B′ de deux points A et B vérifient AB = A′B′.

Dans l'exemple 1, on a associé à tout point du motif 1, son reflet sur le miroir puis le point associé sur le motif 2. On a construit l'image du motif 1 par une transformation. Remarquons que les dimensions et les formes sont conservées, mais les formes sont « retournées ».

PROPRIÉTÉ

Les isométries conservent les angles, l'alignement, les aires et le parallélisme.

En particulier, l'image d'une figure par une isométrie est une figure identique : les cercles sont transformés en cercles de même rayon, les carrés en carrés de même longueur de côté…

Conseil

• Pour construire l'image d'un polygone par une isométrie, il suffit de construire l'image de ses sommets puis de les relier dans le même ordre que leurs antécédents.

• Pour construire l'image d'un cercle, il suffit de construire l'image de son centre comme centre, il aura même rayon.

DÉFINITION

Une figure F′ est une reproduction d'une figure F s'il existe une isométrie qui transforme la figure F en F′. On dit encore que les figures sont superposables.

PROPRIÉTÉS

• Soit F une figure et soit F′ une reproduction de cette figure. Alors toutes les dimensions de la figure F sont égales aux dimensions correspondantes de la figure F′.

• Réciproquement, si deux figures ont toutes leurs dimensions égales, elles sont des reproductions l'une de l'autre, c'est-à-dire qu'il existe une isométrie qui permette de passer de l'une à l'autre.

Remarque : La première assertion est une conséquence directe de la définition des isométries. Nous admettrons la réciproque.

Attention !

• Si deux polygones ont uniquement leurs longueurs de côtés 2 à 2 égales, ils ne sont pas forcément des reproductions l'un de l'autre. Par exemple, un losange ne sera une reproduction d'un carré de même longueur de côté que s'il a des angles droits (UN angle droit suffit). Il sera donc nécessaire que les diagonales de ces polygones soient aussi de même mesure.

• Ce résultat est cependant valable pour les triangles : voir le chapitre 7 avec les triangles égaux.

Les transformations de cette partie A sont des isométries. Une figure et son image sont donc des reproductions l'une de l'autre pour ces transformations.

MÉTHODE 1, p. 185

2. Symétrie axiale

Nous avons vu que la 1re étape pour reconstituer la mosaïque ci-contre par « reflet » par rapport à l'axe rouge et obtenir le motif 2, est une transformation. Par exemple, l'image du point B est le point B lui-même, et l'image du point A est A′. On peut en dire plus sur cette transformation.

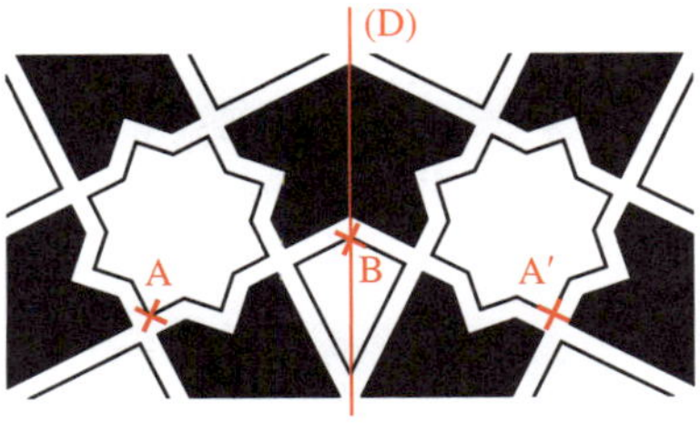

DÉFINITIONS

• La symétrie axiale est définie par une droite (d), appelée axe de symétrie.

• Si un point M du plan appartient à l'axe de symétrie (d), la symétrie associe le point M à lui-même : les points de l'axe de symétrie sont invariants.

• Si M n'appartient pas à (d), il existe un unique point M′ tel que (d) soit la médiatrice du segment [MM′]. Ce point M′ est associé au point M : c'est le symétrique de M pour la symétrie axiale d'axe (d).

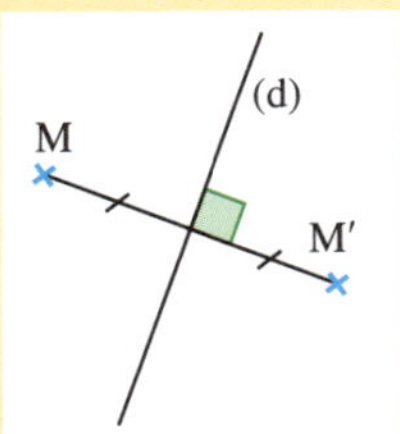

Rappel

La médiatrice d'un segment est à la fois la droite qui passe perpendiculairement par le milieu du segment, et aussi l'ensemble des points à égale distance des extrémités du segment.

Pour construire le motif 2, on a ainsi utilisé la symétrie d'axe (D) en rouge ci-avant. Les points sur l'axe « n'ont pas bougé », comme vu pour le point B.
Le symétrique du point A est A′. En effet, si on imagine plier la mosaïque selon l'axe (D), les points A et A′ se superposent. Cela montre que si C est un point quelconque de (D), alors les segments [CA] et [CA′] se superposent lors du pliage, et donc les longueurs CA et CA′ sont égales. La droite (D) est bien la médiatrice de [AA′] car tous ses points sont à égale distance de A et A′.

Cette définition s'appuie sur la propriété suivante, qui donne une construction du symétrique d'un point, et donc son existence !

PROPRIÉTÉ

Protocoles de construction d'un symétrique

Soit M un point du plan, (d) une droite ne contenant pas M. Les deux constructions suivantes permettent d'obtenir le point M′ à partir de (d) et M, symétrique de M par rapport à (d).

1) Soit (d′) la droite perpendiculaire à (d) passant par M, et O le point d'intersection de (d) et (d′). Soit C le cercle de centre O, de rayon OM. Ce cercle intersecte (d′) en deux points : M et son symétrique M′.

2) Soit B et D deux points quelconques de l'axe (d), et soient les cercles C_1 de centre B, de rayon BM et C_2 de centre D, de rayon DM. Ces cercles ont deux points d'intersection : M et son symétrique M′.

Pour démontrer ce résultat, il suffit de montrer que le point M′ ainsi construit vérifie que (d) est la médiatrice de [MM′].

Remarques :

- Si le point A′ est le symétrique du point A pour une symétrie d'axe (d), alors A est le symétrique de A′ par cette même symétrie car (d) est la médiatrice de [AA′] comme de [A′A].
- Si le point A′ est le symétrique du point A pour une symétrie d'axe (d), et si C est un point quelconque de (d), alors le triangle AA′C est isocèle en C car C appartient à la médiatrice du segment [AA′].

PROPRIÉTÉ

La symétrie axiale est une isométrie, c'est-à-dire qu'elle conserve les longueurs, les angles, l'alignement, le parallélisme, les aires (propriété admise).

MÉTHODE 2, p. 186

3. Figures symétriques

Si on fait le symétrique de l'étoile du motif 1, par la symétrie axiale d'axe l'une des deux droites rouges ci-contre, on peut constater que les points s'échangent et que le symétrique de cette étoile est l'étoile : on dit que l'étoile est symétrique et a pour axes de symétrie ces deux droites rouges, et bien d'autres…

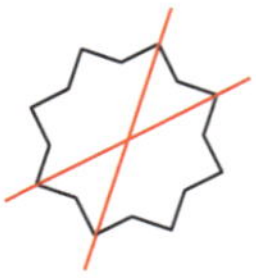

DÉFINITION

On dit qu'une figure est symétrique s'il existe une droite (d) telle que la symétrie axiale d'axe (d) laisse la figure globalement invariante. On dit de manière équivalente que la figure présente un axe de symétrie.

COURS

3-1 Propriétés des figures usuelles

On a indiqué en rouge les axes de symétrie.

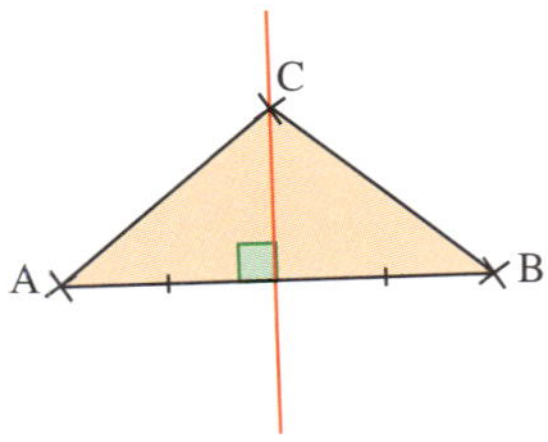	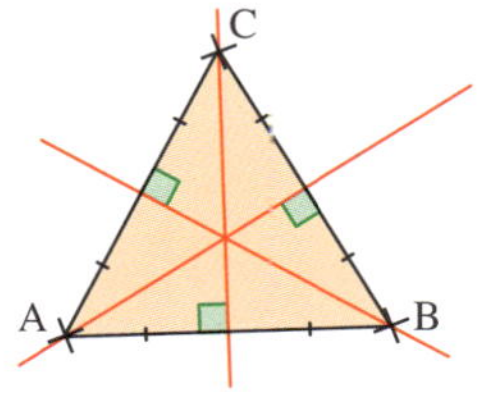	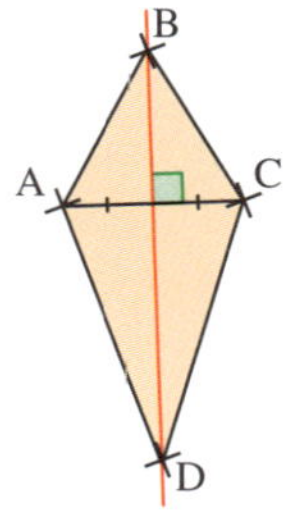
Triangle isocèle en C : la hauteur issue de C est l'axe de symétrie de la figure.	**Triangle équilatéral :** les hauteurs – qui sont aussi médianes et médiatrices – sont les axes de symétrie de la figure.	Le « **cerf-volant** » a l'une de ses diagonales comme axe de symétrie.
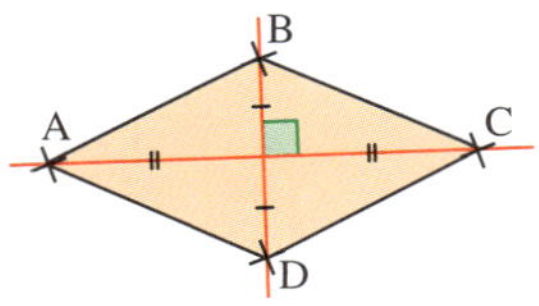	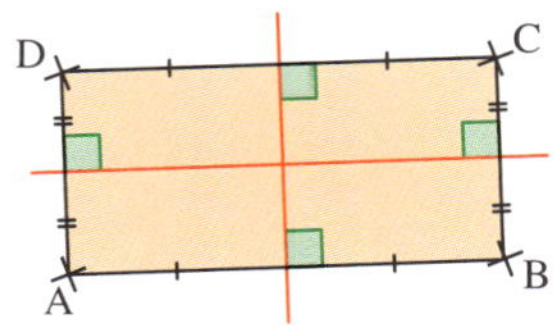	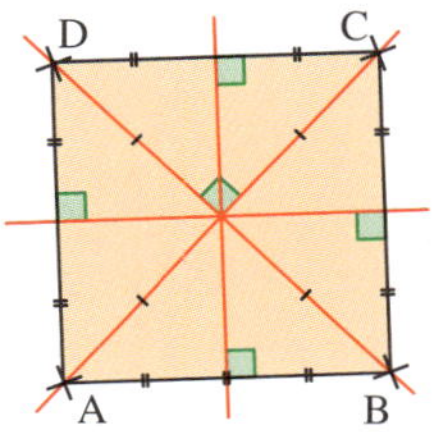
Losange : les diagonales sont les axes de symétrie de la figure.	**Rectangle :** les médiatrices des côtés sont les axes de symétrie de la figure. Attention, pas les diagonales en général…	**Carré :** médiatrices et diagonales sont les axes de symétrie de la figure.

ÉTHODE 3, p. 186

4. Symétrie centrale

On peut poursuivre la mosaïque par une deuxième symétrie d'axe (D′) en vert ci-contre et obtenir la mosaïque à partir du motif 2.
Si O est l'intersection des deux axes de symétrie, remarquons que O est le milieu des segments [AA″] et [A′A‴].
On peut utiliser une nouvelle méthode pour compléter la mosaïque : on utilise une symétrie centrale de centre O.

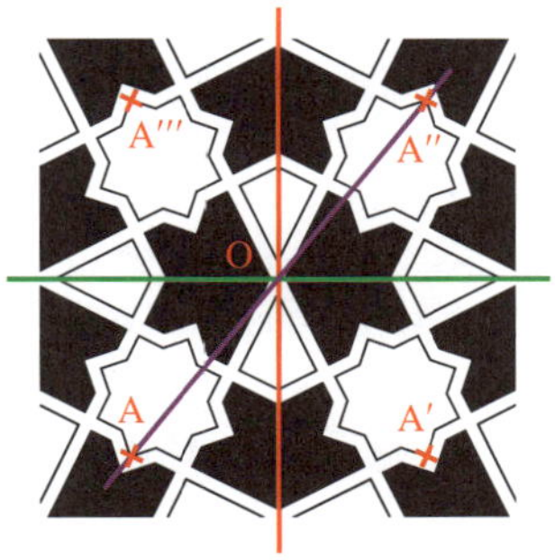

ÉFINITIONS

- La symétrie centrale est définie par un point O, appelé centre de symétrie.
- Le point O est associé à lui-même : il est invariant.
- Si un point M du plan est différent de O, la symétrie lui associe le point M′ tel que O soit le milieu du segment [MM′].
- On dit que M′ est le symétrique de M pour la symétrie centrale de centre O.

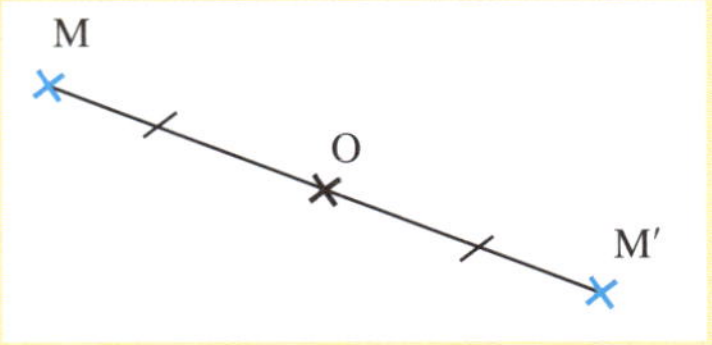

Cette définition s'appuie sur la propriété suivante, qui donne une construction (assez simple) du symétrique d'un point par une symétrie centrale. Cela montre encore une fois son existence !

PROPRIÉTÉ

Protocole de construction d'un symétrique

Soit O et M deux points du plan. Il existe un unique point M′ tel que O soit le milieu de [MM′]. Ce point est le point diamétralement opposé au point M sur le cercle de centre O et de rayon OM.

Démonstration : Par construction, le segment [MM′] est un diamètre du cercle de centre O donc O est le milieu du segment [MM′].

PROPRIÉTÉS

- La symétrie centrale est une isométrie (propriété admise).
- La symétrie centrale transforme une droite en une droite parallèle (propriété admise).

Si on construit le symétrique de l'étoile du motif 1, par la symétrie centrale de centre l'intersection O des droites rouges de la figure ci-contre, on peut constater que les points s'échangent et que le symétrique de cette étoile est l'étoile : on dit que l'étoile est symétrique et a pour centre de symétrie le point O.

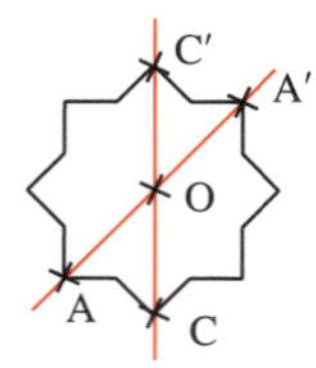

DÉFINITION

On dit qu'une figure est symétrique s'il existe un point O telle que la symétrie centrale de centre O laisse la figure globalement invariante. On dit de manière équivalente que la figure présente un centre de symétrie.

MÉTHODES 4 ET 7, p. 187

5. Rotations

Une manière d'obtenir l'étoile du motif 1 est de faire pivoter le polygone OAGB autour du point O d'un angle de 45° dans le sens inverse des aiguilles d'une montre. Si on refait l'opération plusieurs fois à partir du polygone obtenu, on obtient l'étoile.
On a utilisé la rotation de centre O et d'angle 45° dans le sens inverse des aiguilles d'une montre. En particulier : l'image de A est B ; l'image de B est C ; l'image de C est D…

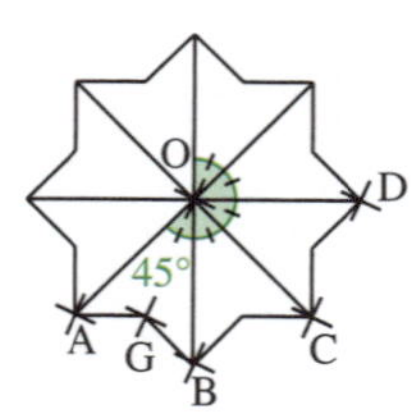

DÉFINITIONS

- Une rotation est définie par un point O, appelé centre de rotation, un angle appelé angle de la rotation, et un sens, qui peut être le sens horaire (i.e. le sens des aiguilles d'une montre), appelé aussi sens indirect, ou le sens antihoraire ou direct.
- Le point O est associé à lui-même : il est invariant.
- Si un point M du plan est différent de O, la rotation lui associe le point M′ tel que OM = OM′ et $\widehat{MOM'} = \alpha$, dans le sens de la rotation.

On dit que M′ est l'image de M par la rotation de centre O et d'angle α.
Sur la figure ci-contre, on a choisi le sens antihoraire pour l'angle α.

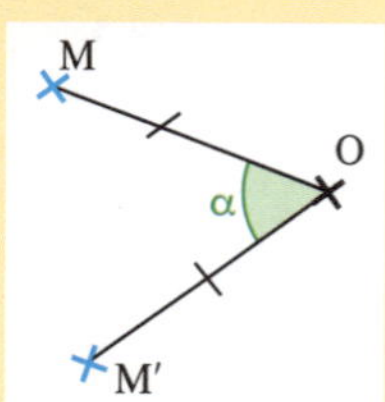

Remarque : On appelle aussi le sens direct « sens trigonométrique », et le sens indirect « sens rétrograde ».

PROPRIÉTÉ

Protocole de construction

Soit O et M deux points du plan et α un angle. On construit le cercle de centre O et de rayon OM. On construit l'angle de mesure α dans le sens de la rotation à partir de la demi-droite [OM). Cet angle intersecte le cercle en M′ pour former un angle $\widehat{MOM'} = \alpha$.

COURS

Conseils

- Dans les exercices, on pourra utiliser le fait que si A′ est l'image de A par une rotation de centre O et d'angle α, alors le triangle OAA′ est isocèle en O car OA = OA′.
- Si de plus l'angle $\alpha = 60°$, alors le triangle est équilatéral car l'angle en O est 60°, et les angles en A et A′ sont égaux (le triangle est isocèle) et valent $\frac{180° - 60°}{2} = 60°$. OAA′ a donc trois angles de 60° : c'est un triangle équilatéral.

Remarque : Soit O un point du plan, la rotation de centre O et d'angle 180° (sens direct ou indirect) est la symétrie centrale de centre O. En effet, pour les deux transformations, l'image du point O est O.
Si M est un point du plan différent de O. Soit M′ l'image de M par la rotation de centre O d'angle 180°.
Par définition, OM = OM′ et $\widehat{MOM'} = 180°$. Les points M, O, M′ sont alignés dans cet ordre, donc O est le milieu du segment [MM′]. Le point M′ est donc le symétrique de M par la symétrie centrale de centre O.
Les deux transformations coïncident pour tous les points du plan, elles sont donc égales.

PROPRIÉTÉS

- La rotation est une isométrie (démonstration : voir exercice 5, p. 193).
- Une rotation de centre O et d'angle α transforme une droite (d) en une droite (d′) formant avec celle-ci un angle α.

MÉTHODE 5, p. 188

6. Translations

On peut utiliser la mosaïque de l'exemple 1 pour faire un pavage, en la déplaçant et en la reproduisant comme ci-contre : les points O, A ont ainsi été déplacés respectivement en O′, E. Remarquons qu'alors les segments [OO′] et [AE] sont parallèles et de même longueur, et par suite le quadrilatère OO′EA est un parallélogramme. On pourrait voir de même que les quadrilatères OO′E′A′, OO′E″A″, OO′E‴A‴ sont des parallélogrammes.
On a construit le translaté de la mosaïque par la translation qui transforme O en O′.

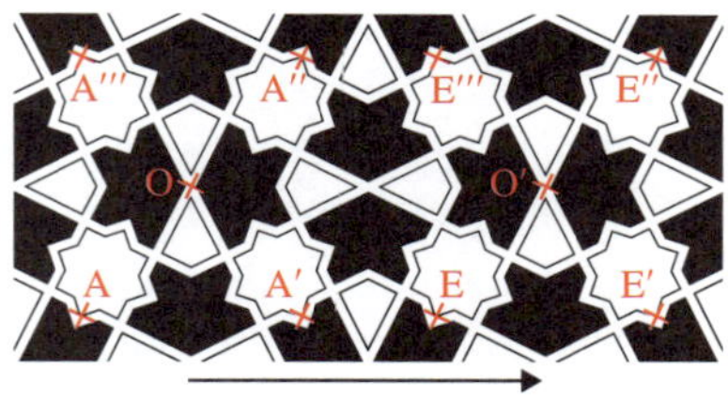

DÉFINITIONS

- Une **translation** est définie par un couple de points distincts (A,B). L'image du point A est le point B et on dira que l'on considère **la translation qui transforme le point A en B**.
- Si M est un point du plan n'appartenant pas à la droite (AB), il est associé au point M′ tel que ABM′M soit un parallélogramme. Ce point est l'**image** de M par la translation qui transforme A en B.
- Si M appartient à la droite (AB) différent de A, M′ est le point de (AB) tel que MM′ = AB et BM′ = AM.

Ce point est l'image de M par la translation qui transforme A en B.

Remarque : La définition du translaté d'un point appartenant à la droite (AB) peut être utilisée pour construire le translaté du point A. En effet, si M = A, alors son translaté vérifie BM′ = AM = 0, donc les points B et M′ sont confondus : l'image de A est bien B !

La définition d'une translation s'appuie sur la propriété suivante, qui donne une construction du translaté d'un point, et par suite son existence.

PROPRIÉTÉ

Protocole de construction du translaté d'un point M par la translation qui transforme A en B

Soit A, B et M trois points non alignés. Il existe un unique point M′ tel que ABM′M soit un parallélogramme. On peut construire ce point de plusieurs manières, par exemple :

1) On construit la droite parallèle à (AM) passant par B et la parallèle à (AB) passant par M. Ces droites s'intersectent en M′.
2) On construit le cercle c de centre B de rayon AM et le cercle d de centre M de rayon AB. Le point M′ est l'intersection de ces cercles qui se situe du même côté de (AB) que M.

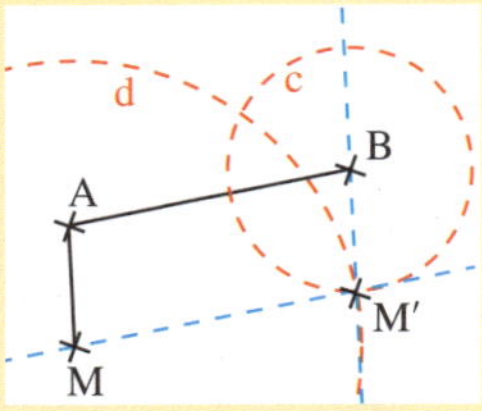

Remarque : Une translation n'a pas de point invariant. En effet, un point et son image doivent permettre de former un parallélogramme avec les points définissant la translation. Ils ne peuvent donc être confondus (sinon ils formeraient un triangle).

PROPRIÉTÉ La translation est une isométrie (propriété admise).

MÉTHODE 6, p. 189

B Les homothéties

1. Homothéties

Exemple 2

Voici un tableau Theo van Doesburg d'environ 30 cm de côté, qui date de 1930 et s'intitule *Dessin arithmétique IV*.
On s'intéresse aux choix de l'artiste pour composer ce tableau.
On peut d'abord remarquer que les côtés des 5 carrés ne sont pas parallèles aux bords de l'œuvre, mais à ses diagonales.
On mesure ensuite les longueurs des côtés des carrés (en prenant comme unité le côté du petit carré et en reportant avec le compas) :

Carré noir	Carré gris clair	Carré gris foncé	Petit carré vide	Grand carré vide
1	2	4	2	4

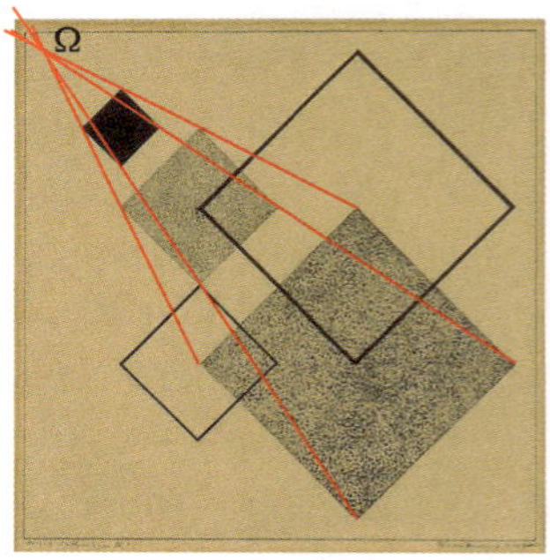

Si on étudie maintenant les alignements, on voit que les carrés pleins (i.e. dont l'intérieur est coloré) ont leurs sommets un à un alignés. Cela fait apparaître sur l'œuvre un point non dessiné : Ω, qui est sur l'une des diagonales du tableau. Le long de ces droites rouges, la distance du point Ω aux sommets des carrés pleins est multipliée par 2, 4 ou ½, ¼ selon l'ordre dans lequel on considère les sommets.

DÉFINITIONS

- Une homothétie est définie par un point O, et un nombre non nul k, appelés respectivement centre et rapport de l'homothétie.
- Le point O est invariant.
- Si M est un point du plan distinct de O, il est associé au point M′ appartenant à la droite (OM), tel que $OM' = |k| \times OM$ et qui se trouve du même côté de O que M si $k > 0$, et de l'autre côté si $k < 0$.
- Le point M′ est l'image de M pour l'homothétie de centre O, de rapport k.

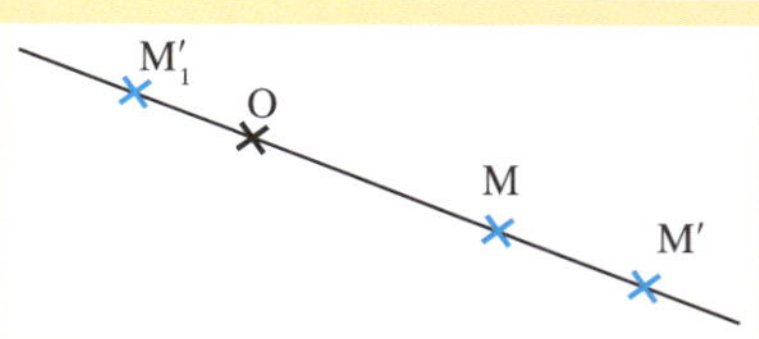

On a représenté ci-dessus les images du point M par les homothéties de centre O et de rapport 1,5 pour M′ et –0,5 pour M'_1.

Dans l'exemple 2, le carré gris clair est l'homothétique du carré noir par l'homothétie de centre Ω et de rapport 2.
Le carré gris foncé est l'image du carré gris clair par la même homothétie.
Nous pouvons également voir que le carré gris foncé est l'image du carré noir par l'homothétie de centre Ω et de rapport 4.
De manière équivalente, le carré noir est l'image du carré gris clair par l'homothétie de centre Ω et de rapport ½, et le carré gris clair est lui-même l'image du carré gris foncé par cette deuxième homothétie.
Qu'en est-il est carrés « vides » (i.e. dont l'intérieur n'est pas coloré) ?
Ci-contre, un deuxième point de l'œuvre, non dessiné, apparaît, lui aussi sur une diagonale du tableau : le point θ.
Le grand carré vide est l'image du petit carré vide par l'homothétie de centre θ de rapport 2.
Pour compléter l'étude mathématique de ce tableau, voir la question 8, p. 192.

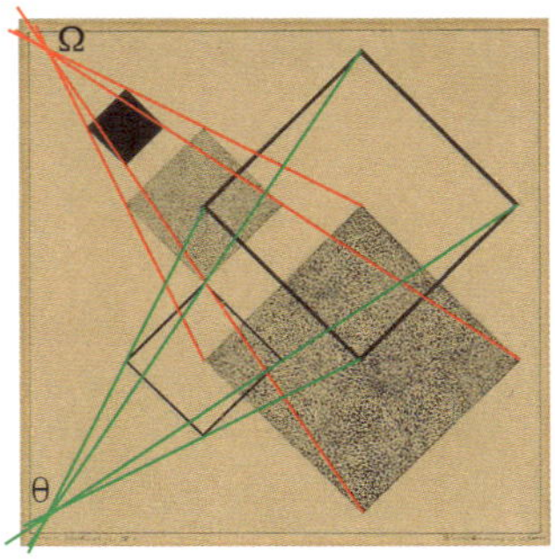

PROPRIÉTÉ

Protocole de construction

Soit O et M deux points du plan et k un nombre non nul.
On donne le programme de construction pour construire le point M′ image de M par l'homothétie de centre O de rapport k :

1) Construire la droite (OM).
2) Construire le cercle de centre O de rayon $|k| \times \text{OM}$.
3) L'intersection de ce cercle avec la droite (OM) est formée de 2 points :

– si $k > 0$, le point M′ est l'intersection de la demi-droite [OM) et de ce cercle (point B sur la figure) ;
– si $k < 0$, le point M′ est le 2e point d'intersection, c'est-à-dire celui n'appartenant pas à la demi-droite [OM) (point A sur la figure).

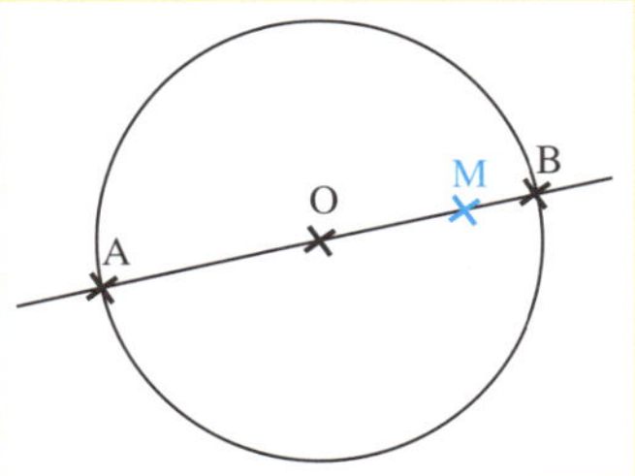

Démonstration : La construction ci-dessus permet bien de construire un point M′ sur la droite (OM) et vérifiant les conditions de la définition sur la longueur OM′.

PROPRIÉTÉS

- L'image d'une droite par une homothétie est une droite parallèle (propriété admise).
- L'image d'un segment de longueur l est un segment de longueur $|k| \times l$ où k est le rapport de l'homothétie (propriété admise).
- L'image d'un angle par une homothétie est un angle de même mesure (propriété admise).

Remarque : Les longueurs des figures étant multipliées par $|k|$, l'image d'un carré est donc un carré dont la longueur du côté a été multipliée par $|k|$, l'image d'un cercle de rayon r est un cercle de rayon $|k| \times r$.

PROPRIÉTÉ

L'image d'une figure par une homothétie de rapport k a une aire multipliée par k^2 par rapport à la figure de départ.

2. Agrandissement, réduction

DÉFINITIONS

• Soit k un nombre strictement positif différent de 1. Une figure F′ est un agrandissement ou une réduction de rapport k d'une figure F si une homothétie de rapport k transforme la figure F en une reproduction de la figure F′, c'est-à-dire que l'image de F par une homothétie de rapport k est superposable à la figure F′.

• Si $k > 1$ on parlera d'agrandissement, si $0 < k < 1$ de réduction.

Les carrés de l'œuvre de l'exemple 2 sont des agrandissements/réductions les uns des autres de rapport 2, 4 ou ½, ¼.

Remarque : Les homothéties conservant les angles, si une figure F′ est un agrandissement ou une réduction de rapport k d'une figure F, alors les angles de la figure F′ ont même mesure que les angles correspondants de la figure F.

MÉTHODES

méthode 1 Construire l'image d'une figure par une symétrie axiale

Sur la figure ci-contre, ABCDE est un pentagone régulier, c'est-à-dire que tous ses côtés ont même longueur et que tous ses angles ont la même mesure, de 108°. Le cercle a pour centre D et pour rayon la moitié de la longueur AB.

On réalisera la figure pour un pentagone de 3 cm de côté. Construire le symétrique de la figure obtenue, pour la symétrie axiale d'axe (d) = (AB).

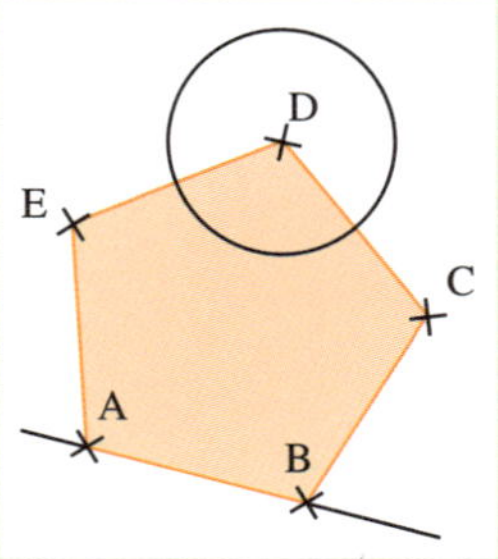

CORRIGÉ COMMENTÉ

Construction de la figure

On construit un segment [AB] de longueur 3 cm. On construit un point C tel que $\widehat{ABC} = 108°$ dans le sens horaire. Le point C est sur la demi-droite [BC) et tel que BC = 3 cm.
On construit les points D et E de la même manière.
On construit le cercle de centre D de rayon $\frac{3\text{ cm}}{2} = 1{,}5$ cm.

Symétrique du pentagone

On construit les symétriques des sommets un par un, en les nommant soigneusement pour pouvoir les relier « dans le bon ordre » ensuite.

Les sommets A et B appartiennent à (d), donc ils sont confondus avec leur symétrique.

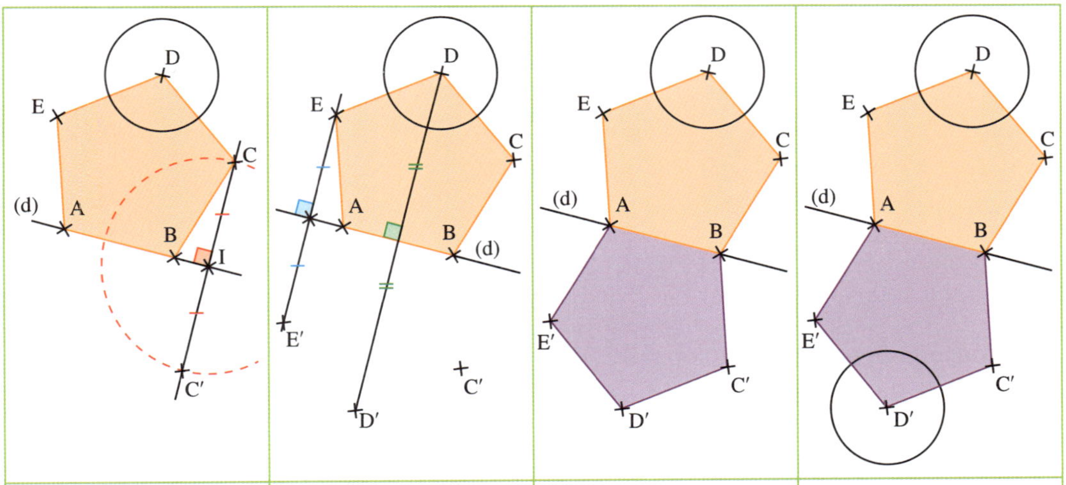

Construction du symétrique du point C : on construit la perpendiculaire à (d) passant par C. Elle coupe (d) en un point I. On reporte la longueur CI sur cette perpendiculaire à partir de I pour trouver le point symétrique C′.	On recommence avec les autres sommets du pentagone…	On relie les sommets « dans l'ordre » pour construire l'image du pentagone.	Les symétries étant des isométries, le symétrique d'un cercle est un cercle de même rayon et de centre le symétrique du centre. On construit donc le cercle de centre D′, et de rayon 1,5 cm.

Une méthode plus rapide, mais moins intuitive, pour construire les symétriques de ces points est illustrée ci-contre pour le point C. On utilise la 2e méthode du protocole de construction donnée dans la propriété du cours (voir p. 178). Il s'agit de construire les cercles de centre A (ou un autre point de (d)) et de rayon AC, et le cercle de centre B (ou un autre point de (d)) et de rayon BC.

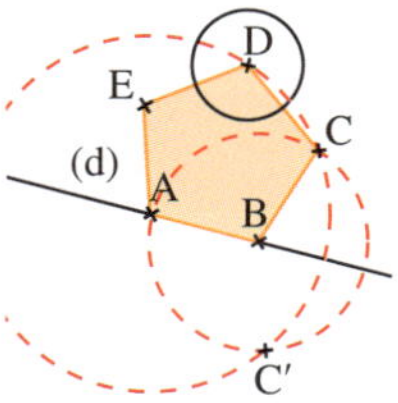

méthode 2 Trouver l'axe de symétrie d'une figure

La figure ci-contre est symétrique. Comment construire précisément son axe de symétrie ?

1 À l'aide d'une règle graduée.

2 À l'aide du compas et d'une règle non graduée.

CORRIGÉ COMMENTÉ

1 Si on peut utiliser une règle graduée, il suffit de repérer deux points A et B et leur symétrique A′ et B′ respectivement. Les milieux I et J des deux segments [AA′] et [BB′] appartiennent nécessairement à l'axe de symétrie et donc cet axe est la droite (IJ) (traits de construction en bleu sur la figure).

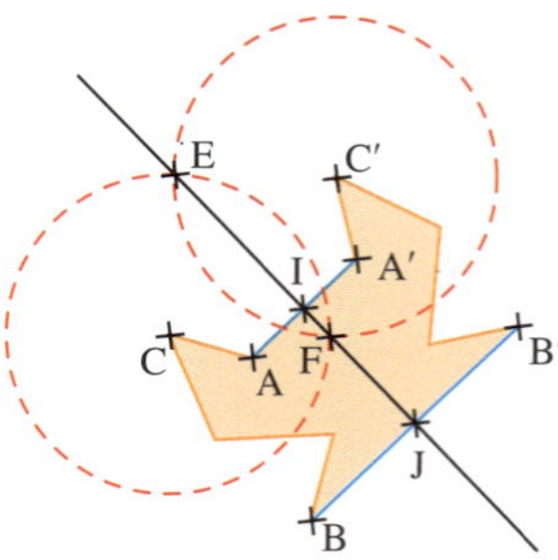

2 Si on ne peut utiliser de règle graduée, mais uniquement le compas et une règle non graduée, on peut construire la médiatrice d'un segment formé d'un point et son image, [CC′] par exemple. En effet, cette médiatrice est nécessairement l'axe de symétrie.
Pour la construction de la médiatrice, voir le chapitre 5, Géométrie plane, p. 113 : on a construit ici deux cercles de même rayon (assez grand) et de centres C et C′. Leurs points d'intersection E et F donnent la médiatrice (traits de construction en rouge sur la figure).

méthode 3 Construire l'image d'une figure par une symétrie centrale

On donne la figure ci-contre, où ABCD est un carré de centre O et de longueur de diagonale 4 cm.

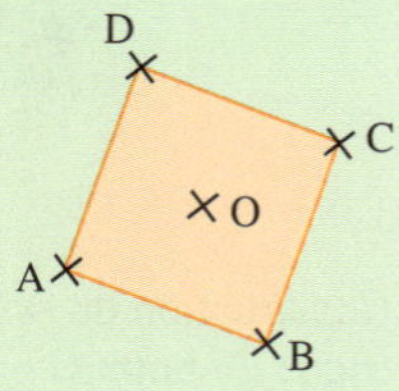

1 Reproduire le carré ABCD.

2 Construire A′B′C′ l'image de ABC par la symétrie de centre O.

3 Construire l'image du carré ABCD par la symétrie centrale de centre B.

CORRIGÉ COMMENTÉ

1 Il suffit donc de construire un cercle de centre O et de rayon 2 cm, puis de construire deux diamètres perpendiculaires [AC] et [BD].

Rappel de cours

Si les diagonales d'un quadrilatère sont perpendiculaires, de même longueur et ont même milieu, alors ce quadrilatère est un carré (voir Chapitre 5, Géométrie plane, p. 110).

2 Le point O est le centre du carré donc il est le milieu des segments [AC] et [BD]. La symétrie de centre O « échange » donc les points A et C d'un côté, et B et D de l'autre. Autrement dit, C est l'image de A et A est l'image de C par cette symétrie ; et de même, les points B et D sont images l'un de l'autre.
Finalement, l'image du triangle ABC est le triangle CDA ou ACD.

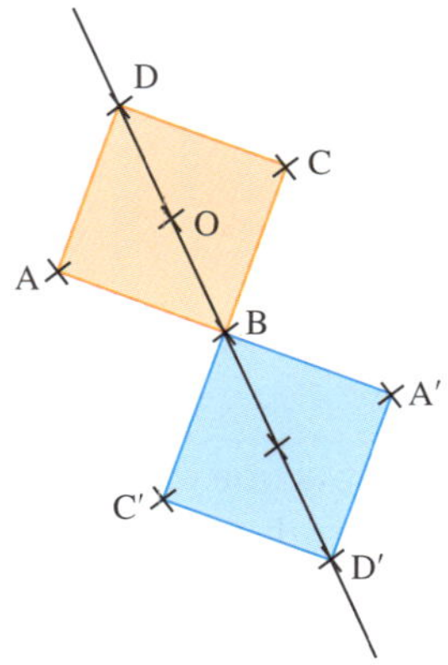

3 **Il faut construire l'image de chacun des sommets.**
L'image du point B est le point B, car c'est le centre de la symétrie.
Construisons l'image D′ du point D.
On veut que B soit le milieu de [DD′], on reprend donc le protocole de construction : construire (DB) et reporter la longueur DB comme sur la figure ci-contre.
On reprend la construction pour les points A et C.
Autre possibilité : la symétrie centrale est une isométrie, l'image du carré sera un carré. Après avoir construit le point D′, on peut donc construire la 2e diagonale [A′C′] et obtenir le reste du carré image.

Attention !

Avec cette 2e méthode, où on « complète » les figures, il faut être vigilant au sens des figures ! Ci-contre, on construit d'abord le symétrique du point A. Il faut ensuite compléter correctement le carré image : le carré rouge n'est pas l'image recherchée.

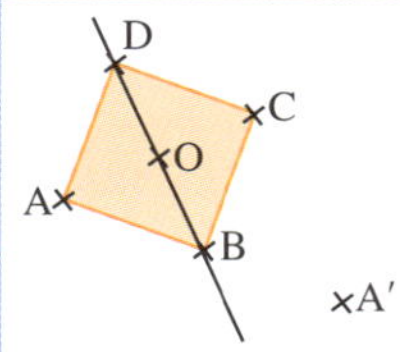

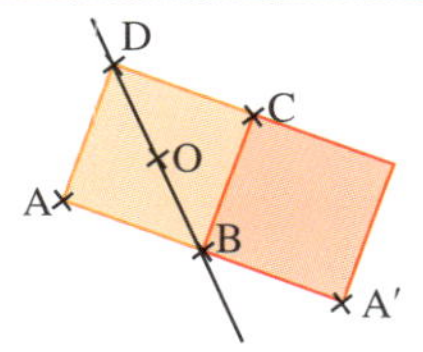

méthode 4 Construire l'image d'une figure par une rotation

Sur la figure ci-contre, ABCD est un carré de côté 3 cm et le cercle de centre D a pour rayon 1,5 cm.

Construire l'image de cette figure par la rotation de centre A et d'angle 60° dans le sens des aiguilles d'une montre (ou indirect).

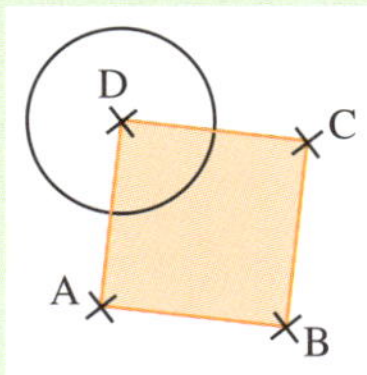

CORRIGÉ COMMENTÉ

Comme pour la symétrie axiale, on construit les images des sommets A, B, C, D pour construire l'image du carré. **Remarquons qu'après avoir obtenu le point B′, on peut construire directement le carré AB′C′D′. En effet, les rotations sont des isométries, un carré aura donc pour image un carré (de même longueur de côté, mais ici cette longueur est donnée par AB′). Comme pour la symétrie centrale, il faudra faire attention à construire le « bon » carré car deux sont alors possibles...**

Conseil

Ici, l'angle de la rotation est de 60°. Le triangle ABB′ est donc équilatéral (voir la remarque du cours, p. 184). Pour construire le point B′, il suffit donc de construire un triangle équilatéral de côté [AB], en reportant la longueur AB à partir de A et à partir de B. Deux points sont alors possibles, il faut choisir celui pour lequel l'angle $\widehat{BAB'} = 60°$ dans le sens de la rotation.

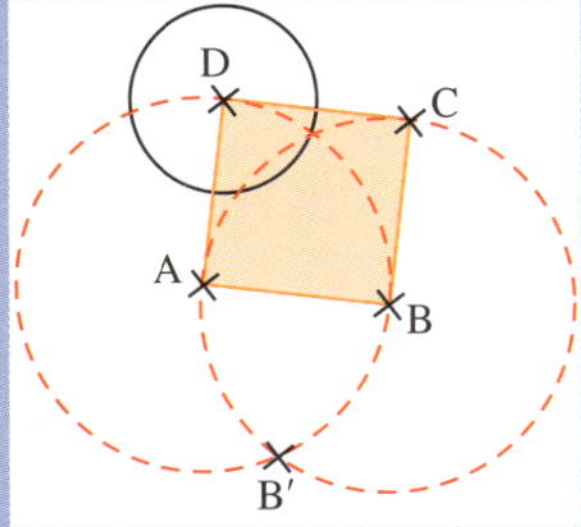

On peut faire de même pour les points C, avec le triangle équilatéral ACC′, et D, avec le triangle équilatéral ADD′.

Pour construire l'image du cercle, comme pour la symétrie, il suffit de construire le cercle ayant pour centre l'image du centre (point D′) et de même rayon.

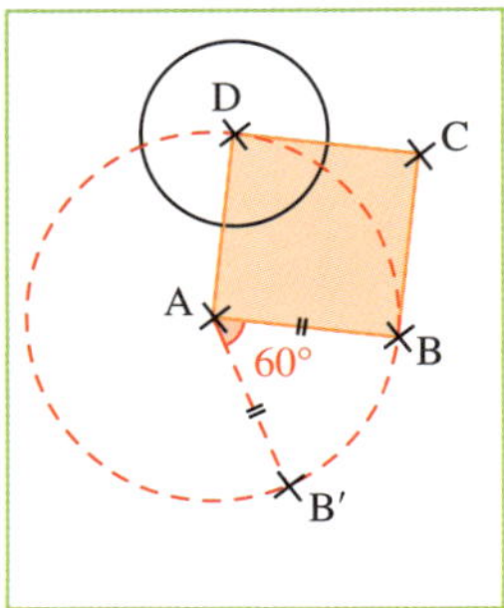	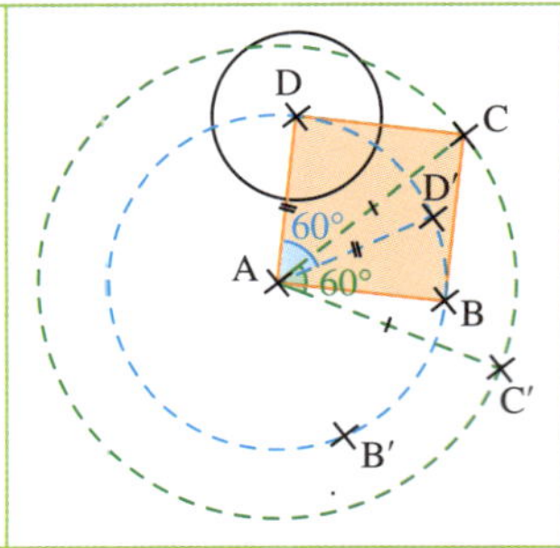	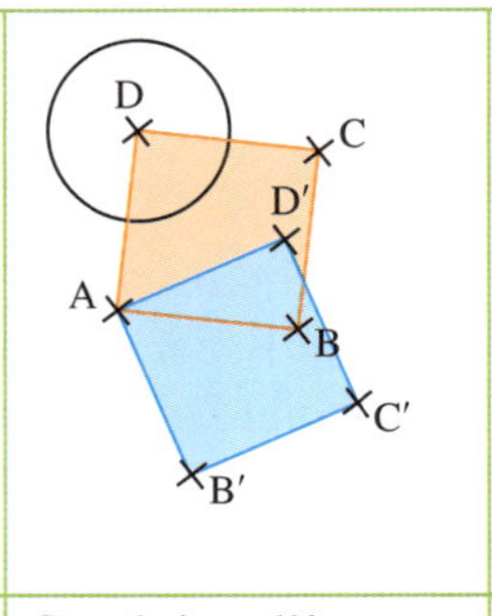	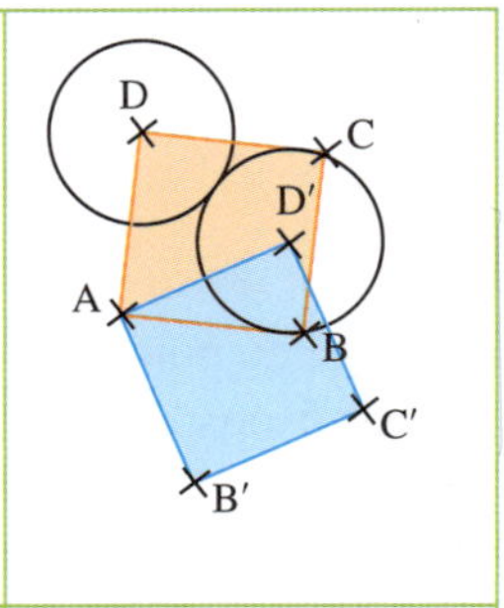
Construction de l'image du point B.	Construction des images des points C et D.	On obtient l'image de ABCD en reliant les images dans le même ordre que leurs antécédents.	Construction de l'image du cercle.

méthode 5 Construire l'image d'une figure par une translation

Construire l'image du cerf-volant ABCD par la translation qui transforme A en A′, dans les deux situations ci-dessous.

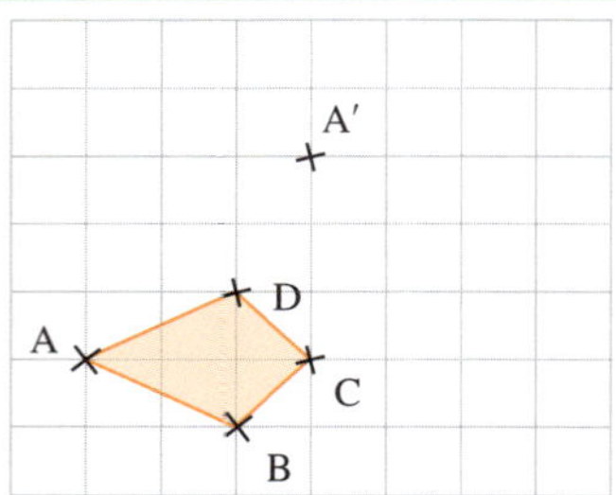

Situation 1

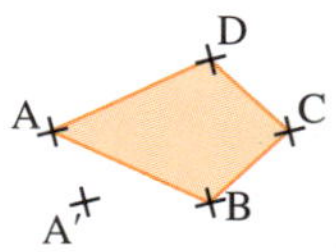

Situation 2

CORRIGÉ COMMENTÉ

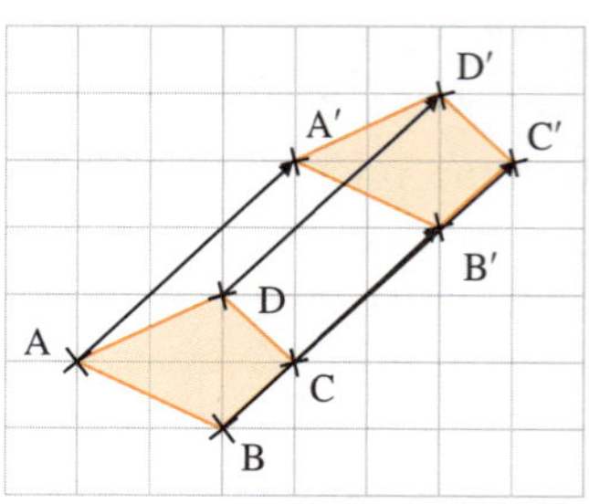

Situation 1

On peut s'aider du quadrillage : pour passer du point A au point A′, on « franchit » trois diagonales des carrés du quadrillage. Il suffit donc de reproduire le même déplacement pour construire les images des autres points.

Situation 2

On ne peut pas s'aider du quadrillage pour visualiser le « déplacement » et on doit donc construire des parallélogrammes : l'image de B sera le point B′ tel que AA′B′B est un parallélogramme.
On utilise la 2e méthode de construction du protocole de la partie A. 6. (voir p. 181), c'est-à-dire qu'on utilise l'égalité des longueurs des côtés opposés des parallélogrammes pour construire les images des sommets par la translation. Ci-après les constructions des points B, C et D.

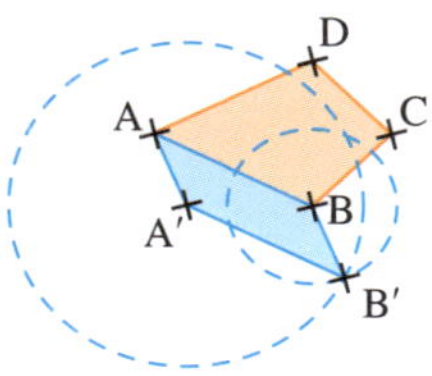	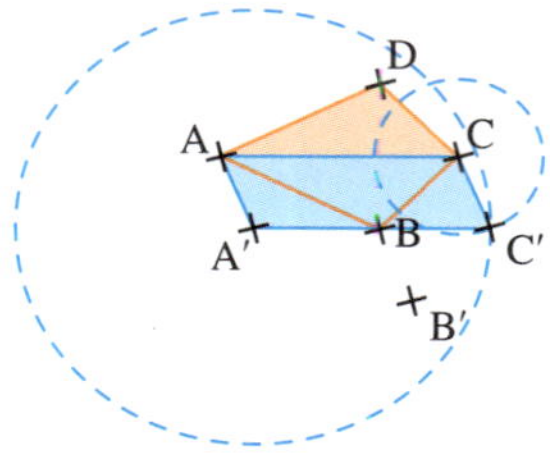	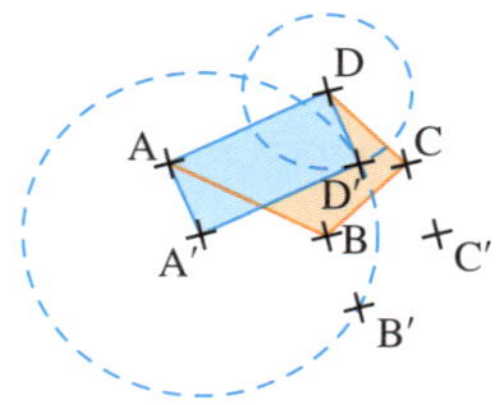
On construit le cercle de centre A′ de rayon AB et le cercle de centre B, de rayon AA′. On a AA′ = BB′ et AB = A′B′: AA′B′B est un parallélogramme.	De même AA′C′C est un parallélogramme.	Enfin AA′D′D est un parallélogramme.

Finalement, on obtient l'image du cerf-volant :

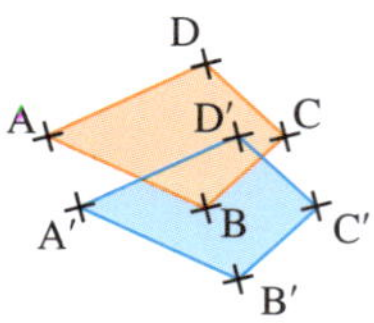

méthode 6 Construire l'image d'une figure par une homothétie

Soit ABC un triangle ayant pour dimensions AB = 3 cm, et BC = AC = 2 cm. Soit le point O vérifiant OA = 5 cm, OB = 4 cm.

1 Construire le triangle ABC et placer le point O.

2 Construire A′B′C′ l'image de ce triangle par l'homothétie de centre O et de rapport $\frac{3}{2}$.

CORRIGÉ COMMENTÉ

1 **On rappelle que pour construire un triangle dont on connaît les 3 longueurs des côtés, il faut utiliser le compas :**
– on construit le côté [AB] de longueur 3 cm ;
– on trace le cercle de centre A et de rayon AC = 2 cm, et le cercle de centre B et de rayon BC = 2 cm ;
– le point C appartient à l'intersection des deux cercles (il y a deux possibilités : on peut choisir selon que l'on veut lire ABC dans le sens des aiguilles d'une montre comme ici, ou le sens inverse).
Pour placer le point O, il suffit de construire le triangle ABO dont on connaît les longueurs des côtés, comme ci-contre. **(On a triangulé le point O à partir de A et B : cette technique permet de repérer tout point du plan lors de reproductions.)**

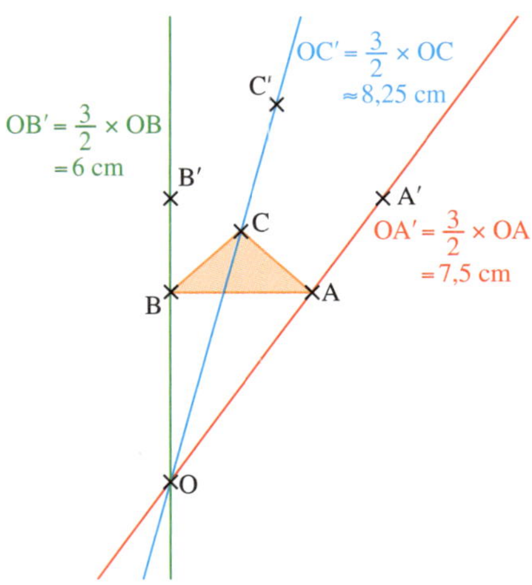

2 Pour construire l'image A′ du point A par l'homothétie de centre O, on trace la droite (OA). Le point A′ appartient à cette droite. Comme le rapport $\frac{3}{2} > 0$, A′ est du même côté de O que A, et vérifie $OA' = \frac{3}{2} \times OA = \frac{3}{2} \times 5 \text{ cm} = 7{,}5 \text{ cm}$.

On reproduit de même la construction pour le point B.
Pour le point C, on doit mesurer en plus la longueur OC pour construire C′. On trouve environ 5,5 cm, et donc OC′ mesure environ $5{,}5\ \text{cm} \times \frac{3}{2} = 8{,}25\ \text{cm}$.

Une autre construction est possible pour le point C′, en utilisant les propriétés des homothéties. Les homothéties transforment une figure en une figure semblable, avec un coefficient d'agrandissement/réduction égal à la valeur absolue du rapport de l'homothétie. Ici, le triangle ABC isocèle en C aura donc pour image un triangle A′B′C′ isocèle en C′. De plus, les longueurs des côtés de ce triangle seront $C'A' = CA \times \frac{3}{2} = 2\ \text{cm} \times \frac{3}{2} = 3\ \text{cm}$ et $C'B' = CB \times \frac{3}{2} = 3\ \text{cm}$.

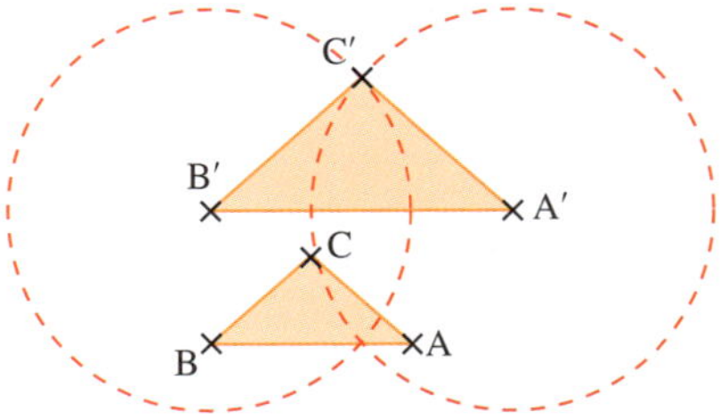

On peut donc construire le point C′ en construisant les cercles de centre A′ et B′ et de rayon 3 cm après avoir construit ces deux points.

méthode 7 Utiliser une transformation pour démontrer

On considère la figure ci-contre où ABCD est un carré de côté 3, ABE et BCF sont des triangles équilatéraux.

Quelle est la longueur du segment [EF] ?

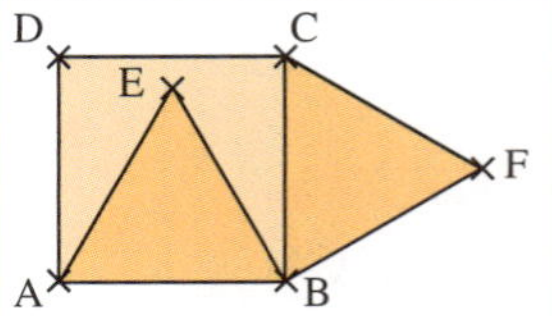

CORRIGÉ COMMENTÉ

Considérons la rotation de centre B d'angle 90° dans le sens indirect (sens des aiguilles d'une montre). Le point B est invariant. L'image du point A est le point C car ABCD est un carré, et donc $\widehat{ABC} = 90°$ dans le sens indirect.
La rotation est une isométrie, l'image du triangle équilatéral ABE est donc un triangle équilatéral. Le côté [AB] est transformé en [BC]. L'image de ABE est donc un triangle équilatéral ayant [BC] comme côté : c'est le triangle BCF.
Ainsi, l'image du point E est le point F par cette rotation, et l'angle $\widehat{EBF}$ mesure donc 90°. Le triangle EBF est donc un triangle rectangle en B. On sait de plus que BE = AB = 3 et BF = BC = 3 car les triangles ABE et BCF sont équilatéraux.
On peut alors appliquer le théorème de Pythagore dans le triangle EBF rectangle en B pour calculer la longueur EF :
$EF^2 = EB^2 + BF^2 = 3^2 + 3^2 = 18$.
Finalement, $EF = \sqrt{18} \simeq 4{,}24$.

ENTRAÎNEMENT

Se tester en 10 questions

→ Corrigés p. 196

Pour chaque question suivante, indiquez la (ou les) bonne(s) réponse(s).

1 La droite (f) est un axe de symétrie de la figure ci-contre.

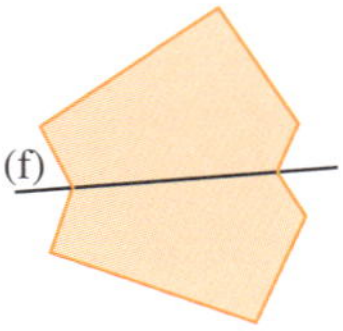

a) Vrai **b)** Faux

2 On reprend la mosaïque de l'exemple de la partie A du cours, et on considère les motifs A, B, C.

a) Le motif B est l'image du motif A par une symétrie axiale.

b) Le motif C est l'image du motif B par une symétrie axiale.

c) Le motif B est l'image du motif C par une rotation.

3 On considère le pentagone ABCDE inscrit dans le cercle de centre O ci-contre.

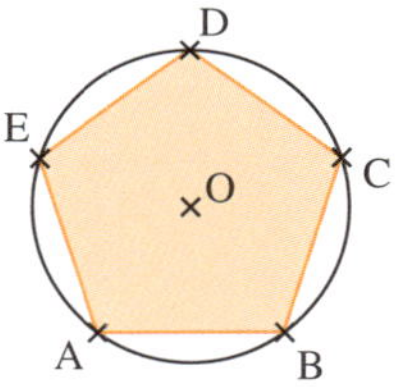

a) Le pentagone a exactement un axe de symétrie.

b) Le pentagone a exactement cinq axes de symétrie.

c) Le point O est un centre de symétrie du pentagone.

4 Soit A, B, O trois points non alignés et A′ et B′, les images de respectivement A et B par la symétrie centrale de centre O.

a) L'image du point O n'existe pas

b) Le triangle OAB′ a pour image le triangle OBA′ par cette symétrie.

c) Si le triangle AA′B est isocèle en B, alors le triangle AA′B′ est isocèle en B′.

d) Si le triangle AA′B est rectangle en A, le triangle AA′B′ est également rectangle en A.

5 Sur la figure ci-contre, C est l'image de A par l'homothétie de centre O de rapport 2 et E est l'image de A par l'homothétie de centre O de rapport –1.

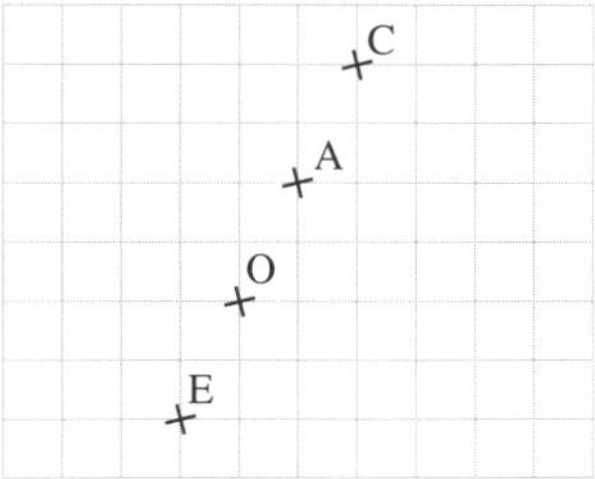

a) A est le milieu du segment [OC].

b) A est l'image de C par l'homothétie de centre O de rapport –2.

c) A est l'image de C par l'homothétie de centre O de rapport $\frac{1}{2}$.

d) O est l'image de E par l'homothétie de centre C de rapport $\frac{3}{2}$.

6 Un quadrilatère ABCD est un isocervolant en A si l'angle $\widehat{A}$ est droit et si la droite (AC) est un axe de symétrie de la figure.

a) Tout carré est un isocervolant.

b) Tout rectangle est un isocervolant.

c) Tout isocervolant est un carré.

d) Tout isocervolant est un rectangle.

7 Le quadrillage de la figure ci-contre a des cases carrées et les points sont situés sur des nœuds.

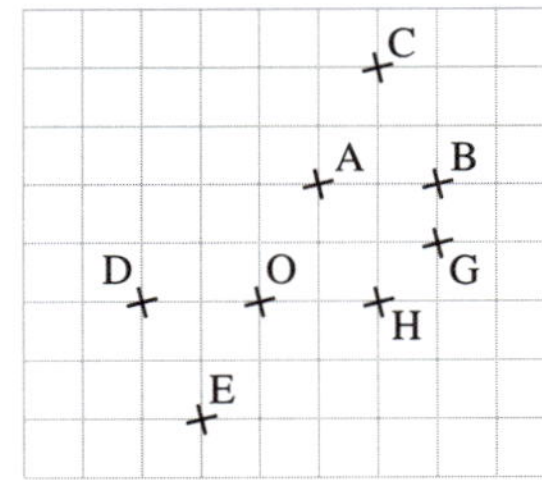

a) L'image de O par la translation qui transforme A en B est le point D.

b) L'image de H par la translation qui transforme A en C est le point G.

c) Soit D′ l'image du point D par la translation qui transforme A en C et D″ l'image de D′ par la translation qui transforme A en B. Alors les points D″ et A sont confondus.

8 On reprend l'œuvre de Theo van Doesburg de l'exemple 2 du cours (voir p. 182). Le grand carré vide est l'image du grand carré gris par :

a) une symétrie centrale.
b) une symétrie axiale.
c) une rotation.
d) une translation.

9 Vrai ou faux ?

a) Pour toute homothétie, il n'y a qu'un seul point invariant qui est son centre.

b) Les homothéties de rapport -1 sont des symétries centrales.

c) Les homothéties de rapport k multiplient les aires par k^2.

d) Soit A et B deux points du plan, A′ et B′ leur image par une homothétie de rapport k ; et soit A″ et B″ les images de A′ et B′ par une homothétie de rapport k'. Alors $A''B'' = k \times k' \times AB$.

10 Dans le programme Scratch ci-contre, le bloc Cercle trace un cercle, le lutin revenant à son point de départ avec la même orientation. Pour obtenir la rosace ci-desssous, on peut compléter le script avec :

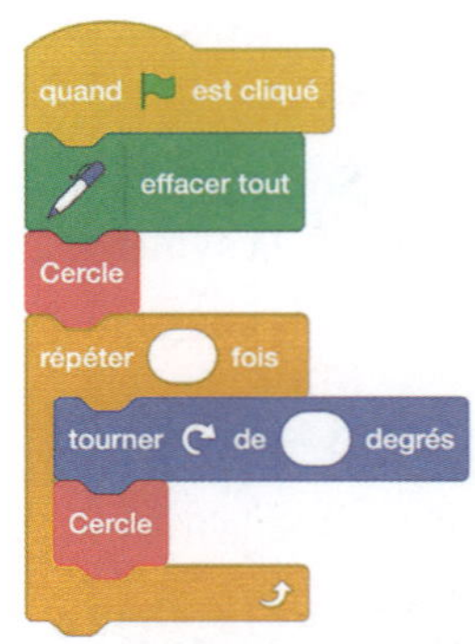

a) 3 répétitions et un angle de 60° (dans le sens horaire).

b) 2 répétitions et un angle de 120°.

c) 6 répétitions et un angle de 60°.

d) 12 répétitions et un angle de 120°.

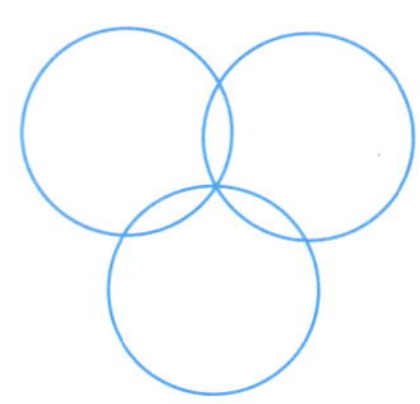

Réponses : 1. b ; **2.** c ; **3.** b ; **4.** b, c ; **5.** a, c ; **6.** a ; **7.** c ; **8.** a, b, c, d ; **9.** b, c ; **10.** b, d.

Échauffement

→ Corrigés p. 198

1 Construire l'image d'une figure complexe par une symétrie axiale

1. Construire un rectangle MNPQ tel que MN = 3 cm et de périmètre 14 cm (équerre autorisée). À l'extérieur de ce rectangle, construire le demi-cercle de diamètre [MN].

2. Construire, à la règle et au compas, le symétrique de la figure obtenue à la question **1.** par rapport à la droite (NQ).

2 Reconnaître les images de figures par des transformations. Calculer des aires de figures en utilisant les propriétés des transformations

Voir figures page suivante.

Figure 1

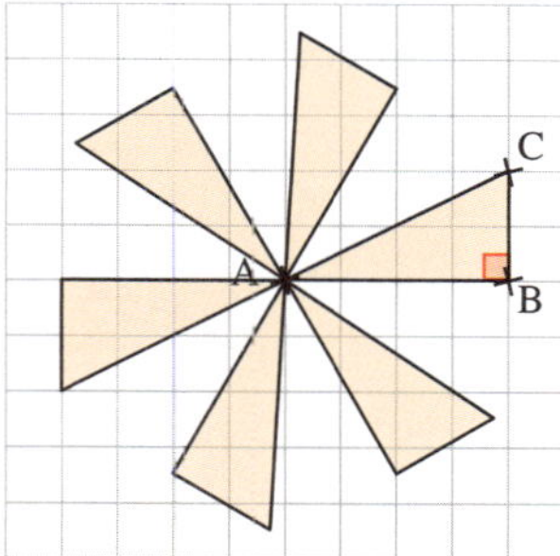

Figure 2

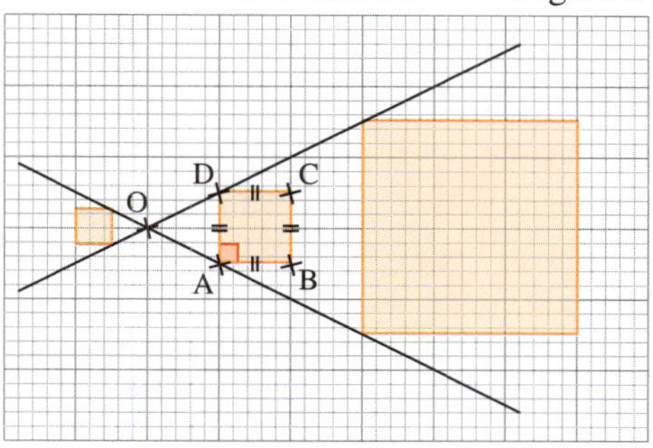

1. Quelles transformations permettent d'obtenir la figure 1 à partir du triangle ABC rectangle en B ?

2. Quelles transformations permettent d'obtenir la figure 2 à partir du carré ABCD ?

3. Donner les aires des parties en couleur des figures 1 et 2, sachant que les cases du quadrillage mesurent 1 cm de côté.

3 Construire une composition de symétries axiales

Soit (d) et (d′) deux droites sécantes en O. Soit M un point du plan, M′ son symétrique par rapport à la droite (d), et M″ le symétrique de M′ par rapport à la droite (d′).

1. Montrer l'égalité des longueurs OM = OM″.

2. Soit I et J les milieux respectifs des segments [MM′] et [M′M″]. Montrer que $\widehat{MOM'} = 2 \times \widehat{IOM'}$ et $\widehat{M'OM''} = 2 \times \widehat{JOM'}$.

3. Soit $\alpha = \widehat{IOJ}$ l'angle entre les droites (d) et (d′). Déduire de la question **2.** que $\widehat{MOM''} = 2 \times \alpha$ et par suite que M″ est l'image de M par la rotation de centre O et d'angle 2α.

4 Reconnaître des triangles isocèles lors d'une rotation

Soit O et A deux points distincts du plan. Soit B l'image de A par la rotation d'angle 50° (dans le sens trigonométrique ou rétrograde) et de centre O.

Montrer que l'angle $\widehat{OAB}$ mesure 65°.

5 Reconnaître des triangles égaux lors de rotations

Soit O, A, B trois points non alignés, et soit A′, B′ les images de respectivement A et B par la rotation de centre O et d'angle α quelconque. Sans utiliser de propriété du cours (seulement la définition d'une rotation), montrer que les triangles OAB et OA′B′ sont égaux. En déduire que les rotations conservent les longueurs.

6 Traduire une symétrie centrale en milieux

1. Tracer un triangle EFG puis placer le point M milieu de [EF] et le point N milieu de [EG].

2. Construire le symétrique :

a) H de F par rapport à N.

b) J de G par rapport à M.

c) K de J par rapport à N.

3. Que peut-on en conjecturer sur les droites (JF) et (HK) ?

4. Prouver cette conjecture.

Pour réussir au concours

→ *Corrigés p. 199*

7 ★ 10 min *Sujet de Brevet*

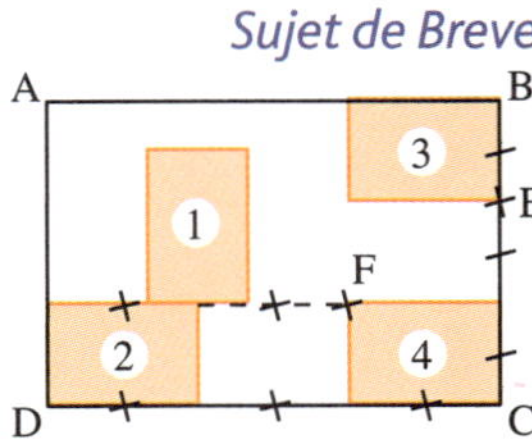

Caroline s'est acheté un tableau pour décorer le mur de son salon. Ce tableau, représenté ci-contre, est constitué de quatre rectangles identiques nommés 1, 2, 3 et 4, dessinés à l'intérieur d'un rectangle ABCD d'aire égale à 1,215 m^2.

Le ratio longueur:largeur est égal à 3:2 pour chacun des cinq rectangles.

1. Par quelle(s) transformation(s) le rectangle 3 pourrait être l'image du rectangle 4 ?
2. De quel rectangle le rectangle 3 est-il l'image par la rotation de centre F et d'angle 90° dans le sens des aiguilles d'une montre ?
3. De quel(s) rectangle(s) le rectangle ABCD est-il l'image par une homothétie ? Préciser le(s) centre(s) et le(s) rapport(s).
4. Quelle est l'aire d'un petit rectangle ?

8 ★ 10 min

Amélie souhaite amener de l'eau de rivière à son frère Jean. Elle part de sa maison située au point M sur le plan ci-dessous, doit passer par la rivière représentée par la bande bleue délimitée par les droites (d) et (d′) puis aller en N où se situe la maison de son frère. Où doit-t-elle prendre de l'eau pour faire le trajet le plus court ?

9 ★ 5 min

Soit ABC un triangle, H le pied de la hauteur issue de A, I le milieu du segment [AB].
Soit H′ le symétrique de H par rapport à I. Montrer que les droites (AH′) et (BC) sont parallèles. Quelle est la nature du quadrilatère AH′BH ?

10 ★ 10 min *Sujet de CRPE*

Soit ABC un triangle, et D le symétrique de B par rapport à l'axe (AC).
Quelles conditions doit-on avoir sur le triangle ABC pour que :
1. ABCD soit un losange.
2. ABCD soit un carré.
Justifier les réponses.

11 ★ 15 min *D'après Sujet de CRPE*

On donne les informations suivantes à propos de la figure ci-après :
• ABCD est un carré de 6 cm de côté ;
• les points I, J, K, L sont les milieux respectifs des côtés [AB], [BC], [CD], [DA] ;
• les points M et N appartiennent au segment [IL] et sont tels que les longueurs LM, MN, NI sont égales ;
• les points P, R, S, T, U, V sont placés de manière analogue sur les segments [IJ], [JK], [KL] ;
• le point O est le centre du carré ABCD.

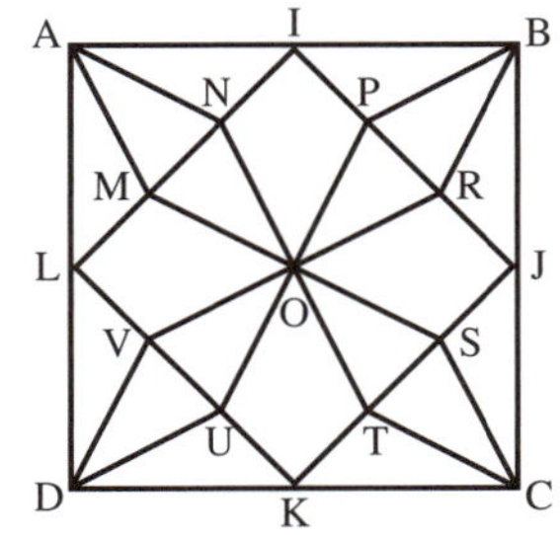

1. Sans justifier les réponses :
a) citer les axes de symétrie de cette figure ;
b) nommer l'image du triangle DUK par la symétrie de centre O.
2. En utilisant les réponses de la question **1.** et en justifiant, déterminer :
a) la nature du triangle AIL ;
b) la nature du quadrilatère IJKL.

12 ★ ★ 20 min *Sujet de CRPE*

On considère un triangle ABC, isocèle en A. Le cercle de diamètre [AB] coupe [BC] en B et M. On appelle O le milieu du segment [AB].
1. Faire une figure aux instruments (règle non graduée et compas seuls) que vous compléterez au fur et à mesure de l'exercice.
2. Démontrer que M est le milieu de [BC].
3. Soit P le symétrique de M par rapport à O.
a) Démontrer que APBM est un rectangle.
b) Démontrer que AP=MC.
4. Soit R le symétrique de P par rapport à A. Démontrer que PBCR est un rectangle.

13 ★ ★ 15 min

Soit ABC un triangle et respectivement I, J, K les milieux de respectivement [AB], [BC], [CA].
Soit respectivement P, Q, R les symétriques de respectivement C par rapport à I, A par rapport à J et B par rapport à K.
1. Montrer que ABCR est un parallélogramme.
2. Montrer que C est milieu du segment [RQ].
3. Montrer que le triangle PQR est un agrandissement de ABC de coefficient 2.

14 ★★ 30 min *D'après Sujet de CRPE*

On dit qu'un quadrilatère est inscriptible dans un cercle si ses quatre sommets sont des points de ce cercle. C'est le cas du quadrilatère ABCD ci-contre.

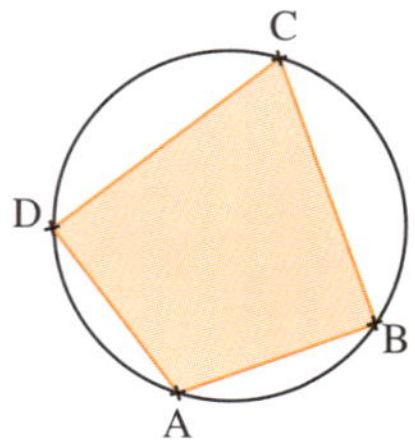

Brahmagupta, mathématicien indien du VIIe siècle, a établi une formule donnant l'aire d'un tel quadrilatère lorsqu'il est non croisé : $S=\sqrt{(p-a)(p-b)(p-c)(p-d)}$, où a, b, c, d sont les longueurs des quatre côtés du quadrilatère, et p est son demi-périmètre.

On étudie une configuration particulière de quadrilatère inscriptible dans un cercle.

1. Construire un cercle G de centre O et deux points distincts A et B appartenant à ce cercle, tels que A, O et B ne soient pas alignés.
Construire le point C, image de A par la symétrie centrale de centre O, centre du cercle.
Construire le point D, image de B par la symétrie axiale d'axe (AC).
Laisser apparents les traits de construction

2. Justifier que le quadrilatère ABCD est inscriptible dans le cercle G.

3. Exprimer l'aire du quadrilatère ABCD en fonction des longueurs AB et BC en utilisant la formule de Brahmagupta.

4. Retrouver l'expression de la question précédente par une autre méthode.

15 ★★★ 30 min *Sujet de CRPE*

Deux villes A et B se situent du même côté d'une voie ferrée rectiligne (CD), comme l'indique le schéma ci-dessous. On cherche où construire une gare G pour que le trajet de la ville A à la ville B en passant par la gare G soit le plus court possible.

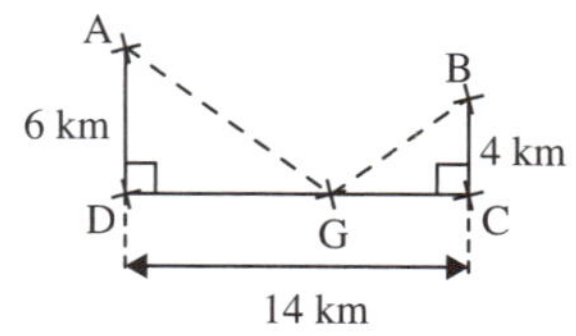

1. Représenter les points A, B, C et D sur une figure pour laquelle 1 cm correspond à 1 km. Quelle est l'échelle de cette représentation ? Justifier la réponse.

2. Construire le point E symétrique du point B par rapport à la droite (CD).

3. On appelle F le point d'intersection des droites (AE) et (CD).
Soit M un point quelconque du segment [DC] distinct du point F.
Démontrer que $AM+MB>AF+FB$.

4. En déduire l'endroit où l'on doit construire la gare G.

5. Démontrer que : $FD=\frac{3}{2}FC$.

6. En déduire que $FC=5{,}6$ cm.

7. Calculer, au mètre près, la longueur du trajet de la ville A à la ville B en passant par la gare G.

Se tester en 10 questions

→ Énoncés p. 191

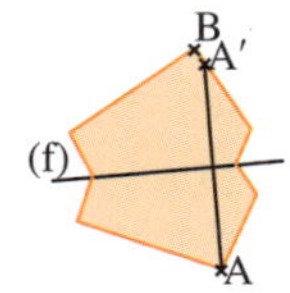

1 **Réponse b.** Il suffit de voir que l'image du point A par la symétrie d'axe (f) est le point A′ et non B.

2 **Réponse c.** Le motif B ne peut être l'image du motif A par une symétrie axiale car les figures ne sont pas « en miroir » l'une par rapport à l'autre. Le motif C ne peut être l'image du motif B par une symétrie axiale pour la même raison.
Le motif C est l'image du motif B par la rotation de centre le point d'intersection O des deux motifs et d'angle 180° (dans les deux sens).

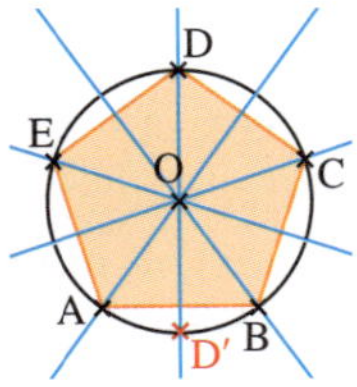

3 **Réponse b.** La figure ci-contre montre que le pentagone a 5 axes de symétrie (passant à chaque fois par l'un des sommets du pentagone et son centre). Prenons par exemple la symétrie d'axe (AO) : elle échange les sommets B et E, et les sommets C et D. Le sommet A est sur l'axe et est donc invariant. La symétrie centrale de centre O transforme le point D en D′ qui n'est pas un sommet du pentagone. Le point O n'est donc pas un centre de symétrie.

4 **Réponses b, c.** L'image du point O par la symétrie centrale de centre O est O : il existe donc bien ! Pour cette symétrie, les points A et A′ d'un côté, et B et B′ de l'autre, sont images l'un de l'autre. Ainsi le triangle OAB′ a pour image le triangle OA′B ou OBA′.
La symétrie étant une isométrie, l'image d'un triangle isocèle, respectivement rectangle, en un point est un triangle isocèle, respectivement rectangle, en l'image de ce point. Ainsi, si AA′B est isocèle en B, son image A′AB′ (ou AA′B′) est isocèle en B′.
Si AA′B est rectangle en A, son image A′AB′ est rectangle en A′, et non en A.

5 **Réponses a, c. a)** On a $OC = 2OA$ et les points O, A, C sont alignés dans cet ordre, donc $AC = OC - OA = 2OA - OA = OA$: A est bien le milieu de [OC].
b) L'image de C par l'homothétie de centre O et de rapport -2 se trouvera sur la demi-droite [OE) car le rapport est négatif ; ce ne peut donc pas être A.
c) $OC = 2OA$ donne bien $OA = \frac{1}{2} \times OC$ et les points O, A, C sont alignés dans cet ordre.
d) Les points C, O, E sont alignés dans cet ordre et donc $CO < CE$: le rapport serait inférieur à 1.
Remarque : $CE = CO + OE = 2OA + OA = 3OA = \frac{3}{2} \times CO$. Ainsi $CO = \frac{2}{3} \times CE$. O est l'image de E par l'homothétie de centre C et de rapport $\frac{2}{3}$.

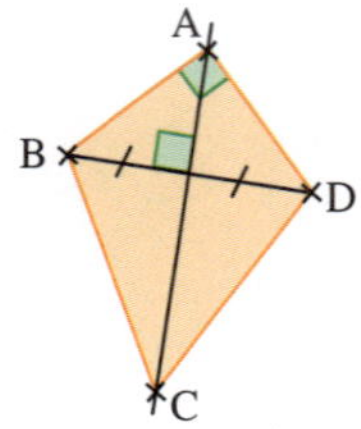

6 **Réponse a. a)** Un carré est isocervolant en chacun de ses sommets. En effet, il y a un angle droit en chacun des sommets et la diagonale issue de ce sommet est bien axe de symétrie.
b) Un rectangle non carré n'admet aucune de ses diagonales comme axe de symétrie.
c) Il suffit de donner un contre-exemple, comme la figure ci-contre.
d) La figure ci-contre est également un contre-exemple.

7 **Réponse c.** **Sur quadrillage, on peut repérer les déplacements entre un point et son image : on compte le nombre de cases parcourues dans les directions horizontale (vers la gauche ou la droite) et verticale (vers le haut ou le bas).**
a) Pour aller de A à B il faut franchir 2 cases vers la droite. Pour aller de O à D il faut franchir 2 cases vers la gauche.
b) Pour aller de A à C il faut franchir 1 case vers la droite et 2 cases vers le haut. Pour aller de H à G il faut franchir 1 case vers la droite et 1 case vers le haut.
c) Pour aller de D à D′ il faut franchir 1 case vers la droite et 2 cases vers le haut. Pour aller de D′ à D″ il faut franchir 2 cases vers la droite. Ainsi, pour aller de D à D″, il faut franchir 3 cases vers la droite et 2 cases vers le haut : on retrouve bien le point A.

8 **Réponses a, b, c, d.** On vérifie que les sommets du grand carré gris ont pour image les sommets du grand carré vide.

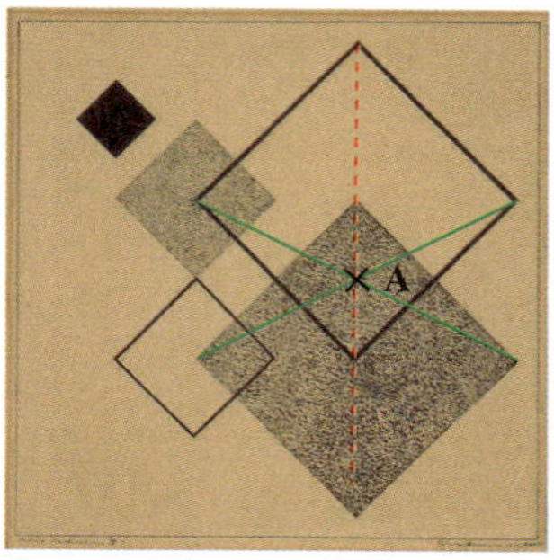

a) et **c)** La symétrie centrale de centre A, ou la rotation de centre A et d'angle 180° (dans les deux sens).

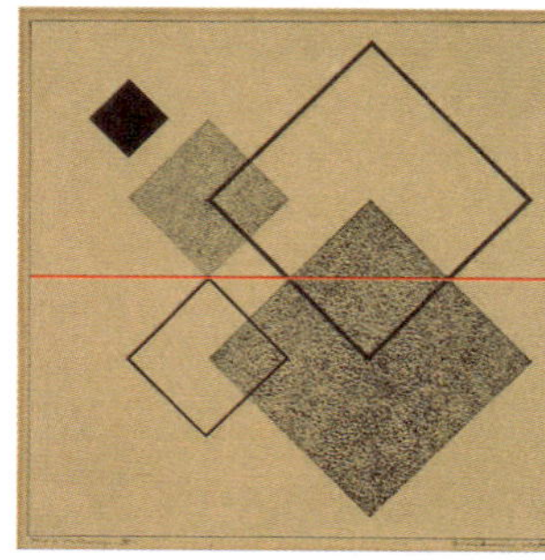

b) La symétrie axiale d'axe la droite en rouge. Remarquons que les points sur l'axe sont invariants.

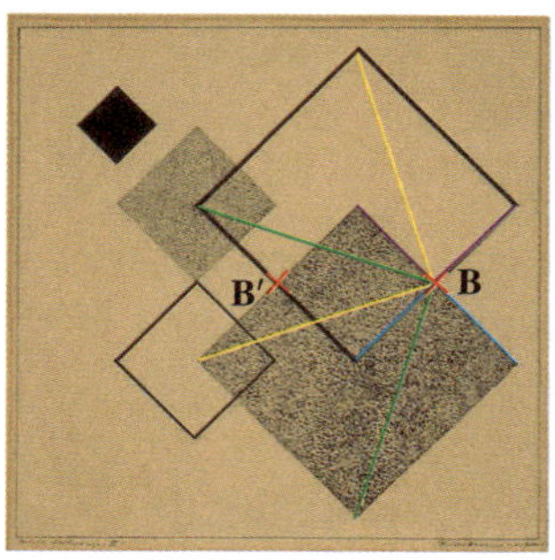

c) Les rotations de centre B (respectivement B′) et d'angle 90° dans le sens des aiguilles d'une montre (respectivement dans le sens contraire des aiguilles d'une montre).

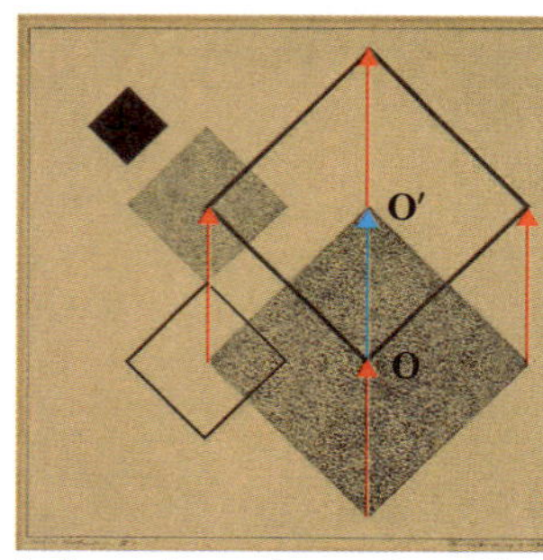

d) Translation qui transforme O en O′, où O et O′ sont les centres des carrés. Un sommet du carré gris et le sommet associé du carré vide forment bien un parallélogramme avec les points O et O′.

9 **Réponses b, c. a)** Une homothétie de rapport 1 laisse tous les points invariants (ce résultat est vrai si le rapport est différent de 1).
b) Soit P et M deux points distincts du plan. Soit M′ l'image de M par l'homothétie de centre P de rapport –1. Alors M′ appartient à la droite (PM) et les points M et M′ se situent de part et d'autre du point P car le rapport –1 est négatif. De plus PM = PM' : P est bien le milieu du segment [MM′]. Le point M′ est bien l'image de M par la symétrie de centre P.
c) Les homothéties transforment une figure en un agrandissement ou une réduction de la figure, de coefficient la valeur absolue du rapport de l'homothétie. Les aires sont donc multipliées par $|k|^2 = k^2$.
d) Si $k = -1$ et $k' = 2$, les longueurs seraient multipliées par –2, ce qui donnerait des longueurs négatives.

Remarque : L'égalité est vraie en revanche pour les valeurs absolues : on a $A'B' = |k| \times AB$ et $A''B'' = |k'| \times A'B' = |k'||k| \times AB = |kk'| \times AB$.

10 **Réponses b, d.** Analysons ce script : si O est la position initiale du lutin, après avoir tracé un cercle, le lutin revient en O. Ce point est donc le point d'intersection de tous les cercles tracés : on peut donc le placer sur la rosace.
Une fois un cercle C_1 tracé, le lutin tourne de l'angle donné (dans le sens des aiguilles d'une montre) pour tracer le cercle suivant C_2. C_2 est donc l'image de C_1 par une rotation de centre O et d'angle l'angle entré dans le script.
La rosace peut être obtenue avec deux répétitions pour un angle de 120°. Si on augmente le nombre de répétitions, le lutin repassera sur des cercles déjà tracés.

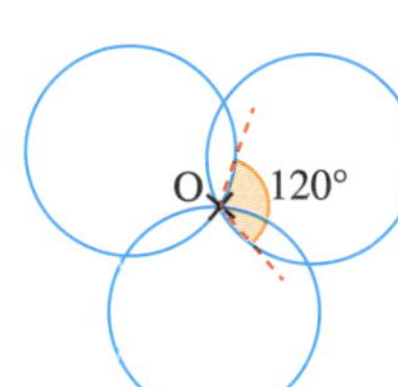

Échauffement

→ Énoncés p. 192

1 **1.** Pour construire le rectangle MNPQ, on calcule la longueur NP à partir du périmètre :

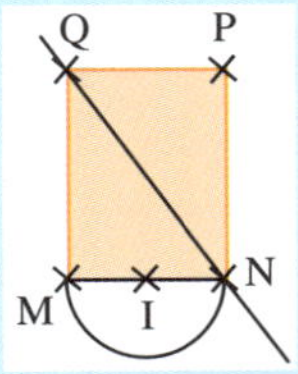

$14\text{ cm} = 2 \times \text{MN} + 2 \times \text{NP}$
$= 2 \times 3\text{ cm} + 2 \times \text{NP}.$

Ainsi $2 \times \text{NP} = 14\text{ cm} - 6\text{ cm} = 8\text{ cm}$ et donc $\text{NP} = 4\text{ cm}$.

On construit le demi-cercle de diamètre [MN] en plaçant le milieu I de ce segment.

2. Pour construire le symétrique du rectangle, on construit les symétriques de chacun de ses sommets.

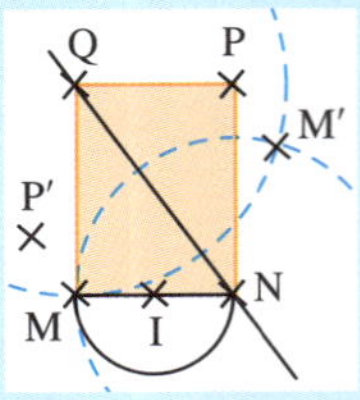

Commençons par les sommets « faciles » : les points N et Q étant sur l'axe de symétrie, ils sont leur propre image par cette symétrie.

On utilise le 2e protocole de construction de la partie A. 1. du cours (voir p. 176) pour construire l'image de M : on trace les cercles de centre respectif N et Q et de rayon respectif MN et MQ. Leurs intersections sont les points M et M′ tels que MN = M′N et MQ = M′Q : (NQ) est bien la médiatrice du segment [MM′].

On reproduit cette construction en remplaçant le point M par le point P pour construire l'image P′ de P.

Pour construire l'image du demi-cercle, on utilise les propriétés des isométries : l'image du demi-cercle de diamètre [MN] sera un demi-cercle de diamètre l'image du diamètre soit [M′N].

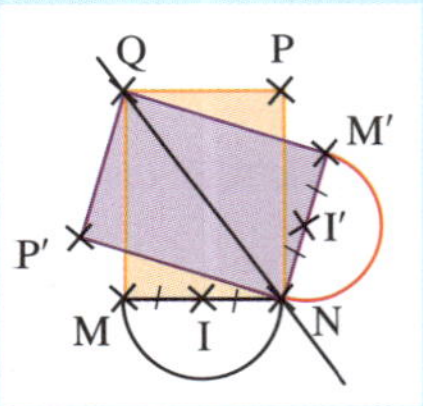

Il suffit donc de construire le milieu du segment [M′N] en construisant sa médiatrice (voir Chapitre 5, Géométrie plane), puis de construire le demi-cercle à l'extérieur du rectangle image.

Si on a déjà construit I le milieu de [MN], il suffit de reporter la longueur MI à partir de M′ pour construire I′ milieu de [M′N].

2 **1.** On peut construire la figure 1 à partir du triangle ABC par des rotations de centre A. Soit α l'angle de la rotation qui transforme le triangle ABC en AB′C′, dans le sens trigonométrique (inverse des aiguilles d'une montre). La figure codée ci-avant montre que $6 \times \alpha = 360°$ soit $\alpha = 60°$.

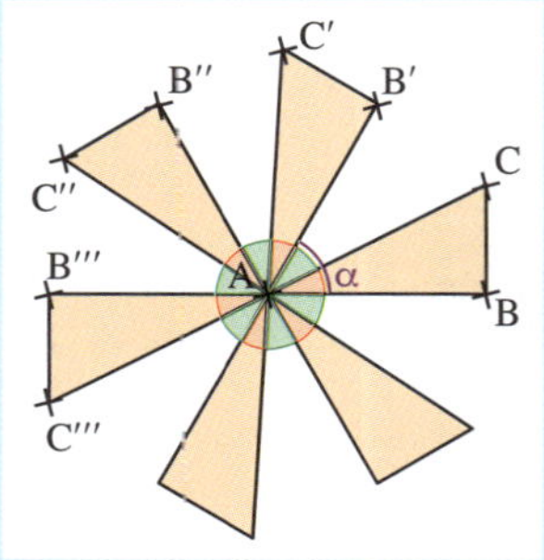

On peut donc construire la figure 1 en construisant les images successives du triangle ABC par les rotations de centre A et d'angles 60°, 120°, 180°, 240°, 300°.

On peut également construire l'image du triangle ABC par la rotation de centre A et d'angle 60°, puis l'image de ce nouveau triangle par la même rotation et recommencer quatre fois.

2. On peut construire la figure 2 à partir du carré ABCD par des homothéties de centre O.

Pour déterminer les rapports de ces homothéties, il suffit de comparer les longueurs des côtés des carrés : le grand carré a des côtés de longueur 3 et le carré ABCD a des côtés de longueur 1. Le rapport de l'homothétie est donc 3 car les deux carrés sont du même côté du point O, le rapport est donc positif.

Le petit carré a pour longueur de côtés $\frac{1}{2}$. Le rapport de l'homothétie est donc $\frac{-1}{2}$ car les deux carrés ne sont pas du même côté du point O.

3. Aire de la figure 1 : on utilise le fait que la rotation est une isométrie.

Les aires des images du triangle ABC sont donc égales à l'aire de ABC, soit : $\frac{4\text{ cm} \times 2\text{ cm}}{2} = 4\text{ cm}^2$. La figure 1 a donc une surface en couleur d'aire $6 \times 4\text{ cm}^2 = 24\text{ cm}^2$.

Aire de la figure 2 : on utilise le fait que les homothéties multiplient les longueurs par la valeur absolue du rapport, et les aires par le rapport au carré.

Le carré ABCD a une aire de 1 cm^2, le grand carré a donc une aire 9 fois plus grande, donc de 9 cm^2 et le petit carré a une aire « ¼ fois plus grande » ou 4 fois plus petite, c'est-à-dire de $0{,}25\text{ cm}^2$.

On calcule donc l'aire totale en additionnant ces trois aires pour trouver $10{,}25\text{ cm}^2$.

3 **1.** Le point M′ est le symétrique de M par rapport à la droite (d), donc, par définition, (d) est la médiatrice du segment [MM′]. Le point O appartient à la droite (d), donc OM = OM′.

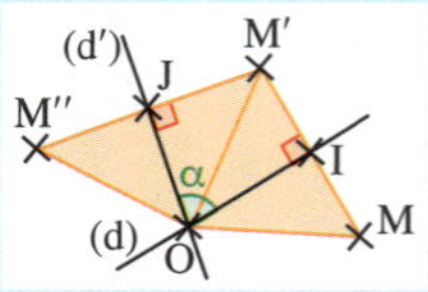

De même, (d′) est la médiatrice de [M′M″], donc OM′ = OM″.

On a donc bien OM = OM′ = OM″.

2. Les triangles OIM et OIM′ sont égaux car ils ont trois côtés de même longueur deux à deux. Ainsi, les angles $\widehat{IOM}$ et $\widehat{IOM'}$ sont de même mesure et en particulier $\widehat{MOM'} = 2 \times \widehat{IOM'}$.

De même, les angles $\widehat{JOM'}$ et $\widehat{JOM''}$ sont de même mesure et $\widehat{M'OM''} = 2 \times \widehat{JOM'}$.

3. On calcule alors :

$$\widehat{MOM''} = \widehat{MOM'} + \widehat{M'OM''}$$
$$= 2\times\widehat{IOM'} + 2\times\widehat{JOM'} = 2\times\alpha\,.$$

On peut conclure que le point M″ est l'image du point M par la rotation de centre O et d'angle α.

4 Par définition de la rotation, OA = OB : le triangle OAB est donc isocèle en O. Les angles en A et B sont donc égaux. On a alors : $\widehat{OAB} + \widehat{ABO} + \widehat{BOA} = 180°$ soit $2\times\widehat{OAB} + 50° = 180°$.

Finalement $\widehat{OAB} = \dfrac{180° - 50°}{2} = 65°$.

5 On peut tout d'abord remarquer que, par définition de la rotation, OA = OA′ et OB = OB′. Les triangles OAB et OA′B′ ont donc deux côtés de même longueur.
Montrons ensuite l'égalité des angles $\widehat{AOB} = \widehat{A'OB'}$.

Deux configurations sont possibles : soit $\widehat{AOB} > \alpha$ (figure 1), soit $\widehat{AOB} < \alpha$ (figure 2). Les angles vert et rouge sont égaux à l'angle de la rotation α.

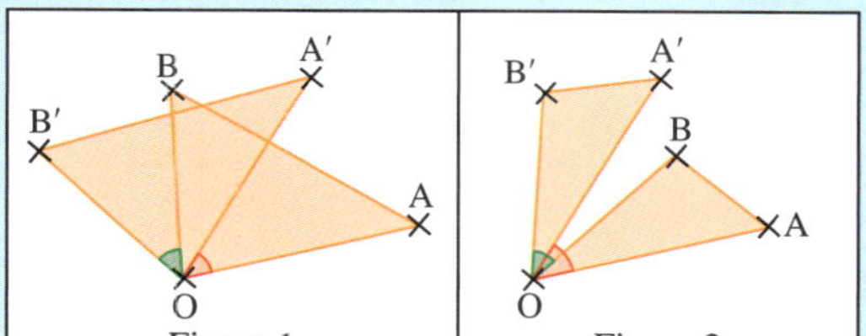

Figure 1 Figure 2

$\widehat{A'OB'} = \widehat{A'OB} + \widehat{BOB'}$ $= \widehat{A'OB} + \alpha$ $= \widehat{A'OB} + \widehat{AOA'}$ $= \widehat{AOB}$.	$\widehat{A'OB'} = \widehat{BOB'} - \widehat{BOA'}$ $= \alpha - \widehat{BOA'}$ $= \widehat{AOA'} - \widehat{BOA'}$ $= \widehat{AOB}$.

Les triangles AOB et A′OB′ ont donc des angles de même mesure compris entre deux côtés de même longueur : ils sont égaux. On a donc A′B′ = AB : la rotation conserve les longueurs.
Dans le cas où α = 180°, ceci démontre que les symétries centrales sont des isométries.

6 **1. et 2.** Voir figure ci-dessous. On reprend le protocole de construction donné dans le cours (voir p. 180).

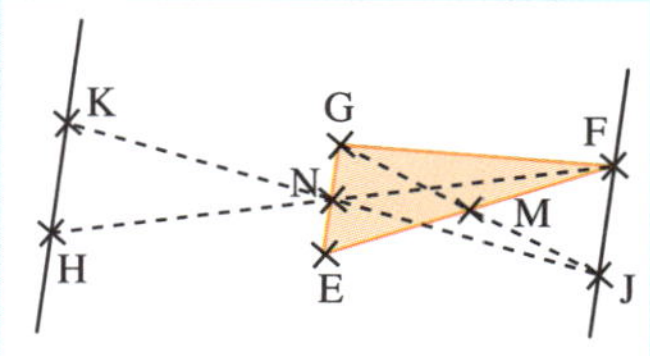

3. On conjecture que les droites (JF) et (HK) sont parallèles.

4. Par définition de la symétrie centrale, N est le milieu des segments [HF] et [KJ]. Le quadrilatère KHJF a donc ses diagonales qui se coupent en leur milieu : c'est un parallélogramme, et par suite (KH) et (FJ) sont parallèles.

Pour réussir au concours

→ Énoncés p. 193

7 **1.** Le rectangle 3 est l'image du rectangle 4 par :

– la translation qui transforme C en E ;

– la symétrie axiale d'axe la médiatrice du segment [BC] ;

– la symétrie centrale de centre le milieu du segment [EF] (ou une homothétie de rapport –1 et de même centre).

2. Le rectangle 3 est l'image du rectangle 1 par la rotation de centre F et d'angle 90° dans le sens des aiguilles d'une montre.

3. Le rectangle ABCD est l'image du rectangle 2 par une homothétie de centre D et de rapport 3, du rectangle 3 par une homothétie de centre B et de rapport 3, du rectangle 4 par une homothétie de centre C et de rapport 3.

4. Les longueurs du rectangle ABCD sont égales à 3 fois les longueurs d'un petit rectangle, son aire est donc égale à 9 fois l'aire d'un petit rectangle. L'aire d'un petit rectangle est alors égale à : $\dfrac{1{,}215}{9}\ \text{m}^2 = 0{,}135\ \text{m}^2 = 1\ 350\ \text{cm}^2$.

8 **C'est un exercice « à astuce » : il faut ici utiliser le symétrique N′ de N pour la symétrie axiale d'axe (d).**

Si on note A le point de (d) où Amélie va prendre de l'eau, on a AN = AN′.
Le trajet d'Amélie a pour longueur MA + AN = MA + AN′.

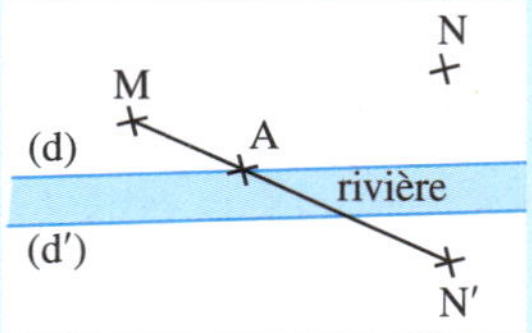

Ainsi, le plus court chemin sera celui qui minimise la longueur MA + AN′, c'est-à-dire la ligne droite. Le point A est donc l'intersection du segment [MN′] avec la droite (d).

9 Le point I est le milieu du segment [AB], mais aussi le milieu du segment [HH′]. Ainsi le quadrilatère AH′BH est un parallélogramme et donc les droites (AH′) et (BH) = (BC) sont parallèles.
Ce parallélogramme a de plus un angle droit en H : c'est donc un rectangle.

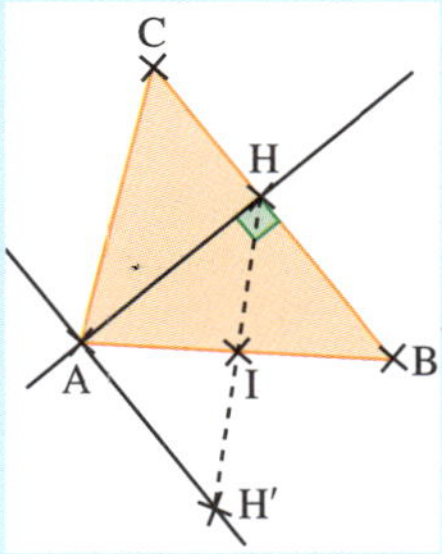

10 **1.** Pour que ABCD soit un losange, il faut que AB = BC : le triangle ABC doit donc nécessairement être isocèle en B.

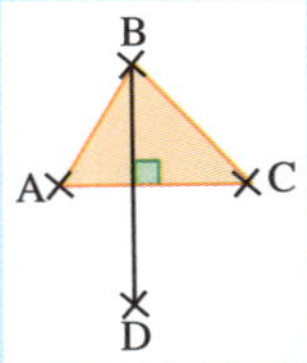

La symétrie axiale est une isométrie, donc l'image de [AB] par cette transformation est un segment de même longueur. Comme A est sa propre image, et D est l'image de B, on a AD = AB.
De même BC = DC.
Finalement, lorsque ABC est isocèle en B, on a AB = BC = DC = AD : le quadrilatère ABCD est bien un losange.

2. Pour que ABCD soit un carré, il faut que le triangle ABC soit isocèle rectangle en B.
D'après la question **1.**, on sait déjà que ABCD est un losange lorsque AB = BC.
ABCD est donc un losange ayant un angle droit : c'est un carré.

11 **1. a)** Les axes de symétrie de la figure sont (IK), (LJ), (AC) et (BD).
b) L'image du triangle DUK par la symétrie de centre O est le triangle BPI.
2. On utilise les axes de symétrie donc l'existence est admise dans la question précédente.
a) Le quadrilatère ABCD est un carré, donc les droites (AB) et (AD) sont perpendiculaires, le triangle AIL est alors rectangle en A.
De plus, le symétrique du point L par la symétrie axiale d'axe (AC) est le point I et le point A est sur l'axe (AC), donc le symétrique du segment [AL] est le segment [AI]. On obtient AL = AI car la symétrie axiale conserve les longueurs. Le triangle AIL est donc rectangle isocèle en A.
b) Le symétrique du point L par la symétrie axiale d'axe (IK) est le point J, donc (IK) est la médiatrice de [LJ] et IL = IJ, KL = KJ.
Le symétrique du point K par la symétrie axiale d'axe (LJ) est le point I, donc (LJ) est la médiatrice de [IK] et LI = LK et JI = JK.
Finalement IJ = JK = KL = LI : IJKL est un losange.
Les diagonales [IK] et [LJ] de ce losange sont les médianes du carré ABCD, elles sont donc de même longueur. Le losange IJKL est donc un rectangle : c'est donc un carré.
D'autres démonstrations sont possibles pour cette question.

12 **1.** On utilise le compas pour construire un triangle ABC avec AB = AC.
Pour construire le cercle de diamètre [AB], il faut construire le milieu O de ce segment. Pour cela, on construit la médiatrice de [AB] (voir Chapitre 5, Géométrie plane, p. 113) : voir figure.

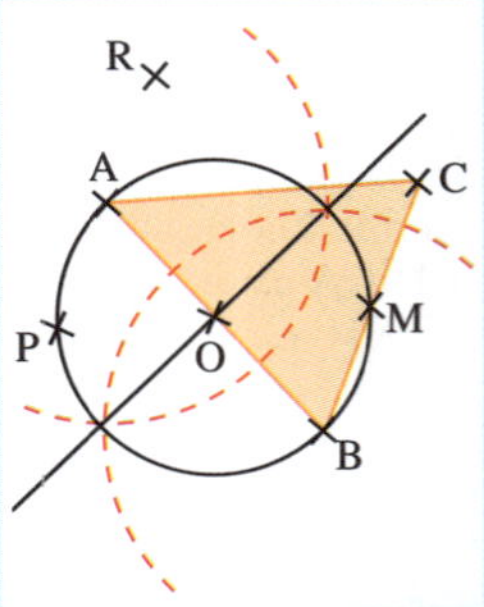

2. Le point M appartient au cercle de diamètre [AB], le triangle ABM est donc rectangle en M. La droite (AM) est donc perpendiculaire à (BM) = (BC) : (AM) est donc la hauteur issue de A dans le triangle ABC.
Le triangle ABC est isocèle en A, la hauteur issue de A est donc aussi la médiatrice de [BC] et le pied de cette hauteur M est donc le milieu de [BC].
3. a) Le point O est milieu de [AB] et [MP], donc le quadrilatère APBM est un parallélogramme. Comme, de plus, il a un angle droit en M d'après la question **2.**, c'est un rectangle.
Sans utiliser la question 2., on a directement que APBM a ses diagonales qui se coupent en leur milieu et sont de même longueur, c'est donc un rectangle.
b) APMB est un rectangle donc AP = MB. Or on a montré à la question **2.** que M est le milieu de [BC] donc MB = MC, et finalement AP = MC.
4. Le quadrilatère APBM est un rectangle, donc les droites (AP) et (BM) sont parallèles, et donc (PR) et (BC) sont parallèles (car R appartient à (AP) et C appartient à (BM)).
De plus, PR = 2AP = 2BM = BC.
Ainsi, le quadrilatère PBCR a deux côtés parallèles et de même longueur : c'est un parallélogramme. Il a de plus un angle droit en B car APBM est un rectangle. C'est donc bien un rectangle.

13 **1.** K est le milieu de [AC] (énoncé) et c'est aussi le milieu de [BR]. Le quadrilatère ABCR est donc un parallélogramme.

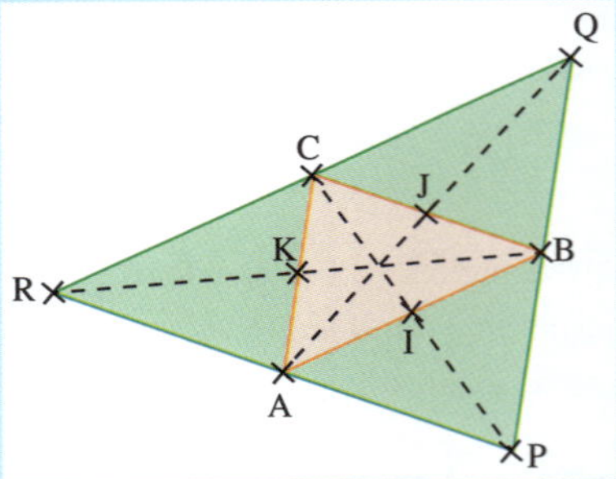

2. De même, ABQC est un parallélogramme car J est milieu de [BC] et [AQ].
Ainsi [CQ] est parallèle à [AB] et de même longueur.
Le quadrilatère ABCR étant un parallélogramme, alors [CR] est parallèle à [AB] et de même longueur.
Les droites (CR) et (CQ) sont parallèles à (AB) donc parallèles entre elles. Elles ont de plus un point commun, elles sont donc confondues : les points C, R, Q sont alignés.
Comme de plus CR = AB = CQ, C est bien le milieu de [QR].
3. ACBP est un parallélogramme car I est le milieu de ses diagonales [AB] et [CP].
Avec les parallélogrammes ABQC et ACBP, on montre comme à la question **2.** que B est milieu de [PQ].
Avec les parallélogrammes ABCR et ACBP, on montre comme à la question **2.** que A est milieu de [PR].

Finalement : PQ = 2PB = 2AC ; PR = 2AP = 2BC ; RQ = 2RC = 2AB ;

autrement dit $\frac{PQ}{AC}=\frac{PR}{BC}=\frac{RQ}{AB}=2$: le triangle PQR est bien un agrandissement de coefficient 2 du triangle ABC.

14 **1.** On construit la figure ci-contre où sont indiqués les angles droits (utilisation de l'équerre) et les longueurs égales (utilisation du compas).

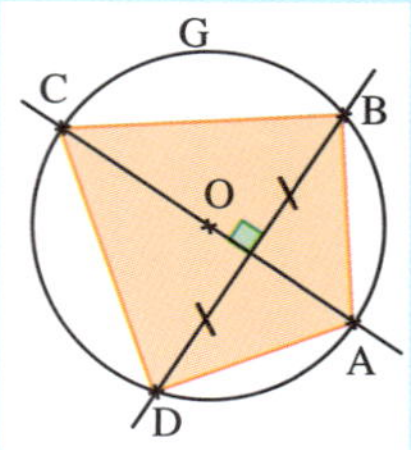

2. On doit montrer que A, B, C, D appartiennent au cercle G.

On sait déjà que c'est le cas pour les points A et B (donné dans l'énoncé).

Le point C est l'image de A par la symétrie de centre O, O est donc le milieu de [AC] et donc OA = OC. Comme le point A appartient au cercle, OA est un rayon du cercle G et donc C appartient bien également à G.

Le point D est l'image de B par la symétrie d'axe (AC), donc (AC) est la médiatrice de [BD]. Or le point O appartient à (AC) donc OB = OD. Comme précédemment, le point B appartient au cercle, OB est donc un rayon du cercle et donc D appartient bien également à G.

3. La droite (AC) est la médiatrice de [BD] donc AD = AB et CB = CD. Le demi-périmètre vaut donc AB + BC et la formule de Brahmagupta donne :

$$\sqrt{(AB+BC-AB)\times(AB+BC-BC)}$$
$$\times\sqrt{(AB+BC-CD)\times(AB+BC-DA)}$$
$$=\sqrt{BC\times AB\times AB\times BC}=\sqrt{AB^2\times BC^2}$$
$$=AB\times BC.$$

4. Les triangles ABC et ADC sont rectangles en respectivement B et D car [AC] est un diamètre de G et les points B et D appartiennent à G.

On calcule alors l'aire du quadrilatère ABCD à partir des aires des triangles ABC et ADC :

$$\text{aire}(ABCD)=\text{aire}(ABC)+\text{aire}(ADC)$$
$$=\frac{1}{2}AB\times BC+\frac{1}{2}AD\times DC$$
$$=\frac{1}{2}AB\times BC+\frac{1}{2}AB\times BC$$
$$=AB\times BC.$$

15 **1.** Dans la représentation, 1 cm représente 1 km = 1 000 m = 100 000 cm, l'échelle est donc de $\frac{1}{100\ 000}$.

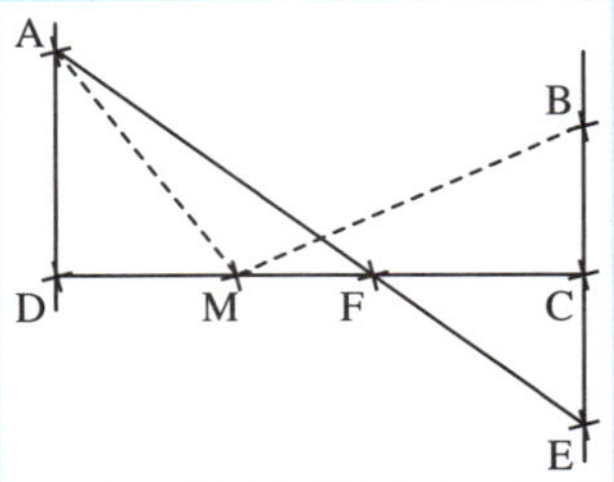

2. Voir figure.

3. La droite (CD) est la médiatrice du segment [BE] car E est le symétrique de B pour la symétrie d'axe (CD). Les points M et F sont sur cette médiatrice donc MB = ME et FB = FE.

Ainsi AM + MB = AM + ME > AE avec l'inégalité triangulaire dans le triangle AME.

Les points A, F, E sont alignés dans cet ordre donc AE = AF + FE.

On obtient donc AM + MB > AF + FE, donc AM + MB > AF + FB.

4. Il faudra construire la gare au point F pour que le trajet de la ville A à la ville B en passant par la voie ferrée soit minimal.

5. Les droites (AD) et (BE) sont toutes deux perpendiculaires à la droite (CD), elles sont donc parallèles entre elles. On peut appliquer le théorème de Thalès dans les triangles AFD et CEF (configuration en papillon) :

$$\frac{FD}{FC}=\frac{AD}{CE}\left(=\frac{FA}{FE}\right).$$

Avec CE = CB = 4 cm, on obtient $\frac{FD}{FC}=\frac{6\text{ cm}}{4\text{ cm}}=\frac{3}{2}$ soit $FD=\frac{3}{2}FC$.

6. Comme DF + FC = DC = 14 cm, on a :

$\frac{3}{2}$ FC + FC = 14 cm,

soit : $\frac{5}{2}$ FC = 14 cm

et finalement $FC = 14\text{ cm}\times\frac{2}{5}=5{,}6\text{ cm}$.

7. On calcule la longueur AF + FB sur la carte, puis on en déduira la distance réelle. Comme on veut un résultat au mètre qui est le millième du km, on doit arrondir au millième de cm sur la carte.

Dans le triangle BFC rectangle en C, on applique le théorème de Pythagore :

$$BF^2 = BC^2 + CF^2$$
$$= (4\text{ cm})^2 + (5{,}6\text{ cm})^2$$
$$= 47{,}36\text{ cm}^2.$$

Comme BF > 0,

$$BF=\sqrt{47{,}36\text{ cm}^2}$$
$$\simeq 6{,}88186\text{ cm}\simeq 6{,}8819\text{ cm}.$$

On garde une décimale de plus car il pourrait y avoir une retenue en ajoutant la longueur AF.

On calcule de la même manière AF en appliquant le théorème de Pythagore dans le triangle ADF rectangle en D avec :

$$DF = DC - FC$$
$$= 14\text{ cm} - 5{,}6\text{ cm} = 8{,}4\text{ cm}.$$

On calcule :

$$AF^2 = AD^2 + FD^2$$
$$= (6\text{ cm})^2 + (8{,}4\text{ cm})^2 = 106{,}56\text{ cm}^2.$$

Comme AF > 0,

$$AF=\sqrt{106{,}56\text{ cm}^2}$$
$$\simeq 10{,}32279\text{ cm}\simeq 10{,}3228\text{ cm}.$$

Finalement :

$$AF + FB \simeq 6{,}8819\text{ cm} + 10{,}3228\text{ cm}$$
$$\simeq 17{,}2047\text{ cm}\simeq 17{,}205\text{ cm}.$$

Le trajet a donc une longueur de 17 205 m au mètre près ou 17,205 km au mètre près.

9 Géométrie dans l'espace

Les solides désignent les objets de l'espace en trois dimensions, du cube très régulier au « patatoïde » sans forme régulière. L'étude des solides débute dès l'école primaire par l'analyse de leurs propriétés et conduit à la définition des premières propriétés et à de premiers raisonnements mathématiques. Elle se prolonge au collège allant jusqu'à la construction de sections de solides qui font appel à des propriétés de géométrie plane et dans l'espace.

A Les solides

MÉTHODE 1, p. 213

1. Définitions des solides particuliers

Exemple 1

Des élèves de maternelle ont classé les solides représentés ci-dessous en mettant ensemble les solides E, G, H et N d'un côté, en justifiant que « ce sont ceux qui roulent » ; les autres ont été appelés « les plats ».

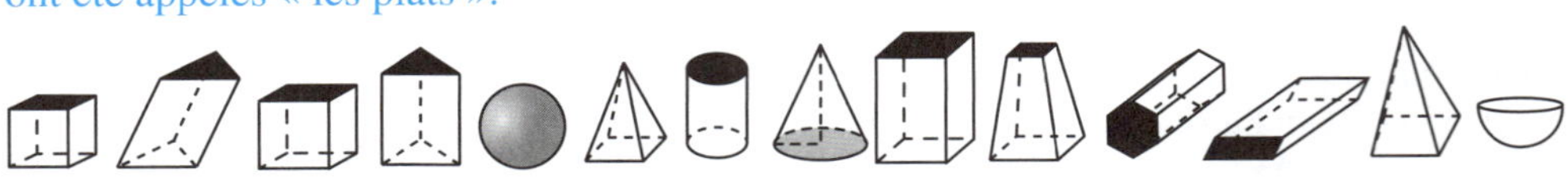

A B C D E F G H I J K L M N

DÉFINITIONS

Un polyèdre est un solide délimité par des polygones, appelés faces, qui se rencontrent selon des côtés communs, appelés arêtes. Les extrémités de ces arêtes sont appelées les sommets du polyèdre.

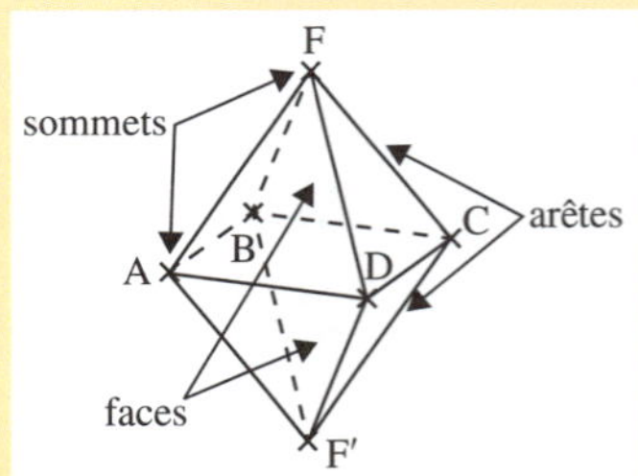

Les élèves de maternelle ont su distinguer les polyèdres des autres solides.

Les mathématiciens ont eux aussi classé les polyèdres et obtenu les catégories ci-dessous.

1-1 Pyramide

DÉFINITIONS

- Une pyramide est un polyèdre délimité par une face polygonale appelée base, un sommet situé en dehors du plan contenant la base appelé sommet de la pyramide, et des faces triangulaires joignant chacun des côtés de la base au sommet.

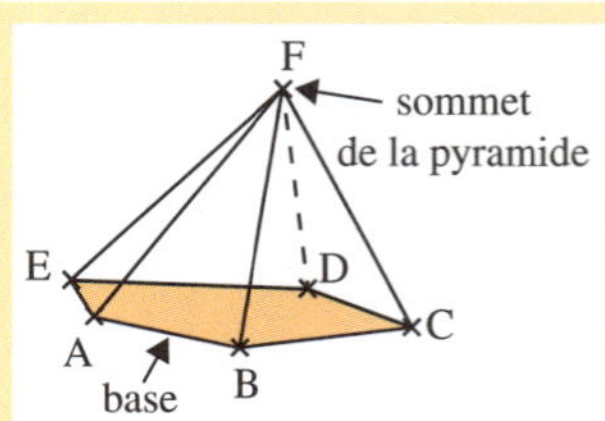

- Parmi les pyramides, on distingue celle dont la base est aussi un triangle et qui a 4 sommets : le tétraèdre. Chacune de ses faces triangulaires peut être choisie comme base.

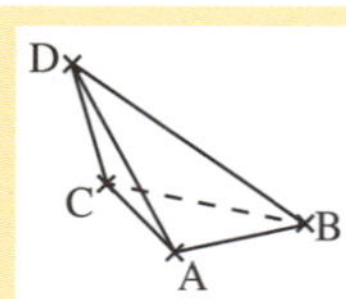

Remarque : Une pyramide ayant une base polygonale à n côtés et n sommets possède : $n + 1$ sommets (n sommets de la base et le sommet de la pyramide), $2n$ arêtes (n arêtes de la base et n arêtes joignant les n sommets de la base au sommet de la pyramide), et $n + 1$ faces (la base et n faces triangulaires joignant chaque côté de la base avec le sommet de la pyramide).

1-2 Prisme

ÉFINITIONS

• Un prisme droit est un polyèdre délimité par deux faces polygonales superposables et parallèles (voir définition p. 202) appelées bases, et d'autant de faces rectangulaires que chaque base a de côtés, appelées faces latérales. Les faces latérales joignent les côtés correspondants des bases.

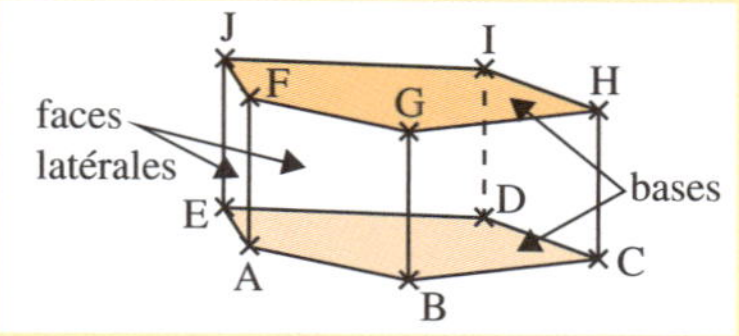

• Un prisme oblique est composé de deux faces polygonales superposables appelées bases et d'autant de faces en forme de parallélogramme non rectangle que chaque base a de côtés, appelées faces latérales. Les faces latérales joignent les côtés des bases se correspondant.

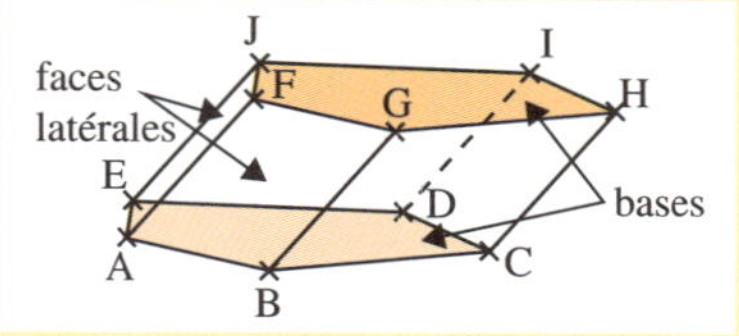

Remarque : Un prisme ayant une base polygonale à n côtés et n sommets possède : $2n$ sommets (n sommets de chacune des deux bases), $3n$ arêtes (n arêtes pour chaque base et n arêtes joignant les sommets entre les bases), et $n + 2$ faces (les deux bases et n faces rectangulaires joignant les n côtés se correspondant des bases).

1-3 Pavé et cube

ÉFINITIONS

• Un pavé (ou parallélépipède rectangle) est un prisme droit ayant une base rectangulaire.
Chacune des faces du prisme peut alors être prise comme base.
Il a 6 faces rectangulaires, 12 arêtes et 8 sommets.

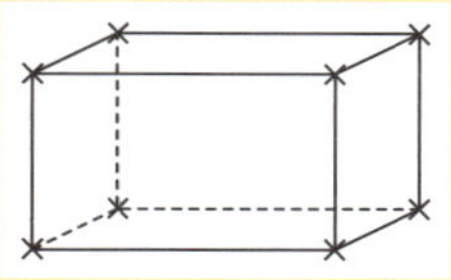

• Un cube est un pavé n'ayant que des faces carrées.
Il a alors 6 faces carrées, 12 arêtes et 8 sommets.

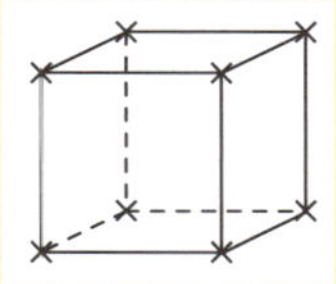

1-4 Autres solides : cylindre, boule, sphère et cône

On peut définir trois autres types de solides qui apparaissent dans l'exemple 1 parmi « ceux qui roulent ».

ÉFINITIONS

• Un cylindre droit ou de révolution est le solide engendré par la rotation d'un rectangle autour de l'un de ses côtés. Le côté choisi comme axe de rotation est la hauteur du cylindre. Les disques engendrés par la rotation des côtés du rectangle perpendiculaires à la hauteur sont les bases du cylindre.

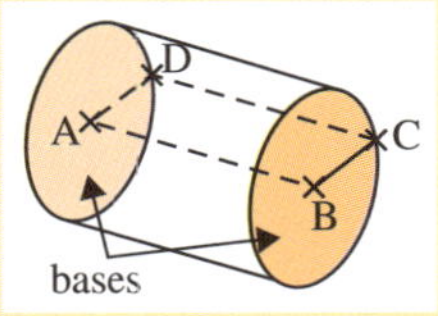

• Une boule est un solide défini par un centre et un rayon, et qui est constitué de l'ensemble des points dont la distance au centre est inférieure ou égale au rayon.

• Une sphère est un solide défini par un centre et un rayon, et qui est constitué de l'ensemble des points dont la distance au centre est égale au rayon.
La représentation ci-contre est celle d'une boule si on considère que le solide est plein, ou celle d'une sphère si on considère le solide vide.

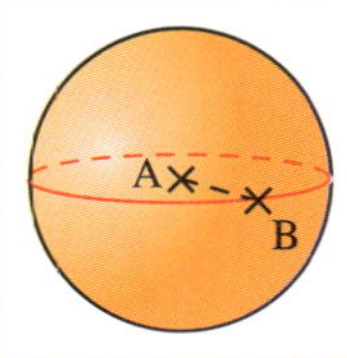

• Un cône de révolution est le solide engendré par la rotation d'un triangle rectangle autour de l'un de ses côtés de l'angle droit. Le côté choisi comme axe de rotation est alors la hauteur du cône. Le disque engendré par la rotation du côté perpendiculaire à la hauteur est la base du cône.

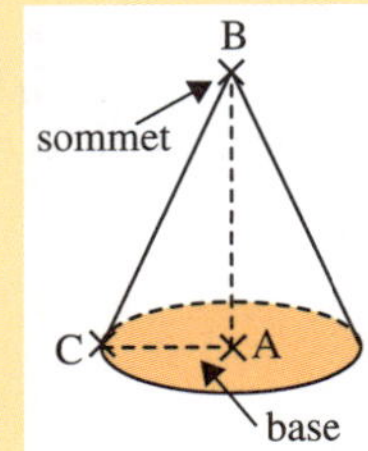

On peut classer les solides de l'exemple 1 selon l'arborescence ci-dessous.
Les flèches sont à lire comme : « parmi ceux-ci, on distingue… ».

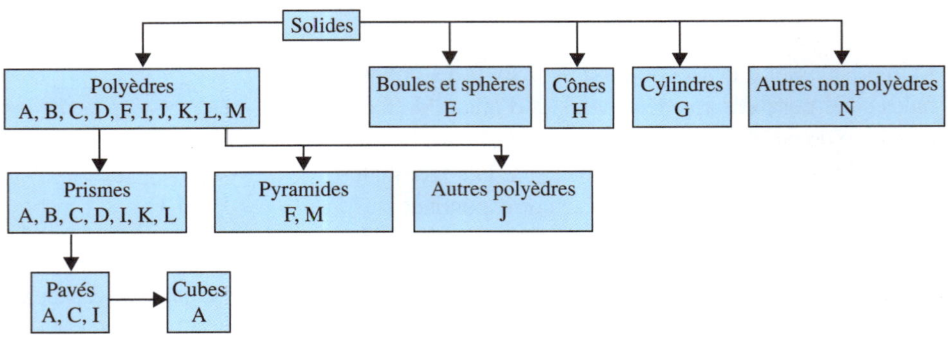

2. Représentation des polyèdres

2-1 Vue de face, vue de dessus, vue de côté

Exemple 2

Pour représenter un solide sur une feuille, plusieurs points de vue peuvent être choisis, comme par exemple pour le prisme droit à base trapézoïdale $ABCDA_1B_1C_1D_1$ représenté ci-dessous.

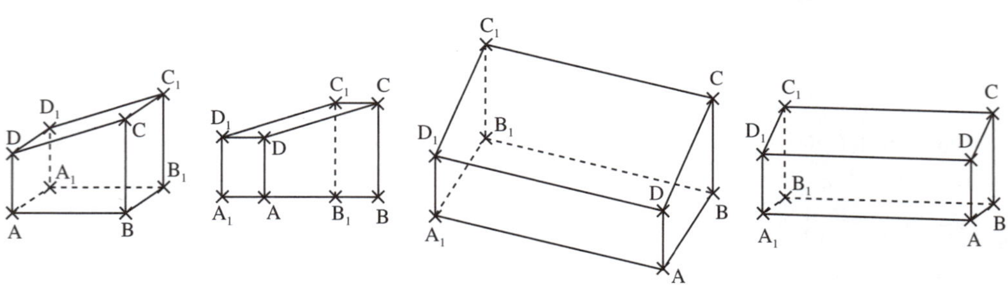

On a représenté les arêtes cachées par des pointillés.
(On donne les dimensions de ce polyèdre : AD = 1 ; BA = 2 ; CB = 1,64 ; BB_1 = 2,5.)

Si on oriente le polyèdre en choisissant une face avant, par exemple la base ABCD ici en bleu (voir la figure ci-après), on peut représenter ce qu'observeraient plusieurs personnes placées en face, à droite, à gauche, et même au-dessus du polyèdre.

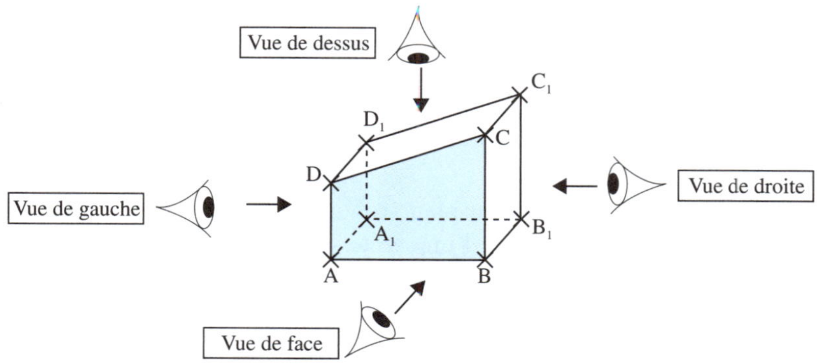

Cela permet de définir les différentes vues :

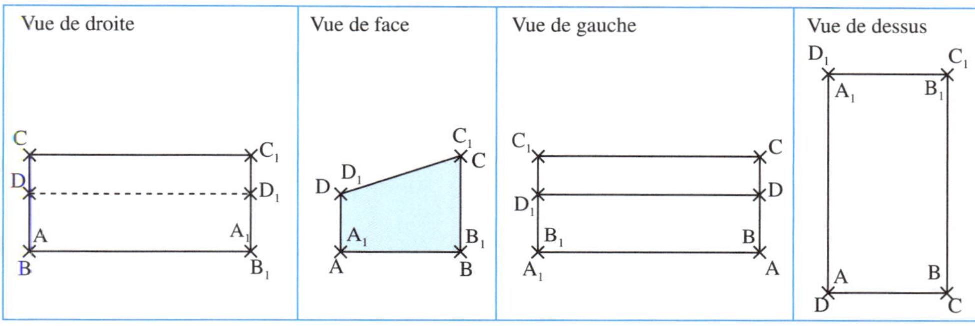

MÉTHODE 2, p. 214

2-2 Perspective cavalière

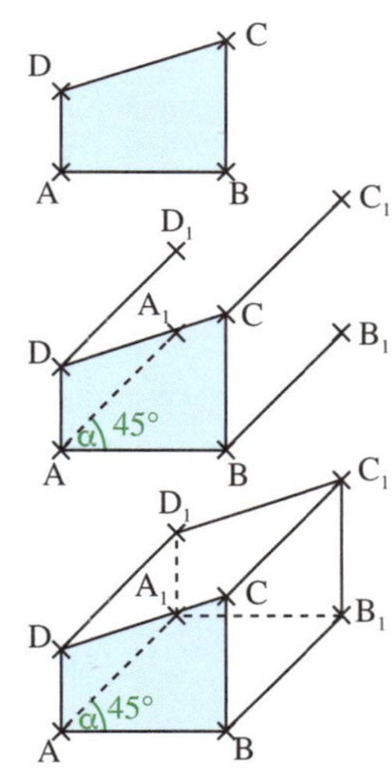

On veut construire une représentation du prisme droit $ABCDA_1B_1C_1D_1$ de l'exemple 2.

Protocole de construction possible :

1) On choisit la face ABCD comme face avant et on la représente sans déformation ni changement de longueurs (c'est-à-dire comme elle est dans la réalité). C'est la première étape de la construction.

2) On représente ensuite les arêtes orthogonales à cette face dans une direction faisant 45° avec la direction horizontale dans la représentation, et on multiplie les longueurs de ces arêtes par 0,8. Les arêtes cachées sont représentées en pointillés.

3) On joint les points A_1, B_1, C_1, D_1 pour obtenir la deuxième base du prisme. Elle n'est alors pas déformée.

DÉFINITION

Une perspective cavalière est une représentation plane des solides de l'espace définie par un plan frontal, un angle de fuite et un coefficient de fuite, et telle que :

– les faces ou arêtes parallèles au plan frontal ne sont pas déformées ;

– les arêtes orthogonales au plan frontal sont représentées par des segments faisant un angle égal à l'angle de fuite avec la direction horizontale de la représentation, et de longueur égale à la longueur de l'arête multipliée par le coefficient de fuite ;

– les arêtes cachées sont représentées en pointillés.

Remarque : L'angle de fuite est généralement compris entre 30° et 45°, et le coefficient de fuite entre 0,5 et 0,8.

Dans l'exemple, on a choisi la face ABCD comme plan frontal, un angle de fuite de 45° et un coefficient de fuite de 0,8.

PROPRIÉTÉS

Dans une perspective cavalière :
– les arêtes parallèles sont représentées par des segments parallèles : la perspective cavalière conserve le parallélisme ;
– dans la direction orthogonale au plan frontal, les partages en segments égaux sont conservés, en particulier le milieu d'une arête sera représenté par le milieu du segment représentant l'arête.

Remarque : Les angles et les longueurs ne sont pas conservés pour les faces qui ne sont pas parallèles au plan frontal. Cependant, les arêtes verticales de ces faces sont dans des plans parallèles au plan frontal et donc représentées par des segments de même longueur que l'arête représentée.

MÉTHODE 3, p. 214

2-3 Patrons

On souhaite construire le solide de l'exemple 2 à partir de ses faces (cet exercice est possible à partir du CM2). On obtient alors un assemblage de figures géométriques comme ci-dessous, où les arêtes sont représentées par les côtés des formes planes (éventuellement plusieurs fois), et les sommets du polyèdre sont représentés par les sommets des formes planes (éventuellement plusieurs fois).

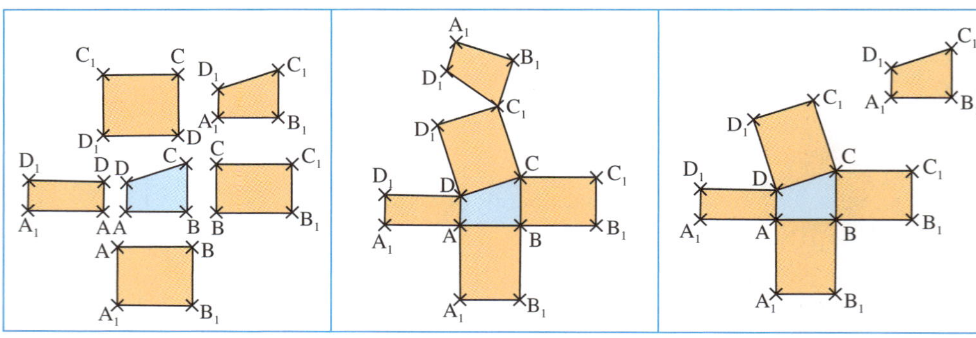

Si de plus on représente les faces de sorte qu'elles aient toutes un côté commun représentant une arête commune, on obtient alors un patron :

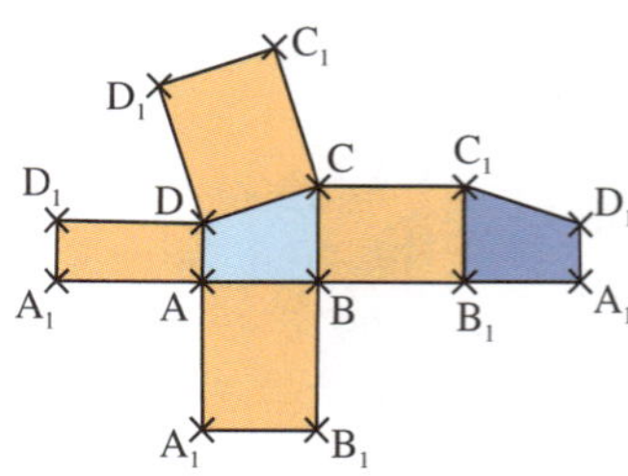

DÉFINITION

Un patron d'un polyèdre est un assemblage de formes superposables une à une aux faces du polyèdre, ayant au moins un côté commun représentant une arête commune et qui, en les pliant suivant les côtés des formes planes, permet de construire le polyèdre.

Remarque : Les polyèdres ont plusieurs patrons différents. Le cube par exemple en a 11 :

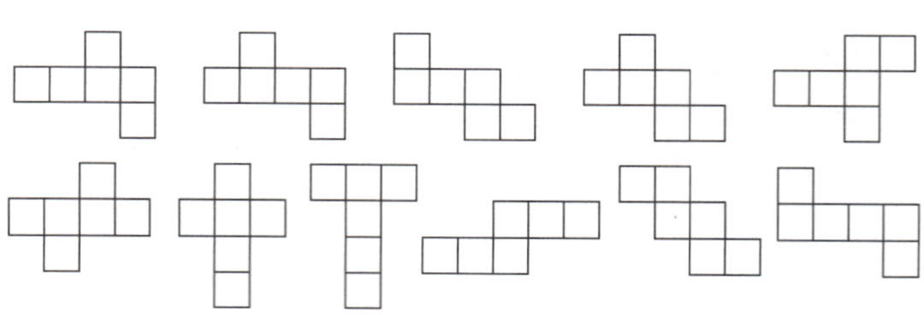

MÉTHODE 6, p. 217

B Sections d'un solide par un plan

1. Définition d'une section

Exemple 3

Le but d'un défi-maths est de découper un cube de fromage de 10 cm de côté pour obtenir un solide ayant une face triangulaire dont un des côtés mesure 6 cm. Les concurrents ayant réussi à construire un tel solide, seront ensuite classés en fonction du poids de leur solide : le solide le plus lourd fera remporter la médaille d'or. Enfin, les concurrents n'ont le droit de donner qu'un seul coup de couteau pour obtenir leur solide.
Les solides suivants ont été récompensés (le solide de départ est noté ABCDEFGH).
On a mis en bleu la zone coupée au couteau.

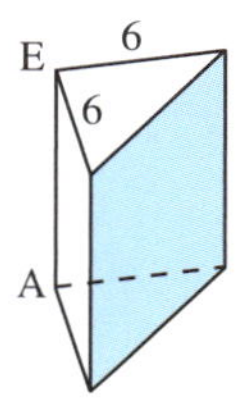

Médaille de bronze

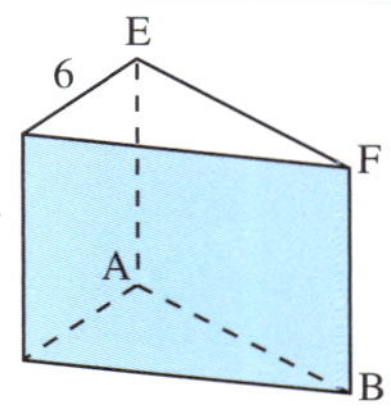

Médaille d'argent

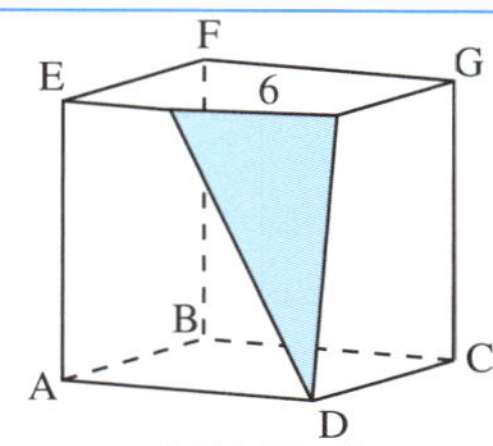

Médaille d'or

DÉFINITION La section d'un solide par un plan est l'ensemble des points d'intersection du solide et du plan.

Dans l'exemple 3, les faces bleues correspondent aux sections du cube par le plan de coupe du couteau.

2. Sections particulières

	Propriétés
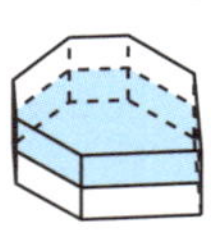	La section d'un prisme par un plan parallèle aux bases est un polygone superposable aux bases. Voir l'exercice 18, p. 223, pour la démonstration.
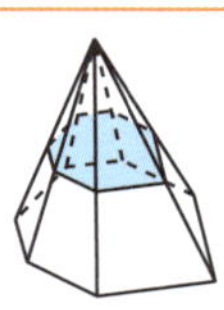	La section d'une pyramide par un plan parallèle à sa base est une réduction de la base. Voir l'exercice 18, p. 223, pour la démonstration.
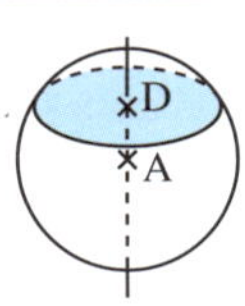	La section d'une sphère par un plan est un cercle. Voir l'exercice 12, p. 221, pour les caractéristiques de ce cercle.
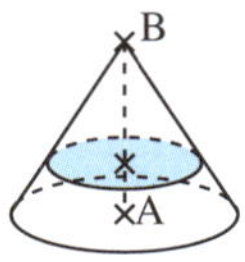	La section d'un cône de révolution par un plan parallèle à sa base est un cercle. Voir l'exercice 12, p. 221, pour les caractéristiques de ce cercle.

MÉTHODE 4, p. 215

C Repérage dans le plan et dans l'espace

1. Repérage dans un carré

Exemple 4

Une colonie de fourmis géométriques occupe un carré ABCD. Il leur faut 10 pas pour parcourir un côté du carré, le pas étant une unité de longueur propre à toutes les fourmis. De plus, ces fourmis ne peuvent se déplacer que selon les deux directions de villes lointaines : Abville et Ordoville.

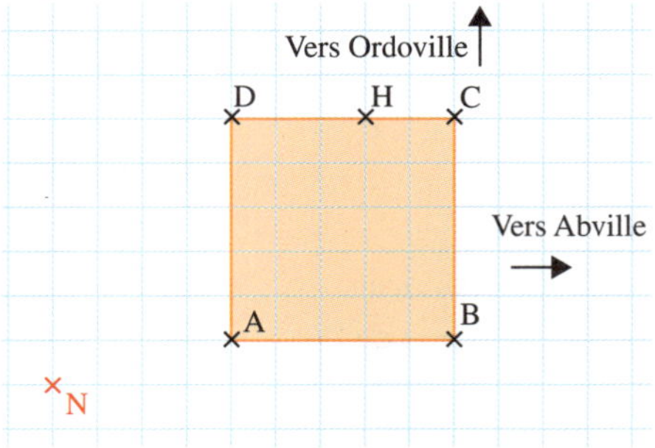

Une fourmi se trouve à la fourmilière au point A et doit rejoindre le point H. Elle fait donc 6 pas vers Abville, puis 10 pas vers Ordoville. On peut noter ce parcours (6 ; 10). Cela permet de repérer la position du point H par rapport à A.
Une fourmi se rendant au point N à partir de A doit faire 8 pas dans la direction opposée à Abville et 2 pas dans la direction opposée à Ordoville. Ce nouveau point peut être repéré par le couple de nombres (– 8 ; – 2) lorsqu'on connaît la position du point A.

DÉFINITIONS

- Un repère orthonormé est donné par :
  – une origine qui est un point du plan, souvent noté O ;
  – un axe des abscisses (OI) et un axe des ordonnées (OJ), tels que OI = OJ = 1 unité de longueur et les droites (OI) et (OJ) sont perpendiculaires en O.
- On repère un point M du plan par ses coordonnées $(x\ ;\ y)$ qui donnent le déplacement de O à M :
  – d'abord avec un déplacement de longueur $|x|$ dans la direction (OI), et dans le sens de O vers I si x est positif, dans le sens opposé sinon ;
  – puis un déplacement de longueur $|y|$ dans la direction (OJ), et dans le sens de O vers J si y est positif, dans le sens opposé sinon.
- Le nombre x est l'abscisse du point M. Le nombre y est l'ordonnée du point M.

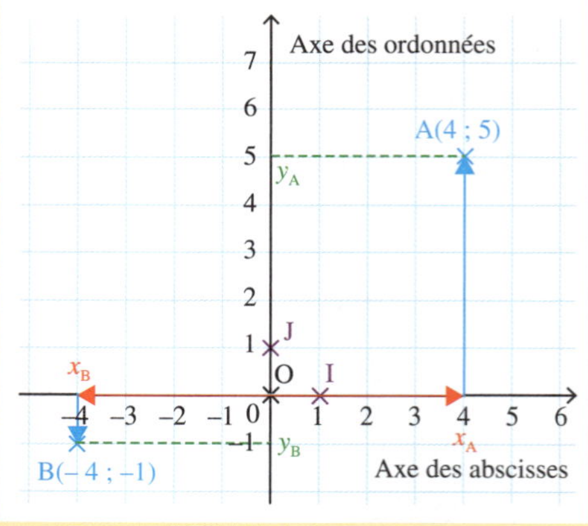

Remarque : On peut définir des repères non orthogonaux tels que les axes ne sont pas perpendiculaires.

On a défini le repère d'origine A, d'axe des abscisses (AB) : direction Abville, et d'axe des ordonnées (AD) : direction Ordoville.

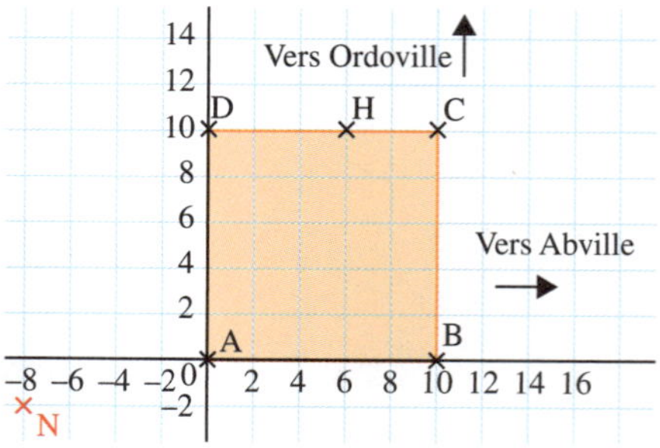

Conseil

Pour se souvenir que l'axe des abscisses est horizontal et l'axe des ordonnées vertical, il suffit de savoir que le mot abscisse est avant le mot ordonnée dans l'ordre alphabétique, comme le mct horizontal est avant vertical.

2. Repérage sur un cube

Exemple 5

Une autre fourmi géométrique se déplace sur un cube ABCDEFGH. Il faut 10 pas pour parcourir une arête et cette fourmi ne peut se déplacer que selon les trois directions indiquées (Abville, Ordoville ou vers le haut).

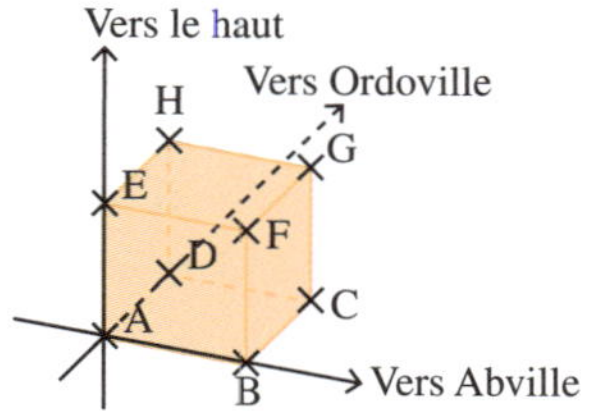

Elle part du point A et rejoint le point G. Elle fait donc 10 pas dans chacune des directions, ce que l'on peut noter (10 ; 10 ; 10).

Pour aller du point A au point H, il ne faut pas faire de pas dans la direction d'Abville, et il faut faire 10 pas en direction d'Ordoville et 10 pas vers le haut. Ce point peut être repéré donc par le triplet de nombres (0 ; 10 ; 10).

DÉFINITION

Le cube ABCDEFGH permet de définir un repère dans l'espace : A est l'origine du repère (c'est-à-dire le point à partir duquel on imagine les déplacements) et les droites (AB), (AD), (AE) sont respectivement les axes des abscisses, des ordonnées, des altitudes. Un point M de l'espace est alors repéré par ses trois coordonnées $(x ; y ; z)$ qui donnent les distances à parcourir dans chacune des trois directions pour faire le déplacement de A à M, comme dans le cas d'un repère du plan.

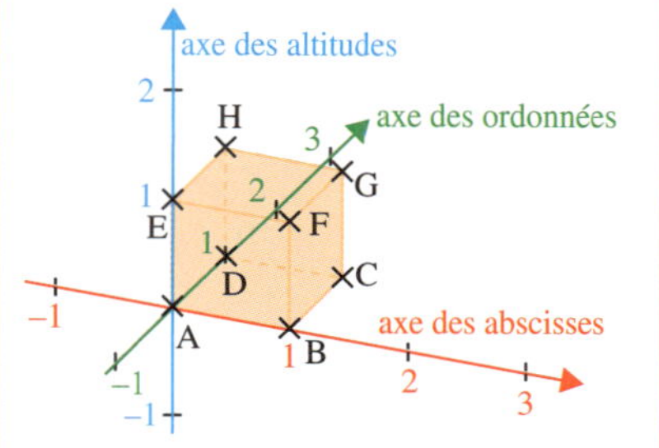

MÉTHODE 5, p. 216

3. Repérage sur une sphère

Exemple 6

Une dernière fourmi géométrique habite sur une sphère et ne connaît que deux directions : l'est et le nord. On a noté en rouge le point A, emplacement de la fourmilière. On peut imaginer quadriller son habitat selon les deux directions connues comme ci-contre, afin d'aider au repérage.

Ainsi, pour aller en B, il faut franchir 3 cases vers le nord et 4 vers l'est : B(3 ; 4). De même : C(5 ; – 1).

Malheureusement, la taille des cases varie et ne correspondra donc pas à un nombre fixé de pas de fourmi. On peut voir sur la 1re figure que les cases proches du pôle Nord sont plus petites que celles proches de l'équateur quand on se déplace dans la direction de l'est : les cercles sont de plus en plus petits mais toujours découpés en un même nombre d'arcs de cercle formant les côtés des cases. Ce qui ne varie pas en revanche est l'angle par rapport à l'axe de rotation qu'il faut parcourir pour franchir une case.

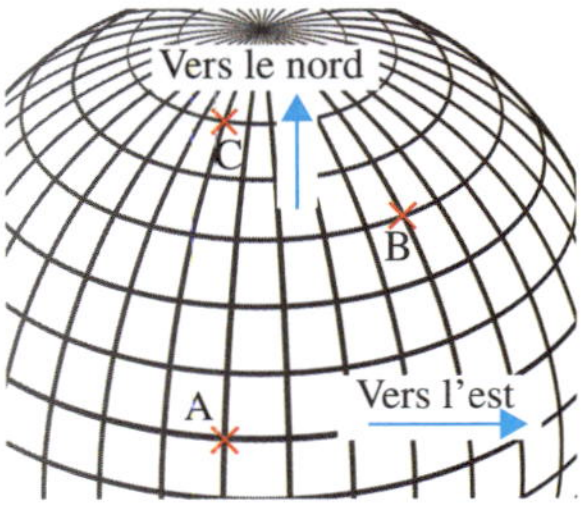

DÉFINITIONS

• On considère une sphère de centre O, orientée, c'est-à-dire avec un axe nord-sud et une orientation est-ouest. On définit le cercle équateur comme le cercle formé par la section de la sphère par le plan orthogonal à l'axe (NS) et passant par O (en orange) ; et un cercle repère (en bleu) de centre O, passant par N et S. On nomme E un des deux points d'intersection des deux cercles, et on choisit ce point comme origine du repère. Un point F sur la sphère est alors repéré par ses coordonnées géographiques $(p\ ;\ q)$ qui donnent le déplacement de E à F de la manière suivante :

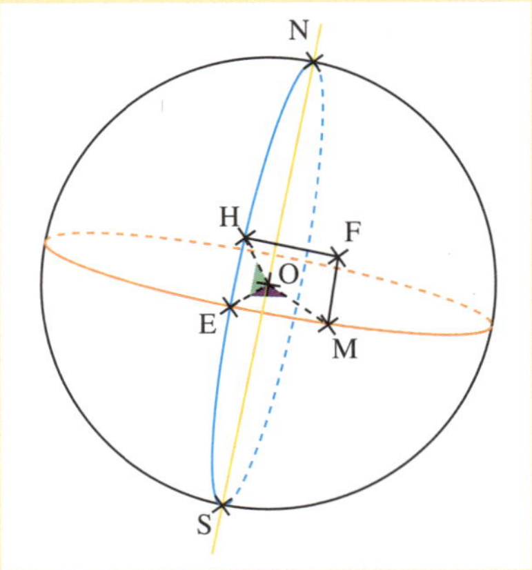

– la latitude p indique le déplacement $\overset{\frown}{EH}$ vers le nord sur le cercle bleu. Le point H est repéré par l'angle $\widehat{EOH}$ (en vert), positif si le déplacement est vers le nord, négatif si le déplacement est vers le sud. La latitude du point F est la donnée de cet angle. Elle est comprise entre $-90°$ et $90°$;

– la longitude q indique le déplacement $\overset{\frown}{HF}$ vers l'est. Il est repéré par l'angle $\widehat{HJF}$ qui est égal à l'angle $\widehat{EOM}$ (en violet). Il est positif si le déplacement se fait vers l'est, négatif sinon. La longitude du point F est la donnée de cet angle. Elle est comprise entre $-180°$ et $180°$.

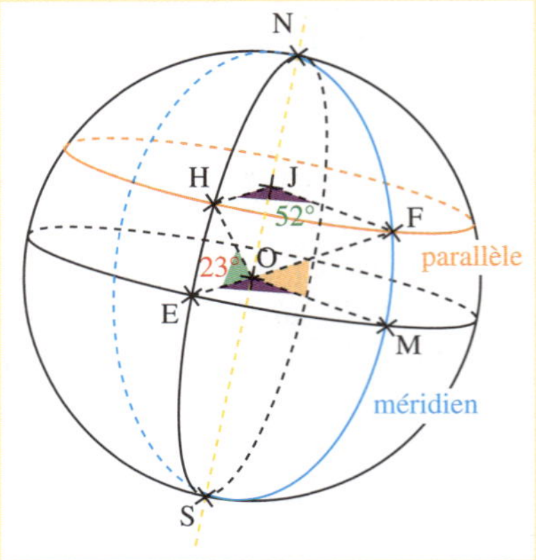

• Un parallèle est un cercle sur la sphère qui correspond à une latitude fixée. L'équateur est le parallèle pour la latitude 0°.

• Un méridien est un cercle sur la sphère qui correspond à une longitude fixée. Le cercle repère bleu est le méridien pour la longitude 0°.

Remarque : Lorsque la sphère est notre Terre, le parallèle de latitude 0° est l'équateur et le méridien de longitude 0° est le méridien de Greenwich.

Les coordonnées géographiques du point F représenté ci-dessus sont (23° ; 52°). On note aussi (23°N ; 52°E) ou 23°N 52°E.

MÉTHODE 6, p. 217

D Positions de droites et plans de l'espace

1. Définitions

Exemple 7

Un tireur à l'arc situé en A veut atteindre le centre d'une cible en C. Pour réussir, il doit viser le point C et donc orienter sa flèche dans la direction de ce centre.

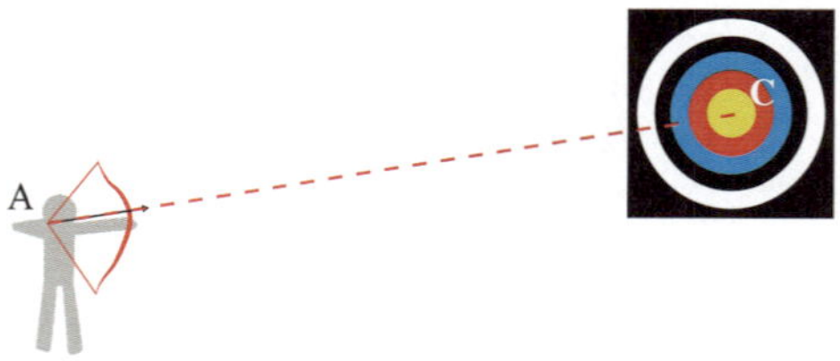

Les points A et C permettent ainsi de définir une direction, dans laquelle la flèche devra se déplacer, de A vers C.

DÉFINITIONS

• Une droite de l'espace définie par deux points non confondus A et B est l'ensemble des points M que l'on peut atteindre en partant de A et en se déplaçant dans la direction donnée par A et B, de A vers B ou de B vers A. Par deux points non confondus passe une unique droite.

• Un plan de l'espace défini par trois points A, B et C non alignés est l'ensemble constitué de tous les points M que l'on peut atteindre en partant du point A et en se déplaçant uniquement dans les directions définies par les points A et B, et les points A et C. Par trois points non alignés passe un unique plan.

• **Deux plans de l'espace sont parallèles** s'ils n'ont pas de point d'intersection ou s'ils sont confondus.

Dans la figure ci-contre, les deux plans (P1) et (P2) sont parallèles.

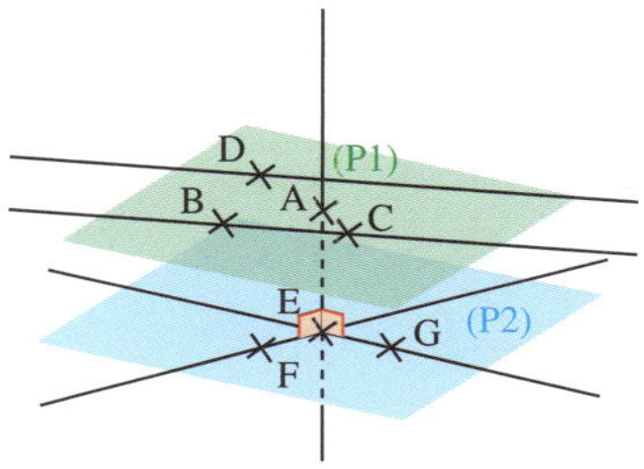

• **Deux droites de l'espace sont parallèles** si elles appartiennent à un même plan et si elles n'ont pas de point d'intersection ou si elles sont confondues.

Dans la figure ci-contre, dans le plan (P1), la droite passant par D et la droite (BC) sont parallèles.

• **Deux droites de l'espace sont perpendiculaires** si elles appartiennent à un même plan et forment un angle droit.

• **Une droite est orthogonale à un plan** si elle est perpendiculaire à deux droites sécantes de ce plan.

Dans ce cas, on dira également que **le plan est orthogonal à la droite**.

Dans la figure ci-dessus, la droite (AE) est perpendiculaire aux droites (EF) et (EG) du plan (P2), elle est donc orthogonale au plan (P2), ou encore le plan (P2) est orthogonal à (AE).

2. Propriétés

Les propriétés suivantes seront utiles pour construire des sections, vérifier que des droites sont parallèles ou perpendiculaires. Cela permettra d'utiliser les théorèmes de géométrie plane sur les faces des polyèdres (théorèmes de Thalès et de Pythagore).

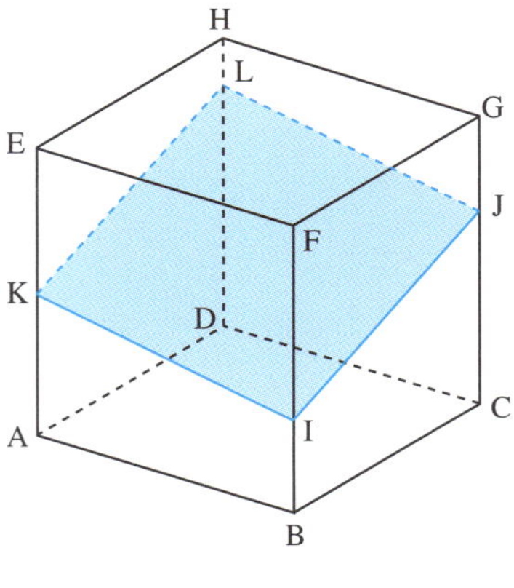

• **Propriété 1 (admise) :** Si deux points de l'espace appartiennent à un plan, alors la droite passant par ces deux points appartient au plan.

Dans la figure ci-contre, les points K et I appartiennent respectivement aux arêtes [AE] et [BF] ; ils appartiennent donc à la face ABFE, le segment [KI] appartient alors à la face ABFE.

• **Propriété 2 (admise) :** Une droite orthogonale à un plan est perpendiculaire à toute droite de ce plan qui lui est sécante.

> Dans la figure de la page précédente, l'arête [AE] est perpendiculaire aux arêtes [EH] et [EF] ; elle est donc orthogonale à la face EFGH. Avec la propriété 2, l'arête [AE] est perpendiculaire à la droite (EG). Cela peut permettre de calculer la longueur AG avec le théorème de Pythagore.

• **Propriété 3 (admise) :** Si une droite (d) et un point D appartiennent à un plan (P), alors la droite parallèle à (d) passant par D appartient également au plan (P).

> Dans la figure de la page précédente, la droite parallèle à (KI) passant par J appartient au plan (KIJ).

• **Propriété 4 (admise) :** Si deux plans parallèles sont coupés par un troisième, les intersections avec ce troisième plan sont des droites parallèles.

> Dans la figure de la page précédente, les intersections du plan (IJK) avec par exemple les faces parallèles ABFE et DCGH sont des segments parallèles. Cela permet de construire le point L.

MÉTHODES

méthode 1 Reconnaître des solides particuliers (prismes, pyramides)

1 Parmi les solides ci-dessous, quels sont ceux qui sont des prismes droits ? Indiquer à chaque fois leurs bases.

2 Parmi les solides ci-dessous, quels sont ceux qui sont des pyramides ? Indiquer à chaque fois leur base.

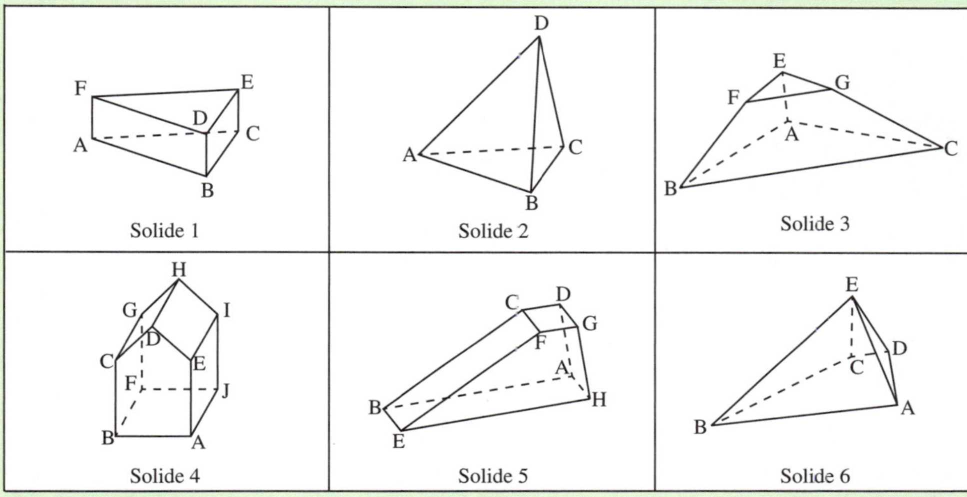

Solide 1 — Solide 2 — Solide 3 — Solide 4 — Solide 5 — Solide 6

✓ CORRIGÉ COMMENTÉ

1 **Il faut revenir aux définitions ! Un prisme droit a deux bases polygonales superposables et parallèles et des faces latérales rectangulaires.** Les solides 2, 3 et 6 ne peuvent pas être des prismes car ils n'ont pas de faces rectangulaires.

Les autres solides sont des prismes dont on donne les bases ci-dessous, les autres faces étant bien des rectangles reliant les côtés des bases :

Solide 1 : prisme droit à bases triangulaires, ABC et DEF sont les bases.

Solide 4 : prisme droit à bases pentagonales, ABCDE et FGHIJ sont les bases.

Solide 5 : prisme droit à bases trapézoïdales, ABCD et EFGH sont les bases.

2 **Par définition, une pyramide a une base polygonale et des faces triangulaires ayant un sommet commun.** Les solides 1, 3, 4 et 5 ne peuvent pas être des pyramides car ils ont plus d'une face non triangulaire.

Solide 2 : pyramide à base triangulaire ABC et de sommet principal D ; ou à base triangulaire ADC et de sommet principal B ; ou… C'est un tétraèdre.

Solide 6 : pyramide à base quadrilatère, ABCD est la base, toutes les autres faces sont des triangles de sommet E, qui est le sommet de la pyramide.

méthode 2 Construire une perspective cavalière d'un solide

Compléter la représentation en perspective cavalière du cube et du prisme droit à base triangulaire.

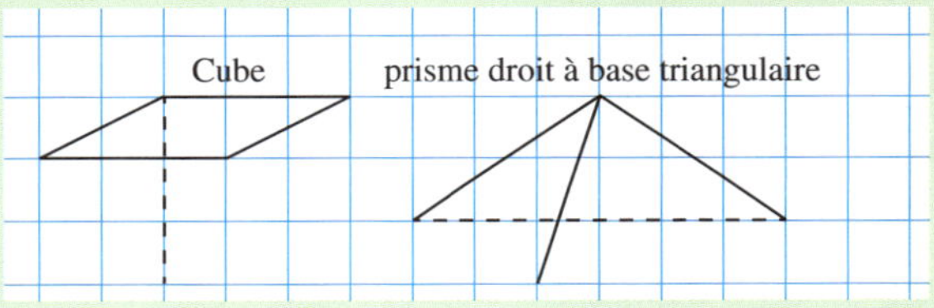

CORRIGÉ COMMENTÉ

Représentation du cube

Dans une perspective cavalière, les faces parallèles à la face avant sont représentées sans déformation. La face avant et arrière du cube seront représentées par des carrés superposables de côté 3 carreaux, que l'on peut construire à partir de l'amorce.
Les arêtes orthogonales à ces faces sont représentées par des segments obliques par rapport au quadrillage, tous parallèles entre eux et donc à ceux donnés par l'amorce.

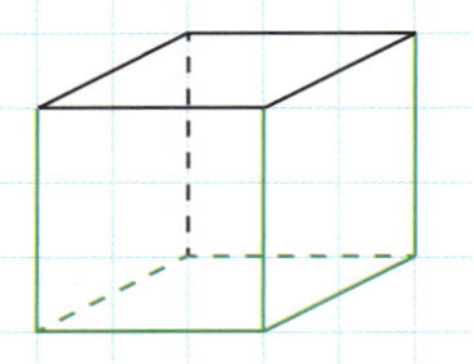

Représentation du prisme à base triangulaire

Il ne faut pas se laisser piéger : il ne faut pas faire la représentation d'une pyramide !
La base triangulaire arrière est donnée ainsi qu'une arête latérale. On peut donc construire les deux autres arêtes latérales parallèles à celle donnée dans la représentation et de même longueur, ayant les sommets des bases triangulaires comme extrémités. La base avant du prisme sera alors superposable à la base arrière donnée.
On peut également reproduire la base avant à l'aide d'une translation de la base arrière, puis tracer les arêtes latérales.

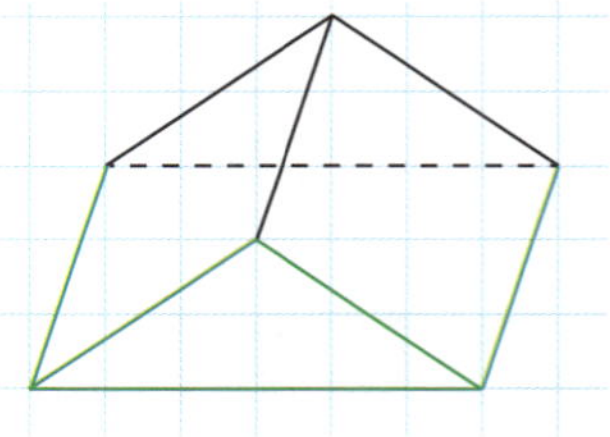

méthode 3 Reconnaître le patron d'un polyèdre

Parmi les représentations suivantes, quelles sont celles qui sont le patron d'un cube ?

Figure a

Figure b

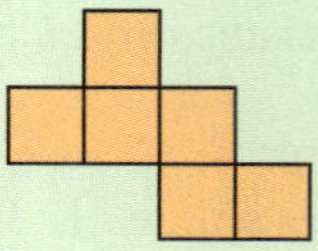

Figure c

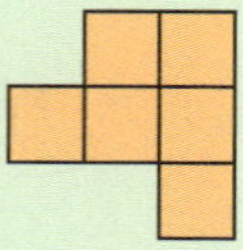

Figure d

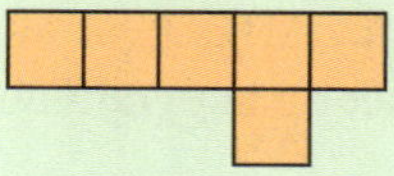

Figure e

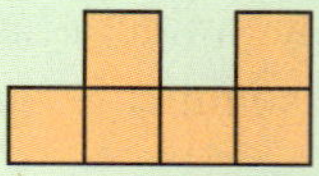

Figure f

CORRIGÉ COMMENTÉ

Un cube a 6 faces carrées : toute représentation n'ayant pas 6 carrés ne peut être le patron d'un cube.
On doit retrouver dans le patron d'un polyèdre chacune de ses faces, sans oubli ni ajout.

Il faut imaginer ensuite plier et fermer le cube. On peut alors repérer les côtés des carrés qui se rejoignent pour former une arête. On les représente ci-dessous de la même couleur.
On peut coder (une même couleur) les deux côtés qui se joignent pour former une arête. Si tous les côtés du bord de la figure sont marqués, la figure est un patron.

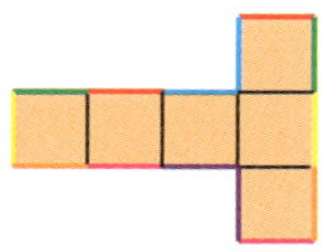 La figure a est un patron de cube.	La figure b n'est pas le patron d'un cube car elle ne comporte que 5 faces.	 La figure c est un patron de cube.
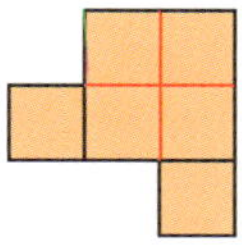 La figure d n'est pas le patron d'un cube car les côtés en rouge ne peuvent être pliés.	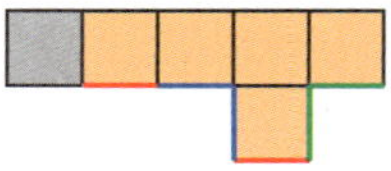 La figure e n'est pas un patron de cube : la face grise chevauchera une autre face en refermant le patron.	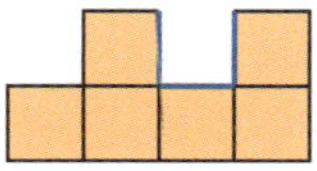 La figure f n'est pas le patron d'un cube car les 3 côtés (en bleu) ne peuvent pas se rejoindre pour former une arête.

méthode 4 Repérer un point dans un plan, dans l'espace

On donne le repère orthonormé ci-contre, défini par les points O, I, J où les axes sont gradués.

1 Donner les coordonnées des points A et B.

2 Placer les points C et D de coordonnées respectives (2 ; 3) et (−3 ; −2).

3 Pour aller du point de A au point E, il faut se déplacer de 2 unités dans la direction de l'axe des abscisses, de O vers I, puis se déplacer de 5 unités dans la direction de l'axe des ordonnées, de J vers O. Donner les coordonnées du point E.

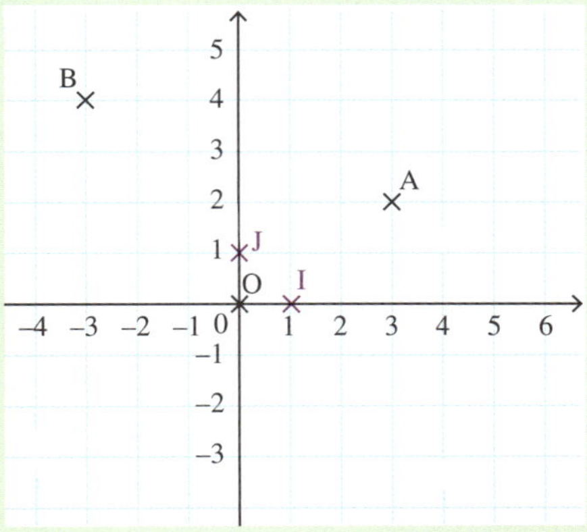

✓ CORRIGÉ COMMENTÉ

1 Pour trouver les coordonnées du point A, on construit les droites passant par A parallèles aux axes des coordonnées (les axes étant ici perpendiculaires, ces droites sont aussi perpendiculaires aux axes).

On repère le déplacement pour aller du point O au point A : on doit parcourir 3 unités dans la direction de l'axe des abscisses et dans le sens de O vers I : l'abscisse du point A est donc 3.

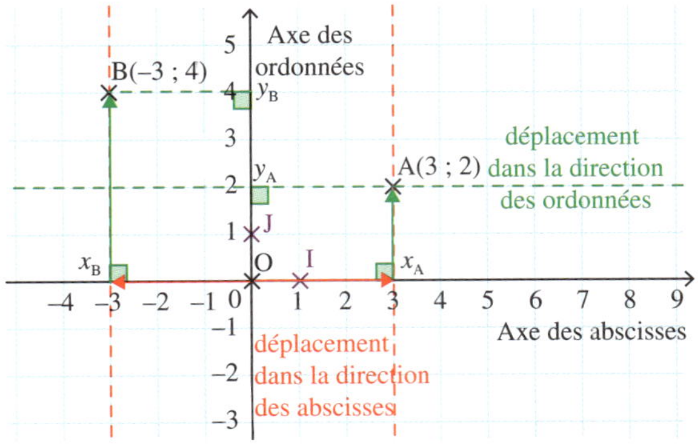

On doit également parcourir 2 unités dans la direction de l'axe des ordonnées et dans le sens de O vers J : l'ordonnée du point A est donc 2.
Finalement, les coordonnées du point A sont (3 ; 2).
Pour le point B, on doit parcourir 3 unités dans la direction de l'axe des abscisses, mais cette fois dans le sens inverse : on trouve une abscisse de −3. On doit également parcourir 4 unités dans la direction de l'axe des ordonnées dans le sens de O vers J : l'ordonnée du point B est 4. Finalement, les coordonnées du point B sont (−3 ; 4).

2 Pour placer le point C, on construit la droite constituée de tous les points d'abscisse égale à 2. Elle passe par le point L de coordonnées (2 ; 0) de l'axe des abscisses et est perpendiculaire à cet axe.
On construit ensuite la droite de tous les points d'ordonnée égale à 3. Elle passe par le point M de coordonnées (0 ; 3) sur l'axe des ordonnées et est perpendiculaire à cet axe.
Le point C est le point d'intersection de ces droites.
On reprend la méthode pour placer le point D : on construit la droite constituée de tous les points d'abscisse égale à −3. Elle passe par le point N de coordonnées (−3 ; 0) sur l'axe des abscisses et est perpendiculaire à cet axe.
On construit ensuite la droite de tous les points d'ordonnée égale à −2. Elle passe par le point P de coordonnées (0 ; −2) sur l'axe des ordonnées et est perpendiculaire à cet axe.
Le point D est le point d'intersection de ces droites.

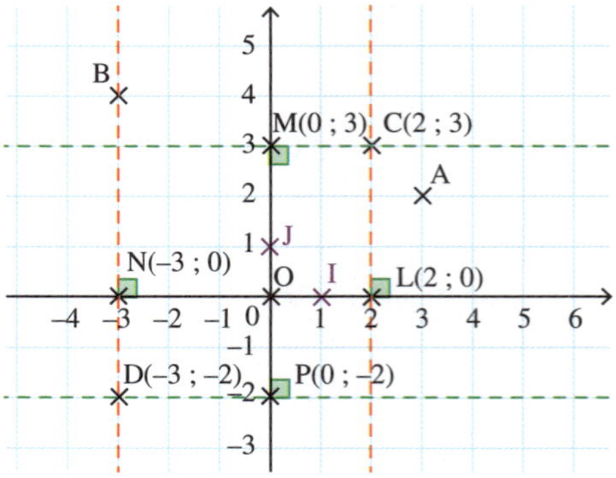

3 On effectue le déplacement horizontal dans la direction des abscisses, de O vers I, de 2 unités (ci-contre de A vers F), puis le déplacement de 5 unités dans la direction des ordonnées, de J vers O (ci-contre de F vers E). On lit les coordonnées sur les axes : E (5 ; −3).

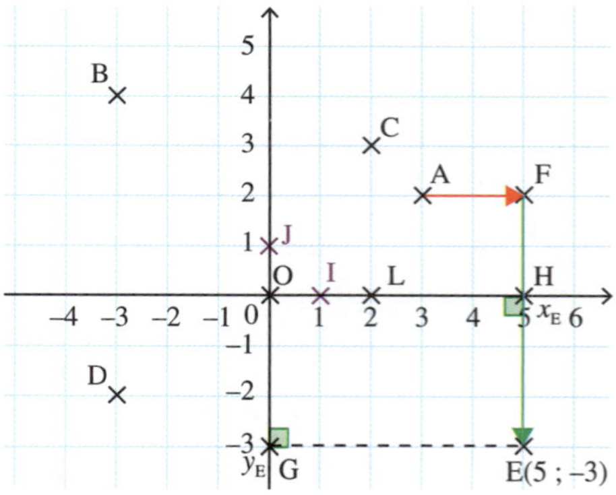

méthode 5 Repérer un point sur une sphère

On a représenté une sphère en perspective cavalière, avec le pôle Nord N et le pôle Sud S donnés et son équateur en jaune et le méridien 0° (de Greenwich) en bleu. On prend A comme origine du repère.

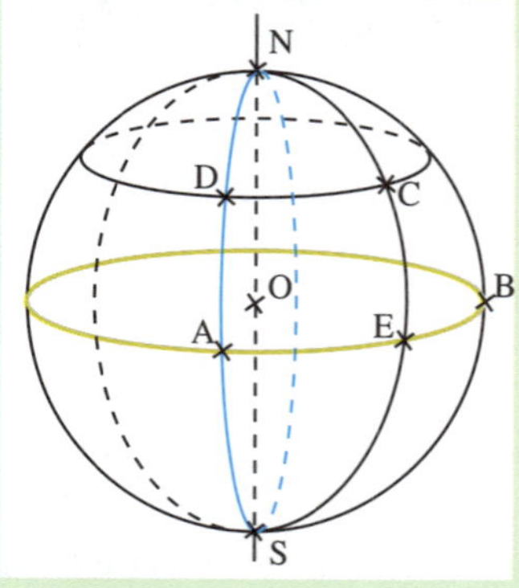

1 Donner deux points sur un même méridien et deux points sur un même parallèle.

2 Sachant que l'angle $\widehat{AOB}$ mesure 90°, donner les coordonnées géographiques des points A et B.

3 Sachant que les coordonnées géographiques du point C sont (37,5° ; 55°), donner les coordonnées des points D et E.

4 Combien mesure l'angle $\widehat{AOD}$?

CORRIGÉ COMMENTÉ

1 Les méridiens sont les cercles passant par les pôles, on voit donc que A et D sont sur le même méridien – le méridien repère 0° – et que C et E sont également sur un même méridien. Les parallèles sont les cercles parallèles à l'équateur, ainsi A, E et B sont sur le même parallèle : l'équateur. Les points D et C sont également sur un même parallèle.

2 Le point A est à l'intersection du méridien repère et de l'équateur, c'est l'origine du repère et ses coordonnées sont donc (0° ; 0°). Pour aller du point A au point B, il faut parcourir 90° vers l'est, les coordonnées de B sont donc (0° ; 90°).

3 Le point D est sur le méridien repère, sa longitude est donc 0°. Il est sur le même parallèle que le point C, il a donc la même latitude : 37,5°. Les coordonnées de D sont donc (37,5° ; 0°). Le point E est sur le cercle équateur, sa latitude est donc de 0°. Il est sur le même méridien que C, il a donc la même longitude : 55°. Ses coordonnées sont donc (0° ; 55°).

4 La mesure de l'angle $\widehat{AOD}$ est la latitude du point D, elle vaut 37,5°.

méthode 6 Construire une section de cube

On considère la section du cube ABCDEFGH par le plan (IJK), où le point I est sur l'arête [BF], J est sur l'arête [CG] et K est sur l'arête [AE].

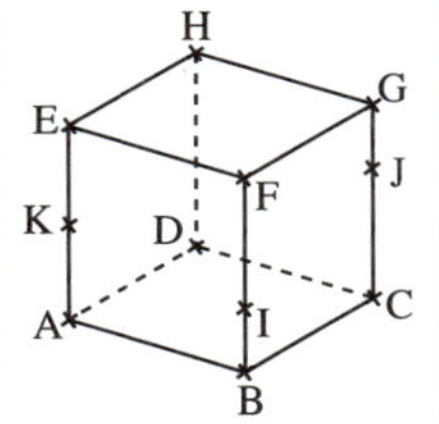

1 Construire cette section sur la représentation du cube.

2 Donner la nature de la section obtenue.

CORRIGÉ COMMENTÉ

Pour tracer cette section, on utilise les propriétés 1, 2 et 4 de la partie D (voir cours p. 211).

1 **Pour l'exercice, la propriété 1 permet de savoir** que les segments [KI] et [IJ] appartiennent à la fois au plan de section et respectivement aux faces ABFE et BCGF.
Les segments [KI] et [IJ] sont donc les intersections du plan de section et respectivement des faces ABFE et BCGF.

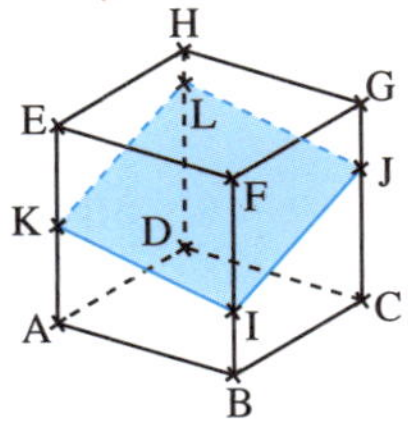

Intersection avec la face CDHG : cette face étant parallèle à ABFE, **la propriété 4 permet de savoir** que la section du plan avec la face CDHG est parallèle à (KI). On peut donc construire le point L comme intersection de cette parallèle passant par J avec l'arête [HD].
Intersection avec la face ADHE : Les points K et L appartiennent à la fois au plan de section et à la face ADHE. **Avec la propriété 1**, le segment [KL] est l'intersection du plan de section et de la face ADHE.
On a tracé le polygone IJLK section du cube avec le plan (IJK).

2 **La propriété 4** permet de savoir que les droites (KL) et (IJ) sont parallèles, les faces ADHE et BCGF étant parallèles. On avait déjà obtenu que les droites (KI) et (LJ) sont parallèles. On en conclut que le quadrilatère IJLK est un parallélogramme.

ENTRAÎNEMENT

Se tester en 10 questions

→ Corrigés p. 224

Pour chaque question suivante, indiquez la (ou les) bonne(s) réponse(s).

Pour les questions 1 et 2, on considère les solides ci-dessous.

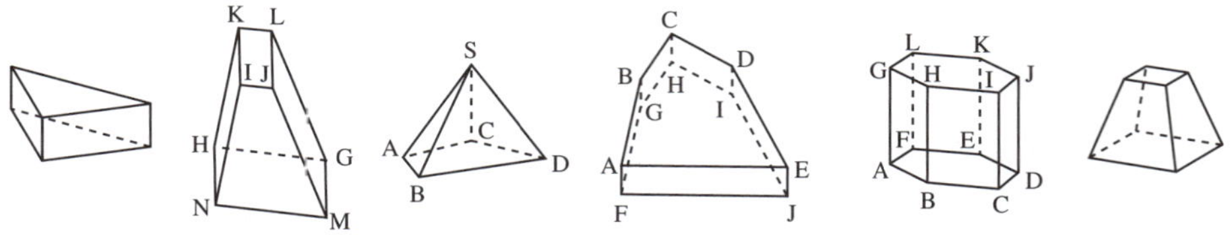

Solide 1 | Solide 2 | Solide 3 | Solide 4 | Solide 5 | Solide 6

1
- **a)** Le solide 1 est une pyramide.
- **b)** Le solide 5 est un prisme droit.
- **c)** Les solides 2 et 4 ne sont pas des prismes droits.
- **d)** Le solide 6 est un pavé.
- **e)** Le solide 3 est une pyramide.

2
- **a)** Le solide 1 a deux fois plus d'arêtes que de faces.
- **b)** Le nombre de sommets du solide 5 est égal aux $\frac{2}{3}$ de son nombre d'arêtes.
- **c)** Les solides 2 et 6 ont le même nombre de sommets, le même nombre de faces et le même nombre d'arêtes.

3 Un prisme droit possède 20 sommets, alors :
- **a)** il a 12 faces rectangulaires.
- **b)** il a 11 faces en tout.
- **c)** il a 30 arêtes.
- **d)** il a 60 arêtes.

4 On considère l'assemblage de cubes ci-contre.

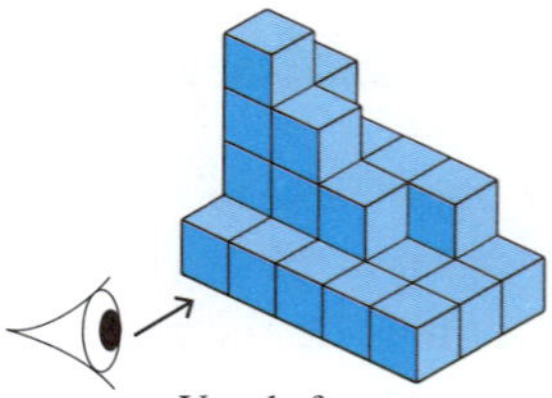

- **a)** 11 carrés seront représentés sur la vue de face.
- **b)** 8 carrés seront représentés sur la vue de droite.
- **c)** La vue de dessus sera représentée par un rectangle de 5 carrés sur 3 carrés.

5 On considère le solide ci-contre.

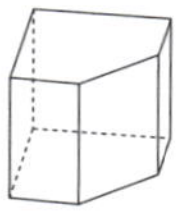

Un patron de ce solide est :

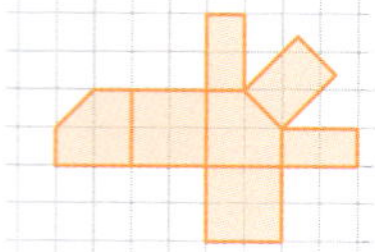
a)

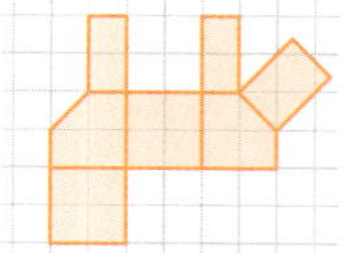
b)

c)

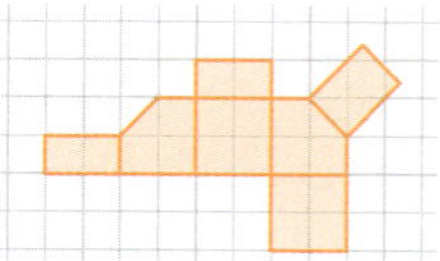
d)

Pour les questions 6 et 7, on considère un pavé droit ABCDEFGH de dimensions AB = 3, AD = 2, et AH = 3 dans un repère (A ; x, y, z), où (Ax), (Ay), (Az) sont respectivement les axes des abscisses, ordonnées et altitudes. Le point A a pour coordonnées (0 ; 0 ; 0).

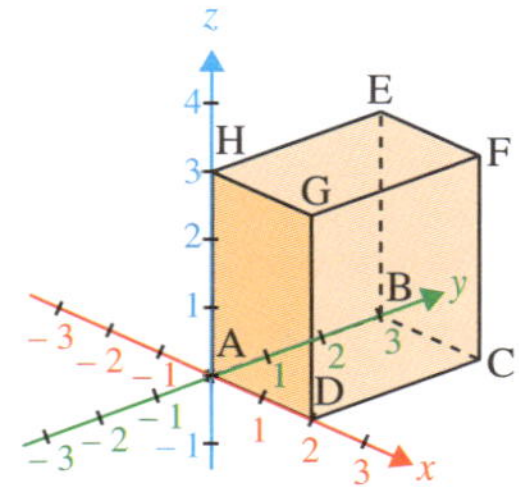

6 Le point E a pour coordonnées :

a) (3 ; 0 ; 0) b) (1 ; 3 ; 0) c) (1 ; 0 ; 3) d) (0 ; 3 ; 3)

7 Le milieu du segment [CD] a pour coordonnées :

a) $\left(0 ; \frac{3}{2} ; 0\right)$ b) $\left(1 ; \frac{3}{2} ; 3\right)$ c) $\left(1 ; \frac{3}{2} ; 0\right)$ d) $\left(2 ; \frac{3}{2} ; 0\right)$

8 On considère un globe terrestre jouet ci-contre. Sur ce jouet :

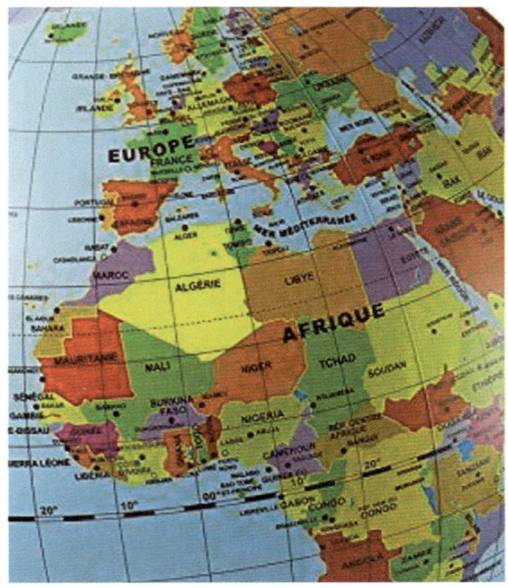

a) l'origine du repère, c'est-à-dire le point de coordonnées géographiques (0°N ; 0°E), se trouve sur le continent africain.

b) la France se situe presque entièrement entre le parallèle 40°N et le parallèle 50°N.

c) la France se situe presque entièrement entre le méridien 0°E et le méridien 10°E.

d) le méridien de Greenwich traverse quatre pays en Europe.

9 On considère la section du pavé ABCDEFGH par le plan (MNO) en bleu, où O est le milieu du segment [DG], N le milieu de [FC], M un point quelconque du segment [EB] et L appartient à [AH].

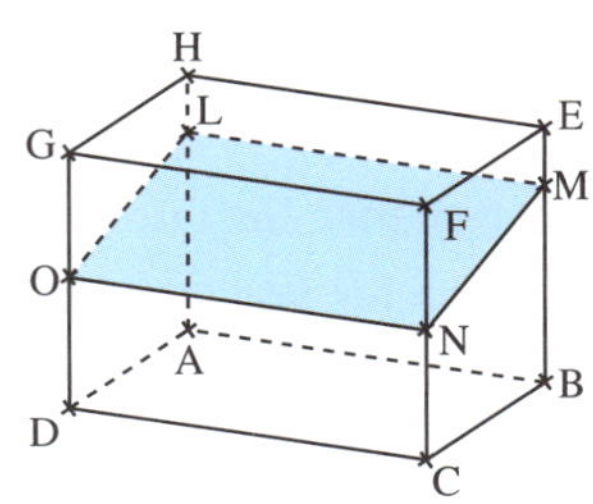

a) Les segments [ON] et [DC] sont parallèles.
b) Les segments [ON] et [ML] sont parallèles.
c) La section est un parallélogramme.
d) La section est un rectangle.

10 On donne les coordonnées géographiques de plusieurs villes :
Alexandrie (Égypte) : 31°N ; 30°E ou (31° ; 30°) – **Dakar** (Sénégal) : 15°N ; 17°O ou (15° ; –17°) – **Quito** (Équateur) : 0,1°S ; 78°O ou (–0,1° ; –78°) – **Londres** (Angleterre) : 51,3°N ; 0,1°O ou (51,3° ; –0,1°) – **Reykjavik** (Islande) : 64°N ; 22°O ou (64° ; –22°) – **Narvik** (Norvège) : 68,3°N ; 17,3°E ou (68,3° ; 17,3°).

a) La ville la plus proche de l'équateur est Dakar.
b) La ville la plus éloignée de l'équateur est Reykjavik.
c) La ville la plus proche du pôle Nord est Narvik.
d) La ville la plus proche du méridien de Greenwich est Londres.
e) La ville la plus éloignée du méridien de Greenwich est Narvik.

Réponses : 1. b, e ; 2. b, c ; 3. c ; 4. b, c ; 5. a, c, d ; 6. d ; 7. d ; 8. b, c ; 9. a, b, c, d ; 10. c, d.

Échauffement

→ Corrigés p. 225

1 Dénombrer faces, sommets, arêtes d'un polyèdre

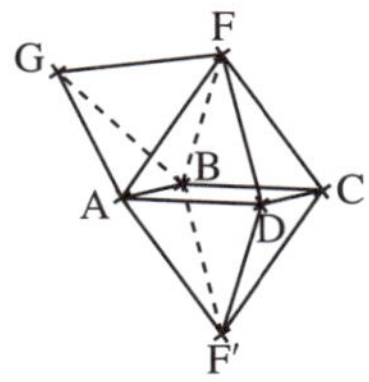

Solide 1

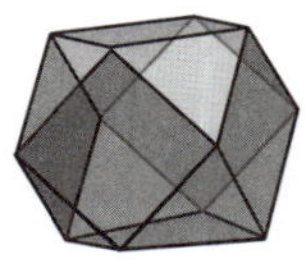
Solide 2

1. Donner le nombre de sommets, d'arêtes et de faces, ainsi que la nature des faces pour chacun des polyèdres ci-dessus. Montrer que la somme du nombre de faces et du nombre de sommets est égale au nombre d'arêtes plus 2.

2. Un prisme droit possède 20 sommets.

a) Combien possède-t-il d'arêtes ? de faces ? Donner la nature des faces.

b) La relation entre les nombres de sommets, faces, arêtes, donnée en **1.** est-elle valable pour ce prisme ?

3. On coupe chaque sommet d'un cube en enlevant une petite pyramide. Combien le nouveau solide a-t-il de faces ? de sommets ? d'arêtes ?

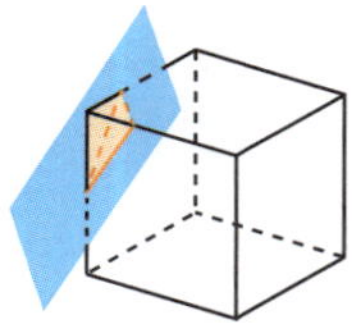

2 Construire les vues d'un solide

Construire les vues de face, de dessus et de droite de l'assemblage de cubes ci-dessous.

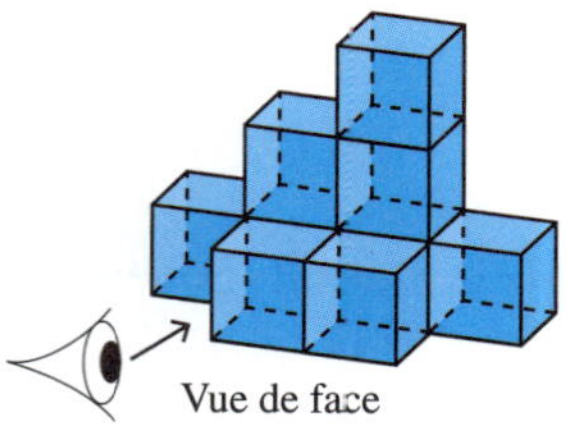

3 Construire une perspective cavalière

Faire la représentation en perspective cavalière de l'assemblage de 6 cubes donné par les vues ci-dessous.

Vue de droite — Vue de face — Vue de dessus

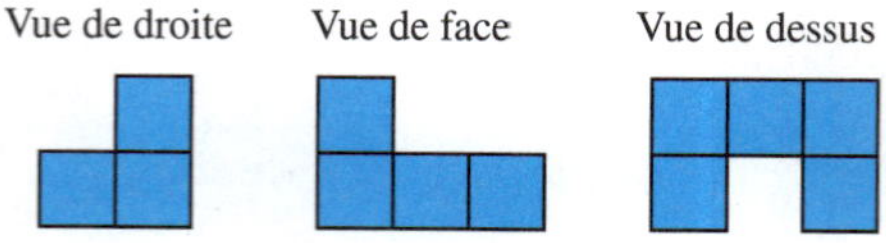

4 Repérer des points dans l'espace avec leurs coordonnées

On considère l'escalier représenté dans le repère de l'espace ci-dessous. Les marches ont toutes la même hauteur.

La première marche est représentée par un pavé droit $ABCDA_1B_1C_1D_1$ tel que A a pour coordonnées (0 ; 0 ; 0), B (0 ; 2 ; 0), C (– 1 ; 2 ; 0) et A_1 (0 ; 0 ; 1).

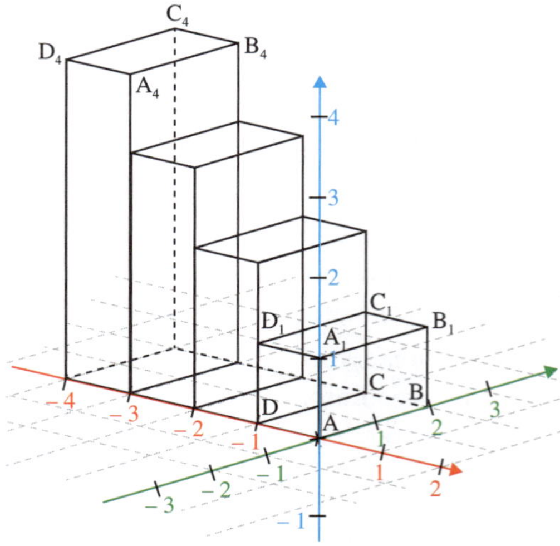

1. Donner les coordonnées des points D, B_1, C_1, D_1. Donner les coordonnées des points A_4, B_4, C_4, D_4.

2. Donner les coordonnées de la 813e marche : A_{813}, B_{813}, C_{813}, D_{813}.

5 Reconnaître une section

Un cylindre est contenu dans un cube ; le diamètre de sa base et sa hauteur ont la même longueur que l'arête du cube. On coupe cet ensemble par un plan. Reconnaître parmi les figures ci-dessous celles qui peuvent représenter la section ; préciser alors une position possible du plan.

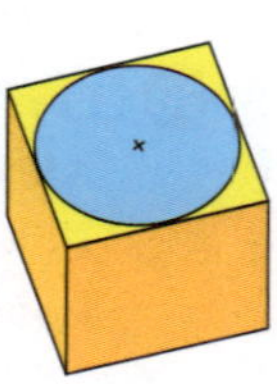

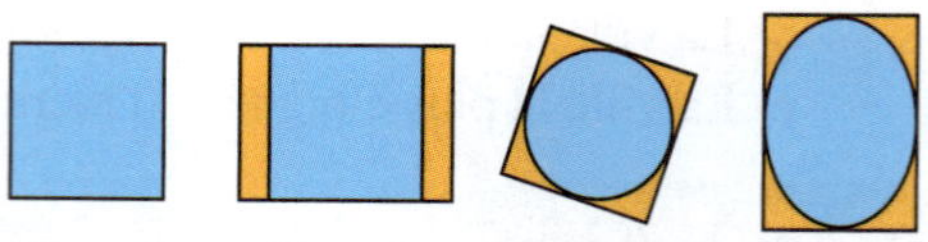
Figure 1 — Figure 2 — Figure 3 — Figure 4

Pour réussir au concours

→ Corrigés p. 226

6 ★ 5 min

Un cylindre de révolution de rayon 2,5 cm et de hauteur 6 cm est coupé par un plan qui contient les centres de ses bases. Construire en vraie grandeur la section obtenue.

7 ★ 5 min

Les affirmations suivantes sont-elles vraies ou fausses ? Justifier.

1. Une pyramide ayant 7 sommets a une base hexagonale.
2. Il est possible de construire une pyramide ayant 15 arêtes.
3. Un prisme ayant 27 arêtes n'existe pas.
4. Un prisme ayant 27 sommets n'existe pas.

8 ★ 10 min

Construire le patron d'un cylindre de révolution de rayon 2,5 cm et de hauteur 6 cm.

9 ★ 5 min *Sujet de CRPE*

Le programme ci-dessous a été écrit avec le logiciel Scratch pour faire se déplacer le lutin « hélicoptère » de la case « Nantes » à la case « Paris » sur l'arrière-plan ci-dessous, c'est-à-dire pour « avancer » de deux cases et « monter » d'une case.

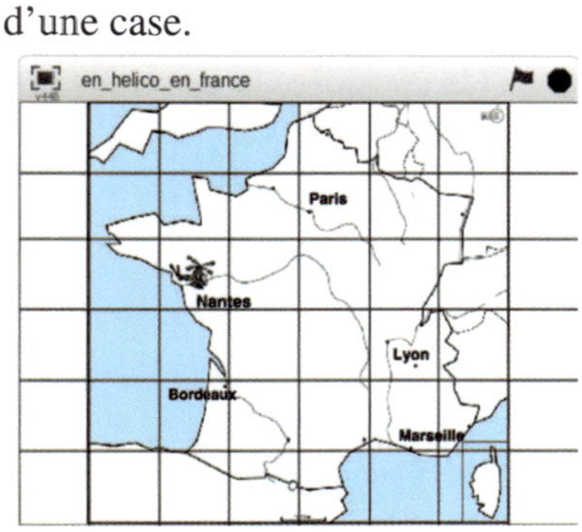

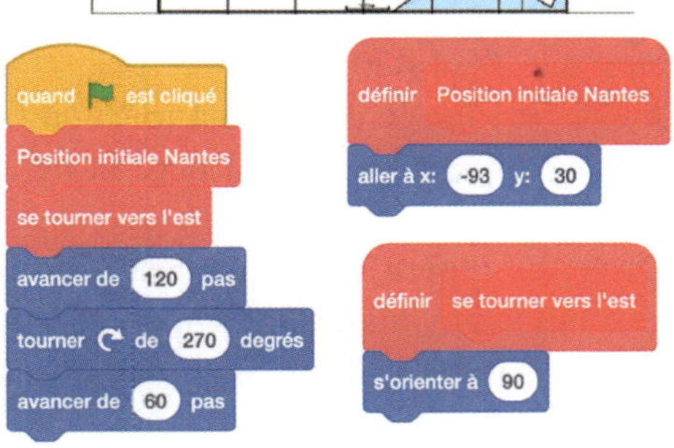

Un élève souhaite modifier le programme pour que l'hélicoptère se déplace de la case « Nantes » à la case « Lyon ». Par quels nombres doit-il remplacer les nombres « 120 », « 270 » et « 60 » ? Justifier votre réponse.

10 ★ 5 min

Ci-dessous est représenté un cube dans un repère dont l'origine O est le centre du cube.

Le point C a pour coordonnées $(2 ; 2 ; -2)$, le point D $(-2 ; 2 ; -2)$ et le point E $(-2 ; -2 ; -2)$.

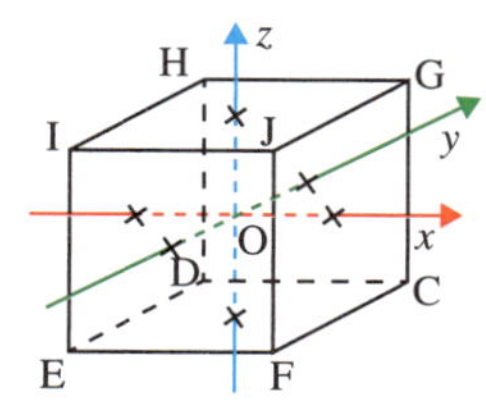

1. Donner les coordonnées des points F et I.
2. Donner les coordonnées du milieu du segment [CD].

11 ★★ 10 min

Pour les polyèdres considérés, on note S, F, A, le nombre respectivement de sommets, faces, arêtes.

Montrer que la relation $F + S = A + 2$ est vérifiée pour :
1. un prisme droit.
2. une pyramide.

12 ★★ 20 min

1. On considère un cône de sommet S et de base le disque de rayon 3 cm. On nomme O le centre de ce disque. On sectionne ce cône par un plan parallèle à sa base, passant par le point C, milieu de [OS]. Donner le rayon du cercle obtenu comme section.
2. On considère une sphère de centre O de rayon 3 cm, E un point de cette sphère, et C un point du segment [OE]. On sectionne cette sphère par le plan passant par C et orthogonal à la droite (OE). Donner le rayon du cercle obtenu comme section en fonction de OC.

13 ★★ 10 min

On considère un cube ABCDEFGH. À partir de ce cube, on va construire un nouveau polyèdre de la manière suivante : les sommets de ce nouveau solide sont les centres de chacune des faces carrées, c'est-à-dire l'intersection de leurs diagonales. Ces sommets sont reliés par une arête s'ils appartiennent à des faces adjacentes, c'est-à-dire ayant une arête commune. Combien de faces, de sommets, d'arêtes possède ce nouveau solide ?

14 ★ ★ ★ 20 min *D'après Sujet de CRPE*

On considère le solide ci-dessous, donné par sa représentation en perspective cavalière. On donne les dimensions réelles du solide : AB = BC = 13 cm, AE = 6 cm et JE = 8 cm.

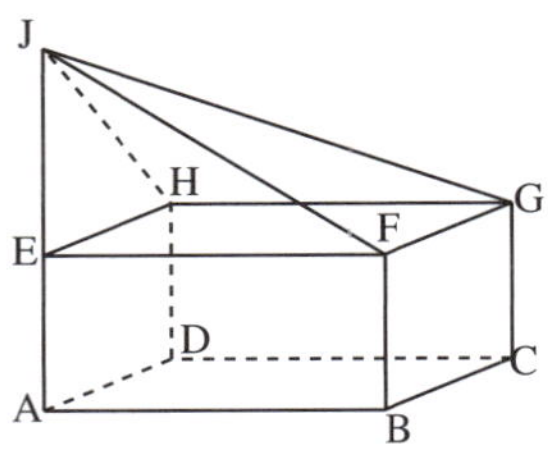

1. On choisit ABFE comme face avant. Construire la vue avant, la vue de droite et la vue de dessus de ce solide.

2. Construire un patron de ce solide à l'échelle $\frac{1}{2}$. On codera les angles droits et les segments de même longueur.

15 ★ ★ ★ 25 min *Sujet de CRPE*

Soit ABCDEFGH un cube d'arête 6 cm.

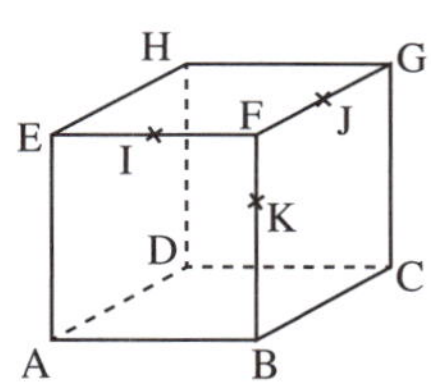

1. Soit I, J et K les milieux respectifs des arêtes [FE], [FG] et [FB]. Quelle est la nature du triangle IJK ? Justifier.

2. Montrer que le volume du tétraèdre FIJK est 4,5 cm^3. On rappelle que le volume d'une pyramide est égal au tiers du produit de l'aire d'une base par la hauteur associée.

3. Construire, en vraie grandeur, un patron du tétraèdre FIJK. On laissera les traits de construction.

4. On coupe le cube en suivant le plan IJK, afin d'ôter le tétraèdre FIJK. On procède de la même façon avec chacun des sept autres sommets du cube. Le solide obtenu après ces différentes coupes s'appelle un « cuboctaèdre ».

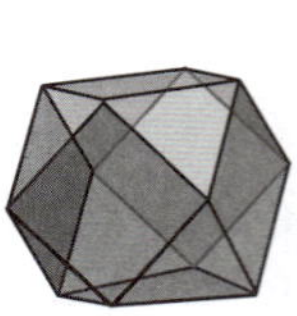

a) Calculer le volume de ce cuboctaèdre.

b) Calculer la longueur totale des arêtes. On donnera le résultat arrondi au millimètre.

16 ★ ★ 30 min

ABCDEFGH est un pavé droit où AB = 6 cm, AE = 5 cm, AD = 4 cm. Le point J appartient au segment [DH]. La pyramide DEFGH est coupée par un plan parallèle à sa base passant par le point J. La section est un quadrilatère JKLM où les points K, L et M appartiennent respectivement aux segments [DE], [DF] et [DG].

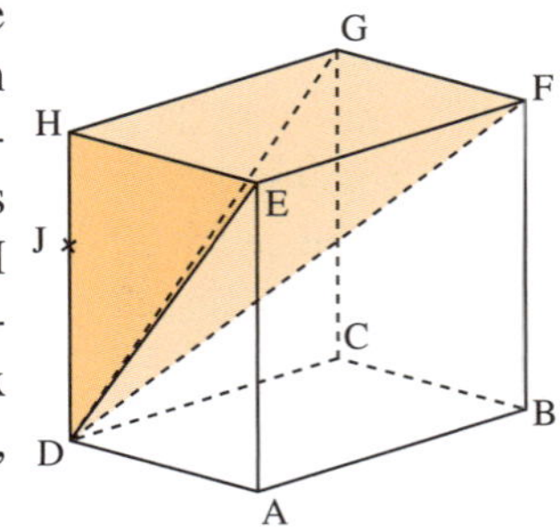

Partie A : on considère la pyramide DEFGH.

1. Quel est son sommet ? Quelle est sa hauteur ?

2. Tracer en vraie grandeur un de ses patrons.

3. Quelle est la nature du quadrilatère JKLM ?

4. Reproduire en perspective cavalière le pavé droit ABCDEFGH, la pyramide DEFGH et la section JKLM. On choisira un angle de fuite de 30° et un coefficient de fuite de 0,8.

Partie B : On considère la pyramide DJKLM. On donne JH = 2 cm.

1. Montrer que la longueur JK = 2,4 cm.

2. Calculer la longueur JM et le périmètre de JKLM.

Partie C : Dans cette partie, x désigne la longueur JH exprimée en cm.

1. Justifier que x est compris entre 0 et 5 inclus.

2. On note $f(x)$ le périmètre en cm de JKLM. Montrer que $f(x) = 20 - 4x$.

3. Quelle est l'image de 0 par la fonction f ? À quoi correspond ce résultat pour la pyramide DEFGH ?

4. Dans un repère orthogonal, tracer la représentation graphique de f. On prendra en abscisses 1 cm pour 1 cm et, en ordonnées, 1 cm pour 2 cm.

5. Par lecture graphique, déterminer l'antécédent du nombre 6.
Où doit-on placer le point J sur le segment [DH] pour que le périmètre soit égal à 6 cm ? Vérifier ce résultat par le calcul.

17 ★ ★ ★ 15 min

1. Parmi les deux patrons suivants, quel est celui qui ne peut pas être le patron d'un cône ?

Patron 1

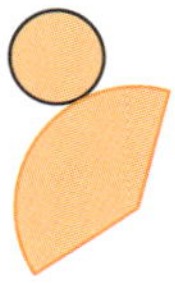

Patron 2

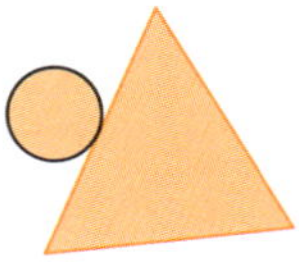

2. Construire le patron d'un cône de révolution de rayon 2,5 cm et de hauteur 6 cm.

18 ★ ★ ★ 30 min

1. On sectionne un prisme ABCDEFHG ayant pour base un quadrilatère quelconque par un plan parallèle à la face ABCD passant par un point J appartenant à l'arête [AE]. Donner la nature et les dimensions de la section obtenue.
2. On sectionne une pyramide ABCDE ayant pour base un quadrilatère quelconque par un plan parallèle à la face ABCD passant par un point N appartenant à l'arête [AE]. Donner la nature et les dimensions de la section obtenue.

Se tester en 10 questions

→ Énoncés p. 218

1 **Réponses b, e.** Le solide 1 a trois faces rectangulaires : ce ne peut être une pyramide qui a au plus une face non triangulaire (sa base) : l'assertion en **a)** est fausse.
Le solide 3 est une pyramide de base ABDC et de sommet S. L'assertion en **e)** est vraie.
Le solide 4 est un prisme droit de bases ABCDE et FGHIJ. Les cinq autres faces sont des rectangles. L'assertion en **c)** est fausse.
Le solide 5 est un prisme droit de bases ABCDEF et GHIJKL. Les six autres faces sont des rectangles. L'assertion en **b)** est vraie.
Le solide 6 a plus de deux faces non rectangulaires (4 faces trapézoïdales) : ce ne peut être un pavé. L'assertion en **d)** est fausse.

2 **Réponses b, c.** On dénombre les arêtes du solide 1 : 9, et les faces : 5. 9 n'est pas le double de 5. L'assertion en **a)** est fausse.
Pour le solide 5, on compte 6 sommets pour chaque base : 12 sommets ; 6 arêtes pour chaque bases et 6 arêtes latérales : 18 arêtes. On a bien $12=\frac{2}{3}\times 18$. L'assertion en **b)** est vraie.
On compte pour chacun des solides 2 et 6 : 8 sommets, 6 faces et 12 arêtes. L'assertion en **c)** est vraie.

3 **Réponse c.** On compte les faces : un prisme droit possédant 20 sommets a deux faces qui sont les bases polygonales. Elles ont 10 côtés et 10 sommets chacune. Il y a autant de faces latérales que de côtés des bases, soit 10 faces rectangulaires. Le solide a donc 12 faces dont 2 bases non rectangulaires.
On compte les arêtes : il y a 10 arêtes pour chacune des bases et 10 arêtes latérales issues des sommets des bases, soit 30 arêtes.

4 **Réponses b, c.**

Vue de face

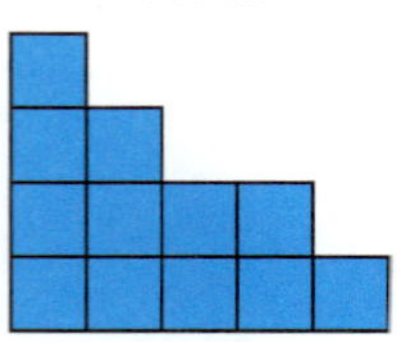

12 carrés

Vue de dessus

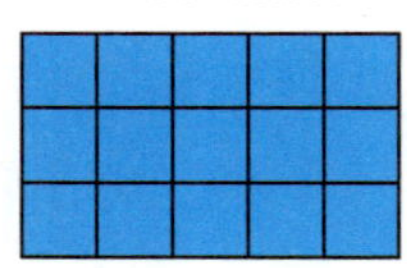

15 carrés

Vue de droite

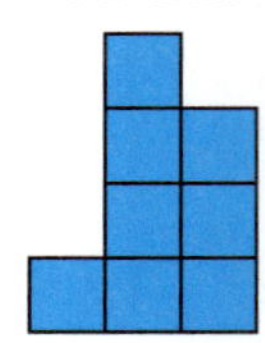

8 carrés

5 **Réponses a, c, d.** On code par un même numéro les côtés des polygones qui forment une même arête.

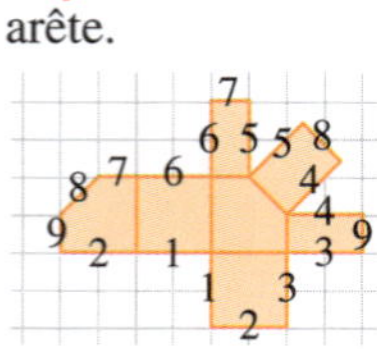

a)

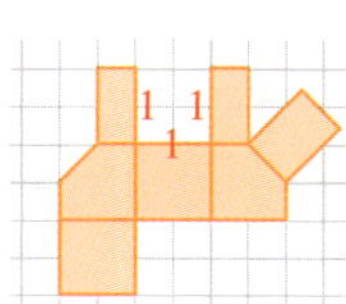

b)

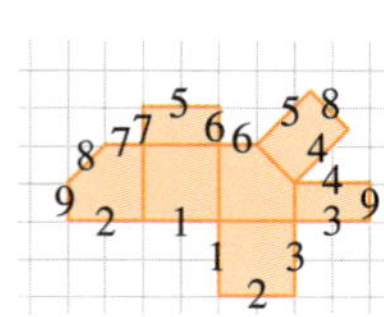

c)

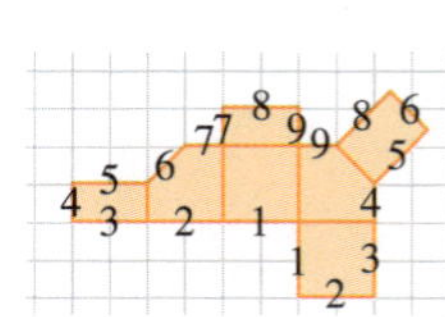

d)

La figure **b)** n'est pas le patron d'un solide car les trois côtés qui portent le numéro 1 ne peuvent pas former une même arête.

6 **Réponse d.** On repère le déplacement de A à E : + 3 selon (O*y*) ; + 3 selon (O*z*) et pas de déplacement selon (O*x*) donc les coordonnées de E sont (0 ; 3 ; 3).

7 **Réponse d.** Notons I le milieu du segment [CD]. Pour aller de A à I en passant par D, on se déplace de +2 selon (O*x*) et $+\frac{3}{2}$ selon (O*y*) car CD = 3. Ainsi les coordonnées du point I sont $\left(2\ ;\ \frac{3}{2}\ ;\ 0\right)$.

8 **Réponses b, c.** On repère sur le document le point A de coordonnées géographique (0 ; 0) (dans l'océan Atlantique), les parallèles 40°N et 50°N en rouge, les méridiens 0°E et 10°E en bleu.
Le méridien de Greenwich est le méridien 0°E et traverse l'Angleterre, la France et l'Espagne, du nord au sud de l'Europe.

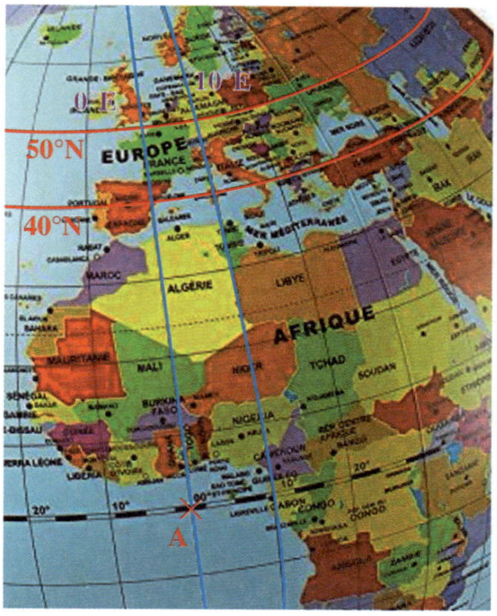

9 **Réponses a, b, c, d.** Réponse **a)** : on se place dans le plan de la face DCFG. Les segments [OD] et [CN] sont parallèles car portés par des côtés opposés du rectangle DCFG. Ils sont de plus de même longueur (la moitié de celle du côté qui les porte). Ainsi DCNO est un quadrilatère ayant deux côtés opposés parallèles et de même longueur : c'est un parallélogramme. Les deux autres côtés [ON] et [DC] sont aussi parallèles.
Réponse **b)** : les faces DCNO et ABEH sont parallèles. La propriété 4 (**voir cours p. 212**) permet d'affirmer que leur intersection [ON] et [ML] avec le plan (MNO) sont des segments parallèles.
Réponse **c)** : BCFE et ADGH étant parallèles, avec la propriété 4 (**voir cours p. 212**), on montre bien que (NM) est parallèle à (OL). Le quadrilatère LMNO a ses côtés opposés parallèles : c'est un parallélogramme.
Réponse **d)** : enfin, l'arête [CD] est perpendiculaire aux arêtes [CB] et [CF], donc à la face CBEF (**propriété 2, voir cours p. 212**). Elle est donc orthogonale à tous segments de cette face, en particulier (MN). Comme (ON) est parallèle à (CD), (ON) est aussi perpendiculaire à (MN). Finalement le quadrilatère LMNO est un parallélogramme ayant un angle droit : c'est un rectangle.

10 **Réponses c, d.** La ville la plus proche de l'équateur est celle qui a la plus petite latitude en valeur absolue : c'est Quito avec 0,1°S.
La ville la plus éloignée de l'équateur est celle qui a la plus grande latitude en valeur absolue : c'est Narvik avec 68,3°N. La ville la plus proche du pôle Nord est celle qui a la plus grande latitude : c'est Narvik.
La ville la plus proche du méridien de Greenwich est celle qui a la plus petite longitude en valeur absolue : c'est Londres avec 0,1°O.
La ville la plus éloignée du méridien de Greenwich est celle qui a la plus grande longitude en valeur absolue : c'est Quito avec 78°O.

Échauffement

→ *Énoncés p. 220*

1 **1. Solide 1**
Les faces : **nous pouvons remarquer que toutes les faces de ce solide sont des triangles. Attention, ABCD ou ABF ne sont pas des faces !**
Il y a 4 faces ayant F′ comme sommet, 5 autres faces ayant F comme sommet, et une dernière face ABG sans les sommets F ou F′. Il y a donc en tout 10 faces triangulaires.
Les sommets : il y en a 7 : A, B, C, D, F, F', G.
Les arêtes : **il est possible de les surligner pour les compter.** Ici on en trouve 5 issues du sommet F, 4 issues du sommet F′, 4 formant le carré ABCD (qui n'est malgré tout pas une face), et les arêtes [GA], [GB] non comptées. En tout, il y a donc 15 arêtes.
On calcule : 10 + 7 = 17 et 15 + 2 = 17 : on a montré l'assertion.

Solide 2
Les faces : on dénombre 6 faces carrées et 8 faces triangulaires, soit 14 faces.
Les sommets : on les compte « de bas en haut » pour trouver 4 + 4 + 4 = 12 sommets.
Les arêtes : on les compte « de bas en haut » pour trouver 4 (face carrée horizontale) + 8 (faces triangulaires adjacentes à cette face carré) + 8 + 4 = 24 arêtes.

Ainsi, le nombre de sommets ajouté au nombre de faces est 14 + 12 = 26.
Le nombre d'arêtes est 24 et 26 = 24 + 2 : la formule est encore valable.

2. Astuce ! Les deux bases d'un prisme droit contiennent tous les sommets du prisme, les faces latérales n'en ajoutant pas.

a) Si un prisme possède 20 sommets, ses bases sont donc des polygones à 10 sommets (et 10 côtés), des décagones. Ce prisme a donc 2 faces qui sont les bases et 10 faces latérales rectangulaires. Il a 12 faces en tout.
Les deux bases décagonales ont 10 arêtes chacune, et sont reliées à la base opposée par une arête à chacun de leurs sommets, donc 10 arêtes latérales. Ce solide a donc 30 arêtes en tout.

b) Calculons : 20 + 12 = 32 et 30 + 2 = 32 : la formule donnée est encore vraie.

En fait, elle est vraie pour tous les polyèdres « sans trou ».

Astuce ! La formule « nombre de sommets + nombre de faces = nombre d'arêtes + 2 » permet de vérifier le dénombrement des faces, sommets, arêtes d'un solide, ou de calculer le nombre d'arêtes à partir du nombre de faces et de sommets par exemple.

3. On dénombre :

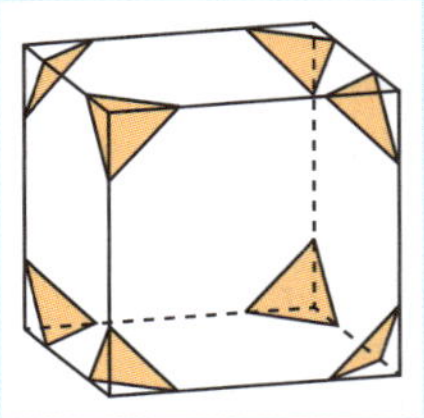

Faces : le découpage du cube a ajouté une face triangulaire à la place de chacun des sommets. Les faces carrées sont devenues des polygones à 8 sommets.
Il y a donc 8 faces triangulaires et 6 faces octogonales, soit 14 faces en tout.
Sommets : chaque sommet a été remplacé par une face triangulaire, avec donc 3 sommets. Il y a donc $8 \times 3 = 24$ sommets.
Arêtes : les arêtes du cube ont été raccourcies mais sont toujours présentes. On a ajouté 3 arêtes pour chaque coupe du cube. Ce solide a donc les 12 arêtes raccourcies du cube ainsi que $8 \times 3 = 24$ arêtes des faces triangulaires. Il y a donc en tout 36 arêtes.

Remarquons que la formule de la question 1 reste valable : 14 + 24 = 36 + 2.

2

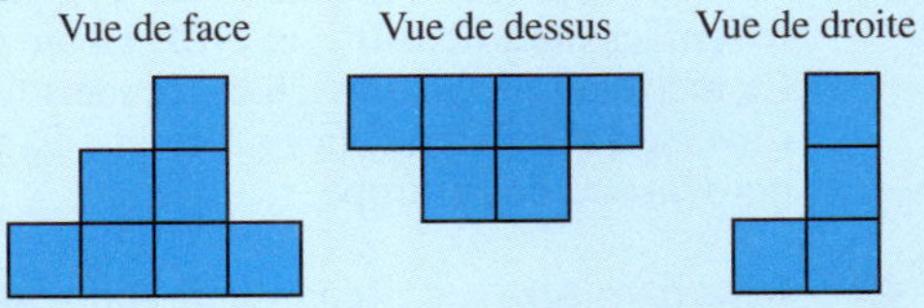

Les faces représentées sur les vues ne seront pas déformées, de sorte que les cubes seront représentés par des carrés. Pour la vue de face, il faut imaginer se placer en face des faces avant de l'assemblage et ne pas représenter les arêtes orthogonales à ces faces. On fait de même pour les autres points de vue.

3 La vue de dessus permet d'imaginer un premier étage de 5 cubes.

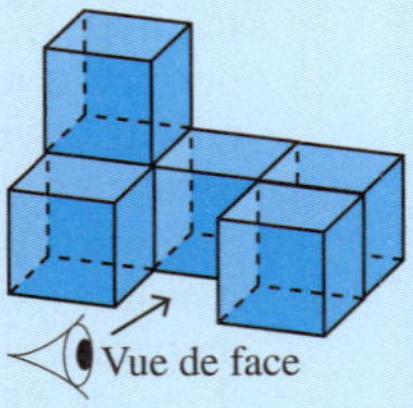

La vue de face permet de savoir que le cube du 2e étage sera à gauche, mais on ne sait pas si c'est devant ou derrière.
La vue de droite montre que ce cube sera derrière.

4 **1.** On repère les coordonnées : D(–1 ; 0 ; 0), B_1(0 ; 2 ; 1), C_1(–1 ; 2 ; 1), D_1(–1 ; 0 ; 1). **À chaque marche, l'abscisse des extrémités des marches diminue de 1, leur ordonnée n'est pas modifiée et leur altitude augmente de 1.** On obtient donc : A_4(–3 ; 0 ; 4), B_4(–3 ; 2 ; 4), C_4(–4 ; 2 ; 4), D_4(–4 ; 0 ; 4) **(on vérifie que les marches sont horizontales et ont bien même altitude...).**

2. De même :
A_{813}(–812 ; 0 ; 813), B_{813}(–812 ; 2 ; 813), C_{813}(–813 ; 2 ; 813), D_{813}(–813 ; 0 ; 813).

5 Toutes les représentations sont des sections :

Figure 1 Figure 2 Figure 3 Figure 4

Pour réussir au concours

→ Énoncés p. 221

6 On obtient un rectangle de dimensions 6 cm sur $2 \times 2{,}5$ cm = 5 cm.

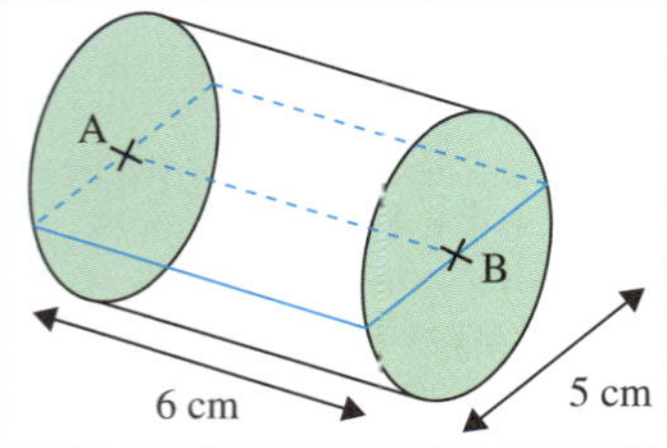

7 **On utilise les propriétés des polyèdres particuliers de la partie A du cours (voir p. 202) pour cet exercice.**

1. Vrai : elle a un sommet principal et 6 sommets pour sa base.

2. Faux : les pyramides ont un nombre pair d'arêtes.

3. Faux : un prisme ayant une base avec 9 sommets et 9 arêtes aura 18 arêtes pour ses deux bases et 9 arêtes latérales, soit 27 arêtes (c'est toujours 3 fois le nombre de sommets d'une base).

4. Vrai : le nombre de sommets d'un prisme est

toujours pair : c'est deux fois le nombre de sommets d'une base.

8 Les dimensions du rectangle dans le patron du cylindre sont : CE = DF = 6 cm : c'est la hauteur du cylindre ; $CD = EF = 2 \times \pi \times 2{,}5$ cm : c'est le périmètre des bases.
On obtient le patron ci-dessous.

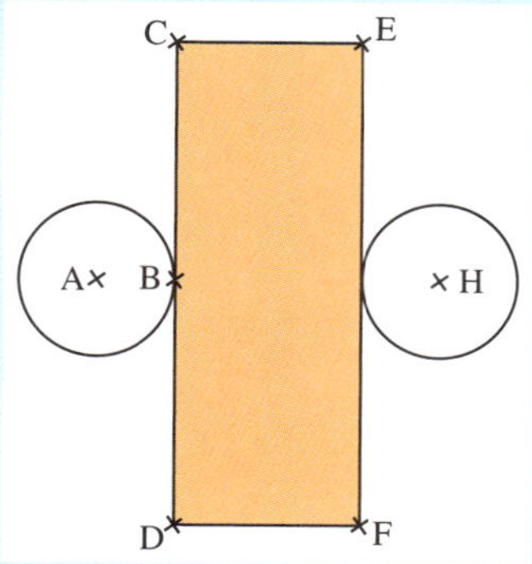

9 Le déplacement Nantes-Paris permet de savoir qu'un déplacement de 60 correspond au côté d'une case. Pour le déplacement Nantes-Lyon, il faudra donc franchir 3 cases vers l'est, soit un déplacement de 180, puis aller vers le sud, donc tourner de 90°, et enfin franchir une case vers le sud, soit un déplacement de 60. Les nombres « 120 », « 270 » et « 60 » devront donc être remplacés respectivement par « 180 », « 90 » et « 60 ».

10 **1.** Pour aller de C à D, on se déplace uniquement dans la direction de l'axe des abscisses de -4. Le côté du cube mesure donc 4.
Pour aller de E à F, on se déplace dans la direction de l'axe des abscisses de $+4$. Il suffit donc d'ajouter 4 à l'abscisse de E pour obtenir les coordonnées de F : $(2\ ;-2\ ;-2)$.
Pour aller de E à I, on se déplace de $+4$ dans la direction de l'altitude. Il suffit donc d'ajouter 4 à l'altitude de E pour obtenir les coordonnées de I : $(-2\ ;-2\ ;2)$.
2. Notons K le milieu de [CD]. Pour aller de C à K, on se déplace dans la direction de l'axe des abscisses de $\frac{4}{2} = 2$, mais dans la direction opposée.
Il suffit donc d'enlever 2 à l'abscisse de C pour obtenir les coordonnées de K : $(0\ ;2\ ;-2)$.

11 **On utilise les propriétés qui donnent le nombre de sommets, faces, arêtes des prismes et pyramides dans la partie A du cours (voir p. 202).**
1. Considérons un prisme ayant une base à n sommets. On a alors $S = 2n$ sommets, $A = 3n$ arêtes et $F = n+2$ faces. On calcule : $S+F = 2n+n+2 = 3n+2 = A+2$.
2. Considérons une pyramide ayant une base à n sommets. On a alors $S = n+1$ sommets, $A = 2n$ arêtes et $F = n+1$ faces. On calcule :
$S+F = n+1+n+1 = 2n+2 = A+2$.

12 **1.** On veut connaître le rayon du cercle section du plan et du cône. On utilise les notations de la figure ci-contre et on se place dans le triangle SOD.

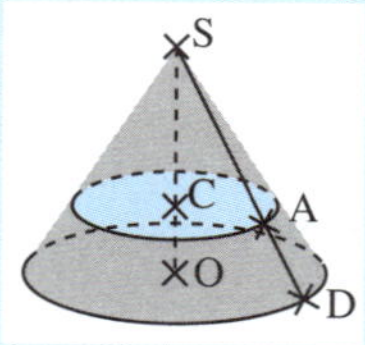

Le plan de section étant parallèle à la base, on peut appliquer la propriété 4 (voir cours p. 212) pour l'intersection du plan (SOD) avec ces deux plans parallèles. On obtient que les segments [CA] et [OD] sont parallèles. On peut alors appliquer le théorème de Thalès dans le triangle SOD pour obtenir :
$\frac{SC}{SO} = \frac{CA}{OD}\left(= \frac{SA}{SD}\right)$,
soit : $CA = \frac{SC}{SO} \times OD$.
Dans le cas particulier où C est milieu de [SO], cela donne : $CA = \frac{1}{2}OD = 1{,}5$ cm.

2. Soit A un point de la section. Le plan de section étant orthogonal à la droite (OE), la droite (CA) de ce plan est perpendiculaire à (OE) = (OC).
On applique le théorème de Pythagore dans le triangle COA rectangle en C.

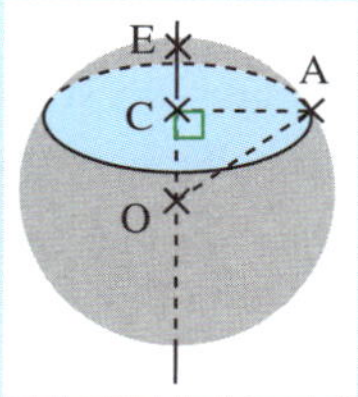

On a OA = 3 cm car c'est un rayon de la sphère. Par suite :
$OA^2 = OC^2 + CA^2$,
soit : $CA^2 = (3\text{ cm})^2 - OC^2$
$= 9\text{ cm}^2 - OC^2$.
Avec $CA > 0$, on trouve $CA = \sqrt{9 - OC^2}$ cm. C'est le rayon recherché.
Dans le cas d'une sphère de rayon quelconque r cm, on trouve avec le même raisonnement une section circulaire de rayon $\sqrt{r^2 - OC^2}$ cm.
Cela montre de plus que la section est bien un cercle, puisque la distance de C à un point de la section est toujours la même, OC étant fixé.

13 La construction donne le solide IJKLMN ci-contre, noté S.
Il y a un sommet sur chaque face du cube, le solide S a donc 6 sommets.
Chaque face du cube est adjacente à 4 autres faces, chaque sommet de S sera donc relié à 4 autres sommets par une arête.

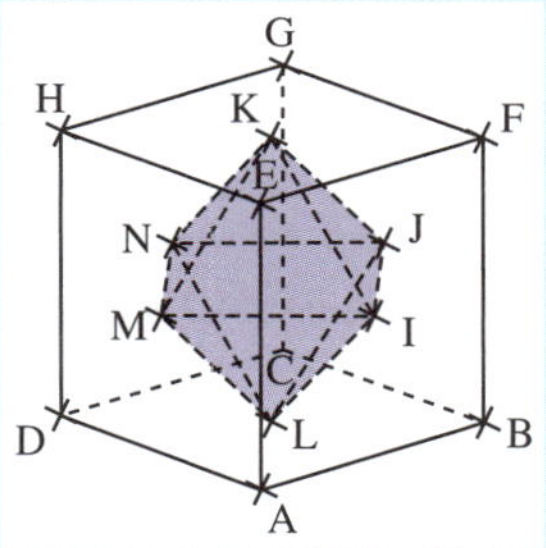

Si on compte : 6 sommets × 4 arêtes/sommet = 24 arêtes, on a compté deux fois chaque arête : une fois pour chacune de ses extrémités. Il y a donc deux fois moins d'arêtes, soit 12.

Chaque sommet du cube appartient à 3 faces adjacentes. Les centres de ces faces sont reliés deux à deux par une arête et forment donc une face triangulaire du solide S. Ainsi, à chaque sommet du cube on peut faire correspondre une face triangulaire. Le solide a donc 8 faces triangulaires.

Pour aller plus loin : le solide S ainsi construit est appelé le dual du cube. On pourrait construire le dual de tout polyèdre en considérant les centres de gravité des faces comme sommets du dual. Pour un solide et son dual, les nombres de faces et sommets sont échangés, le nombre d'arêtes est le même.

14 **1.** On donne les vues :

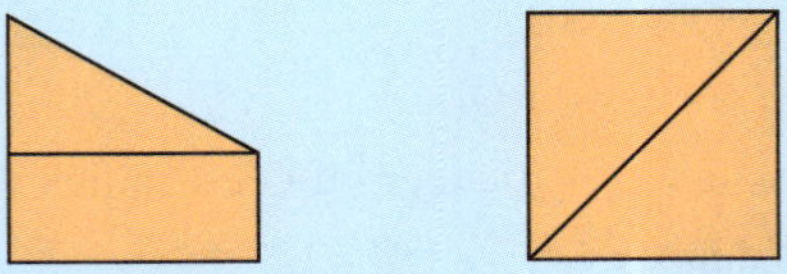

Vue de face et vue de droite — Vue de dessus

2. On connaît les dimensions des faces rectangulaires du solide. Pour construire un patron à l'échelle $\frac{1}{2}$, on multiplie ces dimensions par $\frac{1}{2}$. Il nous manque donc les dimensions des faces triangulaires pour faire le patron. On va les obtenir par reports de longueurs.

Montrons tout d'abord que les triangles FJG et HJG sont rectangles.

L'arête [FG] est orthogonale à la face ABFE car elle est perpendiculaire à (FB) et (FE). Avec la propriété 2 **(voir cours p. 212)**, [FG] est perpendiculaire à toute droite du plan défini par cette face. Le point J étant sur la droite (AE), il appartient à ce plan **(propriété 1, voir cours p. 211)**. Ainsi, [FG] est perpendiculaire à (FJ). Le triangle FGJ est donc rectangle en F.

De même, l'arête [HG] est perpendiculaire aux arêtes [HE] et [HD], et donc au plan de la face ADHE. Ce plan contient la droite (AE) et donc le point J. Avec la propriété 2 **(voir cours p. 212)**, l'arête [HG] est donc perpendiculaire à l'arête [HJ] et le triangle HJG est rectangle en H.

On peut maintenant construire les faces triangulaires.

Faces EFJ et EHJ : les faces EFJ et EHJ sont des triangles rectangles en E par hypothèse, et EJ = 8 cm. On peut donc construire ces triangles (on multipliera EJ par $\frac{1}{2}$ pour le patron). Les hypoténuses de ces triangles donnent les longueurs HJ et FJ.

Faces JFG et JHG : on construit le cercle de centre H et de rayon HJ (hypoténuse de EHJ, en bleu). Le point J est l'intersection de ce cercle et de la demi-droite [DH).

De même, on construit le cercle de centre F et de rayon FJ (hypoténuse de EFJ, en rouge). Le point J est l'intersection de ce cercle et de la demi-droite [BF).

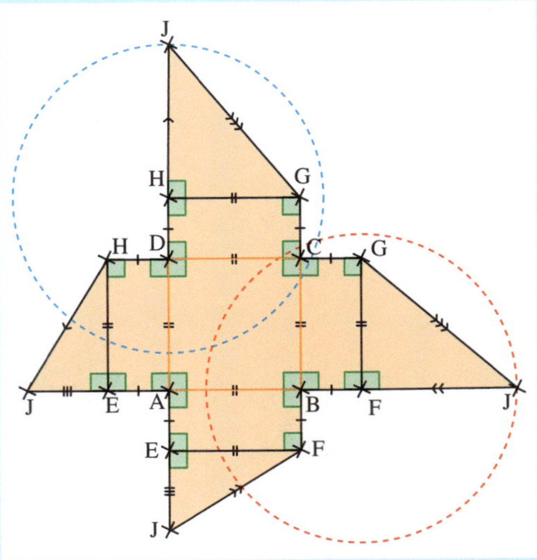

Remarque : on peut calculer les longueurs des côtés des triangles, ce qui n'était pas nécessaire pour l'exercice et impliquerait d'utiliser des valeurs approchées. On connaît EJ = 8 cm ; EF = 13 cm. Ce triangle étant rectangle en E, on peut appliquer le théorème de Pythagore pour calculer FJ : $FJ^2 = EF^2 + EJ^2 = 13^2 + 8^2 = 233$. Avec FJ > 0, on trouve FJ ≃ 15,3 cm.

On fait de même pour le triangle EHJ rectangle en E pour trouver également HJ ≃ 15,3 cm.

Le théorème de Pythagore dans le triangle FGJ rectangle en F donne enfin : $JG^2 = JF^2 + GF^2 = 233 + 13^2$, soit $JG^2 = 402$ et finalement, JG étant positif, JG ≃ 20 cm. Remarquons que nous avons pris ici la valeur exacte de JF^2.

15 **1. Calcul de IK.**

I et K étant les milieux des arêtes [EF] et [BF] du cube, on a :

$IF = KF = \frac{1}{2} \times 6 \text{ cm} = 3 \text{ cm}$.

Le triangle IKF est rectangle en F, car ABFE est un carré (face d'un cube). On peut donc appliquer le théorème de Pythagore à ce triangle rectangle pour trouver :

$$IK^2 = FI^2 + FK^2$$
$$= (3 \text{ cm})^2 + (3 \text{ cm})^2 = 18 \text{ cm}^2$$

et donc $IK = \sqrt{18}$ cm car $IK > 0$.

Le même raisonnement, en remplaçant le triangle IKF par successivement les triangles IJF et KJF tous deux rectangles en F, conduit à $IJ = KJ = \sqrt{18}$ cm.

IJK a trois côtés de même longueur $\sqrt{18}$ cm (sans arrondi), c'est donc un triangle équilatéral.

On n'a pas besoin de calculer les longueurs exactes : on pourrait simplement constater que les segments IK, IJ et KJ sont tous les trois les hypoténuses de triangles rectangles isocèles dont les côtés de l'angle droit mesurent 3 cm.

2. FIJK est un tétraèdre. **On a donc plusieurs choix de base et hauteur pour le calcul du volume.** On choisit la base IFK de sorte que la hauteur associée est [FJ]. En effet, dans le cube, l'arête [FG] est orthogonale à la face ABFE et donc au triangle IFK.

Pour le calcul de l'aire de la base IFK, il faut, là aussi, choisir la « bonne » base et hauteur. On choisit la base [IF] de sorte que la hauteur associée est [FK]. On obtient alors l'aire de IFK :

$$\frac{3\text{ cm}\times 3\text{ cm}}{2} = 4{,}5\text{ cm}^2.$$

On peut passer au calcul du volume :

$$\frac{4{,}5\text{ cm}^2\times 3\text{ cm}}{3} = 4{,}5\text{ cm}^3.$$

3. On a utilisé la règle graduée pour construire des segments de longueur 3 cm, l'équerre pour construire les angles droits et le compas pour reporter la longueur IJ = KJ = IK.

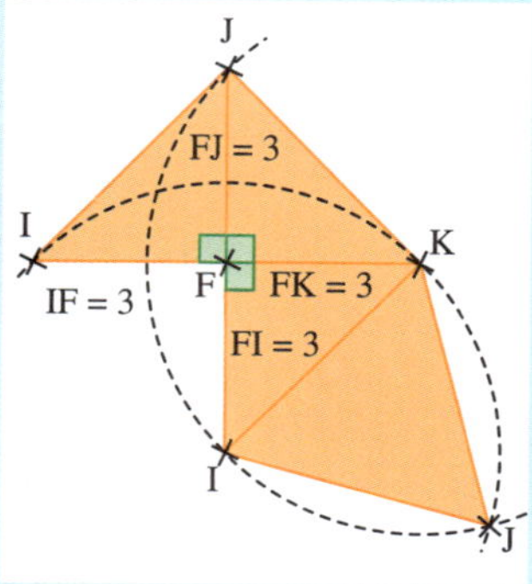

Sur la figure ci-contre, les longueurs sont exprimées en cm.

4. a) Pour calculer le volume du solide, on va calculer le volume du cube et soustraire le volume des pyramides enlevées à chaque sommet (donc 8 pyramides enlevées).
Chacune de ces pyramides est identique à IJKF et aura donc le même volume de $4{,}5\text{ cm}^3$.
Le volume du cube est $(6\text{ cm})^3 = 216\text{ cm}^3$.
On obtient donc le volume du solide :
$216\text{ cm}^3 - 8\times 4{,}5\text{ cm}^3 = 180\text{ cm}^3$.

b) Les arêtes du solide ont même longueur et mesurent donc $\sqrt{18}$ cm comme IJ.
On compte 4 arêtes pour chacune des faces carrées horizontales (8 arêtes), auxquelles on doit ajouter pour chacune 4 fois 2 arêtes pour les 4 faces triangulaires adjacentes à ces faces carrées horizontales (2 fois 8).
Au total, il y a donc 24 arêtes de longueur $\sqrt{18}$ cm, soit une longueur de $24\times\sqrt{18}\text{ cm} \simeq 101{,}82\text{ cm}$ soit 101,8 cm au mm près.

16 Partie A

1. La face EFGH n'est pas triangulaire, c'est donc nécessairement la base de la pyramide. Son sommet est alors D (qui est bien relié aux côtés de la bases par des faces triangulaires).
L'arête [DH] du pavé est perpendiculaire à (HE) et (HG), donc elle est orthogonale à la base EFGH. Comme elle passe par le sommet de la pyramide, c'est sa hauteur.

2. Afin de construire le patron de la pyramide, on étudie ses faces triangulaires. Les faces DHE et GHD sont des triangles rectangles en H.
L'arête du pavé [GF] est orthogonale à la face CDHG donc à [GD] : le triangle GFD est donc rectangle en G.
De même, l'arête [EF] est orthogonale à la face ADEH donc à [ED] : le triangle EFD est donc rectangle en E. Cela permet de construire le patron, sans calcul de longueurs, uniquement à partir des longueurs des côtés du pavé, en reportant les longueurs des hypoténuses des triangles rectangles, comme indiqué dans le patron ci-dessous avec les cercles.

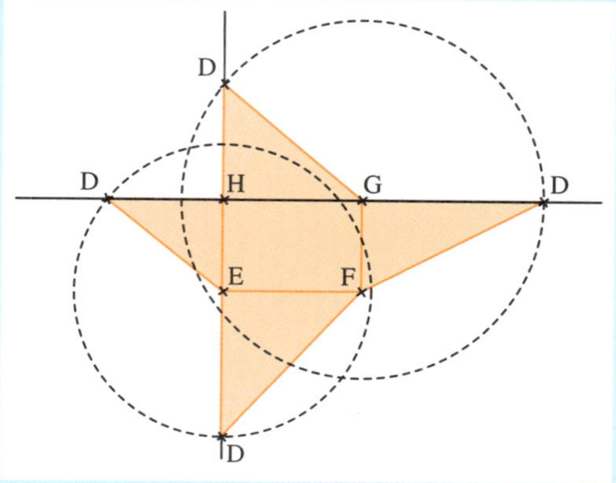

3. La section JKLM de la pyramide DEFGH par un plan parallèle à sa base est une réduction de la base EFGH. C'est donc un rectangle.

4. On construit la perspective cavalière du pavé, puis on y inscrit la pyramide.

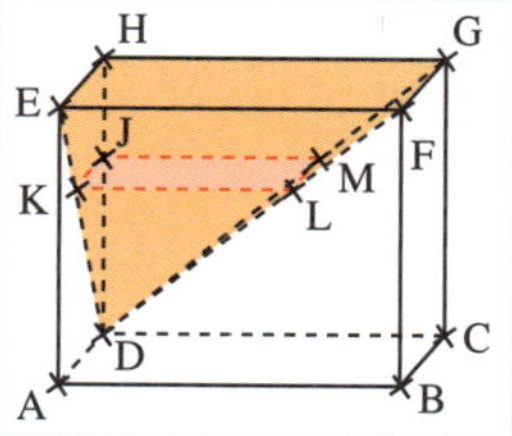

La perspective cavalière conserve le parallélisme, le segment [JM] est parallèle à l'arête [DC] dans la réalité, il le sera donc également dans la représentation. On peut donc construire le point M en traçant la parallèle à (DC) passant par J. Cette droite intersecte [DG] en M. On renouvelle ensuite la procédure à partir du point M, les segments [ML] et [BC] étant parallèles ; puis à partir de L et de K de la même manière.

Partie B

1. On se place sur la face DHE de la pyramide. Les segments [KJ] et [EH] sont parallèles, les droites (EK) et (HJ) s'intersectent en D. On peut donc appliquer le théorème de Thalès pour établir les rapports :

$$\left(\frac{DK}{DE}=\right)\frac{DJ}{DH}=\frac{JK}{EH}.$$

Lorsque $JH = 2\text{ cm}$, $DJ = 5\text{ cm} - 2\text{ cm} = 3\text{ cm}$.
Avec $DH = 5\text{ cm}$ et $EH = 4\text{ cm}$, cela conduit à :

$$JK = \frac{DJ}{DH}\times EH = \frac{3\text{ cm}}{5\text{ cm}}\times 4\text{ cm} = 2{,}4\text{ cm}.$$

2. De même dans le triangle DGH, les droites (JM) et (GH) sont parallèles et le théorème de Thalès donne :

$\frac{JM}{HG}=\frac{DJ}{DH}$, soit : $JM=\frac{DJ}{DH}\times HG$.

Finalement $JM=\frac{3\text{ cm}}{5\text{ cm}}\times 6\text{ cm}=3{,}6\text{ cm}$.

Le périmètre du rectangle JKLM est donc égal à : $2\times(2{,}4\text{ cm}+3{,}6\text{ cm})=12\text{ cm}$.

Partie C

1. La longueur JH est positive et inférieure à DH = 5 cm. Sa mesure en cm est donc bien comprise entre 0 et 5.

2. On reprend le raisonnement de la partie B, cette fois pour une longueur $DJ=5-x$.

Le théorème de Thalès dans le triangle DEH donne maintenant :

$$JK=\frac{DJ}{DH}\times EH$$
$$=\frac{(5-x)}{5}\times 4=\frac{4}{5}\times(5-x).$$

Le théorème de Thalès dans le triangle DGH donne maintenant :

$$JM=\frac{DJ}{DH}\times HG,$$

soit : $JM=\frac{(5-x)}{5}\times 6=\frac{6}{5}\times(5-x)$.

On calcule le périmètre, en cm :

$$f(x)=2\times\left(\frac{4}{5}\times(5-x)+\frac{6}{5}\times(5-x)\right).$$

En factorisant par $(5-x)$, on obtient :

$f(x)=2\times(5-x)\times 2$

car $\frac{4}{5}+\frac{6}{5}=\frac{10}{5}=2$.

En développant, on trouve bien :

$f(x)=4\times(5-x)=20-4x$.

3. On calcule $f(0)=20-4\times 0=20$. Cela correspond au cas $JH=0$ cm, soit $J=H$ et la section est alors EFGH. On trouve ici le périmètre de la face EFGH : $2\times(6\text{ cm}+4\text{ cm})$.

4. Le périmètre est donné par une fonction de la forme $f(x)=ax+b$, $a=-4$ et $b=20$. C'est donc une fonction affine.

Sa représentation graphique est une droite. Il suffit donc de connaître deux points pour la tracer. On a déjà $f(0)=20$, on peut prendre $f(5)=20-4\times 5=0$ comme deuxième valeur (cas où J = D). On obtient alors une droite passant par les points P(0 ; 20), Q(5 ; 0).

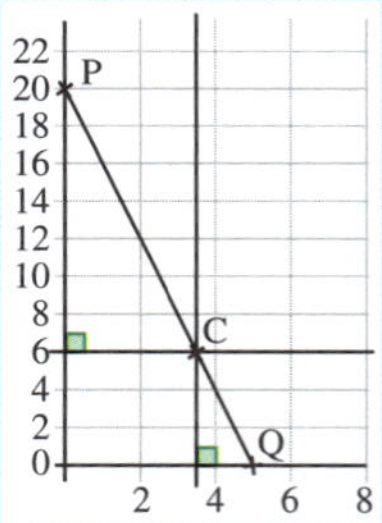

5. On lit sur la courbe l'antécédent de 6 et on trouve une valeur entre 3 et 4 (voire 3,5 si on a plus de graduations). On doit donc placer le point J à une distance entre 3 et 4 cm de H pour trouver un périmètre de 6 cm.

Par le calcul, on cherche une valeur de x telle que $f(x)=6$, soit $20-4x=6$ ou encore $-4x=6-20=-14$. Finalement, $x=\frac{-14}{-4}=3{,}5$.

17 **1.** On nomme SAB le triangle rectangle en A ayant engendré le cône par rotation autour du côté [SA]. Notons (C) le cercle délimitant la base. Un point de ce cercle est alors à la distance SB du point S. Sur le patron, ces points doivent donc être sur un arc de cercle de centre S. Le patron 2 proposant un triangle ne peut donc pas fonctionner.

2. On nomme S le sommet du cône, A le centre de sa base, (C) le cercle délimitant la base et B un point de ce cercle (de sorte que AB = 2,5 cm). La hauteur du cône [SA] est orthogonale à sa base, donc en particulier à (SB) **(propriété 2 de la partie D du cours, voir p. 212)**. Le triangle SAB est donc rectangle en A. Le théorème de Pythagore dans ce triangle donne :

$SB^2=SA^2+BA^2$,

soit : $SB^2=(6\text{ cm})^2+(2{,}5\text{ cm})^2=42{,}25\text{ cm}^2$.

SB étant positif, on a finalement :

$SB=\sqrt{42{,}25}\text{ cm}=6{,}5\text{ cm}$.

Les points du cercle C sont donc à une distance de 6,5 cm du point S. Sur le patron, ils seront donc situés sur un cercle de centre S de rayon 6,5 cm.

Il faut maintenant définir l'angle de sommet S qui donnera le patron. Notons α cet angle.

La longueur de l'arc de cercle correspondant doit être égale au périmètre de la base. Comme la longueur d'un arc de cercle est proportionnelle à l'angle, on a :

$$\frac{360°}{2\times\pi\times 6{,}5\text{ cm}}=\frac{\alpha}{2\times\pi\times 2{,}5\text{ cm}},$$

soit : $\alpha=\frac{360°}{2\times\pi\times 6{,}5\text{ cm}}\times 2\times\pi\times 2{,}5\text{ cm}$

$\simeq 138°$.

On a utilisé ici qu'un arc de cercle de 360° est le cercle complet et a une longueur de $2\times\pi\times 6{,}5$ cm.

On obtient le patron ci-contre, où les longueurs sont exprimées en cm.

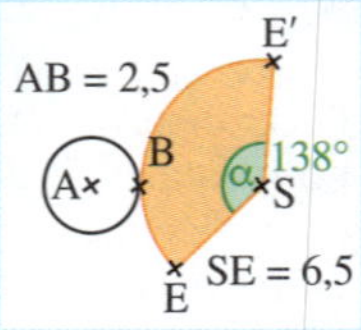

18 **1.** Le plan (ABC) et le plan de section sont parallèles. Ils intersectent la face ABFE en des segments parallèles d'après la propriété 4 **(voir cours p. 212)**. Ainsi l'intersection du plan de section avec la face ABFE est

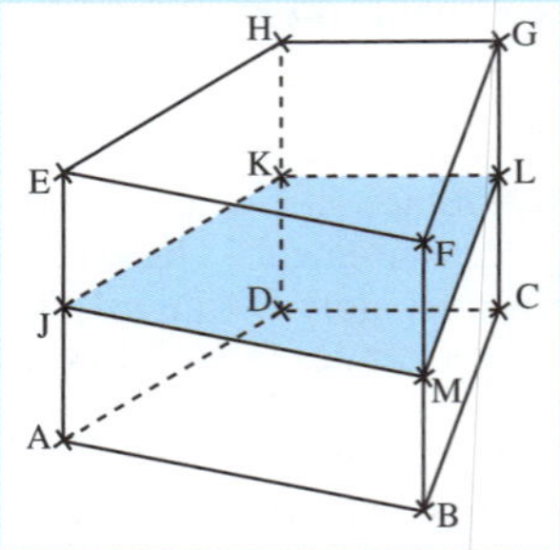

le segment parallèle à (AB) et passant par le point J. Notons M son intersection avec l'arête [BF]. Le quadrilatère ABMJ a alors ses côtés opposés parallèles et a un angle droit (en A et également en B car ABFE est une face latérale rectangulaire). C'est donc un rectangle et par suite $JM = AB$.
En produisant le même raisonnement pour les trois autres faces, on obtient que le quadrilatère section JKLM vérifie également $ML = BC$, $LK = CD$, $KJ = DA$.

Afin de montrer que le quadrilatère JKLM est superposable à la face ABCD, nous allons montrer que les quadrilatères JKLM et ABCD se décomposent en deux triangles égaux 2 à 2.

Considérons le plan (ACG) (en jaune ci-dessous) : son intersection avec le plan de section (JKLM) est le segment [JL] selon la propriété 1 (voir cours p. 211) (les points J et L appartiennent à la fois au plan (JKM) et (ACG)).

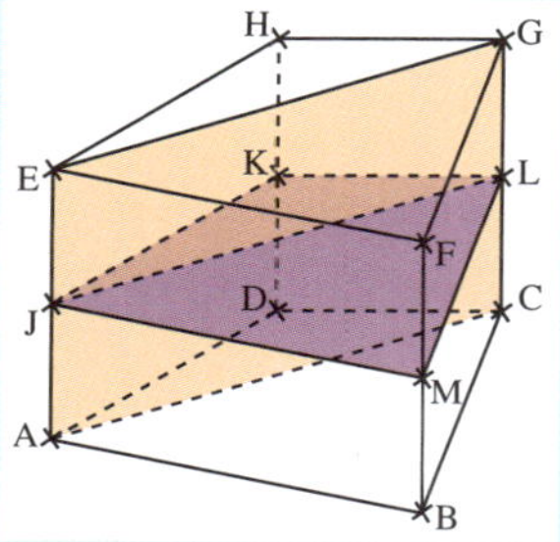

L'intersection du plan (ACG) et de la face (ABCD) est le segment [AC] pour les mêmes raisons.
La propriété 4 permet d'affirmer comme précédemment que les segments [JL] et [AC] sont parallèles.
Les segments [AJ] et [CL] sont également parallèles car ils appartiennent à deux arêtes parallèles.
Ainsi, ACLJ est un parallélogramme et par suite $AC = AL$.
Les triangles ABC et JML sont donc égaux car leurs côtés sont 2 à 2 de même longueur. Pour les mêmes raisons, les triangles ADC et JKL sont aussi égaux.
Les quadrilatères ABCD et JKLM sont donc superposables.

2. On considère la figure ci-dessous.

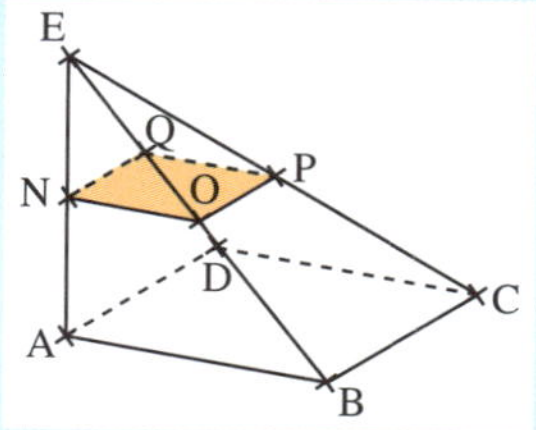

Le plan de section étant parallèle à la face ABCD, les droites (NO) et (AB) sont parallèles (propriété 4, voir cours p. 212). On peut alors appliquer le théorème de Thalès dans le triangle ABE pour obtenir : $\frac{NO}{AB} = \frac{EN}{EA} = \frac{EO}{EB}$,

soit : $NO = \frac{EN}{EA} \times AB$ et $\frac{EN}{EA} = \frac{EO}{EB}$.

On recommence avec le triangle EBC pour obtenir de la même manière :

$OP = \frac{EO}{EB} \times BC = \frac{EN}{EA} \times BC$ et $\frac{EO}{EB} = \frac{EP}{EC}$.

Le même raisonnement avec les triangles ECD et EDA conduit à :

$PQ = \frac{EN}{EA} \times CD$; $QN = \frac{EN}{EA} \times DA$

et $\frac{EN}{EA} = \frac{EO}{EB} = \frac{EP}{EC} = \frac{EQ}{ED}$.

On peut alors reproduire le raisonnement de la question **1** en introduisant les intersections de ABCD et NOPQ avec le plan ACE. Le théorème de Thalès conduit alors à $NP = \frac{EN}{EA} \times AC$.

Les triangles NOP et NQP sont donc des réductions de respectivement les triangles ABC et ADC de coefficient $\frac{EN}{EA}$. Cela montre que la section est une réduction de la base de coefficient $\frac{EN}{EA}$.

10 Longueur, aire, volume

Le travail sur les grandeurs (longueur, aire, volume, etc.) relève essentiellement de la résolution de problèmes dans des situations empruntées à la vie courante ou dans d'autres domaines des mathématiques (géométrie, proportionnalité, fonctions, calcul, etc.). C'est un thème transversal qui permet de réinvestir ses connaissances mathématiques et d'en introduire de nouvelles.

A Définition d'une grandeur

Considérons par exemple les trousses des écoliers d'une classe. Si on demande de les comparer, on ne peut le faire que si l'on connaît le critère de comparaison.
Quelle est la grandeur associée à ces objets sur laquelle va porter la comparaison ? la masse des trousses ? leur volume ? leur longueur ? la couleur ?

DÉFINITION Une grandeur est une caractéristique d'un objet susceptible de variation chez cet objet ou d'un objet à l'autre.

Quand on sait quelle est la grandeur qui sert de critère de comparaison, on peut :
– regrouper ensemble tous les objets par rapport à cette grandeur ; par exemple toutes les trousses qui ont la même longueur ;
– ranger les objets par rapport à cette grandeur (si c'est possible) ; par exemple ranger les trousses selon leur longueur de la plus petite à la plus grande longueur.
Parmi toutes les grandeurs, on s'intéressera dans ce chapitre à trois d'entre elles : la longueur, l'aire et le volume.

B Longueur

1. Comparer des longueurs sans utiliser de mesure

Exemple 1

Ligne brisée A

Ligne brisée B

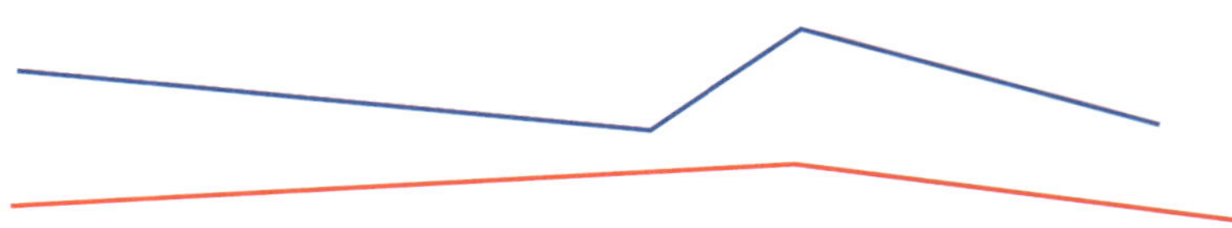

Comment comparer les longueurs de ces deux lignes brisées sans utiliser de nombres (de mesures) ?
• On peut utiliser une ficelle, en la posant sur la ligne brisée A : on pose l'extrémité de la ficelle sur une extrémité de la ligne brisée A ; on fait en sorte de recouvrir du mieux possible cette ligne brisée et on marque sur la ficelle le lieu où se trouve l'autre extrémité. On recommence avec la ligne brisée B et on regarde quelle marque est la plus éloignée de l'extrémité de la ficelle.
Cette méthode n'est pas pratique mais elle permet de savoir quelle est la ligne brisée la plus longue si la différence de longueur est suffisamment importante.
• Une autre méthode plus pratique et précise consiste à utiliser un compas, à reporter la longueur de chaque segment qui constitue la ligne brisée A sur une demi-droite (en partant

de l'origine de la demi-droite) et en faisant en sorte que l'extrémité d'un report et l'origine du report suivant coïncident.
En procédant de même pour la seconde ligne brisée, on sait quelle est la ligne brisée la plus longue.
Avec les lignes brisées A et B, on obtient (les reports pour la ligne brisée A sont en bleu ; ceux de la ligne brisée B sont en rouge) :

La ligne brisée B a la plus grande longueur.

Des méthodes de comparaison de longueurs existent donc indépendamment de toute mesure mais elles peuvent être fastidieuses à mettre en œuvre, voire impossibles (si on ne peut donner qu'une information orale concernant la longueur des objets).
On utilisera donc la procédure de mesurage qui consiste à exprimer le nombre de reports d'une longueur unité sur l'objet dont on veut mesurer la longueur.

2. Comparer des longueurs en utilisant des unités de longueur

Exemple 2

Pour mesurer la longueur de la ligne brisée C, on peut utiliser comme unité de longueur la longueur de cette bande unité : 

Ligne brisée C

Cette ligne brisée a pour mesure de longueur 3 unités u.

Si l'on change d'unité de longueur et si l'on utilise par exemple comme unité de longueur la longueur de cette bande unité : 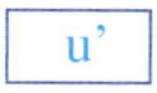

Ligne brisée C

Attention !
La longueur de la ligne brisée C n'a pas changé, mais sa mesure n'est pas toujours la même car elle dépend de l'unité choisie.

Cette ligne brisée a pour mesure de longueur 9 unités u'.

DÉFINITION La mesure de la grandeur d'un objet est un couple formé d'un nombre et d'une unité correspondant à cette grandeur. La mesure obtenue est le nombre de reports de cette unité ; elle dépend donc de l'unité choisie.

3. Unités de longueur du système métrique

3-1 Système métrique

• Jusqu'à la Révolution française, les unités de mesure des longueurs étaient très diverses (coudée, pied, pouce…). Elles étaient sujettes à des différences d'une région à l'autre, et n'étaient pas toujours pratiques à manipuler étant donné que les sous-multiples (par exemple : 1 pied = 12 pouces) n'étaient pas définis régulièrement.

• C'est à partir de 1790 que s'est imposé en France, puis à travers le monde, le système métrique : le mètre, ses multiples et ses sous-multiples (à l'aide de puissances de 10).

Multiples du mètre				Sous-multiples du mètre		
km	hm	dam	**m**	dm	cm	mm
kilomètre	hectomètre	décamètre	**mètre**	décimètre	centimètre	millimètre
1 km = 1 000 m	1 hm = 100 m	1 dam = 10 m		1 dm = 0,1 m	1 cm = 0,01 m	1 mm = 0,001 m

MÉTHODE 1, p. 247

3-2 Convertir des longueurs

Si l'on veut convertir 124,53 m en mm par exemple, on peut placer dans le tableau le chiffre des unités de 124,53 dans la colonne des mètres, puis on recopie les autres chiffres du nombre ; ensuite on lit le nombre obtenu en faisant en sorte que son chiffre des unités soit dans la colonne des millimètres (on ajoute des zéros si nécessaire).

km	hm	dam	m	dm	cm	mm
	1	2	4	5	3	**0**

On obtient alors : 124,53 m = 124 53**0** mm.

4. Périmètres de surfaces

Exemple 3

Imaginons deux lignes brisées A' et B' fermées, qui délimitent deux surfaces planes, deux polygones. On peut à nouveau comparer les longueurs de ces lignes brisées fermées en utilisant ou non des mesures.

Ligne brisée fermée A'

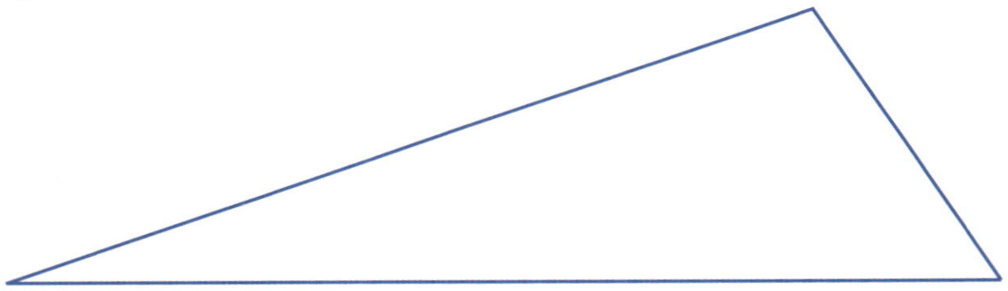

Ligne brisée fermée B'

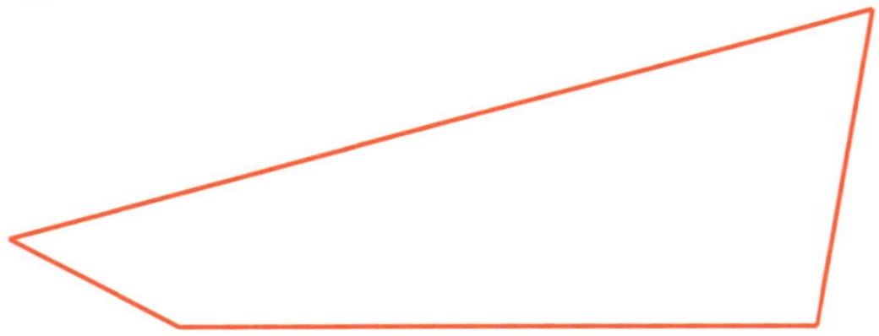

La longueur de la ligne brisée fermée A' a pour mesure 23 cm et la longueur de la ligne brisée fermée B' a pour mesure 16 cm.

La longueur de chaque ligne brisée fermée est égale à la somme des longueurs de chaque segment qui la compose.

DÉFINITIONS

• Le périmètre d'une surface est la longueur du contour de cette surface.
• Le périmètre d'un polygone est égal à la somme des longueurs de ses côtés.

MÉTHODE 2, p. 249

5. Formules de calcul du périmètre de certaines figures usuelles

Pour certaines figures, il existe des formules qui permettent de simplifier les calculs de mesures de périmètres.

Objet	Graphique et caractéristiques	Périmètre P
Rectangle	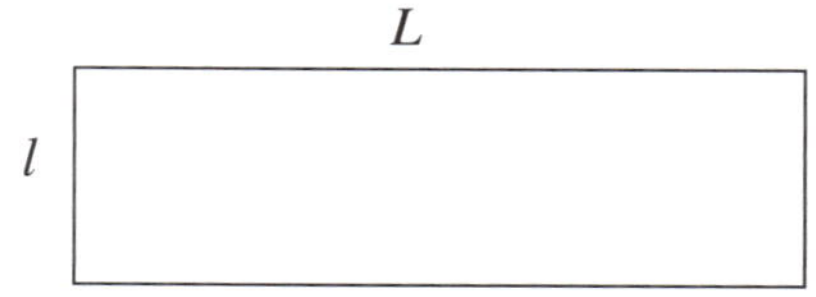 L : longueur du rectangle l : largeur du rectangle	$P = 2 \times (L + l)$
Carré	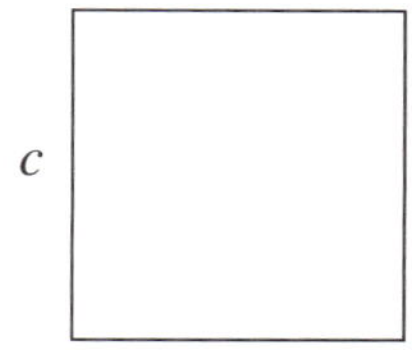 c : longueur des côtés du carré	$P = 4 \times c$
Losange	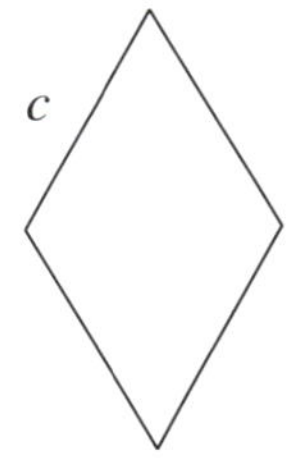 c : longueur des côtés du losange	$P = 4 \times c$
Cercle	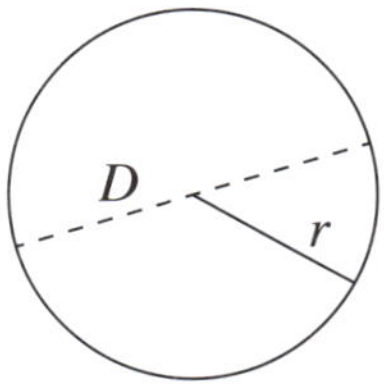 D : diamètre du cercle r : rayon du cercle	$P = \pi \times D$ $P = 2 \times \pi \times r$

COURS

MÉTHODE 1, p. 247

C Aire

1. Comparer des aires de surfaces planes sans utiliser de mesures

Exemple 4

Reprenons nos lignes brisées fermées : elles délimitent une portion du plan plus ou moins grande que l'on appelle l'aire de la surface plane (aire du polygone).
Pour comparer les aires de ces surfaces planes (polygones), il suffit de les superposer pour savoir lequel des deux polygones peut être contenu dans l'autre et ainsi déterminer celui qui a la plus petite aire. Parfois, le découpage d'un des polygones peut s'avérer nécessaire pour effectuer la comparaison des aires.
Ce type de comparaison ne nécessite pas de mesure (pas de nombre associé à une unité d'aire).
Pour comparer les aires de ces deux rectangles, la perception visuelle ou la superposition suffisent :

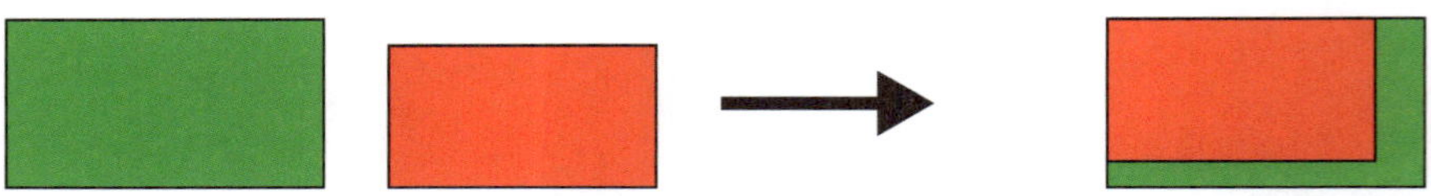

Rectangle A Rectangle B Superposition des 2 rectangles

L'aire du rectangle B est inférieure à l'aire du rectangle A.

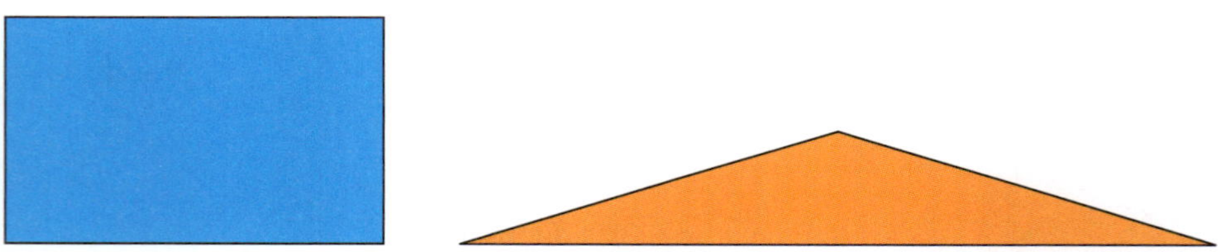

Rectangle C Triangle D

Après découpage et superposition du triangle D sur le rectangle C, on obtient :

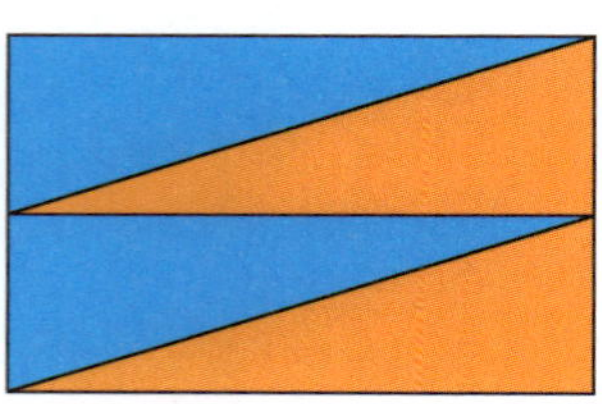

L'aire du triangle D est inférieure à l'aire du rectangle C.

DÉFINITION

L'aire est une grandeur que l'on définit à partir de surfaces planes. Pour comparer des aires de surfaces planes, il suffit de superposer ces surfaces (avec ou sans découpage). Cela permet de savoir si deux surfaces ont la même aire et de ranger des surfaces selon leur aire (de la plus petite aire à la plus grande aire ou inversement).

Attention !

Dans le langage courant, le terme « surface » est synonyme d'aire, mais pas dans le langage mathématique. Une surface est un objet mathématique, pas une grandeur !

2. Comparer des aires de surfaces planes en utilisant la mesure

La procédure précédente de comparaison d'aires peut être mise en œuvre si l'on a accès aux différentes surfaces planes simultanément mais, si c'est impossible et si l'on doit, par exemple, communiquer oralement une information concernant les aires des surfaces, on sera obligé d'utiliser une mesure associée à une unité d'aire choisie arbitrairement ou une unité d'aire du système métrique.

Comme pour les longueurs (et toutes les grandeurs que l'on peut mesurer), la mesure de l'aire dépend de l'unité d'aire choisie.

Exemple 5

Si l'on veut exprimer la mesure de l'aire du rectangle E, on peut le faire en utilisant l'aire du carré bleu comme unité d'aire, ou l'aire du rectangle mauve, ou encore l'aire du triangle vert.

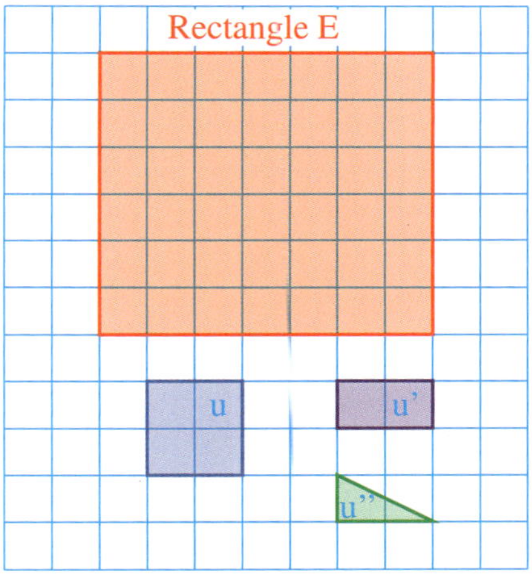

- Si l'on utilise comme unité d'aire u (l'aire du carré bleu), la mesure de l'aire du rectangle E est égale à 10,5 u.
- Si l'on utilise comme unité d'aire u' (l'aire du rectangle mauve), la mesure de l'aire du rectangle E est égale à 21 u'.
- Si l'on utilise comme unité d'aire u'' (l'aire du triangle rectangle vert), la mesure de l'aire du rectangle E est égale à 42 u''.

Remarque : Pour mesurer l'aire d'une surface plane, il est possible de prendre n'importe quelle unité d'aire comme unité (un triangle, un rectangle, un carré…), à la condition que cette unité d'aire puisse paver le plan.

DÉFINITIONS

- La mesure de l'aire d'une surface est un couple formé d'un nombre et d'une unité d'aire arbitraire.
- La mesure de l'aire d'une surface dépend de l'unité d'aire choisie.

3. Unités d'aire du système métrique

3-1 Système métrique

- L'unité usuelle permettant de mesurer l'aire de surfaces est l'aire d'un carré de 1 m de côté appelé « mètre carré » et noté m^2.

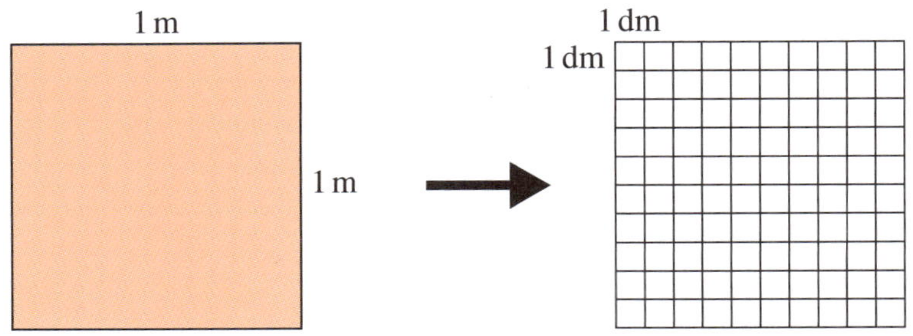

La mesure de l'aire du carré est égale à 1 m².

L'aire du carré est aussi égale à 100 dm², c'est-à-dire 100 carrés d'aire égale à 1 dm².

• Les autres unités usuelles (du système métrique) sont :

Multiples du m²								**Sous-multiples du m²**					
kilomètre carré		hectomètre carré		décamètre carré		**mètre carré**		décimètre carré		centimètre carré		millimètre carré	
km²		hm²		dam²		**m²**		dm²		cm²		mm²	
dizaine	unité	dizaine	unité	dizaine	unité	dizaine	unité	dizaine	unité	dizaine	unité	dizaine	unité

1 km² = 1 000 000 m² ; 1 hm² = 10 000 m² ; 1 dam² = 100 m² ; 1 dm² = 0,01 m² ; 1 cm² = 0,000 1 m² ; 1 mm² = 0,000 001 m²

> **Attention !**
> Chacune des colonnes des unités en carré (m², dm²…) contient deux chiffres : un chiffre pour les unités et un chiffre pour les dizaines.

• On utilise également les unités agraires d'aire pour mesurer l'aire de terres agricoles ou l'aire de constructions humaines :

Hectare	Are	Centiare
1 ha = 1 hm² = 10 000 m²	1 are = 1 dam² = 100 m²	1 ca = 1 m²

hm²		dam²		m²	
dizaine	unité	dizaine	unité	dizaine	unité
	ha		a		ca

3-2 Exemple de conversion

On veut convertir 1 538,24 dm² en hm².
Dans 1 538,24 on repère le chiffre des unités, le 8, que l'on place dans la colonne des unités de dm². On complète ensuite avec ses autres chiffres ; puis on complète le tableau en ajoutant des zéros jusqu'à la colonne des unités d'hectomètres carrés, qui servira de chiffre des unités du nouveau nombre :

km²		hm²		dam²		m²		dm²		cm²		mm²	
Dizaine de km²	Unité de km²	Dizaine d'hm²	Unité d'hm²	Dizaine de dam²	Unité de dam²	Dizaine de m²	Unité de m²	Dizaine de dm²	Unité de dm²	Dizaine de cm²	Unité de cm²	Dizaine de mm²	Unité de mm²
			0	0	0	1	5	3	8	2	4		

Ce qui donne : 1 538,24 dm² = **0**,001 538 24 hm²

ODES 1 ET 3, p. 247

4. Formules de calcul d'aires

4-1 Aires des figures usuelles

Voici un tableau regroupant les principales formules qui permettent de calculer l'aire des figures usuelles.

Objet	Graphique et caractéristiques	Aire $\mathcal{A}$
Rectangle	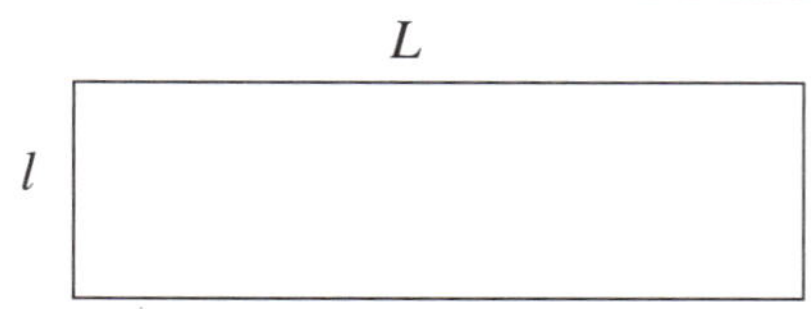 L : longueur l : largeur	$\mathcal{A} = L \times l$
Carré	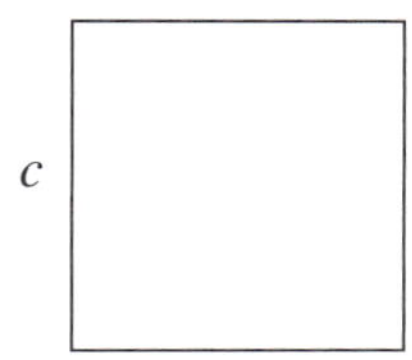 c : longueur des côtés	$\mathcal{A} = c^2$
Losange	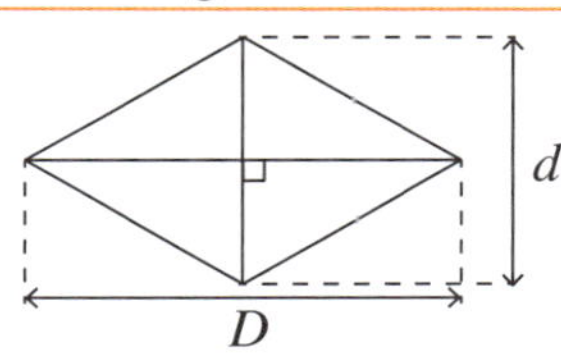 D : longueur de la grande diagonale d : longueur de la petite diagonale	$\mathcal{A} = \dfrac{D \times d}{2}$
Parallélogramme	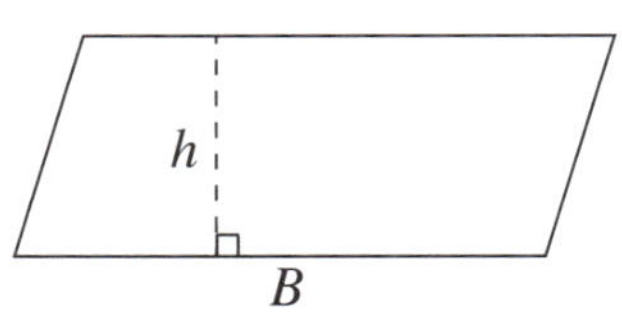 B : longueur d'un des côtés (appelé base) h : hauteur associée à ce côté	$\mathcal{A} = B \times h$
Triangle	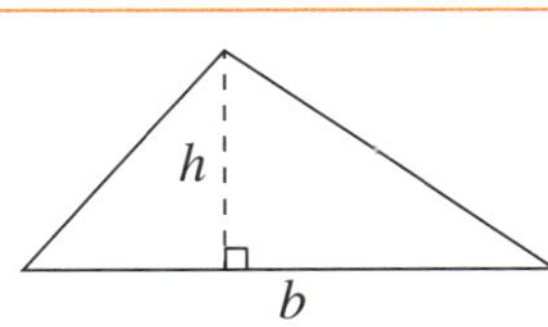 b : longueur d'un des côtés (appelé base) h : hauteur relative à ce côté	$\mathcal{A} = \dfrac{1}{2} \times b \times h$
Triangle rectangle	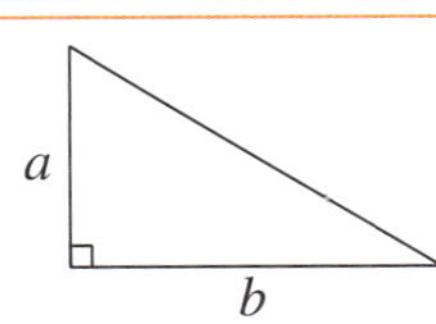 a : longueur d'un des côtés de l'angle droit b : longueur de l'autre côté de l'angle droit	$\mathcal{A} = \dfrac{1}{2} \times a \times b$ C'est un cas particulier de la formule de l'aire du triangle.

COURS

Objet	Graphique et caractéristiques	Aire $\mathcal{A}$
Trapèze	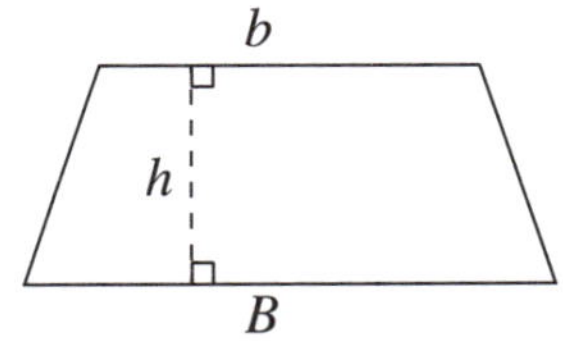 B : longueur de la grande base b : longueur de la petite base h : hauteur du trapèze	$\mathcal{A}=\frac{1}{2}\times(B+b)\times h$
Disque	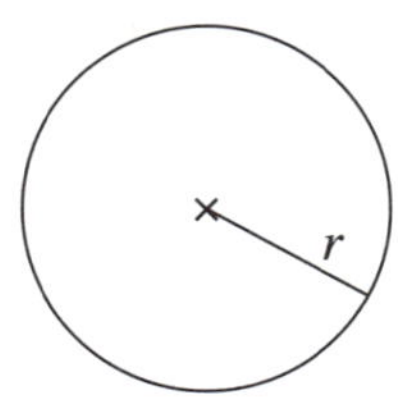 r : longueur d'un des rayons	$\mathcal{A}=\pi\times r^2$

DÉFINITION L'aire est une grandeur-produit, obtenue en faisant le produit de deux longueurs (deux « dimensions »).

4-2 Déduire certaines formules à partir des formules d'aire des figures usuelles

- **Formule de l'aire du parallélogramme à partir de la formule de l'aire du rectangle**

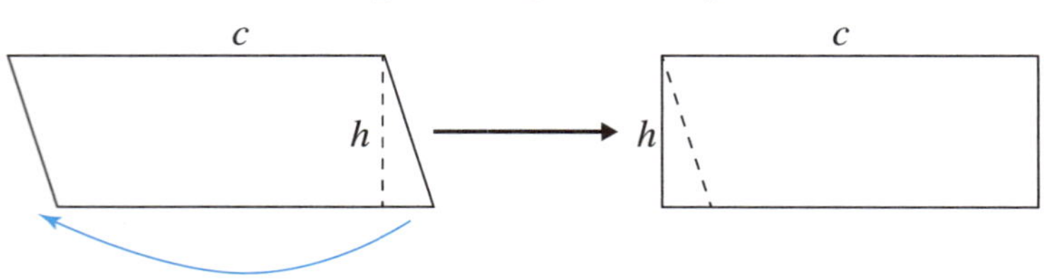

L'aire du parallélogramme est égale à l'aire du rectangle correspondant.

- **Formule de l'aire du triangle à partir de la formule de l'aire du rectangle**

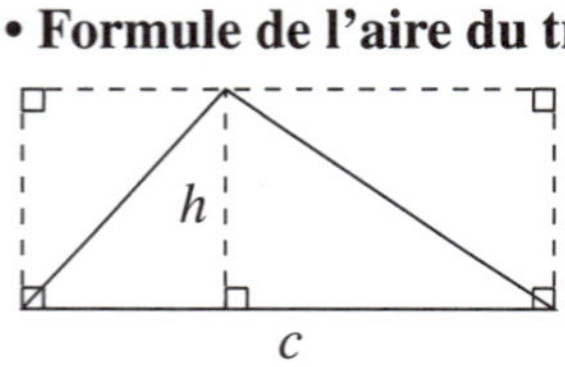

L'aire du triangle est égale à la moitié de l'aire du rectangle correspondant.

- **Formule de l'aire du trapèze à partir de la formule de l'aire du parallélogramme**

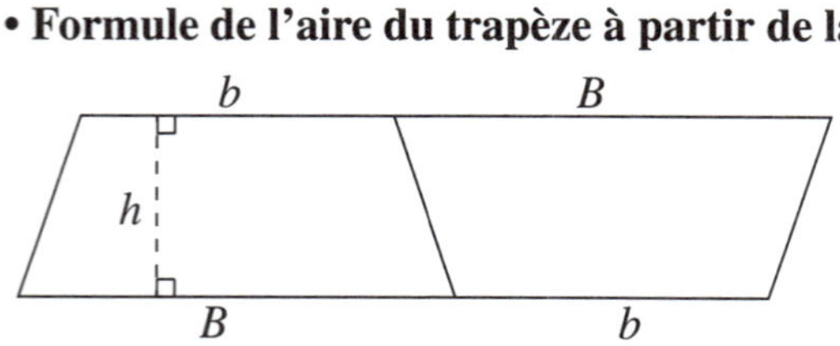

L'aire du trapèze est égale à la moitié de l'aire du parallélogramme obtenu par juxtaposition de deux trapèzes.

4-3 Exemple de calcul de l'aire d'un polygone

On considère le polygone suivant :

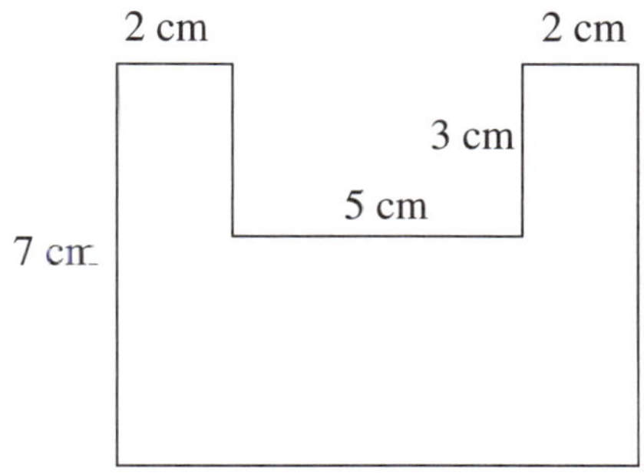

Deux côtés consécutifs forment un angle droit (la figure n'est pas à l'échelle).

Pour calculer l'aire $\mathcal{A}$ de ce polygone, on a plusieurs possibilités :

- Créer une sur-figure qui contient le polygone, par exemple un rectangle de 7 cm de large et de 9 cm de long :

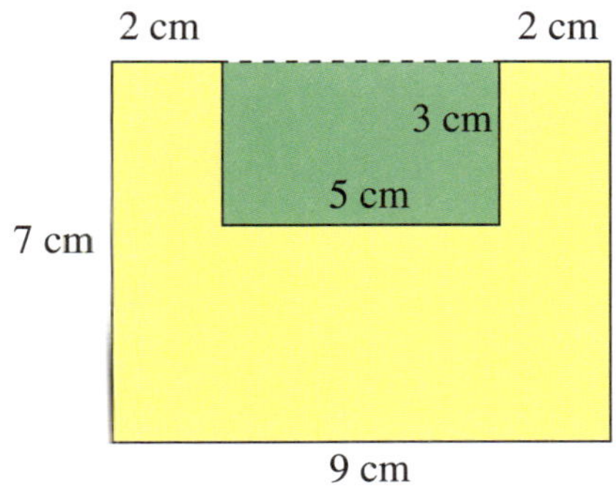

L'aire du polygone est égale à l'aire du grand rectangle moins l'aire du petit rectangle de 5 cm de long et 3 cm de large.

$\mathcal{A} = 7\text{ cm} \times 9\text{ cm} - 5\text{ cm} \times 3\text{ cm} = 48\text{ cm}^2$.

- Décomposer le polygone en sous-figures, par exemple, en trois rectangles :

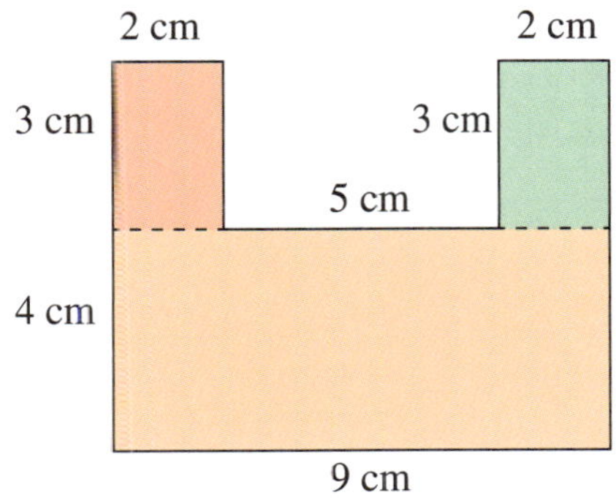

L'aire du polygone est égale à la somme des aires des trois rectangles qui le composent :

$\mathcal{A} = 2\text{ cm} \times 3\text{ cm} + 4\text{ cm} \times 9\text{ cm} + 2\text{ cm} \times 3\text{ cm}$

$\mathcal{A} = 48\text{ cm}^2$.

Remarque : Pour calculer une aire, on peut donc soit :
- appliquer directement une formule si la figure est une figure usuelle ;
- décomposer les figures en figures simples et ajouter les aires obtenues ;
- déplacer certains éléments de la figure pour obtenir une aire connue ;
- procéder par soustraction.

MÉTHODE 3, p. 251

D Volume

• Comme pour les deux grandeurs précédentes, pour définir la grandeur volume, on s'intéresse à des objets (des solides pleins ou creux) et à la quantité de liquide qu'ils peuvent contenir (pour les solides creux) ou à la quantité de liquide qu'ils déplacent quand on les plonge dans un liquide (pour les solides pleins).
• Avec deux solides creux, on peut déterminer celui qui a le plus grand volume en essayant d'insérer entièrement l'un des solides dans l'autre ou, si c'est impossible, en transvasant le liquide contenu dans l'un des solides dans l'autre et en constatant s'il y a débordement ou non. Cette méthode de comparaison est une comparaison directe qui ne nécessite pas de mesure.
• Pour comparer des volumes de solides qui seraient éloignés l'un de l'autre ou en formulant un message oral, il faut utiliser une unité de volume (le volume d'un objet) qui permette d'exprimer sous forme de nombre (dépendant de l'unité choisie) la mesure du volume du solide.

Remarque : Quand un objet est creux, on parle de capacité plutôt que de volume.

1. Unités de volume du système métrique

Il existe deux types d'unité.

1-1 Les unités en « cube »

• L'unité usuelle de mesure du volume est le mètre cube (m^3).

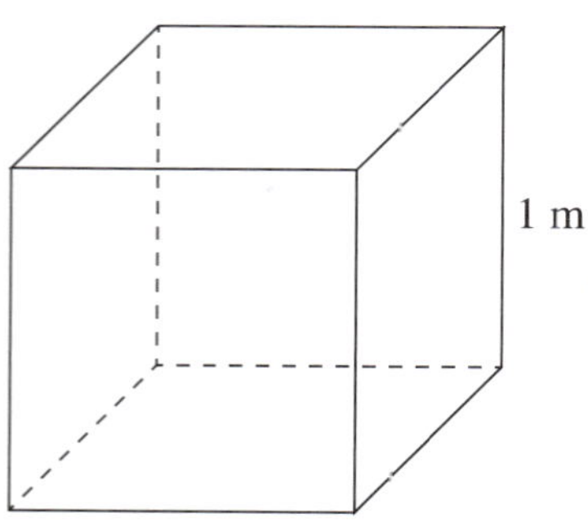

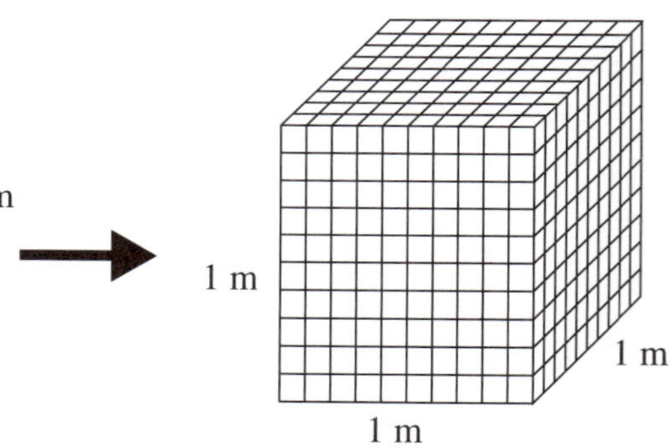

1 m^3 est le volume d'un cube de 1 m d'arête.

Le grand cube d'arête égale à 1 m est composé de 1 000 petits cubes dont l'arête est égale à 1 dm.

• Le cube de 1 m d'arête correspond à 1 000 cubes d'arête 1 dm et de volume égal à 1 dm^3.
On a donc 1 m^3 = 1 000 dm^3.

Multiples du m^3											
km^3			hm^3			dam^3			**m^3**		
centaine	dizaine	unité	centaine	dizaine	unité	centaine	dizaine	unité	centaine	dizaine	unité
		1	0	0	0	0	0	0	0	0	0
					1	0	0	0	0	0	0
								1	0	0	0

1 km^3 = 1 000 000 000 m^3 1 hm^3 = 1 000 000 m^3 1 dam^3 = 1 000 m^3

			Sous-multiples du m^3								
m^3			dm^3			cm^3			mm^3		
centaine	dizaine	unité	centaine	dizaine	unité	centaine	dizaine	unité	centaine	dizaine	unité
		0	0	0	1						
		0	0	0	0	0	0	1			
		0	0	0	0	0	0	0	0	0	1

1 dm^3 = 0,001 m^3 1 cm^3 = 0,000 001 m^3 1 mm^3 = 0,000 000 001 m^3

1-2 Les unités en « litre »

L'autre unité de mesure du volume est le litre (L) et ses multiples et sous-multiples : hectolitre (hL), décalitre (daL), décilitre (dL), centilitre (cL), millilitre (mL).

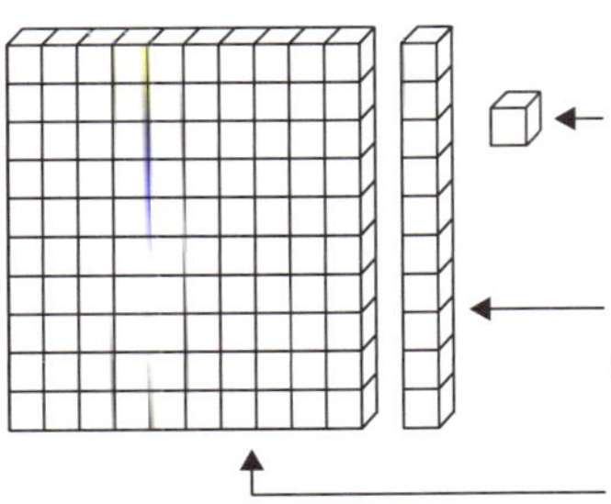

1 L = 1 dm^3 : c'est le volume d'un cube de 1 dm d'arête.

1 daL = 10 L = 10 dm^3 : c'est le volume de 10 cubes de 1 dm d'arête.

1 hL = 100 L = 100 dm^3 : c'est le volume de 100 cubes de 1 dm d'arête.

1 L = 1 dm^3	1 daL = 10 L = 10 dm^3	1 hL = 100 L = 100 dm^3
1 dL = 0,1 L = 0,1 dm^3	1 cL = 0,01 L = 0,01 dm^3	1 mL = 0,001 L = 0,001 dm^3

m^3			**dm^3**			**cm^3**			**mm^3**		
centaine	dizaine	unité	centaine	dizaine	unité	centaine	dizaine	unité	centaine	dizaine	unité
			hL	daL	L	dL	cL	mL			

1-3 Exemple de conversion

On veut convertir 12,47 m^3 en cm^3.
Dans le nombre 12,47 on repère le chiffre des unités, le 2, que l'on place dans la colonne des unités de m^3. On place ensuite ses autres chiffres. Puis on ajoute des zéros jusqu'à la colonne des unités de cm^3. Le zéro de la colonne des unités de cm^3 étant alors le chiffre des unités du nombre obtenu.

m^3			dm^3			cm^3			mm^3		
centaine	dizaine	unité	centaine	dizaine	unité	centaine	dizaine	unité	centaine	dizaine	unité
	1	2	4	7	0	0	0	**0**			

Ce qui donne : $12{,}47\text{ m}^3 = 12\ 470\ 000\text{ cm}^3$.

MÉTHODE 1, p. 247

2. Volumes des solides usuels

Objet	Graphique et caractéristiques	Volume V
Prisme droit, cylindre	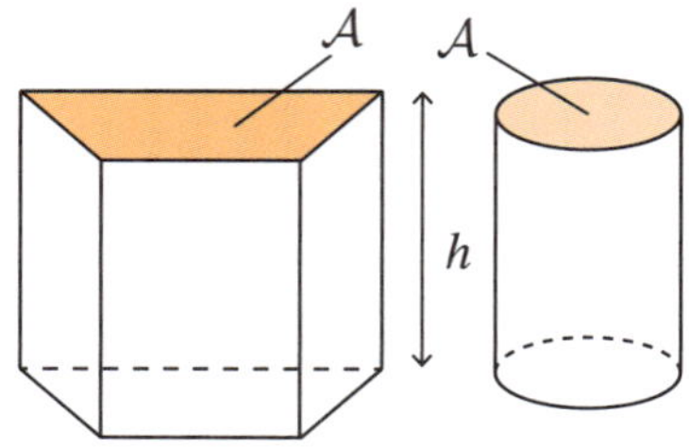 $\mathcal{A}$: aire de la base h : hauteur	$V = \mathcal{A} \times h$ Précision pour le cylindre dont la base est un disque de rayon r : $V = \pi \times r^2 \times h$
Parallélépipède rectangle (pavé droit) **Cas particulier de prisme droit**	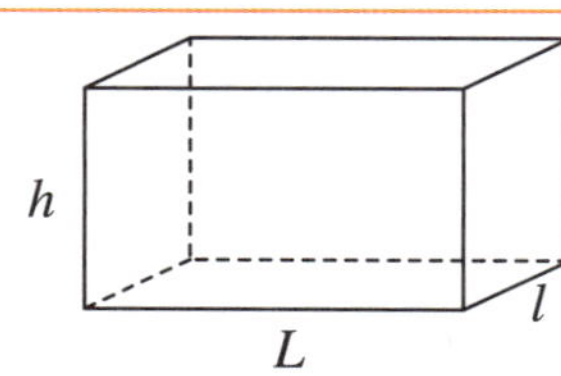 L : longueur l : largeur h : hauteur	$V = L \times l \times h$
Cube **Cas particulier de pavé droit**	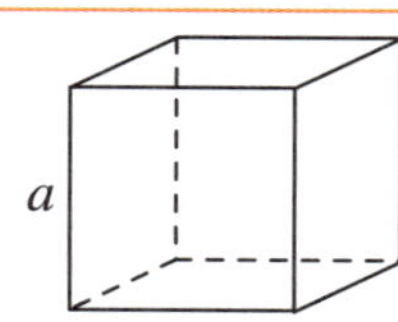 a : arête du cube	$V = a \times a \times a = a^3$
Pyramide, cône	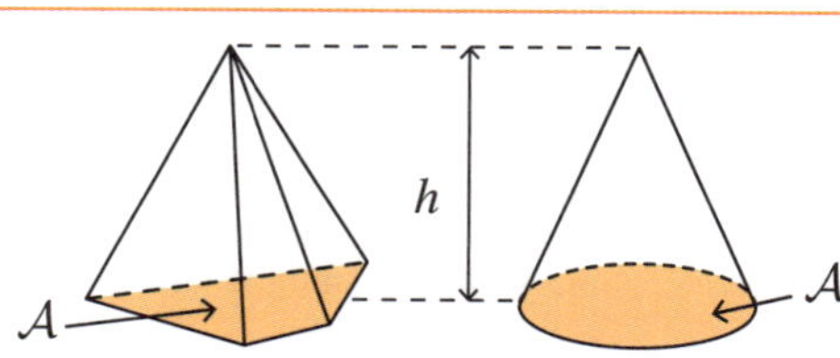 $\mathcal{A}$: aire de la base h : hauteur du solide	$V = \frac{1}{3} \times \mathcal{A} \times h$ Précision pour le cône dont la base est un disque de rayon r : $V = \frac{1}{3} \times \pi \times r^2 \times h$
Sphère	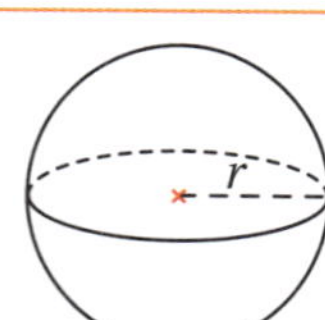 r : rayon de la sphère	$V = \frac{4}{3} \times \pi \times r^3$

DÉFINITION Le volume est une grandeur-produit, obtenue en faisant le produit de trois longueurs (trois « dimensions »).

Remarque : Dans la formule du volume d'un prisme droit ($V = \mathcal{A} \times h$), l'aire $\mathcal{A}$ de la base est obtenue en faisant le produit de deux longueurs, et on multiplie cette aire par la hauteur du solide ; on multiplie donc bien trois longueurs pour obtenir le volume.

MÉTHODE 3, p. 251

E Périmètre, aire, volume et agrandissement/réduction

1. Périmètre, aire et agrandissement/réduction

Exemple 6

Considérons un rectangle ABCD tel que AB = 3 cm et BC = 2 cm.

• On souhaite agrandir ce rectangle à l'échelle 1,5 pour obtenir le rectangle A'B'C'D' :

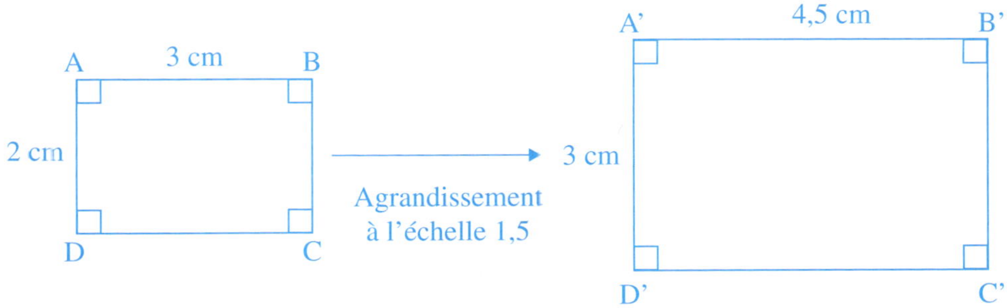

Comme l'échelle (le coefficient d'agrandissement) est égale à 1,5, on obtient :

A'B' = 1,5 × AB = 1,5 × 3 cm = 4,5 cm.

B'C' = 1,5 × BC = 1,5 × 2 cm = 3 cm.

Pour avoir le coefficient par lequel le périmètre P du rectangle ABCD a été multiplié pour obtenir le périmètre P' du rectangle A'B'C'D', on calcule :

$P = 2(\text{AB} + \text{BC}) = 2(3 \text{ cm} + 2 \text{ cm}) = 2 \times 5 \text{ cm} = 10 \text{ cm}$

$P' = 2(\text{A'B'} + \text{B'C'}) = 2(4{,}5 \text{ cm} + 3 \text{ cm}) = 2 \times 7{,}5 \text{ cm} = 15 \text{ cm}$

$\dfrac{P'}{P} = \dfrac{15 \text{ cm}}{10 \text{ cm}} = 1{,}5.$

Le périmètre étant une longueur, il a aussi été multiplié par 1,5 dans cet agrandissement de figure géométrique.

• On souhaite maintenant savoir par quel coefficient a été multipliée l'aire $\mathcal{A}$ du rectangle ABCD pour obtenir l'aire $\mathcal{A}'$ du rectangle A'B'C'D'. On calcule :

$\mathcal{A} = \text{AB} \times \text{BC} = 3 \text{ cm} \times 2 \text{ cm} = 6 \text{ cm}^2$

$\mathcal{A}' = \text{A'B'} \times \text{B'C'} = 4{,}5 \text{ cm} \times 3 \text{ cm} = 13{,}5 \text{ cm}^2$

$\dfrac{\mathcal{A}'}{\mathcal{A}} = \dfrac{13{,}5 \text{ cm}^2}{6 \text{ cm}^2} = 2{,}25 = 1{,}5^2.$

Il faut multiplier l'aire du rectangle ABCD par $1{,}5^2$ pour obtenir l'aire du rectangle agrandi A'B'C'D'.

L'aire étant une grandeur-produit (produit de deux longueurs), elle a été multipliée par le carré du coefficient d'agrandissement des longueurs.

On peut le voir également en calculant :

$$\dfrac{\mathcal{A}'}{\mathcal{A}} = \dfrac{\text{A'B'} \times \text{B'C'}}{\text{AB} \times \text{BC}} = \dfrac{1{,}5 \times \text{AB} \times 1{,}5 \times \text{BC}}{\text{AB} \times \text{BC}} = \dfrac{1{,}5^2 \times \text{AB} \times \text{BC}}{\text{AB} \times \text{BC}} = 1{,}5^2.$$

PROPRIÉTÉS

Si l'on multiplie les longueurs d'une figure plane par un coefficient k (k réel positif), alors :
– son périmètre est multiplié par k ;
– son aire est multipliée par k^2.

Remarque : k étant un nombre réel positif,
– si $k > 1$, on agrandit la figure plane ;
– si $k < 1$, on réduit la figure plane.

2. Volume et agrandissement/réduction

Exemple 7

Considérons un pavé droit ABCDEFGH tel que AB = 8 cm, BC = 6 cm et AE = 14 cm.

On souhaite réduire ce solide à l'échelle 0,5 $\left(=\frac{1}{2}\right)$ pour obtenir le pavé droit A'B'C'D'E'F'G'H'.

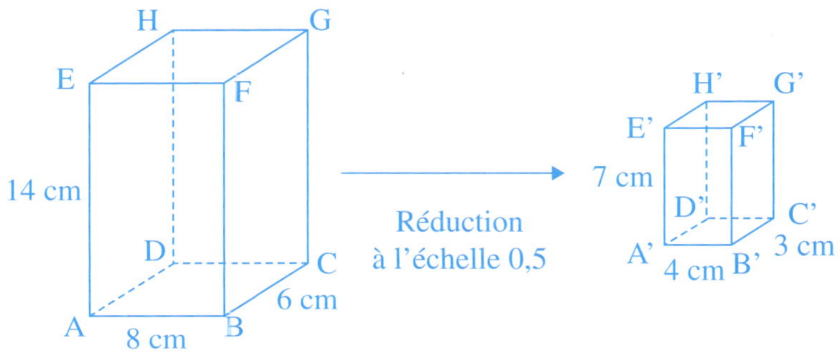

Comme l'échelle (le coefficient de réduction) est égale à $\frac{1}{2}$, on obtient :

$A'B' = \frac{1}{2}AB = 0{,}5 \times 8 \text{ cm} = 4 \text{ cm}$

$A'D' = \frac{1}{2}AD = 0{,}5 \times 6 \text{ cm} = 3 \text{ cm}$

$A'E' = \frac{1}{2}AE = 0{,}5 \times 14 \text{ cm} = 7 \text{ cm}$

Si on souhaite savoir par quel coefficient a été multiplié le volume V du pavé droit ABCDEFGH pour obtenir le volume V' du pavé droit A'B'C'D'E'F'G'H', on obtient :

$V = AB \times AD \times AE = 8 \text{ cm} \times 6 \text{ cm} \times 14 \text{ cm} = 672 \text{ cm}^3$

$V' = A'B' \times A'D' \times A'E' = 4 \text{ cm} \times 3 \text{ cm} \times 7 \text{ cm} = 84 \text{ cm}^3$

$\frac{V'}{V} = \frac{84 \text{ cm}^3}{672 \text{ cm}^3} = \frac{1}{8} = \left(\frac{1}{2}\right)^3.$

Il faut multiplier le volume du pavé droit ABCDEFGH par $\left(\frac{1}{2}\right)^3$ pour obtenir le volume du pavé droit réduit A'B'C'D'E'F'G'H'.

Le volume étant une grandeur-produit (produit de trois longueurs), il a été multiplié par le cube du coefficient de réduction des longueurs.

On peut le voir également en calculant :

$$\frac{V'}{V} = \frac{A'B' \times A'D' \times A'E'}{AB \times AD \times AE} = \frac{\frac{1}{2} \times AB \times \frac{1}{2} \times AD \times \frac{1}{2} \times AE}{AB \times AD \times AE} = \frac{\left(\frac{1}{2}\right)^3 \times AB \times AD \times AE}{AB \times AD \times AE} = \left(\frac{1}{2}\right)^3.$$

PROPRIÉTÉ

Si l'on multiplie les longueurs d'un solide par un coefficient k (k réel positif), alors son volume est multiplié par k^3.

Remarque : k étant un nombre réel positif,
– si $k > 1$, on agrandit le solide ;
– si $k < 1$, on réduit le solide.

MÉTHODES

méthode 1 Convertir pour comparer

1 Convertir ces longueurs pour les comparer et indiquer quelle est la plus grande.

a) 14 500 mm b) 0,013 km c) 1 531 cm d) 1m 25 cm e) 3 dm 7 mm

2 Convertir ces aires pour les comparer et indiquer quelle est la plus grande.

a) 2 100 m^2 b) 0,143 ha c) 0,002 km^2 d) 19 a 4 ca e) 1 703 m^2 8 dm^2 41 mm^2

3 Convertir ces volumes pour les comparer et indiquer quel est le plus grand.

a) 14 005 L b) 0,02 dam^3 c) 250 000 dL d) 2 632 daL e) 8 240 dm^3 37 mm^3

CORRIGÉ COMMENTÉ

1 Conversion et comparaison des longueurs

Pour comparer ces longueurs, on va toutes les convertir dans la même unité de mesure de longueur. Peu importe l'unité choisie, on peut utiliser l'une des unités présentes parmi celles qui sont utilisées ou une autre unité (mais dans ce cas, cela nécessitera alors de changer toutes les mesures données). On peut placer les mesures de longueur dans un tableau de conversion, ou choisir de ne pas le faire ; il n'y a rien d'obligatoire quant à la méthode à employer.

Si on utilise un tableau de conversion, on obtient :

	km	hm	dam	m	dm	cm	mm
a)			1	4	5	0	**0**
b)	**0**	0	1	3			
c)			1	5	3	**1**	
d)				**1**	2	**5**	
e)				0	**3**	0	**7**

Pour chacune des mesures de longueur, on place le chiffre des unités du nombre dans la colonne correspondant à l'unité donnée ; puis on place ses autres chiffres, en mettant un chiffre dans chaque colonne concernée.

On ne place pas de virgule dans le tableau puisqu'elle serait amenée à être déplacée suivant la nouvelle unité choisie.

Dans cette question de comparaison de longueurs, on peut maintenant exprimer toutes les longueurs en mètres (par exemple) pour pouvoir les comparer et trouver la plus grande : le chiffre des unités de chacune des mesures de longueur sera maintenant dans la colonne des mètres.

a) **14 500 mm = 14,5 m :** on a placé le chiffre des unités 0 de 14 500 mm dans la colonne correspondant aux mm, puis les autres chiffres à gauche du 0 placé (en mettant un chiffre par colonne). On constate que le chiffre 4 est situé dans la colonne des m ; ce chiffre 4 devient le chiffre des unités de la mesure exprimée en m.

> **Conseil**
> Les zéros inutiles sont à retirer des nombres obtenus ; d'autres zéros sont à ajouter ; la virgule (si elle est présente) est à mettre à droite du chiffre des unités pour chaque nombre obtenu.

b) **0,013 km = 13 m :** on a placé le chiffre 0 des unités de 0,013 km dans la colonne des km, puis les autres chiffres à droite du 0 placé. On constate que le chiffre 3 est situé dans la colonne des m ; ce chiffre 3 devient le chiffre des unités de la mesure exprimée en m.

c) **1 531 cm = 15,31 m :** on a placé le chiffre 1 des unités de 1 531 cm dans la colonne des cm, puis les autres chiffres à gauche du 1 placé . On constate que le chiffre 5 est situé dans la colonne des m ; ce chiffre 5 devient le chiffre des unités de la mesure exprimée en m.

d) **1 m 25 cm = 1,25 m :** on a placé le chiffre 1 des unités de 1 m dans la colonne des m, on place le chiffre 5 des unités de 25 cm dans la colonne des cm et le 2 à sa gauche ; on utilise le chiffre 1 comme chiffre des unités de la mesure exprimée en m.

e) **3 dm 7 mm = 0,307 m :** on a placé le chiffre 3 des unités de 3 dm dans la colonne des dm, on place le chiffre 7 des unités de 7 mm dans la colonne des mm ; on complète par des 0 la colonne des cm et celle des m ; on utilise le 0 (situé dans la colonne des m) comme chiffre des unités de la mesure exprimée en m.

La longueur la plus grande est celle qui correspond à 1 531 cm.

> **Attention !**
> Ce n'est pas parce qu'une longueur est exprimée avec la plus grande unité de longueur qu'elle est nécessairement la plus grande.
> Ce n'est pas non plus parce qu'elle comporte le plus grand nombre qu'elle représente nécessairement la plus grande longueur.

2 Conversion et comparaison des aires

Pour comparer ces aires exprimées à l'aide de différentes unités d'aire, on peut utiliser un tableau de conversion (mais ce n'est pas obligatoire) ; la méthode est la même que pour les longueurs, mais chaque unité de mesure du tableau de conversion correspond à deux colonnes (dizaine et unité).

	km^2		hm^2		dam^2		m^2		dm^2		cm^2		mm^2	
	Dizaine de km^2	Unité de km^2	Dizaine d'hm^2	Unité d'hm^2	Dizaine de dam^2	Unité de dam^2	Dizaine de m^2	Unité de m^2	Dizaine de dm^2	Unité de dm^2	Dizaine de cm^2	Unité de cm^2	Dizaine de mm^2	Unité de mm^2
				ha		a		ca						
a)					2	1	0	**0**						
b)				**0**	1	4	3							
c)		**0**	0	0	2	0								
d)					1	**9**	0	**4**						
e)					1	7	0	**3**	0	**8**	0	0	4	**1**

On peut, par exemple, convertir toutes ces mesures d'aires en dam^2, on obtient :

a) **2 100 m^2 = 21 dam^2 :** on a placé le chiffre 0 des unités de 2 100 m^2 dans la colonne des unités de m^2, puis les autres chiffres à gauche de ce 0 (un chiffre par colonne) ; c'est-à-dire :
– le chiffre 0 des dizaines de 2 100 m^2 dans la colonne des dizaines de m^2 ;
– le chiffre 1 des centaines de 2 100 m^2 dans la colonne des unités de dam^2 ;
– le chiffre 2 des milliers de 2 100 m^2 dans la colonne des dizaines de dam^2.

Le chiffre 1 est dans la colonne des unités de dam^2, c'est le chiffre des unités de la mesure exprimée en dam^2 qui est 21 dam^2 **(on enlève les zéros inutiles)**.

b) **0,143 ha = 14,3 dam^2 :** on a placé le chiffre 0 des unités de 0,143 ha dans la colonne des ha (colonne des unités d'hm^2), puis les autres chiffres à droite du zéro. Le chiffre 4, qui est situé dans la colonne des unités de dam^2, est le chiffre des unités de la mesure exprimée en dam^2 **(on enlève le 0 inutile)**.

c) **0,002 km^2 = 20 dam^2 :** on a placé le chiffre 0 des unités de 0,002 km^2 dans la colonne des unités de km^2, puis les autres chiffres à droite du zéro. On complète la colonne des unités de dam^2 avec un zéro qui est le chiffre des unités de la mesure exprimée en dam^2 (on enlève les 0 inutiles).

d) **19 a 4 ca = 19,04 dam^2 :** on a placé le chiffre 9 des unités de 19 a dans la colonne des ares (colonne des unités de dam^2) et le 1 à sa gauche, puis le chiffre 4 des unités de 4 ca dans la colonne des centiares (colonne des unités de m^2), on complète avec un zéro la colonne des dizaines de m^2. Le chiffre 9 est le chiffre des unités de la mesure en dam^2.

e) **1 703 m^2 8 dm^2 41 mm^2 = 17,030 800 41 dam^2 :** on a placé le chiffre 3 des unités de 1 703 m^2 dans la colonne des unités de m^2 et les autres chiffres de 1 703 à gauche du 3 ; on place le chiffre 8 des unités de 8 dm^2 dans la colonne des unités de dm^2 ; on place le chiffre 1

des unités de 41 mm² dans la colonne des unités de mm² et le chiffre 4 juste à sa gauche. On complète avec des zéros. Le chiffre 7 est le chiffre des unités de la mesure exprimée en dam².
La plus grande aire est celle donnée par la première mesure : 2 100 m².

3 Conversion et comparaison des volumes

	dam³			m³			dm³			cm³			mm³		
	Centaine de dam³	Dizaine de dam³	Unité de dam³	Centaine de m³	Dizaine de m³	Unité de m³	Centaine de dm³	Dizaine de dm³	Unité de dm³	Centaine de cm³	Dizaine de cm³	Unité de cm³	Centaine de mm³	Dizaine de mm³	Unité de mm³
							hL	daL	L	dL	cL	mL			
a)					1	4	0	0	**5**						
b)			**0**	0	2	0									
c)					2	5	0	0	0	**0**					
d)					2	6	3	**2**							
e)						8	2	4	**0**	0	0	0	0	3	7

On convertit toutes ces mesures en m³ (par exemple) :
a) **14 005 L = 14,005 m³ :** on a placé le chiffre 5 des unités de 14 005 L dans la colonne des L (unité de dm³) puis les autres chiffres à gauche du 5.
b) **0,02 dam³ = 20 m³ :** on a placé le chiffre 0 des unités de 0,02 dam³ dans la colonne des unités de dam³, puis les autres chiffres à droite du 0 ; on complète par un 0 la colonne des unités de m³.
c) **250 000 dL = 25 m³ :** on a placé le chiffre 0 des unités de 250 000 dL dans la colonne des dL (colonne des centaines de cm³), puis les autres chiffres à gauche du 0.
d) **2 632 daL = 26,32 m³** : on a placé le chiffre 2 des unités de 2 632 daL dans la colonne des daL, puis les autres chiffres à gauche du 2.
e) **8 240 dm³ 37 mm³ = 8,240 000 037 m³ :** on a placé le chiffre 0 des unités de 8 240 dm³ dans la colonne des unités de dm³, puis les autres chiffres de 8 240 à gauche ; on place le chiffre 7 de 37 mm³ dans la colonne des unités de mm³, puis le 3 à la gauche du 7 ; on complète avec des zéros.
Le plus grand volume est celui qui correspond à 2 632 daL.

méthode 2 Calculer un périmètre

On construit une figure géométrique ressemblant à un œuf de la façon suivante : le pourtour de « l'œuf » est constitué de quatre arcs de cercle de centres respectifs O, A, B et I.

De plus OI = OM = OB = OA = 4 cm.

Les points A, O et B sont alignés, de même que les points A, I, K, les points B, I, J et les points M, O, I, L.

La droite (ML) est perpendiculaire à la droite (AB). La droite (AK) est perpendiculaire à la droite (BJ).

Calculer le périmètre de cet « œuf », valeur exacte et arrondi au dixième de cm près.

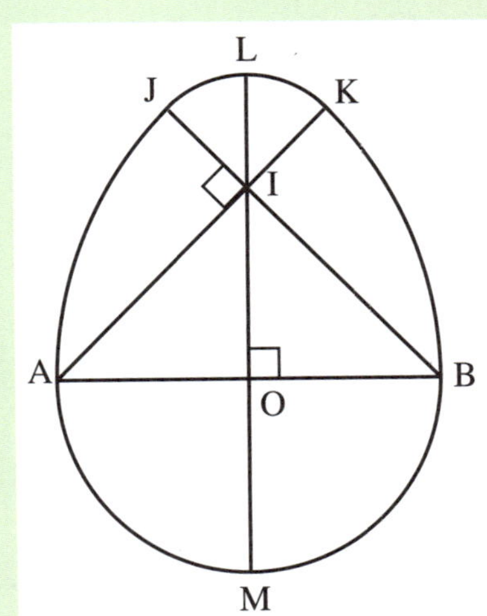

CORRIGÉ COMMENTÉ

Le périmètre de cet œuf est égal à la somme des longueurs des quatre arcs de cercle.

Conseil

Il est préférable de garder les valeurs exactes des différentes longueurs calculées et de ne donner une valeur arrondie que pour le résultat final.

Longueur de l'arc $\overset{\frown}{AB}$

L'arc $\overset{\frown}{AB}$ est un demi-cercle de rayon $OB = 4$ cm, par conséquent :

longueur $\overset{\frown}{AB} = \frac{1}{2} \times (2 \times \pi \times 4 \text{ cm}) = 4\pi$ cm.

Longueur de l'arc $\overset{\frown}{BK}$

Le triangle IOA est un triangle rectangle isocèle, donc l'angle $\widehat{OAI} = 45°$; par conséquent, l'angle $\widehat{BAK}$ mesure aussi 45°.

Si l'angle $\widehat{BAK}$ mesurait 360°, l'arc $\overset{\frown}{BK}$ serait un cercle (complet) de longueur $2 \times \pi \times AB = 2 \times \pi \times 8 \text{ cm} = 16\pi$ cm. Mais, sur la figure, l'angle $\widehat{BAK}$ mesure 45°, donc l'arc $\overset{\frown}{BK}$ mesure 2π cm. (45°, c'est 8 fois moins que 360° et $\frac{16\pi \text{ cm}}{8} = 2\pi$ cm).

Rappel

La longueur d'un arc de cercle est proportionnelle à son angle au centre.

Angle $\widehat{BAK}$	360°	45°
Longueur de l'arc $\overset{\frown}{BK}$	16π cm	2π cm

: 8

Longueur $\overset{\frown}{BK} = 2\pi$ cm.

Longueur de l'arc $\overset{\frown}{AJ}$

Par le même raisonnement que précédemment, on obtient que l'arc $\overset{\frown}{AJ}$ a la même longueur que l'arc $\overset{\frown}{BK}$.

Longueur $\overset{\frown}{AJ} = 2\pi$ cm.

Longueur de l'arc $\overset{\frown}{JK}$

L'angle $\widehat{KIJ} = 90°$, donc l'arc $\overset{\frown}{JK}$ est un quart de cercle de rayon IK.

Il faut calculer la longueur de IK en soustrayant AI à AK (car A, I et K sont alignés dans cet ordre).

$AK = AB = 8$ cm.

Le triangle AOI est un triangle rectangle isocèle en O ; ses côtés [OA] et [OI] mesurent 4 cm.

D'après le théorème de Pythagore, on a :

$AI^2 = OA^2 + OI^2$

$AI^2 = 4^2 + 4^2$

$AI^2 = 16 + 16$

$AI^2 = 2 \times 16$

$AI = \sqrt{2 \times 16}$

$AI = \sqrt{2} \times \sqrt{16}$

$AI = \sqrt{2} \times 4$

donc l'hypoténuse [AI] mesure $4\sqrt{2}$ cm.

Par conséquent : $IK = AK - AI = 8 \text{ cm} - 4\sqrt{2} \text{ cm} = 8 - 4\sqrt{2}$ cm.

On en déduit la longueur de l'arc $\overset{\frown}{JK}$ (quart de cercle) :

Longueur $\overset{\frown}{JK} = \frac{1}{4} \times 2 \times \pi \times \left(8 - 4\sqrt{2}\right)$ cm.

Longueur $\overset{\frown}{JK} = \left(4 - 2\sqrt{2}\right)\pi$ cm.

Périmètre de l'œuf

$P(\text{œuf}) = \text{Longueur } \overset{\frown}{AB} + \text{Longueur } \overset{\frown}{BK} + \text{Longueur } \overset{\frown}{KJ} + \text{Longueur } \overset{\frown}{AJ}$

$P(\text{œuf}) = 4\pi \text{ cm} + 2\pi \text{ cm} + \left(4 - 2\sqrt{2}\right)\pi \text{ cm} + 2\pi \text{ cm}$

$P(\text{œuf}) = \left(12 - 2\sqrt{2}\right)\pi \text{ cm}$ (valeur exacte)

$P(\text{œuf}) \approx 28{,}8$ cm (arrondi au dixième de cm près)

Conseil

La valeur exacte du périmètre de l'œuf s'exprime en utilisant les nombres π et $\sqrt{2}$ sans les remplacer par des valeurs approchées.

méthode 3 Calculer une aire et un volume

Un fabricant de barres chocolatées utilise comme emballage en carton le solide suivant :

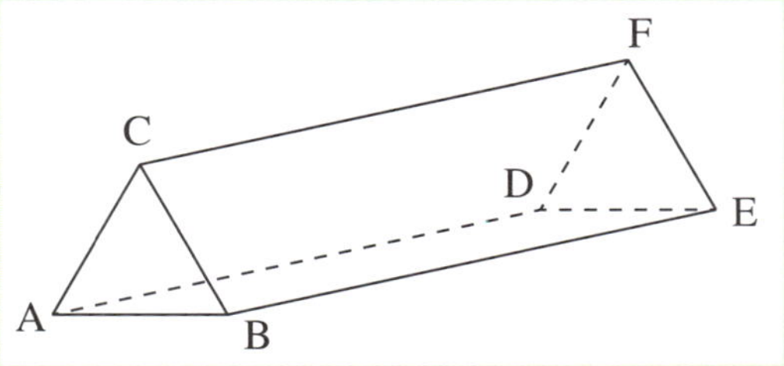

ABC et DEF sont des triangles équilatéraux de 3 cm de côté et ABED, CBEF et ACFD sont des rectangles de 3 cm de large et 12 cm de long.

1. Quelle aire de carton est nécessaire pour fabriquer un emballage ? (Valeur exacte, puis arrondi au mm^2 près.)

2. Quel est le volume de cet emballage ? (Valeur exacte, puis arrondi au mm^3 près.)

CORRIGÉ COMMENTÉ

1. Ce solide est un prisme droit composé de deux triangles équilatéraux (ses deux bases) et de trois rectangles (les trois faces latérales).

Calcul de l'aire du triangle équilatéral ABC

Pour calculer l'aire du triangle équilatéral ABC, on peut appeler O le milieu de [AB]. Le triangle ABC étant équilatéral, O est aussi le pied de la hauteur issue de C ; c'est-à-dire que l'angle $\widehat{AOC}$ est un angle droit. Dans le triangle rectangle AOC, d'après le théorème de Pythagore, on a :

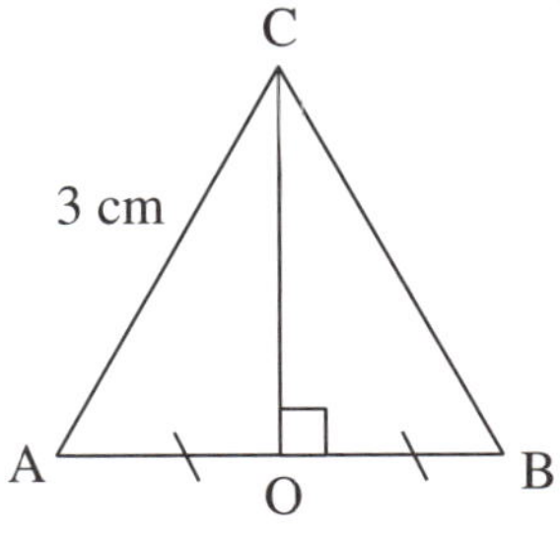

$AC^2 = AO^2 + OC^2$

$3^2 = 1{,}5^2 + OC^2$

$9 - 2{,}25 = OC^2$

$OC^2 = 6{,}75$

$OC = \sqrt{6{,}75}$

$OC = \sqrt{\dfrac{27}{4}}$

$OC = \sqrt{\dfrac{3 \times 9}{4}}$

$OC = \dfrac{\sqrt{3} \times \sqrt{9}}{\sqrt{4}}$

$OC = \dfrac{\sqrt{3}}{2} \times 3$

Conseil

On peut directement affirmer que la hauteur du triangle équilatéral ABC de côté 3 cm est égale à $\dfrac{3\sqrt{3}}{2}$ cm.
C'est un des résultats de géométrie plane que l'on peut connaître par cœur et utiliser : un triangle équilatéral de côté c a pour hauteur $\dfrac{\sqrt{3}}{2}c$.

La hauteur OC du triangle équilatéral ABC mesure $\frac{3\sqrt{3}}{2}$ cm.
L'aire du triangle équilatéral ABC est donc égale à :

$$\text{Aire}(\text{ABC}) = \frac{1}{2} \times \text{AB} \times \text{OC}$$

$$\text{Aire}(\text{ABC}) = \frac{1}{2} \times 3\text{cm} \times \frac{3\sqrt{3}}{2}\text{cm}$$

$$\text{Aire}(\text{ABC}) = \frac{9\sqrt{3}}{4}\text{cm}^2.$$

Calcul de l'aire du carton permettant de fabriquer l'emballage

On utilise l'aire du triangle équilatéral ABC (calculée précédemment) et la formule de l'aire du rectangle.

L'aire du carton est égale à la somme des aires des deux triangles équilatéraux (isométriques) et des aires des trois rectangles (isométriques), donc :

$$\text{Aire (carton)} = 2 \times \text{Aire}(\text{ABC}) + 3 \times \text{Aire}(\text{BEFC})$$

$$\text{Aire (carton)} = 2 \times \frac{9\sqrt{3}}{4}\ \text{cm}^2 + 3 \times 3\ \text{cm} \times 12\ \text{cm}$$

$$\text{Aire (carton)} = \frac{9\sqrt{3}}{2} + 108\ \text{cm}^2 \approx 115{,}79\ \text{cm}^2 \text{ (arrondi au mm}^2\text{ près).}$$

2 ABCDEF est un prisme droit dont les bases sont les triangles équilatéraux et la hauteur est [BE] qui mesure 12 cm.

On applique la formule correspondant à ce prisme droit : $V = \text{Aire}(\text{base}) \times \text{hauteur du solide}$.

$$V(\text{ABCDEF}) = \text{Aire}(\text{ABC}) \times \text{BE}$$

$$V(\text{ABCDEF}) = \frac{9\sqrt{3}}{4}\ \text{cm}^2 \times 12\ \text{cm}$$

$$V(\text{ABCDEF}) = 27\sqrt{3}\ \text{cm}^3 \approx 46{,}765\ \text{cm}^3.$$

Attention !

Dans le triangle ABC, on a utilisé la hauteur OC pour calculer l'aire du triangle ABC, et dans le solide ABCDEF, on a utilisé la hauteur BE pour calculer le volume du solide. Le mot hauteur a plusieurs sens.

- La hauteur peut être considérée comme une **longueur** :
  – en géométrie plane, dans les calculs d'aire, c'est la distance d'un sommet au côté opposé à ce sommet, ou alors c'est la distance entre deux côtés parallèles ;
  – en géométrie dans l'espace, dans les calculs de volume, c'est la distance entre un sommet et la face opposée à ce sommet, ou alors c'est la distance entre deux faces parallèles.
- Parfois, le mot « hauteur » désigne aussi une **droite** :
  – dans le triangle équilatéral ABC, on dira que la hauteur (OC) est perpendiculaire au côté (AB).
  – dans le solide ABCDEF, la hauteur (BE) est orthogonale au plan (ABC).

Suivant le contexte, il faut être capable de savoir à quoi correspond la hauteur d'un objet géométrique.

ENTRAÎNEMENT

Se tester en 10 questions

→ Corrigés p. 261

Pour chaque question suivante, indiquez la (ou les) bonne(s) réponse(s).

1 La longueur 12,5 hm est égale à 1 250 : **a)** dam **b)** m **c)** dm **d)** cm

2 L'aire 21,8 ares est égale à 218 000 : **a)** dam^2 **b)** m^2 **c)** dm^2 **d)** cm^2

3 Le volume 2,3 daL est égal à 23 000 : **a)** m^3 **b)** dm^3 **c)** cm^3 **d)** mm^3

4 Le périmètre de cette figure composée d'un carré de côté 4 cm et d'un demi-cercle dont le centre est le milieu d'un côté du carré est égal à :

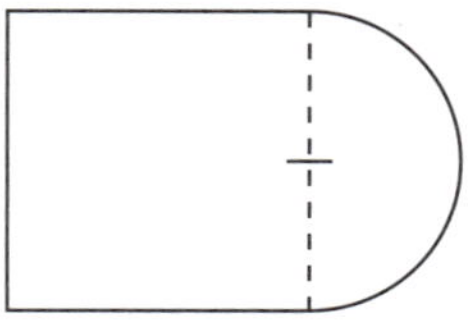

a) $16+2\pi$ cm **b)** $12+2\pi$ cm

c) $12+4\pi$ cm **d)** $16+4\pi$ cm

5 Un rectangle ABCD a une aire de 10 cm^2 ; un rectangle EFGH a une aire de 6 cm^2.

a) Le périmètre du rectangle ABCD est plus grand que le périmètre du rectangle EFGH.
b) Le périmètre du rectangle ABCD est plus petit que le périmètre du rectangle EFGH.
c) Le périmètre du rectangle ABCD est égal au périmètre du rectangle EFGH.
d) On ne peut pas savoir quel rectangle a le plus grand périmètre.

6 La hauteur h de ce triangle rectangle ABC est égale à :

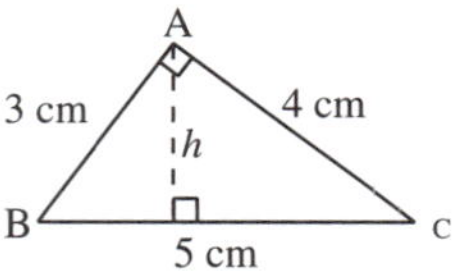

a) 1,5 cm **b)** 2 cm

c) 2,4 cm **d)** 3,2 cm

7 L'aire de cette couronne est égale à :

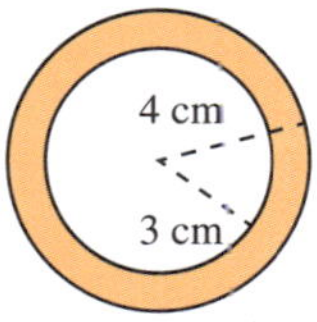

a) 1 cm^2 **b)** π cm^2

c) 7π cm^2 **d)** 16π cm^2

8 Les arêtes d'un cube mesurent 2 cm. On multiplie par 3 les arêtes de ce cube. Le cube agrandi a un volume égal à :

a) 8 cm^3 **b)** 24 cm^3 **c)** 72 cm^3 **d)** 216 cm^3

9 Les arêtes d'un tétraèdre régulier mesurent 6 cm. On divise par 2 les arêtes de ce tétraèdre. L'aire de la surface du tétraèdre réduit est égale à l'aire de la surface du tétraèdre initial divisée par :

a) 2 **b)** 3 **c)** 4 **d)** 8

10 Une glace a la forme d'un cône de 10 cm de hauteur et de 4 cm de diamètre, surmonté d'une demi-sphère de même diamètre. Quel est le volume de cette glace ?

a) $\frac{56}{3}\pi$ cm^3 **b)** 24π cm^3 **c)** $\frac{136}{3}\pi$ cm^3 **d)** 56π cm^3

Réponses : 1. b ; 2. c ; 3. c ; 4. b ; 5. d ; 6. c ; 7. c ; 8. d ; 9. c ; 10. a.

Échauffement

→ Corrigés p. 261

1 Programmer des longueurs avec Scratch

On utilise le logiciel Scratch pour réaliser une « spirale » composée de segments consécutifs perpendiculaires de plus en plus longs :

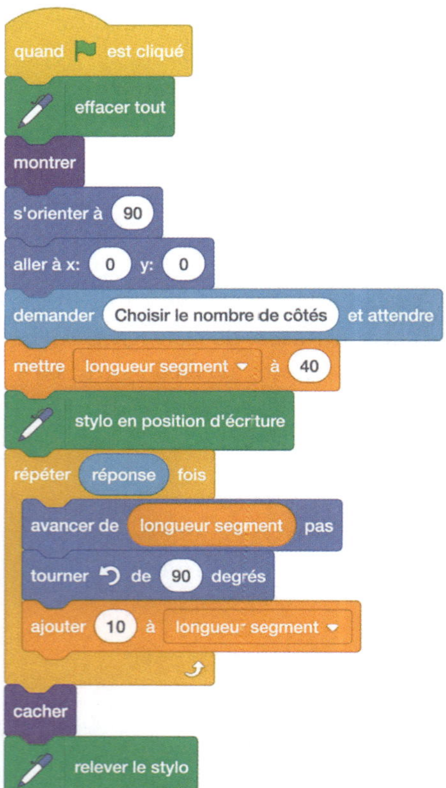

1. a) En prenant 1 cm pour 10 pas, représenter la figure obtenue lorsque l'utilisateur entre comme réponse le nombre 5.

b) Quelle est la longueur en pas de cette spirale ?

2. Quelle est la plus petite réponse que doit entrer l'utilisateur dans le logiciel pour que la longueur de la spirale dépasse 650 pas ?

2 Calculer l'aire d'une surface composée de différentes surfaces

Pour ne pas que sa chèvre s'enfuie, M. Seguin l'attache à une corde de 10 m de long fixée à un angle de sa maison de 10 m de long et de 4 m de large.

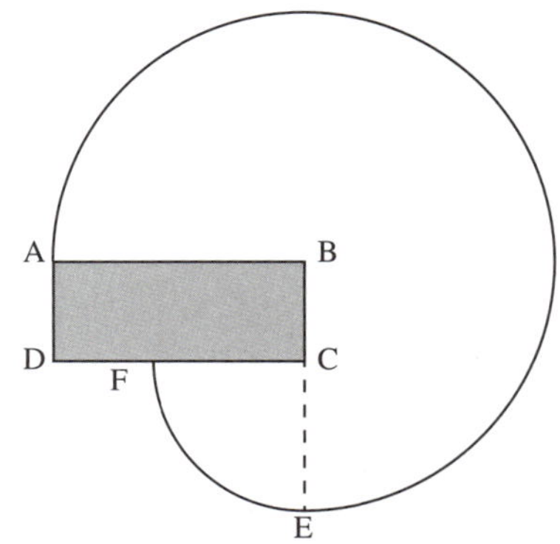

On a dessiné ci-dessus la zone dans laquelle la chèvre peut se déplacer.
La maison est représentée par le rectangle ABCD avec AB = 10 m et BC = 4 m ; la corde de 10 m de long est fixée au point B. Les arcs de cercle délimitent la zone accessible à la chèvre.

1. Montrer que CF est égale à 6 m.

2. Déterminer l'aire de la surface dans laquelle la chèvre peut se déplacer (valeur exacte en m^2, puis valeur arrondie au dm^2 près).

3 Utiliser un tableur pour calculer des longueurs et des aires

Dans le domaine de la bureautique, les feuilles de papier ont généralement une forme de rectangle et se répartissent suivant plusieurs formats. Le plus usuel est le format A4.
On appelle format A0 une feuille rectangulaire de longueur 1 189 mm et de largeur 841 mm.
Si on prend une feuille de format A0 et qu'on la découpe suivant sa longueur en deux rectangles de même dimension, on obtient deux feuilles au format A1. En découpant en deux rectangles de même dimension une feuille au format A1 suivant sa longueur, on obtient deux feuilles au format A2. On recommence avec le même principe pour les autres formats.

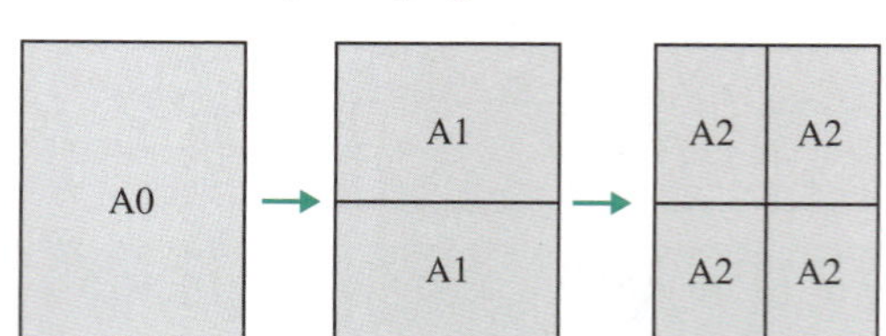

Format du papier	A0	A1	A2	A3	A4	A5
Taille (en mm)	841 × 1 189	594 × 841	420 × 594	297 × 420		

1. Déterminer, en mètre carré, l'aire d'une feuille de format A0. On arrondira au décimètre carré près le résultat.

2. Vérifier que le format A4 a pour dimensions, en centimètre, $21 \times 29{,}7$.

3. Déterminer les dimensions du format A5 en millimètre.

4. On souhaite utiliser un tableur pour calculer automatiquement les dimensions (en mm) des feuilles des différents formats de papier à partir du format A0. On calcule également le périmètre (en cm) et l'aire des feuilles obtenues (en cm^2). On obtient ainsi :

	A	B	C	D	E
1	Format de feuille	Largeur (en mm)	Longueur (en mm)	Périmètre (en cm)	Aire (en cm²)
2	A0	841	1189	406	9999,49
3	A1	594	841		
4	A2	420	594		
5	A3	297	420		
6	A4				
7	A5				
8	A6				
9	A7				
10	A8				
11	A9				

a) Calculer le périmètre d'une feuille de format A1 (en cm) ; calculer son aire (en cm^2).

b) Quelle formule faut-il entrer dans la cellule D2 pour que les périmètres (en cm) des feuilles des autres formats soient calculés en étendant D2 vers le bas ?

c) Quelle formule faut-il entrer dans la cellule E2 pour que les aires (en cm^2) des feuilles des autres formats soient calculées en étendant E2 vers le bas ?

d) Quelle formule faut-il entrer dans la cellule B3, qui sera étendue vers le bas, pour calculer la largeur (en mm) de la feuille de format A1 et ensuite de toutes les autres ?

On rappelle que l'instruction =ENT(A1) permet d'obtenir la partie entière d'un nombre décimal qui serait entré dans la cellule A1.

e) Quelle formule faut-il entrer dans la cellule C3, qui sera étendue vers le bas, pour obtenir la longueur (en mm) de la feuille de format A1 et ensuite de toutes les autres ?

4 Calculer et comparer le volume de cylindres

On dispose d'une feuille A3 (longueur : 42 cm ; largeur 29,7 cm). On peut l'enrouler de deux façons différentes en mettant bord à bord deux côtés opposés :

– en reliant [AB] et [DC] on obtient le cylindre C_1 ;

– en reliant [AD] et [BC] on obtient le cylindre C_2.

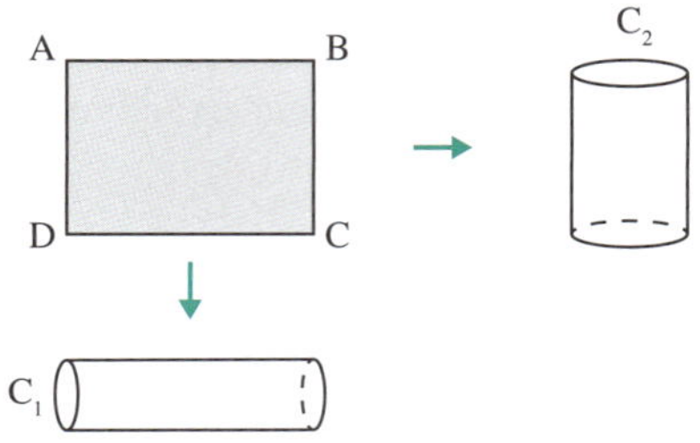

1. On s'intéresse au cylindre C_1, dont la hauteur est 42 cm.

a) Calculer le rayon de la base de ce cylindre ; valeur exacte en cm, puis arrondi au mm près.

b) Calculer le volume du cylindre C_1 ; valeur exacte en cm^3 et arrondi au cm^3 près.

2. On s'intéresse au cylindre C_2, dont la hauteur est 29,7 cm.

a) Calculer le rayon de la base de ce cylindre ; valeur exacte en cm, puis arrondi au mm près.

b) Calculer le volume du cylindre C_2 ; valeur exacte en cm^3 et arrondi au cm^3 près.

3. Lequel de ces deux cylindres a le plus grand volume ?

5 Calculer le volume d'une pyramide

La grande pyramide de Khéops a une base carrée de 230 m de côté et une hauteur actuelle de 137 m.

1. Calculer le volume de cette pyramide en m^3 (arrondi au m^3 près).

2. On réalise une maquette de cette pyramide à l'échelle 1/200. Calculer le volume de cette maquette en m^3 (arrondir au dm^3 près).

Pour réussir au concours

→ Corrigés p. 262

6 ★ 10 min

La figure suivante est composée de trois demi-cercles de rayons respectifs 8 cm, 2 cm et 6 cm et dont les centres sont alignés.

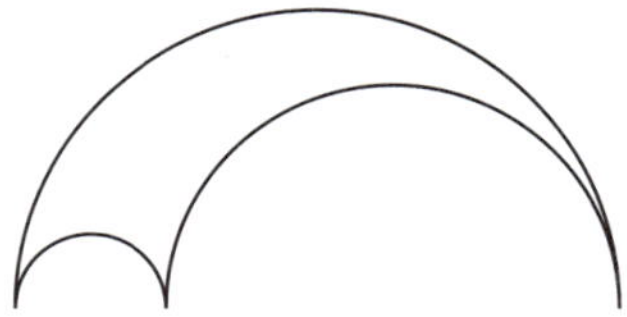

1. Calculer son périmètre (valeur exacte en cm et arrondi au mm près).

2. Calculer son aire (valeur exacte en cm^2 et arrondi au mm^2 près).

7 ★ 15 min *Sujet de CRPE*

Mme Martin installe dans son jardin un récupérateur d'eau ayant la forme d'une pyramide tronquée à base rectangulaire, représentée par le solide ABCDA'B'C'D' sur le schéma ci-dessous qui n'est pas à l'échelle. Le plan (A'B'C') est parallèle au plan (ABC).

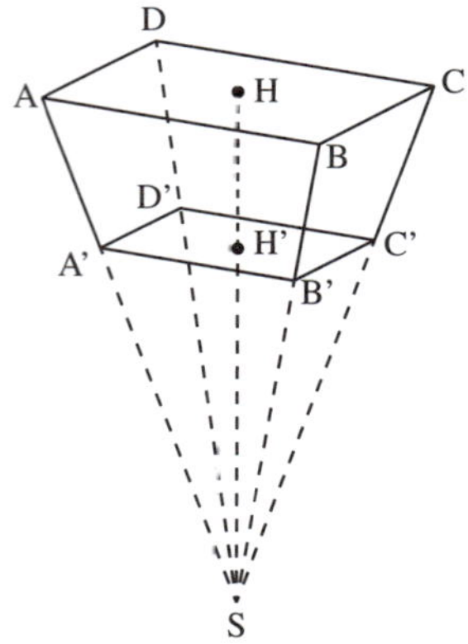

On donne les dimensions suivantes :
AB = 1,9 m ; AD = 92 cm ; HH' = 1,84 m ; SH = 4,60 m.

1. Calculer le volume V_1 de la pyramide SABCD, en mètre cube, arrondi au litre.

2. a) Calculer le coefficient de réduction permettant de passer de la pyramide SABCD à la pyramide SA'B'C'D'.

b) En déduire le volume V_2 de la pyramide SA'B'C'D', en mètre cube, arrondi au litre.

3. Montrer que le volume V du récupérateur d'eau est environ égal à 2,101 m^3.

4. Mme Martin possède un arrosoir d'une capacité de 12 litres.
Calculer le nombre d'arrosoirs qu'elle peut remplir complètement avec l'eau contenue dans son récupérateur plein.

8 ★ 10 min *Sujet de CRPE*

Un fabricant de sauce tomate utilise des boîtes de conserve de forme cylindrique de diamètre 99 mm et de hauteur 118 mm.
Le format de ces boîtes est appelé $\frac{4}{4}$.
Dans cet exercice, on négligera l'épaisseur du métal.

1. Calculer le volume, en cm^3, d'une boîte de conserve $\frac{4}{4}$. Arrondir le résultat à l'unité.

2. La contenance affichée sur la boîte est 850 mL. Vérifier qu'une boîte remplie à 95 % contient bien au moins 850 mL de sauce tomate.

3. On considère une nouvelle boîte de même hauteur et dont le diamètre est le double de la précédente. Le volume de la nouvelle boîte est-il le double du volume d'une boîte $\frac{4}{4}$? Justifier la réponse.

4. On considère une autre boîte de conserve de diamètre 73 mm et de hauteur 54 mm. Le format de cette boîte s'appelle $\frac{1}{4}$.
Calculer le volume de cette boîte cylindrique arrondi au cm^3 puis justifier l'appellation du format $\frac{1}{4}$.

9 ★★ 10 min

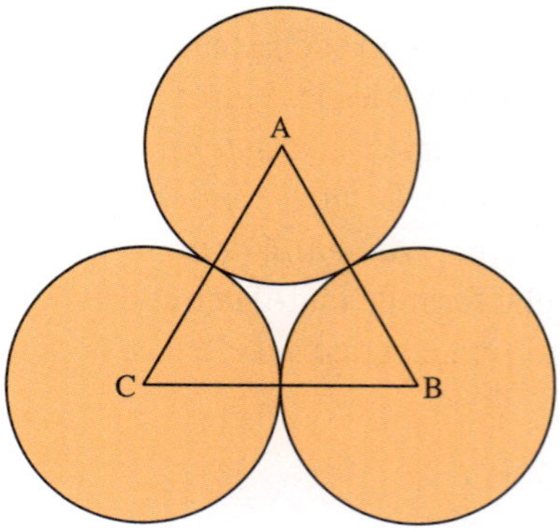

ABC est un triangle équilatéral dont la longueur des côtés est égale à $2r$.
On trace trois disques de rayon r et de centres A, B et C.
Exprimer, en fonction de r, l'aire de la partie blanche délimitée par les trois disques à l'intérieur du triangle ABC.

10 ★ ★ 15 min

Dans cet exercice, utiliser la règle **non graduée** et le compas.
1. Tracer un segment [AB] de longueur quelconque ; placer le point C de [AB] tel que : $AC = \frac{1}{4} \times AB$ (laisser les traits de construction).
2. Tracer un segment [DE] de longueur quelconque. En utilisant uniquement la règle non graduée et le compas, placer un point F sur la demi-droite [DE) tel que $DF = \frac{5}{3} \times DE$ (laisser les traits de construction).

11 ★ ★ 10 min

ABCD est un rectangle tel que $AB = 10$ cm et $AD = 4$ cm. M est un point de la diagonale [AC]. NMPB est un rectangle tel que N appartienne à [AB] et P appartienne à [BC]. MRDS est un rectangle tel que R appartienne à [CD] et S appartienne à [AD].
Montrer que l'aire du rectangle NMPB est égale à l'aire du rectangle MRDS.

12 ★ ★ 15 min *Sujet de CRPE*

Un sablier est constitué de deux cônes identiques superposés comme sur le schéma ci-contre.

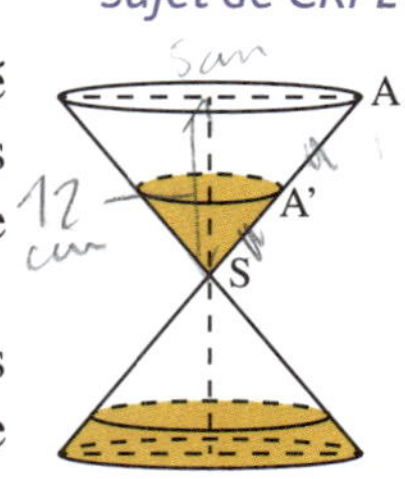

Le sable est modélisé par les parties jaunes. Il s'écoule au niveau du point S.
Dans les parties supérieure et inférieure du sablier, les surfaces supérieures des parties jaunes sont considérées horizontales et parallèles aux bases des cônes.
Le cône du haut a pour diamètre 5 cm et pour hauteur 12 cm.
1. a) Calculer l'aire de la base du cône du haut, arrondie au millimètre carré près.
b) Calculer le volume du cône du haut, arrondi au millimètre cube près.
2. On s'intéresse à la position obtenue à un instant donné et représentée sur le schéma ci-dessus : le niveau de sable est tel que A' est le milieu du segment [AS].
a) Le cône de sable restant dans le cône du haut est une réduction du cône du haut. Calculer son volume, arrondi au millimètre cube près.
b) On admet que le volume de sable descendu est proportionnel au temps écoulé. Tout le sable s'écoule en 4 minutes. Au départ, le cône du haut était entièrement rempli de sable. Au bout de combien de temps le sable est-il dans la position représentée sur le schéma ci-dessus, avec A' milieu du segment [AS] ?

13 ★ ★ 10 min

Les aires des faces d'un parallélépipède rectangle sont respectivement égales à 168 cm^2, 312 cm^2 et 364 cm^2. Quel est le volume de ce parallélépipède ?

14 ★ ★ 10 min

ABC est un triangle rectangle en A ; ABD, BCE et ACF sont trois triangles équilatéraux extérieurs au triangle ABC.
Montrer que l'aire du triangle équilatéral BCE est égale à la somme des aires des triangles équilatéraux ABD et ACF.

15 ★ ★ 15 min

Le but de cet exercice est de calculer l'aire d'un triangle ABC dont les côtés [AB], [BC] et [AC] mesurent respectivement 5 cm, 7 cm et 4 cm.
Soit H le pied de la hauteur issue de A et soit x la longueur BH en cm.

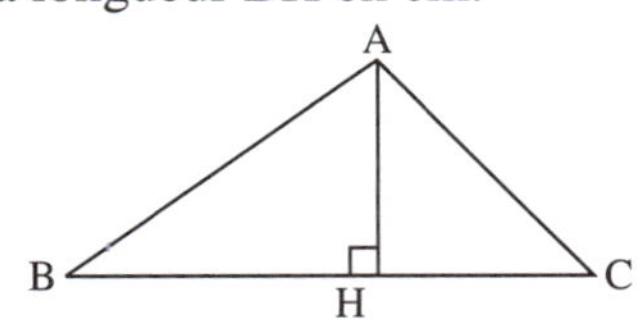

Échelle 1/2

1. Montrer que $25 - x^2 = 16 - (7 - x)^2$.
2. En déduire x puis calculer l'aire S du triangle ABC.

3. Vérifier la valeur de l'aire S trouvée dans la question précédente en utilisant la formule de Héron donnée ci-dessous.

Formule de Héron : Soit un triangle dont les longueurs des côtés, données dans la même unité, sont a, b et c. L'aire de ce triangle est égale à $\sqrt{p(p-a)(p-b)(p-c)}$ où p est le demi-périmètre du triangle.

16 ★ ★ 15 min

Dans cet exercice, on s'intéresse à la famille des rectangles qui ont pour périmètre 36 cm. On cherche à savoir quel est le rectangle de cette famille qui a la plus grande aire.

1. a) Tracer le rectangle de cette famille qui a pour longueur 12 cm.

b) Calculer son aire.

2. On appelle x l'une des dimensions d'un rectangle de cette famille (en cm).

a) Exprimer l'autre dimension de ce rectangle en fonction de x.

b) Montrer que l'aire de ce rectangle est égale à $18x - x^2$ cm^2.

c) Montrer que l'aire de ce rectangle est également égale à $81-(x-9)^2$ cm^2.

d) En déduire l'aire maximale et la nature du rectangle obtenu.

17 ★ ★ 15 min

ABC est un triangle rectangle en A, tel que $AB = 6$ cm et $AC = 8$ cm ; M est un point de [BC].

N est l'intersection de [AB] avec la parallèle à (AC) qui passe par M et P est l'intersection de [AC] avec la parallèle à (AB) qui passe par M.

1. On veut connaître la valeur minimale que peut prendre NP :

a) Montrer que ANMP est un rectangle.

b) En déduire que $AM = NP$.

c) Où doit se situer le point M pour que AM soit minimale ?

d) Calculer alors la longueur AM.

e) En déduire la longueur minimale de NP.

2. Calculer dans ce cas la longueur MB.

18 ★ ★ 20 min

Un fabricant d'emballages souhaite réaliser une boîte (sans couvercle) à partir d'une plaque en plastique semi-rigide en forme de rectangle de 20 cm de large sur 30 cm de long. Pour réaliser cette boîte, une machine découpe 4 carrés identiques aux 4 coins de la plaque, plie les bords de la boîte comme indiqué ci-dessous, puis soude les arêtes verticales en les chauffant.

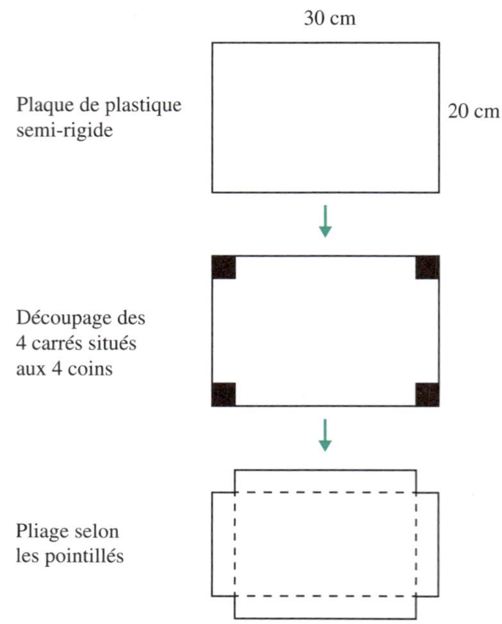

On appelle x la longueur (en cm) des côtés des carrés qui sont découpés dans la plaque de plastique semi-rigide.

1. On suppose dans cette question que x est égal à 5 cm.

a) Indiquer les dimensions de la boîte que l'on obtient après découpage des 4 carrés de 5 cm de côté et pliage comme indiqué précédemment.

b) Calculer le volume de la boîte en plastique ainsi obtenue.

2. On se place dans le cas général où x n'est pas connu.

a) Indiquer dans quel intervalle doit se situer x pour qu'il soit possible de réaliser la boîte.

b) Montrer que le volume de la boîte est égal à $4x^3 - 100x^2 + 600x$ lorsque x appartient à cet intervalle.

3. On voudrait savoir pour quelle valeur de x la boîte a un volume maximal.

Pour cela, on a tracé la représentation graphique de la fonction correspondant au volume

de la boîte (en fonction de x) (volume exprimé en cm^3).
Par une lecture graphique, indiquer une valeur approchée de x qui permette d'obtenir un volume maximal et préciser combien vaut ce volume maximal (valeur approchée). Préciser comment vous avez procédé.

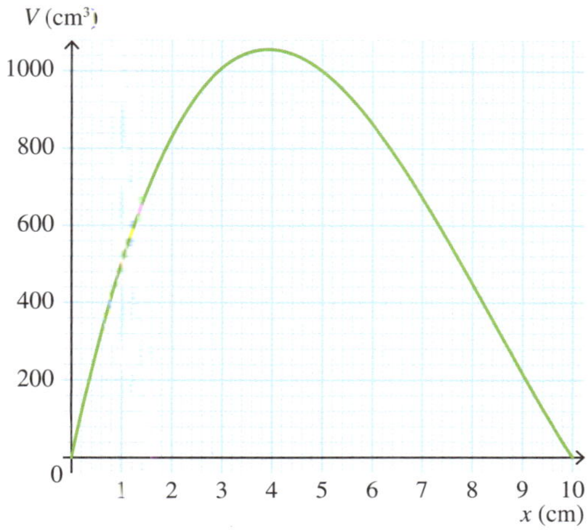

4. Pour affiner la recherche du volume maximal, on utilise un tableur, dans lequel on a entré des valeurs de x comprises entre 3,5 et 4,5 et la formule permettant de calculer le volume de la boîte correspondant.

	A	B
1	Valeur de x (en cm)	Volume de la boîte (en cm^3)
2	3,5	1046,50
3	3,55	1048,71
4	3,6	1050,62
5	3,65	1052,26
6	3,7	1053,61
7	3,75	1054,69
8	3,8	1055,49
9	3,85	1056,02
10	3,9	1056,28
11	3,95	1056,27
12	4	1056,00
13	4,05	1055,47
14	4,1	1054,68
15	4,15	1053,64
16	4,2	1052,35
17	4,25	1050,81
18	4,3	1049,03
19	4,35	1047,00
20	4,4	1044,74
21	4,45	1042,23
22	4,5	1039,50

a) Indiquer la formule qu'il faut entrer dans la cellule B2 pour que le logiciel calcule les autres valeurs lorsqu'on étend la formule vers le bas.
b) Donner une valeur approchée du volume maximal et de la valeur de x correspondant à ce maximum.
Remarque : Sans outils mathématiques plus efficaces (dérivation des fonctions, notion ne relevant pas du CRPE), ces valeurs resteront des approximations des valeurs exactes qui sont calculables.

19 ★★★ 20 min *Sujet de CRPE*

Le mathématicien suédois von Koch a imaginé en 1904 une figure géométrique obtenue à partir d'un triangle équilatéral par réitération d'une transformation appliquée à chaque côté d'un triangle. Cette figure s'appelle *le flocon de von Koch*.
Pour passer d'une figure à la suivante, chaque côté est partagé en trois segments de même longueur. On remplace le tiers central de chaque segment par un triangle équilatéral sans base. On répète cette opération sur la figure obtenue.
On donne les trois premières étapes de construction :

Étape 0 — Étape 1 — Étape 2

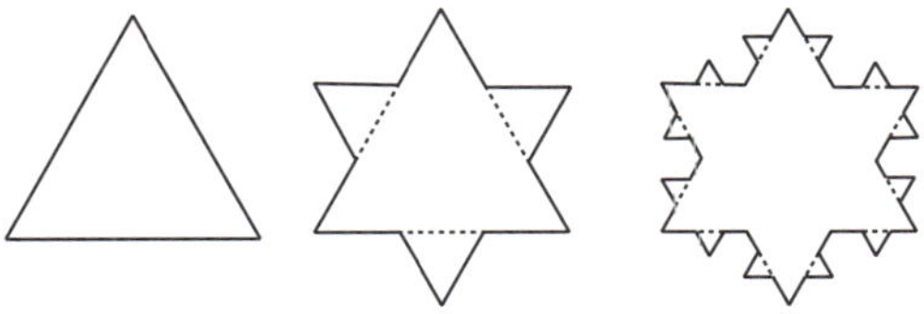

Figure 0 — Figure 1 — Figure 2

1. a) Donner le nombre de côtés de la Figure 1, puis de la Figure 2.
b) Déterminer le nombre de côtés de la figure à l'étape 3.
c) Exprimer le nombre de côtés de la Figure n obtenue à l'Étape n pour un nombre entier positif n.
2. On suppose que le côté du triangle équilatéral de la Figure 0 mesure 1 cm.
On appelle L_0, L_1, L_2, …, L_n les longueurs d'un côté des Figures 0, 1, 2, …, n.
On appelle P_0, P_1, P_2, …, P_n les périmètres des Figures 0, 1, 2, …, n.

Par exemple, $L_0 = 1$ et $P_0 = 3$.

a) Justifier que $L_1 = \frac{1}{3}$, puis donner sous forme de fraction irréductible les valeurs de L_2 et L_3.

b) Donner une expression de L_n en fonction de n.

3. a) Justifier que $P_1 = 4$, puis donner les valeurs de P_2 et P_3.

b) Donner une expression de P_n en fonction de n.

4. Peut-on trouver un nombre entier n tel que le périmètre P_n de la Figure n soit supérieur à 1 km ? Expliquer le raisonnement suivi.

20 ★★★ 10 min

ABCDEFGH est un cube (plein) d'arête 10 cm. M est le milieu de l'arête [AE] (voir figure ci-contre).

Calculer la valeur exacte de la longueur du plus court chemin permettant de joindre C à M (en restant sur la surface du cube).

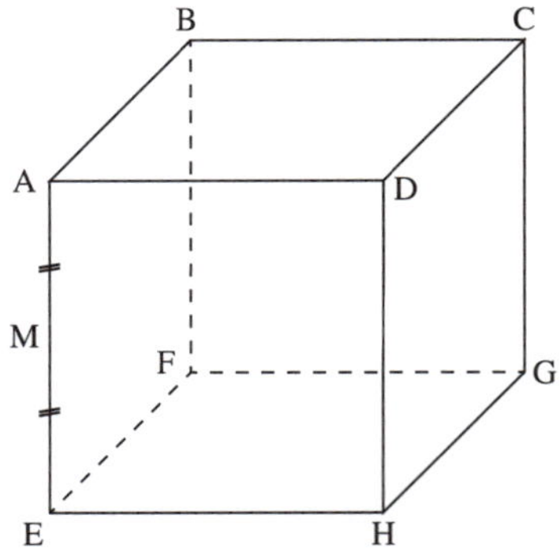

CORRIGÉS

Se tester en 10 questions

→ Énoncés p. 253

1 **Réponse b.** 12,5 hm = 1 250 m

2 **Réponse c.** 21,8 ares = 218 000 dm^2

3 **Réponse c.** 2,3 daL = 23 000 cm^3

4 **Réponse b.** $P = 3 \times 4 + \frac{1}{2} \times \pi \times 4\ \text{cm} = 12 + 2\pi\ \text{cm}$

5 **Réponse d.** On ne peut pas savoir quel rectangle a le plus grand périmètre, aire et périmètre sont deux grandeurs non corrélées.

6 **Réponse c.** L'aire de ce triangle rectangle est égale à $\frac{1}{2} \times 3\ \text{cm} \times 4\ \text{cm} = 6\ \text{cm}^2$ et elle est aussi égale à $\frac{1}{2} \times 5\ \text{cm} \times h\ \text{cm} = 2{,}5\ h\ \text{cm}^2$, donc $h = \frac{6\ \text{cm}^2}{2{,}5\ \text{cm}} = 2{,}4\ \text{cm}$.

7 **Réponse c.** L'aire de la couronne est égale à la différence des aires des disques de rayons 4 cm et 3 cm, donc :
$\text{Aire}(\text{couronne}) = \pi \times 4^2 - \pi \times 3^2\ \text{cm}^2 = 16\pi - 9\pi\ \text{cm}^2 = 7\pi\ \text{cm}^2$.

8 **Réponse d.** Les dimensions du cube initial sont multipliées par 3 donc son volume est multiplié par 3^3. Le volume du cube agrandi est donc égal à : $2\ \text{cm} \times 2\ \text{cm} \times 2\ \text{cm} \times 3^3 = 216\ \text{cm}^3$.

9 **Réponse c.** Si on divise par deux les dimensions du tétraèdre initial, l'aire de chacune de ses faces est divisée par 2^2 et donc l'aire de sa surface totale est également divisée par 2^2, c'est-à-dire divisée par 4.

10 **Réponse a.** Le volume du cône est égal à $\frac{1}{3} \times \pi \times 2^2 \times 10\ \text{cm}^3 = \frac{40\pi}{3}\ \text{cm}^3$ et le volume de la demi-sphère est égal à $\frac{1}{2} \times \frac{4}{3} \times \pi \times 2^3 = \frac{16\pi}{3}\ \text{cm}^3$. Le volume de glace est donc égal à $\frac{56\pi}{3}\ \text{cm}^3$.

Échauffement

→ Énoncés p. 254

1 **1. a)**

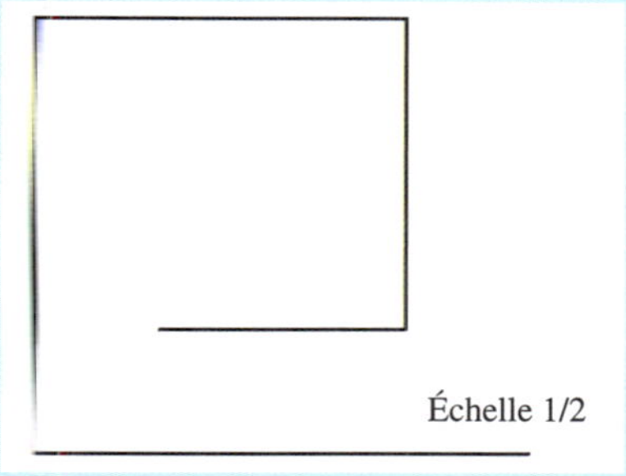

Le plus petit des segments mesure 4 cm, le deuxième 5 cm, le troisième 6 cm, le quatrième 7 cm et le cinquième mesure 8 cm.

b) La longueur de la spirale est égale à 300 pas, en effet :
40 pas + 50 pas + 60 pas + 70 pas + 80 pas = 300 pas.

2.

Réponse entrée par l'utilisateur	5	6	7	8	9
Longueur de la spirale (en pas)	300	300 + 90 = 390	390 + 100 = 490	490 + 110 = 600	600 + 120 = 720

Pour que la longueur de la spirale dépasse 650 pas de long pour la 1re fois, il faut que l'utilisateur entre la réponse 9.

2 **1.** CF = CE ; c'est le rayon du quart de disque, et comme B, C et E sont alignés dans cet ordre : CE = BE – BC = 10 m – 4 m = 6 m, donc CF = 6 m.

2. L'aire A de la surface dans laquelle la chèvre peut se déplacer est égale à la somme de l'aire du trois-quarts de disque de rayon 10 m et de l'aire du quart de disque de rayon 6 m.

$A = \frac{3}{4} \times \pi \times 10^2 + \frac{1}{4} \times \pi \times 6^2 \text{ m}^2 = 75\pi + 9\pi \text{ m}^2$
$= 84\pi \text{ m}^2 \approx 263{,}89 \text{ m}^2$ (arrondi au dm² près).

3 **1.** $Aire(\text{A0}) = 841 \text{ mm} \times 1\,189 \text{ mm}$
$= 999\,949 \text{ mm}^2 \approx 1{,}00 \text{ m}^2$
(valeur arrondie au dm² près).

2. Pour le format A4, la longueur correspond à la largeur du format A3, soit 297 mm, c'est-à-dire 29,7 cm et la largeur correspond à la moitié de la longueur du format A3, c'est-à-dire $\frac{420 \text{ mm}}{2}$, soit 210 mm, c'est-à-dire 21 cm ; on a donc bien les dimensions, en cm, $21 \times 29{,}7$.

3. Pour le format A5, la longueur correspond à la largeur du format A4, soit 21 cm, et la largeur correspond à la moitié de la longueur du format A4, c'est-à-dire 29,7 cm / 2, soit 14,8 cm (valeur par défaut au mm près) ; les dimensions d'un format A5 sont, en cm, $14{,}8 \times 21$.

4. a) Périmètre *P1* d'une feuille de format A1 :
$2 \times (59{,}4 + 84{,}1) \text{ cm} = 287 \text{ cm}$.
Aire *A1* d'une feuille de format A1 :
$59{,}4 \times 84{,}1 \text{ cm}^2 = 4\,995{,}54 \text{ cm}^2$.

b) Dans D2, on a : =2*(B2+C2)/10 **(la division par 10 est nécessaire pour convertir le périmètre en cm).**

c) Dans E2, on a : =B2*C2/100 **(la division par 100 permet de convertir l'aire en cm²).**

d) On s'aperçoit que la largeur d'une feuille plus petite est obtenue en prenant la partie entière du quotient de la longueur de la feuille précédente divisé par 2 ; par exemple, la largeur de la feuille A1 est égale à la partie entière de la longueur de la feuille A0 divisée par 2.
Dans la cellule B3, il faut donc écrire : =ENT(C2/2).

e) La longueur d'une feuille plus petite est égale à la largeur de la feuille précédente ; par exemple, la longueur de la feuille A1 est égale à la largeur de la feuille A0.
Dans la cellule C3, il faut donc écrire : =B2.

4 **1. a)** Le périmètre de la base de ce cylindre C_1 est égal à 29,7 cm, or le périmètre est égal à $2\pi R_1$, donc on a :
$2\pi R_1 = 29{,}7 \text{ cm}$
$R_1 = \frac{29{,}7}{2\pi} \text{ cm} \approx 4{,}7 \text{ cm}$ (valeur arrondie au mm près).

b) Volume de C_1 :
$V_1 = \pi \times \left(\frac{29{,}7}{2\pi}\right)^2 \times 42 \text{ cm}^3 \approx 2\,948 \text{ cm}^3$ (valeur arrondie au cm³).

2. a) Le périmètre de la base de ce cylindre C_2 est égal à 42 cm, or le périmètre est égal à $2\pi R_2$, donc on a :
$2\pi R_2 = 42 \text{ cm}$
$R_2 = \frac{42}{2\pi} \text{cm} = \frac{21}{\pi} \text{cm} \approx 6{,}7 \text{ cm}$ (valeur arrondie au mm près).

b) Volume de C_2 :
$V_2 = \pi \times \left(\frac{21}{\pi}\right)^2 \times 29{,}7 \text{ cm}^3 \approx 4\,169 \text{ cm}^3$ (valeur arrondie au cm³).

3. Le cylindre C_2 a le plus grand volume.

5 **1.** Le volume *V* de la grande pyramide est égal à :
$V = \frac{1}{3} \times (230 \text{ m})^2 \times 137 \text{ m} = \frac{7\,247\,300}{3} \text{ m}^3$
$\approx 2\,415\,767 \text{ m}^3$.

2. 1re méthode : utilisation du cube du coefficient de réduction

Toutes les dimensions de la pyramide ont été multipliées par $\frac{1}{200}$ pour obtenir les dimensions de la maquette ; par conséquent, le volume *V* de la pyramide a été multiplié par $\left(\frac{1}{200}\right)^3$. Ainsi, le volume *V'* de la maquette est égal à :
$V' = \frac{7\,247\,300}{3} \times \left(\frac{1}{200}\right)^3 \text{ m}^3 \approx 0{,}302 \text{ m}^3$.

2de méthode : calcul des dimensions de la maquette

La longueur des côtés du carré est multipliée par $\frac{1}{200}$, la maquette a donc une base carrée dont les côtés mesurent 1,15 m, en effet :
$\frac{1}{200} \times 230 \text{ m} = 1{,}15 \text{ m}$.
La hauteur de la pyramide est également multipliée par $\frac{1}{200}$, la maquette a donc une hauteur qui mesure 0,685 m, en effet : $\frac{1}{200} \times 137 \text{ m} = 0{,}685 \text{ m}$.
Le volume *V'* de la maquette est donc égal à :
$V' = \frac{1}{3} \times (1{,}15 \text{ m})^2 \times 0{,}685 \text{ m} \approx 0{,}302 \text{ m}^3$.

Pour réussir au concours

→ Énoncés p. 256

6 **1.** Le contour de la figure est composé de 3 demi-cercles de rayons respectifs 8 cm, 2 cm et 6 cm, donc son périmètre *P* est égal à :

$P = \frac{1}{2} \times 2 \times \pi \times 8 \text{ cm} + \frac{1}{2} \times 2 \times \pi \times 2 \text{ cm}$
$+ \frac{1}{2} \times 2 \times \pi \times 6 \text{ cm}$

$P = 8\pi + 2\pi + 6\pi$ cm
$P = 16\pi$ cm
$P \approx 50{,}3$ cm (arrondi au mm près).

2. L'aire A de cette figure est égale à la différence entre l'aire du demi-disque de rayon 8 cm et la somme des aires des demi-disques de rayon 2 cm et 6 cm :

$$A = \frac{1}{2} \times \pi \times (8 \text{ cm})^2 - \left(\frac{1}{2} \times \pi \times (2 \text{ cm})^2 + \frac{1}{2} \times \pi \times (6 \text{ cm})^2\right)$$

$A = 32\pi - (2\pi + 18\pi)$ cm$^2 = 12\pi$ cm^2

$A \approx 37{,}70$ cm^2 (valeur arrondie au mm^2 près).

7 **1.**

$$V_1 = \frac{1}{3} \times \text{Aire}(\text{ABCD}) \times \text{SH} = \frac{1}{3} \times \text{AB} \times \text{AD} \times \text{SH}$$
$$= \frac{1}{3} \times 1{,}9 \text{ m} \times 0{,}92 \text{ m} \times 4{,}6 \text{ m}$$

$V_1 \approx 2{,}6803$ m^3.

Comme 1 L = 1 dm^3 = 0,001 m^3, le volume V_1 de la pyramide SABCD est environ égal à 2,68 m^3 (arrondi au litre près), c'est-à-dire environ 2 680 L (arrondi au litre près) **(si on veut exprimer cette capacité en litres)**.

2. a) La hauteur de la pyramide SABCD est SH ; la hauteur de la pyramide réduite SA'B'C'D' est SH' ; les points S, H' et H sont alignés dans cet ordre donc SH' = SH – HH' = 4,6 m – 1,84 m = 2,76 m.
Le coefficient de réduction permettant de passer de la grande pyramide à la petite est égal à :

$$\frac{\text{SH'}}{\text{SH}} = \frac{2{,}76 \text{ m}}{4{,}6 \text{ m}} = \frac{276}{460} = \frac{3}{5} = 0{,}6.$$

b) Les dimensions de la pyramide SABCD sont multipliées par 0,6 pour obtenir les dimensions de la pyramide SA'B'C'D', donc $V_2 = 0{,}6^3 \times V_1$.

$$V_2 = 0{,}6^3 \times \frac{1}{3} \times 1{,}9 \text{ m} \times 0{,}92 \text{ m} \times 4{,}6 \text{ m}$$
$$= 0{,}5789376 \text{ m}^3.$$

Le volume V_2 de la pyramide SA'B'C'D' est environ égal à 0,579 m^3 (arrondi au litre près).

On peut aussi calculer ce volume en appliquant le coefficient de réduction des longueurs à chacune des dimensions de la pyramide SABCD.

3. Le solide ABCDA'B'C'D' est une pyramide tronquée, son volume est égal à la différence des volumes des deux pyramides. On a donc :

$V = V_1 - V_2$
$\approx 2{,}68$ m$^3 - 0{,}579$ m$^3 \approx 2{,}101$ m^3.

Le volume du récupérateur d'eau est environ égal à 2,101 m^3.

4. La capacité d'un arrosoir est égale à 12 L soit 0,012 m^3.
Le nombre d'arrosoirs s'obtient en divisant le volume du récupérateur par le volume d'un arrosoir, on obtient donc : $\dfrac{2{,}101 \text{ m}^3}{0{,}012 \text{ m}^3} \approx 175{,}08$.

Mme Martin pourra remplir complètement 175 arrosoirs lorsque son récupérateur sera plein.

8 **1.** Le diamètre de la base du cylindre est égal à 9,9 cm, donc son rayon est égal à 4,95 cm.
Sa hauteur est égale à 11,8 cm.
Calcul de son volume V en cm^3 :

$V = \pi \times 4{,}95^2 \times 11{,}8 = \pi \times 289{,}1295$
$\approx 908{,}3271 \approx 908$ (arrondi à l'unité près).

Le volume V de cette boîte de conserve est environ égal à 908 cm^3 (arrondi au cm^3 près).

2. La contenance affichée de la boîte est de 850 mL.
Prendre les 95 % d'un nombre revient à multiplier ce nombre par 0,95. De plus, on sait que 1 cm^3 = 1 mL. On obtient donc un volume V_s en mL de sauce tomate égal à :

$V_s \approx 0{,}95 \times 908 \approx 862{,}6$.
$862{,}6 > 850$.

Le volume V_s est supérieur à 850 mL ; la boîte remplie à 95 % contient au moins 850 mL de sauce tomate.

3. Étant donné que le diamètre de cette nouvelle boîte est le double de la précédente, son rayon a également doublé, et donc l'aire des bases du cylindre a quadruplé.
Comme la hauteur du cylindre n'a pas changé, le volume de la nouvelle boîte est égal à 4 fois le volume de la précédente.

Autres méthodes :

• Le diamètre de la nouvelle boîte est égal à 19,8 cm, son rayon est donc égal à 9,9 cm. Son volume V_d en cm^3 est donc égal à :

$V_d = \pi \times 9{,}9^2 \times 11{,}8 = \pi \times 1\,156{,}518$
$= \pi \times 289{,}1295 \times 4 = 4 \times V$.

• Ou :

$V_d = \pi \times (2 \times R)^2 \times h$
$= \pi \times 4 \times R^2 \times h$
$= 4 \times (\pi \times R^2 \times h) = 4 \times V$

avec R rayon de la boîte de format $\frac{4}{4}$ et h sa hauteur.
Le volume V_d de la nouvelle boîte est égal à 4 fois le volume V de la précédente.

4. Le diamètre de la nouvelle boîte est égal à 7,3 cm, donc son rayon est égal à 3,65 cm ; sa hauteur est égale à 5,4 cm, donc son volume V' en cm^3 est égal à :

$V' = \pi \times 3{,}65^2 \times 5{,}4 = \pi \times 71{,}9415$
$\approx 226{,}0109 \approx 226$ (arrondi à l'unité près).

Le volume de cette boîte est environ égal à 226 cm^3 (arrondi au cm^3 près).

De plus $\dfrac{V}{4} \approx \dfrac{908}{4}$ cm$^3 \approx 227$ cm^3.

On constate donc que le volume de cette boîte représente environ un quart du volume de la boîte de format $\frac{4}{4}$, d'où son appellation de format $\frac{1}{4}$.

9 L'aire de la partie blanche est égale à l'aire du triangle équilatéral ABC moins l'aire des trois secteurs circulaires contenus dans le triangle.

Aire du triangle équilatéral ABC

Ce triangle équilatéral a pour longueur de côté $2r$. On sait que la hauteur d'un triangle équilatéral de côté c est égale à $\frac{\sqrt{3}}{2}\times c$ **(ce résultat peut être utilisé dans les exercices de géométrie ou il peut être retrouvé en utilisant le théorème de Pythagore).**

La hauteur du triangle équilatéral est donc égale à $\frac{\sqrt{3}}{2}\times 2r=\sqrt{3}r$.

On peut donc exprimer l'aire du triangle équilatéral en fonction de r :

$\text{Aire}(\text{ABC})=\frac{1}{2}\times 2r\times\sqrt{3}r=\sqrt{3}r^2$.

Aire de chaque secteur circulaire

Le triangle ABC a trois angles égaux à 60°, qui est le sixième de 360°. Par conséquent, chaque secteur circulaire a une aire égale à un sixième de l'aire d'un disque de rayon r.

$\text{Aire}(\text{secteur circulaire})=\frac{1}{6}\times\pi\times r^2=\frac{\pi}{6}r^2$.

Aire A de la partie blanche

$$A=\sqrt{3}r^2-3\times\frac{\pi}{6}\times r^2=\sqrt{3}r^2-\frac{\pi}{2}\times r^2=\left(\sqrt{3}-\frac{\pi}{2}\right)r^2.$$

10 **1.** On sait que la médiatrice d'un segment coupe ce segment (perpendiculairement) en son milieu ; donc en traçant des médiatrices successives, on pourra construire un segment de longueur égale à la moitié d'un autre, puis au quart, au huitième, au seizième, etc.

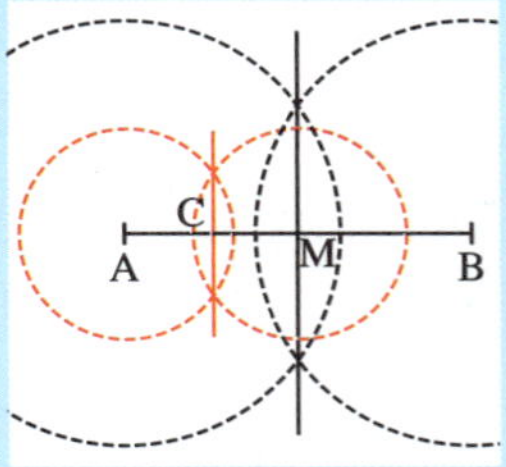

On construit donc la médiatrice de [AB].

Cette médiatrice nous permet de déterminer M, le milieu de [AB].

Puis on construit la médiatrice de [AM] pour obtenir le point C, milieu de [AM] tel que $\text{AC}=\frac{1}{4}\text{AB}$.

On peut également utiliser la méthode de partage de segments inspirée du guide-âne.

2.

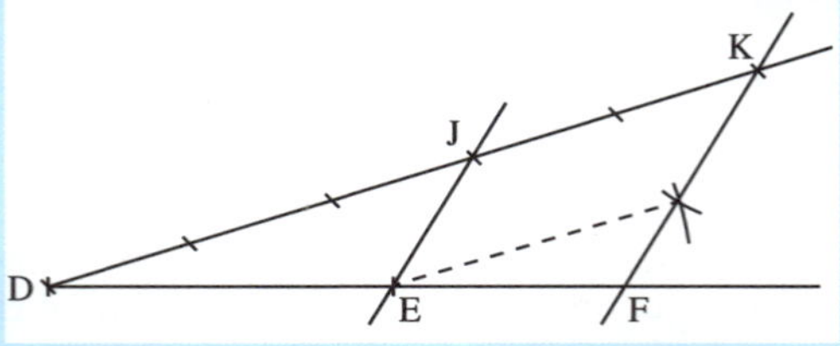

Tracer un segment [DE] de longueur quelconque.

Tracer la demi-droite [DE).

Tracer une demi-droite d'origine D, qui n'est pas parallèle à (DE).

Graduer régulièrement cette demi-droite à partir de D en choisissant une unité u arbitraire.

Appeler J le point de cette demi-droite tel que DJ = 3 u et appeler K le point de cette demi-droite tel que DK = 5 u.

Tracer la parallèle à la droite (JE) passant par K ; cette parallèle coupe [DE) en F, et on a : $\text{DF}=\frac{5}{3}\text{DE}$.

En effet, dans le triangle DKF, J appartient à [DK], E appartient à [DF] et (JE) est parallèle à (KF), et, d'après le théorème de Thalès, on a :

$\frac{\text{DJ}}{\text{DK}}=\frac{\text{DE}}{\text{DF}}$

$\frac{3\text{u}}{5\text{u}}=\frac{\text{DE}}{\text{DF}}$

$\text{DF}=\frac{5}{3}\text{DE}$.

11

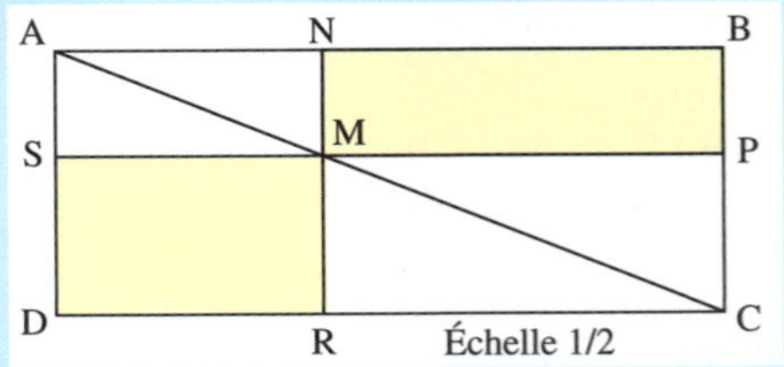

1re méthode : par soustraction d'aires

La diagonale [AC] du rectangle ABCD le partage en deux triangles rectangles superposables ABC et ACD, donc Aire(ABC) = Aire(ADC).

De même, la diagonale [AM] du rectangle ANMS le partage en deux triangles rectangles superposables ANM et AMS, donc Aire(ANM) = Aire(AMS).

La diagonale [CM] du rectangle MPCR le partage en deux triangles rectangles superposables MPC et MCR, donc Aire(MPC) = Aire(MCR).

De plus : Aire(NMPB) = Aire(ABC) − Aire(ANM) − Aire(MPC).

Donc Aire(NMPB) = Aire(ADC) − Aire(AMS) − Aire(MCR).

D'où Aire(NMPB) = Aire(MRDS).

2e méthode : par le calcul des aires des rectangles

On appelle x la longueur AN (en cm), on peut exprimer en fonction de x les longueurs NB, NM et MR.

Par la suite, toutes les longueurs sont exprimées en cm et les aires sont exprimées en cm^2.

Les quadrilatères ABCD, NBPM et MRDS étant des rectangles, les quadrilatères ANMS et MPCR sont également des rectangles (ils ont trois angles droits), par conséquent les points N, M, R d'une part et S, M, P d'autre part sont alignés.

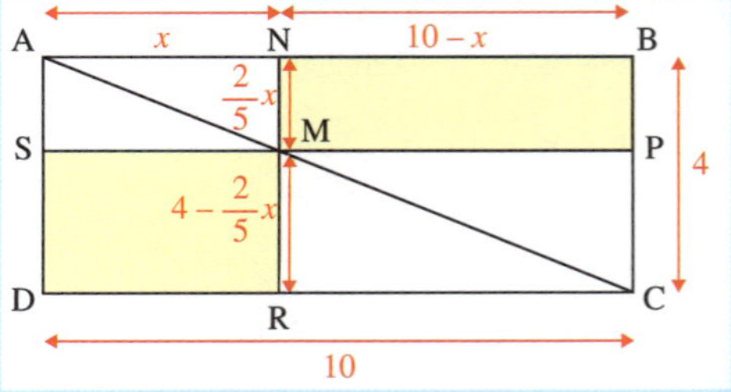

• Les points A, N et B sont alignés dans cet ordre, donc : $NB = AB - AN = 10 - x$.
• Les droites (NM) et (BC) sont perpendiculaires à la droite (AB), donc (NM) est parallèle à (BC).
Dans le triangle ABC, N appartient à [AB], M appartient à [AC] et (NM) est parallèle à (BC) ; d'après le théorème de Thalès, on a : $\frac{AN}{AB} = \frac{NM}{BC}$
donc $\frac{x}{10} = \frac{NM}{4}$, d'où $NM = \frac{2}{5}x$.
• Les points N, M et R sont alignés dans cet ordre, donc $MR = NR - NM = 4 - \frac{2}{5}x$.
• Calcul de l'aire du rectangle MRDS :

$$\text{Aire}(MRDS) = SM \times MR$$
$$= x \times \left(4 - \frac{2}{5}x\right) = 4x - \frac{2}{5}x^2.$$

• Calcul de l'aire du rectangle NMPB :

$$\text{Aire}(NMPB) = NB \times NM = (10 - x) \times \frac{2}{5}x$$
$$= 10 \times \frac{2}{5}x - \frac{2}{5}x^2 = 4x - \frac{2}{5}x^2.$$

Donc $\text{Aire}(MRDS) = \text{Aire}(NMPB)$.

Il serait malvenu de placer M sur la diagonale [AC] à une distance particulière de A (par exemple 3 cm) et de calculer les aires des rectangles en fonction de cette mesure précise, car cela ne permettrait pas de prouver l'égalité des aires dans le cadre général.

12 **1. a)** Le diamètre de la base du cône mesure 5 cm, donc son rayon mesure 2,5 cm ; par conséquent l'aire du disque de base est égale à : $\pi \times 2{,}5^2 = 6{,}25\pi \approx 19{,}63\ \text{cm}^2$ (arrondi au mm² près).

b) $V = \frac{1}{3} \times 12 \times 6{,}25\pi\ \text{cm}^3 = 25\pi\ \text{cm}^3$
$\approx 78{,}540\ \text{cm}^3$ (arrondi au mm³ près).

2. a) Le cône de sable est une réduction du cône de rapport 0,5 car A' est le milieu de [AS]. Par conséquent, le volume de sable est égal au huitième ($\left(\frac{1}{2}\right)^3 = \frac{1}{8}$) du volume du cône et son volume V' est égal à $\frac{25}{8}\pi\ \text{cm}^3 \approx 9{,}817$ (arrondi au mm³ près).

b) Il reste 1/8 de sable dans le cône du haut et donc il y a 7/8 de sable dans le cône du bas et il faut 4 minutes pour que la totalité du sable s'écoule. Comme 7/8 du sable s'est écoulé et que la quantité de sable écoulé est proportionnelle au temps qui passe, il s'est passé 7/8 de 4 minutes depuis que le sablier a été retourné, c'est-à-dire $\frac{7}{8} \times 4\ \text{min} = 3{,}5\ \text{min} = 3\ \text{min}\ 30\ \text{s}$.

13 Appelons x, y et z les trois dimensions (en cm) de ce pavé droit. Les aires de ses faces sont :

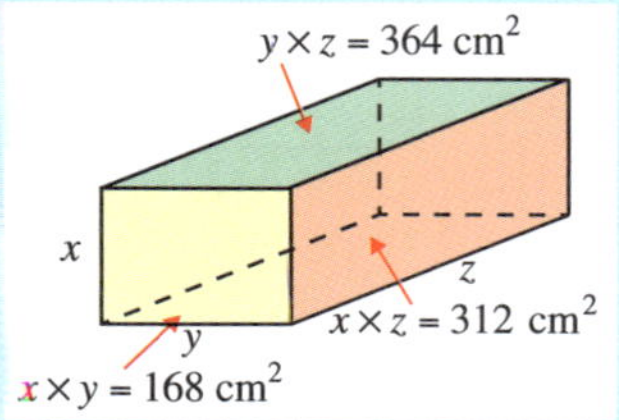

1re méthode
Le volume du pavé droit est égal à $x \times y \times z$.
Or, si on multiplie entre elles les aires des trois faces différentes du pavé droit, on obtient :

$$(x \times y) \times (y \times z) \times (x \times z) = 168\ \text{cm}^2 \times 364\ \text{cm}^2 \times 312\ \text{cm}^2$$
$$x^2 \times y^2 \times z^2 = 19\ 079\ 424\ (\text{cm}^2)^3$$
$$(x \times y \times z)^2 = 19\ 079\ 424\ (\text{cm}^3)^2$$
$$x \times y \times z = \sqrt{19\ 079\ 424}\ \text{cm}^3$$
$$x \times y \times z = 4\ 368\ \text{cm}^3.$$

Le volume de ce pavé droit est égal à 4 368 cm³.

2de méthode
On résout le système de trois équations à trois inconnues x, y et z.

$$\begin{cases} xy = 168 \\ yz = 364 \\ xz = 312 \end{cases} \Leftrightarrow \begin{cases} y = \frac{168}{x} \\ yz = 364 \\ z = \frac{312}{x} \end{cases} \Leftrightarrow \begin{cases} y = \frac{168}{x} \\ \frac{168}{x} \times \frac{312}{x} = 364 \\ z = \frac{312}{x} \end{cases}$$

$$\Leftrightarrow \begin{cases} y = \frac{168}{x} \\ \frac{168 \times 312}{364} = x^2 \\ z = \frac{312}{x} \end{cases} \Leftrightarrow \begin{cases} y = \frac{168}{x} \\ 144 = x^2 \\ z = \frac{312}{x} \end{cases}$$

$$\Leftrightarrow \begin{cases} y = \frac{168}{12} \\ x = \sqrt{144} = 12 \\ z = \frac{312}{12} \end{cases} \Leftrightarrow \begin{cases} y = 14 \\ x = \sqrt{144} = 12 \\ z = 26 \end{cases}$$

Les trois dimensions du pavé droit sont 12 cm, 14 cm et 26 cm et son volume V est égal à :
$V = 12\ \text{cm} \times 14\ \text{cm} \times 26\ \text{cm} = 4\ 368\ \text{cm}^3$.

14

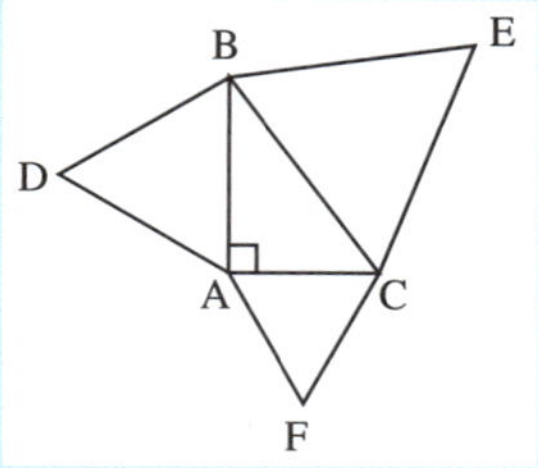

Dans le triangle ABC rectangle en A, d'après le théorème de Pythagore, on a : $BC^2 = AB^2 + AC^2$.
La hauteur d'un triangle équilatéral de côté c est égale à $\frac{\sqrt{3}}{2}c$, donc son aire est égale à $\frac{1}{2} \times c \times \frac{\sqrt{3}}{2}c = \frac{\sqrt{3}}{4}c^2$.
Par conséquent, le triangle équilatéral BCE a une aire égale à $\frac{\sqrt{3}}{4}BC^2$, le triangle équilatéral ABD a

une aire égale à $\frac{\sqrt{3}}{4}\text{AB}^2$ et le triangle équilatéral ACF a une aire égale à $\frac{\sqrt{3}}{4}\text{AC}^2$, donc :

$$\begin{aligned}\text{Aire}(\text{BCE}) &= \frac{\sqrt{3}}{4}\text{BC}^2\\ &= \frac{\sqrt{3}}{4}\left(\text{AB}^2+\text{AC}^2\right)\\ &= \frac{\sqrt{3}}{4}\text{AB}^2+\frac{\sqrt{3}}{4}\text{AC}^2\\ &= \text{Aire}(\text{ABD})+\text{Aire}(\text{ACF}).\end{aligned}$$

L'aire du triangle équilatéral BCE est donc égale à la somme des aires des triangles équilatéraux ABD et ACF.

15

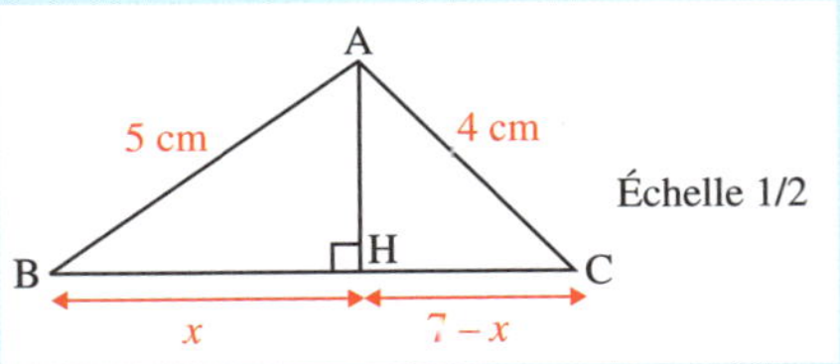

1. Les points B, H et C sont alignés dans cet ordre, donc CH = BC – BH = $7-x$.

Dans le triangle ABH rectangle en H, d'après le théorème de Pythagore, on a :

$\text{AB}^2=\text{BH}^2+\text{AH}^2$

$5^2=x^2+\text{AH}^2$

$\text{AH}^2=25-x^2$.

Dans le triangle ACH rectangle en H, d'après le théorème de Pythagore, on a :

$\text{AC}^2=\text{AH}^2+\text{HC}^2$

$4^2=\text{AH}^2+(7-x)^2$

$\text{AH}^2=16-(7-x)^2$.

Par conséquent : $25-x^2=16-(7-x)^2$.

2. En résolvant l'équation précédente, on obtient :

$25-x^2=16-\left(7^2-2\times7\times x+x^2\right)$

$25-x^2=16-49+14x-x^2$

$25-x^2-16+49+x^2=14x$

$58=14x$

$x=\frac{58}{14}$ donc $x=\frac{29}{7}$.

On en déduit la longueur de [AH] :

$\text{AH}^2=25-\left(\frac{29}{7}\right)^2$

$\text{AH}^2=\frac{25\times49}{49}-\frac{841}{49}$

$\text{AH}^2=\frac{384}{49}$

$\text{AH}=\sqrt{\frac{384}{49}}=\frac{8\sqrt{6}}{7}$

AH est égale à $\frac{8\sqrt{6}}{7}$ cm.

Calcul de l'aire du triangle ABC

$\text{Aire}(\text{ABC})=\frac{1}{2}\times\text{BC}\times\text{AH}$

$\text{Aire}(\text{ABC})=\frac{1}{2}\times7\text{cm}\times\frac{8\sqrt{6}}{7}$ cm

$\text{Aire}(\text{ABC})=4\sqrt{6}$ cm^2.

3. Le périmètre du triangle ABC est égal à 16 cm (5 cm + 4 cm + 7 cm) ; son demi-périmètre est égal à 8 cm. D'après la formule de Héron, on a donc :

$$\begin{aligned}\text{Aire}(\text{ABC}) &= \sqrt{8(8-5)(8-4)(8-7)}\ \text{cm}^2\\ &= \sqrt{8\times3\times4\times1}\ \text{cm}^2=\sqrt{96}\ \text{cm}^2\end{aligned}$$

$\text{Aire}(\text{ABC})=4\sqrt{6}$ cm^2.

On retrouve bien la même aire que précédemment mais sans avoir à calculer la hauteur du triangle, juste en connaissant les longueurs de ses côtés.

16 **1. a)** Le périmètre de ce rectangle étant égal à 36 cm et sa longueur étant égale à 12 cm, sa largeur l est égale à 6 cm. En effet :

$l=\frac{1}{2}(36\text{ cm}-2\times12\text{ cm})=6$ cm.

On trace ensuite ce rectangle de 6 cm de large et de 12 cm de long.

b) Son aire est égale à 72 cm^2 (12 cm × 6 cm).

2. a) L'une des dimensions du rectangle est égale à x cm, son périmètre est égal à 36 cm, donc sa seconde dimension est égale à :

$\frac{1}{2}\times(36-2x)$ cm $=18-x$ cm.

b) La mesure de l'aire de ce rectangle est égale à :

x cm $\times(18-x)$ cm $=18x-x^2$ cm^2.

c) $$\begin{aligned}81-(x-9)^2 &= 81-\left(x^2-2\times x\times9+9^2\right)\\ &= 81-x^2+18x-81\\ &= 18x-x^2.\end{aligned}$$

Par conséquent, la mesure de l'aire du rectangle est égale à $81-(x-9)^2$ cm^2.

d) Un carré est un nombre positif ou nul, donc :

$(x-9)^2\geq0$

$-(x-9)^2\leq0$

$81-(x-9)^2\leq81$.

La mesure de l'aire de chacun des rectangles de cette famille est inférieure ou égale à 81 cm^2 ; elle est égale à 81 cm^2 quand $x=9$ cm, c'est-à-dire quand le rectangle est un carré dont les côtés mesurent 9 cm de long.

17

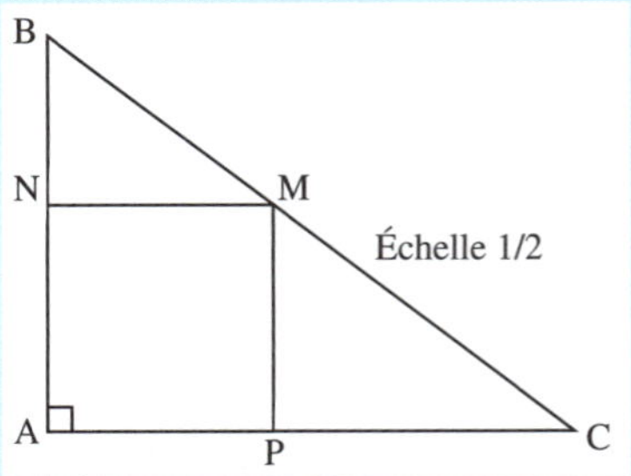

1. a) ANMP est un parallélogramme qui a un angle droit, c'est un rectangle.

b) Les diagonales d'un rectangle sont de même longueur donc on en déduit que AM = NP.

c) AM est minimal quand M est le projeté orthogonal **(plus courte distance d'un point à une droite)** de A sur (BC).

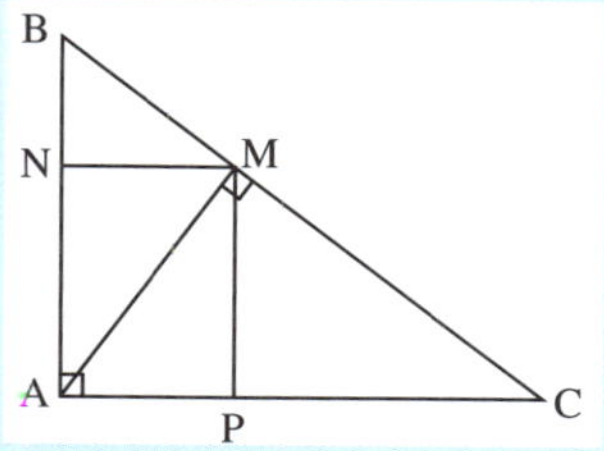

d) Dans le triangle ABC rectangle en A, d'après le théorème de Pythagore, on a :

$BC^2 = AB^2 + AC^2$

$BC^2 = 6^2 + 8^2$

$BC^2 = 36 + 64$

$BC^2 = 100$

$BC = \sqrt{100} = 10.$

La longueur BC est égale à 10 cm.

On détermine la longueur AM en calculant l'aire du triangle ABC de deux façons différentes :

• En prenant comme base l'un des côtés de l'angle droit et comme hauteur l'autre côté de l'angle droit, on obtient l'aire du triangle ABC en cm^2 :

$\text{Aire}(ABC) = \frac{1}{2} \times AB \times AC$

$= \frac{1}{2} \times 6 \times 8 = 24.$

• En prenant comme base l'hypoténuse BC et la hauteur AM, on obtient l'aire du triangle ABC en cm^2 :

$\text{Aire}(ABC) = \frac{1}{2} \times BC \times AM$

$= \frac{1}{2} \times 10 \times AM = 5 \times AM.$

Donc $24 = 5 \times AM$ et $AM = \frac{24}{5} = 4{,}8.$

La longueur AM est égale à 4,8 cm.

e) AM = NP, donc la valeur minimale de la longueur NP est égale à 4,8 cm.

2. Dans le triangle AMB rectangle en M, d'après le théorème de Pythagore, on a :

$AB^2 = AM^2 + BM^2$

$6^2 = 4{,}8^2 + BM^2$

$BM^2 = 12{,}96$

$BM = \sqrt{12{,}96} = 3{,}6.$

La longueur BM est égale à 3,6 cm quand NP est minimale.

18 **1.** On suppose dans cette question que x est égal à 5 cm.

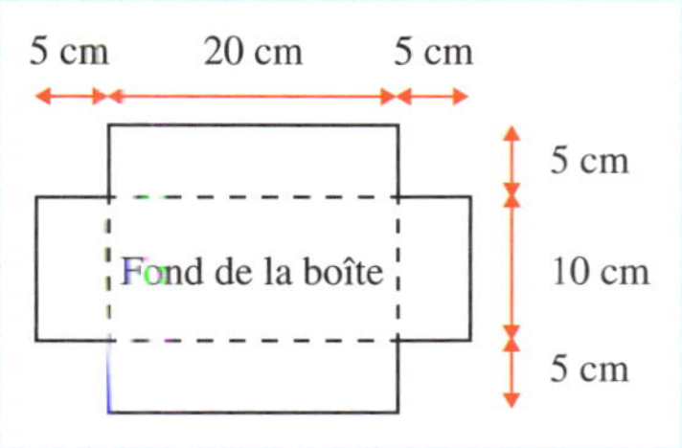

a) La boîte obtenue a pour longueur 20 cm, pour largeur 10 cm et pour hauteur 5 cm.

b) La boîte est un parallélépipède rectangle, son volume est égal à 1 000 cm^3.

$V = 20\text{ cm} \times 10\text{ cm} \times 5\text{ cm} = 1\,000\text{ cm}^3.$

2. a) x doit être un nombre strictement positif pour que la boîte ait une certaine hauteur ($x > 0$).

Étant donné qu'on retire deux fois la quantité x à la largeur de la plaque (la plus petite des deux dimensions), x doit être strictement inférieur à 10 cm. En effet : $20 - 2x > 0$, donc $20 > 2x$, et, par conséquent, $10 > x$, c'est-à-dire $x < 10$.

On en déduit que : $0 < x < 10$ (x étant exprimé en cm).

b)

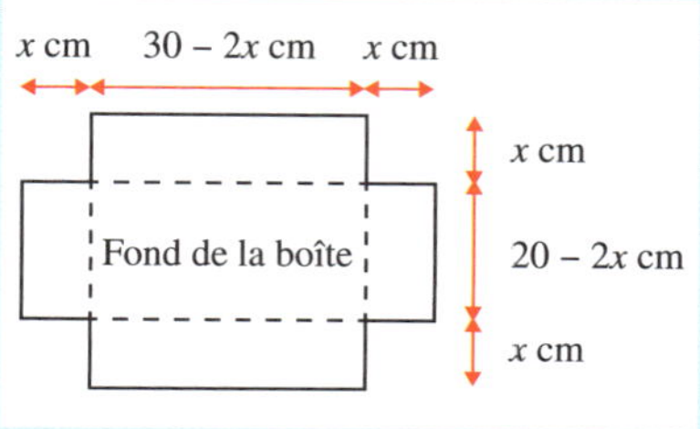

La boîte en forme de pavé droit a pour dimensions : $30 - 2x$ cm de long, $20 - 2x$ cm de large et x cm de haut.

Par conséquent, son volume est égal à :

$V = (30 - 2x) \times (20 - 2x) \times x$

$V = (30 \times 20 - 30 \times 2x - 2x \times 20 + 2x \times 2x) \times x$

$V = \left(600 - 60x - 40x + 4x^2\right) \times x$

$V = \left(600 - 100x + 4x^2\right) \times x$

$V = 600x - 100x^2 + 4x^3$

$V = 4x^3 - 100x^2 + 600x.$

3. Sur la courbe, on cherche le point de plus grande ordonnée (environ 1 060) et on lit l'abscisse de ce point (environ 3,9).

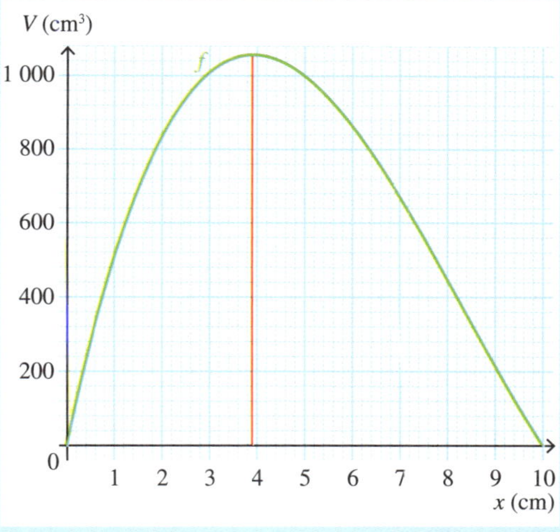

Le volume de la boîte sera maximal lorsque x sera environ égal à 3,9 cm et le volume maximal sera environ égal à 1 060 cm^3.

4. a) Dans la cellule B2, on entre la formule :
=4*A2*A2*A2–100*A2*A2+ 600*A2 ou
=4*A2^3–100*A2^2+600*A2

b) Par lecture des valeurs calculées par le tableur, on détermine que le volume maximal est environ égal à 1 056,28 cm^3, pour une valeur de x d'environ 3,9 cm.

19 **1. a)** Pour passer d'une figure à l'autre, chaque ancien côté est remplacé par 4 nouveaux côtés. La Figure 0 avait 3 côtés, donc la Figure 1 a $3 \times 4 = 12$ côtés et la Figure 2 a $12 \times 4 = 48$ côtés.

b) La Figure 3 a $48 \times 4 = 192$ côtés.

c) La Figure n a 3×4^n côtés ; en effet, on multiplie le nombre de côté par 4 à chaque nouvelle étape en partant de 3 côtés au départ.

2. a) On coupe en 3 parties égales chaque côté mesurant 1 cm de la Figure 0 et on remplace la partie centrale par deux côtés d'un triangle équilatéral. Donc chaque côté de la Figure 1 mesure $\frac{1}{3}$ cm.

En réitérant ce procédé, on obtient $L_2 = \left(\frac{1}{3}\right)^2 = \frac{1}{9}$ et $L_3 = \left(\frac{1}{3}\right)^3 = \frac{1}{27}$.

b) On obtient donc : $L_n = \left(\frac{1}{3}\right)^n = \frac{1}{3^n}$.

3. a) La Figure 1 a 12 côtés de même longueur égale à $\frac{1}{3}$ cm, donc son périmètre est égal à : $P_1 = 12 \times \frac{1}{3}$ cm $= 4$ cm.

Pour la Figure 2 : $P_2 = 48 \times \frac{1}{9}$ cm $= \frac{16}{3}$ cm.

Pour la Figure 3 : $P_3 = 192 \times \frac{1}{27}$ cm $= \frac{64}{9}$ cm.

b) Pour la Figure n :

$P_n = 3 \times 4^n \times \frac{1}{3^n}$ cm $= 3 \times \left(\frac{4}{3}\right)^n$ cm.

4. Le périmètre de la Figure n est égal à $3 \times \left(\frac{4}{3}\right)^n$ cm. $\frac{4}{3}$ étant supérieur à 1, quand on l'élève à une puissance élevée, le résultat obtenu peut être aussi grand que l'on veut . En le multipliant par 3, on obtiendra donc à un moment donné un résultat qui sera plus grand que 100 000 (ou que tout autre nombre souhaité), donc il existe bien un nombre n à partir duquel toutes les figures ayant un indice supérieur à n auront un périmètre supérieur à 1 km.

20

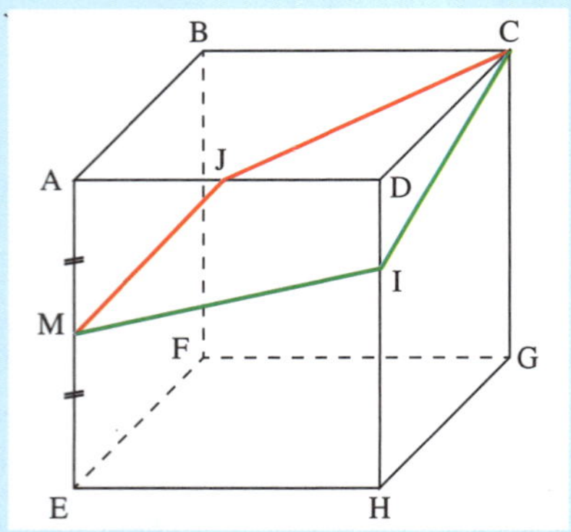

Pour joindre C à M, quatre trajets sont susceptibles d'être les plus courts, en passant par J, un point de l'arête [AD], ou par I, un point de l'arête [DH], ou en passant par J' ou I', les symétriques de J et de I par rapport au plan (ACGE).

Pour savoir où sont situés les points J et I, utilisons les patrons du cube (les longueurs des trajets ne sont pas modifiées en pliant ou dépliant le patron du cube).

On sait que, dans le plan, la plus courte distance d'un point à un autre est la ligne droite, donc on a :

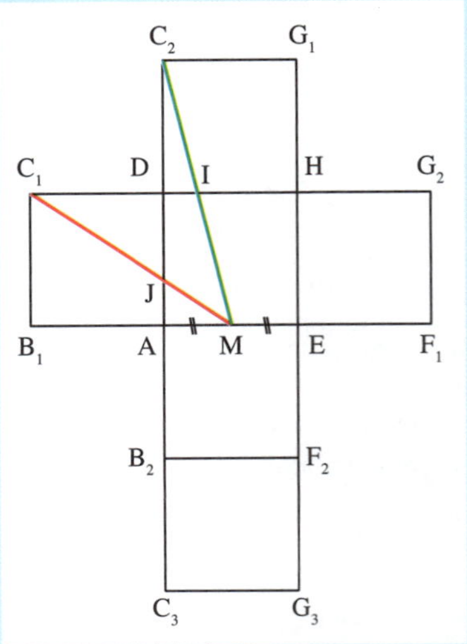

Détermination de la longueur du trajet en passant par I

Il faut calculer la longueur C_2M sur le patron, sachant que C_2AM est un triangle rectangle (en A) tel que $C_2A = 20$ cm et $AM = 5$ cm. En appliquant le théorème de Pythagore, on obtient (en cm) :

$$C_2M = \sqrt{C_2A^2 + AM^2} = \sqrt{20^2 + 5^2} = \sqrt{425} = 5\sqrt{17} \approx 20{,}62.$$

Détermination de la longueur du trajet en passant par J

Il faut calculer C_1M sur le patron, sachant que C_1B_1M est un triangle rectangle (en B_1) tel que $C_1B_1 = 10$ cm et que $B_1M = 15$ cm. En appliquant le théorème de Pythagore, on obtient (en cm) :

$$C_1M = \sqrt{C_1B_1^2 + B_1M^2} = \sqrt{10^2 + 15^2} = \sqrt{325} = 5\sqrt{13} \approx 18{,}03.$$

Le plus court chemin pour aller de C à M sur le cube a donc pour longueur $5\sqrt{13}$ cm.

11 Durée, masse, angle, grandeurs produits et grandeurs quotients

En plus des grandeurs longueur, aire et volume, nous utilisons d'autres grandeurs pour résoudre un certain nombre de problèmes liés au temps qui passe, aux masses, à la géométrie, à la physique... Certaines unités de mesure de ces grandeurs sont des héritages de civilisations anciennes et utilisent d'autres bases que la base 10 comme pour les heures ou les angles, en l'occurrence la base 60.

A Instant et durée

Exemple 1

Un artisan horloger reçoit à réparer en fin de matinée une horloge ancienne et une montre de luxe. Il pense commencer à travailler à 13 h 35 min ; il estime qu'il lui faudra 2 h 45 min de travail sur l'horloge et 2 h 20 min sur la montre.

Aura-t-il fini de réparer ces deux objets avant la fermeture de sa boutique à 18 h 30 min ? Si ce n'est pas le cas, à quelle heure doit-il commencer le travail pour effectuer ces deux réparations pour 18 h 30 min ?

Pour résoudre ce problème, on peut par exemple calculer la durée totale de travail pour réparer ces deux objets et la comparer à la durée de temps dont il dispose entre 13 h 35 min et 18 h 30 min.

• Durée totale de temps nécessaire :

$$\begin{aligned} 2\text{ h }45\text{ min} + 2\text{ h }20\text{ min} &= 2\text{ h} + 2\text{ h} + 45\text{ min} + 20\text{ min} \\ &= 4\text{ h} + 65\text{ min} \\ &= 4\text{ h} + 1\text{ h} + 5\text{ min} \\ &= 5\text{ h }5\text{ min}. \end{aligned}$$

Il a besoin d'une durée de temps de 5 h 5 min pour réparer ces deux objets.

• Durée de temps entre les instants 13 h 35 min et 18 h 30 min :

$$\begin{aligned} 18\text{ h }30\text{ min} - 13\text{ h }35\text{ min} &= 17\text{ h} + 60\text{ min} + 30\text{ min} - 13\text{ h} - 35\text{ min} \\ &= 17\text{ h} - 13\text{ h} + 90\text{ min} - 35\text{ min} \\ &= 4\text{ h} + 55\text{ min} \\ &= 4\text{ h }55\text{ min}. \end{aligned}$$

Il ne disposera que de 4 h 55 min de travail s'il débute à 13 h 35 min et ferme sa boutique à 18 h 30 min et il ne pourra pas donc pas réparer ces deux objets dans l'après-midi.

• Durée de temps supplémentaire nécessaire :

$$\begin{aligned} 5\text{ h }5\text{ min} - 4\text{ h }55\text{ min} &= 4\text{ h} + 60\text{ min} + 5\text{ min} - 4\text{ h} - 55\text{ min} \\ &= 4\text{ h} - 4\text{ h} + 65\text{ min} - 55\text{ min} \\ &= 10\text{ min}. \end{aligned}$$

Il lui manque 10 minutes pour terminer à 18 h30 min, il faut donc qu'il débute son après-midi de travail à 13 h 25 min au lieu de 13 h 35 min pour finir ses réparations à 18 h 30 min.

DÉFINITIONS

• Une durée de temps est un espace de temps compris entre deux instants.

• Un instant est un moment infinitésimal qui se repère grâce à un repère du temps fixé arbitrairement.

• La spécificité de la mesure des durées réside dans le fait que l'on travaille dans un système de groupement par 60 pour les secondes, les minutes et les heures. Les heures sont groupées par 24 pour constituer les jours.

• 1 min = 60 s • 1 h = 60 min • 1 jour = 24 h

Remarque : Les sous-multiples de la seconde sont calculés en base 10. Par exemple, on parlera de 10,75 s pour 10 secondes 7 dixièmes et 5 centièmes, ou encore 10 secondes et 75 centièmes.

• Les conversions d'heures, minutes, secondes en heures décimales ont été traitées au Chapitre 2 (Systèmes de numération).

1. Calcul d'une durée par soustraction

Dans notre exemple, pour déterminer la durée de temps de travail dont dispose l'horloger entre 13 h 35 min et 18 h 30 min, on a soustrait ces deux instants en les décomposant pour effectuer les calculs. On peut procéder différemment.

• En utilisant un repère du temps

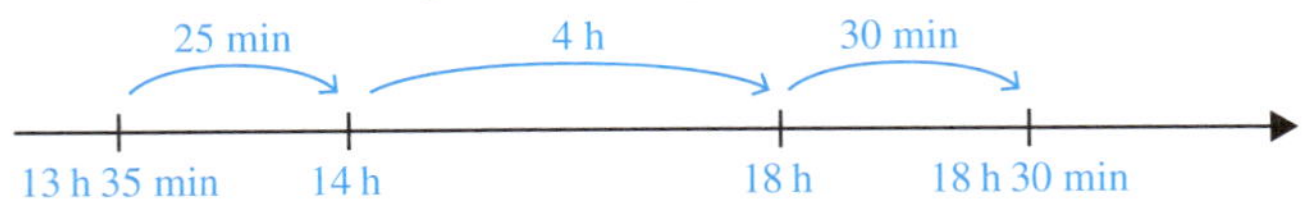

La durée totale de travail est égale à 4 h 55 min. En effet :
25 min + 4 h + 30 min = 4 h 55 min.

– Autre méthode

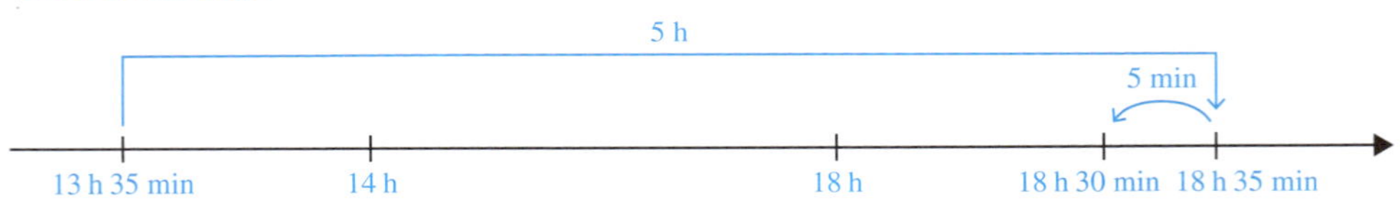

La durée totale de travail est égale à 5 h – 5 min, c'est-à-dire 4 h 55 min.

• En posant la soustraction (en colonnes)

Technique par compensation :

	18	h	30 (+ 60 min)	min
–	13 (+ 1 h)	h	35	min
	4	h	55	min

Pour ne pas changer l'écart entre ces deux instants, on ajoute 60 min au 1er terme de la soustraction et 1 h au 2nd terme.
On soustrait ensuite 35 min à 90 min, puis on soustrait 14 h à 18 h. Schéma :

Technique par emprunt :

60 min

	17	h	90	min
	~~18~~	h	~~30~~	min
–	13	h	35	min
	4	h	55	min

Pour pouvoir soustraire 35 min à 18 h 30 min, on transforme une des 18 heures en 60 min, 18 h 30 min devient 17 h 90 min. On soustrait 35 min à 90 min, puis on soustrait 13 h à 17 h.

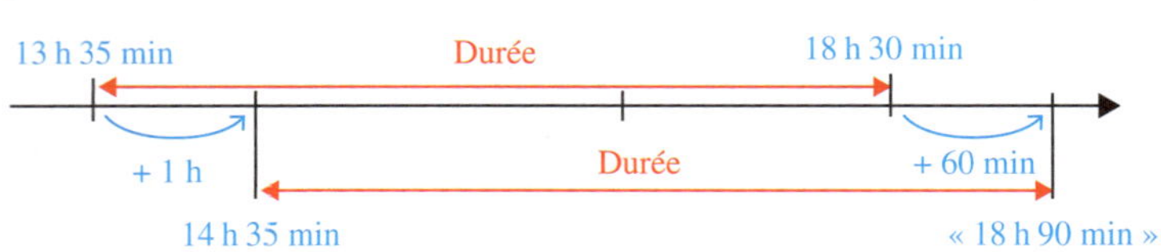

Dans les deux cas, on obtient comme résultat : 4 h 55 min.

• Une autre méthode de calcul d'une durée consiste à convertir les heures minutes en minutes, à faire la soustraction en minutes, puis à convertir le résultat en heures et minutes. Mais cette méthode n'est pas à favoriser étant donné que, pour effectuer une soustraction, on doit utiliser la multiplication, l'addition, la soustraction et la division euclidienne !
Dans notre exemple, on a ainsi :

$$\begin{aligned} 18 \text{ h } 30 \text{ min} - 13 \text{ h } 35 \text{ min} &= 18\times 60 \text{ min} + 30 \text{ min} - (13\times 60 \text{ min} + 35 \text{ min}) \\ &= 1\,110 \text{ min} - 815 \text{ min} \quad \text{(par multiplication et addition)} \\ &= 295 \text{ min} \quad \text{(par soustraction)} \\ &= 4\times 60 \text{ min} + 55 \text{ min} \quad \text{(par division euclidienne par 60)} \\ &= 4 \text{ h } 55 \text{ min.} \end{aligned}$$

MÉTHODE 1, p. 276

2. Calcul d'une durée par addition posée

Exemple 2

Un triathlète parcourt le kilomètre et demi de natation en 25 min 37 s, les 40 km de cyclisme en 1 h 09 min 28 s et les 10 km de course à pied en 38 min 20 s. Quelle est sa durée totale de course ?
Pour ajouter ces trois durées de temps, on peut utiliser la technique opératoire de l'addition :

	+ 1 h		+ 1 min			
	0	h	25	min	37	s
+	1	h	09	min	28	s
+	0	h	38	min	20	s
	2	h	~~73~~	min	~~85~~	s
	2	h	13	min	25	s

On ajoute les secondes, on obtient 85 s, or 85 s = 60 s + 25 s = 1 min 25 s ; on conserve 25 s dans la colonne des secondes et on ajoute 1 minute supplémentaire dans la colonne des minutes. On ajoute les minutes, on obtient 73 min, or 73 min = 60 min + 13 min = 1 h 13 min ; on conserve les 13 minutes dans la colonne des minutes et on ajoute 1 h dans la colonne des heures. On ajoute les heures et on obtient finalement 2 h 13 min 25 s comme durée totale de course.

MÉTHODE DE CALCUL

Pour ajouter des durées, en utilisant la technique opératoire de l'addition, on regroupe par colonnes les différentes unités de mesure de temps, on additionne les nombres correspondant à la plus petite unité présente (min ou s selon les cas). Si la somme obtenue atteint ou dépasse 60, on convertit cette durée à l'aide de l'unité supérieure (h ou min) qui formera une retenue. On continue ensuite les additions dans les colonnes des unités plus grandes.

3. Calcul d'instants en utilisant une durée et un instant

Dans l'exemple 2, si l'on sait que cet athlète a franchi la ligne d'arrivée à 16 h 07 min 15 s et qu'il a mis 2 h 13 min 25 s pour effectuer le parcours, on peut se demander à quelle heure il a débuté la course.
Pour obtenir l'instant du départ (« l'heure du départ »), on soustrait de l'instant d'arrivée (« l'heure d'arrivée ») la durée de sa course : 16 h 07 min 15 s – 2 h 13 min 25 s.

On peut poser ce calcul en colonnes :

	16	h	07 (+ 60 min)	min	15 (+ 60 s)	s
–	2 (+ 1 h)	h	13 (+ 1 min)	min	25	s
	13	h	53	min	50	s

Pour effectuer cette soustraction, on a ajouté 60 s et 60 min au 1er terme, et pour ne pas changer l'écart (la différence), on a ajouté 1 min et 1 h au 2nd terme.

Remarque

Exprimer une durée en heures, minutes, secondes ne signifie pas qu'il faut l'exprimer en heures, puis en minutes, puis en secondes ; il faut simplement l'exprimer à l'aide des trois unités simultanément (exemple : 3 h 25 min 15 s est exprimé en h, min, s).

PROPRIÉTÉS

À partir d'un instant et d'une durée, on peut calculer un autre instant :

- par addition de l'instant initial et de la durée, pour déterminer l'instant final :

$$I_i + d = I_f$$

- par soustraction de l'instant final et de la durée, pour déterminer l'instant initial :

$$I_f - d = I_i$$

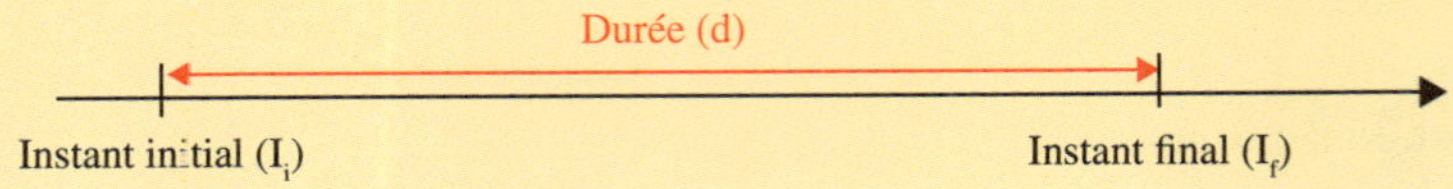

4. Calcul d'une durée et calculatrice

Dans l'exemple 2, on peut effectuer la soustraction 16 h 07 min 15 s – 2 h 13 min 25 s en utilisant la touche de la calculatrice dédiée aux nombres en base 60 : [° ′ ″]. On entrera ainsi dans la calculatrice :

16 [° ′ ″] 7 [° ′ ″] 15 [° ′ ″] [–] 2 [° ′ ″] 13 [° ′ ″] 25 [° ′ ″] [EXE]

On obtient comme résultat : 13°53′50″, soit 13 h 53 min 50 s.

Remarque : On voit que les affichages obtenus sont exprimés à l'aide des symboles degré °, minute (de degré) ′ et seconde (de degré) ″, car ce sont bien des angles que la calculatrice exprime (voir ci-après) et non des heures. Nous détournons donc la fonctionnalité dédiée aux angles pour calculer des durées ou des instants.

B Masse

Exemple 3

Un camion pèse à vide 2,4 tonnes ; il est chargé de 85 cageots de 8,5 kg de pommes. Peut-il passer sur un pont interdit aux véhicules de plus de 3 tonnes ?

Pour déterminer si ce camion peut emprunter ce pont, on calcule la masse totale des cageots : $85 \times 8{,}5$ kg $= 722{,}5$ kg.

On convertit ensuite cette masse en tonnes : $722{,}5$ kg $= 0{,}7225$ t.

On ajoute cette masse à celle du camion : $2{,}4$ t $+ 0{,}7225$ t $= 3{,}1225$ t.

La masse du camion chargé dépasse la masse autorisée pour franchir ce pont.

1. Définitions

• Pour mesurer des masses, l'unité de base est le kilogramme noté kg. C'est la masse du prototype de platine et d'iridium déposé au pavillon de Breteuil à Sèvres.
• On utilise aussi les unités de masse suivantes :

tonne	**quintal**		**kilogramme**	**hectogramme**	**décagramme**	**gramme**	**décigramme**	**centigramme**	**milligramme**
t	q		kg	hg	dag	g	dg	cg	mg
1 t = 1 000 kg	1 q = 100 kg		1 kg = 1 000 g	1 hg = 100 g	1 dag = 10 g		1 dg = 0,1 g	1 cg = 0,01 g	1 mg = 0,001 g

Remarque : Il n'y a pas d'unité spécifique pour 10 kg.

• Le principe de conversion est le même que pour les longueurs : un chiffre par colonne (voir Chapitre 10, p. 234).

2. Convertir des masses

Si l'on veut par exemple convertir 0,18 t en dag, on place le chiffre 0 dans la colonne des tonnes et les deux autres chiffres à droite du zéro (1 chiffre par colonne), puis on complète le nombre dans le tableau par des zéros jusqu'à la colonne des dag. Le chiffre 0 de la colonne des dag est le chiffre des unités de la mesure obtenue exprimée en dag.

tonne	**quintal**		**kilogramme**	**hecto-gramme**	**décagramme**	**gramme**	**décigramme**	**centigramme**	**milligramme**
t	q		kg	hg	dag	g	dg	cg	mg
0	1	8	0	0	0				

On obtient : 0,18 t = 18 000 dag.

Remarque : Attention à ne pas confondre la masse et le poids.
– La **masse** s'exprime en **kilogramme** (kg) alors que le **poids** s'exprime en **newton** (N).
– Le poids, qui est une force, dépend de la gravité de la planète sur laquelle on se trouve. La mesure du poids est égale au produit de la masse par la gravité : $\boldsymbol{P} = \boldsymbol{m} \times \boldsymbol{g}$.
Par exemple, une personne qui a une masse de 70 kg, aura un poids environ égal à 686,7 N sur la Terre.
En effet, on considère que la gravité est égale à 9,81 N/kg sur Terre et, pour avoir une mesure du poids de cette personne sur notre planète, on effectue le calcul suivant :
$P \simeq 70\ \text{kg} \times 9{,}81\ \text{N/kg} \simeq 686{,}7\ \text{N}$.
Sur la Lune, le poids de cette personne est environ égal à 113,54 N car la gravité sur la Lune est égale à environ 1,622 N/kg et on a donc :
$P \simeq 70\ \text{kg} \times 1{,}622\ \text{N/kg} \simeq 113{,}54\ \text{N}$.

MÉTHODE 3, p. 277

C Les angles

Exemple 4

On souhaite savoir lequel de ces deux angles est le plus grand.

Pour comparer ces deux angles, la perception visuelle ne suffit pas.
On peut les découper (ou les décalquer et les découper) et les superposer en faisant en sorte que leur sommet et l'un de leurs côtés coïncident (on effectue une comparaison directe).
Si l'on ne peut pas effectuer la comparaison de cette façon, on utilise un angle étalon (assez petit) quelconque et on exprime les mesures de ces deux angles à l'aide de cet angle particulier (angle unité). N'importe quel angle peut convenir comme unité, toutefois dans l'histoire des mathématiques, trois unités d'angles sont principalement utilisées : le degré, le grade, le radian.

DÉFINITIONS

• Le degré correspond à l'angle au centre qui intercepte un arc de cercle dont la longueur est égale à 1/360e de celle du cercle.

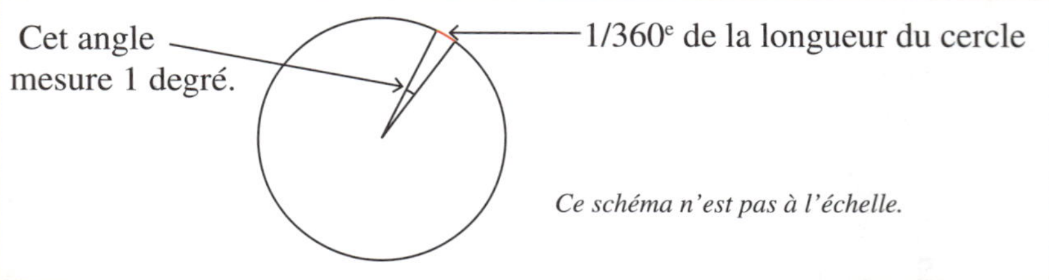

• Pour plus de précision (en astronomie par exemple), on utilise des sous-multiples du degré : la minute (de degré) qui est égale à 1/60e de degré et la seconde (de degré) qui est égale à 1/60e de minute (soit 1/3 600e de degré).

• Un angle droit est égal à 90 degrés ; un angle plat est égal à 180°.

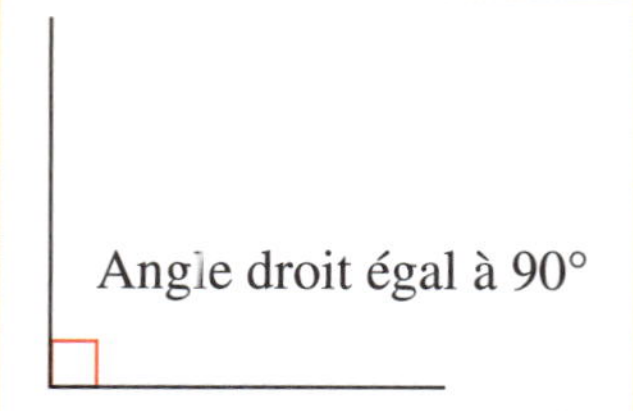

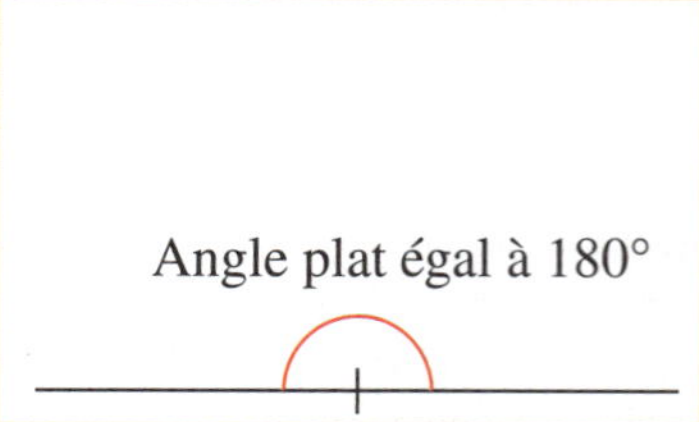

• D'autres unités sont utilisées pour les angles :
– le grade (noté g ou gr) défini de façon à ce qu'un angle droit mesure 100 grades ;
– le radian (noté rad) défini de façon à ce que l'angle droit mesure $\frac{\pi}{2}$ radians.

$90° = 100 \text{ gr} = \frac{\pi}{2} \text{ rad}$ et $180° = 200 \text{ gr} = \pi \text{ rad}$

Remarque : Il faut vérifier sur sa calculatrice qu'elle est bien configurée en degrés (unité principalement utilisée dans les exercices) sans quoi les calculs d'angles en trigonométrie ne seraient pas donnés dans la bonne unité. La calculatrice est bien en mode degrés si la lettre D est présente sur l'écran ; si ce n'est pas le cas, il faut changer d'unité pour les angles.

MÉTHODE 2, p. 277

D Grandeurs produits et grandeurs quotients

De nombreuses autres grandeurs existent.

1. Les grandeurs produits

Les grandeurs produits s'obtiennent en multipliant plusieurs grandeurs entre elles.
L'aire et le volume, par exemple, sont des grandeurs produits (voir Chapitre 10).
Dans le domaine de la physique, la puissance électrique, par exemple, est une grandeur produit : le produit de la tension par l'intensité d'un courant électrique.

2. Les grandeurs quotients

Les grandeurs quotients s'obtiennent en divisant plusieurs grandeurs entre elles.
La vitesse moyenne, par exemple, est une grandeur quotient (voir Chapitre 12).
Dans le domaine de la physique, la masse volumique, par exemple, est une grandeur quotient : le quotient de la masse par le volume.

E Précisions sur l'utilisation des unités dans les calculs

1. Dans les grandeurs produits et les grandeurs quotients

Il est important d'être vigilant sur les différentes unités employées dans les calculs.
Écriture du calcul de la vitesse moyenne d'un véhicule qui s'est déplacé pendant 2 h et qui a parcouru 100 km :
$V = 100 \div 2 = 50$ km/h $\rightarrow$ **Écriture erronée**
Cette écriture n'est pas correcte car $100 \div 2$ est un calcul qui est égal à 50 ; alors que 50 km/h est une mesure associée à une grandeur.
Pour écrire correctement ce calcul, on a deux possibilités :
– écrire les unités dans les calculs : 100 km $\div\ 2$ h $= 50$ km/h ;
– ne pas écrire les unités dans les calculs, mais ajouter une phrase réponse intégrant l'unité : $100 \div 2 = 50$, la vitesse moyenne de ce véhicule est égale à 50 km/h.

2. Unités dans les calculs

La présence des unités dans les calculs peut être une aide pour déterminer ce que l'on calcule.
Prenons l'exemple d'un carré dont la longueur des côtés mesure 4 cm.
• Si l'on écrit : 4×4 cm, on sait que l'on calcule une longueur, le périmètre du carré en l'occurrence. On notera : 4×4 cm $= 16$ cm.
• Si l'on écrit : 4 cm $\times\ 4$ cm, on sait que l'on calcule une aire, l'aire du carré. On notera : 4 cm $\times\ 4$ cm $= 16$ cm^2.
• Si l'on écrit 4×4, on ne peut pas savoir ce que l'on essaie de calculer sans phrase réponse intégrant l'unité.

Conseil

Il est intéressant (mais pas obligatoire) d'incorporer les unités dans les calculs, sauf en cas de lourdeur excessive des notations ou dans le cadre de détermination de fonctions par exemple.

méthode 1 Calculer avec des heures, minutes et des heures décimales

Un intérimaire a travaillé 3 jours dans une entreprise. Le 1er jour, il a travaillé pendant 6 h et 39 min, le 2e jour, pendant 7 h et 25 min et, le 3e jour, pendant 4 h et 38 min.
Le taux horaire net est égal à 13,40 €. Combien cet intérimaire va-t-il être payé pour ses trois jours de travail ?

CORRIGÉ COMMENTÉ

Première étape : Calcul de la durée totale de travail de cet intérimaire, par exemple en posant en colonnes l'addition des trois durées

On aligne les différents nombres les uns sous les autres en fonction de leur unité. On ajoute les minutes entre elles et, comme le résultat 102 min dépasse 60 min, on le convertit en 1 h et 42 min (102 min = 60 min + 42 min = 1 h 42 min). On écrit les 42 min dans la colonne des minutes et on ajoute une heure dans la colonne des heures.

	+ 1 h			
	6	h	39	min
+	7	h	25	min
+	4	h	38	min
			~~102~~	min
	18	h	42	min

On obtient : 18 h 42 min.

Deuxième étape : Conversion du résultat obtenu en heures décimales

Pour transformer 42 minutes en heures décimales, on peut recourir à deux méthodes.

1. Utiliser un tableau de proportionnalité

Nombre de minutes	60	42
Nombre d'heures	1	x

On obtient : $x = \frac{1 \times 42}{60} = \frac{7}{10} = 0{,}7$.

2. Calculer directement

$42 \text{ min} = \frac{42}{60} \text{ h} = 0{,}7 \text{ h}$.

On ajoute 0,7 h aux 18 h : $18 \text{ h } 42 \text{ min} = 18 \text{ h} + 0{,}7 \text{ h} = 18{,}7 \text{ h}$.

Troisième étape : Multiplication du temps de travail (en heures décimales) par le taux horaire net

$18{,}7 \text{ h} \times 13{,}40 \text{ €/h} = 250{,}58 \text{ €}$.

Cet intérimaire a gagné 250,58 € nets pour ses trois jours de travail.

Conseil

Il ne faut surtout pas multiplier le taux horaire par 18,42 h qui est différent de 18 h 42 min et de 18,7 h.

méthode 2 Calculer un volume, utiliser une masse volumique pour calculer une masse

Pour fabriquer du papier, une entreprise souhaite transporter par camion des troncs d'arbres débités sous la forme de cylindres tous identiques de longueur 10 m et de diamètre 30 cm.
La masse volumique de ce bois est égale à 600 kg/m^3.
Quelle est la masse de chacun de ces troncs d'arbres (arrondir au gramme près) ?

CORRIGÉ COMMENTÉ

Première étape : Calcul du volume de chaque tronc d'arbre

Étant donné que la masse volumique est donnée en kg/m^3, on convertit le rayon R de chaque tronc en m : $R=\frac{30}{2}\text{ cm}=15\text{ cm}=0{,}15\text{ m}$.

Le volume V d'un tronc est égal à $V=\pi\times(0{,}15\text{ m})^2\times10\text{ m}=0{,}225\pi\text{ m}^3$.

Seconde étape : Calcul de la masse de chaque tronc d'arbre

La masse volumique de ce bois est égale à 600 kg/m^3, donc pour calculer la masse d'un arbre, on peut recourir à deux méthodes.

1. Utiliser un tableau de proportionnalité

Volume de bois en m^3	1	$0{,}225\pi$
Masse de bois en kg	600	x

On obtient : $x=\frac{600\times0{,}225\pi}{1}=135\pi$.

2. Directement appliquer la formule qui lie masse volumique, masse et volume

$m_V=\frac{m}{V}$, donc $m=m_V\times V=600\text{ kg/m}^3\times0{,}225\pi\text{ m}^3=135\pi\text{ kg}$.

La masse d'un tronc est égale à 135π kg, soit environ 424,115 kg (arrondi au gramme près).

Conseil

Dans toute résolution de problème, il est impératif d'utiliser les valeurs exactes de certains calculs quand on doit les employer pour effectuer d'autres calculs.
Dans ce problème, si l'on avait donné une valeur approchée du volume, par exemple, $0{,}225\pi\text{ m}^3\approx0{,}7\text{ m}^3$ et que l'on avait repris cette approximation pour calculer la masse d'un tronc, on aurait obtenu environ 420 kg (au lieu d'un peu plus de 424 kg).

méthode 3 Utiliser des angles (en degrés, minutes, secondes) pour calculer des distances

Lors d'une randonnée pédestre en Corse, un touriste a relevé sa position GPS le matin et le soir. Sachant que le rayon de la Terre est égal à 6 371 km ; déterminer la distance (à vol d'oiseau) qu'il a parcourue durant cette journée (arrondir le résultat au km près).
Au départ, ses coordonnées GPS étaient : 42° 11' 47'' Nord - 8° 54' 27'' Est.
À l'arrivée, ses coordonnées GPS étaient : 42° 22' 41'' Nord - 8° 54' 27'' Est.

CORRIGÉ COMMENTÉ

Première étape : Détermination de l'angle au centre de la Terre défini par le point de départ et le point d'arrivée

On s'aperçoit que le touriste s'est déplacé plein nord, puisque sa latitude a augmenté et que sa longitude n'a pas varié.

Comme il s'est seulement déplacé du sud vers le nord (sans dévier à l'est ou à l'ouest), l'angle au centre de la Terre est dans ce cas simple à déterminer et il est égal à la différence entre les deux latitudes : 42° 22' 41'' – 42° 11' 47'' = 0° 10' 54''.

En effet :

$$\begin{array}{rrrrrrrr} & 42 & ° & 22 & \text{min} & 41\ (+60\ \text{s}) & \text{s} \\ - & 42 & ° & 11\ (+1\ \text{min}) & \text{min} & 47 & \text{s} \\ \hline & 0 & ° & 10 & \text{min} & 54 & \text{s} \end{array}$$

ou

$$\begin{array}{rrrrrrr} & & & 21 & \text{min} & 101 & \text{s} \\ & 42 & ° & \not{22} & \text{min} & \not{41} & \text{s} \\ - & 42 & ° & 11 & \text{min} & 47 & \text{s} \\ \hline & 0 & ° & 10 & \text{min} & 54 & \text{s} \end{array}$$

(+ 60 s : 1 min de 22 min est convertie en 60 s, ajoutées aux 41 s)

Deuxième étape : Conversion de l'angle au centre de la Terre en angle décimal

$0°\ 10\ \text{min}\ 54\ \text{s} = 0° + \dfrac{10}{60}° + \dfrac{54}{3\ 600}°$ (puisque $1\ \text{min} = \dfrac{1}{60}°$ et $1\ \text{s} = \dfrac{1}{60}\ \text{min} = \dfrac{1}{3\ 600}°$)

$0°\ 10\ \text{min}\ 54\ \text{s} = \dfrac{10 \times 60}{60 \times 60}° + \dfrac{54}{3\ 600}°$

$0°\ 10\ \text{min}\ 54\ \text{s} = \dfrac{654}{3\ 600}°$

$0°\ 10\ \text{min}\ 54\ \text{s} = \dfrac{109}{600}°$

$0°\ 10\ \text{min}\ 54\ \text{s} = 0{,}1\ 81\overline{6}°$ (le chiffre 6 se répétant indéfiniment à partir du chiffre des dix-millièmes).

> **Conseil**
>
> C'est la valeur exacte de l'angle $\left(\dfrac{109}{600}°\right)$ qu'il faudra utiliser dans la suite des calculs pour déterminer la distance parcourue. Il ne faut pas utiliser d'approximation, sinon la distance approchée obtenue pourrait être trop éloignée du résultat à trouver.

Troisième étape : Détermination de la distance parcourue (à vol d'oiseau) *d* en km

Le périmètre de la Terre est égal à $2 \times \pi \times 6\ 371$ km, soit $12\ 742\pi$ km.

La distance parcourue est proportionnelle à l'angle au centre de la Terre :

Angle au centre de la Terre en degrés	360	$\dfrac{109}{600}$
Longueur de l'arc de cercle à la surface de la Terre en km	$12\ 742\pi$	d

On obtient : $d = \dfrac{12\ 742\pi \times \dfrac{109}{600}}{360} = \dfrac{1}{360} \times 12\ 742\pi \times \dfrac{109}{600} \approx 20{,}2.$

La distance parcourue par ce touriste est environ égale à 20 km (arrondi au km près).

ENTRAÎNEMENT

Se tester en 10 questions

→ Corrigés p. 285

Pour chaque question suivante, indiquez la (ou les) bonne(s) réponse(s).

1 1,225 h est égal à :

a) 1 h 22 min 50 s **b)** 1 h 22 min 5 s **c)** 1 h 13 min 50 s **d)** 1 h 13 min 30 s

2 2 h 45 min 45 s est égal à : **a)** 2,4545 h **b)** 2,7575 h **c)** 2,7625 h **d)** 2,7715 h

3 Quelle est la durée la plus grande ?

a) 1 h 26 min 20 s **b)** 1,375 h **c)** 4 660 s **d)** 81,5 min

4 Un film dure 1 h 58 min 55 s. Il commence à 20 h 45 min 50 s. Ce film se termine à :

a) 21 h 03 min 05 s **b)** 22 h 04 min 05 s **c)** 22 h 43 min 45 s **d)** 22 h 44 min 45 s

5 Quelle est la masse la plus grande ?

a) 0,003 t **b)** 0,04 q **c)** 256 dag **d)** 17 000 dg

6 Une boule en acier a une masse de 0,7 kg. Si on double son rayon, la boule en acier obtenue aura une masse égale à :

a) 1,4 kg **b)** 2,8 kg **c)** 5,6 kg **d)** On ne peut pas savoir, ça dépend du rayon initial.

7 Dans le ciel, l'angle apparent de la lune est égal à 0,269°. Il est aussi égal à :

a) 0° 16 min 8,4 s **b)** 0° 2 min 6,9 s **c)** 0° 26 min 9 s **d)** 0° 26 min 54 s

8 Un triangle ABC est tel que $\widehat{ABC} = 30°$. On agrandit ce triangle par une homothétie de centre S et de rapport 2 pour obtenir le triangle A'B'C'.
L'angle $\widehat{A'B'C'}$ est alors égal à :

a) 30° **b)** 60° **c)** 120° **d)** Cela dépend de la position du point S.

9 La figure suivante est composée du carré ABCD et du triangle équilatéral BCE tel que E n'appartient pas au carré.

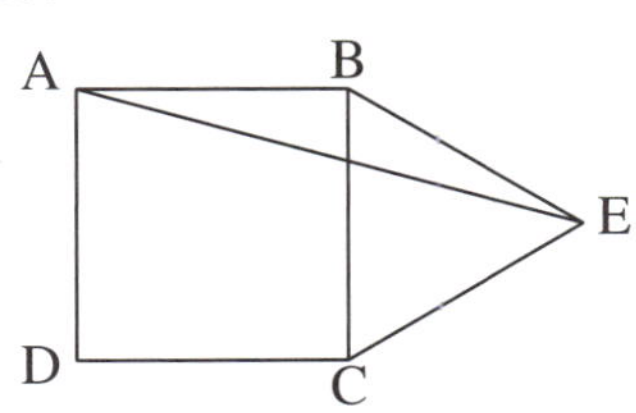

L'angle $\widehat{DAE}$ mesure : **a)** 60° **b)** 70° **c)** 72° **d)** 75°

10 Quel angle forme la petite aiguille des heures d'une montre avec la graduation 12 quand il est 14 h 30 min ?

a) 14,3° **b)** 60° **c)** 65° **d)** 75°

Réponses : 1. d ; 2. c ; 3. a ; 4. d ; 5. b ; 6. c ; 7. a ; 8. a ; 9. d ; 10. d.

Échauffement

→ Corrigés p. 286

1 Convertir des heures, minutes, secondes en secondes en utilisant Scratch

1. Transformer cette durée en secondes : 3 h 28 min 17 s.

2. On a créé un programme Scratch qui permet de transformer en secondes une durée choisie par l'utilisateur en heures, minutes et secondes.
Dans ce programme, on a remplacé deux nombres par les lettres A et B. Que valent A et B ?

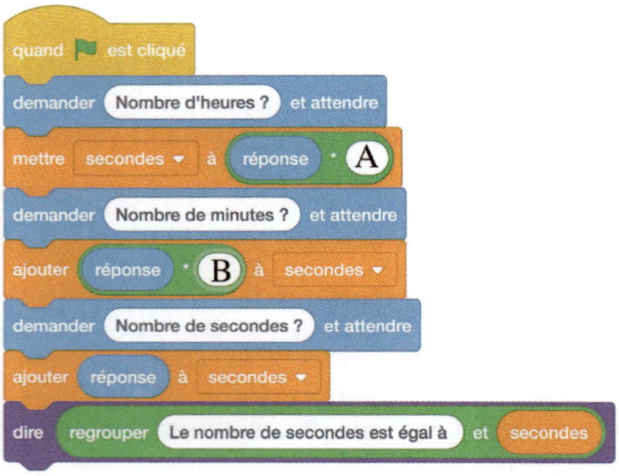

2 Résoudre un problème de durées de différentes façons

Trois émissions de télévision sont gravées sur un DVD. Elles se partagent les 180 minutes du DVD de la manière suivante : la première dure deux fois plus que la troisième qui, elle, dure 12 minutes de moins que la deuxième.

1. Trouver la durée de chaque émission :

a) En utilisant un schéma et sans sortir du domaine des programmes de l'école primaire.

b) Par une méthode algébrique.

2. Pour trouver la durée de chaque émission, on décide d'utiliser un tableur.
Dans le document ci-après, quelles formules faut-il entrer dans les cellules A2, B2 et D2 qui permettront de trouver le résultat au problème après avoir été étendues vers le bas ?

	A	B	C	D
1	Durée de la 1ère émission	Durée de la 2ème émission	Durée de la troisième émission	Durée totale des 3 émissions
2			30	
3			31	
4			32	
5			33	
6			34	
7			35	
8			36	
9			37	
10			38	
11			39	
12			40	
13			41	
14			42	
15			43	
16			44	

3 Résoudre un problème de masse volumique

On a représenté ci-contre un tube creux en aluminium en perspective.
Son diamètre intérieur est 8 cm, son diamètre extérieur est 12 cm, sa hauteur est égale à 75 cm.
L'aluminium a une masse volumique de 2,7 g/cm^3.

Quelle est la masse de ce tube ? Donner la valeur exacte et l'arrondi au kg près.

4 Résoudre un problème de pesée en utilisant une équation

Dans une double pesée, on utilise des balles de mousse de deux tailles différentes qui sont schématisées par des cercles. Toutes les balles de même taille ont la même masse.
Quelle est la masse d'une petite balle de mousse ?

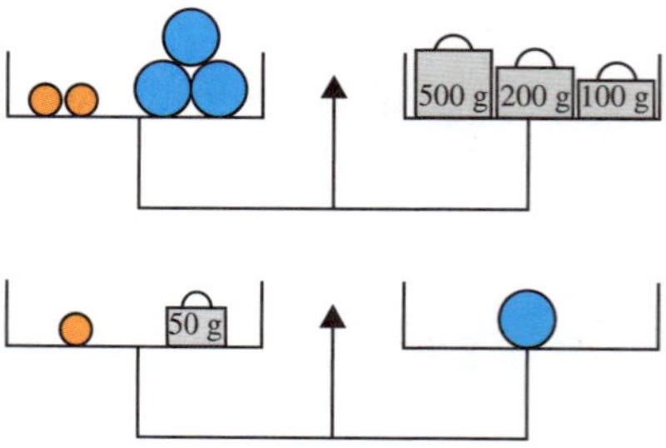

Pour réussir au concours

→ Corrigés p. 286

5 ★ 20 min *Sujet de CRPE*

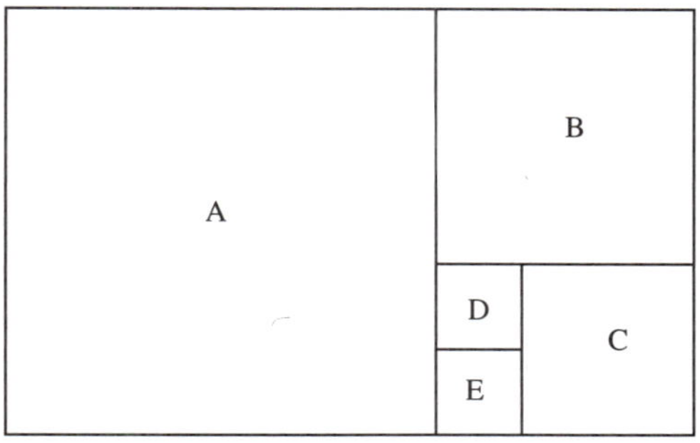

La figure ci-dessus est un rectangle découpé en cinq carrés A, B, C, D, E.

1. On appelle a, b, c, d, e les longueurs respectives des côtés de ces carrés. Exprimer a, b, d, e en fonction de c.

2. On suppose que le rectangle représente une feuille de papier de 3 610 cm^2. Calculer c puis trouver les dimensions de la feuille.

3. On suppose que le rectangle représente une plaque métallique homogène. La masse de la pièce B est 100 grammes. Calculer la masse de la pièce A à un décigramme près.

4. On suppose que le rectangle représente la vue de dessus d'un assemblage de cinq cubes. Le volume du cube A est 2 m^3. Calculer le volume du cube C. Donner la réponse en dm^3.

6 ★ 10 min

Un guépard s'est approché à 50 m d'une jeune antilope.
Il s'élance sur sa proie en courant à 110 km/h.
Au même instant l'antilope s'enfuit à 75 km/h.
Le guépard ne peut maintenir cette vitesse que pendant 20 secondes.
Va-t-il rattraper l'antilope ? Si oui, au bout de combien de secondes (arrondi au centième de seconde près) ?

7 ★ 10 min *Sujet de CRPE*

Une entreprise veut créer de grands modèles de cartes originales. Elle décide également de produire des enveloppes carrées avec rabat triangulaire selon le modèle ci-après.

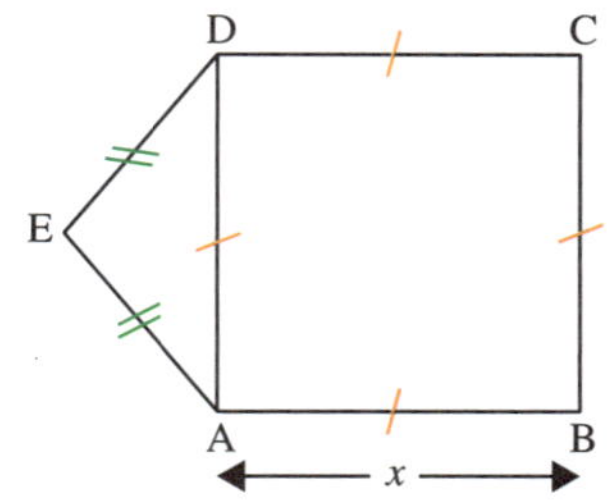

ABCD est un carré ; on note x la longueur du segment [AB] exprimée en centimètre. On donne les formules suivantes :
– aire totale de papier d'une enveloppe : $2{,}2 \times$ aire ABCD ;
– aire totale de papier d'une carte : $1{,}8 \times$ aire ABCD.
On dispose des documents suivants :

Document 1 : Qualité du papier

Qualité	Grammage (g/m^2)
Papier « luxe »	120
Papier « super luxe »	150
Papier cartonné	350

Document 2 : Tarifs postaux

Poids maximum	20 g	100 g	250 g	500 g	3 kg
Écopli	0,86 €	1,72 €	3,44 €	–	–
Lettre verte	0,88 €	1,76 €	3,52 €	5,28 €	7,04 €
Lettre prioritaire	1,05 €	2,01 €	4,20 €	6,30 €	8,40 €

1. L'entreprise choisit de fabriquer une enveloppe dont le côté [AB] mesure 20 cm.

a) Montrer que l'aire totale de papier nécessaire pour produire la carte et l'enveloppe est de 1 600 cm².

b) Déterminer le tarif de l'affranchissement de cette carte en tarif « Lettre verte » si l'enveloppe et la carte sont fabriquées en papier « super luxe ».

2. L'entreprise choisit du papier « luxe » pour l'enveloppe et du papier cartonné pour la carte.

a) Donner en fonction de la longueur x, exprimée en cm, la masse totale de papier utilisé pour produire l'enveloppe et la carte.

b) La masse de papier utilisé pour l'enveloppe et la carte est-elle proportionnelle à la longueur du segment [AB] ? Justifier.

8 ★ ★ 10 min

Arnaud part de Paris à 23 h 00 pour Rio de Janeiro. Son avion se pose à Houston à 03 h 00 (heure locale) pour une escale d'une heure. Le vol entre Houston et Rio de Janeiro dure 10 heures.
Houston est à l'ouest de Paris et il y a 7 heures de décalage horaire entre ces deux villes.
Rio de Janeiro est à l'est de Houston et il y a 3 heures de décalage horaire entre ces deux villes.

1. Quelle est la durée du vol entre Paris et Houston ?

2. À quelle heure (heure locale) Arnaud arrive-t-il à Rio de Janeiro ?

9 ★ ★ 20 min *Sujet de CRPE*

1. Le pouce international est une unité de longueur valant 2,54 centimètres.
Le pied est une unité de longueur égale à 12 pouces.
Dans la plupart des pays, deux rails de chemin de fer sont écartés de 4 pieds et 8,5 pouces. Cette distance est représentée par la lettre e sur le schéma ci-dessous.
Convertir cette distance en cm, en arrondissant au millimètre.

Ce schéma n'est pas à l'échelle.

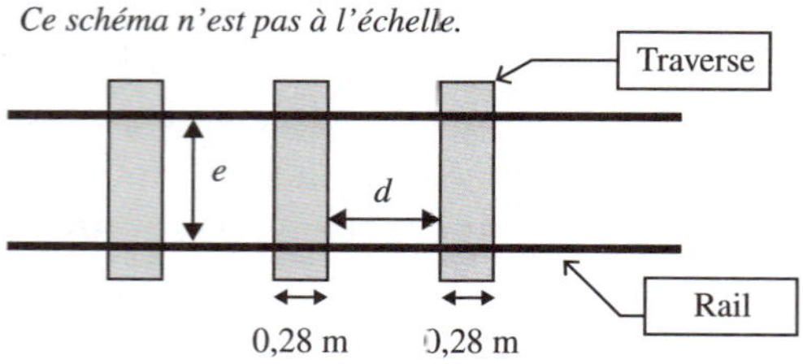

2. On considère à présent une traverse en bois de chêne sec utilisée pour une voie de chemin de fer. Elle est modélisée par un pavé droit de 2,60 m de longueur, 28 cm de largeur et 14 cm d'épaisseur. La densité du chêne sec est de 690 kg/m^3.

a) Construire un patron d'une traverse de chemin de fer à l'échelle 1/20. On mettra en évidence les calculs effectués pour réaliser ce patron.

b) Déterminer la masse d'une traverse en kilogramme. Donner la valeur exacte trouvée, puis la valeur arrondie à l'unité.

3. Sur le schéma ci-dessus, ne respectant pas l'échelle, on a noté d la distance entre deux traverses. Sur une voie ferrée, on souhaite positionner 1 520 traverses par kilomètre.

a) Calculer la distance d, en expliquant la démarche choisie. On arrondira au centimètre.

b) Reproduire, à l'échelle 1/20 par rapport aux dimensions réelles, la figure avec les trois traverses ci-dessus. On mettra en évidence les calculs effectués pour réaliser cette figure.

10 ★ ★ 15 min *Sujet de CRPE*

Rappel : La masse volumique d'un corps, solide ou liquide, est le quotient de sa masse par son volume. La masse volumique de l'eau est, dans des conditions normales, 1 g/cm^3.
Une statuette métallique a une masse de 340 g. On dispose d'un vase, dont la masse (à vide !) est 500 g. On remplit à ras bord le vase d'eau, l'ensemble pèse 2 300 g. Si on immerge la statuette dans le vase plein, on trouve après débordement que le vase pèse 2 600 g.

1. Calculer le volume de la statuette.

2. Calculer la masse volumique de la statuette en g/cm^3, puis en kg/L (kilogramme par litre).

3. On vide le vase de l'eau et on retire la statuette, puis on le remplit à ras bord d'un nouveau liquide. L'ensemble pèse 1 940 g. Quelle est la masse volumique de ce liquide ?

11 ★ ★ 10 min *Sujet de CRPE*

L'indice de masse corporelle (IMC) d'un individu est égal au quotient de la masse (en kg) par le carré de la taille (en m) de cette personne.

1. Entre les mois d'avril 2021 et septembre 2021, Antoine a fait un régime et a perdu 12 % de sa masse initiale. En septembre 2021, il pèse 64 kg et mesure 1,60 m.

a) Calculer son IMC en septembre 2021.

b) Calculer sa masse en avril 2021 (on donnera l'arrondi au dixième de kilogramme).

2. Encouragé par ce premier résultat, Antoine a poursuivi son régime et perdu encore 8 % de sa masse entre septembre 2021 et décembre 2021.

Calculer le pourcentage de la perte de masse d'Antoine entre avril 2021 et décembre 2021. On donnera le résultat arrondi à 1 % près.

12 ★★ 10 min

1. Transformer 10 078 s en heures, minutes et secondes.

2. On a créé un programme Scratch permettant de demander une durée en secondes à l'utilisateur et de la transformer en heures, minutes et secondes.

Remettre dans l'ordre les instructions dans ce programme Scratch pour qu'il effectue la transformation voulue :

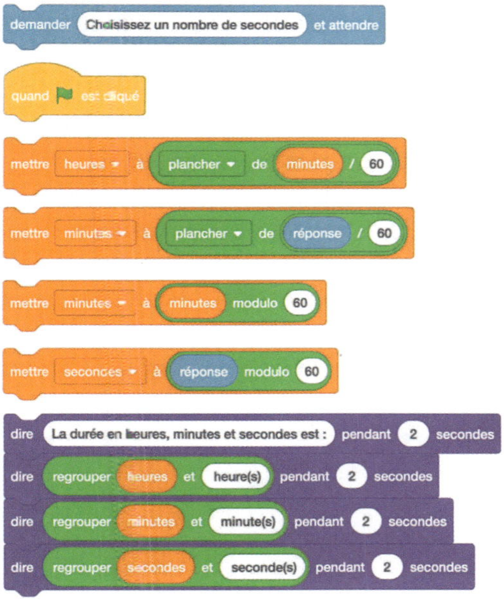

On rappelle que « a mod b » permet d'obtenir le reste de la division euclidienne de a par b (mod est l'abréviation de la fonction mathématique modulo).

Par exemple : « 17 mod 6 » est égal à 5 car $17 = 2 \times 6 + 5$ (5 est le reste dans la division euclidienne de 17 par 6).

On rappelle que « plancher de a » est égal à la partie entière de a.

Par exemple : « plancher de 6,8 » est égal à 6.

13 ★★ 10 min *Sujet de CRPE*

Depuis le matin, un magasinier range sans interruption des caisses dans un entrepôt. Il a calculé que, s'il range 50 caisses à l'heure, il aura fini à 11 h 30 min. En revanche, s'il en range 60 à l'heure, il aura fini à 11 h 15 min. À quelle heure a-t-il commencé son travail ? Justifier la réponse.

14 ★★ 20 min *Sujet de CRPE*

Un bassin est alimenté par deux fontaines qui ont chacune un débit constant.

Utilisée seule, la première fontaine remplit le bassin en 9 heures.

La seconde, si elle fonctionne seule, ne met que 7 heures à le remplir.

1. Combien de temps serait nécessaire pour remplir le bassin si on utilisait les deux fontaines en même temps ?

Exprimer ce temps en heures, minutes et secondes.

2. Si on laisse couler la première fontaine pendant quatre heures et la seconde pendant trois heures, la quantité d'eau recueillie au total est de 550 litres.

a) Quelle est la capacité du bassin ?

b) Calculer en litres par heure, le débit de chacune des deux fontaines.

15 ★★ 15 min *Sujet de CRPE*

Je dispose d'une tonne d'un minerai A. 2,5 dm^3 de ce minerai pèse 11 kg.

Je dispose aussi d'un minerai B dont la densité est de 8 (c'est-à-dire : il pèse 8 kg par dm^3).

1. Quelle est la densité du minerai A ?

2. Je voudrais fabriquer un mélange des minerais A et B pour obtenir un minerai C dont la densité soit égale à 7. Pour fabriquer ce mélange, je vais utiliser les 11 kg de minerai A car je veux fabriquer la plus grosse quantité possible de minerai C.

a) Calculer la masse de minerai B que je vais devoir utiliser.

b) Si je voulais n'utiliser que 6,6 kg du minerai A pour obtenir un mélange C dont la densité soit encore égale à 7, quelle quantité de minerai B devrais-je utiliser ?

16 ★★★ 15 min *Sujet de CRPE*

Trois motocyclistes ont pris ensemble le départ d'une course sur un circuit. Le second,

dont la vitesse moyenne était inférieure de 7,5 km/h à celle du premier et supérieure de 4,5 km/h à celle du troisième, est arrivé 6 minutes après le premier et 4 minutes avant le troisième.
Le but de l'exercice est de déterminer la longueur du parcours, la vitesse moyenne de chaque coureur et le temps mis par chacun pour effectuer le parcours.

1. Compléter le tableau ci-dessous que l'on reproduira sur la copie :

	Vitesse moyenne (en km/h)	Durée du parcours (en h)	Distance parcourue (en km)
Premier coureur			
Deuxième coureur	v	t	vt
Troisième coureur			

2. En déduire :
a) la durée du parcours de chaque coureur en minute ;
b) la vitesse moyenne de chaque coureur en km/h ;
c) la distance parcourue.

17 ★ ★ ★ 10 min *Sujet de CRPE*

Un cargo de 76 mètres de long et naviguant à 25 km/h dépasse un bateau de plaisance de 15 mètres de long se déplaçant à 12 km/h.
Calculer la durée du dépassement.
Le moment initial du dépassement correspond au moment où l'avant du cargo est à la hauteur de l'arrière du bateau de plaisance. Le moment final du dépassement correspond au moment où l'arrière du cargo est à la hauteur de l'avant du bateau de plaisance.

18 ★ ★ ★ 10 min *Sujet de CRPE*

Deux gares A et B sont reliées par une ligne de chemin de fer qui fonctionne 24 heures sur 24.
À chaque heure entière, un train part de la gare A vers la gare B.
À chaque heure entière plus dix minutes, un train part de la gare B vers la gare A.
Pour simplifier le raisonnement, on supposera que les trains roulent à la même vitesse et que cette vitesse est constante.
Paul part de la gare A à 9 heures. Le trajet pour aller de A à B (ou de B vers A) dure 6 heures, combien de trains venant de B Paul va-t-il croiser ?

Se tester en 10 questions

→ Énoncés p. 279

1 **Réponse d.** $1\text{ h} + 0{,}225\text{ h} = 1\text{ h} + 0{,}225 \times 60\text{ min}$
$= 1\text{ h} + 13{,}5\text{ min}$
$= 1\text{ h} + 13\text{ min} + 0{,}5\text{ min}$
$= 1\text{ h} + 13\text{ min} + 0{,}5 \times 60\text{ s}$
$= 1\text{ h} + 13\text{ min} + 30\text{ s}$

2 **Réponse c.** 2 h 45 min 45 s est égal à 2,7625 h.

$$2\text{ h } 45\text{ min } 45\text{ s} = 2\text{ h} + \frac{45}{60}\text{ h} + \frac{45}{3\,600}\text{ h}$$
$$= 2\text{ h} + 0{,}75\text{ h} + 0{,}0125\text{ h}$$
$$= 2{,}7625\text{ h.}$$

3 **Réponse a.** La durée la plus grande est 1 h 26 min 20 s.
$1\text{ h } 26\text{ min } 20\text{ s} = 3\,600\text{ s} + 26 \times 60\text{ s} + 20\text{ s} = 5\,180\text{ s}$
$1{,}375\text{ h} = 1{,}375 \times 3\,600\text{ s} = 4\,950\text{ s}$
$81{,}5\text{ min} = 81{,}5 \times 60\text{ s} = 4\,890\text{ s}$

4 **Réponse d.** Le film se termine à 22 h 44 min 45 s.

	+ 1 h		+ 1 min			
	20	h	45	min	50	s
+	1	h	58	min	55	s
			~~104~~	min	~~105~~	s
	22	h	44	min	45	s

5 **Réponse b.** La masse la plus grande est 0,04 q.
0,003 t = 3 kg 0,04 q = 4 kg 256 dag = 2,56 kg 17 000 dg = 1,7 kg

6 **Réponse c.** Si le rayon de la boule est multiplié par 2, son volume est multiplié par 2^3, ainsi que sa masse (qui est proportionnelle au volume), donc la masse devient $0{,}7\text{ kg} \times 8 = 5{,}6\text{ kg}$.

7 **Réponse a.** $0{,}269° = 0° + 0{,}269 \times 60\text{ min} = 0° + 16{,}14\text{ min}$
$= 0° + 16\text{ min} + 0{,}14 \times 60\text{ s} = 0°\ 16\text{ min } 8{,}4\text{ s}$

8 **Réponse a.** Les homothéties modifient les longueurs (si leur rapport est différent de 1 et de –1) mais conservent les angles (si leur rapport est différent de 0), donc $\widehat{A'B'C'} = 30°$.

9 **Réponse d.** Le carré ABCD a quatre angles droits et le triangle équilatéral BCE a trois angles qui mesurent 60° chacun.
Par conséquent : $\widehat{ABE} = \widehat{ABC} + \widehat{CBE} = 90° + 60° = 150°$.
AB = BC = BE, donc le triangle ABE est isocèle en B, ses deux angles à la base sont égaux : $\widehat{BAE} = \widehat{BEA}$.
De plus, on sait que les trois angles d'un triangle sont supplémentaires, donc pour le triangle BAE, on a : $\widehat{BAE} + \widehat{BEA} + \widehat{ABE} = 180°$
d'où $2\widehat{BAE} = 180° - \widehat{ABE}$
$2\widehat{BAE} = 180° - 150°$
$\widehat{BAE} = \frac{30°}{2} = 15°$.
On a également : $\widehat{DAE} = \widehat{DAB} - \widehat{EAB} = 90° - 15° = 75°$.

10 **Réponse d.** En 12 heures, la petite aiguille fait un tour complet, soit 360° ; par conséquent, en 1 heure, elle tourne de 30° (360 ÷ 12), et en 2,5 heures, elle tourne de 75° (2,5 × 30°), donc à 14 h 30 min, elle formera un angle de 75° avec la graduation 12.

Échauffement

→ Énoncés p. 280

1 **1.**
$3 \text{ h } 28 \text{ min } 17 \text{ s} = 3 \times 3\,600 \text{ s} + 28 \times 60 \text{ s} + 17 \text{ s}$
$= 12\,497 \text{ s}.$

2. $A = 3\,600$ et $B = 60$.

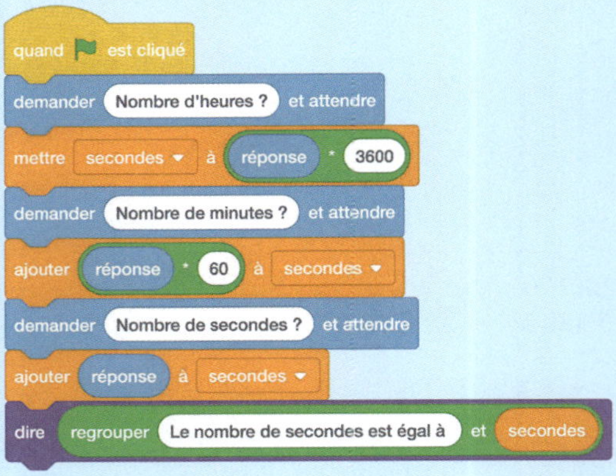

2 **1. a)**
Durée de la troisième émission :
Durée de la première émission :
Durée de la deuxième émission : 12 min
Schéma de la durée totale des émissions :

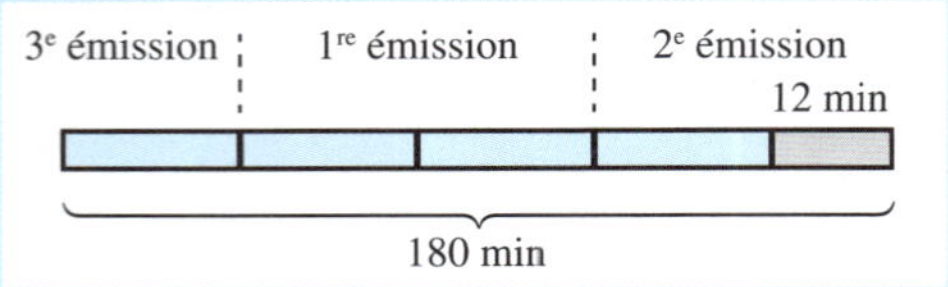

Les 3 émissions ont une durée totale de 180 min.
On enlève de 180 min les 12 min :
180 min – 12 min = 168 min, et on obtient 4 fois la durée de la troisième émission.
La 3e émission dure 42 min : $168 \text{ min} \div 4 = 42 \text{ min}$.
La 1re émission dure 84 min : $42 \text{ min} \times 2 = 84 \text{ min}$.
La 2e émission dure 54 min : $42 \text{ min} + 12 = 54 \text{ min}$.

b) On appelle x la durée de la 3e émission.
La durée de la 1re émission est égale à $2x$.
La durée de la 2e émission est égale à $x + 12$.
Au total, les trois émissions durent 180 min, donc on obtient l'équation suivante :
$2x + x + 12 + x = 180$
$4x + 12 = 180$
$4x = 180 - 12$
$4x = 168$
$x = \frac{168}{4}$, donc $x = 42$.
La 1re émission dure 84 min ($42 \text{ min} \times 2$), la 2e émission dure 54 min ($42 \text{ min} + 12 \text{ min}$) et la 3e émission dure 42 min.

2. Dans la cellule A2, il faut entrer : =2*C2
Dans la cellule B2, il faut entrer : =C2+ 12
Dans la cellule D2, il faut entrer : =A2+B2+C2
ou =SOMME(A2:C2)
ou =SOMME(A2;B2;C2)

3 Le rayon intérieur du tube est égal à 4 cm, le rayon extérieur est égal à 6 cm.
Volume V du tube :
$V = \pi \times (6 \text{ cm})^2 \times 75 \text{ cm} - \pi \times (4 \text{ cm})^2 \times 75 \text{ cm}$
$= 1\,500\pi \text{ cm}^3$.
Masse M du tube :
$M = 1\,500\pi \text{ cm}^3 \times 2{,}7 \text{ g/cm}^3 = 4\,050\pi \text{ g}$
$= 4{,}05\pi \text{ kg} \approx 13 \text{ kg}$ (arrondi au kg près).

4 Si on appelle x la masse d'une petite balle de mousse (en grammes), alors, d'après la seconde pesée, la masse d'une grosse balle de mousse est égale à $x + 50$ (en grammes).
Par conséquent, la première pesée nous permet d'obtenir :
$2x + 3(x + 50) = 800$
$2x + 3x + 150 = 800$
$5x = 800 - 150$
$x = \frac{650}{5}$, donc $x = 130$.
Chaque petite balle de mousse pèse 130 g.

Pour réussir au concours

→ Énoncés p. 281

5 **1.** $d = e = \frac{1}{2}c \qquad b = c + \frac{1}{2}c = \frac{3}{2}c$
$a = \frac{3}{2}c + \frac{1}{2}c + \frac{1}{2}c = \frac{5}{2}c$

2. La largeur de la feuille rectangulaire en papier est égale à a, c'est-à-dire à $\frac{5}{2}c$ et la longueur du rectangle est égale à $\frac{5}{2}c + \frac{3}{2}c = 4c$.
L'aire de la feuille rectangulaire est donc égale à $\frac{5}{2}c \times 4c = 10c^2$ et est aussi égale à $3\,610 \text{ cm}^2$, donc on a :
$10c^2 = 3\,610 \text{ cm}^2$
$c^2 = 361 \text{ cm}^2$, donc $c = \sqrt{361} \text{ cm} = 19 \text{ cm}$.
Les dimensions de la feuille rectangulaire sont égales à 47,5 cm pour la largeur ($\frac{5}{2} \times 19$ cm) et 76 cm pour la longueur (4×19 cm).

3. La longueur du côté du carré B est égale à $\frac{3}{2}c$; la longueur du côté du carré A est égale à $\frac{5}{2}c$; on peut considérer que le carré A est un agrandissement du carré C en appliquant un coefficient d'agrandissement des longueurs égal à $\frac{5}{3}$ $\left(\frac{\frac{5}{2}c}{\frac{3}{2}c}=\frac{5}{2}\times\frac{2}{3}=\frac{5}{3}\right)$.

Si les dimensions de la plaque B sont multipliées par $\frac{5}{3}$ alors son aire est multipliée par $(\frac{5}{3})^2$, c'est-à-dire par $\frac{25}{9}$. L'épaisseur de la plaque est inchangée. La masse d'un objet étant proportionnelle à son volume, on en déduit que la masse de la plaque A est égale à la masse de la plaque B multipliée par $\frac{25}{9}$.

La masse de la plaque A est égale à :

$\frac{25}{9}\times 100 \text{ g} \approx 277{,}8 \text{ g}$ (arrondi au décigramme près).

4. $a=\frac{5}{2}c$, donc $c=\frac{2}{5}a=0{,}4a$.

Le cube C est une réduction du cube A en appliquant un coefficient de réduction des longueurs égal à 0,4 ; donc le volume du cube C s'obtient en multipliant le volume du cube A par $0{,}4^3=0{,}064$.

On a donc $V(\text{C})=0{,}064\times V(\text{A})=0{,}064\times 2 \text{ m}^3$
$=0{,}128 \text{ m}^3=128 \text{ dm}^3$.

6 Le guépard doit reprendre 50 m à l'antilope.

La différence de vitesse entre le guépard et l'antilope est égale à 35 km/h ; en effet :

110 km/h − 75 km/h = 35 km/h. Or :

$35 \text{ km/h}=35\ 000 \text{ m/h}=\frac{35\ 000}{3\ 600} \text{ m/s}=\frac{175}{18} \text{ m/s}$.

Pour reprendre les 50 m de retard à l'antilope, le temps t nécessaire pour le guépard est égal à environ 5,14 s, soit moins de 20 s.

En effet : $t=\frac{50 \text{ m}}{\frac{175}{18} \text{ m/s}}=50\times\frac{18}{175} \text{ s}\approx 5{,}14 \text{ s}$.

Le guépard rattrapera donc l'antilope en 5,14 s environ (arrondi au centième de seconde près).

7 **1. a)** Aire(envelope) + Aire(carte)
$=2{,}2\times \text{Aire(ABCD)}+1{,}8\times\text{Aire(ABCD)}$
$=4\times\text{Aire(ABCD)}$
$=4\times \text{AB}^2$
AB = 20 cm, donc :
$=4\times 20^2 \text{ cm}^2$
$=4\times 400 \text{ cm}^2$
$=1\ 600 \text{ cm}^2$.

b) $1\ 600 \text{ cm}^2=0{,}16 \text{ m}^2$.

Le grammage du papier « super luxe » est égal à 150 g/m^2, donc la masse de la carte avec l'enveloppe est égale à $0{,}16 \text{ cm}^2\times 150 \text{ g/cm}^2=24 \text{ g}$. Il faudra l'affranchir avec un timbre vert à 1,76 € (masse comprise entre 20 g et 100 g).

2.a) L'aire d'une enveloppe est égale à $2{,}2x^2 \text{ cm}^2=\frac{2{,}2x^2}{10\ 000} \text{ m}^2$. Sa masse avec du papier « luxe » est égale à :

$\frac{2{,}2x^2}{10\ 000} \text{ m}^2\times 120 \text{ g/m}^2=0{,}0264x^2 \text{ g}$ (x étant donnée en cm).

L'aire d'une carte est égale à :

$1{,}8x^2 \text{ cm}^2=\frac{1{,}8\ x^2}{10\ 000} \text{ m}^2$.

Sa masse avec du papier cartonné est égale à :

$\frac{1{,}8x^2}{10\ 000} \text{ m}^2\times 350 \text{ g/m}^2=0{,}063x^2 \text{ g}$ (x étant donnée en cm).

La masse totale de la carte et de l'enveloppe est donc égale à : $0{,}0894x^2$ g.

b) Non, la masse de papier n'est pas proportionnelle à la longueur AB car la fonction obtenue n'est pas de la forme $f(x)=ax$; ce n'est pas une fonction linéaire.

8 On a représenté ci-dessous les différents fuseaux horaires (en bleu) pour illustrer le décalage horaire entre ces trois villes ; chaque trait bleu correspond à une heure de décalage horaire :

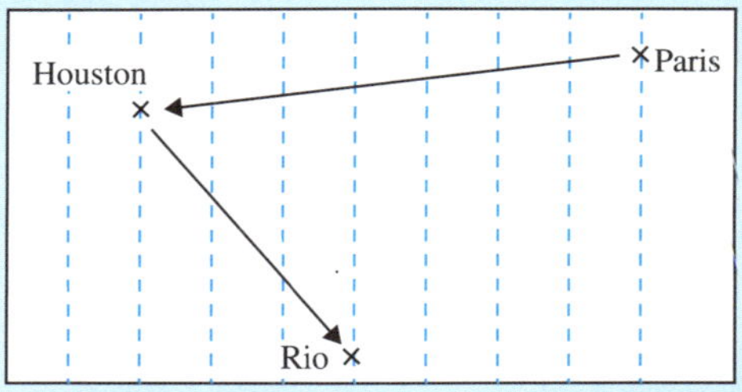

1. Quand l'avion décolle à 23 h de Paris (heure locale), il est 16 h (heure locale) à Houston (étant donné qu'il y a 7 heures de décalage horaire entre ces deux villes).

Comme l'avion arrive à 3 heures du matin (heure locale) à Houston, le vol Paris-Houston a duré 11 heures. En effet, à l'heure de Houston, on a :

$16 \text{ h} \xrightarrow{+8 \text{ heures}} 0 \text{ h} \xrightarrow{+3 \text{ heures}} 3 \text{ h}$

et 8 heures + 3 heures = 11 heures de vol.

L'avion fait escale 1 heure à Houston, puis vole 10 heures pour aller jusqu'à Rio.

La durée totale du vol entre Paris et Rio est donc égale à 22 heures (11 heures + 1 heure + 10 heures).

2. Arnaud décolle de Houston à 4 h (heure locale, 1 heure après son arrivée à Houston) ; il est à ce moment 7 h à Rio (heure locale, 4 h + 3 h = 7 h). Comme son vol de Houston à Rio dure 10 heures, il arrive à 17 h (heure locale) à Rio de Janeiro.

Autre méthode : Quand l'avion décolle de Paris à 23 h (heure locale), il est 19 h (heure locale) à Rio. Comme la durée totale de vol entre Paris et Rio est égale à 22 heures, l'avion arrive à Rio le lendemain à 17 h. En effet, à l'heure locale de Rio, on a :

$19 \text{ h} \xrightarrow{+5 \text{ heures}} 0 \text{ h} \xrightarrow{+17 \text{ heures}} 17 \text{ h}$

et 5 heures + 17 heures = 22 heures de vol.

9 **1.** On a :

$4 \text{ pieds} + 8{,}5 \text{ pouces} = 4 \times 12 + 8{,}5 \text{ pouces}$
$= 56{,}5 \text{ pouces}$
$= 56{,}5 \times 2{,}54 \text{ cm}$
$= 143{,}51 \text{ cm} \approx 143{,}5 \text{ cm}$
(valeur arrondie au millimètre près).

2. a) À l'échelle 1/20, on multiplie les dimensions réelles par 1/20 pour obtenir les dimensions représentées.

Attention, il faut exprimer toutes les longueurs dans la même unité.

Dimension réelle (en cm)	1	260	28	14
Dimension représentée (en cm)	1/20	260/20 = 13	28/20 = 1,4	14/20 = 0,7

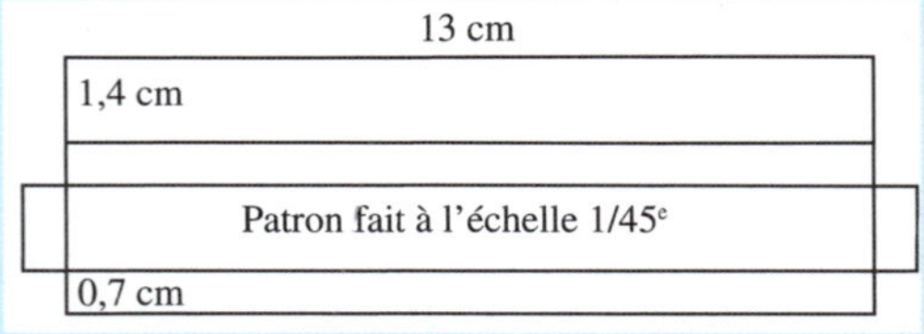

b) La masse M d'une traverse est égale au produit de son volume par la masse volumique du chêne sec :

$M = 2{,}6 \text{ m} \times 0{,}28 \text{ m} \times 0{,}14 \text{ m} \times 690 \text{ kg/m}^3$
$= 70{,}3248 \text{ kg} \approx 70 \text{ kg}$ (valeur arrondie à l'unité).

3. a) Si l'on positionne 1 520 traverses par kilomètre, c'est que l'on obtient 1 519 intervalles réguliers entre deux traverses successives :

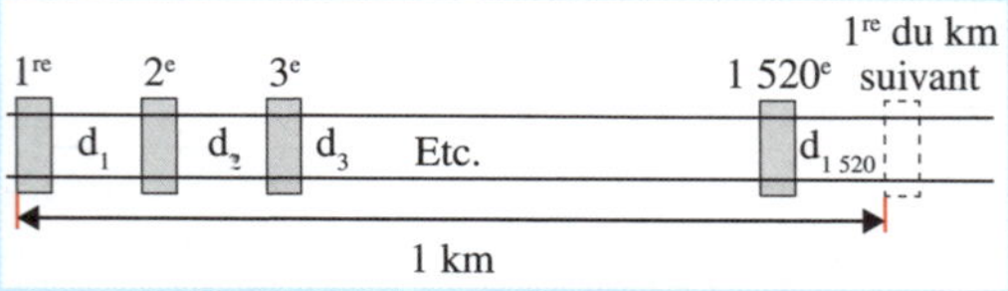

Pour le 1er kilomètre, on a une 1re traverse puis un 1er espace, une 2e traverse puis un 2e espace, etc. jusqu'à la 1 520e traverse suivi du 1520e espace ; et ensuite on recommence la même chose pour le deuxième kilomètre.

d est la distance entre deux traverses, donc on a :
$0{,}28 \times 1\,520 + d \times 1\,520 = 1\,000$ (longueurs exprimées en m).
$425{,}6 + 1\,520\, d = 1\,000$
$1\,520d = 1000 - 425{,}6$
$1\,520d = 574{,}4$, donc $d = \dfrac{574{,}4}{1\,520} \approx 0{,}38$.

La distance entre deux traverses est environ égale à 38 cm (valeur arrondie au cm près).

b) À l'échelle 1/20, on divise les dimensions réelles par 20 pour obtenir les dimensions représentées.

Attention, il faut exprimer toutes les longueurs dans la même unité.

Dimension réelle (en cm)	1	260	143,5	28	38
Dimension représentée (en cm)	1/20	260/20 = 13	143,5/20 ≈ 7,2	28/20 = 1,4	38/20 = 1,9

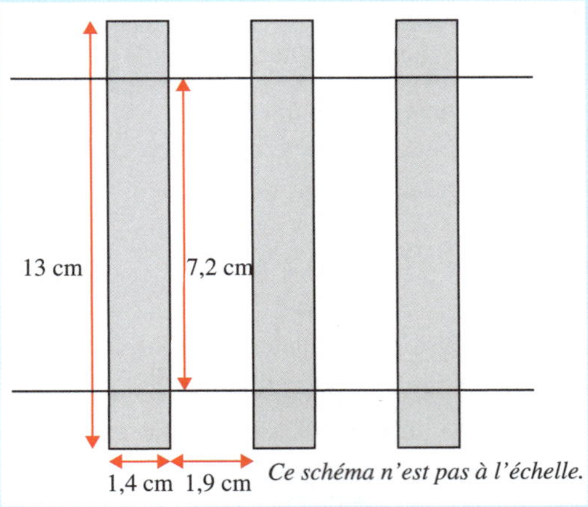

Ce schéma n'est pas à l'échelle.

10

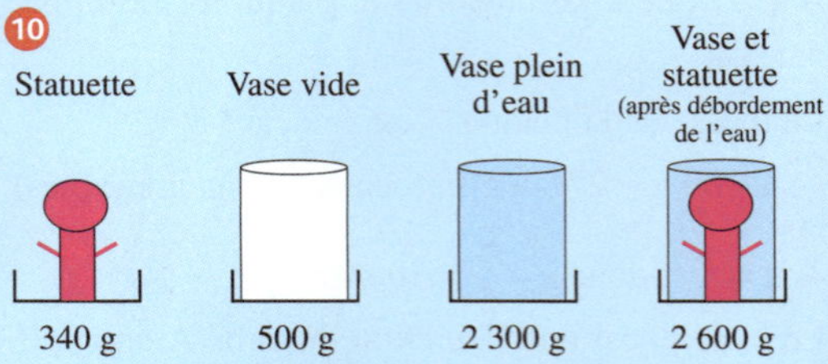

1. Le vase contient une masse d'eau égale à 1 800 g $(2\,300 \text{ g} - 500 \text{ g})$. Sa capacité est donc égale à 1 800 cm^3.

Si l'on ajoute la masse de la statuette (340 g) à la masse du vase plein d'eau avant débordement, soit 2 300 g, on obtient une masse totale de 2 640 g $(340 \text{ g} + 2\,300 \text{ g})$.

Le vase contenant la statuette après débordement pèse 2 600 g ; cela signifie que 40 g d'eau ont débordé du vase $(2\,640 \text{ g} - 2\,600 \text{ g})$, soit 40 cm^3 d'eau, ce qui correspond au volume de la statuette.

2. La statuette a une masse de 340 g pour un volume de 40 cm^3. Sa masse volumique est donc égale à 8,5 g/cm^3 ; en effet : $\dfrac{340 \text{ g}}{40 \text{ cm}^3} = 8{,}5 \text{ g/cm}^3$.

$8{,}5 \text{ g/cm}^3 = 8\,500 \text{ g/dm}^3 = 8{,}5 \text{ kg/dm}^3 = 8{,}5 \text{ kg/L}$.

3. La capacité du vase est égale à 1 800 cm^3.

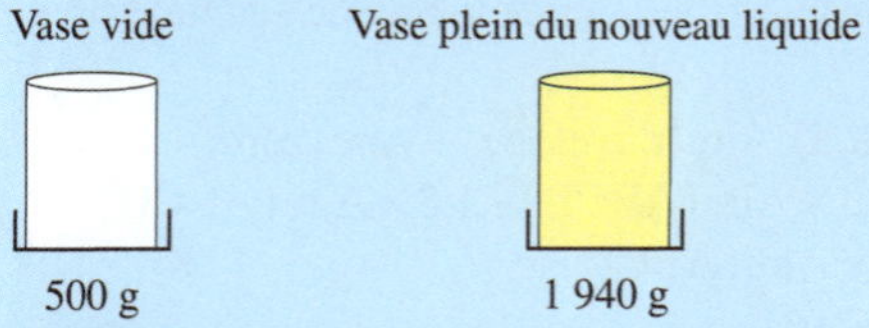

La mase de liquide est égale à 1 440 g $(1\,940 \text{ g} - 500 \text{ g})$, pour un volume de 1 800 cm^3.

La masse volumique de ce liquide est égale à :
$\dfrac{1\,440 \text{ g}}{1\,800 \text{ cm}^3} = 0{,}8 \text{ g/cm}^3$.

11 **1. a)** En septembre 2021, l'IMC d'Antoine est égale à 25 : $\dfrac{64}{1{,}6^2} = 25$.

b) Soit M la masse d'Antoine en avril 2021. Comme il a perdu 12 % de sa masse initiale entre avril et septembre 2021, on a : $M \times 0{,}88 = 64$ kg. En effet diminuer la masse de 12 % revient à la multiplier par 0,88 car $1 - 0{,}12 = 0{,}88$.

Donc $M = \dfrac{64 \text{ kg}}{0{,}88} \approx 72{,}7$ kg (arrondi au dixième de kg près).

La masse d'Antoine était égale à environ 72,7 kg (arrondi au dixième de kg près) en avril 2021.

2. Diminuer sa masse de 8 %, revient à la multiplier par 0,92 car $1 - 0{,}08 = 0{,}92$.

Sa masse a été multipliée par 0,88 entre avril 2021 et septembre 2021, puis multipliée par 0,92 entre septembre 2021 et décembre 2021, donc sa masse a été multipliée par 0,8096 $(= 0{,}88 \times 0{,}92)$ entre avril 2021 et décembre 2021.

Or $1 - 0{,}8096 = 0{,}1904 \approx 0{,}19$.

Antoine a donc perdu environ 19 % de sa masse entre avril et décembre 2021 (arrondi au pourcent près).

12 **1.** $10\ 078 \text{ s} = 167 \times 60 \text{ s} + 58 \text{ s}$

$= 167 \text{ min} + 58 \text{ s}$

$= 2 \times 60 \text{ min} + 47 \text{ min} + 58 \text{ s}$

$= 2 \text{ h } 47 \text{ min } 58 \text{ s}$

2.

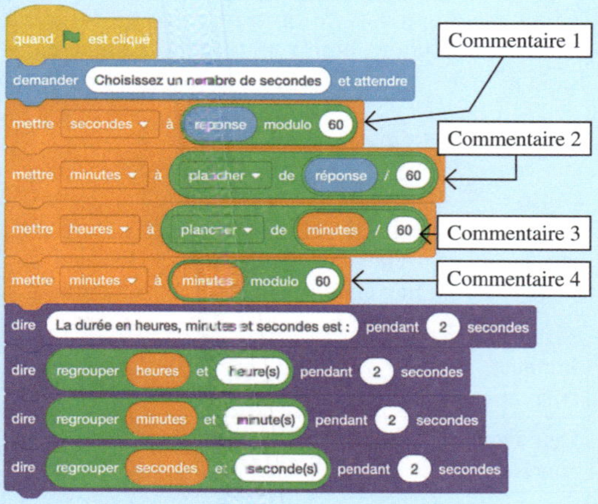

Commentaire 1 : On affecte à la variable « secondes » le reste de la division euclidienne du nombre de secondes choisies par l'utilisateur (dans la variable « réponse ») divisé par 60.

Commentaire 2 : On affecte à la variable « minutes » le quotient euclidien du nombre de secondes choisies par l'utilisateur divisé par 60.

Commentaire 3 : On affecte à la variable « heures » le quotient euclidien du nombre de minutes divisé par 60.

Commentaire 4 : On affecte à la variable « minutes » le reste de la division euclidienne du nombre de minutes divisé par 60.

13 Soit T l'heure à laquelle le magasinier commence à ranger les caisses, on a alors :

• La durée de travail entre l'horaire T et 11 h 30 min (= 11,5 h) est égale à $\text{T} - 11{,}5$ h.

S'il a rangé toutes les caisses durant ce temps de travail, il a rangé $(\text{T} - 11{,}5) \times 50$ caisses.

• La durée de travail entre l'horaire T et 11 h 15 min (= 11,25 h) est égale à $\text{T} - 11{,}25$ h.

Dans ce laps de temps, en travaillant plus vite, il peut aussi ranger toutes les caisses. Il range ainsi : $(\text{T} - 11{,}25) \times 60$ caisses.

On a exprimé le nombre total de caisses à ranger de deux façons différentes, donc :

$(\text{T} - 11{,}5) \times 50 = (\text{T} - 11{,}25) \times 60$

$50\text{T} - 11{,}5 \times 50 = 60\text{T} - 11{,}25 \times 60$

$675 - 575 = 60\text{T} - 50\text{T}$

$100 = 10\text{T}$, donc $\text{T} = 10$. Le magasinier a commencé à ranger les caisses à 10 h du matin.

14 **1.** Pour résoudre ce problème, il faut choisir une durée commune de remplissage pour les deux fontaines. On peut choisir soit un multiple commun à 9 h et 7 h, comme 63 heures ; soit un sous-multiple commun, comme 1 h. Cela permet d'obtenir le nombre de bassins remplis au total par les deux fontaines, et ensuite de trouver la durée nécessaire pour remplir un seul bassin en utilisant des propriétés de la proportionnalité.

Première méthode : En passant par 63 heures, multiple commun à 9 h et 7 h

	1re fontaine		2de fontaine		
	Nombre de bassins remplis	Nombres d'heures	Nombre de bassins remplis	Nombres d'heures	
× 7	1	9	1	7	× 9
	7	63	9	63	

En 63 heures, les deux fontaines remplissent ensemble 16 bassins (7 + 9).

Donc, pour remplir un seul bassin en utilisant les deux fontaines, il faudrait $\dfrac{63}{16}$ h.

$\dfrac{63}{16} \text{ h} = \dfrac{48}{16} \text{ h} + \dfrac{15}{16} \text{ h} = 3 \text{ h} + \dfrac{15}{16} \times 60 \text{ min}$

$= 3 \text{ h} + \dfrac{225}{4} \text{ min} = 3 \text{ h} + 56 \text{ min} + \dfrac{1}{4} \text{ min}$

$= 3 \text{ h} + 56 \text{ min} + \dfrac{1}{4} \times 60 \text{ s} = 3 \text{ h } 56 \text{ min } 15 \text{ s}$

Seconde méthode : En passant par 1 heure

	1re fontaine		2de fontaine		
	Nombre de bassins remplis	Nombres d'heures	Nombre de bassins remplis	Nombres d'heures	
÷ 9	1	9	1	7	÷ 7
	$\frac{1}{9}$	1	$\frac{1}{7}$	1	

En 1 heure, les deux fontaines remplissent ensemble $\dfrac{16}{63}$ de bassin $\left(\dfrac{1}{9} + \dfrac{1}{7}\right)$.

Donc, pour remplir un bassin en utilisant les deux fontaines, il faudrait $\dfrac{63}{16}$ h.

En effet :

1re et 2de fontaine ensemble	
Nombre de bassins remplis	Nombres d'heures
$\frac{16}{63}$	1
1	$\frac{63}{16}$

$\times\frac{63}{16}$

Ensuite, on transforme $\frac{63}{16}$ h en 3 h 56 min 15 s comme vu dans la méthode précédente.

2. a) On peut regrouper les données dans ces tableaux de proportionnalité :

1re fontaine	
Nombre de bassins remplis	Nombres d'heures
1	9
$\frac{4}{9}$	4

$\times\frac{4}{9}$

2de fontaine	
Nombre de bassins remplis	Nombres d'heures
1	7
$\frac{3}{7}$	3

$\times\frac{3}{7}$

En laissant couler la 1re fontaine 4 heures et la 2de fontaine 3 heures, on remplit $\frac{55}{63}$ de bassin.

En effet, en appelant b la capacité du bassin en litres :

$\frac{4}{9}b+\frac{3}{7}b=\frac{28}{63}b+\frac{27}{63}b=\frac{55}{63}b.$

On a donc :

$\frac{55}{63}b=550\text{ L}$

$b=\frac{550\text{ L}}{\frac{55}{63}}$

$b=\frac{63}{55}\times 550\text{ L}$, donc $b=630\text{ L}$.

La capacité du bassin est donc égale à 630 L.

b) La 1re fontaine remplit un bassin de 630 L en 9 heures, donc son débit est égal à 70 L/h ($630\text{ L}\div 9\text{ h}$).

La 2de fontaine remplit un bassin de 630 L en 7 heures, donc son débit est égal à 90 L/h ($630\text{ L}\div 7\text{ h}$).

15 1. Masse volumique du minerai A :

$m_v=\frac{11\text{ kg}}{2{,}5\text{ dm}^3}=4{,}4\text{ kg/dm}^3.$

La densité du minerai A est 4,4.

2. a) On appelle x la masse (en kg) de minerai B qu'il faut ajouter à la totalité du minerai A pour former le mélange (minerai C) ayant une masse volumique égale à 7 kg/dm^3.

Le volume de minerai B correspondant à cette masse de x kg est égal à $\frac{x}{8}$ dm^3.

	Minerai A	Minerai B	Minerai C
Masse (en kg)	11	x	$11+x$
Volume (en dm^3)	2,5	$\frac{x}{8}$	$2{,}5+\frac{x}{8}$

Le minerai C ayant une masse volumique de 7 kg/dm^3, on a donc : $7=\frac{11+x}{2{,}5+\frac{x}{8}}$.

On résout cette équation :

$7\left(2{,}5+\frac{x}{8}\right)=11+x$

$17{,}5+\frac{7}{8}x=11+x$

$17{,}5-11=x-\frac{7}{8}x$

$6{,}5=\frac{1}{8}x$, donc $x=6{,}5\times 8=52$.

Il faut ajouter 52 kg de minerai B aux 11 kg de minerai A pour obtenir un minerai C de densité égale à 7.

b) Il faut réduire les masses des deux minerais de façon proportionnelle au mélange initial.

Pour trouver le nombre 0,6, on calcule : $\frac{6{,}6\text{ kg}}{11\text{ kg}}=0{,}6$.

On complète donc le tableau de proportionnalité :

Minerai A	Minerai B
11 kg	52 kg
6,6 kg	52 kg × 0,6 = 31,2 kg

$\times 0{,}6$

Il faut mélanger 6,6 kg de minerai A et 31,2 kg de minerai B pour obtenir un minerai C de densité égale à 7.

16 1. 6 min $=\frac{6}{60}$ h $=\frac{1}{10}$ h ;

4 min $=\frac{4}{60}$ h $=\frac{1}{15}$ h.

	Vitesse moyenne (en km/h)	Durée du parcours (en h)	Distance parcourue (en km)
Premier coureur	$v+7{,}5$	$t-\frac{1}{10}$	$(v+7{,}5)\left(t-\frac{1}{10}\right)$
Deuxième coureur	v	t	$v\times t$
Troisième coureur	$v-4{,}5$	$t+\frac{1}{15}$	$(v-4{,}5)\left(t+\frac{1}{15}\right)$

2. a) Calcul de la durée du parcours

La distance parcourue est la même pour tous les coureurs, donc :

Première étape

Comme le 1er et le 2e coureur ont parcouru la même distance, on a :

$(v+7{,}5)\left(t-\frac{1}{10}\right)=v\times t$

$v\times t-\frac{1}{10}v+7{,}5t-\frac{7{,}5}{10}=v\times t$

$-\frac{1}{10}v+7{,}5t-\frac{7{,}5}{10}=0.$

En multipliant les deux membres de cette égalité par 10, on obtient :

$-v+75t-7{,}5=0$, donc $\boxed{75t-7{,}5=v}$ (1)

Deuxième étape

Comme le 2e et le 3e coureur ont parcouru la même

distance, on a :

$v \times t = (v - 4{,}5)\left(t + \frac{1}{15}\right)$

$v \times t = v \times t + \frac{1}{15}v - 4{,}5t - \frac{4{,}5}{15}$

$0 = \frac{1}{15}v - 4{,}5t - \frac{4{,}5}{15}$

En multipliant les deux membres de cette égalité par 15, on obtient :

$0 = v - 67{,}5t - 4{,}5$, donc $\boxed{67{,}5t + 4{,}5 = v}$ (2)

Troisième étape

En identifiant les égalités (1) et (2), on obtient :

$75t - 7{,}5 = 67{,}5t + 4{,}5$

$75t - 67{,}5t = 4{,}5 + 7{,}5$

$7{,}5t = 12$, donc $t = \frac{12}{7{,}5} = 1{,}6$.

Le 2e coureur a mis 1,6 h, soit 96 minutes ($1{,}6 \times 60$).

Le 1er coureur a mis 90 min (96 min – 6 min), soit 1,5 h.

Le 3e coureur a mis 100 min (96 min + 4 min), soit $1{,}\overline{6}$ h $\left(1 \text{ h } 40 \text{ min} = 1 \text{ h} + \frac{2}{3} \text{ h} = 1{,}\overline{6} \text{ h}\right)$.

b) Calcul de la vitesse moyenne

On déduit la vitesse v du 2e coureur du résultat de la question **2. a)**.

En remplaçant t par 1,6 h dans l'égalité (1), on obtient :

$75 \times 1{,}6 - 7{,}5 = v$

$v = 112{,}5$.

Le 2e coureur a roulé à la vitesse moyenne de 112,5 km/h.

Le 1er coureur a roulé à 120 km/h de moyenne (112,5 km/h + 7,5 km/h).

Le 3e coureur a roulé à 108 km/h de moyenne (112,5 km/h – 4,5 km/h).

c) Calcul de la distance parcourue

La distance que les coureurs ont parcourue est égale à 180 km. En effet :

$1{,}6 \text{ h} \times 112{,}5 \text{ km/h} = 180 \text{ km}$.

Pour résumer :

	Vitesse moyenne	Durée du parcours	Distance parcourue
Premier coureur	112,5 km/h + 7,5 km/h = 120 km/h	$1{,}6 \text{ h} - \frac{1}{10}$ h = 1,5 h = 90 min	120 km/h × 1,5 h = 180 km
Deuxième coureur	112,5 km/h	1,6 h = 96 min	112,5 km/h × 1,6 h = 180 km
Troisième coureur	112,5 km/h – 4,5 km/h = 108 km/h	$1{,}6 \text{ h} + \frac{1}{15}$ h $= \frac{5}{3}$ h = 100 min	108 km/h $\times \frac{5}{3}$ h = 180 km

17

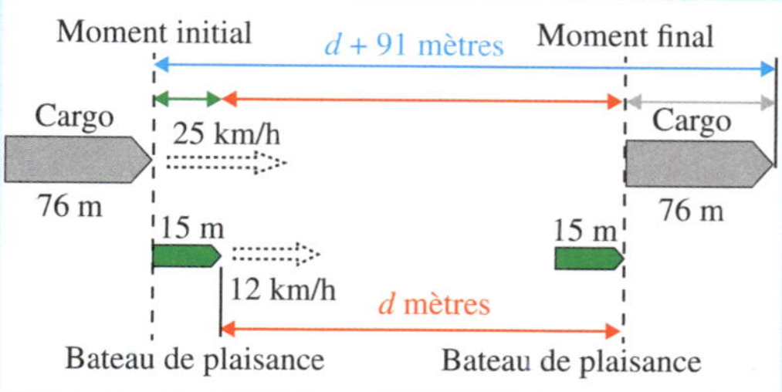

On appelle d la distance parcourue par le bateau de plaisance pendant que le cargo le double.

Entre le moment initial et le moment final, le cargo aura parcouru 91 m de plus que le bateau de plaisance (76 m + 15 m) et 91 m = 0,091 km.

Le cargo parcourt $d + 91$ mètres pendant qu'il double le bateau de plaisance.

La différence de vitesse entre les deux bateaux est égale à 13 km/h.

Un observateur situé sur le bateau de plaisance verrait le cargo avancer à 13 km/h (par rapport à lui) et il verrait le cargo effectuer 91 m de plus que lui.

La durée t du dépassement sera donc égale à :

$t = \frac{0{,}091 \text{ km}}{13 \text{ km/h}} = 0{,}007 \text{ h}$

$t = 0{,}007 \times 60 \text{ min} = 0{,}42 \text{ min} = 0{,}42 \times 60 \text{ s}$
$= 25{,}2 \text{ s}$.

Le dépassement se fera en 25,2 s.

18 Paul part à 9 h de la gare A et va arriver à 15 h à la gare B (9 h + 6 h). Il va donc croiser :

– le 1er train qui entrera en gare A à 9 h 10 min et qui sera parti de la gare B 6 heures plus tôt, c'est-à-dire à 3 h 10 min ;

– le 2e train qui entrera en gare A à 10 h 10 min et qui sera parti de la gare B à 4 h 10 min ;

– le 3e train qui entrera en gare A à 11 h 10 min et qui sera parti de la gare B à 5 h 10 min.

Et ainsi de suite jusqu'au train qui partira de la gare B à 14 h 10 min.

Il croisera donc tous les trains qui sont partis de B 10 minutes après 3 h, 4 h, 5 h, 6 h, etc., 14 h.

Du nombre 3 au nombre 14, il y a 12 nombres ($14 - 3 + 1 = 11 + 1 = 12$), par conséquent, il croisera 12 trains durant son trajet : les trains au départ de la gare B à 3 h 10 min, 4 h 10 min, 5 h 10 min, 6 h 10 min, 7 h 10 min, 8 h 10 min, 9 h 10 min, 10 h 10 min, 11 h 10 min, 12 h 10 min, 13 h 10 min et 14 h 10 min.

12 Proportionnalité

La notion de proportionnalité est incontournable dans la vie courante et pour plusieurs disciplines, c'est pourquoi la maîtrise des raisonnements propres à la proportionnalité est particulièrement importante.
Cette notion est rencontrée dans les situations mathématiques depuis la maternelle. En effet, les jeux d'échanges sont déjà des problèmes relevant de la proportionnalité.

MÉTHODE 1, p. 300

A Grandeurs proportionnelles - Suites proportionnelles

1. Définitions et vocabulaire

Exemple 1

Un maraîcher propose 2 kg de tomates à 5 €. Combien coûtent 6 kg de tomates ? 1 kg de tomates ?
2 kg de tomates coûtent 5 €, donc trois fois plus de kg de tomates, soit 3×2 kg $= 6$ kg de tomates, coûtent trois fois plus, soit 3×5 € $= 15$ €.
La moitié de 2 kg de tomates, soit 1 kg de tomates, coûte la moitié de 5 €, soit 2,50 €.
Il s'agit d'une situation de proportionnalité : le prix des tomates est proportionnel à leur masse.
Pour la suite, il est efficace de représenter les données dans un tableau, qui sera alors un tableau de proportionnalité :

: 2
× 3

Masse des tomates (en kg)	2	6	1
Prix des tomates (en €)	5	15	**2,5**

2,5 €/kg

DÉFINITIONS

• Deux grandeurs sont proportionnelles si on peut calculer la mesure de l'une en multipliant (ou en divisant) la mesure de l'autre par un même nombre. Ce nombre s'appelle le coefficient de proportionnalité.

• Deux suites de nombres réels sont proportionnelles si on peut calculer un terme de la première suite en multipliant (ou en divisant) le terme correspondant de la deuxième suite par un même nombre. Ce nombre s'appelle également le coefficient de proportionnalité.

• Un tableau représentant deux suites proportionnelles est un tableau de proportionnalité. Le coefficient de proportionnalité permet d'obtenir les valeurs d'une ligne du tableau en multipliant (ou en divisant) les valeurs correspondantes de l'autre ligne.

Le prix d'une quantité de tomates est proportionnel à sa masse. Le coefficient de proportionnalité permettant d'obtenir le prix à partir de la masse est 2,5 €/kg.
Les deux suites de nombres (2 ; 6 ; 1) et (5 ; 15 ; 2,5) sont proportionnelles. Leur coefficient de proportionnalité est 2,5.

ODES 2 ET 3, p. 300

2. Propriétés

2-1 Propriété de linéarité multiplicative

Pour trouver le prix de 6 kg de tomates, soit trois fois 2 kg de tomates, nous avons multiplié par 3 le prix de 2 kg de tomates. Puisque le prix d'une quantité de tomates est proportionnel à sa masse, trois fois plus de tomates coûtent trois fois plus !

PROPRIÉTÉ

Pour tous nombres x, y non nuls et pour tout nombre k, les suites $(x \ ; \ k \times x)$ et $(y \ ; \ k \times y)$ sont proportionnelles.

Autrement dit, le tableau ci-contre est un tableau de proportionnalité.

…	x	kx
…	y	ky

($\times k$ de x à kx ; $\times k$ de y à ky)

NSTRATION

Notons a le nombre $\frac{y}{x}$ (x est différent de 0). On a alors : $y = a \times x$ et $k \times y = k \times (a \times x) = a \times (k \times x)$, par commutativité de la multiplication.

Multiplier par a permet bien de passer de x à y et de $k \times x$ à $k \times y$.

Les suites $(x \ ; \ k \times x)$ et $(y \ ; \ k \times y)$ sont donc proportionnelles.

Cette propriété est également vraie pour la division :

2	2 : 2 = 1
5	5 : 2 = 2,5

(: 2)

On retrouve ainsi le prix de 1 kg de tomates en divisant par 2 celui de 2 kg.

Remarque : Pour $k = 0$, la propriété montre que le terme correspondant à un 0 dans une suite est 0 dans l'autre suite. Ainsi, si pour deux suites le terme correspondant à 0 dans l'une n'est pas zéro dans l'autre, les suites ne sont pas proportionnelles.

2-2 Propriété de linéarité additive

On cherche le prix de 7 kg de tomates.

On sait que 1 kg de tomates coûte 2,5 € et 6 kg de tomates coûtent 15 €, donc 1 kg + 6 kg de tomates, soit 7 kg de tomates, coûtent 2,5 € + 15 €, soit 17,5 €.

PROPRIÉTÉ

Si les suites $(x_1 \ ; \ x_2)$ et $(y_1 \ ; \ y_2)$ sont proportionnelles, alors les suites $(x_1 \ ; \ x_2 \ ; \ x_1 + x_2)$ et $(y_1 \ ; \ y_2 \ ; \ y_1 + y_2)$ sont aussi proportionnelles.

Autrement dit, le tableau ci-contre est un tableau de proportionnalité.

…	x_1	x_2	$x_1 + x_2$
…	y_1	y_2	$y_1 + y_2$

(+)

NSTRATION

$(x_1 \ ; \ x_2)$ et $(y_1 \ ; \ y_2)$ sont proportionnelles donc il existe un coefficient de proportionnalité noté a tel que $y_1 = a \times x_1$ et $y_2 = a \times x_2$. On a alors : $y_1 + y_2 = a \times x_1 + a \times x_2 = a \times (x_1 + x_2)$.

Multiplier par a permet bien de passer de $x_1 + x_2$ à $y_1 + y_2$.

Les suites $(x_1 \ ; \ x_2 \ ; \ x_1 + x_2)$ et $(y_1 \ ; \ y_2 \ ; \ y_1 + y_2)$ sont donc proportionnelles.

Cette propriété est également vraie pour la soustraction :

1	**6**	**6 – 1 = 5**
2,5	**15**	**15 – 2,5 = 12,5**

Le prix de 5 kg de tomates peut être obtenu comme le prix de 6 kg auquel on soustrait le prix de 1 kg, soit 15 € – 2,5 € = 12,5 €.

Remarque : Si deux suites sont proportionnelles, un même écart entre deux termes de la première suite correspond à un même écart entre les termes correspondants de la deuxième suite.

...	6	8	...	14	16
...	15	20	...	35	40

(+ 2 de 6 à 8 et de 14 à 16 ; + 5 de 15 à 20 et de 35 à 40)

2-3 Propriété des rapports constants - Produit en croix

2 kg de tomates coûtent 5 €. Puisque le prix d'une quantité de tomates est proportionnel à sa masse, le prix au kilo des tomates est alors de $\frac{5\text{ €}}{2\text{ kg}} = 2{,}5$ €/kg.
On retrouve ainsi le prix de 7 kg de tomates :

$7\text{ kg} \times 2{,}5\text{ €/kg} = 17{,}5\text{ €}$ ou $7\text{ kg} \times \frac{5\text{ €}}{2\text{ kg}} = 17{,}5\text{ €}$.

On constate alors que $\frac{17{,}5\text{ €}}{7\text{ kg}} = \frac{5\text{ €}}{2\text{ kg}}$.

PROPRIÉTÉ

Si les suites $(x_1\ ;\ x_2)$ et $(y_1\ ;\ y_2)$ sont proportionnelles alors $x_1 \times y_2 = x_2 \times y_1$.

Si de plus les termes sont non nuls, alors $\frac{y_1}{x_1} = \frac{y_2}{x_2}$.

...	x_1	x_2
...	y_1	y_2

Remarque : Réciproquement, si $\frac{y_1}{x_1} = \frac{y_2}{x_2}$, alors les suites $(x_1\ ;\ x_2)$ et $(y_1\ ;\ y_2)$ sont proportionnelles.

MÉTHODE 4, p. 303

B Notion de ratio

Exemple 2

Le jus de tomates est excellent pour la santé. Pour préparer une boisson à base de purée de tomates, il est conseillé de mélanger de la purée de tomates et de l'eau plate selon le ratio 2:8.
Il me reste 20 cL de purée de tomates et je cherche le volume d'eau que je dois utiliser avec ces 20 cL de purée.
Ce volume d'eau v doit être tel que 20 et v soient dans le ratio 2:8, ce qui signifie que pour 2 parts de purée de tomates, il faut 8 parts d'eau.

Si 20 cL correspondent à 2 parts de purée, alors une part est de $\frac{20\text{ cL}}{2} = 10\text{ cL}$.

Ainsi 8 parts d'eau correspondent à $8 \times 10\text{ cL} = 80\text{ cL}$; il me faut donc utiliser 80 cL d'eau pour 20 cL de purée.

En résumé, pour que 20 et v soient dans le ratio 2:8, il faut que : $\frac{20}{2} = \frac{v}{8}$.

Ou encore, les suites (2 ; 8) et (20 ; v) sont proportionnelles.

Bonus

Pour ce ratio 2:8, Euclide aurait écrit que 20 est à 2 comme v est à 8.
Les suites (2 ; 8) et (20 ; v) sont proportionnelles.

DÉFINITION Deux nombres a et b sont dans le ratio 2:3 (lire « deux pour trois ») si $\frac{a}{2} = \frac{b}{3}$.
Ceci signifie que les suites (a ; b) et (2 ; 3) sont proportionnelles.

C Échelles

1. Calculer une échelle

Exemple 3

L'étal du maraîcher est à 2,5 km de son lieu de récolte des tomates qu'il propose à la vente. Il souhaite afficher le chemin entre son étal et son lieu de récolte sur une carte à l'échelle. Il se demande de combien il faut réduire les distances réelles pour représenter ces deux lieux sur une même feuille au format A4.

Les dimensions d'une feuille A4 sont 21 cm et 29,7 cm. Une distance représentée de 25 cm entre les deux lieux devrait suffire : 2,5 km, soit 250 000 cm seraient représentés par 25 cm, les distances réelles seraient alors divisées par $\frac{250\ 000}{25}$, soit par 10 000.

On dit que la carte représentant la distance entre ces deux lieux est à l'échelle $\frac{1}{10\ 000}$, qui se lit « un dix millièmes ».

DÉFINITION L'échelle d'une carte est égale au coefficient de proportionnalité permettant de passer de la distance réelle à la distance représentée, toutes les grandeurs en jeu étant exprimées dans la même unité de longueur.

Remarque : Une échelle est en général donnée sous la forme $\frac{1}{n}$ où, pour une unité de longueur donnée (cm, m, km…), n est la mesure de la distance réelle représentée par 1 unité sur la carte (en cm, m, km…). Dans notre exemple, on peut s'appuyer sur un tableau de proportionnalité : 1 cm sur la carte correspond à 10 000 cm en réalité.

Distances réelles (en cm)	250 000	$\frac{250\ 000}{25} = 10\ 000$
Distances sur la carte (en cm)	25	1

$\times \frac{1}{10\ 000}$

2. Appliquer une échelle

Sur la même carte que précédemment, le maraîcher souhaite représenter un point d'étape situé à 1,7 km de son étal. Il cherche alors par combien de cm représenter cette nouvelle distance à l'échelle $\frac{1}{10\ 000}$.

Une échelle de $\frac{1}{10\ 000}$ correspond à une division par 10 000 des longueurs réelles pour obtenir les longueurs sur la carte. Par conséquent, pour obtenir la distance entre l'étal et le point d'étape sur la carte, il faut diviser la distance réelle par 10 000.

Or 1,7 km = 170 000 cm et $\frac{170\ 000\ \text{cm}}{10\ 000} = 17$ cm.

Le point d'étape sera à 17 cm de l'étal sur la carte.

Remarque : Pour obtenir les distances représentées dans une échelle donnée, on multiplie les distances réelles par l'échelle. Pour obtenir les distances réelles qui sont représentées dans une échelle donnée, on divise les distances représentées par l'échelle.
On peut également s'appuyer sur un tableau de proportionnalité, sachant qu'à l'échelle $\frac{1}{10\ 000}$, 1 cm sur la carte correspond à 10 000 cm en réalité.

Distances réelles (en cm)	10 000	170 000
Distances sur la carte (en cm)	1	$\frac{170\ 000}{10\ 000} = 17$

$\times \frac{1}{10\ 000}$

MÉTHODE 5, p. 304

D Pourcentages

1. Calculer un pourcentage

Exemple 4

En fin de journée, le maraîcher offre 500 g de tomates pour chaque lot de 2 kg acheté.
Il cherche alors la proportion de tomates offertes que cela représente par rapport à la quantité de tomates achetées : 500 g offerts pour 2 kg achetés équivalent à 1 kg offert pour 4 kg achetés (en doublant les quantités), ce qui équivaut également à 25 kg offerts pour 100 kg achetés (en multipliant les quantités par 25).

On peut écrire : $\frac{500\ \text{g}}{2\ \text{kg}} = \frac{0{,}5\ \text{kg}}{2\ \text{kg}} = \frac{1\ \text{kg}}{4\ \text{kg}} = \frac{25\ \text{kg}}{100\ \text{kg}} = \frac{25}{100}$, soit 25 %.

Pour 2 kg de tomates achetées, il y a donc 25 % de cette quantité offerte en plus.
Le tableau de proportionnalité ci-dessous montre que pour 100 kg de tomates achetées, on aurait proportionnellement 25 kg de tomates offertes en plus.

Masse des tomates achetées (en kg)	2	**100**
Masse des tomates offertes (en kg)	0,5	**25**

$\times \frac{25}{100}$

DÉFINITIONS

• Pour x et y non nuls, la proportion que représente y par rapport à x est le nombre $\frac{y}{x}$.
Il peut s'exprimer sous forme de pourcentage : y représente a % de x si $\frac{y}{x} = \frac{a}{100}$, avec $a = \frac{y}{x} \times 100$.

• On dira souvent qu'on calcule le pourcentage de y par rapport à x pour indiquer qu'on exprimera la proportion $\frac{y}{x}$ sous forme d'un pourcentage.

• Le symbole % signifie « divisé par 100 » et se lit « pour cent ».

Remarque : Le tableau ci-contre est alors un tableau de proportionnalité, de coefficient de proportionnalité : $\frac{y}{x} = \frac{a}{100}$.

100	x
a	y

COURS

2. Appliquer un pourcentage

Après une bonne récolte, afin de vider son stock, le maraîcher souhaite proposer une remise de 20 % pour 6 kg de tomates achetées. Avant la remise, 6 kg de tomates coûtaient 15 €, il cherche le montant de la remise.

Une remise de 20 % correspond à une remise proportionnelle de 20 € pour 100 € d'achat, soit une remise de $\frac{20}{100}$ € pour 1 € d'achat (en divisant les grandeurs par 100), et donc une remise de $\frac{20}{100} \times 15$ € pour 15 € d'achat (en multipliant les grandeurs par 15).

On a calculé 20 % de 15 € : $\frac{20}{100} \times 15 \text{ €} = 0{,}2 \times 15 \text{ €} = 3 \text{ €}$. La remise est alors de 3 €.

PROPRIÉTÉ

Calculer *a* % d'un nombre, c'est multiplier ce nombre par $\frac{a}{100}$.

Autrement dit, le tableau ci-contre est un tableau de proportionnalité.

Nombre donné	100	x
***a* % de ce nombre**	a	a % de x

$\times \frac{a}{100}$

DÉMONSTRATION

La multiplication par $\frac{a}{100}$ permet de passer de 100 à a, et de x à $\frac{a}{100} \times x$, qui est l'expression de « a % de x » donnée dans la définition.

Le tableau est donc un tableau de proportionnalité avec le coefficient de proportionnalité $\frac{a}{100}$.

On peut utiliser la propriété et calculer une quatrième proportionnelle pour trouver la remise :

Prix initial (en €)	100	15
Montant de la remise (en €)	20	?

$\times 0{,}2$

3. Diminuer ou augmenter d'un pourcentage

Si l'on veut calculer le montant correspondant au prix remisé des tomates, on peut évidemment le calculer après avoir déterminé le montant de la remise : 15 € − 3 € = 12 €.

Ceci revient à calculer : $15 \text{ €} - \frac{20}{100} \times 15 \text{ €} = \left(1 - \frac{20}{100}\right) \times 15 \text{ €}$.

On peut alors le calculer directement. Si on diminue le prix initial de 20 % ; il reste alors à payer :

– par le calcul : $\left(1 - \frac{20}{100}\right) \times 15 \text{ €} = \frac{80}{100} \times 15 \text{ €} = 0{,}8 \times 15 \text{ €} = 12 \text{ €}$;

– avec le tableau de proportionnalité :

Prix initial (en €)	100	15
Prix soldé (en €)	80	12

$\times \left(1 - \frac{20}{100}\right)$

DÉFINITIONS

- On dit qu'on augmente un nombre de *a* % si on ajoute à ce nombre *a* % de lui-même.
- On dit qu'on diminue un nombre de *a* % si on soustrait à ce nombre *a* % de lui-même.

PROPRIÉTÉS

- Pour augmenter un nombre de *a* %, il suffit de multiplier ce nombre par $1 + \frac{a}{100}$.
- Pour diminuer un nombre de *a* %, il suffit de multiplier ce nombre par $1 - \frac{a}{100}$.
- Le coefficient $1 - \frac{a}{100}$ dans le cas d'une diminution, ou $1 + \frac{a}{100}$ dans le cas d'une augmentation, est appelé coefficient multiplicateur.

DÉMONSTRATION

Augmenter un nombre n de a %, c'est lui ajouter a % de lui-même, on obtient alors : $n+\frac{a}{100}\times n=n\times\left(1+\frac{a}{100}\right)$. Ceci revient donc bien à multiplier le nombre n par $1+\frac{a}{100}$.

Diminuer un nombre n de a %, c'est lui soustraire a % de lui-même, on obtient alors : $n-\frac{a}{100}\times n=n\times\left(1-\frac{a}{100}\right)$. Ceci revient donc bien à multiplier le nombre n par $1-\frac{a}{100}$.

On retrouve ces résultats à l'aide d'un tableau de proportionnalité, par exemple :

Nombre donné	100	n
Nombre augmenté de a %	$100+a$	$n\times\left(1+\frac{a}{100}\right)$

$\times\left(1+\frac{a}{100}\right)$

MÉTHODE 6, p. 305

E Vitesse

1. Calculer une vitesse moyenne

Exemple 5

Le maraîcher doit faire une livraison de tomates à 200 km de son exploitation. Il roule pendant 2 h 30 min. Nous cherchons la vitesse moyenne du maraîcher.
Pour calculer sa vitesse moyenne sur ce parcours, il faut tout d'abord convertir 2 h 30 min en heures décimales, c'est-à-dire 2,5 heures.
Ensuite on divise la distance parcourue, soit 200 km, par le temps, soit 2,5 heures, pour obtenir la vitesse moyenne : $\frac{200\text{ km}}{2,5\text{ h}}=80\text{ km/h}$. On obtient une vitesse moyenne de 80 km/h.

DÉFINITION

Pour un déplacement sur une distance d et de durée t, la vitesse moyenne v est donnée par la formule : $v=\frac{d}{t}$.
On divise la distance d par la durée t.

Conseil

Pour se souvenir de cette formule, il suffit de penser km/h et donc (km « distance »)/(h « durée ») : $v=\frac{\text{distance}}{\text{durée}}$.

PROPRIÉTÉ

Si on suppose la vitesse constante pendant le déplacement, la durée et la distance parcourue sont proportionnelles et le coefficient de proportionnalité est égal à cette vitesse.

DÉMONSTRATION

Si la vitesse est constante, notons v sa valeur. Pour toute durée t, la distance parcourue est donnée par $v\times t$. En multipliant par v, on passe des durées aux distances : les suites sont bien proportionnelles, de coefficient de proportionnalité v.
À vitesse constante v, le calcul de la vitesse moyenne pour tout trajet donné (durée t, distance $d=v\times t$) montre qu'elle est égale à v !

Remarque : On peut aussi s'appuyer sur un tableau de proportionnalité et revenir à un calcul de quatrième proportionnelle pour calculer la distance parcourue en 1 heure :

Distance parcourue (en km)	200	$\frac{200}{2,5}=80$
Durée du parcours (en h)	2,5	1

$:2,5$

On parcourt 80 km en 1 heure, donc la vitesse moyenne est de 80 km/h.

2. Calculer une distance parcourue ou une durée de parcours

Après sa livraison, le maraîcher rejoint des amis au restaurant. Il roule pendant 1 h 45 min à la vitesse moyenne de 70 km/h.
Pour savoir quelle distance il a parcourue, on convertit d'abord 1 h 45 min en heures décimales : $1 \text{ h } 45 \text{ min} = 1 \text{ h} + \frac{45}{60} \text{ h} = 1{,}75 \text{ h}$.
On multiplie ensuite la vitesse moyenne par le temps : $1{,}75 \text{ h} \times 70 \text{ km/h} = 122{,}5 \text{ km}$.
Il a parcouru 122,5 km.
Vérification des calculs : il a parcouru 122,5 km à la vitesse moyenne de 70 km/h.
Pour savoir combien de temps il a mis, on divise cette distance par la vitesse moyenne : $\frac{122{,}5 \text{ km}}{70 \text{ km/h}} = 1{,}75 \text{ h}$.
$1{,}75 \text{ h} = 1 \text{ h} + 0{,}75 \text{ h} = 1 \text{ h} + 0{,}75 \times 60 \text{ min} = 1 \text{ h } 45 \text{ min}$. Il a bien roulé pendant 1 h 45 min.

PROPRIÉTÉS

- Dans le cas d'un déplacement, pour calculer la distance parcourue d, on multiplie la vitesse moyenne v par la durée t : $d = v \times t$.
- La durée t d'un parcours est égale à la distance d divisée par la vitesse v moyenne :

$$t = \frac{d}{v}$$

DÉMONSTRATION

Ces formules se déduisent de la formule déjà utilisée : $v = \frac{d}{t}$.
En multipliant les deux membres de cette égalité par t, on obtient :
$v \times t = \frac{d}{t} \times t$, c'est-à-dire $v \times t = d$.
En divisant ensuite par v, on obtient : $t = \frac{d}{v}$.

Remarque : On peut aussi s'appuyer sur un tableau de proportionnalité et utiliser les coefficients de proportionnalité entre durées et distances :

Distance parcourue (en km)	70	122,5
Durée du parcours (en h)	1	1,75

(de la durée à la distance : × 70 ; de la distance à la durée : ÷ 70)

MÉTHODES

méthode 1 Reconnaître une situation relevant de la proportionnalité

1 Le périmètre d'un carré est-il proportionnel à la longueur de son côté ?

2 L'aire d'un carré est-elle proportionnelle à la longueur de son côté ?

CORRIGÉ COMMENTÉ

Conseils

- Pour montrer que deux grandeurs sont proportionnelles, il suffit de calculer le coefficient de proportionnalité, c'est-à-dire le nombre par lequel on peut multiplier les mesures d'une des deux grandeurs pour obtenir celles de l'autre.
- Pour montrer que deux grandeurs ne sont pas proportionnelles, il suffit de montrer sur des cas particuliers qu'il n'est pas possible de multiplier par un même nombre les mesures d'une des deux grandeurs pour obtenir celles de l'autre grandeur.

1 Peut-on trouver un nombre qui, multiplié par la longueur du côté du carré, donne son périmètre ?

On sait que le périmètre d'un carré est égal à 4 fois la longueur de son côté. Par conséquent, le coefficient de proportionnalité permettant de passer de la longueur du côté au périmètre est 4 et **ces deux grandeurs sont bien proportionnelles**.

Écriture mathématique

Si on appelle c la longueur du côté du carré et P le périmètre du carré, on a : $P = 4 \times c$.

2 Peut-on trouver un nombre qui, multiplié par la longueur du côté du carré, donne son aire ?
Faisons quelques essais.

Si on considère un carré de côté de longueur 1 cm, son aire est égale à $1 \text{ cm} \times 1 \text{ cm} = 1 \text{ cm}^2$; son aire est égale à 1 fois la longueur de son côté.
Si on considère un carré de côté de longueur 2 cm, son aire est égale à $2 \text{ cm} \times 2 \text{ cm} = 4 \text{ cm}^2$; son aire est égale à 2 fois la longueur de son côté.
On ne peut pas multiplier la longueur du côté par un même nombre pour obtenir l'aire du carré, **ces deux grandeurs ne sont donc pas proportionnelles**.

méthode 2 Calculer une quatrième proportionnelle par la procédure de son choix

Dans une recette de mousse au chocolat, il faut prévoir 6 œufs pour 200 g de chocolat.

1 Quelle masse de chocolat faut-il prévoir pour 12 œufs avec la même recette ?

2 Quelle masse de chocolat faut-il prévoir pour 9 œufs avec la même recette ?

CORRIGÉ COMMENTÉ

Il s'agit bien d'une situation de proportionnalité. Pour chacune des questions, plusieurs procédures de résolution sont possibles, nous ne présenterons que celles qui semblent les plus naturelles ou les plus judicieuses selon les données numériques.

1 Calculons la masse de chocolat à prévoir pour 12 œufs.

▶ **Procédure 1 : en utilisant la propriété de linéarité additive de la proportionnalité**

Pour 6 œufs, il faut prévoir 200 g de chocolat.

Donc pour 6 œufs + 6 œufs, il faut prévoir 200 g + 200 g de chocolat, soit 400 g de chocolat.

▶ **Procédure 2 : en utilisant la propriété de linéarité multiplicative de la proportionnalité**

Pour 6 œufs, il faut prévoir 200 g de chocolat.
Donc pour 2 fois 6 œufs, il faut prévoir 2 fois 200 g de chocolat, soit 400 g de chocolat.

Conseil

Pour cette procédure, on peut aussi s'appuyer sur un tableau de proportionnalité.

(× 2)

Nombre d'œufs	6	12
Masse de chocolat (en g)	200	$200 \times 2 = 400$

▶ **Procédure 3 : en utilisant le coefficient de proportionnalité**

On cherche par quel nombre il faut multiplier le nombre d'œufs pour obtenir la masse de chocolat : il faut prévoir 200 g de chocolat pour 6 œufs, soit $\frac{200 \text{ g}}{6 \text{ œufs}}$, soit $\frac{100}{3}$ g/œuf.
Ce nombre est également celui par lequel il faut multiplier 12 pour obtenir la masse de chocolat pour 12 œufs :

$12 \text{ œufs} \times \frac{100}{3} \text{ g/œuf} = \frac{12}{3} \times 100 \text{ g} = 4 \times 100 \text{ g} = 400 \text{ g}.$

Il faut donc 400 g de chocolat pour 12 œufs.

Conseil

Pour cette procédure, on peut aussi s'appuyer sur un tableau de proportionnalité.

Nombre d'œufs	6	12
Masse de chocolat (en g)	200	$12 \times \frac{100}{3} = 400$

($\times \frac{100}{3}$)

2 Calculons la masse de chocolat à prévoir pour 9 œufs.

▶ **Procédure 4 : retour à l'unité et propriété de linéarité multiplicative de la proportionnalité**

On cherche la masse de chocolat pour 1 œuf : $\frac{200 \text{ g}}{6} = \frac{100}{3}$ g.
On multiplie ensuite cette masse par le nombre d'œufs.

$9 \times \frac{100}{3} \text{ g} = \frac{9}{3} \times 100 \text{ g} = 3 \times 100 \text{ g} = 300 \text{ g}.$

Il faut donc 300 g de chocolat pour 9 œufs.

Conseil

Pour cette procédure, on peut aussi s'appuyer sur un tableau de proportionnalité.

(: 6) (× 9)

Nombre d'œufs	6	1	9
Masse de chocolat (en g)	200	$\frac{200}{6} = \frac{100}{3}$	$9 \times \frac{100}{3} = 300$

▶ **Procédure 5 : en utilisant le produit en croix**

On place les données dans un tableau et on applique le produit en croix :

Nombre d'œufs	6	9
Masse de chocolat (en g)	200	m

On obtient : $6 \times \boldsymbol{m} = 9 \times 200$

Soit : $\boldsymbol{m} = \frac{9 \times 200}{6} = \frac{1\,800}{6} = 300.$

Il faut donc 300 g de chocolat pour 9 œufs.

méthode 3 Comparer des proportions

On réalise deux recettes de boisson au sirop de cassis.

Recette A	Recette B
4 verres d'eau pour 6 cL de sirop	20 verres d'eau pour 28 cL de sirop

Avec quelle recette la boisson est-elle la plus sucrée ?

CORRIGÉ COMMENTÉ

Pour ce problème également, plusieurs procédures de résolution sont possibles, nous ne présenterons que celles qui semblent les plus naturelles ou les plus judicieuses.

▶ Procédure 1 : comparer la quantité de sirop nécessaire selon chaque recette avec le même nombre de verres d'eau

• Avec la recette A, il faut 4 verres d'eau pour 6 cL de sirop.
Pour 5 fois 4 verres d'eau, soit 20 verres d'eau, il faut 5 fois 6 cL de sirop, soit 30 cL de sirop.
• Avec la recette B, pour 20 verres d'eau, il faut 28 cL de sirop.
La boisson est donc plus sucrée avec la recette A.

Cette procédure s'appuie sur la propriété de linéarité multiplicative de la proportionnalité.
Avec la recette A :

		×5 →
Nombre de verres d'eau	4	20
Quantité de sirop (en cL)	6	**6 × 5 = 30**

▶ Procédure 2 : comparer les coefficients de proportionnalité

Comparons les proportions de sirop de chacune des deux recettes.
• Avec la recette A, il faut 4 verres d'eau pour 6 cL de sirop. La proportion de sirop dans une boisson réalisée avec cette recette contient donc : $\frac{6 \text{ cL}}{4 \text{ verres}} = 1{,}5 \text{ cL/verre}$.
• Avec la recette B, il faut 20 verres d'eau pour 28 cL de sirop. La proportion de sirop dans une boisson réalisée avec cette recette contient donc : $\frac{28 \text{ cL}}{20 \text{ verres}} = 1{,}4 \text{ cL/verre}$.
La proportion de sirop est plus élevée avec la recette A, la boisson est donc plus sucrée avec la recette A.

Cette procédure s'appuie sur l'utilisation des coefficients de proportionnalité. Elle suppose de mettre en relation les proportions eau/sirop avec le caractère sucré de la boisson.

Recette A		
Nombre de verres d'eau	4	↓ ×1,5
Quantité de sirop (en cL)	6	

Recette B		
Nombre de verres d'eau	20	↓ ×1,4
Quantité de sirop (en cL)	28	

méthode 4 Utiliser un ratio

Les trois employés Henry, Victoria et Juliette ont respectivement 5, 9 et 11 ans d'ancienneté dans le salon de coiffure Tif-Bigoudis. En fin d'année, l'entreprise décide de partager une prime de 1 000 € dans le ratio de leur ancienneté.

Quel sera le montant de la prime de chacun des employés ?

CORRIGÉ COMMENTÉ

▶ Procédure 1 : revenir à la valeur d'une part

Pour respecter le ratio 5:9:11 dans le partage de la prime, on peut considérer qu'Henry aura 5 parts, Victoria 9 parts et Juliette 11 parts, chaque part correspondant au même montant en euro.
$5+9+11=25$: il y a 25 parts à partager.
$\frac{1\ 000\ €}{25}=40\ €$: chaque part comporte 40 €.
Henry aura 5 parts de 40 €, soit 200 € ; Victoria aura 9 parts de 40 €, soit 360 € ; Juliette aura 11 parts de 40 €, soit 440 €.

On peut s'appuyer sur une représentation en barre de la situation pour calculer le montant d'une part :

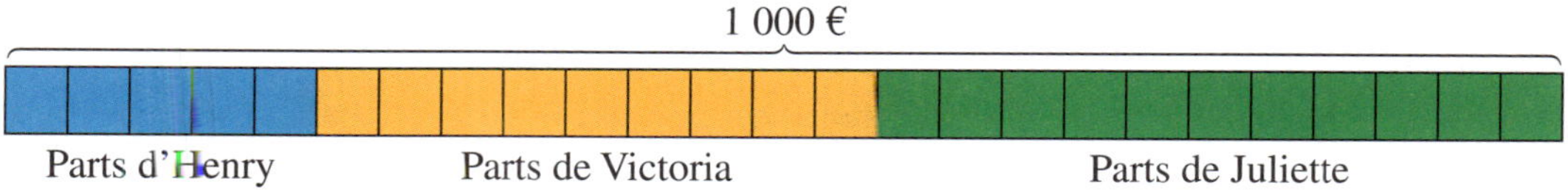

▶ Procédure 2 : en utilisant un tableau de proportionnalité

On présente les données dans un tableau de proportionnalité et on utilise la linéarité additive (en oubliant le contexte pour additionner des âges) :

Employés	Henry	Victoria	Juliette	Tous les trois
Ancienneté (an)	5	9	11	**5 + 9 + 11 = 25**
Montant de la prime (€)	**200**	**360**	**440**	1 000 €

× 40

Cela permet de calculer le coefficient de proportionnalité et les parts de chaque employé.

▶ Procédure 3 : en utilisant la définition d'un ratio

Soient h le montant de la prime qu'aura Henry, v celui de Victoria et j celui de Juliette.

Le partage se fait selon le ratio 5:9:11, ce qui signifie que : $\frac{h}{5}=\frac{v}{9}=\frac{j}{11}$.

Notons k la valeur égale à $\frac{h}{5}$ (et donc à $\frac{v}{9}$ et à $\frac{j}{11}$).
Puisqu'il y a 1 000 € à partager, nous obtenons que : $5\times k+9\times k+11\times k=1\ 000\ €$; soit $25\times k=1\ 000\ €$; et donc $k=40\ €$.
- Pour Henry : $5\times k=5\times 40\ €=200\ €$; Henry aura 200 €.
- Pour Victoria : $9\times k=9\times 40\ €=360\ €$; Victoria aura 360 €.
- Et pour Juliette : $11\times k=11\times 40\ €=440\ €$; Juliette aura 440 €.

Vérification : $200\ €+360\ €+440\ €$ est bien égal à 1 000 €.

méthode 5 Résoudre un problème de pourcentage

En 2019, dans un pays, le taux d'inflation a été de 5 %, puis en 2020, le taux d'inflation a été de 6 %.

1 Un objet coûtait 230 € au début de l'année 2019. Combien coûtait-il à la fin de l'année 2020 après avoir subi ces deux hausses consécutives ?

2 Quel a été le pourcentage d'augmentation du prix de cet objet sur l'ensemble de ces deux années ?

3 Le prix d'un canapé est de 467,46 € fin 2020. Quel était son prix à la fin de l'année 2019 (avant la dernière inflation) ?

CORRIGÉ COMMENTÉ

1 Cette question revient à appliquer deux augmentations successives.

▶ **Étape 1 : calculons le prix de cet objet après la première augmentation.**

Le prix de cet objet a augmenté de 5 % en 2019, on obtient donc le nouveau prix en multipliant le prix initial par $1+\frac{5}{100}$, soit 1,05. Le prix de cet objet fin 2019 était égal à : $230\ € \times 1{,}05 = 241{,}50\ €$.

▶ **Étape 2 : calculons le prix de cet objet après la seconde augmentation.**

Le prix de l'objet (déjà augmenté) subit une seconde hausse de 6 %. Par conséquent il est multiplié par $1+\frac{6}{100}$, soit 1,06. On obtient donc un prix final de : $241{,}50\ € \times 1{,}06 = 255{,}99\ €$.

× 1,05 (Prix initial → Prix fin 2019) ; × 1,06 (Prix fin 2019 → Prix fin 2020)

Prix initial	Prix fin 2019	Prix fin 2020
230 €	241,5 €	255,99 €

On peut aussi calculer le prix final directement sans calculer le prix intermédiaire :

$$230\ € \times 1{,}05 \times 1{,}06 = 255{,}99\ €$$

2 Pour calculer ce pourcentage, nous disposons de deux méthodes.

▶ **Méthode 1 : en partant du prix initial et du prix final**

Au bout des deux années, l'augmentation du prix de cet objet a été de :

$$255{,}99\ € - 230\ € = 25{,}99\ €.$$

Par rapport au prix initial de l'objet, le pourcentage d'augmentation est donc égal à : $\frac{25{,}99\ €}{230\ €} = 0{,}113$, soit $\frac{11{,}3}{100}$ et donc 11,3 %.

▶ **Méthode 2 : en calculant le coefficient multiplicateur global**

Le prix final est égal à : $230\ € \times 1{,}05 \times 1{,}06 = 230\ € \times 1{,}113$.

On multiplie le prix initial par 1,113, soit $1+\frac{11{,}3}{100}$, ce qui correspond à une hausse de prix de 11,3 %.

Coefficient multiplicateur de la 1re hausse : × 1,05 (Prix initial → Prix fin 2019) ; *Coefficient multiplicateur de la 2e hausse* : × 1,06 (Prix fin 2019 → Prix fin 2020)

Prix initial	Prix fin 2019	Prix fin 2020
230 €		255,99 €

× 1,113 (Prix initial → Prix fin 2020)

Coefficient multiplicateur global

3 Rechercher le prix initial après augmentation : attention danger !

On appelle x le prix du canapé à la fin de l'année 2019.

Après l'augmentation de 6 %, il coûte 467,46 €, on a donc : $x \times 1{,}06 = 467{,}46$ € ;

c'est-à-dire : $x = \frac{467{,}46 \text{ €}}{1{,}06} = 441$ €.

Le canapé coûtait 441 € à la fin de l'année 2019.

Conseil

Il ne faudrait pas partir du prix final et vouloir lui enlever 6 % !
6 % du prix fin 2019 n'est pas égal à 6 % du prix fin 2020 :

- 6 % du prix fin 2019 est égal à : $441 \text{ €} \times \frac{6}{100} = 26{,}46$ €.

Donc augmenter 441 € de 6 % revient à lui ajouter 26,46 € ;

- 6 % du prix fin 2020 est égal à : $467{,}46 \text{ €} \times \frac{6}{100} = 28{,}0476$ €.

Donc diminuer 467,46 € de 6 % revient à lui retirer 28,0476 €.

méthode 6 Résoudre un problème de vitesse

Un cycliste parcourt 100 km. Il roule 3 h 30 min pour parcourir les 70 premiers km puis il roule à 15 km/h en moyenne sur les 30 km restants.

1. Quelle est sa vitesse moyenne sur les premiers 70 km ?
2. Quelle est la durée du parcours sur les 30 derniers kilomètres ?
3. Quelle est sa vitesse moyenne sur l'ensemble du parcours ?

CORRIGÉ COMMENTÉ

1 Pour calculer une vitesse moyenne, on divise la distance d par le temps t : $v = \frac{d}{t}$.

▶ **Étape 1 : il faut tout d'abord convertir 3 h 30 min en heures.**

3 h 30 min = 3 h + 0,5 h = 3,5 h.

▶ **Étape 2 : on divise la distance parcourue, 70 km, par le temps, 3,5 heures, pour obtenir la vitesse moyenne.**

$\frac{70 \text{ km}}{3{,}5 \text{ h}} = 20$ km/h. On obtient une vitesse moyenne de 20 km/h sur les premiers 70 km.

2 La durée d'un parcours est égale à la distance d divisée par la vitesse v : $t = \frac{d}{v}$.

$\frac{30 \text{ km}}{15 \text{ km/h}} = 2$ h. Sur les 30 derniers kilomètres, le cycliste a roulé 2 h.

3 Pour calculer une vitesse moyenne sur l'ensemble du parcours, on divise la distance par le temps.

▶ **Étape 1 : nous connaissons la distance totale sur l'ensemble du parcours, il faut calculer la durée totale sur l'ensemble du parcours.**

3,5 h + 2 h = 5,5 h.

▶ **Étape 2 : on divise ensuite la distance totale parcourue, 100 km, par le temps total, 5,5 heures, pour obtenir la vitesse moyenne sur l'ensemble du parcours.**

$\frac{100 \text{ km}}{5{,}5 \text{ h}} \simeq 18{,}18$ km/h, à 0,01 km/h près.

On obtient une vitesse moyenne d'environ 18,18 km/h sur l'ensemble du parcours.

Conseil

Ne pas confondre moyenne des vitesses et vitesse moyenne !
La moyenne des vitesses serait ici égale à : $\frac{20 \text{ km/h} + 15 \text{ km/h}}{2} = 17{,}5$ km/h ; elle n'est donc pas égale à la vitesse moyenne.

ENTRAÎNEMENT

Se tester en 10 questions

→ Corrigés p. 312

Pour chaque question suivante, indiquez la (ou les) bonne(s) réponse(s).

1 Quelle valeur complète le tableau de proportionnalité suivant ?

x	2	8	18
y	3	12	…

a) 13 b) 18 c) 27 d) 28

2 Quelles grandeurs ne sont pas proportionnelles ?

a) L'aire d'un disque et son rayon b) Le volume d'une quantité d'eau et sa masse

c) La durée d'un trajet d'un véhicule roulant à vitesse constante et le nombre de kilomètres parcourus

d) La taille d'une personne et son poids

3 Trois croissants coûtent 2,70 €. Combien coûtent cinq croissants ?

a) 4,50 € b) 4,70 € c) 5,40 € d) 13,50 €

4 Le ratio 2:6 est identique au(x) ratio(s) :

a) 1:3 b) 3:1 c) 3:9 d) 4:12

5 Les trois arêtes d'un pavé droit sont dans le ratio 2:5:6. La plus courte de ces arêtes mesure 10 cm. Les deux autres mesurent :

a) 13 cm et 14 cm b) 50 cm et 60 cm c) 2 cm et environ 1,7 cm d) 25 cm et 30 cm

6 Sur une carte, la distance entre deux villes est de 20 cm. Dans la réalité, ces deux villes sont distantes de 100 km. Quelle est l'échelle de cette carte ?

a) $\frac{1}{200\,000}$ b) $\frac{1}{500\,000}$ c) $\frac{1}{2\,000\,000}$ d) $\frac{1}{5\,000\,000}$

7 Un article coûtant 300 € subit deux remises successives de 20 %.
Quel est son prix après les deux remises ?

a) 180 € b) 192 € c) 240 € d) 432 €

8 Un article qui valait hier 350 € vaut aujourd'hui 392 €.
Quel est le pourcentage d'augmentation ?

a) Environ 89 % b) Environ 8,2 % c) 1,12 % d) 12 %

9 Un cycliste sur piste parcourt 300 m en 50 s. Sa vitesse moyenne est :

a) inférieure à 300 m/min b) supérieure à 18 km/h

c) égale à 6 m/s d) environ égale à 1,67 km/h

10 Un projectile lancé à la vitesse de 180 km/h parcourt 25 m en :

a) 0,5 s b) 2 s c) 25 s d) 26 s

Réponses : 1. c ; 2. a, d ; 3. a ; 4. a, c, d ; 5. d ; 6. b ; 7. b ; 8. d ; 9. b, c ; 10. a.

Échauffement

→ Corrigés p. 313

1 VRAI-FAUX Reconnaître une situation relevant de la proportionnalité

1. Affirmation A : Les suites (2 ; 3 ; 4) et (8 ; 12 ; 16) sont proportionnelles.

2. Affirmation B : Les suites (2 ; 3 ; 4) et (8 ; 0 ; 16) sont proportionnelles

3. Affirmation C : La taille d'une personne est proportionnelle à son âge.

4. Affirmation D : Le périmètre d'un cercle est proportionnel à son rayon.

5. Affirmation E : La longueur de la diagonale d'un carré est proportionnelle à la longueur de son côté.

2 Calculer une quatrième proportionnelle par la procédure de son choix

Chez un boulanger, Sonia a payé 1 euro et 60 centimes d'euro pour deux croissants.
Quel est le prix de six croissants ? Et de sept croissants ?

3 Comparer des proportions

Pour peindre une pièce dans sa nouvelle maison, Élisabeth a réalisé deux mélanges de peinture :

Mélange A	Mélange B
3 litres de peinture blanche 2 tubes de peinture verte	8 litres de peinture blanche 5 tubes de peinture verte

Quel mélange doit-elle utiliser pour avoir la teinte la plus claire ?

4 Utiliser un ratio

Une recette de biscuits sablés commence par la fabrication d'un « sable » réalisé avec de la farine, du beurre et du sucre dans le ratio 10:6:5. Une pâte homogène est ensuite fabriquée avec ce sable et un peu de lait.
Quelles masses de farine, de beurre et de sucre doit-on prendre pour créer un « sable » de 630 g ?

5 Résoudre un problème d'échelle

Sur une carte au $\frac{1}{25\ 000}$, deux villages sont distants de 7 cm.
De quelle distance ces deux villages sont-ils distants sur une deuxième carte au $\frac{1}{40\ 000}$?

6 Résoudre un problème de pourcentage

1. En 2019, le prix d'un objet a augmenté de 6 %, puis en 2020, il a à nouveau augmenté de 6 %. Quel a été le pourcentage d'augmentation du prix de cet objet sur l'ensemble de ces deux années ?
2. Le prix d'un objet coûte 280,90 € fin 2020, quel était son prix début 2019 (avant les deux augmentations) ?

7 VRAI-FAUX Résoudre un problème de vitesse

1. Affirmation A : Un faucon pèlerin vole vers sa proie à une vitesse de 180 km/h. Il est plus rapide qu'un ballon de football tiré à la vitesse de 51 m/s.

2. Affirmation B : Une voiture roulant à une vitesse constante a parcouru 150 mètres en 8 secondes. Elle circule dans une zone où la vitesse est limitée à 70 km/h. Cette voiture est en excès de vitesse.

3. Affirmation C : Un cycliste parcourt 100 km. Pendant les premiers 50 kilomètres, il roule à 25 km/h de moyenne puis, fatigué, à 15 km/h pendant les 50 derniers kilomètres. Sa vitesse moyenne sur l'ensemble du parcours est 20 km/h.

4. Affirmation D : Un automobiliste part d'un point P à midi. Il souhaite rattraper un cycliste parti du point P le même jour à 7 heures du matin. On suppose que l'automobiliste et le cycliste roulent à vitesse constante : l'automobiliste à 90 km/h et le cycliste à 15 km/h. L'automobiliste va rattraper le cycliste à 13 h 30 min.

Pour réussir au concours

→ Corrigés p. 314

8 ★ 5 min

Livre sterling (£)	Euro (€)
1,00	1,10

Inès achète sur Internet deux places pour un opéra à Londres. Elle paie 178,18 livres sterling. Au taux de change ci-dessus, combien coûte en euro une place pour cet opéra ?

9 ★ 10 min

Le tableau ci-dessous est un tableau de proportionnalité.

	A	B	C	D	E	F	G	H	I
1	Mesures grandeur 1	25	50	75	100	125			
2	Mesures grandeur 2	30					15	45	6
3									
4	Coefficient de proportionnalité :								

1. Quelle formule peut être écrite dans la cellule B4 ?

2. Quelle formule peut être écrite dans la cellule C2 pour être étirée jusqu'en F2 ?

3. Quelle formule peut être écrite dans la cellule G1 pour être étirée jusqu'en I1 ?

10 ★ 10 min

Voici les dosages préconisés à partir d'un sac de ciment pour fabriquer 2 types de béton :

	Gravillon	Sable sec	Ciment
Béton pour fondations et terrasses	7 × 10 L +	5 × 10 L +	35 kg
Béton tous usages	6 × 10 L +	4 × 10 L +	35 kg

35 kg équivaut à 10 L 10 L

1. Toutes les mesures des matériaux étant exprimées en litre, à quel type de mélange correspond le ratio 1:2:3 ?

2. Avec 14 L de gravillon, quelle quantité de sable sec et de ciment faut-il pour un mélange de béton pour fondations ?

11 ★ 10 min

Carte à petite échelle	Carte à grande échelle
1 cm = 160 km	10 cm = 130 km

1. Quelles sont les échelles de ces deux cartes ?

2. Quelle est la distance sur chaque carte entre deux villes séparées de 58,5 km dans la réalité ?

12 ★ 10 min

Dans un pays de l'Union européenne, le 1er juillet 2020, la TVA dans la restauration est passée de 19,6 % à 5,5 %. Au 30 juin 2020, un restaurateur de ce pays proposait un menu « Dégustation » à ses clients pour un prix de 35 €.

1. Au 1er juillet 2020, ce même restaurateur indique qu'il passe le prix de son menu « Dégustation » de 35 € à 33 € en raison de la baisse de la TVA. De quel pourcentage a-t-il baissé son prix ? On arrondira le résultat à 0,01 % près.

2. Si le restaurateur avait répercuté intégralement la baisse de la TVA sur le prix de ce menu à 35 €, quel aurait été le prix du menu au 1er juillet 2020 ? On arrondira le résultat au centime près.

13 ★ 15 min

Dans cet exercice, tous les résultats seront arrondis au centième près.

Usain Bolt a battu à Berlin les records du monde du 100 m et du 200 m respectivement les 16 et 20 août 2009. Il a couru le 100 m en 9,58 s et le 200 m en 19,19 s.

1. Quelle était, en km/h, la vitesse moyenne d'Usain Bolt lors de ces courses (100 m et 200 m) ?

Dans la suite de cet exercice, on suppose qu'Usain Bolt court toujours le 100 m en 9,58 s.

2. Paul court à la vitesse moyenne de 30 km/h. Il fait une course avec Usain Bolt sur 100 m. Il part 2 secondes avant le champion. Franchira-t-il la ligne d'arrivée le premier ? Justifier.

3. À quelle vitesse moyenne devrait courir Paul pour arriver en même temps que le champion, toujours dans le cas où il part 2 secondes avant lui ?

14 ★★ 15 min *Sujet de CRPE*

Pour faire de la confiture, Grand-père ajoute à des mirabelles une masse de sucre égale aux quatre cinquièmes de la masse des fruits dénoyautés. La cuisson fait perdre un quart de la masse du mélange. Après la cuisson, la confiture est conditionnée dans des pots de 500 g. Les pots doivent être remplis pour une bonne conservation.

1. Aujourd'hui, Grand-père a récolté des mirabelles ; après les avoir dénoyautées, il a obtenu 5 kg de fruits. Combien de pots de confiture peut-il remplir ?

2. La masse de confiture obtenue par le procédé suivi par Grand-père est-elle proportionnelle à la masse de mirabelles dénoyautées ? Justifier votre réponse.

3. Grand-père souhaite obtenir 18 pots de confiture. Déterminer la masse minimum de mirabelles dénoyautées que Grand-père devra prévoir. On arrondira la masse au décigramme près.

15 ★★ 20 min

1. Qu'est-ce qu'un triangle dont les longueurs des côtés sont dans le ratio 1:1:1 ?

2. Qu'est-ce qu'un triangle dont les longueurs des côtés sont dans le ratio 1:3:3 ?

3. Dessiner un triangle dont les longueurs des côtés sont dans le ratio 3:4:5 et dont un côté mesure 8 cm.

4. Dessiner un triangle dont les longueurs des côtés sont dans le ratio 2:5:6 et dont le périmètre mesure 26 cm.

16 ★★ 5 min

Pour dessiner tous les circuits d'une puce électronique, les ingénieurs ont agrandi leur représentation de cette puce ; un élément de la puce qui mesure 0,2 mm de long réellement est représenté par un dessin de 4 cm de long. Quelle est l'échelle du dessin ?

17 ★★ 15 min *Sujet de CRPE*

Pour colorer l'émail des objets qu'il fabrique, un artisan utilise des oxydes métalliques. Pour peser certains de ces oxydes métalliques, il utilise un peson à ressort constitué d'un ressort, d'une réglette et d'un crochet pour accrocher les masses à mesurer.
Le peson est suspendu par l'une de ses extrémités. Lorsqu'on y accroche une masse, son ressort s'allonge.
Au repos, le ressort du peson a pour longueur 14 cm.
Avec une masse de 10 g, le ressort a pour longueur 14,5 cm.
Chaque fois que l'on ajoute 10 g à une masse déjà suspendue, le ressort s'allonge de 0,5 cm.

1. Quelle longueur mesurera le ressort si on suspend une masse de 70 g ?

2. L'artisan constate que le ressort mesure 28 cm. Quelle masse a-t-elle été suspendue au ressort ?

3. La longueur du ressort est-elle proportionnelle à la masse suspendue ? Justifier votre réponse.

18 ★★ 10 min *Sujet de CRPE*

Pour un projet scientifique, une classe de cours moyen décide de construire dans la cour de l'école une maquette du système solaire, en respectant les échelles.
On rappelle que le rayon moyen de la Terre est égal à 6 400 km et celui du Soleil est égal à 700 000 km.
Dans la maquette, le Soleil sera représenté par une boule de 18 cm de rayon.

1. Dans la maquette, quel sera le rayon de la Terre, arrondi au millimètre ?

2. Sachant que, dans la maquette, la distance du Soleil à la Terre devrait mesurer 38,47 m, retrouver la distance réelle Terre-Soleil (en kilomètre).

19 ★★ 10 min

Chez les êtres humains, le sexe-ratio à la naissance dans un pays donné est rarement équilibré.
En France, en 2017, 373 716 garçons et

356 526 filles sont nés (source : ined.fr).
En Allemagne, le sexe-ratio était cette année-là de 106:100 (source : Wikipédia).
Les sexes-ratios à la naissance sont-ils équivalents en France et en Allemagne ?

20 ★★ 15 min

Le responsable commercial d'un grand magasin achète un lot d'ordinateurs de même prix. Il en vend le tiers avec un bénéfice de 20 %, le quart avec un bénéfice de 16 %, et le reste avec une perte de 7 %.

1. Calculer en pourcentage le bénéfice réalisé sur la totalité de la vente.

2. Sachant que le bénéfice est de 2 976 €, calculer le montant des achats du responsable commercial.

21 ★★ 25 min

Stéphan place l'argent qu'il a reçu pour son anniversaire sur un livret d'épargne. Chaque année, la banque lui verse des intérêts correspondant à 2 % de la somme que contient son livret l'année précédente.

1. Stéphan place d'abord 150 € sur son livret. Quelle somme contiendra son livret au bout d'un an ? De deux ans ?

2. Stéphan décide d'écrire un script pour calculer plus rapidement la somme que contiendra son livret en fonction du placement initial et du nombre d'années.

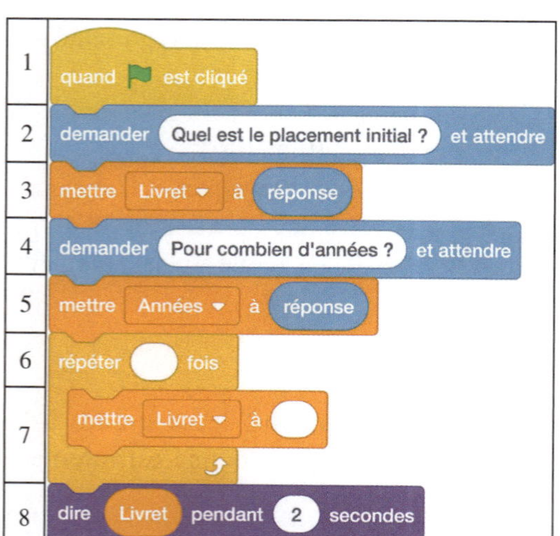

a) Compléter les lignes 6 et 7 de ce script.

b) Quelle somme contiendra le livret au bout de 5 ans si le placement initial est de 250 € ?

3. Stéphan place finalement son argent sur un livret rémunérant à 2,5 %.

a) Modifier le script pour prendre en compte ce nouveau taux de rémunération.

b) Si le placement initial est de 250 €, combien d'années faut-il attendre avant de disposer de 500 € ?

22 ★★ 30 min

On donne le diagramme circulaire suivant, qui représente la répartition de la consommation d'eau d'une famille :

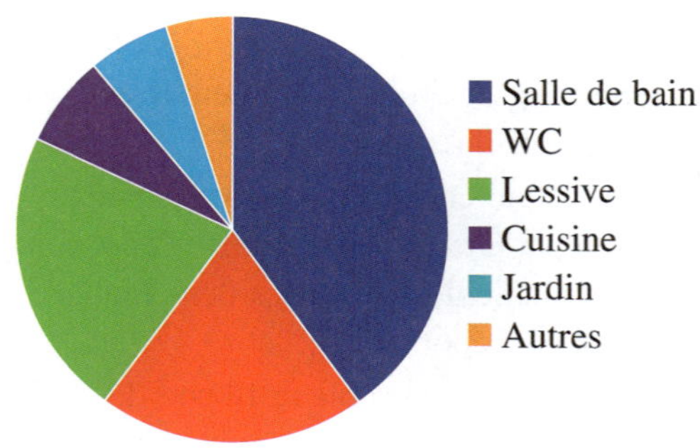

Dans cette représentation, les angles des secteurs angulaires sont proportionnels aux quantités d'eau utilisées pour chaque poste.

1. Quel est le plus gros poste de consommation d'eau ?

2. Le diagramme circulaire est obtenu à partir des données suivantes :

	Pourcentage de la consommation totale
Salle de bain	40 %
WC	
Lessive	22 %
Cuisine	7 %
Jardin	
Autres	

Sachant que cette famille consomme 58 500 litres d'eau par an, combien en utilise-t-elle pour la cuisine ?

3. Sans les mesurer sur le diagramme, retrouver par le calcul les mesures des angles représentant les postes Salle de bain et Lessive.

4. En mesurant sur le diagramme, donner une estimation des pourcentages représentés par les postes WC et Jardin.

5. En déduire le pourcentage représenté par le poste Autres.

23 ★★★ 20 min

1. Mon oncle, automobiliste prudent, roule 1 h à 60 km/h, puis 1 h à 40 km/h. Quelle est sa vitesse moyenne sur l'ensemble du parcours ?

2. Ma mère, randonneuse mesurée, marche 1 km à 6 km/h, puis 1 km à 4 km/h. Quelle est sa vitesse moyenne sur l'ensemble du parcours ?

3. Mon beau-cousin, cycliste fatigué, roule 30 km à 18 km/h et trouve sa performance bien médiocre. Il veut accélérer sur les 30 km du retour pour atteindre une vitesse moyenne de 24 km/h sur l'ensemble du parcours. Quelle doit être sa vitesse sur le retour ?

24 ★★★ 15 min

Deux familles ont passé des vacances en pension dans le même hôtel avec les mêmes prestations.

Les Dupont sont restés 5 jours, ils ont payé 500 € pour 3 personnes.

Les Durand sont quatre, ils ont payé 860 € pour 5 jours. Ils ont un doute sur leur facture. Y a-t-il une erreur ?

CORRIGÉS

Se tester en 10 questions

→ Énoncés p. 306

1 **Réponse c.** 18 est égal à 9×2, donc z est égal à $9 \times 3 = 27$.

(× 9)

x	2	8	18
y	3	12	z

2 **Réponses a et d.** L'aire d'un disque est égale à π fois le carré de son rayon. Avec un rayon deux fois plus grand, l'aire du disque n'est pas deux fois plus grande mais 4 fois plus grande. L'aire d'un disque n'est donc pas proportionnelle à son rayon.
La masse de l'eau est égale à un kilogramme par litre, la masse de l'eau est bien proportionnelle à son volume.
Le nombre de kilomètres parcourus est égal à la vitesse fois la durée du trajet. La vitesse de ce véhicule étant constante, le nombre de kilomètres parcourus par ce véhicule est proportionnel à la durée du trajet.
À 60 ans, une personne ne pèse généralement pas trois fois le poids qu'elle pesait à 20 ans. Le poids d'une personne n'est donc pas proportionnel à son âge.

3 **Réponse a.** Le prix des croissants est proportionnel au nombre de croissants.
Trois croissants coûtent 2,70 €, donc un croissant coûte 0,90 € (en divisant par 3), puis cinq croissants coûtent 4,50 € (en multipliant par 5).

4 **Réponses a, c et d.** Les suites (2 ; 6), (1 ; 3), (3 ; 9) et (4 ; 12) sont proportionnelles, les ratios 2:6, 1:3, 3:9 et 4:12 sont alors identiques.
Les suites (2 ; 6) et (3 ; 1) ne sont pas proportionnelles, les ratios 2:6 et 3:1 ne sont donc pas identiques.

5 **Réponse d.** On cherche les longueurs x et y (en cm) telles que les suites (2 ; 5 ; 6) et (10 ; x ; y) soient proportionnelles. En multipliant par 5 les valeurs de la première suite, on obtient la suite (10 ; 25 ; 30). Les deux autres arêtes du pavé mesurent donc 25 cm et 30 cm.

6 **Réponse b.** 100 km = 10 000 000 cm
L'échelle de la carte est : $\dfrac{20}{10\ 000\ 000} = \dfrac{1}{500\ 000}$.

7 **Réponse b.** L'article coûte 300 € avant les remises.

Après la première remise, il coûte : $300\ € \times \left(1 - \dfrac{20}{100}\right) = 300\ € \times 0{,}8 = 240\ €$.

Après la deuxième remise, il coûte : $240\ € \times \left(1 - \dfrac{20}{100}\right) = 240\ € \times 0{,}8 = 192\ €$.

En un seul calcul, on obtient : $300\ € \times 0{,}8 \times 0{,}8 = 192\ €$.

8 **Réponse d.** Pour obtenir 392 €, le prix 350 € a été multiplié par : $\dfrac{392\ €}{350\ €} = 1{,}12$, soit $1 + \dfrac{12}{100}$.
Ceci correspond à une augmentation de 12 %.

9 **Réponses b et c.** **La présence des unités dans les calculs facilite les conversions.**
La vitesse du cycliste est : $\dfrac{300\ \text{m}}{50\ \text{s}} = 6\ \text{m/s}$.

En m/min : $6\ \text{m/s} = \dfrac{6\ \text{m}}{1\ \text{s}} = \dfrac{6\ \text{m}}{\frac{1}{60}\ \text{min}} = 6 \times 60\ \text{m/min} = 360\ \text{m/min}$.

En km/h : $6\ \text{m/s} = \dfrac{6\ \text{m}}{1\ \text{s}} = \dfrac{\frac{6}{1\ 000}\ \text{km}}{\frac{1}{3\ 600}\ \text{h}} = \dfrac{6 \times 3\ 600}{1\ 000}\ \text{km/h} = 21{,}6\ \text{km/h}$.

10 **Réponse a.** Un projectile lancé à la vitesse de 180 km/h parcourt 180 km en 1 h, soit 180 m en $\dfrac{1}{1\ 000}$ h, soit 1 m en $\dfrac{1}{180\ 000}$ h, soit 25 m en $25 \times \dfrac{1}{180\ 000}$ h.
Par ailleurs : $25 \times \dfrac{1}{180\ 000}\ \text{h} = 25 \times \dfrac{3\ 600}{180\ 000}\ \text{s} = 0{,}5\ \text{s}$.

Échauffement

→ Énoncés p. 307

1 **1. Affirmation A : VRAI**
Pour passer de 2 à 8, on multiplie par 4.
Pour passer de 3 à 12, on multiplie par 4.
Pour passer de 4 à 16, on multiplie par 4.
Les suites sont donc bien proportionnelles de coefficient de proportionnalité 4.

2. Affirmation B : FAUX
Pour passer de 2 à 8 on doit multiplier par 4, mais pour passer de 3 à 0 on doit multiplier par 0 !
Les suites ne sont pas proportionnelles.
Conseil : les zéros aident ! Si deux suites sont proportionnelles, et si l'un des termes d'une suite est 0, alors obligatoirement le terme correspondant dans la seconde suite est 0.

3. Affirmation C : FAUX
À 60 ans, une personne ne mesure pas trois fois la taille qu'elle mesurait à 20 ans.

4. Affirmation D : VRAI
Le périmètre d'un cercle est égal à 2π fois son rayon, ces deux grandeurs sont donc bien proportionnelles, de coefficient de proportionnalité 2π.

5. Affirmation E : VRAI
La longueur de la diagonale d'un carré est égale à $\sqrt{2}$ fois la longueur du côté.
Pour retrouver ce résultat, on peut utiliser le théorème de Pythagore : si l'on appelle c la longueur de son côté et d la longueur de sa diagonale, on a : $d^2 = c^2 + c^2 = 2c^2$, donc $d = \sqrt{2} \times c$.

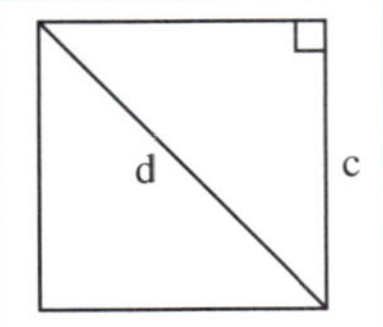

2 Le prix des croissants est proportionnel au nombre de croissants.
Pour deux croissants, Sonia a payé 1,60 €. Pour le triple de croissant, soit pour six croissants, le prix est également le triple, soit $3 \times 1{,}60$ € $= 4{,}80$ € **(propriété de linéarité multiplicative de la proportionnalité)**.
Pour trouver le prix de sept croissants, il nous faut trouver le prix d'un croissant **(procédure par retour à l'unité) :**
– deux croissants coûtent 1,60 €, donc un croissant coûte la moitié de 1,60 €, soit 0,80 € **(propriété de linéarité multiplicative de la proportionnalité)** ;
– six croissants coûtent 4,80 € et un croissant coûte 0,80 €, sept croissants coûtent alors $4{,}80$ € $+ 0{,}80$ € $= 5{,}60$ € **(propriété de linéarité additive de la proportionnalité)**.

3 Comparons la quantité de peinture blanche nécessaire pour chaque mélange à quantité de peinture verte égale.
• Pour le mélange A : il faut 2 tubes de peinture verte pour 3 litres de peinture blanche. Pour 2,5 fois plus de peinture verte, soit 5 tubes, il faut donc 2,5 fois plus de peinture blanche, soit 7,5 litres **(propriété de linéarité multiplicative de la proportionnalité)**.
• Pour le mélange B : il faut 5 tubes de peinture verte pour 8 litres de peinture blanche.
À quantité de peinture verte égale, il faut plus de peinture blanche pour le mélange B. La teinte la plus claire sera alors obtenue avec le mélange B.

4 Pour respecter le ratio 10:6:5 de la recette, on peut considérer que la quantité de farine représente 10 parts, la quantité de beurre 6 parts et la quantité de sucre 5 parts, chaque part ayant la même masse.
Il y a $10 + 6 + 5 = 21$ parts à répartir avec les 630 g du « sable », soit $\dfrac{630 \text{ g}}{21 \text{ parts}} = 30$ g/part.
La masse de farine nécessaire est :
$10 \text{ parts} \times 30 \text{ g/part} = 300$ g.
La masse de beurre nécessaire est :
$6 \text{ parts} \times 30 \text{ g/part} = 180$ g.
La masse de sucre nécessaire est :
$5 \text{ parts} \times 30 \text{ g/part} = 150$ g.

5 Sur la première carte à l'échelle $\dfrac{1}{25\ 000}$, les deux villages sont distants de 7 cm. Ils sont alors distants dans la réalité de $25\ 000 \times 7 \text{ cm} = 175\ 000$ cm, soit 1,75 km.
Cette distance représentée sur la deuxième carte à l'échelle $\dfrac{1}{40\ 000}$ est alors :
$\dfrac{1{,}75 \text{ km}}{40\ 000} = \dfrac{175\ 000 \text{ cm}}{40\ 000} = 4{,}375$ cm.

6 **1.** Augmenter le prix de 6 % en 2019 revient à le multiplier par $1 + \dfrac{6}{100}$, soit 1,06.
Augmenter le prix à nouveau de 6 % en 2020 revient à multiplier le résultat par 1,06.
En deux ans, le prix de l'objet a été multiplié par $1{,}06 \times 1{,}06 = 1{,}1236$.
Sur l'ensemble des deux années, multiplier le prix par 1,1236, soit par $1 + \dfrac{12{,}36}{100}$, revient à l'augmenter de 12,36 %.
2. Le prix début 2019 a été multiplié par 1,1236 pour obtenir celui fin 2020.
Le prix fin 2020 étant de 280,90 €, le prix début 2019 est alors : $\dfrac{280{,}90 \text{ €}}{1{,}1236} = 250$ €.

7 **1. Affirmation A : FAUX**
$180 \text{ km/h} = \dfrac{180 \text{ km}}{1 \text{ h}} = \dfrac{180\ 000 \text{ m}}{3\ 600 \text{ s}} = 50$ m/s.

Le faucon est alors moins rapide qu'un ballon de football tiré à la vitesse de 51 m/s.

On peut aussi calculer la distance parcourue en 1 s et la multiplier par 3 600 pour obtenir la distance parcourue en 1 h. Il faudra ensuite convertir le m en km.

2. Affirmation B : FAUX

$$\frac{150\text{ m}}{8\text{ s}} = \frac{\frac{150}{1\,000}\text{ km}}{\frac{8}{3\,600}\text{ h}} = \frac{150}{1\,000} \times \frac{3\,600}{8}\text{ km/h}$$
$$= 67{,}5\text{ km/h}.$$

Cette voiture ne dépasse pas la limitation de vitesse de 70 km/h.

3. Affirmation C : FAUX

Ne pas confondre vitesse moyenne et moyenne des vitesses ! On cherche ici la vitesse moyenne, donc le quotient de la distance totale par le temps total.

Durée de la première partie du parcours :
$\frac{50\text{ km}}{25\text{ km/h}} = 2\text{ h}.$

Durée de la deuxième partie du parcours :
$\frac{50\text{ km}}{15\text{ km/h}} = 3\text{ h }20\text{ min}$.

Le cycliste parcourt donc 100 km en 5 h 20 min, sa vitesse moyenne est :

$\frac{100\text{ km}}{5\text{ h }20\text{ min}} \simeq 18{,}75\text{ km/h}.$

4. Affirmation D : FAUX

À 13 h 30 :

– l'automobiliste aura roulé pendant 1,5 h à une vitesse moyenne de 90 km/h, il aura donc parcouru 1,5 h × 90 km/h, soit 135 km ;

– le cycliste aura roulé pendant 6,5 h à une vitesse moyenne de 15 km/h, il aura donc parcouru 6,5 h × 15 km/h, soit 97,5 km.

L'automobiliste aura rattrapé le cycliste avant 13 h 30.

Pour réussir au concours

→ Énoncés p. 308

8 Une livre sterling revient à 1,10 euro, donc 178,18 livres sterling reviennent à 178,18 × 1,10 €, soit 195,998 €.

Une place pour cet opéra coûte :

$\frac{195{,}998\text{ €}}{2} = 97{,}999\text{ €}$; soit environ 98 €, au centime d'euro près.

9 **1.** Le coefficient de proportionnalité est le nombre par lequel on multiplie les nombres de la première ligne pour obtenir ceux de la deuxième ligne, c'est-à-dire : $\frac{30}{25}$.

Dans la cellule B4, on peut donc entrer la formule : =B2/B1 ou =30/25.

2. =C1*B4 ou =C1*$B4 ou =C1*B2/B1 ou =C1*$B2/$B1

3. =G1/B4 ou =G1/$B4 ou =G1*B1/B2 ou =G1*$B1/$B2

10 **1.** Les quantités de ciment, de sable sec et de gravillon du béton tous usages sont au ratio 2:4:6, donc également au ratio 1:2:3 (en divisant les quantités par 2).

2. Le dosage préconisé pour le mélange de béton pour fondations indique 70 L de gravillon, 50 L de sable sec et 20 L de ciment.

Pour rester dans le même ratio, avec 5 fois moins de gravillon, soit 14 L, il faut 5 fois moins de sable sec, soit 10 L, et 5 fois moins de ciment, soit 4 L.

11 **1.** Sur la carte à petite échelle, une longueur réelle de 160 km, soit 16 000 000 cm, est représentée par une longueur de 1 cm, les distances sont donc divisées par 16 000 000. Cette carte est donc à l'échelle $\frac{1}{16\,000\,000}$.

Sur la carte à grande échelle, une longueur réelle de 130 km, soit 13 000 000 cm, est représentée par une longueur de 10 cm, les distances sont donc divisées par $\frac{13\,000\,000\text{ cm}}{10\text{ cm}} = 1\,300\,000$. Cette carte est donc à l'échelle $\frac{1}{1\,300\,000}$.

2. 58,5 km = 5 850 000 cm

$\frac{5\,850\,000\text{ cm}}{1\,300\,000} = 4{,}5\text{ cm}$: ces deux villes sont distantes de 4,5 cm sur la carte à grande échelle.

$\frac{5\,850\,000\text{ cm}}{16\,000\,000} \simeq 0{,}37\text{ cm}$: ces deux villes sont distantes de 0,37 cm sur la carte à petite échelle.

12 **1.** $\frac{33\text{ €}}{35\text{ €}} \simeq 0{,}9429$, soit environ $1 - \frac{5{,}71}{100}$. Le prix du menu a baissé d'environ 5,71 %, à 0,01 % près.

2. La TVA est un pourcentage du prix hors taxes ajouté à ce prix. Le menu à 35 € avec la TVA de 19,6 % vaut, hors taxes :

$$\frac{35\text{ €}}{\left(1+\frac{19{,}6}{100}\right)} = \frac{35\text{ €}}{1{,}196} \simeq 29{,}26\text{ € au centime près.}$$

Ce prix, avec une TVA de 5,5 %, devrait être :

$$29{,}26\text{ €} \times \left(1+\frac{5{,}5}{100}\right) = 29{,}26\text{ €} \times 1{,}055 \simeq 30{,}87\text{ €}$$

au centime d'euro près.

En un seul calcul, on obtient : $\frac{35\ €}{1,196} \times 1,055 \simeq 30,87\ €$.

13 **1.** Vitesse moyenne lors du 100 m :

$$\frac{100\text{ m}}{9,58\text{ s}} = \frac{\frac{100}{1\,000}\text{ km}}{\frac{9,58}{3\,600}\text{ h}} = \frac{100}{1\,000} \times \frac{3\,600}{9,58}\text{ km/h}$$

$\simeq 37,58$ km/h au centième près.

Vitesse moyenne lors du 200 m :

$$\frac{200\text{ m}}{19,19\text{ s}} = \frac{\frac{200}{1\,000}\text{ km}}{\frac{19,19}{3\,600}\text{ h}} = \frac{200}{1\,000} \times \frac{3\,600}{19,19}\text{ km/h}$$

$\simeq 37,52$ km/h au centième près.

On peut aussi calculer la distance parcourue en 1 s et la multiplier par 3 600 pour obtenir la distance parcourue en 1 h. Il faudra ensuite convertir le m en km.

2. En 11,58 secondes, Paul franchira :

$$11,58\text{ s} \times \frac{30\text{ km}}{1\text{ h}} = 11,58\text{ s} \times \frac{30\,000\text{ m}}{3\,600\text{ s}}$$

$= 96,5$ m.

Avec deux secondes d'avance, Paul parcourra 96,5 m alors qu'Usain Bolt parcourra 100 m. Paul ne franchira pas la ligne d'arrivée le premier.

3. Paul devrait parcourir 100 m en 11,58 s, sa vitesse moyenne devrait être :

$$\frac{100\text{ m}}{11,58\text{ s}} = \frac{\frac{100}{1\,000}\text{ km}}{\frac{11,58}{3\,600}\text{ h}} = \frac{100}{1\,000} \times \frac{3\,600}{11,58}\text{ km/h}$$

$\simeq 31,09$ km/h au centième près.

14 **1.** Aux 5 kg de mirabelles dénoyautées, il faut ajouter les quatre cinquièmes de sucre, soit : $\frac{4}{5} \times 5\text{ kg} = 4\text{ kg}$.

Le mélange mirabelles-sucre pèse alors 9 kg.
La cuisson fait perdre un quart de la masse du mélange, il en reste alors les trois quarts, soit : $\frac{3}{4} \times 9\text{ kg} = 6,75\text{ kg}$.

Après la cuisson, la confiture est conditionnée dans des pots de 500 g, soit de 0,5 kg. Grand-père peut donc remplir, en nombre de pots : $\frac{6,75\text{ kg}}{0,5\text{ kg}} = 13,5$.

2. Notons m la masse de mirabelles dénoyautées. À cette masse, il faut ajouter les quatre cinquièmes de sucre, soit : $\frac{4}{5} \times m$.

On obtient alors :

$$m + \frac{4}{5} \times m = \frac{5}{5} \times m + \frac{4}{5} \times m = \frac{9}{5} \times m.$$

La cuisson fait perdre un quart de la masse du mélange, il en reste alors les trois quarts, soit : $\frac{3}{4} \times \left(\frac{9}{5} \times m\right) = \frac{27}{20} \times m$.

La masse de confiture obtenue est égale aux vingt-sept vingtièmes de la masse de mirabelles dénoyautées, ces deux masses sont donc bien proportionnelles.

3. La confiture étant conditionnée dans des pots de 0,5 kg, pour obtenir 18 pots de confiture, il faut après cuisson : 18 × 0,5 kg = 9 kg de confiture.
Notons c la masse du mélange nécessaire avant cuisson. La cuisson faisant perdre un quart de la masse du mélange, on obtient :

$\frac{3}{4} \times c = 9\text{ kg}$; soit $c = \frac{4}{3} \times 9\text{ kg}$;

et donc $c = 4 \times 3\text{ kg} = 12\text{ kg}$.

Notons m la masse de mirabelles dénoyautées nécessaire avant mélange. Le mélange nécessitant une masse de sucre égale aux quatre cinquièmes de la masse de fruits dénoyautés, on obtient :

$m + \frac{4}{5} \times m = 12\text{ kg}$; soit $\frac{9}{5} \times m = 12\text{ kg}$;

et donc $m = \frac{5}{9} \times 12\text{ kg} = \frac{20}{3}\text{ kg} \simeq 6,7\text{ kg}$, à l'hectogramme près par excès.

Pour obtenir 18 pots de confiture, Grand-père devra prévoir environ 6,7 kg de mirabelles dénoyautées.

15 **1.** Un triangle dont les longueurs sont dans le ratio 1:1:1 a trois côtés de même longueur, c'est donc un triangle équilatéral.

2. Un triangle dont les longueurs sont dans le ratio 1:3:3 a deux côtés de même longueur, c'est donc un triangle isocèle.
Est-il également rectangle ? D'une part : $3^2 = 9$, d'autre part : $1^2 + 3^2 = 1 + 9 = 10$.
Le carré du plus grand côté n'est pas égal à la somme des carrés des deux autres, donc d'après la contraposée du théorème de Pythagore, le triangle n'est pas rectangle.

3. Pour se faciliter la tâche de construction, un triangle dont les côtés sont dans le ratio 3:4:5 et dont un côté mesure 8 cm peut être un triangle dont les côtés mesurent 6 cm, 8 cm et 10 cm.

On reconnaît le triplet pythagoricien (3 ; 4 ; 5), le triangle dessiné sera alors rectangle, quelles que soient les mesures choisies satisfaisant ce ratio.

4. Un triangle dont les côtés mesurent 2 cm, 5 cm et 6 cm a pour périmètre 2 cm + 5 cm + 6 cm = 13 cm.
En multipliant les longueurs par 2, elles restent dans le ratio 2:5:6 et le périmètre mesure alors le double, soit 26 cm.

16 L'échelle est le coefficient de proportionnalité permettant de passer des distances réelles aux distances représentées, c'est-à-dire ici :

$$\frac{4\text{ cm}}{0,2\text{ mm}} = \frac{40\text{ mm}}{0,2\text{ mm}} = \frac{1}{0,005}\text{ (ou 200).}$$

L'échelle est donc $\frac{200}{1}$.

17 **1.** Au repos, le ressort a pour longueur 14 cm.
Le ressort s'allonge de 0,5 cm chaque fois que l'on ajoute 10 g, donc si l'on ajoute 70 g, le ressort

s'allonge de $7 \times 0{,}5$ cm = 3,5 cm. Il a alors pour longueur 14 cm + 3,5 cm, soit 17,5 cm.

2. Au repos, le ressort a pour longueur 14 cm.
Puisque le ressort mesure 28 cm, il s'est alors allongé de 28 cm – 14 cm, soit 14 cm.
Il s'allonge de 0,5 cm par masse de 10 g suspendue, la masse suspendue est alors :

$$\frac{14\ \text{cm}}{\frac{0{,}5\ \text{cm}}{10\ \text{g}}} = 28 \times 10\ \text{g} = 280\ \text{g}.$$

3. Pour une masse suspendue de 70 g, le ressort mesure 17,5 cm.
Pour quatre fois plus de masse suspendue, soit 280 g, le ressort mesure 28 cm qui n'est pas égal à quatre fois 17,5 cm.
La longueur du ressort n'est donc pas proportionnelle à la masse suspendue.

18 **1. Calculons l'échelle de la maquette :** l'échelle est le coefficient permettant de passer des distances réelles aux distances représentées, c'est-à-dire ici :

$$\frac{18\ \text{cm}}{700\ 000\ \text{km}} = \frac{18\ \text{cm}}{70\ 000\ 000\ 000\ \text{cm}} = \frac{9}{35\ 000\ 000\ 000}.$$

Calcul du rayon de la Terre dans la maquette : le rayon réel moyen de la Terre est égal à 6 400 km, le rayon de la Terre dans la maquette sera alors :

$$6\ 400\ \text{km} \times \frac{9}{35\ 000\ 000\ 000}$$

$$= 6\ 400\ 000\ 000\ \text{mm} \times \frac{9}{35\ 000\ 000\ 000}$$

$\simeq 2$ mm au millimètre près.

2. La distance Terre-Soleil dans la maquette étant de 38,47 m, la distance réelle serait alors :

$$\frac{38{,}47\ \text{m}}{\frac{9}{35\ 000\ 000\ 000}} = 38{,}47\ \text{m} \times \frac{35\ 000\ 000\ 000}{9}$$

$$\simeq 149\ 605\ 555\ 555\ \text{m},$$

soit environ 149 605 556 km.

19 Cherchons la valeur n telle que $(n\ ;100)$ est dans le ratio (373 716 ; 356 526) :

$$\frac{n}{373\ 716} = \frac{100}{356\ 526}$$

équivaut à $n = \frac{100}{356\ 526} \times 373\ 716.$

On obtient : $n \simeq 104{,}8$.
Les sexes-ratios à la naissance ne sont pas équivalents dans les deux pays, il y a une plus grande proportion de garçons nés cette année-là en Allemagne.

20 **1.**

$$\frac{1}{3}\times\left(1+\frac{20}{100}\right)+\frac{1}{4}\times\left(1+\frac{16}{100}\right)+\left(1-\frac{1}{3}-\frac{1}{4}\right)\times\left(1-\frac{7}{100}\right)$$

$$=\frac{1}{3}\times 1{,}2+\frac{1}{4}\times 1{,}16+\frac{5}{12}\times 0{,}93 = 0{,}4+0{,}29$$

$$+0{,}3875$$

$= 1{,}0775$ soit $1 + \frac{7{,}75}{100}$.

Sur la totalité de la vente, le bénéfice réalisé est de 7,75 %.

2. Le bénéfice représente 7,75 % du total des achats, donc : $2\ 976\ € = \frac{7{,}75}{100} \times \text{total}$.

Le montant total des achats est alors de :

$$\frac{2\ 976\ €}{\frac{7{,}75}{100}} = 2\ 976\ € \times \frac{100}{7{,}75} = 38\ 400\ €.$$

21 **1.** Au bout d'un an, le livret contiendra :

$$150\ € \times \left(1+\frac{2}{100}\right) = 150\ € \times 1{,}02 = 153\ €.$$

Au bout de deux ans, le livret contiendra :

$$153\ € \times \left(1+\frac{2}{100}\right) = 13\ € \times 1{,}02 = 156{,}06\ €.$$

2. a) Ligne 6 :

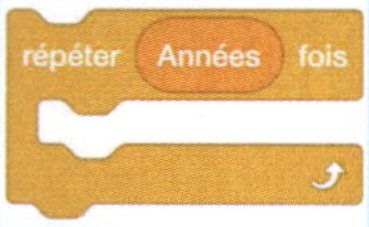

Ligne 7 :

b) $250\ € \times \left(1+\frac{2}{100}\right)^5 = 250\ € \times 1{,}02^5 \simeq 276{,}02\ €$ au centime d'euro près.

Si Stéphan place 250 € pendant 5 ans, le montant de son livret sera environ 276,02 €.

3. a)

b) Au bout de 28 années, on dispose d'environ 499,12 €. Au bout de 29 années, on dispose d'environ 511,60 €. Il faut attendre 29 années avant de disposer d'au moins 500 €.

22 **1.** Le plus gros poste de consommation d'eau est la Salle de bain.

2. Cette famille consomme 7 % de 58 500 litres d'eau par an pour la cuisine, soit $\frac{7}{100} \times 58\ 500\ \text{L} = 4\ 095\ \text{L}$.

3. Le poste Salle de bain représente 40 % de la consommation d'eau totale. Dans un diagramme circulaire, la mesure d'angle total est de 360° et représente 100 %, donc la mesure de l'angle représentant le poste Salle de bain est : $\frac{40}{100} \times 360° = 144°$.

Le poste Lessive représente 22 % de la consommation d'eau totale. La mesure de l'angle représentant le poste Lessive est : $\frac{22}{100} \times 360° = 79{,}2°$.

4. En mesurant, la section de disque représentant le poste WC mesure environ 73° sur un total de 360° sur le diagramme, soit $\frac{73°}{360°} \simeq 0{,}20$ de la consommation, c'est-à-dire environ 20 % de la consommation.
De même pour le poste Jardin : ce poste mesure environ 22° sur un total de 360° sur le diagramme, soit $\frac{22°}{360°} \simeq 0{,}06$ de la consommation, c'est-à-dire environ 6 % de la consommation.
5. Le poste Autres représente environ :
$100\ \% - 40\ \% - 20\ \% - 22\ \% - 7\ \% - 6\ \% = 5\ \%$.

23 **1.** Il parcourt 60 km la première heure et 40 km la deuxième heure, soit 100 km en 2 heures. Sa vitesse moyenne est alors de 50 km/h.
2. Elle parcourt le premier km en $\frac{1 \text{ km}}{6 \text{ km/h}} = \frac{1}{6} \text{ h} = 10 \text{ min}$ et le deuxième km en $\frac{1 \text{ km}}{4 \text{ km/h}} = \frac{1}{4} \text{ h} = 15 \text{ min}$, soit 2 km en 25 min.
Sa vitesse moyenne est alors $\frac{2 \text{ km}}{25 \text{ min}} \simeq \frac{2 \text{ km}}{0{,}42 \text{ h}}$, soit environ 4,8 km/h.
3. Notons t_1 le temps en heures de la première partie du parcours et t_2 le temps en heures de la deuxième partie.
$t_1 = \frac{30 \text{ km}}{18 \text{ km/h}} = \frac{5}{3} \text{ h}$.
Pour atteindre une moyenne de 24 km/h, on obtient : $24 \text{ km/h} = \frac{30 \text{ km} + 30 \text{ km}}{\frac{5}{3} \text{ h} + t_2}$.
Et donc : $\frac{5}{3} \text{ h} + t_2 = \frac{60 \text{ km}}{24 \text{ km/h}}$.
Soit $\frac{5}{3} \text{ h} + t_2 = \frac{5}{2} \text{ h}$.
C'est-à-dire : $t_2 = \frac{5}{2} \text{ h} - \frac{5}{3} \text{ h}$.
Et finalement : $t_2 = \frac{15}{6} \text{ h} - \frac{10}{6} \text{ h} = \frac{5}{6} \text{ h}$.
La vitesse sur le retour doit alors être de : $\frac{30 \text{ km}}{\frac{5}{6} \text{ h}} \simeq 36 \text{ km/h}$.

24 Les deux familles sont restées le même nombre de jours dans cet hôtel.
Supposons que la facture est proportionnelle au nombre de personnes.
Les Dupont ont payé 500 € pour 3 personnes, le prix par personne est alors de $\frac{500\ €}{3}$, soit environ 166,67 €.

Pour 4 personnes, la facture devrait être : $4 \times \frac{500\ €}{3}$, soit environ 666,67 €.

Dans le cas où la facture est proportionnelle au nombre de personnes (et même dans le cas où la facture est dégressive en fonction du nombre de personnes), les Durand paieraient trop cher, il y aurait donc une erreur.

13 Fonctions

Les fonctions sont des outils mathématiques performants pour modéliser de nombreux phénomènes. L'apprentissage de cette notion nécessite de se placer dans les différents cadres, algébriques, numériques et graphiques.
Ce chapitre est étroitement lié à l'étude des grandeurs et au calcul littéral. Le cas particulier simple, mais fécond, des fonctions affines et linéaires permettra de revisiter la notion de droite et la proportionnalité.

A Définitions, vocabulaire

Dans le langage courant, une fonction est, par exemple, ce que doit accomplir une personne dans son travail, et l'expression « fonction de » renvoie à une relation de dépendance.
Dans l'acception mathématique, nous retrouvons l'idée de dépendance entre deux ensembles de données et celle d'un processus opératoire à accomplir pour associer, à une donnée de l'ensemble de départ, une donnée de l'ensemble d'arrivée.

1. Définitions

Exemple 1

La fréquence cardiaque (FC) correspond au nombre de battements de cœur par minute.
La fréquence cardiaque maximale (FCM), atteinte lors d'efforts conséquents, est une donnée qui permet au sportif d'établir des plans d'entraînement.
On constate que cette FCM dépend de l'âge.
Des études ont pu établir une fréquence cardiaque maximale théorique (FCMT) en fonction de l'âge. Ainsi, à chaque âge, on fait correspondre, c'est-à-dire on associe, une FCMT.
Le tableau suivant, obtenu en faisant varier l'âge, donne certaines correspondances (l'âge est donné en année et la FCMT en battements par minute arrondie à l'unité).

Âge	30	35	40	45	50	55	60	65	70
FCMT	185	183	180	177	174	170	166	162	157

Des chercheurs ont modélisé ce lien entre FCMT et l'âge par une formule :
$\text{FCMT} = 191{,}5 - 0{,}007 \times (\text{âge})^2$.
On obtient donc un processus qui, à chaque valeur de l'âge, associe un nombre unique représentant la FCMT.
Pour un homme de 50 ans, par exemple, on a :
$50 \rightarrow 191{,}5 - 0{,}007 \times (50)^2 = 174$ battements par minute.
En notant x la valeur de l'âge et $f(x)$ la FCMT qui lui correspond, le processus qui à tout x associe un nombre unique $f(x)$ sera appelé la fonction f :
$x \mapsto f(x) = 191{,}5 - 0{,}007 \times (x)^2$.

DÉFINITION

- Une fonction f est un processus (une suite d'opérations) qui, à chaque élément x d'un ensemble de départ, associe un élément unique $f(x)$ (lire « f de x ») d'un ensemble d'arrivée.
- On note : $f : x \mapsto f(x)$ (lire « la fonction f qui à x associe $f(x)$ »).

La fonction $f : x \mapsto f(x) = \frac{1}{x}$ n'est pas définie quand $x = 0$ (on ne peut pas diviser par 0).
L'ensemble de départ sur lequel est définie la fonction est donc $\mathbb{R}$ privé de 0.
On dit que l'on va de $]-\infty\,;\,0[\,\cup\,]0\,;\,+\infty[$ vers $\mathbb{R}$ et l'on note :
$]-\infty\,;\,0[\,\cup\,]0\,;\,+\infty[\,\to \mathbb{R}$.

Remarques :
- Nous n'étudierons que les fonctions de $\mathbb{R}$ vers $\mathbb{R}$.
- L'ensemble de départ est un intervalle ou une réunion d'intervalles de $\mathbb{R}$ sur lequel la fonction est définie et l'ensemble d'arrivée est $\mathbb{R}$.

2. Vocabulaire

Exemple 2

Soit la fonction carrée : $f\ :\ \mathbb{R} \to \mathbb{R}$

$$x \mapsto f(x) = x^2$$

(On lit « f de $\mathbb{R}$ vers $\mathbb{R}$, qui à x associe f de x égale à x^2 ».)
L'égalité : $f(x) = x^2$ est l'expression de la fonction f ; x est la variable.
On a par exemple :
$2 \mapsto f(2) = 2^2 = 4$. On dit que l'image de 2 par f est 4.
$-2 \to f(-2) = (-2)^2 = 4$. L'image de -2 est aussi 4.
On peut dire aussi que 2 et -2 sont des antécédents de 4 par f.
Si l'on cherche les antécédents de -4, cela revient à chercher les x tels que $x^2 = -4$:

$$?\ldots \mapsto -4.$$

-4 n'a pas d'antécédent par f (il n'existe pas de nombre qui, élevé au carré, donne -4).

DÉFINITIONS

Soit une fonction $f : x \mapsto f(x)$:
– le nombre $f(x)$ est l'image du nombre x par la fonction f ;
– le nombre x est un antécédent du nombre k par la fonction f si $f(x) = k$.

Remarques :
- L'image d'un nombre x (x appartenant à l'ensemble sur lequel f est définie) est unique.
- Un nombre k peut ne pas avoir d'antécédent par f, en avoir un seul ou plusieurs.

Attention !
Dans ce chapitre x et $f(x)$ sont des nombres, f est un objet mathématique appelé fonction, ce n'est pas un nombre.

(ES 1 ET 3, p. 324

B Représentation graphique d'une fonction

Exemple 3

Nous reprenons la fonction carrée de l'exemple 2 :

$$f\ :\ \mathbb{R} \to \mathbb{R}$$
$$x \mapsto f(x) = x^2$$

Par le calcul, on obtient un tableau de valeurs :

x	-3	-2	-1	0	1	2	3
$f(x) = x^2$	9	4	1	0	1	4	9

On peut alors représenter la fonction f dans un repère en plaçant les points $(x\,;f(x))$ et en les reliant.
On place ainsi les points $B(3;9)$; $D(2;4)$; $F(1;1)$; $G(0;0)$; $E(-1;1)$; $C(-2;4)$; $A(-3;9)$.

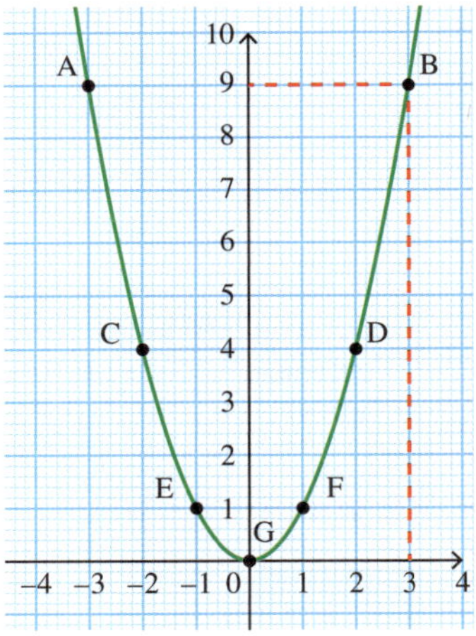

DÉFINITIONS

- La représentation graphique d'une fonction f dans un repère est formée par tous les points de coordonnées $(x\,;f(x))$.
- Un point $M(x\,;y)$ appartient à la courbe représentative de f si et seulement si :

$$y=f(x)$$

Remarques :
- Pour représenter la fonction f dans un repère, on a attribué l'axe des abscisses à la variable x et l'axe des ordonnées aux valeurs $f(x)$.
- Ainsi, en reprenant les termes de la définition d'une fonction, l'ensemble de départ est sur l'axe des abscisses et l'ensemble d'arrivée sur l'axe des ordonnées.

Attention !
Ne pas confondre un point M du plan qui est un être géométrique et ses deux coordonnées x et y (l'abscisse et l'ordonnée) dans un repère, qui sont des nombres.

MÉTHODES 2 ET 4, p. 326

C Cas particuliers des fonctions affines et linéaires

1. Fonctions affines

1-1 Définition

Exemple 4

Soit un rectangle dont on peut faire varier une de ses dimensions x, l'autre étant fixe et égale à 1,5.

Le périmètre du rectangle s'exprime en fonction de x :
$p(x)=1{,}5+x+1{,}5+x=2x+3$.
$p(x)=2x+3$ est l'expression d'une fonction affine.
Dans cet exemple, x représentant la longueur d'un côté est un nombre positif.
Nous allons nous intéresser à la fonction $p(x)=2x+3$ définie sur $\mathbb{R}$.
On peut construire un tableau de valeurs en faisant varier x :

x	-3	-2	-1	0	1	2
$p(x)=2x+3$	-3	-1	1	3	5	7

Pour représenter la fonction p, on place les différents points obtenus dans un repère.
On constate que ces points sont alignés, la représentation graphique de la fonction p est une droite (d).
On peut vérifier que tout point $M(x\,;y)$ du plan tel que son abscisse x et son ordonnée y sont liés par la relation $y = 2x + 3$ appartient à la droite (d).
Réciproquement, tout point $M(x\,;y)$ appartenant à la droite (d) vérifie la relation $y = 2x + 3$.
Un point $M(x\,;y)$ appartient à la droite si et seulement si l'équation $y = 2x + 3$ est vérifiée.

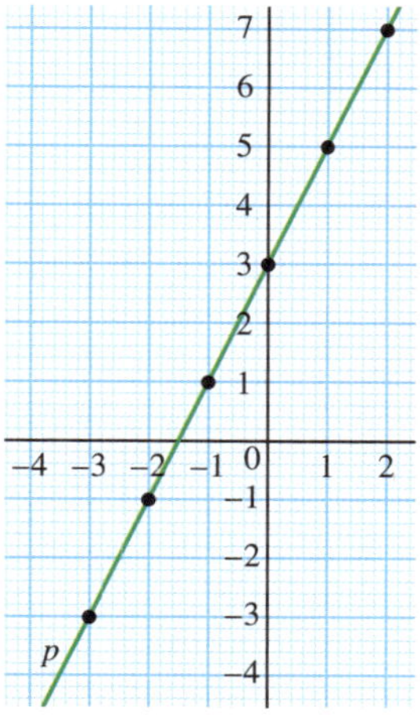

DÉFINITIONS

- m et p étant deux nombres réels, une fonction dont l'expression est de la forme $f(x) = mx + p$ est une **fonction affine**.
- Sa représentation graphique est une **droite d'équation : $y = mx + p$**.
- Un point $M(x\,;y)$ appartient à la droite si et seulement si l'équation : $y = mx + p$ est vérifiée.

1-2 Interprétation des coefficients m et p

Exemple 5

Soit la fonction affine f définie par son expression :

$f : x \mapsto f(x) = \frac{2}{3}x + 1$.

$f(0) = \frac{2}{3} \times 0 + 1 = 1$.

La droite qui représente f dans un repère passe donc par le point A$(0\,;1)$.

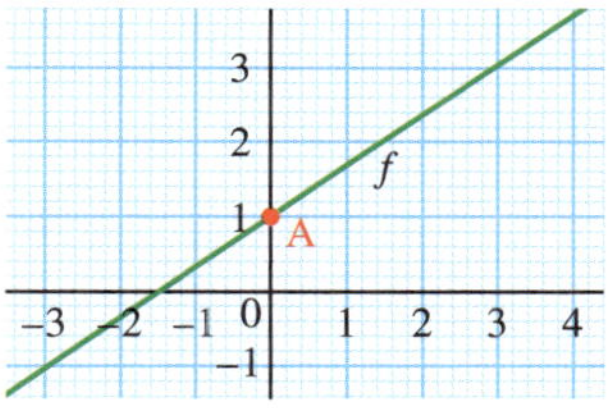

La droite coupe l'axe des ordonnées au point A d'ordonnée 1.
1 est l'ordonnée à l'origine.
$\frac{2}{3}$ est le coefficient directeur ou pente de la droite d'équation : $y = \frac{2}{3}x + 1$. Il indique qu'en partant d'un point de la droite et en effectuant un déplacement horizontal de 3 vers la droite puis un déplacement vertical de 2 vers le haut, on rejoint la droite.
En partant de A et en effectuant un déplacement horizontal de 3 vers la droite puis un déplacement vertical de 2 vers le haut, on rejoint le point B sur la droite.
De même en partant de B et en effectuant un déplacement horizontal de 3 vers la droite puis un déplacement vertical de 2 vers le haut, on rejoint le point F sur la droite.

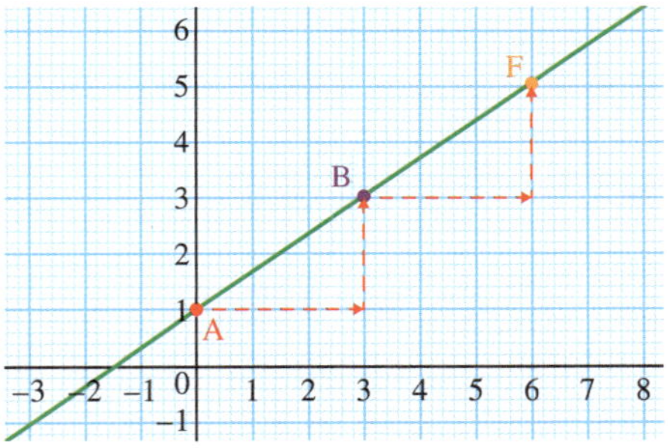

DÉFINITIONS

Soit $y = mx + p$ l'équation de la droite représentative d'une fonction affine :
– p est l'**ordonnée à l'origine** de la droite ;
– m est le **coefficient directeur** ou **pente** de la droite.

Exemple 6

La fonction f qui a pour expression $f(x)=3$ est une fonction affine. En effet, on peut l'écrire $f(x)=0x+3$; elle est bien de la forme $f(x)=mx+p$ avec ici $m=0$ et $p=3$.
Tout nombre x a pour image 3. On dit que la fonction f est constante.
Sa représentation graphique est une droite parallèle à l'axe des abscisses d'équation : $y=3$.
La droite est l'ensemble des points M de coordonnées $M(x;3)$.

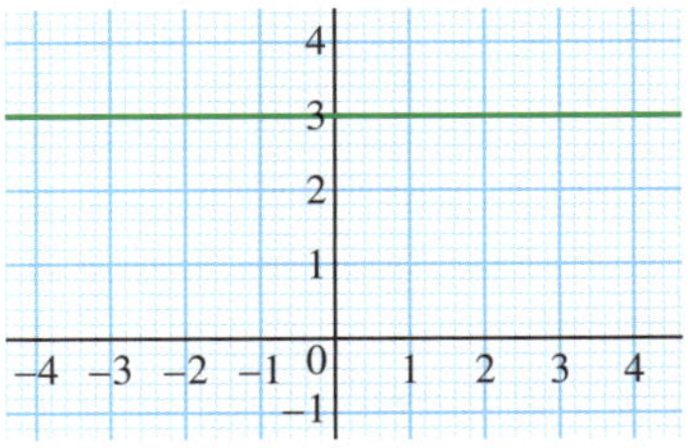

DÉFINITIONS

- Les fonctions ayant pour expression $f(x)=p$ sont des fonctions affines (avec $m=0$).
- Ce sont des fonctions constantes.
- Leur droite représentative est parallèle à l'axe des abscisses et a pour équation $y=p$.

MÉTHODE 3, p. 328

2. Fonctions affines par morceaux

Exemple 7

Une agence de location de voitures propose la formule suivante :
un forfait de 200 € et 0,2 € par kilomètre parcouru jusqu'à 1 500 km ; au-delà, le kilomètre parcouru est facturé 0,5 €.
Si l'on veut exprimer par une fonction f le coût de la location en fonction du nombre x de kilomètres parcourus, on obtient :
- si $0 < x \leq 1\,500$,
$f(x)=200+0,2x=0,2x+200$;
- au-delà de 1 500 km, les nouveaux kilomètres $(x-1\,500)$ seront facturés 0,5 €/km et les 1 500 premiers kilomètres seront facturés :
$200\text{ €}+0,2\text{ €}\times 1\,500\text{ €}=200\text{ €}+300\text{ €}=500\text{ €}$.

Ainsi, si $1\,500 < x$,

$$\begin{aligned} f(x) &= 500+0,5(x-1\,500) \\ &= 500-750+0,5x \\ &= -250+0,5x \\ &= 0,5x-250. \end{aligned}$$

Ainsi, on obtient une fonction affine par morceaux :

$$f(x)=\begin{cases} 0,2x+200 & \text{si } 0 \leq x \leq 1\,500 \\ 0,5x-250 & \text{si } 1\,500 < x \end{cases}$$

La représentation graphique donne :

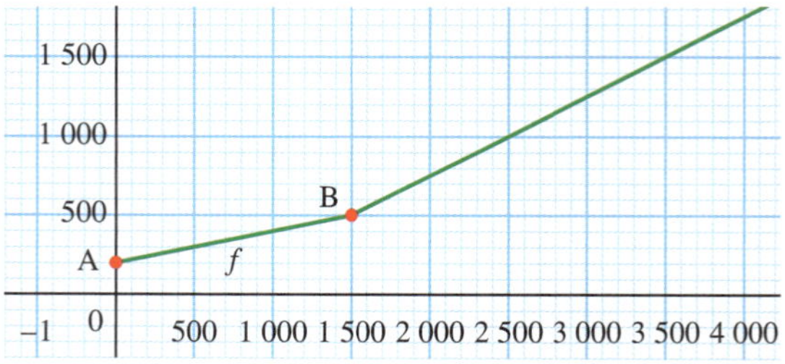

DÉFINITIONS

- Une fonction f définie sur une réunion d'intervalles disjoints par une expression affine différente sur chacun des intervalles est appelée fonction affine par morceaux.
- Sa représentation graphique est alors constituée de segments ou de demi-droites.

3. Fonctions linéaires

Exemple 8

Nous reprenons l'exemple 1 du chapitre 12 (voir p. 292) :
un maraîcher propose deux kilogrammes de tomates à 5 euros.
Nous avons vu qu'il s'agit d'une situation de proportionnalité et l'on obtient deux suites de nombres réels :

Masse des tomates (en kg)	2	6	1
Prix des tomates (en €)	5	15	**2,5**

($\times 2,5$)

Nous pouvons modéliser cette situation par une fonction : en appelant x la masse des tomates, nous lui faisons correspondre le prix des tomates $f(x) = 2,5x$.
La fonction $f : x \mapsto f(x) = 2,5x$ est une fonction linéaire.

DÉFINITIONS

- Soit m un nombre non nul, une fonction dont l'expression est de la forme $f(x) = mx$ est une fonction linéaire.
- Une fonction linéaire permet de modéliser une situation de proportionnalité, m correspond au coefficient de proportionnalité.

Remarque : Une fonction linéaire est un cas particulier de fonction affine ($f(x) = mx + p$ avec $p = 0$).

Exemple 9

La fonction linéaire $g : x \mapsto g(x) = 2x$ a pour représentation une droite passant par le point $O(0 ; g(0))$.
Or $g(0) = 2 \times 0 = 0$.
Donc la droite passe par l'origine du repère $O(0 ; 0)$.
En choisissant arbitrairement une autre abscisse, par exemple $x = 3$, on détermine les coordonnées d'un autre point A pour tracer la droite : $A(3 ; g(3))$, soit $A(3 ; 6)$.

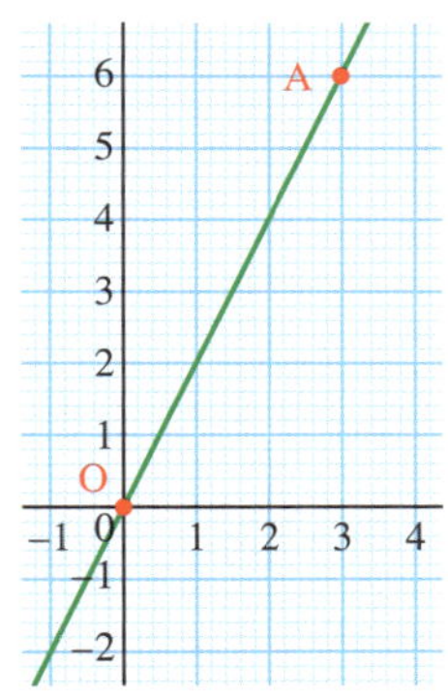

PROPRIÉTÉS

Propriété graphique : La représentation graphique d'une fonction linéaire est une droite passant par le point $O(0 ; 0)$ origine du repère.

Propriété de linéarité : Si f est une fonction linéaire, les propriétés de linéarité caractérisant une situation de proportionnalité s'énoncent par ces deux égalités :

$f(x_1 + x_2) = f(x_1) + f(x_2)$ et $f(kx) = k \times f(x)$

…	x_1	x_2	$x_1 + x_2$
…	$y_1 = f(x_1)$	$y_2 = f(x_2)$	$y_1 + y_2 = f(x_1) + f(x_2) = f(x_1 + x_2)$

(+)

…	x	kx
…	$y = f(x)$	$ky = k \times f(x) = f(k \times x)$

($\times k$)

méthode 1 Déterminer, à partir d'un mode de représentation, l'image ou l'antécédent d'un nombre par une fonction

La partie du toit d'une maison qui a la forme d'un triangle ADB est représentée ci-dessous.

La partie en gris AMNP représente le support rectangle de panneaux photovoltaïques.

P, N, M appartiennent respectivement aux segments : [AD], [DB], [AB].

AB = 12 ; AD = 6.

On note x la longueur du segment [DP] exprimée en mètre.

On peut choisir la position du point P sur le segment [DA], x est donc une variable.

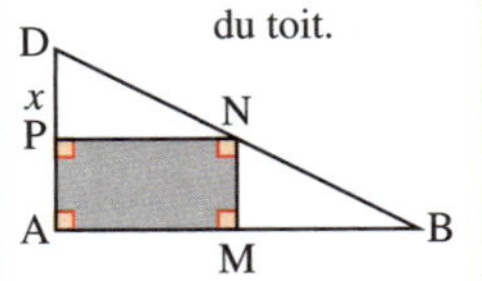

(*La figure n'est pas à l'échelle.*)

L'aire du rectangle AMNP exprimée en mètre carré, en fonction de la position de P sur le segment [AD], est donnée par la fonction : $f(x) = 12x - 2x^2$.

La représentation de la fonction f ayant pour expression $f(x) = 12x - 2x^2$ est donnée par le graphique ci-contre :

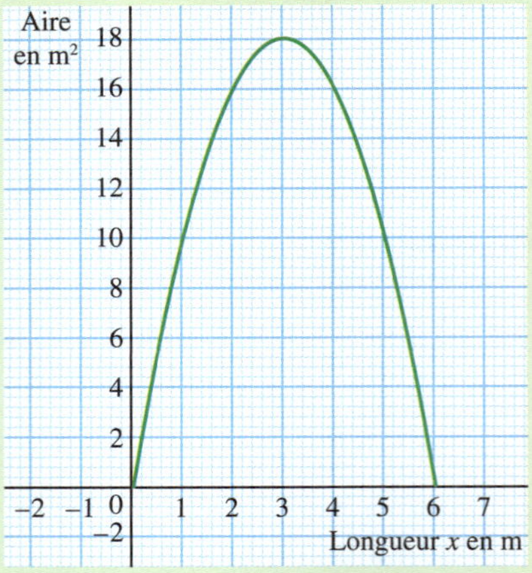

1 Expliquer pourquoi la courbe touche l'axe des abscisses pour $x = 0$ et pour $x = 6$.

2 Par lecture graphique, donner l'aire de AMNP en mètre carré quand le point P se situe à 2 mètres du point D sur le segment [DA]. Vérifier par le calcul.

3 Par lecture graphique, donner la position du point P pour que l'aire du support soit égale à 10 m^2.

4 Par lecture graphique, donner la valeur de x pour laquelle l'aire est maximale.

5 Montrer que $f(x) = -2(x-3)^2 + 18$. Vérifier alors la réponse de la question **4**.

CORRIGÉ COMMENTÉ

Dans cet exercice, l'expression $f(x) = 12x - 2x^2$ exprimant l'aire de APNM en fonction de $x = \text{DP}$ est donnée dans l'énoncé.
Cette expression aurait pu être déterminée par le candidat en utilisant le théorème de Thalès pour montrer que PN = $2x$, puis en calculant l'aire du rectangle avec PA = $6 - x$.

1 **On peut ici donner une explication en utilisant l'expression de la fonction f ou une explication géométrique.**

Explication utilisant l'expression de la fonction f

Nous allons montrer par le calcul que l'image par f de 0 est 0 et que l'image de 6 est aussi 0.

$f(0) = 12 \times 0 - 2 \times 0^2 = 0$ et $f(6) = 12 \times 6 - 2 \times 6^2 = 72 - 2 \times 36 = 0$.

Donc la courbe représentative de f passe par les points de coordonnées $(0\,;0)$ et $(6\,;0)$ d'ordonnée nulle qui sont donc sur l'axe des abscisses.

Explication géométrique

Si $x=0$, le point P est en D et donc le segment $[MN]$ est confondu avec $[AD]$. Le rectangle est alors réduit au segment $[AD]$ et a donc une aire nulle.

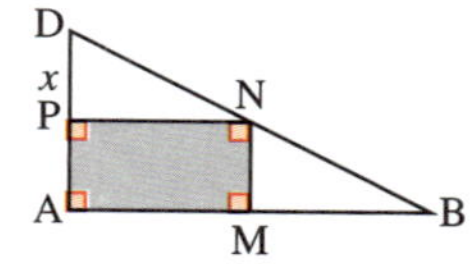

Si $x=6$, le point P est en A et donc le segment $[PN]$ est confondu avec $[AB]$. Le rectangle est alors réduit au segment $[AB]$ et a donc une aire nulle.

2 **On est autorisé, dans cette question, à déterminer l'image de 2 par f graphiquement (sans cette précision dans l'énoncé de la question, une information ne peut être prélevée sur un graphique qui est considéré comme donnant des valeurs approximatives).**

Sur le graphique, à partir de 2 pris sur l'axe des abscisses, on trace (en pointillé) une verticale jusqu'à la courbe de f et on atteint ainsi le point G de coordonnées $(2\,;f(2))$; on trace alors (en pointillé), à partir de ce point, une horizontale jusqu'à l'axe des ordonnées pour lire la valeur de $f(2)$.

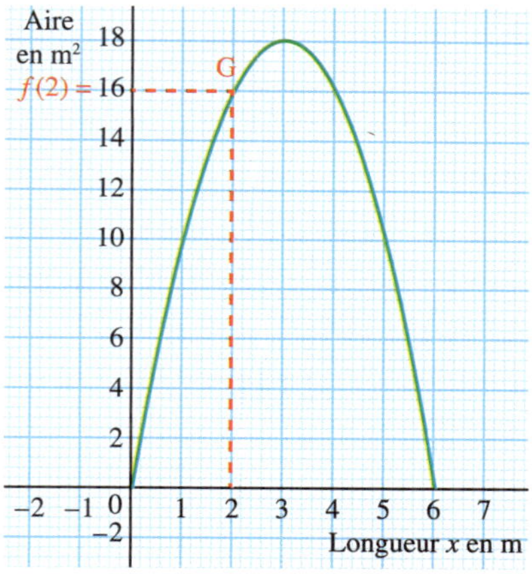

On peut lire sur le graphique que le point G de la courbe qui a pour abscisse 2 a pour ordonnée 16.

On a donc : $f(2)=16$.

Quand le point P se situe à 2 m de D sur le segment $[DA]$, l'aire de AMNP est égale à 16 m^2.

Par le calcul :

$f(2)=12\times2-2\times2^2=24-2\times4=24-8=16.$

3 **Il s'agit ici de déterminer graphiquement les antécédents de 10 par la fonction f, c'est-à-dire de résoudre graphiquement l'équation $f(x)=10$, soit : $12x-2x^2=10$.**

Sur le graphique, à partir de 10 pris sur l'axe des ordonnées, on trace (en pointillé) une horizontale jusqu'à la courbe de f et on atteint ainsi les deux points H et I.

On a ainsi tracé la droite d'équation $y=10$ et déterminé l'intersection de cette droite avec la courbe d'équation $y=f(x)$. À partir de chacun de ces points, on trace (en pointillé) une verticale jusqu'à l'axe des abscisses pour y lire les antécédents de 10.

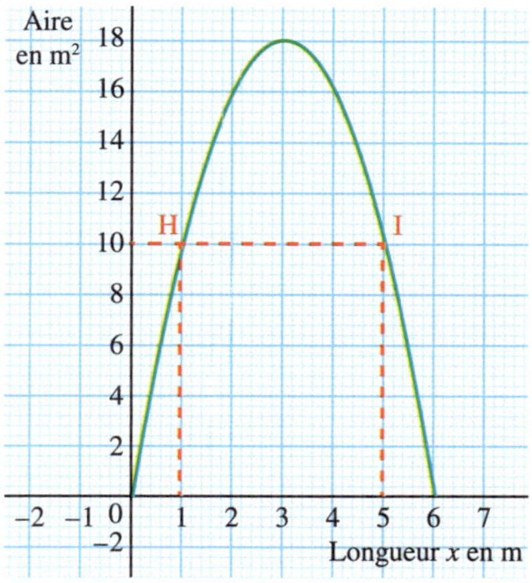

H et I sont les points d'intersection de la droite d'équation $y=10$ et de la courbe d'équation : $y=f(x)$.

On peut lire sur le graphique que l'abscisse de H est 1 et que l'abscisse de I est 5.

1 et 5 sont les antécédents de 10 par f. On a $f(1)=10$ et $f(5)=10$.

Si le point P est sur le segment $[DA]$ à 1 m de D ou à 5 m de D, alors l'aire du support sera égale à 10 m^2.

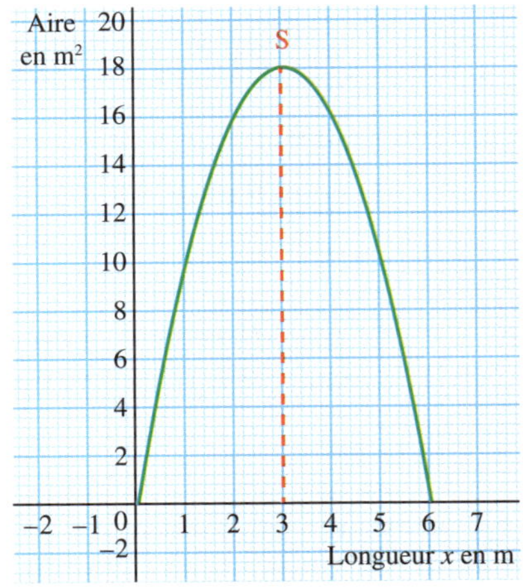

4 On peut lire graphiquement l'abscisse du point S le plus haut de la courbe.
3 est la valeur de x pour laquelle l'aire est maximale.
On pourrait aussi lire graphiquement que cette aire maximale est 18 m² (l'ordonnée du point S).

5 **Il est préférable de partir de l'expression $-2(x-3)^2+18$ pour montrer qu'elle est égale à l'expression $f(x)=12x-2x^2$.**

$-2(x-3)^2+18=-2\left(x^2-6x+9\right)+18=-2x^2+12x-18+18=-2x^2+12x=f(x)$

Ainsi : $f(x)=-2(x-3)^2+18$.

$(x-3)^2$ est un carré, donc il est toujours positif, donc $2(x-3)^2$ est toujours positif.

$f(x)=18-2(x-3)^2$ sera maximale quand $-2(x-3)^2=0$, c'est-à-dire quand $(x-3)^2=0$, soit quand $x-3=0$, donc quand $x=3$.

On retrouve la réponse de la question précédente : 3 est la valeur de x pour laquelle l'aire est maximale.

méthode 2 Passer d'un mode de représentation à un autre : le cas d'une fonction affine

1 Représenter graphiquement la fonction g ayant pour expression $g(x)=2x-1$.

2 Donner l'expression de la fonction affine h représentée par le graphique ci-dessous.

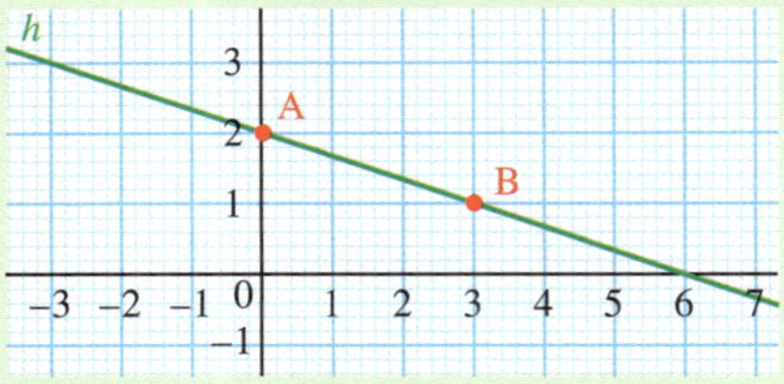

CORRIGÉ COMMENTÉ

1 **La fonction g est une fonction affine, sa représentation graphique est la droite d'équation $y=2x-1$. Il y a deux méthodes pour tracer cette droite, la première utilisant l'ordonnée à l'origine et la pente de la droite, et la seconde qui consiste à déterminer deux points de la droite.**

▶ Méthode 1

L'expression $g(x)=2x-1$ nous donne -1 pour ordonnée à l'origine.

On place le point A de coordonnées $(0\ ;\ -1)$

La pente de la droite, appelée aussi coefficient directeur, est 2.

Pour que la pente puisse indiquer les déplacements horizontaux et verticaux à effectuer, il faut l'écrire sous forme de fraction de nombres entiers.

On écrit : $2 = \frac{2}{1}$.

À partir du point A on effectue un déplacement de 1 horizontalement vers la droite et de 2 verticalement vers le haut. On aboutit alors à un nouveau point B de la droite.

Il suffit alors de tracer la droite (AB).

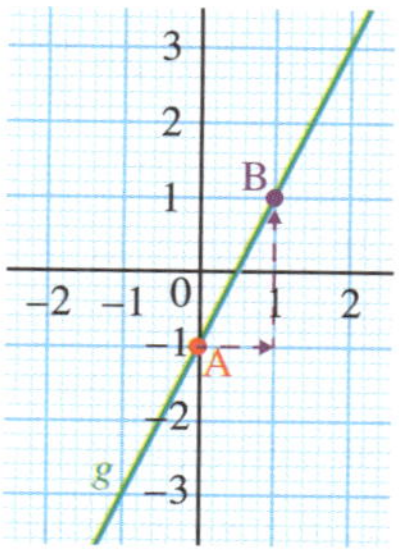

Conseils

- Cette méthode rapide est conseillée quand l'ordonnée à l'origine est un nombre entier et la pente une fraction de nombres entiers.
- Si le coefficient directeur est un nombre entier qui n'est pas sous forme de fraction, il suffira de prendre 1 pour dénominateur.
- Quand le coefficient directeur est sous forme de fraction de nombres entiers, si le dénominateur est négatif, le déplacement horizontal s'effectue vers la gauche ; si le numérateur est négatif, le déplacement vertical s'effectue vers le bas (dans le sens opposé à celui des axes).

▶ **Méthode 2**

Nous allons déterminer deux points appartenant à la droite pour pouvoir la tracer.

Pour chaque point, on choisit arbitrairement une abscisse *x* et on en déduit, grâce à l'équation de la droite, l'ordonnée *y* pour que le point de coordonnées (*x* ; *y*) appartienne à la droite.

Si un point A sur la droite a pour abscisse $x = 1$, alors son ordonnée y vérifie $y = 2 \times 1 - 1 = 1$.

Le point A a donc pour coordonnées $(1 ; 1)$.

Si un point B sur la droite a pour abscisse $x = 3$, alors son ordonnée y vérifie $y = 2 \times 3 - 1 = 5$.

Le point B a donc pour coordonnées $(3 ; 5)$.

Conseil

Pour obtenir un tracé plus précis, les deux abscisses arbitrairement choisies ne doivent pas être trop proches.

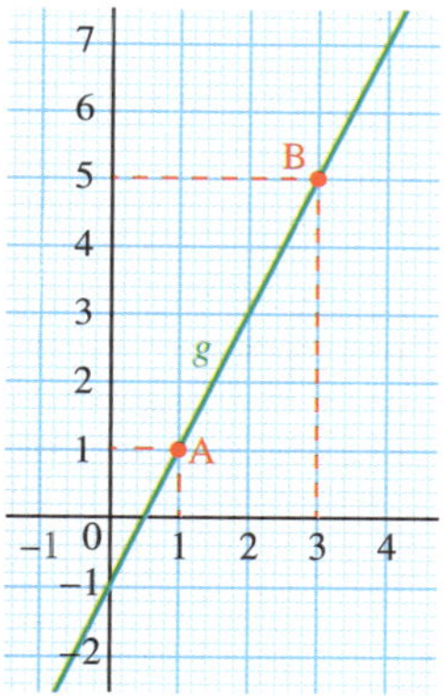

2 **Comme dans la question précédente, il y a deux méthodes pour déterminer l'équation de la droite et donc l'expression de la fonction affine qu'elle représente.**

La première méthode prélève l'ordonnée à l'origine et la pente de la droite, et la seconde consiste à déterminer *m* et *p* par le calcul pour que les points A et B dont les coordonnées sont connues appartiennent à la droite d'équation $y = mx + p$.

▶ **Méthode 1**

On sait que la droite a une équation de la forme $y = mx + p$.

Sur le graphique, on prélève l'ordonnée à l'origine **(intersection de la droite avec l'axe des ordonnées)**.

On voit que $p = 2$.

On détermine la pente m en effectuant le déplacement du point A vers un autre point B connu de la droite.

En partant de A pour rejoindre B, on s'est déplacé horizontalement de 3 vers la droite puis de 1 verticalement vers le bas. **Le déplacement vers le bas dans le sens contraire de l'axe affectera un signe négatif à 1.**

On a donc : $m = \frac{-1}{3}$.

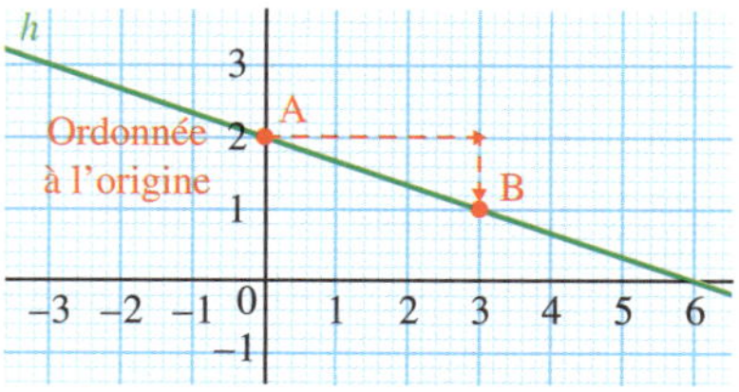

Rappel de cours

$$m = \frac{\text{Déplacement vertical}}{\text{Déplacement horizontal}}$$

L'équation de la droite est donc $y = \frac{-1}{3}x + 2$ et l'expression de h est $h(x) = \frac{-1}{3}x + 2$.

▶ **Méthode 2**

On sait que la droite a une équation de la forme $y = mx + p$.

On sait que le point A de coordonnées $(0\,;2)$ appartient à la droite, donc ses coordonnées vérifient son équation : $2 = m \times 0 + p$.

On sait que le point B de coordonnées $(3\,;1)$ appartient à la droite, donc ses coordonnées vérifient son équation : $1 = m \times 3 + p$.

On obtient un système de deux équations à deux inconnues :

$\begin{cases} 2 = m \times 0 + p \\ 1 = m \times 3 + p \end{cases}$ équivalent à $\begin{cases} 2 = p \\ 1 = m \times 3 + p \end{cases}$

On remplace la valeur de p dans la deuxième équation, on obtient : $\begin{cases} 2 = p \\ 1 = 3m + 2 \end{cases}$

Soit : $\begin{cases} 2 = p \\ -1 = 3m \end{cases}$ et donc $\begin{cases} 2 = p \\ \frac{-1}{3} = m \end{cases}$ d'où :

l'équation de la droite est $y = \frac{-1}{3}x + 2$ et l'expression de h est $h(x) = \frac{-1}{3}x + 2$.

Conseil

Les deux méthodes sont à connaître.
- La méthode 1 est plus rapide mais pas toujours applicable : soit on ne connaît pas l'ordonnée à l'origine, soit la pente est difficilement lisible avec des points dont les coordonnées ne sont pas des nombres entiers.
- La méthode 2 est toujours applicable quand on connaît les coordonnées de deux points.

méthode 3 Modéliser une situation à l'aide de la représentation graphique d'une fonction

Un cycliste prend le départ depuis sa maison. Il roule à vitesse constante sur une longue ligne droite durant un certain temps, puis fait une pause et retourne à son point de départ en roulant à la même vitesse que précédemment.

1 Schématiser l'allure de la courbe représentative de la fonction f qui exprime la distance parcourue par le cycliste en fonction du temps (à partir de l'instant du départ).

2 Schématiser l'allure de la courbe représentative de la fonction g qui exprime la distance qui sépare le cycliste de sa maison en fonction du temps (à partir de l'instant de départ).

CORRIGÉ COMMENTÉ

Pour modéliser la situation par une fonction, on décompose le parcours en trois parties :
– partie 1 : le cycliste roule à vitesse constante sur une longue ligne droite durant un certain temps ;
– partie 2 : il fait une pause ;
– partie 3 : il retourne à son point de départ en roulant à la même vitesse que précédemment.

1 Schématisation de la partie 1 du parcours

En prenant comme origine du temps l'instant de départ, le temps écoulé correspond à la durée pendant laquelle le cycliste roule à vitesse constante.

La fonction *f*, sur cet intervalle, décrit une situation proportionnelle entre distance et temps, c'est donc une fonction linéaire représentée par une portion de droite passant par l'origine.

On peut aussi préciser que la pente de la droite est donnée par la valeur de la vitesse.

Rappel de cours

À vitesse constante, la distance parcourue et la durée de parcours sont proportionnelles (voir Chapitre 12, p. 298).

Schématisation de la partie 2 du parcours

Pendant la pause, le temps s'écoule mais la distance parcourue n'évolue pas.

La fonction *f*, sur cet intervalle, est constante.

Sa représentation graphique est une portion de droite parallèle à l'axe des abscisses.

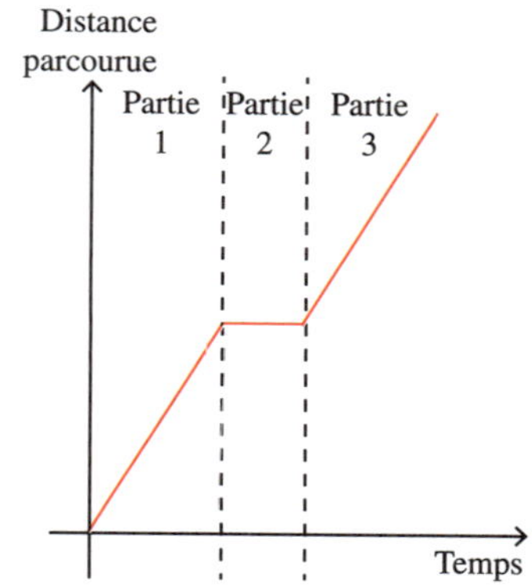

Schématisation de la partie 3 du parcours

Attention : dans cette troisième partie du parcours, le temps depuis le départ n'est pas égal à la durée de parcours sur cette partie (le temps depuis le départ = le temps écoulé jusqu'à la fin de la pause + la durée de parcours dans la partie 3). Il n'y a pas proportionnalité entre distance et temps sur cette partie.

La situation sur cet intervalle est décrite par une fonction affine.

La portion de droite décrivant la situation est parallèle à celle de la partie 1 **(les deux droites ont la même pente donnée par la même vitesse)**.

2 Schématisation de la partie 1 du parcours

Le cycliste s'éloigne de sa maison, donc la distance parcourue et la distance qui le sépare de la maison sont égales. Dans cet intervalle, la représentation graphique est identique à celle de la question 1.

Schématisation de la partie 2 du parcours

Identique à celle de la question 1.

Schématisation de la partie 3 du parcours

Le cycliste se rapproche de la maison en roulant à la même vitesse que dans la partie 1, la distance qui le sépare de la maison décroît avec une pente opposée.

La portion de droite rejoint l'axe des abscisses pour d'écrire le point de retour à la maison.

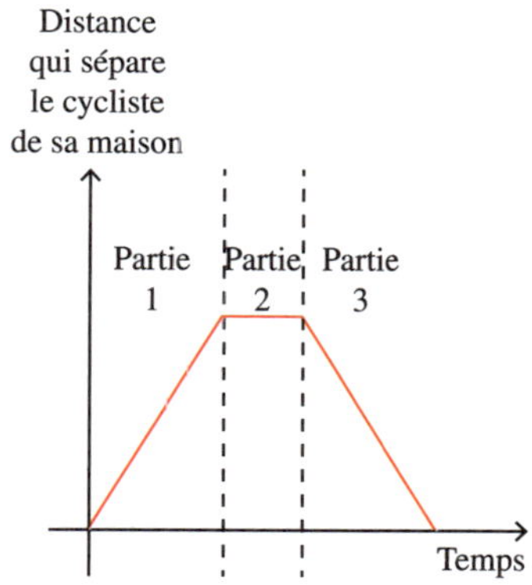

méthode 4 Résoudre un problème modélisé par des fonctions ; interpréter une intersection de courbes

Dans une agence de location de voitures, deux formules sont proposées à la journée.
Formule A : un forfait de 10 € et 0,7 € par kilomètre parcouru.
Formule B : un forfait de 40 € et 0,4 € par kilomètre parcouru.

1 Pour x kilomètres parcourus, exprimer, pour chacune des formules, le prix à payer pour une journée de location d'une voiture en fonction de x.

On appellera respectivement $f(x)$ et $g(x)$ les prix à payer avec les formules A et B.

2 Construire dans un même repère les représentations graphiques des fonctions f et g.

(On représentera 10 km par 1 cm en abscisse et 10 € par 1 cm en ordonnée.)

3 Déterminer graphiquement le nombre de kilomètres parcourus pour lequel les deux formules sont équivalentes. Retrouver ce résultat par le calcul.

4 Indiquer à l'aide du graphique la formule la plus avantageuse selon le nombre de kilomètres parcourus.

CORRIGÉ COMMENTÉ

1 Formule A : **il est proposé 0,7 € par kilomètre parcouru, donc pour *x* kilomètres, le prix sera de 0,7*x* auquel il faut rajouter le forfait de 10 €.**

$f(x)=0,7x+10$ **C'est une fonction affine.**

Formule B : **il est proposé 0,4 € par kilomètre parcouru, donc pour *x* kilomètres, le prix sera de 0,4*x* auquel il faut rajouter le forfait de 40 €.**

$g(x)=0,4x+40$ **C'est une fonction affine.**

2 **Pour tracer les droites représentant les fonctions affines *f* et *g*, on utilisera la méthode 2 de la question 1 de la méthode « Passer d'un mode de représentation à un autre : le cas d'une fonction affine », p. 326.**

• Pour la fonction f, on va tracer la droite d'équation $y=0,7x+10$.
Pour que le point appartienne à la droite :
– si $x=0$, $y=0,7\times0+10=10$. On place le point $E(0\,;10)$;
– si $x=40$, $y=0,7\times40+10=38$. On place le point $A(40\,;38)$.
La demi-droite [EA) est la représentation graphique de la fonction f.

• Pour la fonction g, on va tracer la droite d'équation $y=0,4x+40$.
Pour que le point appartienne à la droite :
– si $x=0$, $y=0,4\times0+40=40$. On place le point $F(0\,;40)$;
– si $x=40$, $y=0,4\times40+40=56$. On place le point $B(40\,;56)$.
La demi-droite [FB) est la représentation graphique de la fonction g.

3 **Les deux formules sont équivalentes lorsque, pour un même nombre de kilomètres parcourus, le prix est identique. Il faut résoudre graphiquement l'équation $f(x)=g(x)$.**

Le nombre cherché est l'abscisse du point d'intersection des deux droites.

On peut lire sur le graphique ci-contre : l'abscisse de D est 100.

On pourrait aussi obtenir graphiquement le prix à payer (équivalent pour les formules A et B) en lisant l'ordonnée de D : 80. Le prix à payer quand les formules sont équivalentes est 80 €.

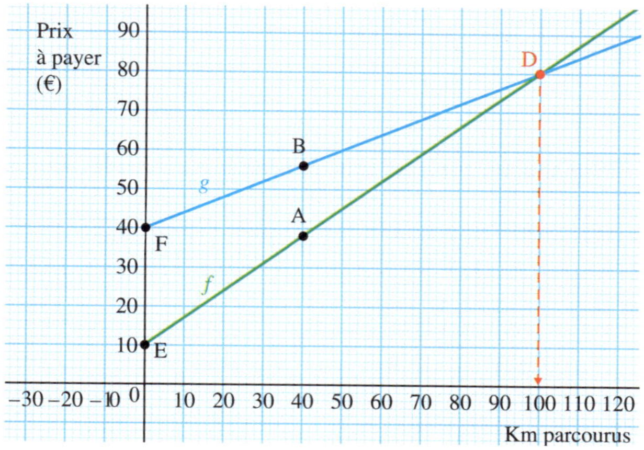

Pour retrouver ce résultat par le calcul il faut résoudre l'équation : $f(x)=g(x)$, soit :
$0,7x+10=0,4x+40$,
soit : $0,3x=30$, soit : $x=100$.
Pour 100 km parcourus, les deux formules sont équivalentes.

4 **La formule la plus avantageuse est celle donnant le prix le plus bas.**
Sur le graphique, on peut lire que la demi-droite représentant f (en vert) est en dessous de la demi-droite représentant g (en bleu) pour $0<x<100$ et au-dessus pour $100<x$.

La formule A est plus avantageuse pour $0<x<100$.
Les deux formules sont équivalentes pour $x=100$.
La formule B est plus avantageuse pour $100<x$.

On pourrait créer une nouvelle fonction p, affine par morceaux, qui à un nombre x de kilomètres parcourus associe le tarif le plus avantageux :

$$\begin{cases} p(x)=0,7x+10 & \text{si } 0<x\leq 100 \\ p(x)=0,4x+40 & \text{si } 100<x \end{cases}$$

Cette fonction est représentée en rouge ci-dessous.

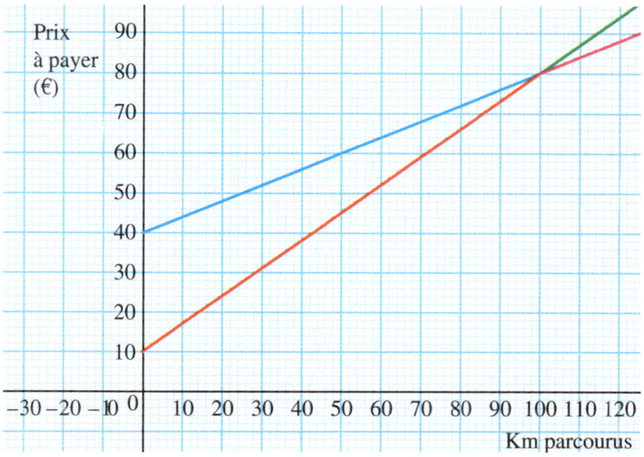

ENTRAÎNEMENT

Se tester en 10 questions

→ Corrigés p. 340

Pour chaque question suivante, indiquez la (ou les) bonne(s) réponse(s).

1 Soit f une fonction telle que $f(3)=7$, que peut-on affirmer à partir de cette égalité ?

a) 3 est l'image de 7 par f. **b)** 7 a pour antécédent 3 par f. **c)** 7 a pour image 3 par f.

2 Quel est, parmi les graphiques suivants, celui qui peut être la représentation graphique d'une fonction ?

a)

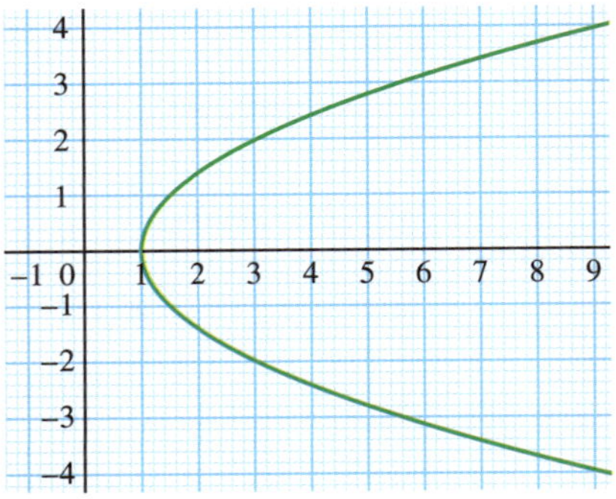

b)

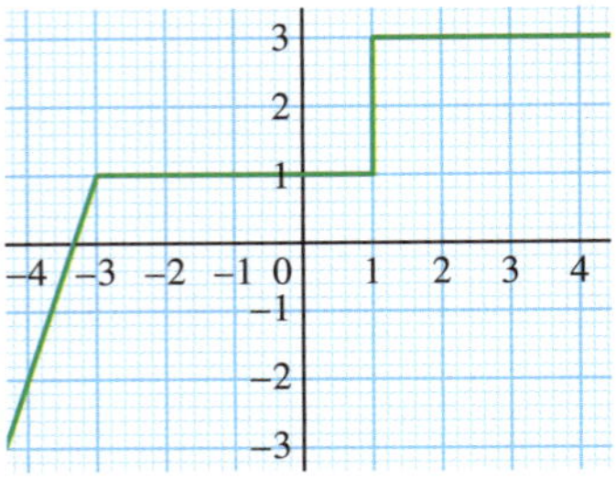

c)

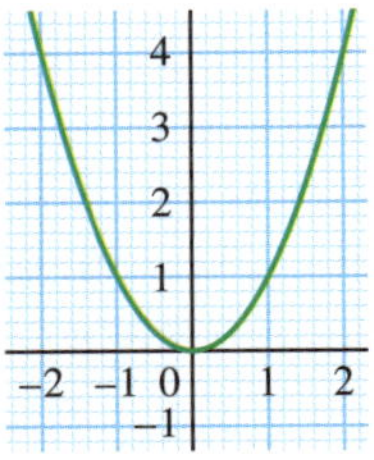

3 Soit f une fonction définie sur l'intervalle $[-2 ; 2]$. Sa représentation graphique est donnée ci-dessous :

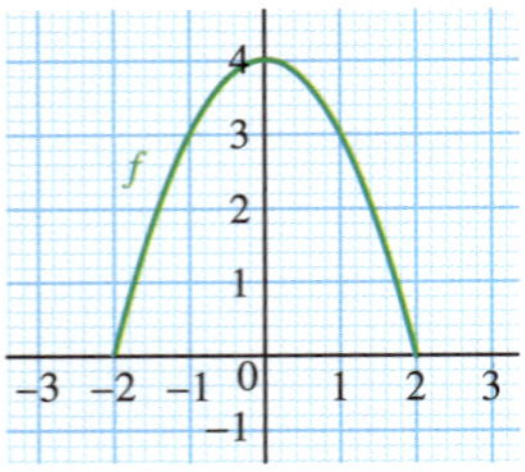

On peut dire que l'équation $f(x)=3$:

a) n'a aucune solution.
b) a une solution unique.
c) a deux solutions.

Graphique pour les questions 4, 5 et 6 :

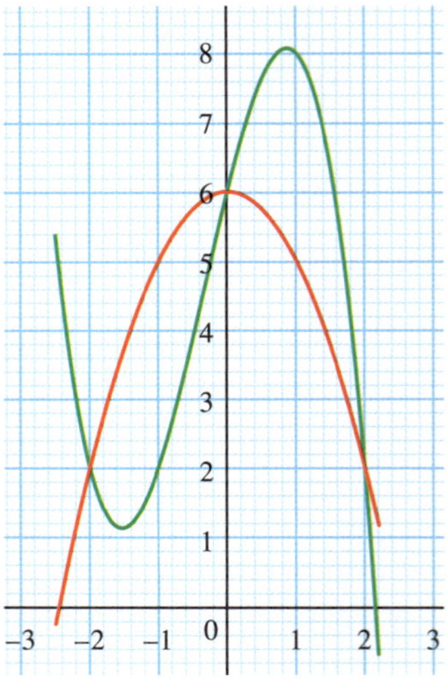

Soient deux fonctions f et g définies sur $[-2,5 ; 2,2]$ par :

$f(x)=-x^3-x^2+4x+6$ et $g(x)=-x^2+6$.

Leur représentation graphique est donnée dans le même repère ci-contre.

4 On peut dire que :

a) La représentation de f est la courbe de couleur verte et celle de g est la courbe de couleur rouge.

b) La représentation de f est la courbe de couleur rouge et celle de g est la courbe de couleur verte.

5 On peut affirmer que l'équation $f(x)=g(x)$:

a) n'a aucune solution. **b)** a trois solutions.
c) a une solution unique.

6 On peut affirmer :

a) Les équations $f(x)=0$ et $g(x)=0$ ont chacune une solution unique distincte sur l'intervalle $[-2{,}5\ ;\ 2{,}2]$.

b) Les équations $f(x)=0$ et $g(x)=0$ n'ont pas de solution sur l'intervalle $[-2{,}5\ ;\ 2{,}2]$.

c) Les équations $f(x)=0$ et $g(x)=0$ ont chacune une solution unique identique sur l'intervalle $[-2{,}5\ ;\ 2{,}2]$.

7 La fonction f ayant pour expression $f(x)=\frac{3}{2}x$, a pour représentation graphique une droite parallèle à :

a) la droite représentation graphique de la fonction g d'expression : $g(x)=1{,}5x-4$.

b) la droite représentation graphique de la fonction h d'expression : $h(x)=3x+2$.

c) la droite représentation graphique de la fonction k d'expression : $k(x)=2x+3$.

8 Laquelle des fonctions, définies par les expressions suivantes, est une fonction affine ?

a) $f(x)=\frac{2x-\sqrt{3}}{\sqrt{7}}$ **b)** $g(x)=2\times\frac{1}{x}+3$ **c)** $h(x)=5x^2+1$

9 Soit f une fonction linéaire dont la représentation graphique passe par le point A de coordonnées $(-5\ ;\ 3)$. Son expression est :

a) $f(x)=-\frac{5}{3}x$ **b)** $f(x)=-\frac{3}{5}x$ **c)** $f(x)=3x-5$

10 Soit f une fonction affine d'expression $f(x)=mx+p$ avec $p\neq 0$, laquelle de ces égalités est vérifiée ?

a) $f(2+3)=f(2)+f(3)$ **b)** $f(2\times 3)=2\times f(3)$ **c)** $m=f(3)-f(2)$

Réponses : 1. b ; 2. c ; 3. c ; 4. a ; 5. b ; 6. a ; 7. a ; 8. a ; 9. b ; 10. c.

Échauffement

→ Corrigés p. 341

1 Interpréter la représentation graphique d'une fonction modélisant une situation

Sujet de CRPE

Le graphique ci-dessous représente l'évolution de la vitesse d'un parachutiste lors d'un saut.

Évolution de la vitesse du parachutiste en fonction du temps

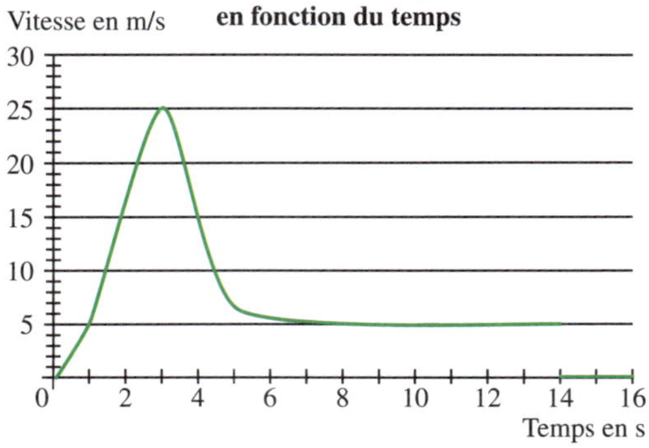

1. Pendant la chute, sur quel intervalle de temps la vitesse du parachutiste est-elle constante ?

2. Quelles sont les coordonnées du point correspondant à l'ouverture du parachute ?

3. Décrire l'évolution de la vitesse du parachutiste entre les points d'abscisses 3 s et 6 s.

4. Quelle distance le parachutiste parcourt-il pendant la deuxième moitié du temps de sa chute ?

2 Modéliser et représenter une situation par une fonction

Un conducteur fait le plein d'essence avant d'effectuer un long trajet sur autoroute. Le réservoir de sa voiture peut contenir 50 litres de carburant.

Après avoir parcouru 700 km, il reste 15 litres d'essence dans son réservoir.

On considère que sa consommation est constante.

1. On appelle x le nombre de kilomètres parcourus depuis le moment où le conducteur a fait le plein.

Exprimer, par l'expression $f(x)$ d'une fonction f, le nombre de litres de carburant restant dans le réservoir en fonction de x.

2. Tracer la représentation graphique de f dans un repère (on représentera 200 km par 1 cm en abscisse et 10 litres par 1 cm en ordonnée).

3 Reconnaître une situation proportionnelle avec la représentation d'une fonction

Un corps de masse m, en mouvement avec une vitesse v, a pour énergie cinétique :

$E_c = \frac{1}{2}mv^2$.

E_c est exprimée en joule, m en en kilogramme et v en mètre par seconde.

1. a) Pour un solide de masse 4 kg, donner l'expression $E_1(v)$ de la fonction E_1 qui exprime son énergie cinétique en fonction de sa vitesse.

b) Remplir le tableau de valeur :

v	0	0,5	1	1,5	2	2,5	3
$E_1(v)$							

c) Tracer la représentation graphique de la fonction E_1 dans un repère (on représentera 1 m/s par 3 cm en abscisse et 2 joules par 1 cm en ordonnée).

d) Peut-on dire que l'énergie cinétique est proportionnelle à la vitesse ?

2. a) Pour un solide se déplaçant à une vitesse constante de 2 m/s, donner l'expression $E_2(m)$ de la fonction E_2 qui exprime son énergie cinétique en fonction de sa masse.

b) Tracer la représentation graphique de la fonction E_2 dans un repère (on représentera 1 kg par 1 cm en abscisse et 1 joule par 1 cm en ordonnée).

c) Peut-on dire que l'énergie cinétique est proportionnelle à la masse ?

4 Résoudre un problème grâce aux représentations graphiques de fonctions affines par morceaux

Les deux principales villes de Corse, Ajaccio et Bastia, sont reliées par une ligne de chemin de fer. Au départ d'Ajaccio, Cavone est la première station, elle est située à 6 km d'Ajaccio.

Une jeune fille, Lésia, court le long de la voie ferrée. Elle part de l'arrêt de Cavone à 16 h 10 en direction de la gare d'Ajaccio. Elle court à la vitesse de 12 km/h et, tous les 2 km, elle se repose dix minutes.

Son frère, Jean-André, part de la gare d'Ajaccio à 16 h 00 en direction de l'arrêt de Cavone. Il se déplace aussi le long de la voie ferrée, il marche à la vitesse de 3 km/h et, au bout de 2 km, il fait une pause de 10 minutes, puis reprend son parcours à la vitesse de 6 km/h jusqu'à Cavone.

On a représenté dans un repère la fonction exprimant la distance séparant Lésia de la gare d'Ajaccio en fonction du temps.

En abscisse, 10 minutes sont représentées par un carreau (16 h est pris comme origine du temps), en ordonnée 1 km est représenté par un carreau.

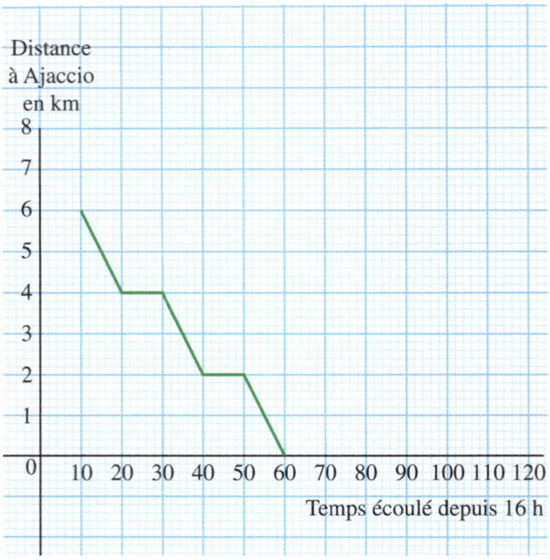

1. Reproduire le graphique en représentant aussi la fonction exprimant la distance séparant Jean-André de la gare d'Ajaccio, en fonction du temps.

2. À l'aide de la représentation graphique :
a) donner l'heure d'arrivée à l'arrêt de Cavone de Jean-André.
b) préciser l'heure et le lieu de rencontre de la sœur avec son frère.
Peut-on affirmer qu'ils ont pu avoir le temps de discuter ?

5 Utiliser un tableur ou un programme Scratch pour décrire une fonction

Le programme de calcul suivant permet d'obtenir un nombre résultat à partir d'un nombre de départ.

Entrer un nombre
Ajouter 1
Multiplier la somme obtenue par 6
Soustraire 12 au produit obtenu
Diviser par 3 le résultat précédent
Afficher le résultat

1. En appelant x le nombre que l'on entre dans le programme, donner l'expression simplifiée $f(x)$ de la fonction f décrite par ce programme.
2. Donner l'affichage obtenu quand on lance le programme ci-contre avec le logiciel Scratch.
3. On veut obtenir le même affichage que celui obtenu avec le logiciel Scratch, dans un tableur.

	A	B
1	x	$f(x)$
2	-3	
3		
4		
5		
6		
7		
8		
9		

a) Indiquer la formule qui, entrée dans la cellule A3 et tirée vers le bas, permettra de compléter la première colonne.
b) Indiquer la formule qui, entrée dans la cellule B2 et tirée vers le bas, permettra de compléter la deuxième colonne.

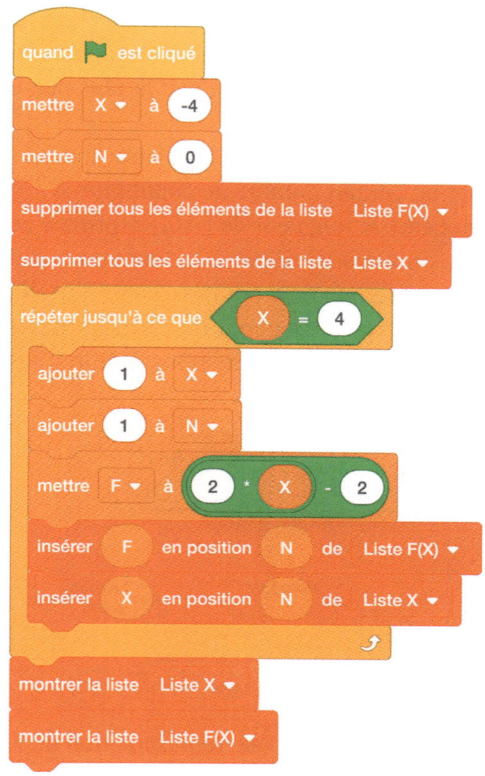

Pour réussir au concours

→ Corrigés p. 343

6 ★ 5 min *D'après Sujet de CRPE*

Cette situation a été vue dans le Chapitre 4, méthode 2, p. 87.

Des enseignants cherchent à déterminer la dimension d'un potager pédagogique afin que la longueur du grillage soit la plus petite possible.

Le potager de forme rectangulaire doit respecter un certain nombre de contraintes.

En notant x la longueur de $[AG]$ exprimée en mètre, on a modélisé par L la fonction qui, à tout nombre positif x compris entre 5 et 20, associe $L(x)$, la longueur du grillage exprimée en mètre nécessaire pour clôturer les côtés $[EF]$ et $[FP]$.

On a montré que $L(x) = x + \dfrac{90}{x} - 1$.

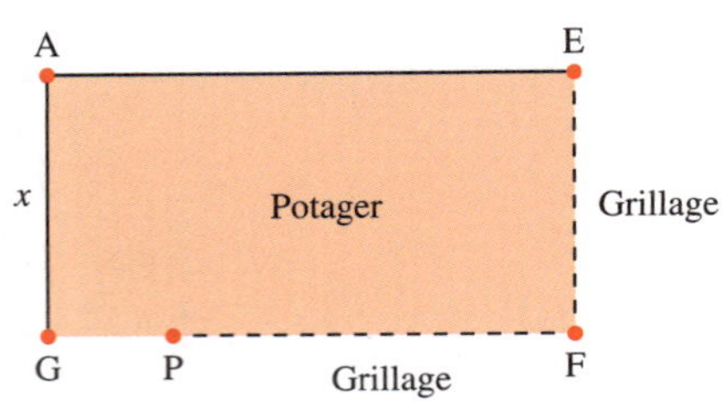

On donne ci-dessous une représentation de la fonction L dans un repère.

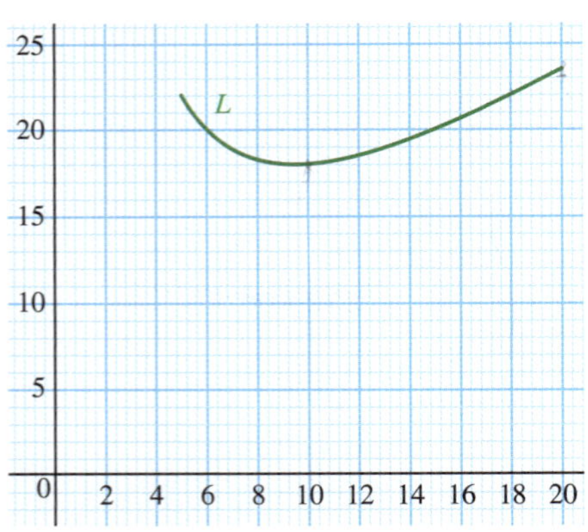

Déterminer graphiquement :

1. La longueur du grillage lorsque $AG = 18$ m.

2. Les valeurs possibles de AG lorsque la longueur du grillage est de 20 m.

3. La valeur de AG pour que la longueur du grillage soit minimale.

7 ★★ 20 min *D'après Sujet de CRPE*

On s'intéresse à l'aire des rectangles dont le périmètre est 14 cm.

On note x la mesure en cm d'un des côtés d'un tel rectangle.

La fonction A qui à x associe l'aire $A(x)$ en cm^2 du rectangle est représentée ci-dessous.

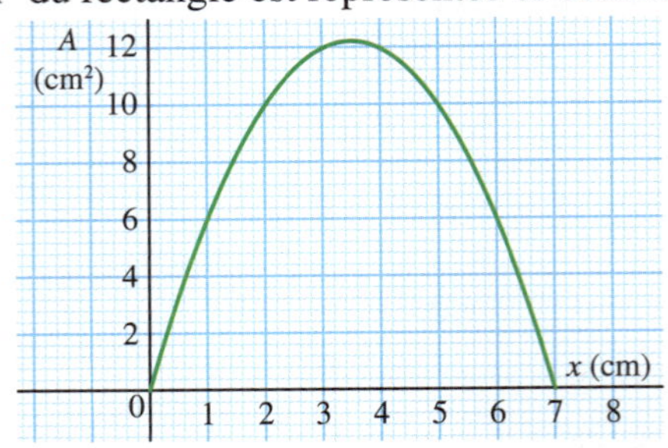

1. Pourquoi se limite-t-on à des valeurs de x comprises entre 0 et 7 ?

2. Étude graphique

Répondre aux questions suivantes par lecture de la représentation graphique de la fonction A.

a) Quelles sont les dimensions d'un rectangle de périmètre 14 cm et d'aire 10 cm^2 ?

b) Encadrer par deux nombres entiers consécutifs la valeur de x pour laquelle l'aire du rectangle semble maximale.

c) Encadrer par deux nombres entiers consécutifs la valeur de l'aire maximale du rectangle.

3. Poursuite à l'aide d'un tableur

	A	B	C	D	E	F	G	H	I	J	K	L	M
1	x	3	3,1	3,2	3,3	3,4	3,5	3,6	3,7	3,8	3,9	4	4,1
2	$A(x)$	12	12,09	12,16	12,21	12,24	12,25	12,24	12,21	12,16	12,09	12	11,89

a) Proposer une formule qui, entrée dans la cellule B2 et recopiée vers la droite, a permis d'obtenir les valeurs de $A(x)$ sur la ligne 2.

b) À partir du tableau ci-dessus, améliorer l'encadrement de la valeur de x obtenu par lecture graphique à la question **2. b)**.

4. Détermination des valeurs exactes

a) Justifier que pour tout x de l'intervalle $[0\,;7]$, on a $A(x) = \dfrac{49}{4} - \left(x - \dfrac{7}{2}\right)^2$.

b) Pour quelle valeur de x l'aire $A(x)$ est-elle maximale ? Justifier.

Quelle est la valeur maximale de $A(x)$?

c) Que peut-on dire du rectangle de périmètre 14 cm et d'aire maximale ?

8 ★★ 10 min *D'après Sujet de CRPE*

Dans l'avion, l'écran du passager indique les informations du vol en direct, en différentes langues et unités.
Monsieur Piti compare les données en anglais et en espagnol au même moment :

Anglais	Outside air temperature : – 58 °F
Espagnol	Temperatura exterior : – 50 °C
Traduction de M. Piti	Température extérieure : …

Soit f la fonction qui à la mesure t, en degré Fahrenheit (°F) d'une température, associe la mesure $f(t)$, en degré Celsius (°C), de cette température. On admet que f est une fonction affine dont une expression est de la forme $f(t)=\frac{5}{9}t+b$, où b est une constante.

1. Montrer que la valeur de la constante b est égale à $-\frac{160}{9}$.

2. Pour quelles températures les mesures en degré Celsius et en degré Fahrenheit sont-elles égales ?

3. Les mesures en degré Celsius et en degré Fahrenheit sont-elles proportionnelles ?

4. Trouver une formule pour convertir les degrés Celsius t_C en degrés Fahrenheit t_F.

9 ★★ 15 min *D'après Sujet de CRPE*

Voici un programme de calcul :

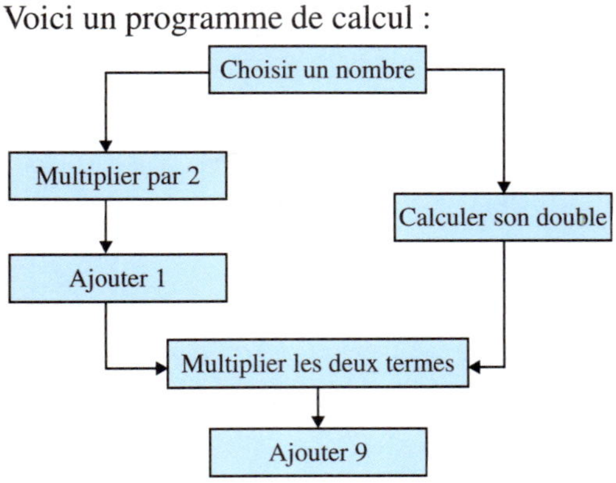

1. a) Effectuer le programme de calcul en choisissant 2 comme nombre de départ et montrer qu'on obtient 29.

b) Quel résultat obtient-on en choisissant $\frac{2}{3}$ comme nombre de départ ?

c) Exprimer le résultat obtenu avec ce programme de calcul en prenant x comme nombre de départ.

2. On teste un autre programme de calcul avec le logiciel Scratch :

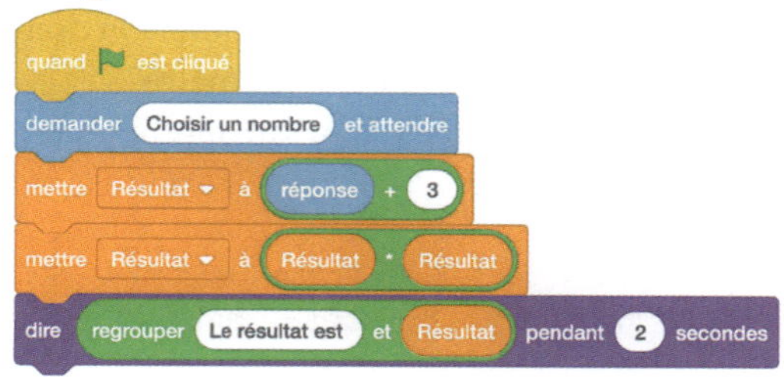

a) Effectuer le programme de calcul en choisissant 2 comme nombre de départ et montrer qu'on obtient 25.

b) Quel résultat obtient-on en choisissant 1,5 comme nombre de départ ?

c) Exprimer le résultat obtenu avec ce programme de calcul en prenant x comme nombre de départ.

3. Déterminer pour quelle(s) valeur(s) de x les programmes des questions **1.** et **2.** donnent le même résultat. Justifier la réponse.

10 ★★★ 30 min *D'après Sujet de CRPE*

Un train à grande vitesse quitte une gare. Dans les questions qui suivent, nous allons nous intéresser au temps qu'il met pour atteindre la vitesse de 300 km/h.
On appelle v la fonction qui, au temps t écoulé depuis le départ, exprimé en minute, associe $v(t)$ la vitesse du train, à l'instant t, en kilomètre par heure.

1. Le graphique ci-après (bas de page suivante) donne la vitesse $v(t)$ en km/h exprimée en fonction du nombre t de minutes écoulées depuis le départ du train.
Répondre aux questions suivantes par lecture graphique. Aucune justification n'est attendue.

a) Déterminer une valeur approchée à 10 km/h près de $v(6)$ puis donner une interprétation du résultat.

b) Résoudre graphiquement $v(t)=200$, pour t compris entre 0 et 25, puis donner une interprétation du résultat.

c) Encadrer par deux nombres entiers consécutifs le temps t_0, exprimé en minutes, pour lequel la vitesse est de 300 km/h.

2. En s'appuyant sur des valeurs lues sur le graphique au bas de la page, déterminer la distance parcourue par le train entre la quinzième minute et la vingtième minute. On donnera une valeur arrondie au kilomètre.

3. On propose le document suivant obtenu à l'aide d'un tableur :

	A	B	C	D	E	F	G
1	**t en min**	9	9,1	9,2	9,3	9,4	9,5
2	**v en km/h**	259,2	264,99	270,85	276,77	282,75	288,8

H	I	J	K	L	M	N	O
9,6	9,7	9,8	9,9	10	10,1	10,2	10,3
294,91	301,09	307,33	313,63	320	326,43	332,93	339,49

a) Justifier que ce tableau permet de retrouver le résultat de la question **1. c)**.

b) Donner un encadrement d'amplitude 0,1 minute du temps t_0 pour lequel la vitesse est de 300 km/h.

4. Pour un temps t après le départ, exprimé en minute, compris entre 0 et 10, la vitesse de ce train en kilomètre par heure est donnée par la formule $v(t) = 3,2t^2$.

a) Déterminer $v(6)$.

b) Donner la formule que l'on peut saisir dans la cellule B2 puis faire glisser vers la droite pour obtenir le tableau de la question **3**.

c) Déterminer par le calcul la valeur exacte du temps t_0 tel que : $v(t_0) = 300$ km/h.
En déduire un encadrement de t_0 à la seconde près.

5. Un élève a écrit le programme suivant :

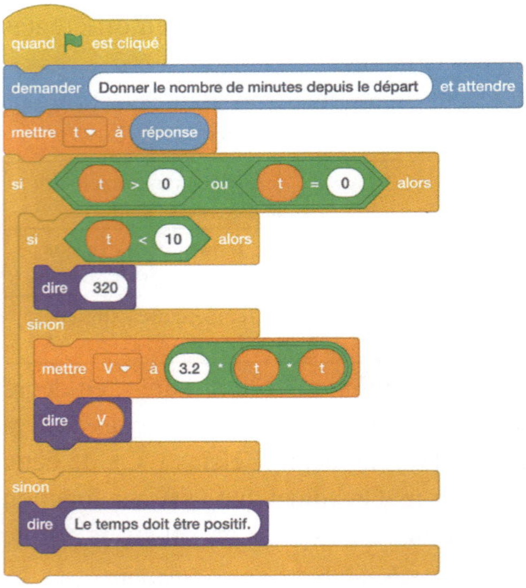

a) Si l'utilisateur du programme entre le nombre 6, quelle est la réponse donnée en retour ?

b) Si l'utilisateur du programme entre le nombre 15, quelle est la réponse donnée en retour ?

c) L'élève souhaitait écrire un programme calculant la vitesse du train en fonction du temps depuis le départ. Quelle est son erreur ?

d) Proposer une correction du programme

Graphique exercice **10**

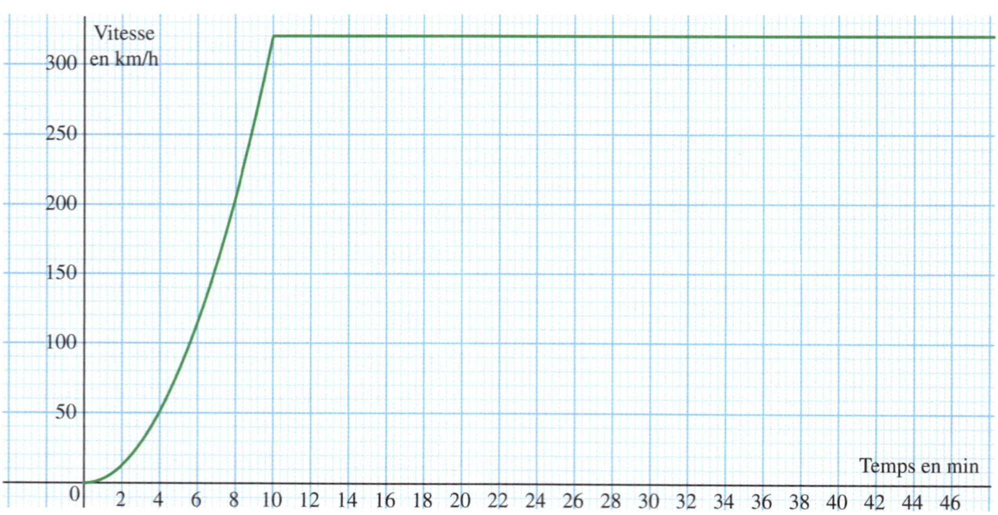

pour qu'il donne la réponse attendue quel que soit le nombre entré.

11 ★★★ 40 min *D'après Sujet de CRPE*

Les figures données ne sont pas à l'échelle.

La figure ci-dessous modélise un jardin dont l'aménagement doit être repensé.

Le trapèze ABCD est tel que :

– les droites (AB) et (DC) sont parallèles ;

– les droites (AD) et (DC) sont perpendiculaires ;

– AB = 50 m, AD = 30 m et DC = 70 m.

E est le point du segment [DC] tel que ABED est un rectangle.

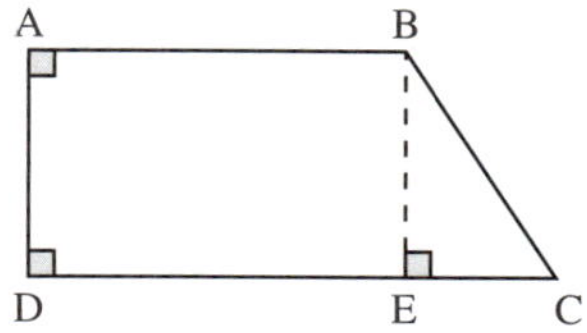

Le propriétaire partage son jardin en 3 parties :

– un espace réservé au potager représenté par le triangle rectangle BCE ;

– un espace de plantations florales représenté par le demi-disque hachuré de diamètre [AB] ;

– un espace engazonné sur le reste du jardin.

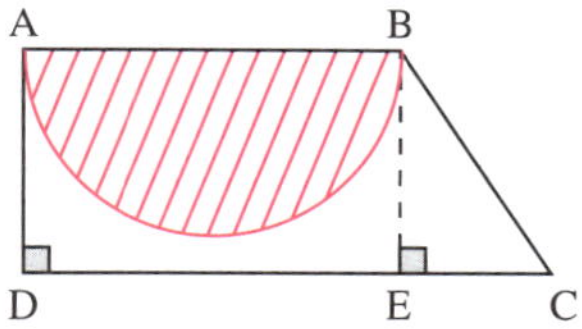

Après réflexion, le propriétaire décide d'agrandir son potager.

Sur le plan de son jardin, il place un point M sur le côté [AB] et trace la droite parallèle à (AD) passant par M. Elle coupe le segment [DC] en un point G.

Le potager est maintenant représenté par le trapèze MBCG et l'espace de plantations florales par le demi-disque de diamètre [AM].

On pose AM = x, où x est exprimé en mètre.

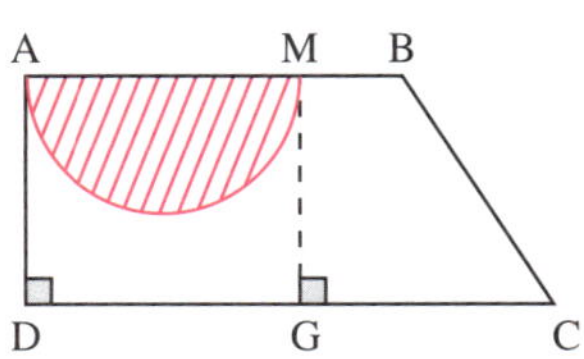

1. a) Donner un encadrement des valeurs possibles de x.

b) Démontrer que l'aire du trapèze MBCG est égale à $1\,800 - 30x$.

2. Le propriétaire utilise un tableur pour effectuer des calculs d'aires des différentes parties du jardin en fonction de la distance AM.

	A	B	C	D	E	F	G
1	**Distance AM**	0	10	20	30	40	50
2	**Aire du potager (en m²)**	1800	1500	1200	900	600	300
3	**Aire de l'espace de plantations florales (en m²)**	0,00	39,27	157,08	353,42	628,30	981,72
4	**Aire de la partie engazonnée (en m²)**	0,00	260,73	442,93	546,58	571,70	518,28

a) Une formule a été saisie dans la cellule B2 de la feuille de calcul et recopiée ensuite vers la droite pour compléter la plage de cellules entre C2 et G2. Quelle peut être cette formule ?

b) Parmi les quatre propositions suivantes, quelle est la formule qui a pu être saisie dans la cellule B3 de la feuille de calcul et recopiée ensuite vers la droite pour compléter la plage de cellules entre C3 et G3 ?

= PI()*B1*B1	= PI()*B1*B1/8
= PI()*B1*B1/2	=PI()*B1*B1/4

Remarque : PI() *désigne le nombre* π.

3. Le propriétaire utilise un logiciel pour construire les représentations graphiques des trois fonctions donnant l'aire de chacune des parties du jardin en fonction de la distance AM. Il obtient le graphique ci-dessous.

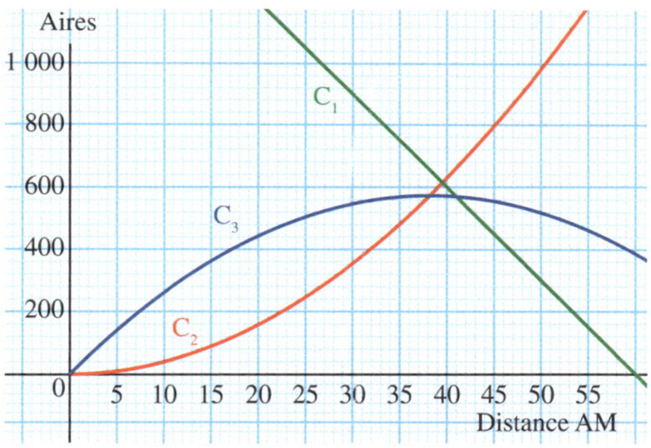

a) Indiquer, sans justifier, à quelle partie du jardin correspond chacune des courbes C_1, C_2 et C_3.

b) Les courbes C_2 et C_3 se coupent en un point dont l'abscisse est environ 38. À quoi cela correspond-il pour le jardin ?

c) Par lecture graphique, déterminer une valeur approchée des aires respectives de l'espace de plantations florales et de la partie engazonnée lorsque l'aire du potager vaut 400 m².

4. Par le calcul, déterminer les aires respectives de l'espace de plantations florales et de la partie engazonnée lorsque l'aire du potager vaut 750 m². Arrondir ces aires au mètre carré.

Se tester en 10 questions

→ Énoncés p. 332

1 **Réponse b.** La fonction f à 3 associe 7 : $f : 3 \mapsto 7$. Donc on peut dire que l'image de 3 est 7 ou que 7 a pour antécédent 3.

2 **Réponse c.** Si le graphique **a)** était la représentation graphique d'une fonction, on pourrait lire que 3, par exemple, a deux images distinctes : 2 et -2, ce qui est contraire à la définition d'une fonction. Si le graphique **b)** était la représentation graphique d'une fonction, on pourrait lire que 1 a une infinité d'images distinctes (tous les nombres de l'intervalle $[1 ; 3]$, ce qui est contraire à la définition d'une fonction.
Il n'y a pas de contradiction à ce que **c)** soit la représentation graphique d'une fonction.

3 **Réponse c.** La droite d'équation $y=3$ coupe le graphe de la fonction f en deux points. Il y a donc deux solutions à l'équation $f(x)=3$. (On peut préciser graphiquement la valeur de ces deux solutions : -1 et 1.)

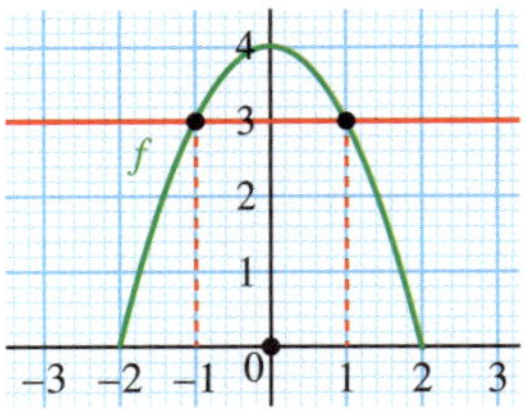

4 **Réponse a.** On peut calculer : $f(-1)=-(-1)^3-(-1)^2+4(-1)+6=1-1-4+6=2$
et $g(-1)=-(-1)^2+6=5$.
On peut lire sur le graphique ci-dessous que la représentation de f est la courbe verte (elle passe par le point A$(-1 ; 2)$) et celle de g est la courbe rouge (elle passe par le point B$(-1 ; 5)$).

5 **Réponse b.** Les courbes de f et de g ont trois points d'intersection (voir graphique ci-dessous), il y a donc trois solutions à l'équation $f(x)=g(x)$.
(On peut préciser graphiquement la valeur de ces trois solutions : -2 ; 0 ; 2.)

6 **Réponse a.** Les représentations graphiques de f et de g ont chacune un seul point d'intersection distinct avec l'axe des abscisses (voir graphique ci-dessous). Les équations $f(x)=0$ et $g(x)=0$ ont chacune une solution unique distincte sur l'intervalle $[-2{,}5 ; 2{,}2]$.

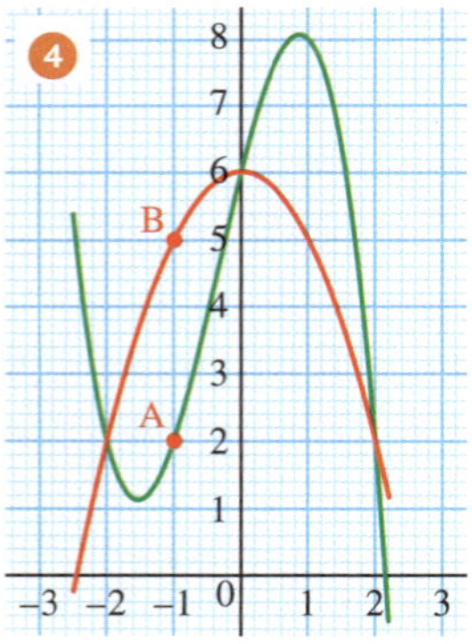

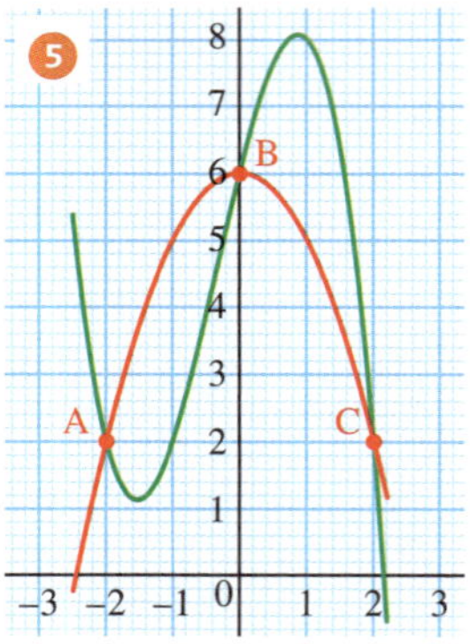

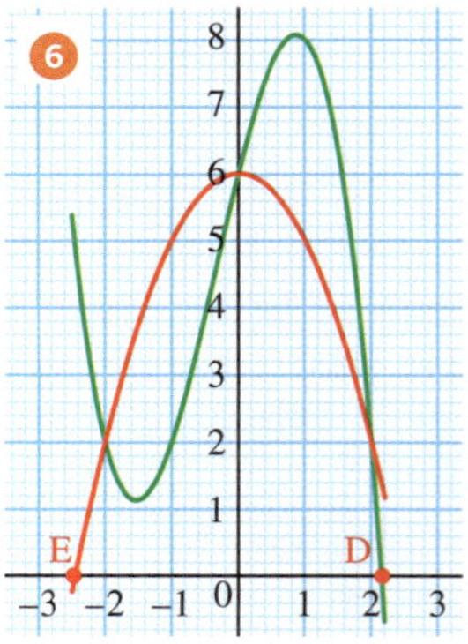

7 **Réponse a.** La fonction f, ayant pour expression $f(x)=\frac{3}{2}x$, a pour représentation graphique une droite parallèle à la droite représentation graphique de la fonction g d'expression : $g(x)=1{,}5x-4$ car elles ont même coefficient directeur ou pente : $\frac{3}{2}=1{,}5$.

8 **Réponse a.** $f(x)=\frac{2x-\sqrt{3}}{\sqrt{7}}=\frac{2}{\sqrt{7}}x-\frac{\sqrt{3}}{\sqrt{7}}$ est bien de la forme $f(x)=mx+p$, donc c'est une fonction affine.
$g(x)=2\times\frac{1}{x}+3$: ici la variable est au dénominateur, ce n'est pas une fonction affine.
$h(x)=5x^2+1$: la variable est élevée au carré, ce n'est pas une fonction affine.

9 **Réponse b.** Si f est une fonction linéaire, elle est de la forme $f(x)=mx$.
Elle passe par le point de coordonnées $(-5\ ;\ 3)$ donc $f(-5)=-5m=3$ d'où $m=-\frac{3}{5}$.

10 **Réponse c.** On a :
- $f(2+3)=f(5)=5m+p$.
$f(2)+f(3)=(2m+p)+(3m+p)=5m+2p$.
D'où : $f(2+3)\neq f(2)+f(3)$.
La propriété de linéarité additive n'est pas vérifiée.
- $f(2\times 3)=f(6)=6m+p$.
$2\times f(3)=2\times(3m+p)=6m+2p$.
D'où : $f(2\times 3)\neq 2\times f(3)$.
La propriété de linéarité multiplicative n'est pas vérifiée.
- $f(3)-f(2)=(3m+p)-(2m+p)=3m+p-2m-p=m$.

Échauffement

→ Énoncés p. 333

1 **1.** La vitesse garde la même valeur, 5m/s, dans l'intervalle de temps entre $t=6$ s et $t=14$ s.
On dit que la vitesse est constante sur l'intervalle [6 ; 14[.
Sur le graphique les points de la courbe qui ont leur abscisse appartenant à l'intervalle [6 ; 14[, ont tous leur ordonnée égale à 5.
La courbe prend la forme d'un segment de droite horizontal (parallèle à l'axe des abscisses).
On a choisi de considérer que pour t = 14, la vitesse n'est pas égale à 5 m/s, mais le graphique n'étant pas assez précis sur ce point, un autre choix aurait été accepté.
L'intervalle [6 ; 14[est donc semi-ouvert à droite.
La vitesse est aussi constante sur l'intervalle [14 ; 16] et est égale à 0 m/s.
On a choisi de considérer que pour t = 14 et t = 16, la vitesse est égale à 0 m/s.
L'intervalle [6 ; 14] est donc fermé.
2. Quand le parachute s'ouvre, la vitesse de chute cesse d'augmenter et diminue. L'instant à partir duquel la courbe qui était croissante devient décroissante correspond donc à l'ouverture du parachute.
On lit sur le graphique que cet instant a pour valeur $t=3$ s. La vitesse a alors pour valeur $v=25$ m/s.
Le point cherché a donc pour coordonnées $(3\ ;\ 25)$.
3. Entre les points d'abscisses 3 et 6, la vitesse diminue, cela correspond au freinage provoqué par l'ouverture du parachute. La vitesse passe de 25 m/s à 5 m/s.
4. Le temps de la chute se compte de 0 à 14 secondes.
Sur le graphique, l'instant t = 14 s où la vitesse passe brusquement à 0 m/s correspond à l'instant où le parachutiste touche le sol.
La durée entre 14 s et 16 s ne fait donc pas partie du temps de la chute.
La deuxième moitié du temps de sa chute correspond donc à l'intervalle de temps entre 7 s et 14 s sur lequel la vitesse est constante et vaut 5 m/s.
Le parachutiste tombe donc à une vitesse de 5 m/s pendant $14-7=7$ s; il parcourt donc $7\times 5=35$ m.

2 **1.** En ayant parcouru 700 km, le conducteur a consommé $50-15=35$ litres, donc en parcourant x km, il consomme $\frac{35x}{700}=0{,}05x$ litres.
Il reste alors dans le réservoir $50-0{,}05x$ litres.
La fonction f a pour expression $f(x)=-0{,}05x+50$.
2. L'expression $f(x)=-0{,}05x+50$ est celle d'une fonction affine **(f a en effet une expression de la forme $f(x)=mx+p$)** ; f est donc une fonction affine.
Sa représentation graphique est donc une droite d'équation $y=-0{,}05x+50$.
Nous allons déterminer deux points appartenant à la droite pour pouvoir la tracer.
Si $x=0$, en remplaçant dans l'équation de la droite, il vient $y=-0{,}05\times 0+50=50$.
On place le point $A(0\ ;\ 50)$.
Si $x=400$, en remplaçant dans l'équation de la droite, il vient $y=-0{,}05\times 400+50=30$.
On place le point $B(400\ ;\ 30)$.
On peut alors tracer la droite représentation graphique de f :

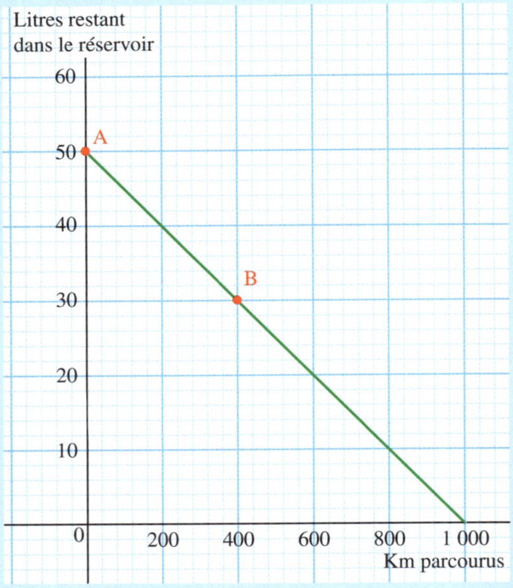

3 **1. a)** Dans la formule $E_c = \frac{1}{2}mv^2$, si l'on considère un solide de masse 4 kg, $m = 4$ est fixé, l'énergie cinétique du solide ne varie qu'avec sa vitesse. On obtient la fonction :

$E_1(v) = \frac{1}{2} \times 4v^2 = 2v^2$.

b) En remplaçant v par chacune des valeurs du tableau dans l'expression $E_1(v) = 2v^2$, on obtient après calcul :

v	0	0,5	1	1,5	2	2,5	3
$E_1(v)$	0	0,5	2	4,5	8	12,5	18

c) En plaçant les points dont les coordonnées sont données par le tableau de valeurs, on obtient la représentation graphique de E_1.

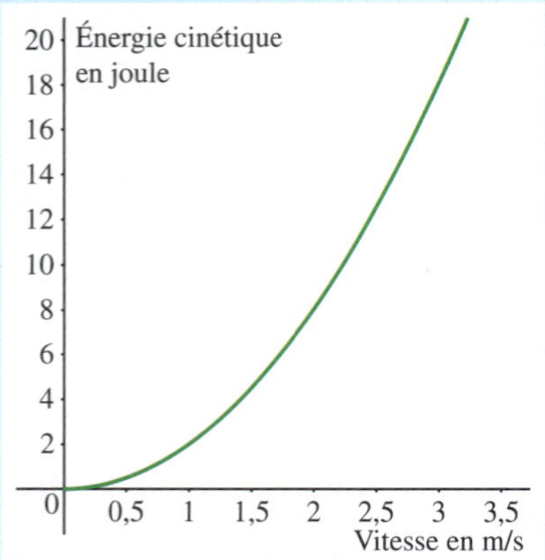

d) $E_1(v) = 2v^2$ n'est pas une expression de la forme $E_1(v) = mv$. Ce n'est pas une fonction linéaire, donc l'énergie cinétique n'est pas proportionnelle à la vitesse.

On aurait pu donner un argument graphique en disant que la représentation graphique de E_1 n'est pas une droite passant par l'origine.

2. a) Dans la formule $E_c = \frac{1}{2}mv^2$, si l'on considère la vitesse constante de 2 m/s, l'énergie cinétique du solide ne varie qu'avec sa masse. On obtient la fonction :

$E_2(m) = \frac{1}{2} \times m2^2 = \frac{1}{2} \times m \times 4 = 2m$.

b) Dans l'expression $E_2(m) = 2m$, la variable est m. Pour éviter des confusions avec le « m » utilisé dans le cours où l'on donnait la définition d'une fonction linéaire ($f(x) = mx$) et où m était une constante, on peut très bien donner l'expression de E_2 avec le nom habituel que l'on donne à la variable : $E_2(x) = 2x$.

La représentation graphique de E_2 est une droite d'équation $y = 2x$; il suffit de déterminer deux points appartenant à la droite.

Si $x = 0$, en remplaçant dans l'équation de la droite, il vient $y = 2 \times 0 = 0$.

On place le point A (0 ; 0).

Si $x = 3$, en remplaçant dans l'équation de la droite, il vient $y = 2 \times 3 = 6$.

On place le point B (3 ; 6).

On peut alors tracer la demi-droite [AB) représentation graphique de f :

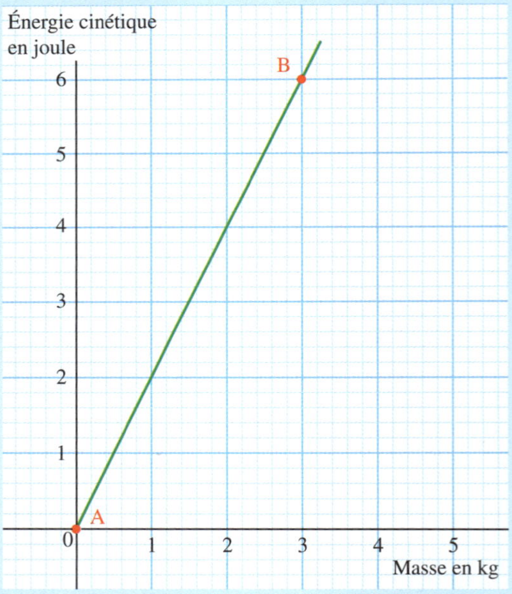

c) En appelant la masse x, $E_2(x) = 2x$ est l'expression d'une fonction linéaire donc l'énergie cinétique est proportionnelle à la masse.

On aurait pu donner un argument graphique en disant que la représentation graphique de E_2 est une droite passant par l'origine.

4 **1.** Jean-André part d'Ajaccio à 16 h, donc la représentation graphique de la fonction exprimant la distance séparant Jean-André de la gare d'Ajaccio en fonction du temps, passe par l'origine O du repère.

Il marche à 3 km/h, soit 3 km en 60 minutes ; donc il parcourt 2 km en 40 minutes.

Sur le graphique, la vitesse étant constante, cela se traduit par un segment du point O de coordonnés (0 ; 0) au point A de coordonnées (40 ; 2).
La pause de 10 minutes, au bout de 2 km, se traduit par un segment horizontal du point A au point B de cordonnées (50 ; 2).
Il reprend son parcours à la vitesse de 6 km/h, soit 6 km en 60 minutes, donc il parcourt les 4 km le séparant de Cavone en 40 minutes. Sur le graphique, cela se traduit par un segment du point B de coordonnées (50 ; 2) au point C de coordonnées (90 ; 6).

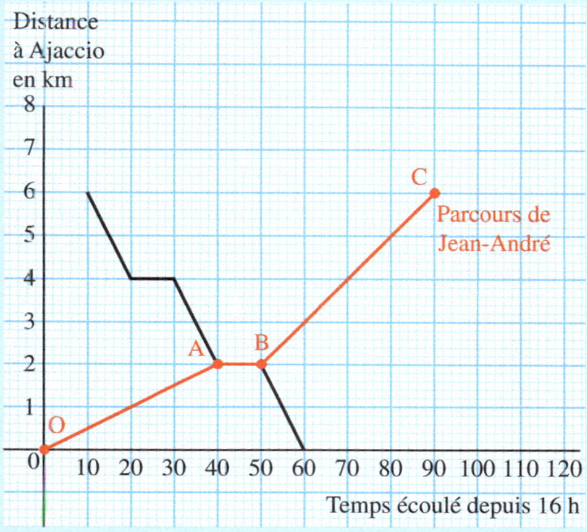

2. a) Le point d'arrivée à l'arrêt de Cavone de Jean-André est représenté par le point C (90 ; 6), il arrive donc 90 minutes (soit 1 h 30 min) après son départ, c'est-à-dire à 16 h + 1 h 30 min.
L'heure d'arrivée est 17 h 30 min.
b) Les courbes représentatives des deux parcours se superposent sur le segment horizontal [AB].

Lésia et son frère se retrouvent à 16 h 40 à 2 km d'Ajaccio durant leurs pauses respectives et ils peuvent donc discuter de 16 h 40 à 16 h 50.

5 **1.** Les différentes étapes du programme de calcul se traduisent ainsi :

Entrer un nombre	x
Ajouter 1	$x+1$
Multiplier la somme obtenue par 6	$(x+1)\times 6$
Soustraire 12 au produit obtenu	$(x+1)\times 6-12$
Diviser par 3 le résultat précédent	$\dfrac{(x+1)\times 6-12}{3}$

On a donc
$$f(x)=\frac{(x+1)\times 6-12}{3} = \frac{6x+6-12}{3}=\frac{6x-6}{3} = \frac{3(2x-2)}{3}=2x-2$$

2. Ce programme, en affichant la liste x et la liste $F(x)$, affiche le tableau de valeurs de la fonction f pour les valeurs entières de x de -3 à 4 :

x	-3	-2	-1	0	1	2	3	4
$F(x)$	-8	-6	-4	-2	0	2	4	6

3. a) Formule à entrer dans la cellule A3 :

= A2+1

b) Formule à entrer dans la cellule B2 :

= 2*A2 - 2

Pour réussir au concours

→ Énoncés p. 336

6 **1.** Lorsque AG = 18 m, on peut lire sur le graphique que la longueur du grillage est 22 m.

2. On peut lire sur le graphique que lorsque la longueur du grillage est de 20 m, les valeurs possibles de AG sont 6 m et 15 m.

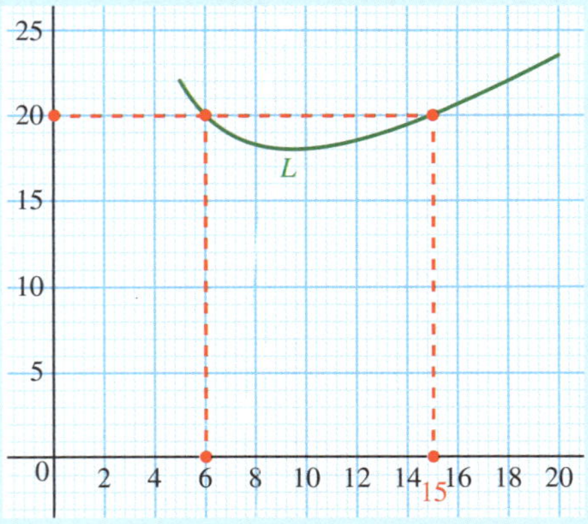

3. On peut lire sur le graphique que la valeur de AG pour que la longueur soit minimale est 9,5 m.

7 **1.** Le périmètre des rectangles étudiés est 14 cm. x est la mesure en cm d'un des côtés d'un tel rectangle. Si on appelle y la mesure en cm de l'autre côté, on doit avoir :
$2x+2y=14$,
soit $2y=14-2x$
et donc $y=7-x$.
Une mesure étant un nombre positif,
$x \geq 0$ et $y \geq 0$,
soit $7-x \geq 0$, c'est-à-dire $7 \geq x$.
Ainsi : $0 \leq x \leq 7$.

2. Étude graphique

a) Graphiquement, l'équation $A(x)=10$ a deux solutions : $x=2$ et $x=5$.

Si la mesure d'un côté est $x=2$, alors l'autre côté a pour mesure $y=7-x=7-2=5$.
Si la mesure d'un côté est $x=5$, alors l'autre côté a pour mesure $y=7-x=7-5=2$.
On trouve donc un seul rectangle solution de périmètre 14 cm et d'aire 10 cm^2, c'est le rectangle ayant pour longueur 5 cm et pour largeur 2 cm.

b) On peut lire que l'aire du rectangle est maximale pour $3<x<4$.

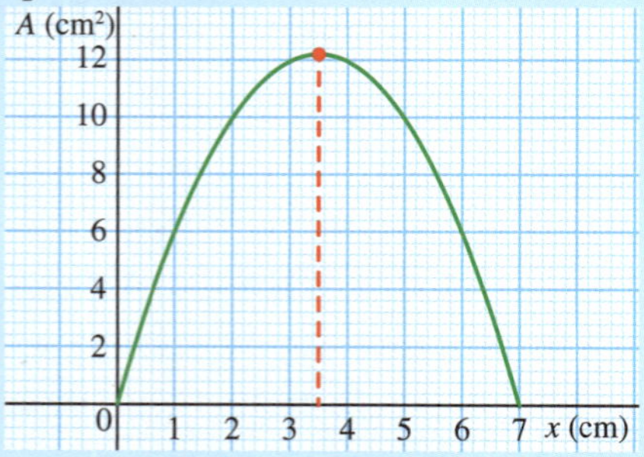

c) On peut lire que la valeur de l'aire maximale du rectangle est comprise entre 12 cm^2 et 13 cm^2.

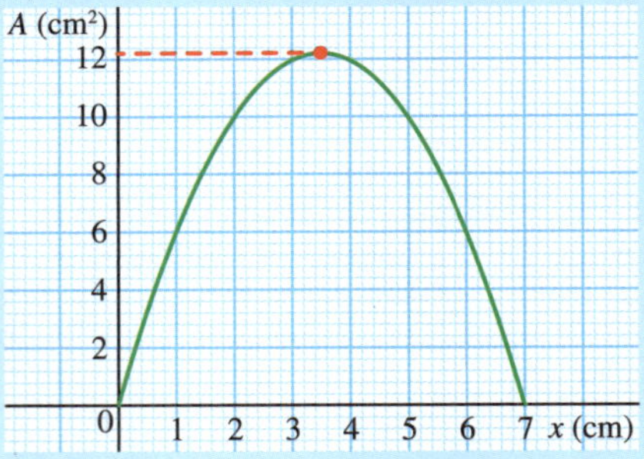

3. Poursuite à l'aide d'un tableur

a) $A(x)=x(7-x)=7x-x^2$, donc la formule à entrer dans la cellule B2 est :

= 7*B1 – B1*B1

b) Sur le graphique, on a vu que la fonction semble croissante jusqu'à un maximum puis devient décroissante. Le tableur indique que cette inversion dans la variation se situe pour $3{,}4<x<3{,}6$.

4. Détermination des valeurs exactes

a)
$$\frac{49}{4}-\left(x-\frac{7}{2}\right)^2=\frac{49}{4}-\left[x^2-2\times\frac{7}{2}x+\left(\frac{7}{2}\right)^2\right]$$
$$=\frac{49}{4}-x^2+7x-\left(\frac{7}{2}\right)^2$$
$$=\frac{49}{4}-x^2+7x-\frac{49}{4}$$
$$=-x^2+7x$$
$$=7x-x^2$$
$$=A(x).$$

b) On a vu que $A(x)=\frac{49}{4}-\left(x-\frac{7}{2}\right)^2$.

$\left(x-\frac{7}{2}\right)^2$ est un carré, donc sa valeur est toujours positive quel que soit x.
Cette valeur étant soustraite à $\frac{49}{4}$, le résultat sera maximum quand $\left(x-\frac{7}{2}\right)^2$ est minimum, c'est-à-dire quand $\left(x-\frac{7}{2}\right)^2=0$, soit $x-\frac{7}{2}=0$, et donc quand $x=\frac{7}{2}=3{,}5$.

L'aire $A(x)$ est maximale quand $x=3{,}5$.
En remplaçant cette valeur de x dans l'expression $A(x)=7x-x^2$, il vient :
$A(3{,}5)=7\times3{,}5-3{,}5^2=24{,}5-12{,}25=12{,}25$.
La valeur maximale de $A(x)$ est 12,25.

c) Le rectangle de périmètre 14 cm et d'aire maximale a un côté de mesure $x=3{,}5$, donc son autre côté a pour mesure $y=7-3{,}5=3{,}5$. Ainsi $x=y$.
Les côtés de ce rectangle ont même mesure, c'est donc un carré.

8 **1.** Les données de l'énoncé nous indiquent que la mesure –58 °F est équivalente à –50 °C.

Donc $f(-58)=\frac{5}{9}(-58)+b=-50$. On va résoudre cette équation pour déterminer b.
On obtient :

$$b=-50+\frac{5\times58}{9}=\frac{-50\times9}{9}+\frac{290}{9}$$
$$=\frac{-450}{9}+\frac{290}{9}=\frac{-450+290}{9}$$
$$=-\frac{160}{9}.$$

On a bien $b=-\frac{160}{9}$.

2. Les mesures en degré Celsius et en degré Fahrenheit sont égales lorsque l'équation $f(t)=t$ est vérifiée.
On va donc résoudre l'équation : $\frac{5}{9}t-\frac{160}{9}=t$,
équivalente à $-\frac{160}{9}=t-\frac{5}{9}t$, soit :
$-\frac{160}{9}=\frac{9t}{9}-\frac{5t}{9}$, en multipliant les deux membres de l'égalité par 9, il vient :
$-160=4t$ et donc $t=-\frac{160}{4}=-40$.
Ainsi $-40\,°\mathrm{C}$ décrit la même température que $-40\,°\mathrm{F}$.

3. La fonction f qui à la mesure t, en degré Fahrenheit (°F), d'une température associe la mesure $f(t)$, en degré Celsius (°C), de cette température est une fonction affine ayant pour expression $f(t)=\frac{5}{9}t+b$, avec $b=-\frac{160}{9}\neq0$.
f n'est donc pas une fonction linéaire et les mesures en degré Celsius et en degré Fahrenheit ne sont pas proportionnelles.

4. On a : $f(t_F)=t_C$,
soit $\frac{5}{9}t_F-\frac{160}{9}=t_C$, il vient :
$\frac{5}{9}t_F=t_C+\frac{160}{9}$, puis : $t_F=\frac{9}{5}(t_C+\frac{160}{9})$.
On obtient : $t_F=\frac{9}{5}t_C+\frac{160}{5}$, soit : $t_F=\frac{9}{5}t_C+32$.
$t_F=\frac{9}{5}t_C+32$ est une formule permettant de convertir les degrés Celsius t_C en degrés Fahrenheit t_F.

9 1. a)

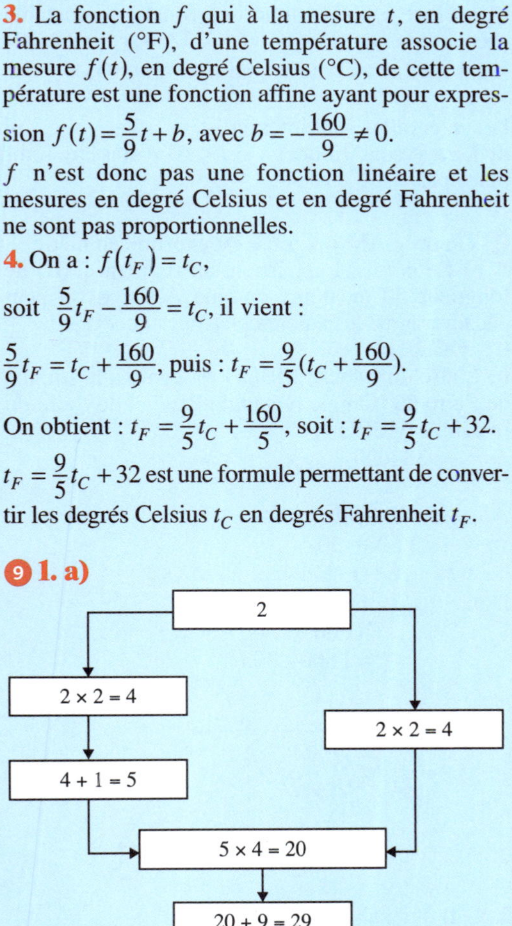

Le résultat est bien 29.

b)

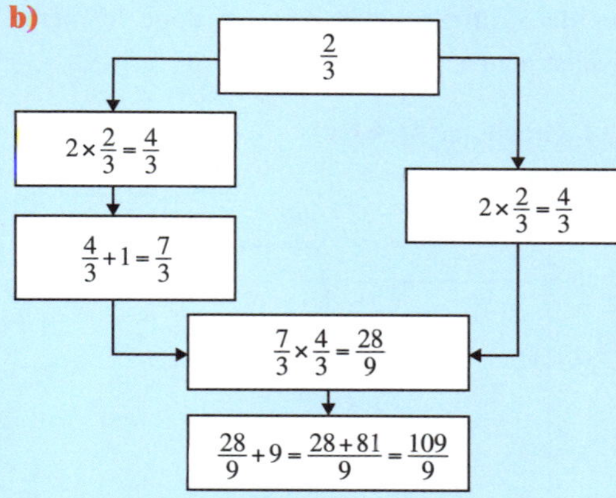

Le résultat est $\frac{109}{9}$.

c)

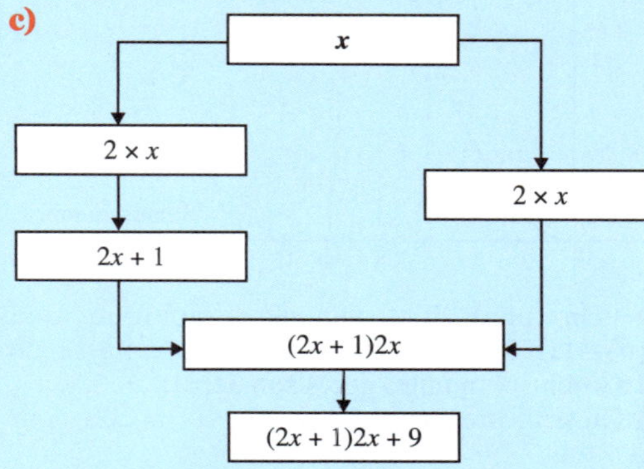

Le résultat est $(2x+1)2x+9=4x^2+2x+9$.

2. a) Choisir 2 comme nombre de départ revient à mettre 2 dans la variable réponse.
L'instruction suivante met $2+3=5$ dans la variable résultat.
L'instruction suivante met $5\times5=25$ dans la variable résultat.
Le programme affiche bien alors 25.

b) Choisir 1,5 comme nombre de départ revient à mettre 1,5 dans la variable réponse.
L'instruction suivante met $1{,}5+3=4{,}5$ dans la variable résultat.
L'instruction suivante met $4{,}5\times4{,}5=20{,}25$ dans la variable résultat.
Le programme affiche 20,25.

c) Choisir un nombre x comme nombre de départ revient à mettre le nombre x dans la variable réponse.
L'instruction suivante calcule $x+3$ et met le résultat dans la variable résultat.
L'instruction suivante calcule :
$(x+3)(x+3)=x^2+6x+9$ et met le résultat dans la variable résultat.

3. Les deux programmes donnent le même résultat si : $4x^2+2x+9=x^2+6x+9$.
Cette équation équivaut successivement à :
$3x^2-4x=0$
$x(3x-4)=0$.
Soit $x=0$ ou $3x-4=0$, c'est-à-dire $x=\frac{4}{3}$.

Les deux programmes donnent donc le même résultat pour $x = 0$ et pour $x = \frac{4}{3}$.

10 **1.** Graphique **a), b), c)**

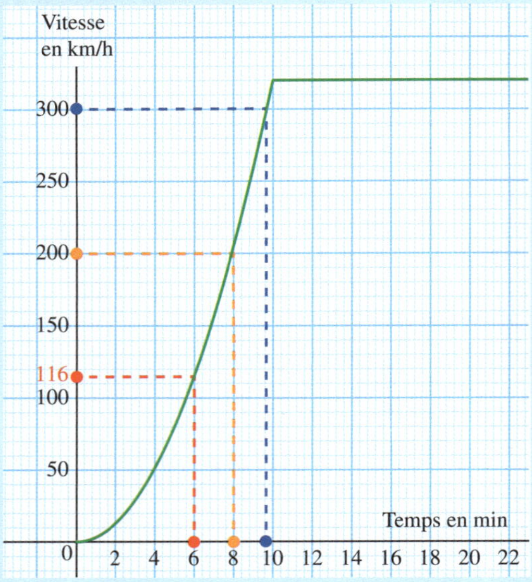

a) On peut lire sur le graphique que $v(6) \cong 116$ km/h. Le train atteint la vitesse de 116 km/h six minutes après son départ.

b) On peut lire sur le graphique $v(t) = 200$ pour $t \cong 8$ min.

Le train atteint 200 km/h huit minutes après son départ.

c) On peut lire sur le graphique que le temps t_0, exprimé en minutes, pour lequel la vitesse est de 300 km/h est compris entre 9 et 10 :

$9 < t_0 < 10$.

2. Sur le graphique, on peut voir qu'entre la quinzième minute et la vingtième minute, le train a une vitesse constante égale à 320 km/h.

Il parcourt 320 km en 60 minutes, donc il parcourt $\frac{320 \times 5}{60} \simeq 27$ km durant les 5 minutes entre la quinzième minute et la vingtième minute.

3. a) Le graphe de la fonction est sans coupure et la fonction est croissante sur l'intervalle [9 ; 10].

On peut lire dans le tableur que :

$v(9) = 259{,}2 < 300 < 320 = v(10)$.

On retrouve donc bien le fait que la valeur t_0 telle que $v(t_0) = 300$ est encadrée par 9 et 10 :

$9 < t_0 < 10$.

b) On peut lire dans le tableau : $v(9{,}6) = 294{,}91$, et $294{,}91 < 300 < 301{,}09$,

et $301{,}09 = v(9{,}7)$, donc :

$9{,}6 < t_0 < 9{,}7$.

4. a) $v(6) = 3{,}2 \times 6^2 = 3{,}2 \times 36 = 115{,}2$ km/h.

b) Il faut saisir dans B2 la formule :

=3,2*B1*B1

On aurait pu aussi saisir : =3,2*B1^2

c) La valeur exacte du temps t_0 tel que : $v(t_0) = 300$ km/h est solution de l'équation :

$v(t) = 3{,}2t^2 = 300$, ce qui équivaut à :

$t^2 = \frac{300}{3{,}2} = 93{,}75$.

Sachant que t est une valeur positive, l'équation a une seule solution :

$t_0 = \sqrt{93{,}75}$ min

$t_0 = \sqrt{93{,}75} \cong 9{,}6825$ min,

soit en convertissant la partie décimale en seconde :

$t_0 \cong 9$ min et $0{,}6825 \times 60$ sec, soit :

$t_0 \cong 9$ min et $40{,}95$ sec.

On peut donner un encadrement de t_0 :

$9\,\text{min}\ 40\ \text{sec} < t_0 < 9\,\text{min}\ 41\ \text{sec}$.

5. a) Si l'on entre 6 dans le programme, comme $6 > 0$ et $6 < 10$, l'instruction « dire 320 » est réalisée et le programme s'arrête.

b) Si l'on entre 15 dans le programme, comme $15 > 0$ et $15 > 10$, les instructions « mettre v à $3{,}2 \times t \times t$ » et « dire v » sont réalisées et le programme s'arrête.

Ainsi le programme calcule $3{,}2 \times 15^2$ et affiche donc 720.

c) L'élève a programmé une fonction constante prenant pour expression $v(t) = 320$ sur l'intervalle [0 ; 10[et ayant pour expression $v(t) = 3{,}2t^2$ pour $t \geq 10$.

Les intervalles sont intervertis.

d) Le test conditionnel « si $t < 10$ » doit être remplacé par « si $t \geq 10$ ».

11 On pose AM = x, où x est exprimé en mètre.

1. a) Le point M appartient au segment [AB] de longueur 50 m, donc, comme AM = x, on peut encadrer ainsi les valeurs possibles de x :

$0 \leq x \leq 50$.

b) L'aire du trapèze MBCG est égale à la somme de l'aire du triangle rectangle BEC et de l'aire du rectangle MBEG.

$A_{BCE} = \frac{30 \times 20}{2} = 300\ \text{m}^2$.

$A_{MBEG} = 30 \times (50 - x)$
$= 1\,500 - 30x$.

(Si AM = x, on en déduit que BM = $50 - x$.)

Donc $A_{MBCG} = A_{BCE} + A_{MBEG}$
$= 300 + 1\,500 - 30x$
$= 1\,800 - 30x$.

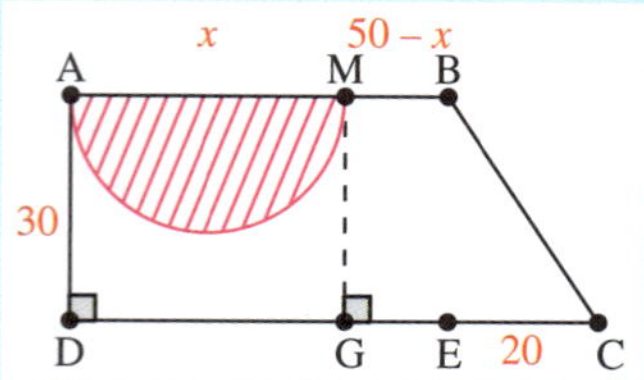

2. a) Il faut saisir dans la cellule B2 :

=1800–30*B1

b) L'aire de l'espace de plantations florales est l'aire d'un demi-disque de rayon $\frac{x}{2}$.

Cette aire est donc égale à :

$$\frac{\pi\times\left(\frac{x}{2}\right)^2}{2}=\frac{\pi\times\frac{x^2}{4}}{2}=\frac{\pi x^2}{8}.$$

La formule à saisir dans la cellule B3 est ainsi :

=PI()*B1*B1/8

3. a) C_1 correspond à la représentation graphique de l'aire du potager.
C_2 correspond à la représentation graphique de l'aire de la plantation florale.
C_3 correspond à la représentation graphique de l'aire de la partie engazonnée.
b) Cela indique que si l'on choisit de placer le point M à une distance d'environ 38 mètres du point A, alors l'aire de la partie florale sera égale à l'aire de la partie engazonnée.
c) Voir graphique en bas de page.
On détermine graphiquement grâce à la droite C_1 l'abscisse du point pour lequel l'aire du potager vaut 400 m^2.
On peut alors chercher sur C_2 et C_3 les points ayant cette abscisse et déterminer leur ordonnée respective.
On trouve ainsi pour l'aire de la partie florale 860 m^2 et 540 m^2 pour la partie engazonnée.

4. Lorsque l'aire du potager vaut 750 m^2, la longueur AM $= x$ vérifie $1\,800-30x=750$.
Cette équation équivaut successivement à :
$1\,800-750=30x$
$1\,050=30x$
$x=\frac{1\,050}{30}$
$x=35$ m.
On peut alors déterminer l'aire de l'espace de plantation florale lorsque $x=35$ m.

Cette aire vaut : $\frac{\pi\times35^2}{8}\cong481$ m^2.

De même, l'aire de la partie engazonnée vaut alors :

$30\times35-\frac{\pi\times35^2}{8}\cong569$ m^2.

Graphique **11** **3. c)**

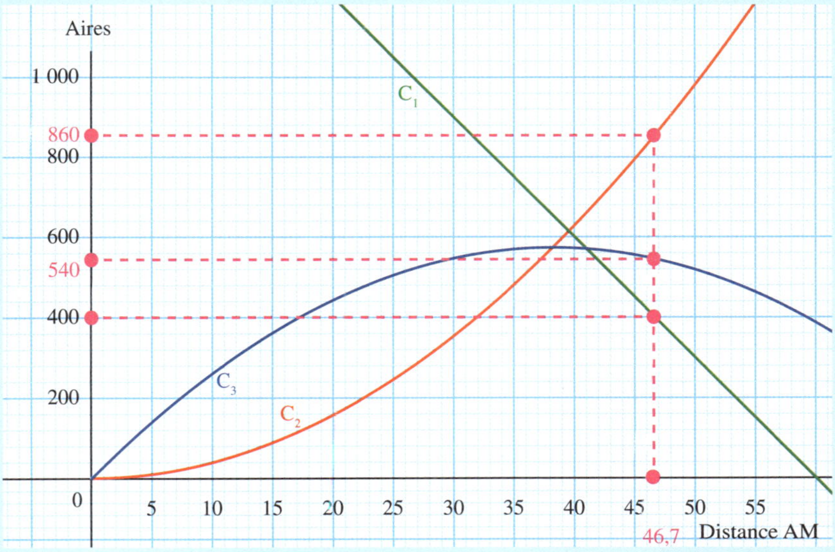

14 Statistiques

Les statistiques correspondent à un domaine mathématique qui a pour objectif la collecte des données, leur analyse, le traitement des résultats et leur représentation afin de les rendre compréhensibles par tous. Les statistiques sont très présentes dans notre société et permettent des prises de décision dans de nombreuses activités humaines.

A Vocabulaire

Exemple 1

Lors d'un travail sur l'Europe de l'Ouest en 2020, une classe d'élèves a réalisé le tableau suivant :

Pays	Superficie (en milliers de km^2)	Nombre d'habitants	Appartenance à l'espace Schengen
Allemagne	357	80 767 463	Oui
Autriche	83,8	8 506 889	Oui
Belgique	30,5	11 180 840	Oui
Danemark	43,1	5 627 235	Oui
Espagne	505	46 512 199	Oui
Finlande	337	5 451 270	Oui
France	552	65 942 093	Oui
Irlande	70,3	4 605 501	Non
Islande	103	325 671	Oui
Italie	301	60 782 668	Oui
Liechtenstein	0,16	37 129	Oui
Luxembourg	3	549 680	Oui
Norvège	324	5 107 970	Oui
Pays-Bas	33,9	15 829 289	Oui
Portugal	92,1	10 427 301	Oui
Royaume-Uni	244	64 351 155	Non
Suède	450	9 644 864	Oui
Suisse	41,3	8 139 631	Oui

Cet ensemble de pays avec quelques-unes de ses caractéristiques correspond à une série statistique que l'on peut étudier.

On dira que la population étudiée est l'ensemble des pays de l'Europe de l'Ouest en 2020.

Définition

La population est l'ensemble fini de tous les individus sur lesquels porte l'étude statistique.

La taille (ou l'effectif) de cette population est égale à 18.

Chaque pays étudié de cette série statistique est appelé un individu.

Dans ce tableau, on a relevé trois caractéristiques de ces pays (de ces individus) ; on qualifie ces caractéristiques de variables et les résultats obtenus sont appelés des observations :

– la superficie est une variable quantitative continue (les observations sont des nombres décimaux) ;
– le nombre d'habitants est une variable quantitative discrète (les observations sont des nombres entiers) ;
– l'appartenance à l'espace Schengen est une variable qualitative (les observations ne sont pas des nombres ; un pays appartient ou n'appartient pas à l'espace Schengen, ce sont les deux modalités possibles).

DÉFINITIONS

• Un ensemble de personnes ou d'objets étudiés s'appelle la population.
• Chaque personne ou objet d'une population s'appelle un individu.
• Les caractéristiques de cette population que l'on relève s'appellent des variables ; ces variables peuvent être qualitatives ou quantitatives.
Une variable qualitative est par exemple l'appartenance à l'espace Schengen, ou la couleur des yeux d'une personne, ou le fait de plus ou moins aimer le cinéma…
Une variable quantitative est par exemple le nombre d'habitants d'un pays, la superficie d'un pays…
• Les valeurs prises par ces variables sont appelées des observations.
Dans le cas de variables qualitatives, les observations sont appelées des modalités.
Par exemple, si l'on s'intéresse à la couleur préférée de personnes d'un groupe, les modalités sont : bleu, vert, rouge... Si l'on s'intéresse au fait d'aimer le cinéma ou non, les modalités sont : pas du tout, un peu, beaucoup.
Dans le cas de variables quantitatives, les observations peuvent être des nombres réels (pour des variables continues) ou des nombres entiers (pour des variables discrètes comme le nombre d'habitants de pays).
• La série d'observations recueillies s'appelle une série statistique. Elle est généralement retranscrite dans un tableau de données.

B Regroupement des observations

• Dans le but de résumer l'information portée par une série de données, il peut être intéressant de **regrouper les observations**.
• Lorsque la variable est **qualitative**, le regroupement se fait selon les **modalités**.
Par exemple, dans l'étude des pays d'Europe de l'Ouest, on peut dire que 2 pays n'appartiennent pas à l'espace Schengen en 2020 et que 16 pays y appartiennent.
• Lorsque la variable est **quantitative discrète**, on peut regrouper les observations selon leurs **valeurs** ou, comme pour les variables quantitatives continues, on peut regrouper les observations en créant des **intervalles** (on regroupe toutes les observations comprises entre telle valeur et telle valeur).
• On calcule souvent les **fréquences** de chaque modalité, valeur ou intervalle pour donner les proportions associées à chacune d'elles.

1. Tableaux de fréquences

À partir du tableau des pays d'Europe de l'Ouest, on s'intéresse à la variable quantitative continue correspondant à la superficie en milliers de km^2 que l'on regroupe par intervalles :

Superficie en milliers de km^2	Effectifs	Fréquences
[0 ; 100[	9	$f_1 = \frac{9}{18} = 0{,}5 = 50\ \%$
[100 ; 200[	1	$f_2 = \frac{1}{18} \approx 0{,}056 \approx 5{,}6\ \%$
[200 ; 300[	1	$f_3 = \frac{1}{18} \approx 0{,}056 \approx 5{,}6\ \%$
[300 ; 400[	4	$f_4 = \frac{4}{18} = \frac{2}{9} \approx 0{,}222 \approx 22{,}2\ \%$
[400 ; 500[	1	$f_5 = \frac{1}{18} \approx 0{,}056 \approx 5{,}6\ \%$
Plus de 500	2	$f_6 = \frac{2}{18} = \frac{1}{9} \approx 0{,}111 \approx 11{,}1\ \%$
Total	18	1

Précision

[0 ; 100[signifie que les nombres appartenant à cet intervalle sont supérieurs ou égaux à 0 et strictement inférieurs à 100.

DÉFINITION

Lorsque les observations d'une variable statistique ont été agrégées selon les différentes modalités (valeurs ou intervalles), on définit la fréquence de la $i^{\text{ème}}$ modalité (valeur ou intervalles), notée f_i par : $f_i = \dfrac{\text{nombre d'individus avec cette modalité } i}{\text{nombre total d'individus}}$.

PROPRIÉTÉS

- La fréquence d'une modalité est un nombre compris entre 0 et 1.
- f_i mesure la proportion d'individus ayant la modalité i.
- On exprime souvent les fréquences à l'aide de pourcentages.
- La somme des fréquences de toutes les modalités est égale à 1.

Dans l'exemple précédent (tableau ci-dessus), si l'on ajoute toutes les fréquences obtenues, on obtient :

$$\frac{9}{18} + \frac{1}{18} + \frac{1}{18} + \frac{4}{18} + \frac{1}{18} + \frac{2}{18} = \frac{18}{18} = 1.$$

2. Fréquences cumulées

Lorsqu'une **variable** est **quantitative**, on peut calculer les **fréquences cumulées**.

2-1 Calcul des fréquences cumulées en utilisant les fréquences

Superficie en milliers de km^2	Effectifs	Fréquences	Fréquences cumulées
[0 ; 100[	9	$f_1 = \frac{9}{18} = \frac{1}{2} = 0{,}5$	$F_1 = f_1 = \frac{9}{18} = \frac{1}{2} = 0{,}5$
[100 ; 200[	1	$f_2 = \frac{1}{18} \approx 0{,}056$	$F_2 = F_1 + f_2 = \frac{9}{18} + \frac{1}{18} = \frac{10}{18} = \frac{5}{9} \approx 0{,}556$
[200 ; 300[	1	$f_3 = \frac{1}{18} \approx 0{,}056$	$F_3 = F_2 + f_3 = \frac{10}{18} + \frac{1}{18} = \frac{11}{18} \approx 0{,}611$
[300 ; 400[	4	$f_4 = \frac{4}{18} = \frac{2}{9} \approx 0{,}222$	$F_4 = F_3 + f_4 = \frac{11}{18} + \frac{4}{18} = \frac{15}{18} = \frac{5}{6} \approx 0{,}833$

COURS

[400 ; 500[	1	$f_5 = \frac{1}{18} \approx 0{,}056$	$F_5 = F_4 + f_5 = \frac{15}{18} + \frac{1}{18} = \frac{16}{18} = \frac{8}{9} \approx 0{,}889$
Plus de 500	2	$f_6 = \frac{2}{18} = \frac{1}{9} \approx 0{,}111$	$F_6 = F_5 + f_6 = \frac{16}{18} + \frac{2}{18} = \frac{18}{18} = 1$
Total	18	1	

La fréquence cumulée F_3 correspondant à la 3e modalité (superficie comprise entre 200 et 300 milliers de km^2) est égale à la somme des fréquences cumulées $F_3 = f_1 + f_2 + f_3$. Dans le tableau, on a calculé la fréquence cumulée F_3 en se servant de la fréquence cumulée F_2 et, ainsi, on a obtenu : $F_3 = F_2 + f_3$.

DÉFINITION On définit la fréquence cumulée de la $i^{\text{ème}}$ valeur (ou du $i^{\text{ème}}$ intervalle), notée F_i ainsi :
$F_i = \textit{somme des fréquences de } 1 \textit{ à } i = f_1 + f_2 + \ldots + f_i$.
Le calcul des fréquences cumulées se fait donc en partant de la 1re fréquence du tableau et en ajoutant les fréquences de chaque modalité (valeur ou intervalle) de proche en proche.

2-2 Calcul des fréquences cumulées en utilisant les effectifs cumulés

On peut également se servir des effectifs cumulés pour calculer les fréquences cumulées.

Superficie en milliers de km^2	Effectifs	Effectifs cumulés	Fréquences cumulées
[0 ; 100[	9	9	$F_1 = \frac{9}{18} = \frac{1}{2} = 0{,}5$
[100 ; 200[	1	9 + 1 = 10	$F_2 = \frac{10}{18} = \frac{5}{9} \approx 0{,}556$
[200 ; 300[	1	9 + 1 + 1 = 10 + 1 = 11	$F_3 = \frac{11}{18} \approx 0{,}611$
[300 ; 400[	4	9 + 1 + 1 + 4 = 11 + 4 = 15	$F_4 = \frac{15}{18} = \frac{5}{6} \approx 0{,}833$
[400 ; 500[	1	9 + 1 + 1 + 4 + 1 = 15 + 1 = 16	$F_5 = \frac{16}{18} = \frac{8}{9} \approx 0{,}889$
Plus de 500	2	9 + 1 + 1 + 4 + 1 + 2 = 16 + 2 = 18	$F_6 = \frac{18}{18} = 1$
Total	18		

La fréquence cumulée F_3 correspondant à la 3e modalité (superficie comprise entre 200 et 300 milliers de km^2) est égale au quotient des effectifs cumulés des trois premières modalités par l'effectif total : $F_3 = \frac{9+1+1}{18} = \frac{11}{18}$.

DÉFINITION Lorsque les observations d'une variable statistique ont été agrégées selon les différentes modalités (valeurs ou intervalles) et que l'on a calculé les effectifs cumulés, on définit la fréquence cumulée de la $i^{\text{ème}}$ modalité (valeur ou intervalles), notée F_i par :
$F_i = \frac{\text{effectifs cumulés jusqu'à cette modalité } i}{\text{nombre total d'individus}}$.

C Représentations graphiques

1. Variables qualitatives : le diagramme en barres

Le diagramme en barres est un graphique constitué d'une succession de rectangles verticaux (disjoints) :
– un rectangle pour chaque modalité à représenter ;
– les rectangles ont tous la même largeur ;
– la hauteur d'un rectangle est proportionnelle à la fréquence f_i correspondante, ou à l'effectif selon le diagramme créé.
Pour plus de lisibilité, on représente parfois les modalités par ordre décroissant des fréquences ou des effectifs.

Par exemple, dans l'étude des pays d'Europe de l'Ouest, on a 16 pays qui appartiennent à l'espace Schengen en 2020 et 2 pays qui n'y appartiennent pas. Les fréquences correspondantes sont donc respectivement égales à $\frac{16}{18}=\frac{8}{9}\approx 0{,}889$ et à $\frac{2}{18}=\frac{1}{9}\approx 0{,}111$.

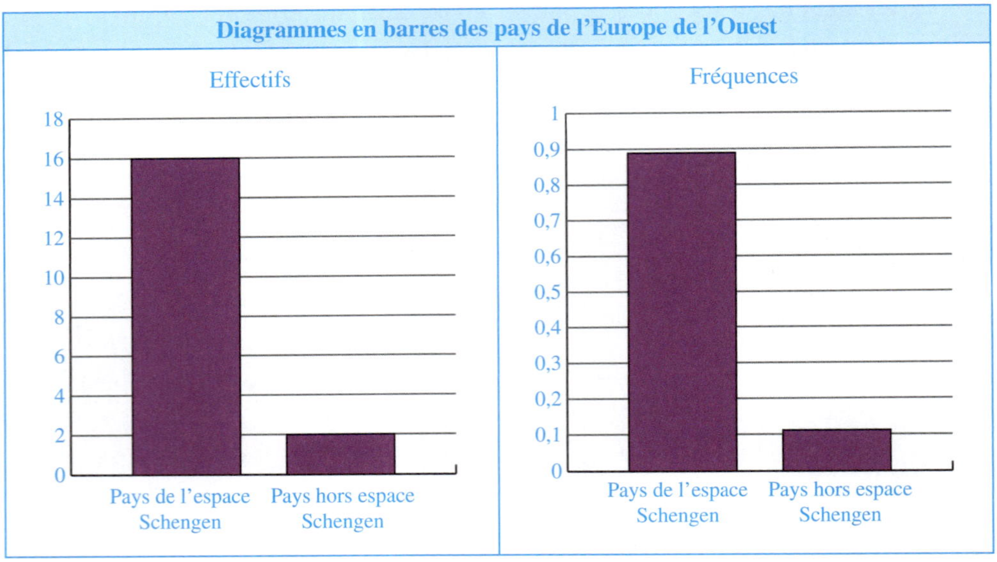

Remarque : Les légères différences de hauteurs relatives des barres proviennent des valeurs approchées des fréquences.

2. Variables quantitatives discrètes : le diagramme en bâtons

Sur un axe horizontal gradué portant les différentes modalités possibles (valeurs) de la variable discrète, on élève des bâtons (traits) dont les hauteurs sont proportionnelles aux fréquences des valeurs.

Exemple 2

On a interrogé 30 001 familles résidant en Europe de l'Ouest sur le nombre d'enfants de moins de 18 ans de la famille. On a obtenu les résultats suivants :

Nombre d'enfants de moins de 18 ans de la famille	Effectifs	Fréquences
0	4 429	$\frac{4\ 429}{30\ 001} \approx 0{,}148$
1	11 927	$\frac{11\ 927}{30\ 001} \approx 0{,}398$
2	10 489	$\frac{10\ 489}{30\ 001} \approx 0{,}35$
3	2 542	$\frac{2\ 542}{30\ 001} \approx 0{,}085$
4	410	$\frac{410}{30\ 001} \approx 0{,}014$
5	204	$\frac{204}{30\ 001} \approx 0{,}007$
Total	30 001	$\frac{30\ 001}{30\ 001} = 1$

On obtient le diagramme en bâtons suivant :

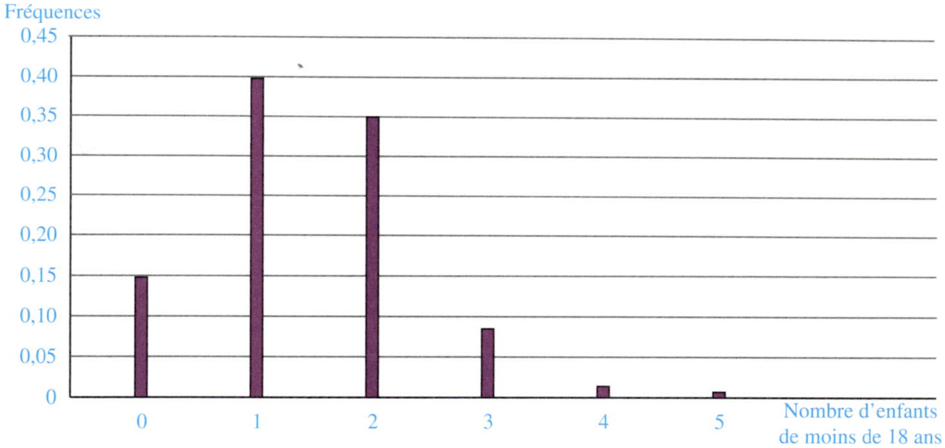

3. Diagramme circulaire, diagramme semi-circulaire

3-1 Diagramme circulaire

En reprenant l'exemple de l'étude du nombre d'enfants par famille européenne, on peut calculer l'angle correspondant à chaque classe obtenue, proportionnellement au nombre de familles concernées :

Rappel

L'angle plein au centre d'un disque mesure 360°.

Nombre d'enfants de moins de 18 ans de la famille	Effectifs	Angle en degrés
0	4 429	$\frac{4\ 429}{30\ 001} \times 360 \approx 53{,}1$
1	11 927	$\frac{11\ 927}{30\ 001} \times 360 \approx 143{,}1$

2	10 489	$\frac{10\,489}{30\,001} \times 360 \approx 125{,}9$
3	2 542	$\frac{2\,542}{30\,001} \times 360 \approx 30{,}5$
4	410	$\frac{410}{30\,001} \times 360 \approx 4{,}9$
5	204	$\frac{204}{30\,001} \times 360 \approx 2{,}4$
Total	30 001	$\frac{30\,001}{30\,001} \times 360 = 360$

On obtient le diagramme circulaire suivant :

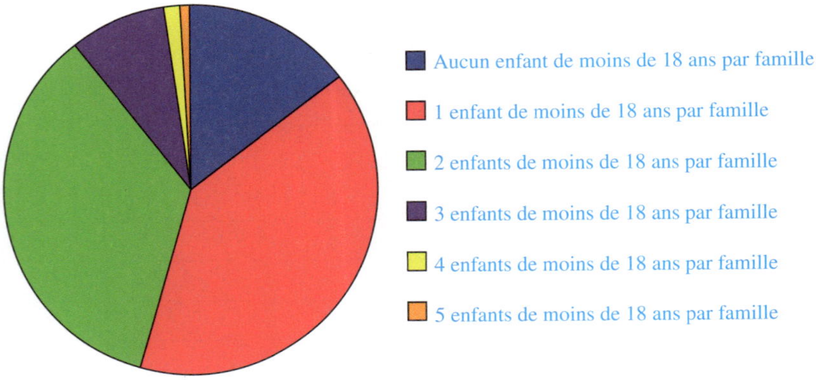

DÉFINITION Un diagramme circulaire est une représentation d'une série statistique sous forme d'un disque dans lequel chaque classe est proportionnelle à la fréquence (ou l'effectif) de celle-ci.

3-2 Diagramme semi-circulaire

Exemple 1

En considérant l'appartenance de chacun des 18 pays de l'Europe de l'Ouest à l'espace Schengen en 2020 (voir tableau p. 348), on obtient :

Rappel
Un angle plat mesure 180°.

	Nombre de pays	Angle en degrés
Appartenance à l'espace Schengen	16	$\frac{16}{18} \times 180 = 160$
Non-appartenance à l'espace Schengen	2	$\frac{2}{18} \times 180 = 20$
Total	18	$\frac{18}{18} \times 180 = 180$

Remarque : Dans ce tableau, on obtient la mesure de l'angle en degrés correspondant à chaque classe, en multipliant par 10 le nombre de pays de chacune des classes.

On obtient le diagramme semi-circulaire suivant :

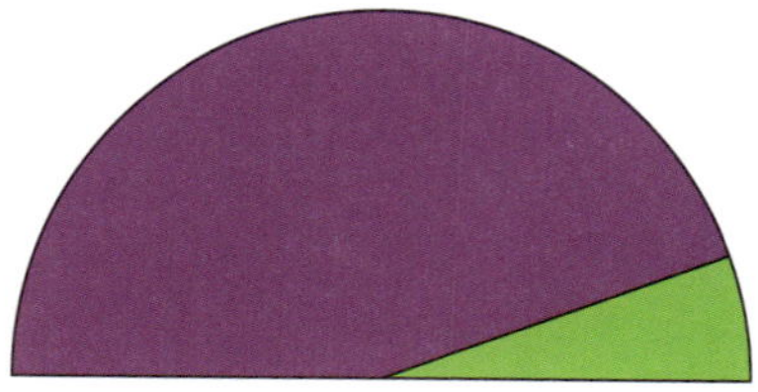

DÉFINITION Un diagramme semi-circulaire est une représentation d'une série statistique sous forme d'un demi-disque dans lequel chaque classe est proportionnelle à la fréquence (ou l'effectif) de celle-ci.

4. Variables quantitatives continues : histogramme

• Dans ces diagrammes, les bâtons sont remplacés par des rectangles et ce sont les aires de ces rectangles qui mesureront les fréquences des différentes valeurs.
• Pour tenir compte de l'aspect continu des valeurs, sur l'axe des abscisses, les rectangles sont accolés les uns aux autres, les valeurs étant regroupées par classes.
• Les hauteurs des rectangles sont égales aux quotients des fréquences par les largeurs des intervalles correspondant à chaque classe.

Exemple 1

À partir du tableau des pays d'Europe de l'Ouest, on s'intéresse à la variable quantitative continue correspondant à la superficie en km^2 avec de nouveaux regroupements par classes :

Superficie en milliers de km^2	Effectifs	Fréquences	Largeurs des classes en milliers de km^2	Hauteurs des rectangles
[0 ; 100[	9	$f_1 = \frac{9}{18} = 0{,}5$	$100 - 0 = 100$	$\frac{0{,}5}{100} = 0{,}005$
[100 ; 400[	6	$f_2 = \frac{6}{18} = \frac{1}{3} \approx 0{,}333$	$400 - 100 = 300$	$\frac{\frac{1}{3}}{300} \approx 0{,}0011$
[400 ; 600[	3	$f_3 = \frac{3}{18} = \frac{1}{6} \approx 0{,}167$	$600 - 400 = 200$	$\frac{\frac{1}{6}}{200} \approx 0{,}0008$
Total	18	1		

On s'aperçoit que les largeurs des trois classes sont différentes (100 milliers de km^2, 300 milliers de km^2 et 200 milliers de km^2) et, après avoir déterminé les fréquences correspondant à chacune des classes, on peut calculer la hauteur de chaque rectangle en divisant la fréquence par la largeur de la classe.
Sur l'histogramme de la page suivante, on a choisi de faire correspondre 3,7 cm à une hauteur calculée de 0,005.

On obtient l'histogramme suivant :

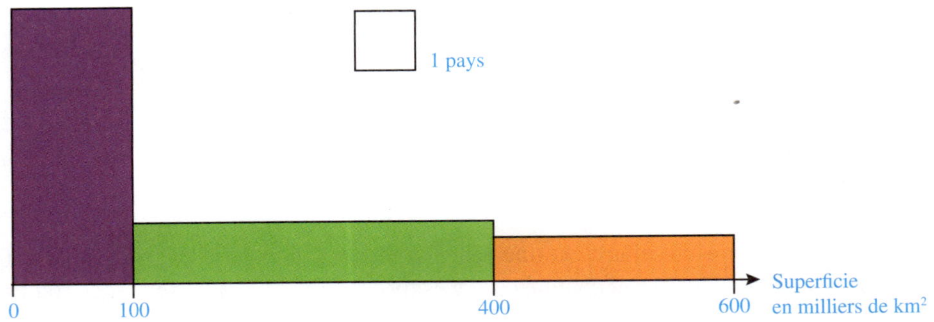

Remarque : Attention à ne pas comparer les hauteurs des rectangles dans les histogrammes, ce sont leurs aires qui permettent des comparaisons.
C'est seulement si toutes les largeurs sont identiques que l'on peut comparer les hauteurs.

5. Représentation des fréquences cumulées

• On appelle $F(x)$ la fréquence cumulée pour la variable x, c'est-à-dire la proportion d'observations inférieures ou égales à x.
• Lorsque la variable est **quantitative discrète**, on obtiendra une **fonction *F* en escalier** (la courbe représentative obtenue est une succession de segments horizontaux disjoints).
• Lorsque la variable est **quantitative continue**, on obtient une **fonction *F* affine par morceaux** (la courbe représentative obtenue est une succession de segments ayant certaines extrémités communes).

5-1 Cas d'une variable quantitative discrète

Exemple 2

Reprenons l'étude du nombre d'enfants dans les 30 001 familles d'Europe de l'Ouest et calculons les fréquences cumulées en pourcentages :

Nombre d'enfants de moins de 18 ans de la famille	Effectifs	Fréquences en pourcentages	Effectifs cumulés	Fréquences cumulées en pourcentages
0	4 429	$\frac{4\ 429 \times 100}{30\ 001} \approx 14,8$	4 429	$\frac{4\ 429 \times 100}{30\ 001} \approx 14,8$
1	11 927	$\frac{11\ 927 \times 100}{30\ 001} \approx 39,8$	16 356	$\frac{16\ 356 \times 100}{30\ 001} \approx 54,5$
2	10 489	$\frac{10\ 489 \times 100}{30\ 001} \approx 35$	26 845	$\frac{26\ 845 \times 100}{30\ 001} \approx 89,5$
3	2 542	$\frac{2\ 542 \times 100}{30\ 001} \approx 8,5$	29 387	$\frac{29\ 387 \times 100}{30\ 001} \approx 98$
4	410	$\frac{410 \times 100}{30\ 001} \approx 1,4$	29 797	$\frac{29\ 797 \times 100}{30\ 001} \approx 99,3$
5	204	$\frac{204 \times 100}{30\ 001} \approx 0,7$	30 001	$\frac{30\ 001 \times 100}{30\ 001} = 100$
Total	30 001	$\frac{30\ 001 \times 100}{30\ 001} = 100$		

On obtient le graphique suivant :

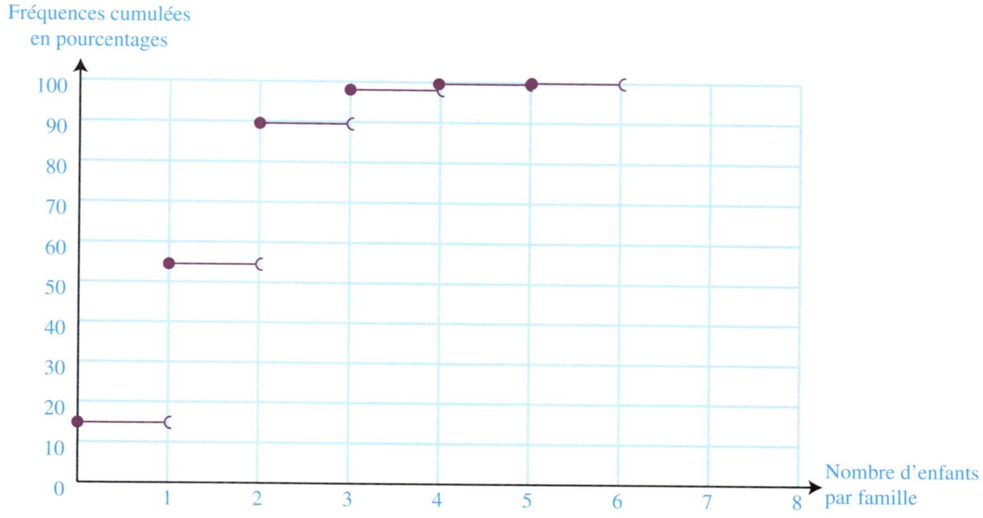

5-2 Cas d'une variable quantitative continue

Exemple 1

Reprenons l'étude des superficies des pays européens ; on suppose que la répartition à l'intérieur de chaque classe est uniforme, c'est-à-dire que les effectifs se répartissent régulièrement dans chaque classe.

Superficie en milliers de km^2	Effectifs	Effectifs cumulés	Fréquences cumulées
[0 ; 100[	9	9	$F_1 = \frac{1}{2} = 0{,}5$
[100 ; 200[	1	10	$F_2 = \frac{5}{9} \approx 0{,}556$
[200 ; 300[	1	11	$F_3 = \frac{11}{18} \approx 0{,}611$
[300 ; 400[	4	15	$F_4 = \frac{5}{6} \approx 0{,}833$
[400 ; 500[	1	16	$F_5 = \frac{8}{9} \approx 0{,}889$
[500 ; 600[	2	18	$F_6 = \frac{18}{18} = 1$
Total	18		

On obtient le graphique suivant :

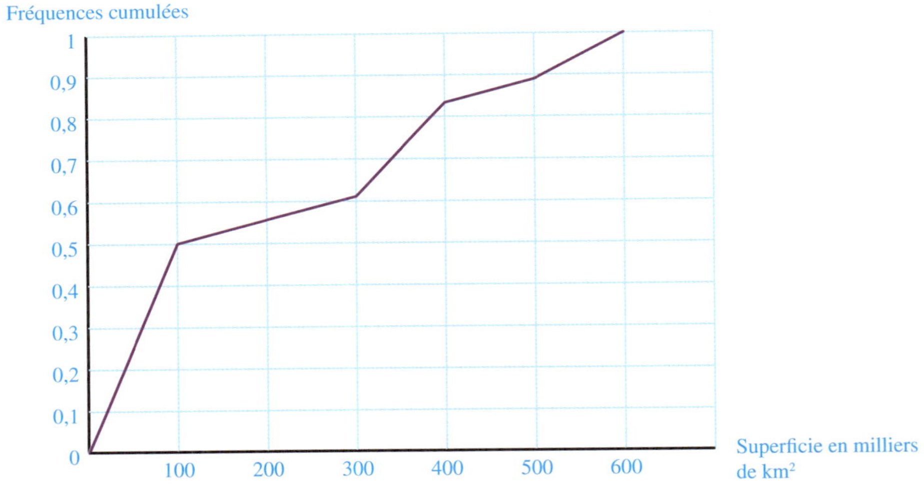

D Résumés numériques

Pour les variables quantitatives, nous pouvons résumer l'information au moyen d'indicateurs numériques. On distingue les **indicateurs de tendance centrale** et les **indicateurs de dispersion** autour des valeurs centrales.

MÉTHODE 1, p. 362

1. Mesures de tendance centrale

1-1 La médiane

Exemple 1

Dans l'étude des superficies des pays de l'Europe de l'Ouest, les superficies en milliers de km^2 rangées dans l'ordre croissant sont :

0,16 – 3 – 30,5 – 33,9 – 41,3 – 43,1 – 70,3 – 83,8 – 92,1 – 103 – 244 – 301 – 324 – 337 – 357 – 450 – 505 – 552

Comme il y a 18 pays européens et que 18 est un nombre pair, la médiane se situe entre la 9^e $\left(\frac{18}{2}=9\right)$ et la 10^e $\left(\frac{18}{2}+1=10\right)$ observation, c'est-à-dire entre 92,1 et 103 milliers de km^2. On prend la moyenne arithmétique de ces deux valeurs : $\frac{92{,}1+103}{2}=\frac{195{,}1}{2}=97{,}55$. La médiane est donc égale à 97,55 milliers de km^2. Dans notre exemple, cela signifie que la moitié des pays de l'Europe de l'Ouest ont une superficie inférieure à 97,55 milliers de km^2, l'autre moitié des pays ont une superficie supérieure à cette valeur.

Exemple 2

Pour l'étude du nombre d'enfants dans les 30 001 familles européennes étudiées :

Nombre d'enfants de moins de 18 ans de la famille	Effectifs	Effectifs cumulés
0	4 429	4 429
1	11 927	16 356
2	10 489	26 845
3	2 542	29 387

4	410	29 797
5	204	30 001
Total	30 001	

À partir de ce tableau, il faut comprendre que les observations rangées dans l'ordre croissant sont :

$\underbrace{0, 0, \text{etc.}, 0,}_{4\,429 \text{ fois}}$ $\underbrace{1, 1, \text{etc.}, 1,}_{11\,927 \text{ fois}}$ $\underbrace{2, 2, \text{etc.}, 2,}_{10\,489 \text{ fois}}$ $\underbrace{3, 3, \text{etc.}, 3,}_{2\,542 \text{ fois}}$ $\underbrace{4, 4, \text{etc.}, 4,}_{410 \text{ fois}}$ $\underbrace{5, 5, \text{etc.}, 5.}_{204 \text{ fois}}$

Étant donné que l'effectif total est égal à 30 001 et que ce nombre est impair, $\frac{30\,001+1}{2} = 15\,001$ donc la médiane est la 15 001e observation.

Grâce aux effectifs cumulés, on s'aperçoit que la 15 001e observation est le nombre 1; la médiane est donc 1 enfant par famille.

Cela signifie qu'au moins la moitié des familles ont un enfant de moins de 18 ans ou moins, et qu'au moins la moitié des familles ont un enfant de moins de 18 ans ou plus.

DÉFINITIONS

• La médiane est une valeur qui sépare l'effectif total de façon à ce qu'on ait au moins 50 % des observations inférieures ou égales à la médiane, et au moins 50 % des observations supérieures ou égales à la médiane.

• Pour déterminer la médiane, il faut commencer par ordonner les observations dans l'ordre croissant.

• Si l'effectif n est impair, la médiane est l'observation qui sépare les données en deux groupes de même taille. La médiane est l'observation dont le rang est $\frac{n+1}{2}$.

Si les observations rangées dans l'ordre croissant sont :

$x_1, x_2, \ldots, x_n$ (n impair) alors la médiane est $x_{\frac{n+1}{2}}$.

• Si l'effectif n est pair, la médiane est un nombre compris entre l'observation de rang $\frac{n}{2}$ et celle de rang $\frac{n}{2}+1$. Dans la pratique, on choisit de prendre la moyenne arithmétique (demi-somme) entre ces deux observations.

Si les observations rangées dans l'ordre croissant sont :

$x_1, x_2, \ldots, x_n$ (n pair) alors la médiane est $\frac{x_{\frac{n}{2}} + x_{\frac{n}{2}+1}}{2}$.

MÉTHODE 1, p. 362

1-2 La moyenne

Exemple 1

Si l'on s'intéresse à la superficie moyenne des pays de l'Europe de l'Ouest en milliers de km^2, on obtient :

$$\frac{357+83{,}8+30{,}5+43{,}1+505+337+552+70{,}3+103+301+0{,}16+3+324+33{,}9+92{,}1+244+450+41{,}3}{18} = \frac{3\,571{,}16}{18} \approx 198{,}4.$$

La moyenne de la superficie de ces 18 pays européens est environ 198,4 milliers de km^2 (arrondi au dixième de milliers de km^2).

DÉFINITION

La moyenne est égale au quotient de la somme des observations par le nombre d'observations (l'effectif total).

1-3 La moyenne pondérée

Exemple 2

Dans l'étude du nombre d'enfants des 30 001 familles européennes, la moyenne pondérée d'enfants de moins de 18 ans par famille s'obtient par le calcul suivant :

$$\frac{0\times 4\ 429+1\times 11\ 927+2\times 10\ 489+3\times 2\ 542+4\times 410+5\times 204}{30\ 001}=\frac{43\ 191}{30\ 001}\approx 1{,}44$$

Le nombre moyen d'enfants de moins de 18 ans par famille est environ égal à 1,44.

DÉFINITION La moyenne pondérée est égale au quotient de la somme de chaque observation multipliée par l'effectif correspondant, par le nombre d'observations (l'effectif total).

Remarque : Dans le cas où les données ne sont pas disponibles individuellement, mais réparties par classes, on détermine une valeur approchée de la moyenne en affectant pour chaque intervalle la valeur au centre de cet intervalle.
Par exemple, si l'on regroupe les superficies des pays européens en 6 classes (comme dans le tableau suivant), on n'a plus accès au détail des superficies de tous les pays, mais seulement à des informations regroupées dans des intervalles ; dans ce cas, on prendra le centre de l'intervalle pour calculer la moyenne pondérée de la superficie des pays.

Superficie en milliers de km^2	Centre de l'intervalle (en milliers de km^2)	Effectifs
[0 ; 100[	50	9
[100 ; 200[	150	1
[200 ; 300[	250	1
[300 ; 400[	350	4
[400 ; 500[	450	1
[500 ; 600[	550	2
	Total	**18**

On obtient comme moyenne pondérée approchée :

$$\frac{9\times 50+1\times 150+1\times 250+4\times 350+1\times 450+2\times 550}{18}=\frac{3\ 800}{18}\approx 211{,}1.$$

La moyenne pondérée obtenue cette fois-ci est d'environ 211,1 milliers de km^2 (arrondi au dixième de milliers de km^2) alors qu'elle était égale à 198,4 milliers de km^2 en prenant les superficies exactes de chacun des pays.
Le groupement des superficies en différentes classes permet de mettre en avant des caractéristiques de la série statistique étudiée, mais fait perdre de la précision pour certains calculs (la moyenne par exemple ici).

2. Mesures de dispersion

L'intérêt des mesures de dispersion est de chiffrer l'étalement des observations et leur écart par rapport à une mesure centrale.

MÉTHODES 1 ET 2, p. 362

2-1 L'étendue

Exemple 1

Pour les superficies des pays d'Europe de l'Ouest, l'étendue en milliers de km^2 est égale à 552 – 0,16 = 551,84.

DÉFINITION L'étendue d'une série d'observations est égale à la différence entre la plus grande et la plus petite des valeurs.

2-2 Les 1er et 3e quartiles

On reprend les superficies en milliers de km^2 des 18 pays de l'Europe de l'Ouest :
0,16 – 3 – 30,5 – 33,9 – 41,3 – 43,1 – 70,3 – 83,8 – 92,1 – 103 – 244 – 301 – 324 – 337 – 357 – 450 – 505 – 552.
On divise l'effectif 18 par 4, on obtient 4,5 ; cela signifie que le 1er quartile est la 5e observation de cette série de valeurs, c'est-à-dire 41,3 milliers de km^2. Ainsi 25 % des observations sont inférieures à 41,3 milliers de km^2.
On calcule les trois quarts de 18 : $\frac{3}{4} \times 18 = 13{,}5$; le 3e quartile est la 14e valeur de la série d'observations, c'est-à-dire 337 milliers de km^2.

DÉFINITIONS Après avoir rangé les observations dans l'ordre croissant :

- le 1er quartile est la première observation qui permet de passer $\frac{1}{4}$ de l'effectif (25 % de l'effectif) ;
- le 3e quartile est la première observation qui permet de passer $\frac{3}{4}$ de l'effectif (75 % de l'effectif).

2-3 L'intervalle interquartile

Pour la superficie des 18 pays de l'Europe de l'Ouest, l'intervalle interquartile est égal à 337 – 41,3 = 295,7 milliers de km^2.

DÉFINITION L'intervalle interquartile est la différence entre le 3e quartile et le 1er quartile.

Remarque : Entre le 1er et le 3e quartile, on trouve 50 % des observations centrées autour de la médiane. Plus l'intervalle interquartile est réduit, plus les observations sont concentrées autour des valeurs centrales.

2-4 Boîte à moustaches

Pour rassembler les différentes informations concernant une série statistique, on peut utiliser une représentation sous forme de « boîte à moustaches », qui permet de **faire apparaître le minimum, le maximum, le 1er quartile, le 3e quartile et la médiane**.
On trace un rectangle allant du 1er quartile au troisième quartile ; ce rectangle est coupé par la médiane. On ajoute des segments aux extrémités du rectangle, allant jusqu'aux deux observations extrêmes.

Pour les superficies des 18 pays européens, on obtient la boîte à moustaches suivante :

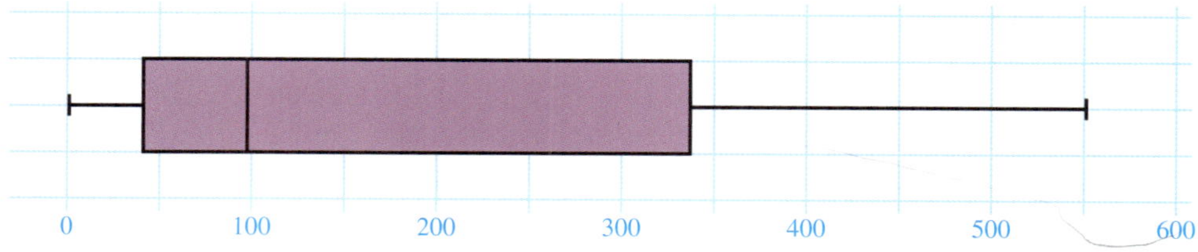

MÉTHODES

méthode 1 Comparer deux séries statistiques

Une entreprise emploie 9 femmes et 12 hommes. Leurs salaires nets mensuels en euros sont donnés ci-dessous :

– Salaires des femmes : 1 190 ; 1 055 ; 3 561 ; 1 348 ; 1 129 ; 1 312 ; 1 254 ; 1 311 ; 1 295.

– Salaires des hommes : 1 265 ; 1 538 ; 1 987 ; 1 836 ; 1 945 ; 1 297 ; 1 728 ; 2 015 ; 1 124 ; 1 547 ; 1 856 ; 1 021.

1 Calculer l'étendue de chacune des séries. Comment peut-on interpréter ces résultats ?

2 Calculer le salaire moyen de chacune des séries (arrondi à l'euro près le cas échéant). Comment peut-on interpréter ces résultats ?

3 Pour chacune des séries, déterminer le salaire médian, le 1er quartile, le 3e quartile et dessiner les deux boîtes à moustaches. Comparer les deux boîtes obtenues.

CORRIGÉ COMMENTÉ

1 Étendue des salaires nets mensuels des femmes

Le salaire le plus élevé est 3 561 € ; le salaire le plus bas est 1 055 €, donc l'étendue est égale à : 3 561 € – 1 055 € = 2 506 €.

Étendue des salaires nets mensuels des hommes

Le salaire le plus élevé est 2 015 € ; le salaire le plus bas est 1 021 €, donc l'étendue est égale à : 2 015 € – 1 021 € = 994 €.

On s'aperçoit que les salaires mensuels des femmes sont beaucoup plus disparates que ceux des hommes.

2 Salaire net mensuel moyen des femmes

$$\frac{1\,190+1\,055+3\,561+1\,348+1\,129+1\,312+1\,254+1\,311+1\,295}{9}=\frac{13\,455}{9}=1\,495.$$

Le salaire net mensuel moyen des femmes est égal à 1 495 €.

Salaire net mensuel moyen des hommes

$$\frac{1\,265+1\,538+1\,987+1\,836+1\,945+1\,297+1\,728+2\,015+1\,124+1\,547+1\,856+1\,021}{12}$$

$$=\frac{19\,159}{12}\approx 1\,597.$$

Le salaire net mensuel moyen des hommes est environ égal à 1 597 € (arrondi à l'euro près).
On constate que le salaire net mensuel moyen des hommes est supérieur à celui des femmes de 100 € environ. Toutefois, il est à noter qu'une femme a un salaire beaucoup plus élevé que les autres femmes ; sans elle, le salaire moyen des femmes serait beaucoup plus faible (environ 1 236 €).

3 Salaires mensuels des femmes ordonnés dans l'ordre croissant (en euros)

1 055 ; 1 129 ; 1 190 ; 1 254 ; 1 295 ; 1 311 ; 1 312 ; 1 348 ; 3 561.

Étant donné qu'il y a 9 salaires (qui est un nombre impair), le salaire mensuel net médian est le 5e salaire de la série ordonnée dans l'ordre croissant $\left(\frac{9+1}{2}=5\right)$, c'est donc 1295 €.

> **Conseil**
> Penser à ordonner les séries statistiques par ordre croissant des observations pour déterminer la médiane et les quartiles.

1er quartile : L'effectif de cette série statistique est égal à 9 et $\frac{9}{4}=2,25$. Le nombre 3 étant l'entier immédiatement supérieur à 2,25, le 1er quartile est donc le 3e salaire de la série ordonnée dans l'ordre croissant, c'est-à-dire 1 190 €.

3e quartile : On calcule les trois quarts de 9 : $\frac{3}{4}\times 9=6,75$. Le nombre 7 étant l'entier immédiatement supérieur à 6,75, le 3e quartile est donc le 7e salaire de la série ordonnée dans l'ordre croissant, c'est-à-dire 1 312 €.

Salaires des hommes ordonnés dans l'ordre croissant (en euros)

1 021 ; 1 124 ; 1 265 ; 1 297 ; 1 538 ; 1 547 ; 1 728 ; 1 836 ; 1 856 ; 1 945 ; 1 987 ; 2 015.

Étant donné qu'il y a 12 salaires (qui est un nombre pair), le salaire mensuel net médian correspond à la moyenne arithmétique (demi-somme) du 6e et du 7e salaire $\left(\frac{12}{2}=6\right)$. Le 6e salaire est égal à 1 547 €, le 7e salaire est égal à 1 728 € ; le salaire médian net mensuel des hommes est donc égal à 1 637,50 € $\left(\frac{1\,547+1\,728}{2}=1\,637,5\right)$.

1er quartile : L'effectif de cette série statistique est égal à 12 et $\frac{12}{4}=3$. Le 1er quartile est donc le 3e salaire de la série ordonnée dans l'ordre croissant, c'est-à-dire 1 265 €.

3e quartile : On calcule les trois quarts de 12 : $\frac{3}{4}\times 12=9$. Le 3e quartile est le 9e salaire de la série ordonnée dans l'ordre croissant, c'est-à-dire 1 856 €.

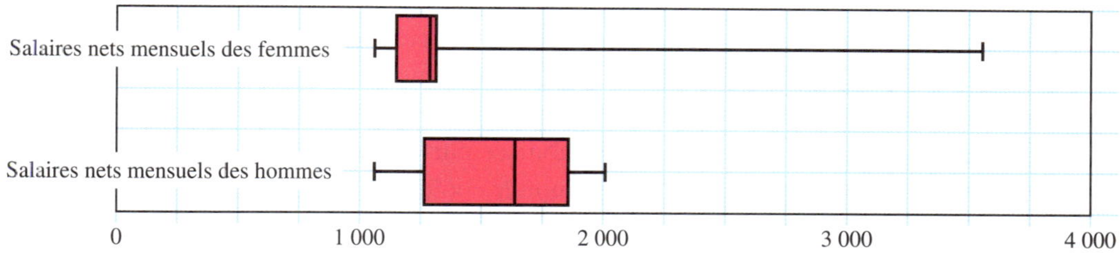

Quand on compare ces deux boîtes à moustaches, on s'aperçoit que dans cette entreprise, les femmes sont moins bien payées que les hommes, puisque les salaires des femmes sont plus concentrés autour d'un salaire médian plus faible que celui des hommes (50 % environ des effectifs est contenu dans le rectangle de chaque boîte à moustaches).

méthode 2 Exploiter les résumés numériques d'une série statistique

Pour gérer son parc d'éoliennes, un exploitant procède à des relevés de la vitesse du vent sur l'une d'entre elles. Durant l'année 2019, ces relevés ont été effectués toutes les minutes.

1 Combien de relevés ont été réalisés en 2019 ?

2 Le tableau suivant donne plusieurs résultats statistiques issus de ces relevés :

Étendue	Médiane	Moyenne	Maximum
23 m/s	14,3 m/s	13 m/s	24 m/s

On précise qu'une éolienne de ce parc :
– tourne dès que la vitesse du vent atteint 3 m/s ;
– a sa puissance électrique stabilisée dès que la vitesse du vent atteint 13 m/s ;
– s'arrête dès que la vitesse du vent est supérieure à 25 m/s.

a) Le gérant prétend que les éoliennes de son parc n'ont pas fonctionné continuellement durant l'année 2019. A-t-il raison ? Justifier.

b) Peut-il affirmer que les éoliennes ont délivré une puissance électrique stabilisée pendant au moins la moitié du temps ? Justifier.

CORRIGÉ COMMENTÉ

1 L'année 2019 n'étant pas une année bissextile, elle compte 365 jours (de 24 h et il y a 60 minutes par heure).
On a : $365 \times 24 \times 60 = 525\,600$.
Il y a eu 525 600 relevés de vitesse du vent en 2019.

2 a) L'étendue est de 23 m/s ; la vitesse maximale est égale à 24 m/s, donc la vitesse minimale du vent est égale à 1 m/s (24 – 23) ; comme les éoliennes ne peuvent tourner que si le vent est supérieur à 3 m/s, le gérant a raison, le parc éolien n'a pas fonctionné tout le temps en 2019.
b) La médiane des vitesses du vent étant égale à 14,3 m/s, cela signifie que la moitié des relevés de vitesse correspondaient à une vitesse du vent supérieure à 14,3 m/s. Comme il faut une vitesse du vent supérieure à 13 m/s (sans dépasser les 25 m/s) pour avoir une puissance électrique stabilisée, la puissance électrique a été stabilisée plus de la moitié du temps.
La vitesse du vent n'a pas dépassé les 25 m/s sinon les éoliennes se seraient arrêtées ; ça n'est pas arrivé en 2019 car la vitesse maximale est égale à 24 m/s.

Remarque : Dans ce problème, la donnée de la vitesse moyenne n'a pas servi à répondre aux questions posées ; il n'est pas toujours nécessaire d'utiliser toutes les données numériques d'un énoncé pour répondre aux questions !

ENTRAÎNEMENT

Se tester en 10 questions

→ Corrigés p. 370

Pour chaque question suivante, indiquez la (ou les) bonne(s) réponse(s).

1 Dans cette série statistique : 14 ; 16 ; 8 ; 13 ; 19 ; 14 ; 16 ; 16 ; 13 ; 13 ; 12
a) La moyenne est égale à 8. **b)** La moyenne est égale à 13.
c) La moyenne est égale à 14. **d)** La moyenne est égale à 70.

2 Dans cette série statistique : 10 ; 9 ; 8 ; 11 ; 15
a) La médiane est égale à 8. **b)** La médiane est égale à 10.
c) La médiane est égale à 5. **d)** La médiane est égale à 3.

3 Dans cette série statistique : 120 ; 70 ; 30 ; 110 ; 80 ; 140
a) La médiane est égale à 3. **b)** La médiane est égale à 70.
c) La médiane est égale à 95. **d)** La médiane est égale à 80.

4 Dans une série statistique :
a) La moyenne et la médiane ne sont jamais égales.
b) La moyenne et la médiane peuvent être égales.
c) La moyenne est toujours supérieure à la médiane.
d) La moyenne est toujours inférieure à la médiane.

5 Dans cette série statistique, un nombre est caché : 9 ; 11 ; 15 ; 15 ; ? ; 10.
On sait que la moyenne est égale à 11,5. Quel est le nombre caché ?
a) 11,5 **b)** 9 **c)** 12 **d)** On ne peut pas le savoir.

6 Dans cette série statistique, un nombre est caché : 100 ; 110 ; 80 ; ? ; 50 ; 120.
On sait que la médiane est égale à 105. On est certain que le nombre caché est :
a) 40 **b)** 105 **c)** 110 **d)** On ne peut pas le savoir précisément.

7 Dans cette série statistique : 21 ; 11 ; 35 ; 56 ; 47
a) L'étendue est égale à 35. **b)** L'étendue est égale à 5.
c) L'étendue est égale à 56. **d)** L'étendue est égale à 45.

8 Dans une série statistique de 27 nombres, la moyenne est égale à 11 et la médiane est égale à 10. Si on enlève la plus petite et la plus grande des observations, la moyenne augmente de 1 ; alors :
a) La médiane augmente de 1. **b)** La médiane diminue de 1.
c) La médiane ne change pas. **d)** On ne peut pas savoir.

9 On lance 12 fois un dé à six faces numérotées de 10 en 10, de 10 à 60 ; on obtient les observations suivantes : 40 ; 30 ; 50 ; 50 ; 20 ; 60 ; 10 ; 30 ; 50 ; 10 ; 30 ; 60.
a) Le 1er quartile est 3. **b)** Le 1er quartile est 30.
c) Le 1er quartile est 20. **d)** Le 1er quartile est 25.

10 Dans cette série statistique : 6 ; 11 ; 15 ; 4 ; 13 ; 14 ; 10 ; le 3e quartile est
a) 5,25 **b)** 6 **c)** 14 **d)** 13

Réponses : 1. c ; 2. b ; 3. c ; 4. b ; 5. b ; 6. d ; 7. d ; 8. c ; 9. c ; 10. c.

Échauffement

→ Corrigés p. 371

1 Étudier une série statistique

Lors d'un contrôle, une classe de 3e a obtenu les notes suivantes:
8 ; 7 ; 8 ; 4 ; 13 ; 13 ; 13 ; 10 ; 4 ; 17 ; 18 ; 4 ; 13 ; 11 ; 9 ; 15 ; 5 ; 7 ; 11 ; 18 ; 6 ; 9 ; 2 ; 19 ; 12 ; 12 ; 6 ; 15.

1. Recopier et compléter le tableau suivant en rangeant les notes par ordre croissant :

Note	2	4	5		
Effectif					
Effectif cumulé					

2. Quel est l'effectif de cette série statistique ?
3. Quelle est la moyenne pondérée de cette classe ? Arrondir à 0,1 près.
4. Quelle est l'étendue de ces notes ?
5. Donner la médiane de ces notes.

2 Utiliser un diagramme en bâtons

Voici le diagramme en bâtons des notes d'un contrôle (sur 5 points) dans une classe :

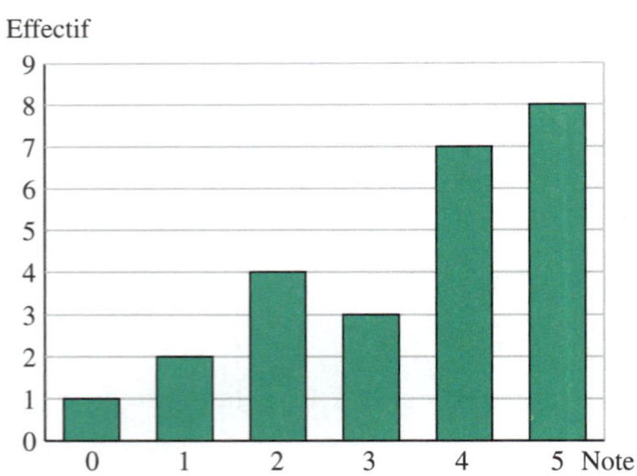

1. Compléter le tableau suivant :

Note	0	1	2	3	4	5
Effectif						
Effectif cumulé croissant						

2. Quelle est l'étendue de cette série ?
3. Donner la signification du nombre situé dans la case orange.
4. Quelle est la fréquence (en pourcentage) correspondant à la note 2 ? Donner la signification de cette fréquence.
5. Déterminer la médiane de cette série de notes, puis donner sa signification.

3 Utiliser un tableau de données

Un professeur de SVT demande aux 29 élèves d'une classe de sixième de faire germer des graines de blé chez eux. Le professeur donne un protocole expérimental à suivre :
– mettre en culture sur du coton dans une boîte placée dans une pièce éclairée, de température entre 20 °C et 25 °C ;
– arroser une fois par jour ;
– il est possible de couvrir les graines avec un film transparent pour éviter l'évaporation de l'eau.
Le tableau ci-dessous donne les tailles des plantules (petites plantes) des 29 élèves à 10 jours après la mise en germination.

Taille en cm	0	8	12	14	16	17	18	19	20	21	22
Effectif	1	2	2	4	2	2	3	3	4	4	2

1. Combien de plantules ont une taille de 12 cm au plus ?
2. Donner l'étendue de cette série.
3. Calculer la moyenne pondérée de cette série. Arrondir au dixième près.
4. Déterminer la médiane de cette série et interpréter le résultat.
5. On considère qu'un élève a bien respecté le protocole si la taille de la plantule à 10 jours est supérieure ou égale à 14 cm. Quel pourcentage des élèves de la classe a bien respecté le protocole ?
6. Le professeur a fait lui-même la même expérience en suivant le même protocole. Il a relevé la taille obtenue à 10 jours de germination. Prouver que, si on ajoute la donnée du professeur à cette série, la médiane ne changera pas.

4 Comparer deux séries statistiques

Deux classes du collège ont répondu à la question suivante :
« Combien de livres avez-vous empruntés à la bibliothèque durant les 12 derniers mois ? »
Les deux classes ont communiqué les réponses de deux façons différentes :

Classe n° 1 : 1 ; 2 ; 2 ; 2 ; 2 ; 3 ; 3 ; 3 ; 3 ; 3 ; 3 ; 3 ; 3 ; 6 ; 6 ; 6 ; 6 ; 6 ; 7 ; 7 ; 7.

Classe n° 2 : effectif total : 25 ; moyenne : 4 ; étendue : 8 ; médiane : 5.

1. Comparer les nombres moyens de livres empruntés dans chaque classe.

2. Un « grand lecteur » est un élève qui a emprunté 5 livres ou plus. Quelle classe compte le plus de « grands lecteurs » ?

3. Dans quelle classe se trouve l'élève ayant emprunté le plus de livres ?

Pour réussir au concours

→ Corrigés p. 372

5 ★ 15 min *Sujet de CRPE*

La répartition de l'âge des membres d'un club d'aviron est donnée par le graphique ci-dessous :

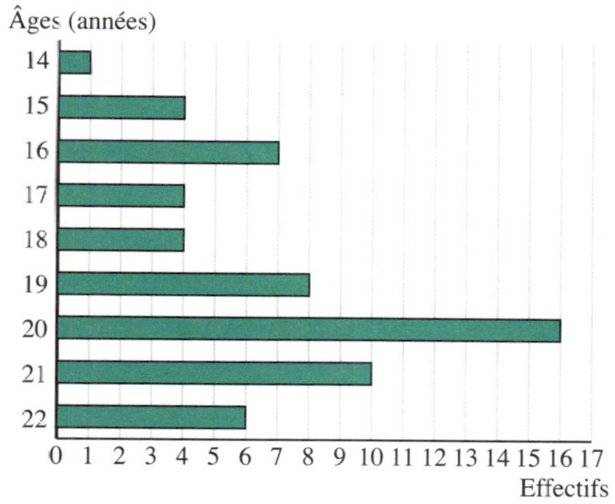

1. Quel est le pourcentage, arrondi à l'unité, de membres du club qui ont moins de 18 ans ?

2. Déterminer l'âge médian des membres du club. Justifier la réponse.

3. Calculer la moyenne d'âge des membres du club.

4. Déterminer les 1er et 3e quartiles de cette série statistique.

5. Représenter la boîte à moustaches de cette série statistique.

6 ★ 10 min *Sujet de CRPE*

Ce tableau présente la hauteur, en millimètre, des précipitations journalières au cours du mois d'avril 2016, sur l'aéroport Roland-Garros de l'île de La Réunion.

Hauteur des précipitations (en mm)	0	0,3	1,3	1,7	2,5
Nombre de jours	4	6	4	4	3

Hauteur des précipitations (en mm)	7	13	21	28	42
Nombre de jours	3	2	1	2	1

1. Calculer la valeur moyenne des précipitations journalières au cours du mois d'avril 2016, arrondie au dixième de millimètre.

2. Déterminer la valeur médiane de ces précipitations journalières. Interpréter ce résultat par une phrase.

3. Quelle est l'étendue de cette série ?

4. Déterminer le nombre de jours où la hauteur des précipitations est supérieure ou égale à 13 mm, puis exprimer ce nombre en pourcentage par rapport au nombre de jours dans le mois.

7 ★ 10 min *Sujet de CRPE*

Un professeur a donné un contrôle commun à trois de ses classes. Avant de rendre les copies à ses élèves, il a fait quelques calculs statistiques à partir de leurs notes.

1. Pour la classe A qui compte 24 élèves, il a relevé les informations suivantes :

Note minimale	Médiane	Moyenne	Étendue
5	11	12	14

Dire si chacune des affirmations ci-dessous est vraie ou fausse, en justifiant les réponses.

a) « La note maximale est 20. »

b) « Si on enlève une copie avec la note maximale et une copie avec la note minimale, la moyenne des notes restantes augmente. »

c) « Au moins la moitié des élèves ont une note de 12 ou plus. »

2. La classe B compte 16 filles et 11 garçons.

À ce contrôle, la moyenne des filles est de 11,7 et celle des garçons de 10,3.
Quelle est la moyenne des notes des élèves de la classe B à ce contrôle ? Arrondir le résultat au dixième.

3. La classe C compte 32 élèves. Le professeur a calculé la moyenne des notes des élèves des deux classes A et C. Cette moyenne est de 11,2.
Quelle est la moyenne des notes des élèves de la classe C à ce contrôle ?

8 ★ 10 min *Sujet de CRPE*

Une petite entreprise emploie 7 personnes dont 3 femmes. Voici quelques informations sur le salaire mensuel des salariés :
– salaires des hommes : 1 250 € ; 1 400 € ; 1 600 € ; 3 200 € ;
– salaires des femmes : salaire médian : 1 875 € ; salaire moyen : 1 700 € ; étendue des salaires : 1 000 €.
Le patron de l'entreprise veut embaucher une femme supplémentaire pour respecter la parité. Calculer le salaire qu'il doit verser à cette nouvelle recrue pour que les salaires moyens des hommes et des femmes soient égaux.

9 ★ 10 min *Sujet de CRPE*

Quatre-vingts archers d'un club de tir à l'arc A ont participé à un championnat. Le nombre de points obtenus par chaque archer du club est donné par le diagramme ci-dessous.

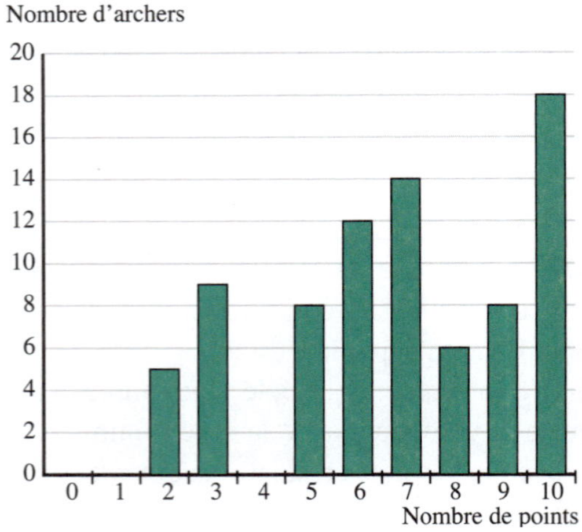

1. Répondre à l'aide du diagramme précédent aux questions suivantes.

a) Combien d'archers ont gagné exactement six points lors de ce championnat ?
b) Combien d'archers ont gagné trois points ou plus lors de ce championnat ?
c) Quel est le score médian des archers du club A ?

2. Le club de tir à l'arc voisin B a aussi participé à ce championnat. Voici quelques données relatives aux résultats des archers de ce club :
– le score moyen des archers lors du championnat est 7 points ;
– le score moyen des dix meilleurs archers lors du championnat est 9,9 points.
a) Comparer les résultats des deux clubs selon leurs scores moyens.
b) Comparer les scores des deux clubs selon les scores de leurs dix meilleurs archers.

10 ★ 10 min *Sujet de CRPE*

Le cross du collège a eu lieu. 200 élèves de troisième ont franchi la ligne d'arrivée. Voici les indicateurs des performances réalisées en minutes :

Minimum	Premier quartile	Médiane	Troisième quartile	Moyenne	Étendue
12,5	14,8	15,7	16,3	15,4	4,2

1. Quelle est la performance en minutes du dernier arrivé ?
2. Quelle est la somme des 200 performances en minutes ?
3. Ariane est arrivée treizième. Donner l'encadrement le plus précis possible de sa performance en minutes.
4. L'affirmation suivante est-elle vraie ?
Affirmation : plus de 50 % des élèves ont mis un temps supérieur au temps moyen.

11 ★ 15 min

Le triathlon olympique est une discipline sportive qui consiste à enchaîner trois épreuves :
– 1re épreuve : 1,5 km de natation ;
– 2e épreuve : 40 km de cyclisme ;
– 3e épreuve : 10 km de course à pied.
Un entraîneur de club a récapitulé les performances de ses athlètes lors d'une compétition dans la feuille de calcul ci-après.

	A	B	C	D	E
1	BILAN DES RESULTATS DU CLUB				
2					
3		Natation	Cyclisme	Course à pied	Distance totale
4	Distances (en km)	1,5	40	10	51,5
5					
6	Tableau des temps de parcours (en minutes)				
7					
8	NOM	Natation	Cyclisme	Course à pied	Temps total sur les trois épreuves
9	Athlète 1	25	68	40	133
10	Athlète 2	27	70	41	138
11	Athlète 3	24	68	38	130
12	Athlète 4	25	72	43	140
13	Athlète 5	23	65	41	129
14	Moyenne des temps par épreuve	24,8	68,6	40,6	134
15					
16	Tableau des vitesses (en km/h)				
17					
18	NOM	Natation	Cyclisme	Course à pied	Vitesse moyenne sur les trois épreuves
19	Athlète 1	3,6	35,3	15,0	
20	Athlète 2	3,3	34,3	14,6	
21	Athlète 3	3,8	35,3	15,8	
22	Athlète 4	3,6	33,3	14,0	
23	Athlète 5	3,9	36,9	14,6	
24	Moyenne des vitesses par épreuve	3,6	35,0	14,8	
25					

1. Quelle formule peut-il avoir saisie :

a) dans la cellule E9 et étirée jusqu'en E13 ?

b) dans la cellule B14 et étirée jusqu'en D14 ?

2. Quelle est la vitesse moyenne, en km/h, de l'athlète 1 sur l'ensemble des trois épreuves ?

3. Représenter sous la forme d'un diagramme circulaire les moyennes des temps par épreuve.

12 ★★ 15 min

Dans un collège/lycée, on a relevé les tailles de tous les élèves et on les a regroupées par classes (de tailles) dans le tableau suivant :

Taille en cm	120 à 130	130 à 145	145 à 155	155 à 160	160 à 165	165 à 185	185 à 200
Effectif	24	61	90	253	412	524	136

1. Calculer la taille moyenne des élèves de ce groupe scolaire (arrondir au mm près).

2. Recopier et compléter le tableau suivant, puis représenter cette étude statistique sous la forme d'un histogramme.

Taille en cm	120 à 130	130 à 145	145 à 155	155 à 160	160 à 165	165 à 185	185 à 200
Effectif	24	61	90	253	412	524	136
Fréquence							
Largeur de la classe							
Hauteur du rectangle							

CORRIGÉS

Se tester en 10 questions

→ Énoncés p. 365

1 **Réponse c.** Il y a 11 nombres dans cette série statistique.
Calcul de la moyenne pondérée : $\frac{8+12+3\times13+2\times14+3\times16+19}{11}=14$.

2 **Réponse b.** Cette série statistique comporte 5 nombres, la médiane est la 3e valeur de la série quand on range les nombres dans l'ordre croissant : 8 ; 9 ; **10** ; 11 ; 15.

3 **Réponse c.** On range les nombres de cette série statistique dans l'ordre croissant : 30 ; 70 ; 80 ; 110 ; 120 ; 140. Cette série est composée de 6 nombres, la médiane est comprise entre la 3e et la 4e valeur, c'est-à-dire entre 80 et 110 ; on prend la moyenne de ces deux valeurs : $\frac{80+110}{2}=95$.

4 **Réponse b.** Prenons par exemple la série statistique suivante : 1 ; 1 ; 1 ; 2 ; 3 ; 3 ; 3.
Elle est composée de 7 observations, donc la médiane est la 4e de ces observations $\left(\frac{7+1}{2}=4\right)$, elle est donc égale à 2.
En ce qui concerne la moyenne : $\frac{1+1+1+2+3+3+3}{7}=\frac{14}{7}=2$.
La médiane et la moyenne sont égales.
La proposition **b)** est vraie, toutes les autres propositions sont fausses.

5 **Réponse b.** Dans cette série statistique, il y a 6 nombres. Étant donné que la moyenne de ces nombres est 11,5, cela signifie que la somme de ces nombres est égale à 11,5 × 6 = 69 ; la somme des 5 nombres connus est égale à 60 (9 + 11 + 15 + 15 + 10), le nombre inconnu est donc égal à 9 (69 – 60).

6 **Réponse d.** Cette série statistique comporte 6 nombres, la médiane est donc une valeur comprise entre le 3e et le 4e nombre (dans la pratique, on prend la demi-somme de ces deux nombres).
Quand on range les cinq nombres connus dans l'ordre croissant, on obtient : 50 ; 80 ; 100 ; 110 ; 120.
La médiane étant égale à 105 $\left(\frac{100+110}{2}\right)$, cela signifie qu'il y a trois nombres inférieurs à 105 et trois nombres supérieurs à 105. Pour que la médiane soit égale à 105, le nombre caché doit donc être supérieur ou égal à 110 ; c'est tout ce que l'on peut dire de ce nombre, sans pouvoir le déterminer précisément. Le nombre caché peut être égal à 110 ou à 140 ou à 100 000 par exemple.

7 **Réponse d.** L'étendue est la différence entre la plus grande et la plus petite valeur de la série statistique, c'est donc : 56 – 11 = 45.

8 **Réponse c.** La série statistique comportant 27 nombres et 27 étant un nombre impair, la médiane (égale à 10) est la 14e observation (après avoir rangé les observations dans l'ordre croissant) ; en effet : $\frac{27+1}{2}=14$.
Si on enlève la plus petite et la plus grande des observations, la série statistique ne comporte plus que 25 observations (25 est également un nombre impair). Le nombre 10 qui était la 14e observation est maintenant la 13e observation dans la nouvelle suite croissante d'observations. C'est donc encore la médiane de cette série statistique. En effet : $\frac{25+1}{2}=13$ donc la 13e observation de cette nouvelle série statistique est la médiane.

9 **Réponse c.** On range cette série statistique dans l'ordre croissant : 10 ; 10 ; 20 ; 30 ; 30 ; 30 ; 40 ; 50 ; 50 ; 50 ; 60 ; 60.
Étant donné que l'effectif de cette série est égal à 12, le 1er quartile est la 3e observation des observations rangées dans l'ordre croissant $\left(\frac{12}{4}=3\right)$, c'est-à-dire le nombre 20.

10 **Réponse c.** On range cette série statistique dans l'ordre croissant : 4 ; 6 ; 10 ; 11 ; 13 ; 14 ; 15. L'effectif de cette série statistique est égal 7 ; le 3e quartile est l'observation située en 6e position de la série rangée dans l'ordre croissant ; en effet : $\frac{3}{4}\times7=5{,}25$, donc il faut prendre la 6e observation. Le 3e quartile est donc le nombre 14.

Échauffement

→ Énoncés p. 366

1 **1.**

Note	2	4	5	6	7	8	9	10
Effectif	1	3	1	2	2	2	2	1
Effectif cumulé	1	4	5	7	9	11	13	14

Note	11	12	13	15	17	18	19
Effectif	2	2	4	2	1	2	1
Effectif cumulé	16	18	22	24	25	27	28

2. L'effectif total de ce groupe d'élèves est 28. On le voit dans la dernière case de l'effectif cumulé.

3. On calcule la moyenne pondérée M :

$$M=\frac{\begin{array}{c}2+3\times4+5+2\times6+2\times7\\+2\times8+2\times9+10+2\times11+2\times12\\+4\times13+2\times15+17+2\times18+19\end{array}}{28}$$

$M=\dfrac{289}{28}$

$M\approx 10{,}3$ (arrondi au dixième près).

4. L'étendue est la différence entre la note la plus haute et la note la plus basse, c'est-à-dire $19-2=17$.
L'étendue des notes est égale à 17.

5. **Les effectifs cumulés permettent de trouver rapidement la 14e et la 15e note de la série.** L'effectif étant égal à 28, qui est un nombre pair, la médiane est un nombre compris entre la 14e et la 15e note (quand les notes sont rangées dans l'ordre croissant), soit entre 10 et 11 ; par convention, on prend la demi-somme : $\dfrac{10+11}{2}=10{,}5$.

La médiane de cette série statistique est égale à 10,5.

2 **1.**

Note	0	1	2	3	4	5
Effectif	1	2	4	3	7	8
Effectif cumulé	1	3	7	10	17	25

2. L'étendue de cette série est égale à 5 (5 – 0).

3. La case orange signifie que 10 élèves ont eu une note inférieure ou égale à 3.

4. Quatre élèves sur 25 ont eu la note 2, or $\dfrac{4}{25}\times100=16$; la fréquence correspondant à la note 2 est égale à 16 %.
Cela signifie que 16 % des élèves de cette classe ont eu 2 sur 5.

5. L'effectif de cette classe est égal à 25, qui est un nombre impair ; on a : $\dfrac{25+1}{2}=13$, donc la note médiane est égale à la 13e valeur de cette série statistique (rangée dans l'ordre croissant), c'est-à-dire la note 4.
La médiane est égale à 4, cela signifie qu'au moins la moitié des élèves ont eu une note inférieure ou égale à 4, et au moins la moitié des élèves ont eu une note supérieure ou égale à 4.

3 **1.** $1+2+2=5$.
Il y a 5 plantules qui mesurent au plus 12 cm.

2. $22-0=22$.
L'étendue de cette série est 22.

3. On calcule la moyenne pondérée M de cette série :

$$M=\frac{\begin{array}{c}1\times0+2\times8+2\times12+4\times14\\+2\times16+2\times17+3\times18+3\times19\\+4\times20+4\times21+2\times22\end{array}}{29}$$

$M=\dfrac{481}{29}$

$M\approx 16{,}6$ (arrondi au dixième près).
La taille moyenne des plantules est égale à 16,6 cm (arrondi au dixième de cm près).

4. L'effectif total est 29, qui est un nombre impair, la médiane correspond donc à la taille de la 15e plantule $\left(\dfrac{29+1}{2}=15\right)$ (série rangée dans l'ordre croissant), c'est-à-dire 18.
Cela signifie qu'au moins la moitié des plantules mesurent 18 cm ou moins, et qu'au moins la moitié des plantules mesurent 18 cm ou plus.

5. $4+2+2+3+3+4+4+2=24$.
Autre calcul possible : 29 – (1 + 2 + 2) = 24.
24 élèves de cette classe ont bien respecté le protocole.
$\dfrac{24}{29}\times100\approx 83$ (arrondi à l'unité près).
Environ 83 % des élèves de cette classe ont bien respecté le protocole et ont obtenu une plantule dont la taille est supérieure ou égale à 14 cm.

6. En ajoutant la donnée du professeur, l'effectif total sera maintenant égal à 30, qui est un nombre pair. La moitié de 30 est égale à 15, donc la médiane correspondra à la hauteur comprise entre la 15e valeur et la 16e valeur de la série statistique rangée dans l'ordre croissant.
Avant l'ajout de la hauteur obtenue par le professeur la série est la suivante :
0 ; 8 ; 8 ; 12 ; 12 ; 14 ; 14 ; 14 ; 14 ; 16 ; 16 ; 17 ; 17 ; 18 ; 18 ; 18 ; 19 ; 19 ; 19 ; ….
↑ 14e ↑ 15e ↑ 16e valeurs

Comme les 14e, 15e et 16e valeurs de cette série avant l'ajout sont égales à 18, peu importe la valeur ajoutée par l'enseignant, les 15e et 16e valeurs de

la série complétée seront toujours égales à 18 et la médiane restera égale à 18.
En effet :
– si la hauteur ajoutée est strictement inférieure à 18 (prenons 13 par exemple) :
0 ; 8 ; 8 ; 12 ; 12 ; 13 ; 14 ; 14 ; 14 ; 14 ; 16 ; 16 ; 17 ; 17 ; $\boxed{18}$; $\boxed{18}$; 18 ; 19 ; 19 ; 19 ; ….
↑ ↑
15e 16e valeurs
– si la hauteur ajoutée est égale à 18 :
0 ; 8 ; 8 ; 12 ; 12 ; 14 ; 14 ; 14 ; 14 ; 16 ; 16 ; 17 ; 17 ; 18 ; $\boxed{18}$; $\boxed{18}$; 18 ; 19 ; 19 ; 19 ; ….
↑ ↑
15e 16e valeurs
– si la hauteur ajoutée est strictement supérieure à 18 (prenons 20 par exemple) :
0 ; 8 ; 8 ; 12 ; 12 ; 14 ; 14 ; 14 ; 14 ; 16 ; 16 ; 17 ; 17 ; 18 ; $\boxed{18}$; $\boxed{18}$; 19 ; 19 ; 19 ; 20 ; ….
↑ ↑
15e 16e valeurs

4 **1.** L'effectif de la classe n° 1 est égal à 21.
Moyenne m de livres empruntés durant les 12 derniers mois dans la classe n° 1 :

$$m = \frac{1+4\times2+8\times3+5\times6+3\times7}{21} = \frac{84}{21} = 4.$$

La moyenne de livres empruntés dans la classe n° 2 étant égale à 4, les deux moyennes sont donc identiques.

2. Dans la classe n° 1, huit élèves ont emprunté plus de 5 livres lors des 12 derniers mois.
Dans la classe n° 2, l'effectif est égal à 25 et la médiane est égale à 5 ; cela signifie qu'au moins la moitié des 25 élèves ont lu 5 livres ou moins et qu'au moins la moitié des 25 élèves ont lu 5 livres ou plus.
Il y a donc au moins 13 élèves ayant lu 5 livres ou plus dans la classe n° 2.
C'est donc dans la classe n° 2 qu'il y a le plus de « grands lecteurs ».

3. Dans la classe n° 2, l'étendue est égale à 8 ; sachant qu'il y a peut-être des élèves qui n'ont emprunté aucun livre lors des 12 derniers mois, il y a nécessairement un ou des élèves qui ont emprunté au moins 8 livres ($8-0=8$) ; dans la classe n° 1, le maximum d'emprunt pour un élève est égal à 7, donc l'élève qui a emprunté le plus de livres est dans la classe n° 2.

Pour réussir au concours

→ Énoncés p. 367

5 **1.** Les moins de 18 ans sont au nombre de 16 ($1 + 4 + 7 + 4 = 16$) sur un effectif de 60 membres ($1 + 4 + 7 + 4 + 4 + 8 + 16 + 10 + 6 = 60$). Cela représente un pourcentage d'environ 27 % (arrondi à l'unité) ; en effet : $\frac{16}{60}\times100 \approx 26{,}7$.

2. L'effectif de cette série statistique est égal à 60. L'âge médian est l'âge compris entre l'âge du 30e membre et l'âge du 31e membre quand on range la série dans l'ordre croissant (en effet : $\frac{60}{2} = 30$).

Âges	14	15	16	17	18	19	20	21	22
Effectifs	1	4	7	4	4	8	16	10	6
Effectifs cumulés	1	5	12	16	20	28	44	54	60

Le 30e âge et le 31e âge sont égaux à 20 ans, par conséquent l'âge médian est 20 ans.

3. La moyenne des âges est égale à 19 ans.
On effectue ici la moyenne pondérée en faisant la somme de chaque âge multiplié par l'effectif de cet âge et en divisant cette somme par l'effectif total.
En effet :

$$\frac{1\times14+4\times15+7\times16+4\times17+4\times18+8\times19+16\times20+10\times21+6\times22}{60} = \frac{1\,140}{60} = 19.$$

4. L'effectif est égal à 60 ; le quart de 60 est égal à 15, donc le 1er quartile est le 15e âge de cette série statistique rangée dans l'ordre croissant, c'est-à-dire 17 ans.
Les trois quarts de 60 sont égaux à 45, donc le 3e quartile est le 45e âge de la série statistique rangée dans l'ordre croissant, c'est-à-dire 21 ans.

5.

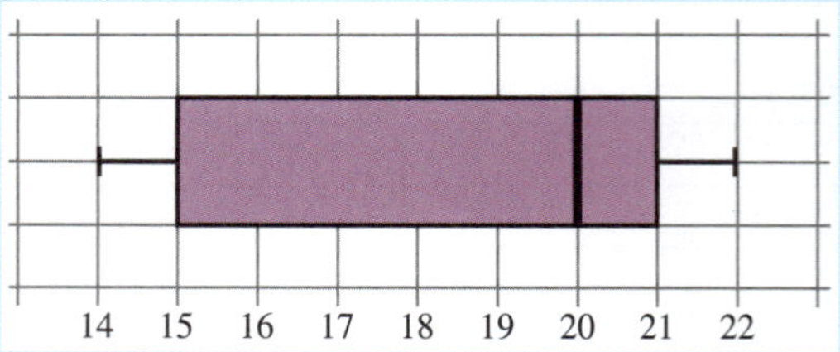

6 **1.** La moyenne des précipitations journalières au mois d'avril 2016 est environ égale à 6,2 mm (arrondi au dixième de millimètre).
En effet :

$$\frac{4\times0+6\times0{,}3+4\times1{,}3+4\times1{,}7+3\times2{,}5+3\times7+2\times13+1\times21+2\times28+1\times42}{30} = \frac{187{,}3}{30} \approx 6{,}24.$$

2. L'effectif de cette série statistique étant égal à 30, la médiane est une précipitation comprise entre la 15e précipitation et la 16e précipitation

$\left(\frac{30}{2}=15\right)$. Les 15e et 16e précipitations (rangées dans l'ordre croissant) sont égales à 1,7 mm, la valeur médiane est donc égale à 1,7 mm.
Cela signifie que lors de la moitié des jours de ce mois d'avril, les précipitations étaient inférieures ou égale à 1,7 mm et lors de la moitié des jours, les précipitations étaient supérieures ou égales à 1,7 mm.

3. L'étendue de la série est la valeur maximale moins la valeur minimale, elle est donc égale à 42 mm (42 – 0).

4. Il y a 6 jours où les précipitations étaient supérieures ou égales à 13 mm (2 + 1 + 2 + 1 = 6), ce qui représente 20 % des jours du mois d'avril ; en effet : $\frac{6}{30}\times 100=20$.

7 **1. a)** « La note maximale est 20. » : affirmation fausse.
L'étendue des notes est 14, c'est la différence entre la note la plus haute et la note la plus basse qui est 5, donc la note la plus haute est 19 (5 + 14) ; la note maximale n'est pas 20.

b) « Si on enlève une copie avec la note maximale et une copie avec la note minimale, la moyenne des notes restantes augmente. » : affirmation fausse.
Il existe une ou plusieurs copies ayant la note minimale de 5 et il existe une ou plusieurs copies ayant la note maximale de 19.
La moyenne est égale au nombre total des points obtenus par l'ensemble des élèves de la classe divisé par l'effectif de la classe, donc le nombre total des points obtenus est égal à 288 (24 × 12).
Si on enlève un 5 et un 19, le total des points est égal à 264 (288 – 19 – 5) pour un nombre d'élèves de 22 (24 – 1 – 1) ; la nouvelle moyenne est donc égale à 12 $\left(\frac{264}{22}\right)$, elle n'a donc pas changé.

c) « Au moins la moitié des élèves ont une note de 12 ou plus. » : affirmation fausse.
La moyenne ne permet pas de savoir comment sont réparties les notes.
La médiane 11 signifie qu'au moins la moitié des élèves ont une note supérieure ou égale à 11.

2. On calcule le total des points obtenus par l'ensemble des filles : 16 × 11,7 = 187,2.
On calcule le total des points obtenus par l'ensemble des garçons : 11 × 10,3 = 113,3.
Le total des points obtenus par l'ensemble des élèves de la classe est égal à 300,5 pour un effectif total de 27 élèves dans la classe (16 + 11), la moyenne de la classe est donc environ égale à 11,1 (arrondi au dixième de point) ; en effet : $\frac{300,5}{27}\approx 11,12$.

Attention on ne peut pas calculer la demi-somme des moyennes car les effectifs des filles et des garçons ne sont pas identiques.

3. L'effectif total des élèves de la classe A et de la classe C est égal à 56 (24 + 32), donc le nombre total de points obtenus par l'ensemble des élèves de ces deux classes est égal à 627,2 (56 × 11,2).
Le total des points obtenus par les élèves de la classe C est égal à 339,2 (627,2 – 288).
La moyenne des notes obtenues par les élèves de la classe C est égale à 10,6 (339,2 : 32).

8 La somme des salaires des 4 hommes est égale à 7 450 € (1 250 € + 1 400 € + 1 600 € + 3 200 €).
La somme des salaires des trois femmes actuellement employées est égale à 5 100 € (3 × 1 700 €) ; il faut donc que la 4e femme qui sera embauchée gagne 2 350 € (7 450 € – 5 100 €) pour que les moyennes des salaires des hommes et des femmes soient égales.

9 **1. On peut traduire le diagramme de l'énoncé par le tableau suivant :**

Nombre de points	2	3	4	5	6	7	8	9	10
Nombre d'archers	5	9	0	8	12	14	6	8	18
Effectif cumulé	5	14	14	22	34	48	54	62	80

a) 12 archers ont gagné exactement 6 points.

b) 9 + 0 + 8 + 12 + 14 + 6 + 8 + 18 = 75.
75 archers ont marqué trois points ou plus.

c) Il y a en tout 80 archers dans le club A (5 + 9 + 0 + 8 + 12 + 14 + 6 + 8 + 18 = 80) ; le score médian est donc un nombre de points compris entre le nombre de points du 40e archer $\left(\frac{80}{2}=40\right)$ et le nombre de points du 41e archer. D'après le tableau (ligne des effectifs cumulés), le 40e archer et le 41e archer ont obtenu chacun 7 points, donc le score médian est 7 points.

2. a) Score moyen des archers du club A :

$$\frac{2\times5+3\times9+4\times0+5\times8+6\times12+7\times14+8\times6+9\times8+10\times18}{80}=\frac{547}{80}=6,8375.$$

Le score moyen du club A est donc inférieur au score moyen du club B.

b) Les 10 meilleurs archers du club A ont tous marqué 10 points, donc leur moyenne de points est égale à 10, qui est supérieure à la moyenne de points des 10 meilleurs archers du club B.

10 **1.** Le dernier arrivé a mis 16,7 minutes (12,5 + 4,2) pour franchir la ligne d'arrivée.

2. La moyenne des 200 coureurs est égale à 15,4 minutes, donc la somme de tous les temps est égale à 3 080 minutes (15,4 × 200).

3. Le 1er quartile étant égal à 14,8 minutes, cela signifie que 50 élèves $\left(\frac{200}{4}=50\right)$ ont mis 14,8 minutes ou moins de pour franchir la ligne d'arrivée.
De plus, le temps minimum étant égal à 12,5 min, Ariane, qui est treizième, a mis entre 12,5 et 14,8 minutes pour franchir la ligne d'arrivée.

4. Affirmation vraie.
La médiane étant égale à 15,7, cela signifie que la moitié des élèves ont mis 15,7 minutes ou moins pour franchir la ligne d'arrivée et que l'autre moitié des élèves ont mis 15,7 minutes ou plus pour terminer la course.
La moyenne étant égale à 15,4 minutes, qui est inférieure à 15,7 minutes, cela signifie que plus de la moitié des élèves ont mis plus de 15,4 minutes pour franchir la ligne d'arrivée.

11 **1. a)** Dans la cellule E9, on fait la somme des cellules B9, C9 et D9 ; par conséquent, dans la cellule E9, on a pu saisir :
= B9 + C9 + D9
ou encore = SOMME(B9 : D9)

b) Dans la cellule B14, on calcule la moyenne des temps des cinq athlètes lors de l'épreuve de natation, il faut entrer :
= MOYENNE(B9 : B13)
ou =SOMME(B9 : B13)/5
ou encore =(B9+B10+B11+B12+B13)/5

En étirant cette cellule vers la droite, cela permettra de calculer la moyenne des temps des athlètes lors de l'épreuve de cyclisme, puis lors de l'épreuve de course à pied.

2. Le coureur 1 a mis 133 minutes pour parcourir la distance totale de 51,5 km.

133 min = $\frac{133}{60}$ h.

La vitesse moyenne V sur l'ensemble des trois épreuves est donc égale à :

$$V=\frac{51{,}5\text{ km}}{\frac{133}{60}\text{h}}=51{,}5\times\frac{60}{133}\text{ km/h}$$

$$=\frac{3\ 090}{133}\text{ km/h}\approx 23{,}2\text{ km/h}.$$

Attention, dans cette question, il ne faut pas faire la moyenne arithmétique des trois vitesses moyennes $\left(\frac{3{,}6\text{ km/h}+35{,}3\text{ km/h}+15\text{ km/h}}{3}\right)$, car les distances parcourues ne sont pas les mêmes dans chacune des épreuves.

3. Les moyennes des temps de parcours sont : 24,8 minutes en natation, 68,6 minutes en cyclisme et 40,6 minutes en course à pied, ce qui représente un temps total moyen de 134 minutes.
On a donc :

	Temps moyen en minutes	Angle en degrés
Natation	24,8	$24{,}8\times\frac{360}{134}\approx 66{,}6$
Cyclisme	68,6	$68{,}6\times\frac{360}{134}\approx 184{,}3$
Course à pied	40,6	$40{,}6\times\frac{360}{134}\approx 109{,}1$
Total	134	360

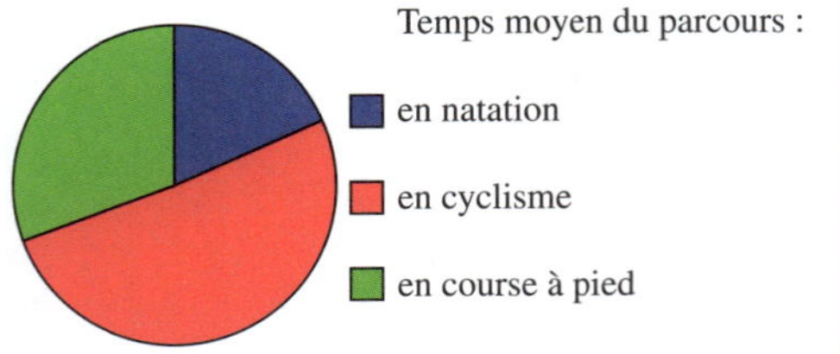

12 **1.** Pour calculer la moyenne, on prend le centre de chacune des classes que l'on multiplie par l'effectif correspondant ; on ajoute tous les résultats obtenus et on divise cette somme par l'effectif total.

Taille en cm	120 à 130	130 à 145	145 à 155	155 à 160	160 à 165	165 à 185	185 à 200
Centre de la classe	125	137,5	150	157,5	162,5	175	192,5
Effectif	24	61	90	253	412	524	136

$$\frac{125\times24+137{,}5\times61+150\times90+157{,}5\times253+162{,}5\times412+175\times524+192{,}5\times136}{24+61+90+253+412+524+136}=\frac{249\ 565}{1\ 500}\approx 166{,}4.$$

La taille moyenne des élèves de ce groupe scolaire est d'environ 166,4 cm (arrondi au mm près).

2.

Taille en cm	120 à 130	130 à 145	145 à 155	155 à 160
Effectif	24	61	90	253
Fréquence	$\frac{24}{1\ 500}=0{,}016$	$\frac{61}{1\ 500}\approx 0{,}041$	$\frac{90}{1\ 500}=0{,}06$	$\frac{253}{1\ 500}\approx 0{,}169$
Largeur de la classe	10	15	10	5
Hauteur du rectangle	$\frac{24}{1\ 500}\times\frac{1}{10}=0{,}0016$	$\frac{61}{1\ 500}\times\frac{1}{15}\approx 0{,}0027$	$\frac{90}{1\ 500}\times\frac{1}{10}=0{,}006$	$\frac{253}{1\ 500}\times\frac{1}{5}\approx 0{,}0337$

Taille en cm	160 à 165	165 à 185	185 à 200
Effectif	412	524	136
Fréquence	$\frac{412}{1\,500}$ $\approx 0{,}275$	$\frac{524}{1\,500}$ $\approx 0{,}349$	$\frac{136}{1\,500}$ $\approx 0{,}091$
Largeur de la classe	5	20	15
Hauteur du rectangle	$\frac{412}{1\,500} \times \frac{1}{5}$ $\approx 0{,}0549$	$\frac{524}{1\,500} \times \frac{1}{20}$ $\approx 0{,}0175$	$\frac{136}{1\,500} \times \frac{1}{15}$ $\approx 0{,}006$

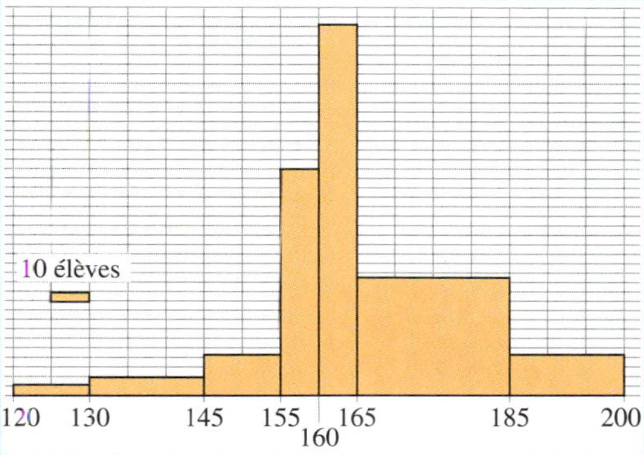

Remarque : Un carreau de haut correspond à 0,0014 sur l'histogramme.

Entre 120 cm et 130 cm, la hauteur du rectangle est égale à 0,0016 ce qui représente 1,1 carreau environ.

Pour déterminer l'aire occupée par 10 personnes sur l'histogramme, on peut par exemple choisir un carreau de large, comme entre 155 cm et 160 cm où il y a 253 élèves représentés, et diviser la hauteur du rectangle par 25,3 pour se ramener à 10 élèves ; on obtient une hauteur en carreaux égale à 0,95 environ $\left(\frac{24{,}07}{25{,}3} \simeq 0{,}95\right)$.

15 Probabilités

Les probabilités sont une branche récente des mathématiques ; leur apparition date du début du XXe siècle. Elles forment avec les statistiques les deux sciences du hasard. Les probabilités permettent d'étudier en les quantifiant des phénomènes caractérisés par l'incertitude et le hasard. On pourra ainsi quantifier que tel ou tel événement se produise dans une situation aléatoire donnée.

A Expérience aléatoire, événement

Exemple 1

Imaginons que nous lancions simultanément deux dés à six faces numérotées de 1 à 6 ; on s'intéresse à la somme des valeurs des deux dés. On sait que cette somme peut prendre n'importe quelle valeur entre 2 (1 + 1) et 12 (6 + 6) ; mais on ne peut pas prévoir de façon certaine quelle sera la somme obtenue ; on dira alors que l'on a affaire à une expérience aléatoire. À partir de cette expérience, on peut définir différents événements, par exemple « obtenir une somme impaire » ou « obtenir une somme qui est un nombre premier », « obtenir une somme supérieure à 7 », etc.

DÉFINITIONS

- Une expérience aléatoire est une expérience dont on connaît tous les résultats possibles (on les appelle les événements élémentaires, ou encore les éventualités) sans qu'on puisse déterminer de façon certaine lequel de ces résultats va apparaître.
- Dans le cadre d'une expérience aléatoire, un événement est un ensemble de résultats.

Remarque : Dans l'expérience de la somme des deux dés, tous les résultats possibles, c'est-à-dire les événements élémentaires sont : « obtenir une somme égale à 2 », « obtenir une somme égale à 3 », et ainsi de suite jusqu'à « obtenir une somme égale à 12 ». « Obtenir une somme strictement supérieure à 10 » est un événement composé des événements élémentaires « obtenir une somme égale à 11 » et « obtenir une somme égale à 12 ».

B Notion de probabilité

1. Définition de la probabilité d'un événement

Exemple 2

On souhaite simuler le lancer simultané de deux dés à 6 faces numérotées de 1 à 6, s'intéresser à la somme des deux valeurs obtenues et ceci pour un nombre de lancers qui est choisi arbitrairement.

On utilise le logiciel Scratch qui permet de simuler un très grand nombre de lancers.

On utilise la variable « réponse » (qui permet des interactions avec l'utilisateur) pour stocker le nombre de lancers souhaités.

On crée la variable « somme » qui permet d'obtenir la somme de deux nombres entiers aléatoires compris entre 1 et 6 ; « somme » prend des valeurs comprises entre 2 et 12.

On crée les variables « Nombre 2 », « Nombre 3 », etc., « Nombre 12 » qui permettent de compter le nombre de fois où la somme 2, 3, etc., 12 apparaît lors des tirages aléatoires.

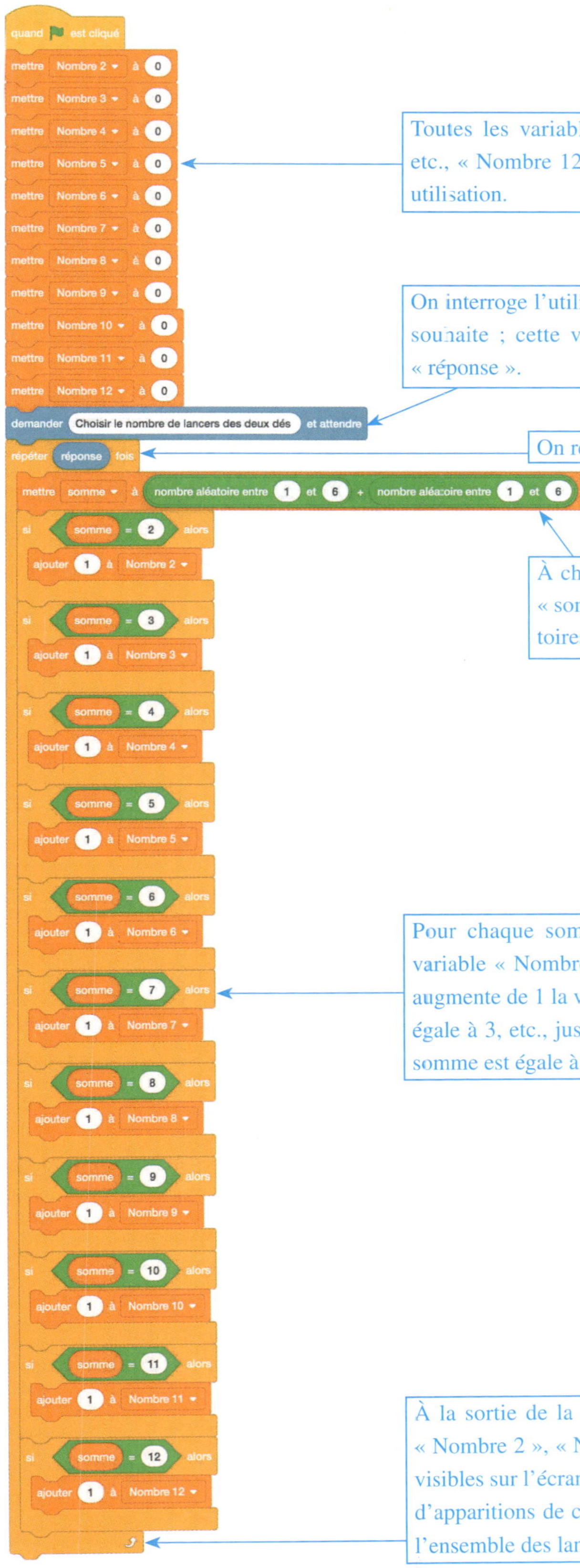

Toutes les variables « Nombre 2 », « Nombre 3 », etc., « Nombre 12 » sont remises à zéro avant chaque utilisation.

On interroge l'utilisateur sur le nombre de lancers qu'il souhaite ; cette valeur sera stockée dans la variable « réponse ».

On réalise le nombre de lancers souhaités.

À chaque lancer, on attribue à la variable « somme » la somme de deux entiers aléatoires compris entre 1 et 6.

Pour chaque somme réalisée, on augmente de 1 la variable « Nombre 2 » si la somme est égale à 2 ; on augmente de 1 la variable « Nombre 3 » si la somme est égale à 3, etc., jusqu'à la variable « Nombre 12 » si la somme est égale à 12.

À la sortie de la boucle du programme, les variables « Nombre 2 », « Nombre 3 », etc., « Nombre 12 » sont visibles sur l'écran et permettent de connaître le nombre d'apparitions de chacune des sommes obtenues lors de l'ensemble des lancers.

En exécutant plusieurs fois ce programme avec différents nombres de lancers, on obtient :

Nombre de lancers	10 lancers		100 lancers		1 000 lancers		10 000 lancers		100 000 lancers	
Nombre d'apparitions des sommes de 2 à 12	2	0	2	5	2	20	2	271	2	2 730
	3	1	3	6	3	51	3	563	3	5 483
	4	3	4	7	4	92	4	832	4	8 414
	5	1	5	12	5	109	5	1 098	5	11 107
	6	1	6	16	6	142	6	1 398	6	13 853
	7	0	7	21	7	166	7	1 636	7	16 802
	8	3	8	7	8	138	8	1 385	8	13 919
	9	1	9	10	9	118	9	1 120	9	11 038
	10	0	10	11	10	83	10	852	10	8 365
	11	0	11	5	11	56	11	561	11	5 500
	12	0	12	0	12	25	12	284	12	2 789
Fréquence d'apparition des sommes de 2 à 12	Somme	Fréquence	Somme	Fréquence	Somme	Fréquence	Somme	Fréquence	Somme	Fréquence
	2	$\frac{0}{10}=0$	2	$\frac{5}{100}=0{,}05$	2	0,02	2	0,0271	2	0,0273
	3	$\frac{1}{10}=0{,}1$	3	$\frac{6}{100}=0{,}06$	3	0,051	3	0,0563	3	0,05483
	4	$\frac{3}{10}=0{,}3$	4	$\frac{7}{100}=0{,}07$	4	0,092	4	0,0832	4	0,08414
	5	$\frac{1}{10}=0{,}1$	5	$\frac{12}{100}=0{,}12$	5	0,109	5	0,1098	5	0,11107
	6	$\frac{1}{10}=0{,}1$	6	$\frac{16}{100}=0{,}16$	6	0,142	6	0,1398	6	0,13853
	7	$\frac{0}{10}=0$	7	$\frac{21}{100}=0{,}21$	7	0,166	7	0,1636	7	0,16802
	8	$\frac{3}{10}=0{,}3$	8	$\frac{7}{100}=0{,}07$	8	0,138	8	0,1385	8	0,13919
	9	$\frac{1}{10}=0{,}1$	9	$\frac{10}{100}=0{,}1$	9	0,118	9	0,112	9	0,11038
	10	$\frac{0}{10}=0$	10	$\frac{11}{100}=0{,}11$	10	0,083	10	0,0852	10	0,08365
	11	$\frac{0}{10}=0$	11	$\frac{5}{100}=0{,}05$	11	0,056	11	0,0561	11	0,055
	12	$\frac{0}{10}=0$	12	$\frac{0}{100}=0$	12	0,025	12	0,0284	12	0,02789

À partir de ces 5 séries de lancers aléatoires, on constate que plus le nombre de lancers augmente, plus la répartition des sommes tend à se stabiliser vers certaines fréquences d'apparitions ; les valeurs vers lesquelles tendent ces fréquences (pour un nombre de plus en plus grand de lancers) sont appelées les probabilités de chaque événement.

DÉFINITION En répétant un très grand nombre de fois une expérience aléatoire, la fréquence d'un événement tend à se rapprocher d'un nombre (compris entre 0 et 1) qui est la probabilité de cet événement.

Remarque : La probabilité d'un événement est un nombre compris entre 0 et 1 qui peut s'exprimer sous la forme d'un nombre décimal, d'une fraction ou d'un pourcentage.

2. Propriétés des probabilités

Exemple 3

Pour déterminer la probabilité d'obtenir une somme égale à 7 dans notre exemple de lancers simultanés de deux dés, nous allons compter le nombre d'additions qui permettent d'obtenir une somme égale à 7 et diviser ce nombre par le nombre total d'additions possibles. Pour cela, nous pouvons par exemple construire le tableau à double entrée suivant :

		Nombre réalisé par le dé numéro 1					
		1	2	3	4	5	6
Nombre réalisé par le dé numéro 2	1	1 + 1 = 2	2 + 1 = 3	3 + 1 = 4	4 + 1 = 5	5 + 1 = 6	6 + 1 = 7
	2	1 + 2 = 3	2 + 2 = 4	3 + 2 = 5	4 + 2 = 6	5 + 2 = 7	6 + 2 = 8
	3	1 + 3 = 4	2 + 3 = 5	3 + 3 = 6	4 + 3 = 7	5 + 3 = 8	6 + 3 = 9
	4	1 + 4 = 5	2 + 4 = 6	3 + 4 = 7	4 + 4 = 8	5 + 4 = 9	6 + 4 = 10
	5	1 + 5 = 6	2 + 5 = 7	3 + 5 = 8	4 + 5 = 9	5 + 5 = 10	6 + 5 = 11
	6	1 + 6 = 7	2 + 6 = 8	3 + 6 = 9	4 + 6 = 10	5 + 6 = 11	6 + 6 = 12

On s'aperçoit, grâce à ce tableau, qu'il y a 6 additions différentes qui permettent d'obtenir une somme égale à 7 (6 cas favorables), sur les 36 additions de deux termes possibles (les 36 cas possibles), ce qui nous permet de dire que la probabilité d'obtenir une somme égale à 7 est égale à $\frac{6}{36} = \frac{1}{6} \approx 0{,}167$ (arrondi au millième près) soit environ 16,7%.

On peut de la même façon calculer les autres probabilités d'obtenir une somme égale à telle ou telle valeur, on a ainsi :

Événement	Somme égale à										
	2	3	4	5	6	7	8	9	10	11	12
Probabilité (valeur exacte et valeur approchée arrondie au millième près)	$\frac{1}{36}$ $\approx 0{,}028$	$\frac{2}{36}$ $= \frac{1}{18}$ $\approx 0{,}056$	$\frac{3}{36}$ $= \frac{1}{12}$ $\approx 0{,}083$	$\frac{4}{36}$ $= \frac{1}{9}$ $\approx 0{,}111$	$\frac{5}{36}$ $\approx 0{,}139$	$\frac{6}{36}$ $= \frac{1}{6}$ $\approx 0{,}167$	$\frac{5}{36}$ $\approx 0{,}139$	$\frac{4}{36}$ $= \frac{1}{9}$ $\approx 0{,}111$	$\frac{3}{36}$ $= \frac{1}{12}$ $\approx 0{,}083$	$\frac{2}{36}$ $= \frac{1}{18}$ $\approx 0{,}056$	$\frac{1}{36}$ $\approx 0{,}028$

On remarque que chacune des additions possibles dans le tableau à double entrée a la même probabilité d'apparition qu'une autre et que cette probabilité est égale à $\frac{1}{36}$; on dira qu'elles sont équiprobables.
En revanche, les sommes obtenues n'ont pas toutes les mêmes probabilités d'apparition, on dira qu'elles ne sont pas équiprobables.
Par exemple, la probabilité d'obtenir une somme égale à 7 est supérieure à la probabilité d'obtenir une somme égale à 12.

DÉFINITION

Dans une expérience aléatoire, les événements élémentaires sont équiprobables s'ils ont tous la même probabilité d'apparaître.

PROPRIÉTÉ

MÉTHODES 1 ET 2, p. 383

Dans le cas où les résultats d'une expérience aléatoire sont tous équiprobables, la probabilité d'un événement est égale au quotient : $\dfrac{\textit{nombre de cas favorables}}{\textit{nombre de cas possibles}}$.

Le nombre de cas favorables étant inférieur ou égal au nombre de cas possibles, on en déduit la propriété ci-dessous.

Dans la situation de la somme des deux dés à 6 faces (numérotées de 1 à 6), la probabilité d'obtenir une somme inférieure à 20 est égale à 1, car cet événement est certain, étant donné que la somme est un nombre compris (au sens large) entre 2 et 12.
La probabilité d'obtenir une somme valant 1 est égale à 0 car c'est un événement impossible.

PROPRIÉTÉ

La probabilité d'un événement est un nombre compris entre 0 et 1.
Si la probabilité d'un événement est égale à 0, cet événement est un événement impossible.
Si la probabilité d'un événement est égale à 1, c'est un événement certain.

Dans le lancer de deux dés, si l'on considère l'événement « obtenir une somme impaire », cet événement est constitué des événements élémentaires suivants : « obtenir une somme égale à 3 », « obtenir une somme égale à 5 », « obtenir une somme égale à 7 », « obtenir une somme égale à 9 » et « obtenir une somme égale à 11 » ; par conséquent, la probabilité d'obtenir une somme impaire est égale à :

P(« obtenir une somme impaire ») $= \dfrac{2}{36} + \dfrac{4}{36} + \dfrac{6}{36} + \dfrac{4}{36} + \dfrac{2}{36} = \dfrac{18}{36} = \dfrac{1}{2}$.

PROPRIÉTÉ

La probabilité d'un événement est définie comme la somme des probabilités des événements élémentaires qui le constituent.

3. Événement et événement contraire

Exemple 4

Si l'on considère maintenant l'événement « obtenir une somme différente de 7 », on dira que cet événement est l'événement contraire à l'événement « obtenir une somme égale à 7 ».
On constate dans le tableau à double entrée qu'il y a 30 additions possibles qui n'ont pas 7 comme résultat ; par conséquent, la probabilité de l'événement « obtenir une somme différente de 7 » est égale à $\dfrac{30}{36} = \dfrac{5}{6}$ et on a :

P(« obtenir une somme égale à 7 ») + P(« obtenir une somme différente de 7 ») $= \dfrac{1}{6} + \dfrac{5}{6} = 1$.

DÉFINITION

L'événement contraire d'un événement A est celui qui se réalise quand A ne se réalise pas, il est noté « non A » ou encore $\overline{A}$.

PROPRIÉTÉ

Si on appelle A un événement et $\overline{A}$ l'événement contraire, on a : $P(A)+P(\overline{A})=1$.
Par conséquent : $P(\overline{A})=1-P(A)$.

COURS

4. Événements indépendants

Exemple 5

Si on lance une première fois les deux dés, on obtient une première somme. Si on lance une seconde fois les deux dés, on obtient une seconde somme. La première somme obtenue n'a aucune influence sur la seconde somme obtenue. On dira que ces deux événements sont indépendants.

DÉFINITION Deux événements d'une expérience aléatoire sont dits indépendants si le résultat de l'un n'a aucune influence sur le résultat de l'autre.

On lance une première fois les deux dés, et on considère l'événement A : « obtenir une somme égale à 2 » ; puis on relance les deux dés et on considère l'événement B : « obtenir une somme égale à 7 ». Les sommes obtenues lors des deux lancers n'ont aucune influence l'une sur l'autre ; la probabilité d'obtenir une somme égale à 2 au premier lancer et une somme égale à 7 au second lancer est donc égale à :

$$P(A \text{ et } B) = P(A) \times P(B) = \frac{1}{36} \times \frac{1}{6} = \frac{1}{216}.$$

ÉTHODE 2, p. 383

PROPRIÉTÉ Si l'on a deux événements indépendants A et B, la probabilité d'avoir l'événement « A et B » est : $P(A \text{ et } B) = P(A) \times P(B)$.

5. Événements incompatibles

Exemple 6

Lorsqu'on lance les deux dés, peut-on avoir à la fois une somme qui est un nombre pair et qui est aussi multiple de 9 ? La réponse est non, étant donné que les sommes paires possibles sont égales à 2, 4, 6, 8, 10 ou 12 et que le seul multiple de 9 compris entre 2 et 12 est le nombre 9 ; ces deux événements ne peuvent pas se réaliser en même temps, on dira qu'ils sont incompatibles.

PROPRIÉTÉ Si deux événements A et B d'une expérience aléatoire sont incompatibles, alors la probabilité de « A et B » est égale à 0 : $P(A \text{ et } B) = 0$

6. Réunion de deux événements

Exemple 7

En lançant les deux dés, on considère l'événement « la somme est un nombre pair ou un multiple de 3 » et on cherche la probabilité de cet événement. Les sommes qui réalisent cet événement sont égales à : 2, 3, 4, 6, 8, 9, 10 ou 12 ; par conséquent, en comptant le nombre d'additions qui permettent d'obtenir ces sommes dans le tableau à double entrée, on obtient :

		Nombre réalisé par le dé numéro 1					
		1	2	3	4	5	6
Nombre réalisé par le dé numéro 2	1	1 + 1 = 2	2 + 1 = 3	3 + 1 = 4	4 + 1 = 5	5 + 1 = 6	6 + 1 = 7
	2	1 + 2 = 3	2 + 2 = 4	3 + 2 = 5	4 + 2 = 6	5 + 2 = 7	6 + 2 = 8
	3	1 + 3 = 4	2 + 3 = 5	3 + 3 = 6	4 + 3 = 7	5 + 3 = 8	6 + 3 = 9
	4	1 + 4 = 5	2 + 4 = 6	3 + 4 = 7	4 + 4 = 8	5 + 4 = 9	6 + 4 = 10
	5	1 + 5 = 6	2 + 5 = 7	3 + 5 = 8	4 + 5 = 9	5 + 5 = 10	6 + 5 = 11
	6	1 + 6 = 7	2 + 6 = 8	3 + 6 = 9	4 + 6 = 10	5 + 6 = 11	6 + 6 = 12

P(Somme paire ou multiple de 3) $= \frac{24}{36} = \frac{2}{3}$.

On constate que 18 additions produisent une somme paire ; 12 additions produisent une addition multiple de 3 ; 6 additions produisent une somme qui est à la fois paire et multiple de 3 ; on en déduit que :

P(Somme paire ou multiple de 3)

= P(Somme paire) + P(Somme multiple de 3) – P(Somme paire et multiple de 3)

$= \frac{18}{36} + \frac{12}{36} - \frac{6}{36} = \frac{24}{36} = \frac{2}{3}$.

MÉTHODES 1 ET 2, p. 383

PROPRIÉTÉ

Si A et B sont deux événements, alors la probabilité de l'événement A ou B est :
P(A ou B) = P(A) + P(B) – P(A et B).

Cas particulier

Si les événements A et B sont incompatibles, P(A ou B) = P(A) + P(B).
En effet, la probabilité de « A et B » est égale à 0.

Dans notre exemple :
P(Somme paire ou multiple de 9)
= P(Somme paire) + P(Somme multiple de 9) – P(Somme paire et multiple de 9)
= P(Somme paire) + P(Somme multiple de 9) → (Car aucune somme comprise entre 2 et 12 n'est à la fois paire et multiple de 9.)

$= \frac{18}{36} + \frac{4}{36}$

$= \frac{22}{36} \approx 0{,}611 \approx 61{,}1\ \%$.

MÉTHODES

méthode 1 Calculer la probabilité d'un événement

On dispose d'un jeu de 32 cartes. On tire au hasard une carte dans ce jeu.

Quelle est la probabilité d'obtenir une dame ou un cœur ?

CORRIGÉ COMMENTÉ

1re méthode : utiliser la formule $\frac{\text{nombre de cas favorables}}{\text{nombre de cas possibles}}$

Dans ce jeu de 32 cartes, toutes les cartes ont la même probabilité d'être tirées.
Pour obtenir une dame ou un cœur, on a 11 cartes possibles (cas favorables), qui sont : dame de trèfle, dame de pique, dame de carreau, dame de cœur, as de cœur, roi de cœur, valet de cœur, 10 de cœur, 9 de cœur, 8 de cœur et 7 de cœur.
Et on a 32 cas possibles équiprobables ; par conséquent, on utilise la formule :

$$P(\text{dame ou cœur}) = \frac{\text{nombre de cas favorables}}{\text{nombre de cas possibles}} = \frac{11}{32}.$$

2e méthode : utiliser la formule P(A ou B) = P(A) + P(B) – P(A et B)

Dans le jeu de 32 cartes, on a 4 dames, on a 8 cartes cœur, dont une carte qui est la dame de cœur.

$$P(\text{dame ou cœur}) = P(\text{dame}) + P(\text{cœur}) - P(\text{dame et cœur})$$

$$P(\text{dame ou cœur}) = \frac{4}{32} + \frac{8}{32} - \frac{1}{32} = \frac{11}{32}.$$

méthode 2 Résoudre un problème d'expérience aléatoire à plusieurs épreuves en utilisant un arbre de choix pondérés

Dans un sac opaque, on a 4 billes rouges, 3 billes vertes et 5 billes bleues.

1 On fait deux tirages successifs avec remise ; c'est-à-dire que l'on tire une première bille, on note sa couleur, on la remet dans le sac avec les autres billes et on tire une seconde bille en notant sa couleur.

Calculer la probabilité d'avoir obtenu deux billes de la même couleur à l'issue des deux tirages successifs.

2 On fait maintenant deux tirages successifs sans remise ; c'est-à-dire que l'on tire une première bille, on note sa couleur, on la met de côté et on tire une seconde bille en notant sa couleur.

Calculer la probabilité d'obtenir deux billes de la même couleur à l'issue des deux tirages successifs.

CORRIGÉ COMMENTÉ

1 Tirage avec remise

Pour calculer la probabilité d'avoir obtenu deux billes de la même couleur à l'issue des deux tirages successifs, on détermine les événements élémentaires possibles. Il y en a trois :

– tirer une bille rouge, qui a une probabilité de $\frac{1}{3}\left(=\frac{4\ cas\ favorables}{12\ cas\ possibles}\right)$;

– tirer une bille verte, qui a une probabilité de $\frac{1}{4}\left(=\frac{3\ cas\ favorables}{12\ cas\ possibles}\right)$;

– tirer une bille bleue, qui a une probabilité de $\frac{5}{12}\left(=\frac{5\ cas\ favorables}{12\ cas\ possibles}\right)$.

On crée ensuite l'arbre de choix pondérés en indiquant les probabilités de chaque événement élémentaire :

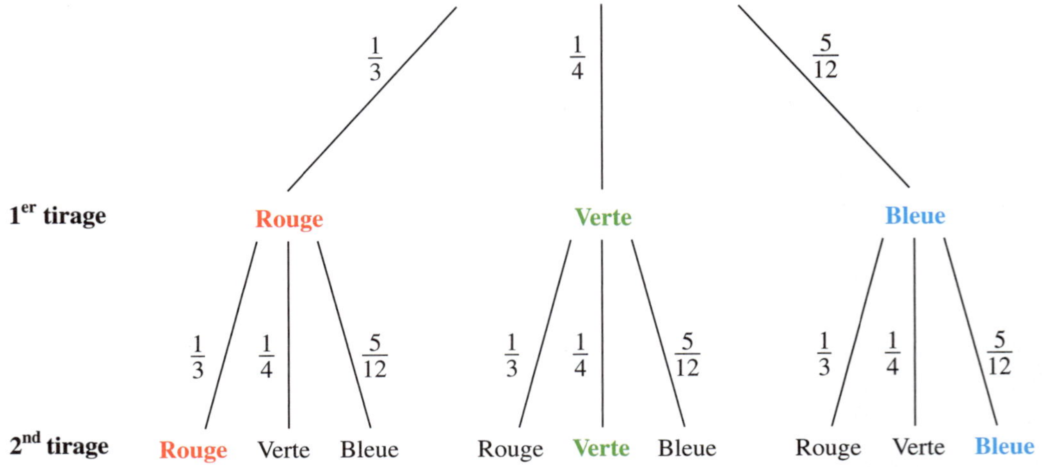

Les événements des deux tirages étant indépendants, les probabilités se multiplient ; on a donc :

$P(R;R)=\frac{1}{3}\times\frac{1}{3}=\frac{1}{9}$; $P(V;V)=\frac{1}{4}\times\frac{1}{4}=\frac{1}{16}$ et $P(B;B)=\frac{5}{12}\times\frac{5}{12}=\frac{25}{144}$.

Les événements « tirer 2 billes rouges », « tirer 2 billes vertes » et « tirer 2 billes bleues » étant incompatibles, leurs probabilités s'ajoutent ; on a :

P(tirer 2 billes de même couleur) = P(tirer 2 billes rouges) + P(tirer 2 billes vertes) + P(tirer 2 billes bleues).

$P(\text{tirer 2 billes de même couleur})=\frac{1}{9}+\frac{1}{16}+\frac{25}{144}=\frac{16}{144}+\frac{9}{144}+\frac{25}{144}=\frac{50}{144}=\frac{25}{72}\approx 34{,}7\,\%$.

On pourrait construire un arbre dans lequel figurent toutes les billes possibles aux 1er et 2nd tirages, mais cet arbre aurait beaucoup de branches (12 branches pour le 1er tirage et à nouveau 12 branches pour chacune des billes du 1er tirage), ce qui ferait au total 144 sorties. Un tel arbre serait long et fastidieux à réaliser, c'est pourquoi on ne considère que les événements élémentaires « obtenir une bille rouge », « obtenir une bille verte » et « obtenir une bille bleue » en ajoutant une pondération sur chaque branche.

2 Tirage sans remise

Pour calculer la probabilité d'obtenir deux billes de la même couleur à l'issue des deux tirages successifs, on détermine les événements élémentaires possibles au 1er tirage. Il y en a trois :

– tirer une bille rouge, qui a une probabilité de $\frac{1}{3}\left(=\frac{4\ cas\ favorables}{12\ cas\ possibles}\right)$;

– tirer une bille verte, qui a une probabilité de $\frac{1}{4}\left(=\frac{3\ cas\ favorables}{12\ cas\ possibles}\right)$;

– tirer une bille bleue, qui a une probabilité de $\frac{5}{12}\left(=\frac{5\ cas\ favorables}{12\ cas\ possibles}\right)$.

Puis on détermine les événements élémentaires possibles au 2nd tirage, en adaptant les probabilités selon la couleur de la bille qui a déjà été tirée (et enlevée du sac) :

• **Si c'est une bille rouge qui a été retirée du sac à la suite du 1er tirage,** il y a donc 11 billes dans le sac : 3 billes rouges, 3 billes vertes et 5 billes bleues ; on a donc encore 3 événements élémentaires qui ont comme probabilité :

– tirer une bille rouge, qui a une probabilité de $\frac{3}{11}\left(=\frac{3\ cas\ favorables}{11\ cas\ possibles}\right)$;

– tirer une bille verte, qui a une probabilité de $\frac{3}{11}\left(=\frac{3\ cas\ favorables}{11\ cas\ possibles}\right)$;

– tirer une bille bleue, qui a une probabilité de $\frac{5}{11}\left(=\frac{5\ cas\ favorables}{11\ cas\ possibles}\right)$.

• **Si c'est une bille verte qui a été retirée du sac à la suite du 1er tirage,** il y a donc 11 billes dans le sac : 4 billes rouges, 2 billes vertes et 5 billes bleues ; on a donc encore 3 événements élémentaires qui ont comme probabilité :

– tirer une bille rouge, qui a une probabilité de $\frac{4}{11}\left(=\frac{4\ cas\ favorables}{11\ cas\ possibles}\right)$;

– tirer une bille verte, qui a une probabilité de $\frac{2}{11}\left(=\frac{2\ cas\ favorables}{11\ cas\ possibles}\right)$;

– tirer une bille bleue, qui a une probabilité de $\frac{5}{11}\left(=\frac{5\ cas\ favorables}{11\ cas\ possibles}\right)$.

• **Si c'est une bille bleue qui a été retirée du sac à la suite du 1er tirage,** il y a donc 11 billes dans le sac : 4 billes rouges, 3 billes vertes et 4 billes bleues ; on a donc encore 3 événements élémentaires qui ont comme probabilité :

– tirer une bille rouge, qui a une probabilité de $\frac{4}{11}\left(=\frac{4\ cas\ favorables}{11\ cas\ possibles}\right)$;

– tirer une bille verte, qui a une probabilité de $\frac{3}{11}\left(=\frac{3\ cas\ favorables}{11\ cas\ possibles}\right)$;

– tirer une bille bleue, qui a une probabilité de $\frac{4}{11}\left(=\frac{4\ cas\ favorables}{11\ cas\ possibles}\right)$.

On crée ensuite l'arbre de choix pondérés en indiquant les probabilités de chaque événement élémentaire :

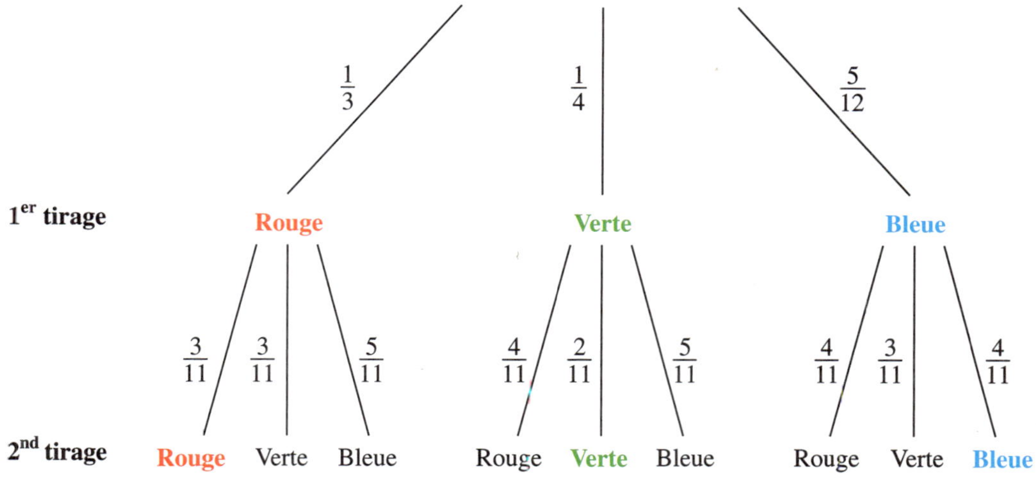

Les événements des deux tirages ne sont pas indépendants, car la répartition des 11 billes lors du 2nd tirage dépend de la couleur de la bille qui a été retirée lors du 1er tirage. Cependant, une fois les probabilités recalculées (lors du 2nd tirage en fonction de la bille retirée au 1er tirage), les probabilités se multiplient. On a donc :

$P(R;R)=\frac{1}{3}\times\frac{3}{11}=\frac{1}{11}$; $P(V;V)=\frac{1}{4}\times\frac{2}{11}=\frac{1}{22}$ et $P(B;B)=\frac{5}{12}\times\frac{4}{11}=\frac{5}{33}$.

Les événements « tirer 2 billes rouges », « tirer 2 billes vertes » et « tirer 2 billes bleues » étant incompatibles, leurs probabilités s'ajoutent, et on a :

P(tirer 2 billes de même couleur) = P(tirer 2 billes rouges) + P(tirer 2 billes vertes) + P(tirer 2 billes bleues).

$P(\text{tirer 2 billes de même couleur})=\frac{1}{11}+\frac{1}{22}+\frac{5}{33}=\frac{6}{66}+\frac{3}{66}+\frac{10}{66}=\frac{19}{66}\approx 28{,}8\ \%$.

ENTRAÎNEMENT

Se tester en 10 questions

→ Corrigés p. 393

Pour chaque question suivante, indiquez la (ou les) bonne(s) réponse(s).

1 Si A est un événement impossible, alors on a :

a) $P(A)=0$ b) $P(A)=1$ c) $P(A)=0{,}5$

d) Sans plus d'informations, on ne peut pas calculer $P(A)$.

2 A et B sont deux événements indépendants, la probabilité de l'événement « A et B » est égale à :

a) $P(A)+P(B)$ b) $P(A)\times P(B)$ c) $1-P(A)-P(B)$ d) $P(A)+P(B)-P(A)\times P(B)$

3 Si A et B sont deux événements incompatibles, la probabilité de l'événement « A ou B » est égale à :

a) $P(A)\times P(B)$ b) $P(A)+P(B)-P(A \text{ et } B)$ c) $1-P(A)\times P(B)$ d) $P(A)+P(B)$

4 Si A et B sont deux événements contraires, alors on a :

a) $P(A)=P(B)$ b) $P(A)=1-P(B)$ c) $P(A)\times P(B)=1$ d) $P(A)+P(B)=1$

5 Si A est un événement certain, alors on a :

a) $P(A)=0$ b) $P(A)=1$ c) $P(A)=0{,}5$
d) Sans plus d'informations, on ne peut pas calculer $P(A)$.

6 On lance deux fois de suite une pièce de monnaie ; la probabilité d'obtenir 2 fois pile est égale à :

a) 0 b) $\frac{1}{4}$ c) $\frac{1}{2}$ d) 1

7 On lance un dé à vingt faces numérotées de 0 à 19.
La probabilité d'obtenir un nombre multiple de 4 est égale à :

a) 0,15 b) 0,2 c) 0,25 d) 0,3

8 Dans un jeu de 32 cartes, la probabilité de tirer une figure ou un trèfle est égale à :

a) $\frac{1}{4}$ b) $\frac{3}{8}$ c) $\frac{17}{32}$ d) $\frac{5}{8}$

9 Dans un sac opaque contenant des billes rouges, des billes bleues et des billes jaunes, la probabilité de tirer une bille rouge est égale à 0,21. Quelle est la probabilité de tirer une bille d'une autre couleur (bleue ou jaune) ?

a) On ne peut pas savoir (on n'a pas le nombre de billes de chaque couleur).
b) 0,21 c) 0,42 d) 0,79

10 Dans un sac opaque contenant 6 billes noires et des billes rouges, la probabilité de tirer une bille rouge est égale à 0,7. Combien y a-t-il de billes rouges dans le sac ?

a) On ne peut pas savoir. b) 7 c) 10 d) 14

Réponses : 1. a ; 2. b ; 3. b, d ; 4. b, d ; 5. b ; 6. b ; 7. c ; 8. c ; 9. d ; 10. d.

Échauffement

→ Corrigés p. 395

1 Calculer la probabilité d'un événement

Un sac contient des jetons numérotés de 1 à 15. On tire au hasard l'un des jetons. Quelle est la probabilité que le numéro obtenu soit un nombre premier ?

2 Calculer une fréquence en utilisant la formule « nombre de cas favorables/nombre de cas possibles »

1. Inès a lancé 200 fois un dé équilibré à 6 faces et a collecté ses résultats dans un tableau :

Nombre affiché sur la face	1	2	3	4	5	6
Nombre d'apparitions	30	41	32	28	31	

a) Combien de fois a-t-elle obtenu 6 ?

b) Quelle est, en pourcentage, la fréquence d'apparition du « 1 » ?

2. Inès lance cette fois deux dés équilibrés à 6 faces.

a) Quelle est la probabilité d'obtenir deux nombres dont le produit est égal à 9 ?

b) Quelle est la probabilité d'obtenir deux nombres dont le produit est égal à 12 ?

3 Organiser des données pour calculer des probabilités

Une classe de troisième est constituée de 28 élèves. Certains sont externes, les autres sont demi-pensionnaires. Le tableau ci-dessous donne la composition de la classe.

	Filles	Garçons	Total
Externes			12
Demi-pensionnaires		6	
Total	15		28

1. Recopier et compléter ce tableau.

2. On choisit au hasard un élève de cette classe.

a) Quelle est la probabilité pour que cet élève soit une fille ?

b) Quelle est la probabilité pour que cet élève soit externe ?

c) Sachant que cet élève est externe, quelle est la probabilité pour que ce soit une fille ?

4 Calculer la probabilité d'événements indépendants

Un professeur donne un contrôle dans lequel figure un QCM qui comporte 3 questions. À chacune des questions, il y a 3 choix possibles dont une seule bonne réponse. Martin répond au hasard à chaque question.
Indiquer quelle affirmation suivante est juste.

Affirmation 1 : La probabilité que toutes les réponses soient justes est $\frac{1}{27}$.

Affirmation 2 : La probabilité que toutes les réponses soient fausses est $\frac{1}{3}$.

5 Réaliser une simulation de tirage avec le logiciel Scratch

On dispose de deux urnes :
– une urne bleue contenant trois boules bleues numérotées : 2, 3 et 4 ;
– une urne rouge contenant quatre boules rouges numérotées : 2, 3, 4 et 5.
Dans chaque urne, les boules sont indiscernables au toucher et ont la même probabilité d'être tirées. On s'intéresse à l'expérience aléatoire suivante : « On tire au hasard une boule bleue et on note son numéro, puis on tire au hasard une boule rouge et on note son numéro. »
Exemple : si on tire la boule bleue numérotée 3, puis la boule rouge numérotée 4, le tirage obtenu sera noté (3 ; 4).
On précise que le tirage (3 ; 4) est différent du tirage (4 ; 3).

1. a) On définit les deux événements suivants : « on obtient deux nombres premiers » et « la somme des deux nombres est égale à 12 ».
Pour chacun de ces deux événements, dire s'il est possible ou impossible lorsqu'on effectue l'expérience aléatoire.

b) Déterminer la probabilité de l'événement « on obtient deux nombres premiers ».

2. On obtient un « double » lorsque les deux boules tirées portent le même numéro. Justifier que la probabilité d'obtenir un « double » lors de cette expérience est $\frac{1}{4}$.

3. Dans cette question, aucune justification n'est attendue.
On souhaite simuler l'expérience de l'obtention d'un « double » 1 000 fois. Pour cela, on a commencé à écrire un programme, à ce stade, encore incomplet. Voici des copies d'écran :

Script principal incomplet

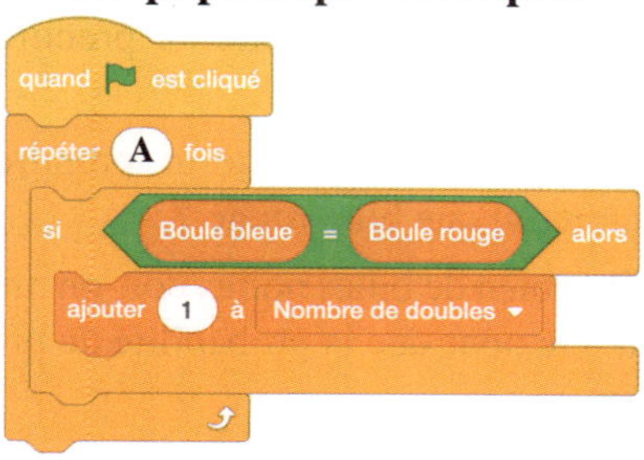

Bloc « Tirer deux boules »

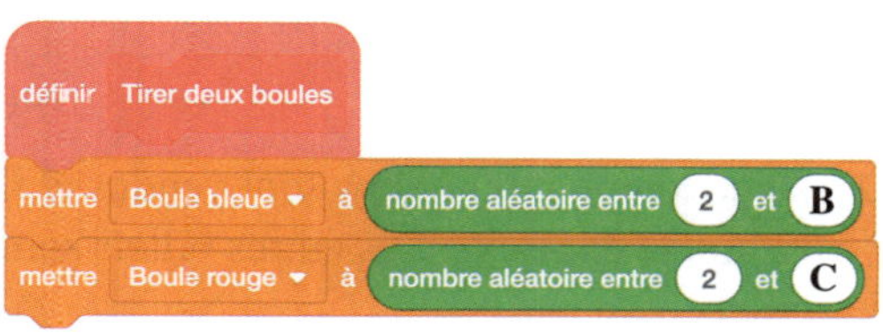

a) Par quels nombres faut-il remplacer les lettres A, B et C ?

b) Dans le script principal, indiquer où placer le bloc 

.

c) Dans le script principal, indiquer où placer le bloc 

.

d) On souhaite obtenir la fréquence d'apparition du nombre de « doubles » obtenus.
Parmi les instructions ci-dessous, laquelle faut-il placer à la fin du script principal après la boucle « répéter » ?

Proposition 1 : 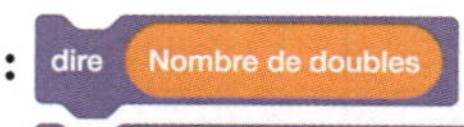

Proposition 2 : 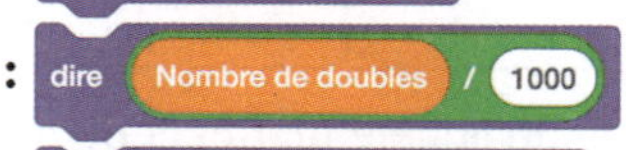

Proposition 3 : 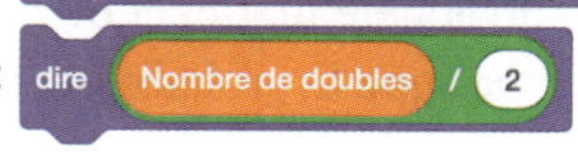

Pour réussir au concours

→ Corrigés p. 396

6 ★ 10 min *Sujet de CRPE*

Au mois de février 2020, on a interrogé 12 527 personnes de plus de 15 ans à la sortie du métro, à propos du nombre de fois où elles sont allées au restaurant pendant le mois de janvier 2020. Chaque personne sondée est enregistrée par un numéro, de 1 à 12 527.
Le tableau ci-dessous présente des résultats, selon la classe d'âge des personnes interrogées.

	15-25	26-44	45-60	Plus de 60	TOTAL
Pas du tout		82	415	147	666
1 fois	682		1 243	589	
2 fois		634	552	138	1 737
3 fois	174	95			1 907
4 fois ou plus	251	418	923	317	
TOTAL	1 542		3 517	2 445	

1. Reproduire et compléter le tableau ci-dessus.

2. On tire au hasard un des numéros correspondant aux personnes interrogées, en supposant que chacun a la même probabilité d'être choisi.

a) Déterminer la probabilité que ce numéro corresponde à une personne qui est allée exactement 2 fois au restaurant pendant le mois de janvier 2020.

b) Déterminer la probabilité que ce numéro corresponde à une personne qui a moins de 45 ans.

c) Déterminer la probabilité que ce numéro corresponde à une personne qui a plus de 60 ans et qui est allée au moins 3 fois au restaurant pendant le mois de janvier 2020.

7 ★ 15 min *Sujet de CRPE*

Lors d'un vide-grenier, les organisateurs proposent aux visiteurs d'acheter des tickets de tombola.

Le prix d'un ticket est fixé à 2 €. 4 000 tickets ont été imprimés et vendus.
Les lots ont tous été achetés par les organisateurs. La répartition des tickets et des lots est donnée par l'extrait de tableur suivant :

Nombre de tickets gagnants	Lot	Valeur du lot
1	Téléviseur	899 €
5	Lecteur Blu-ray	250 €
10	Smartphone	125 €
14	Bracelet connecté	59 €
30	Grille-pain	15 €
100	Peluche	0,50 €
	Ticket perdant	0 €

Isabelle achète un ticket de tombola.
1. Vérifier que la probabilité qu'elle gagne un lot est de 0,04.
2. Quelle est la probabilité qu'Isabelle gagne une peluche ? Donner la réponse sous la forme d'une fraction irréductible, puis d'un pourcentage.
3. Déterminer la probabilité qu'elle gagne un lot dont la valeur est au moins 100 €.
4. En ne considérant que les tickets gagnants, calculer la valeur moyenne d'un lot. On donnera la valeur arrondie au centime.
5. On considère que l'achat des lots est le seul coût engagé. Quelle somme d'argent a rapportée cette tombola ?
6. L'organisateur de la tombola propose un deuxième tirage aux personnes ayant obtenu un ticket perdant. Il leur est proposé de choisir une carte parmi trois. Une de ces trois cartes permet de gagner un lot publicitaire. Quelle est la probabilité qu'une personne ayant acheté un ticket gagne un lot publicitaire ?

8 ★★ 5 min *Sujet de CRPE*

Un sac contient des billes indiscernables au toucher. 11 billes sont rouges et les autres sont noires. On tire une bille au hasard dans le sac. La probabilité de tirer une bille noire est 0,3125.
Quel est le nombre de billes noires dans le sac ?

9 ★★ 10 min *Sujet de CRPE*

Dans un sac se trouvent 10 billes indiscernables au toucher : 5 noires, 3 rouges et 2 blanches.
On pioche une bille au hasard.

1. Donner les issues de cette expérience aléatoire.

2. Quelle est la probabilité de prendre une bille noire ?

3. Quelle est la probabilité de prendre une bille noire ou une bille rouge ?

4. a) Combien de billes noires doit-on rajouter dans le sac pour que la probabilité de prendre une bille noire soit égale à $\frac{2}{3}$?
b) Quelle est alors la probabilité de prendre une bille rouge ?

10 ★★ 10 min *Sujet de CRPE*

Dans une loterie, 300 billets sont vendus et il y a 37 billets gagnants. Les autres billets sont des billets perdants.
Parmi les 37 billets gagnants :
– 2 permettent de gagner un téléviseur ;
– 5 permettent de gagner un bon de réduction de 100 € ;
– 10 permettent de gagner un bon de réduction de 50 € ;
– 20 permettent de gagner un porte-clés.

1. Quelle est la probabilité de gagner un téléviseur si l'on achète un billet ?

2. Quelle est la probabilité de gagner un bon de réduction (peu importe la somme) si l'on achète un billet ?

3. En plus de l'achat des bons de réduction dans plusieurs magasins, l'organisateur de la loterie dépense 500 € pour chaque téléviseur et 0,50 € pour chaque porte-clés.
a) À quel prix doit-il vendre les billets de loterie pour être sûr que ce jeu ne lui fera pas perdre d'argent ?
b) S'il souhaite vendre chaque billet 2 €, combien doit-il rajouter de billets perdants (en ne modifiant pas le nombre de billets gagnants et les lots correspondants) pour être assuré que ce jeu ne lui fera pas perdre d'argent ?

11 ★★★ 10 min *Sujet de CRPE*

Les informations présentées dans cet exercice sont extraites du site de l'Établissement français du sang qui gère le don du sang en France (www.dondusang.net).

Tableau 1 : Répartition de la population française selon le groupe sanguin et le rhésus

	O	A	B	AB
Rhésus +	36 %	37 %	9 %	3 %
Rhésus –	6 %	7 %	1 %	1 %

Tableau 2 : Compatibilité sanguine des donneurs et des receveurs

	Receveurs							
Donneurs	O+	O–	A+	A–	B+	B–	AB+	AB–
O+	•		•		•		•	
O–	•	•	•	•	•	•	•	•
A+			•				•	
A–			•	•			•	•
B+					•		•	
B–					•	•	•	•
AB+							•	
AB–							•	•

O – : donneur universel

AB+ : receveur universel

Lecture : une personne de groupe A rhésus négatif (A–) peut recevoir du sang d'un donneur du groupe O rhésus négatif ou du groupe A rhésus négatif. Il peut donner son sang à des personnes des groupes et rhésus A+ ; A– ; AB+ et AB–.

1. Quelle est la probabilité qu'une personne choisie au hasard dans la population française soit :

a) « donneur universel » ?

b) « receveur universel » ?

2. Quelle est la probabilité qu'une personne choisie au hasard dans la population française puisse donner son sang à une personne du groupe B, rhésus + ?

3. On choisit au hasard une personne parmi les personnes du groupe O dans la population française. Quelle est la probabilité que cette personne soit « donneur universel » ? Arrondir le résultat au centième.

12 ★★ 10 min *Sujet de CRPE*

On lance deux dés équilibrés. Le premier dé indique un nombre à l'aide des chiffres 1, 2, 3, 4 et 6 et le deuxième dé indique un nombre à l'aide des constellations de 2 à 4, comme indiqué sur les patrons ci-dessous.

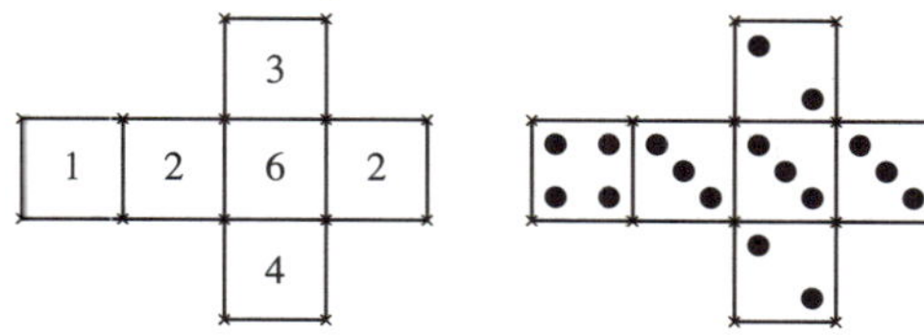

On additionne ensuite les deux nombres obtenus :

– si la somme est 6, on gagne 3 jetons ;

– si la somme est un nombre pair différent de 6, on gagne 1 jeton ;

– si la somme est un nombre impair, on ne gagne rien.

1. Un joueur a gagné 1 jeton. Il a obtenu « 4 » avec le premier dé. Que peut-on dire sur le résultat obtenu avec le deuxième dé ? Justifier.

2. Quelle est la probabilité d'obtenir 3 jetons ? Justifier.

3. Quelle est la probabilité de ne pas obtenir de jetons ? Justifier.

4. Quelle est la probabilité d'obtenir au moins un jeton ? Justifier.

13 ★★ 15 min *Sujet de CRPE*

On a tracé un segment de 6,5 cm. À partir de ce segment, on cherche à construire un triangle en utilisant les valeurs obtenues par le lancer de deux dés cubiques équilibrés de couleurs différentes dont les 6 faces sont numérotées de 1 à 6. La valeur obtenue par chacun des deux dés déterminera les longueurs, en centimètre, de chacun des deux autres côtés du triangle.

1. Le lancer des dés donne les nombres « 4 » et « 5 ». Construire le triangle que ce lancer permet d'obtenir.

2. Quelles conditions doivent remplir les deux longueurs obtenues avec les dés pour que le triangle soit constructible ?

3. Quelle est la probabilité d'obtenir un triangle constructible en effectuant cette expérience aléatoire ?

4. On sait que l'on a obtenu un triangle constructible en effectuant cette expérience aléatoire. Quelle est la probabilité pour qu'il soit isocèle ?

14 ★★ 10 min *Sujet de CRPE*

Dans une région de France, on utilise un modèle pour prévoir le temps qu'il va faire, en se limitant aux deux cas possibles « le temps est sec » et « le temps est pluvieux » :

– si le temps est sec un jour, alors il sera sec le lendemain avec une probabilité de $\frac{1}{5}$;

– si le temps est pluvieux un jour, alors il sera pluvieux le lendemain avec une probabilité de $\frac{3}{4}$.

Aujourd'hui, le temps est sec. Quelle est la probabilité qu'il soit pluvieux après-demain ?

15 ★★★ 15 min *Sujet de CRPE*

On s'intéresse à l'expérience aléatoire suivante : on lance deux dés équilibrés à 6 faces numérotées de 1 à 6 (un dé vert et un dé rouge). Le résultat de l'expérience est le plus grand des deux nombres sur les faces supérieures des dés.

Par exemple, si le dé vert indique « 3 » sur sa face supérieure et le dé rouge indique « 5 », le résultat de l'expérience est 5.

1. Montrer que la probabilité que le résultat de l'expérience soit 2 est égale à $\frac{1}{12}$.

2. Quelle est la probabilité que le résultat de l'expérience soit 6 ?

3. Montrer que la probabilité que le résultat de l'expérience soit un nombre inférieur ou égal à 3 est égale à $\frac{1}{4}$.

4. Monter que la probabilité que le résultat de l'expérience soit un nombre inférieur ou égal au nombre n, où n est un nombre entier compris entre 1 et 6, est égale à $\frac{n^2}{36}$.

5. En déduire que la probabilité que le résultat de l'expérience soit le nombre n, où n est un nombre entier compris entre 1 et 6, est $\frac{2n-1}{36}$.

16 ★★★ 10 min

On place sur un cercle 6 points répartis uniformément. On choisit au hasard 3 points et on trace le triangle qui a pour sommets ces 3 points.

1. Montrer qu'en procédant ainsi on peut obtenir 20 triangles différents.

2. a) Parmi les 20 triangles que l'on peut obtenir, combien sont des triangles équilatéraux ?

b) Quelle est la probabilité pour que le triangle obtenu, en choisissant trois sommets au hasard, soit équilatéral ?

3. a) Parmi les 20 triangles que l'on peut obtenir, certains sont des triangles rectangles. Indiquer une caractéristique de ces triangles rectangles concernant leur hypoténuse et le cercle.

b) Déterminer le nombre de triangles rectangles que l'on peut obtenir.

c) Quelle est la probabilité pour que le triangle obtenu, en choisissant trois sommets au hasard, soit rectangle ?

Se tester en 10 questions

→ Énoncés p. 387

1 **Réponse a.** Si A est un événement impossible, il n'arrivera jamais, donc la probabilité qu'il arrive est nulle.
Par exemple, lancer un dé à six faces numérotées de 1 à 6 et considérer l'événement A : « obtenir le nombre 7 ».

2 **Réponse b.**

3 **Réponses b et d.** $P(A \text{ ou } B) = P(A) + P(B) - P(A \text{ et } B)$.
De plus, lorsque deux événements A et B sont incompatibles, P(A et B) = 0, alors la réponse **d** est bonne également.

4 **Réponses b et d.** Si A et B sont deux événements contraires, alors on a : $P(A) = 1 - P(B)$ qui peut aussi s'écrire : $P(A) + P(B) = 1$.

5 **Réponse b.** Si A est un événement certain, il arrivera obligatoirement, donc sa probabilité est égale à 1.
Par exemple, lancer un dé à six faces numérotées de 1 à 6 et considérer l'événement A : « obtenir un nombre compris entre 0 et 8 ».

6 **Réponse b.** • 1re méthode : calculer des probabilités par utilisation des formules.
La probabilité d'obtenir l'événement « obtenir pile à un lancer » est égale à $\frac{1}{2}$. Les deux lancers sont indépendants donc leurs probabilités se multiplient et, par conséquent, la probabilité d'obtenir « deux fois pile » est égale à :

P(2 fois pile) = P(pile au 1er lancer) × P(pile au 2nd lancer)

$P(2 \text{ fois pile}) = \frac{1}{2} \times \frac{1}{2} = \frac{1}{4}$.

• 2e méthode : utiliser un tableau à double entrée avec un lancer par entrée.

		1er lancer	
		Pile	Face
2nd lancer	Pile	(Pile ; Pile)	(Face ; Pile)
	Face	(Pile ; Face)	(Face ; Face)

On constate dans ce tableau que l'on a un cas favorable sur les quatre cas possibles.

• 3e méthode : construire un arbre de choix pondérés.

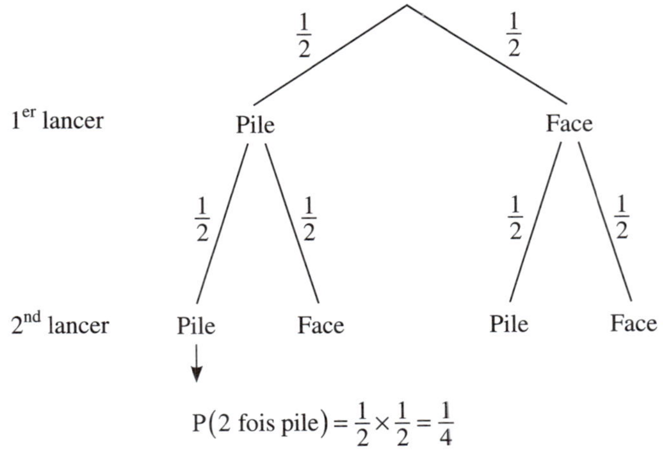

7 **Réponse c.** Les multiples de 4 compris entre 0 et 19 (inclus) sont : 0 (4×0) ; 4 (4×1) ; 8 (4×2) ; 12 (4×3) et 16 (4×4). L'apparition de chacun des 20 nombres est équiprobable, il y a donc 5 cas favorables sur les 20 cas possibles ; la probabilité d'obtenir un multiple de 4 est donc égale à : $P(\text{obtenir un multiple de 4}) = \frac{5}{20} = \frac{1}{4} = 0{,}25$.

8 **Réponse c.** • 1re méthode : dénombrer les cartes correspondant au critère « trèfle ou figure ». Les cartes qui correspondent sont au nombre de 17 : as de trèfle, 7 de trèfle, 8 de trèfle, 9 de trèfle, 10 de trèfle, valet de trèfle et les 3 autres valets, dame de trèfle et les 3 autres dames, roi de trèfle et les trois autres rois.
La probabilité de tirer n'importe quelle carte est égale à $\frac{1}{32}$; par conséquent la probabilité d'obtenir un trèfle ou une figure est égale à : $P(\text{trèfle ou figure}) = \frac{\text{nombre de cas favorables}}{\text{nombre de cas possibles}} = \frac{17}{32}$.

• 2de méthode : utiliser la formule $P(A \text{ ou } B) = P(A) + P(B) - P(A \text{ et } B)$.
Dans un jeu de 32 cartes, il y a 8 cartes trèfles, 12 cartes qui sont des figures, dont 3 cartes qui sont à la fois des figures et des trèfles ; l'apparition de chacune des cartes est équiprobable, par conséquent on a :

$P(\text{trèfle ou figure}) = P(\text{trèfle}) + P(\text{figure}) - P(\text{figure et trèfle})$

$P(\text{trèfle ou figure}) = \frac{8}{32} + \frac{12}{32} - \frac{3}{32}$

$= \frac{17}{32}$

9 **Réponse d.** On utilise la formule : $P(A) + P(\bar{A}) = 1$ (la somme de la probabilité d'un événement A et de la probabilité de l'événement contraire $\bar{A}$ est égale à 1).
Lorsqu'on tire une bille dans le sac, soit elle est rouge, soit elle n'est pas rouge, on a donc :

$P(\text{tirer une bille non rouge}) = 1 - P(\text{tirer une bille rouge})$

$P(\text{tirer une bille non rouge}) = 1 - 0{,}21$

$P(\text{tirer une bille non rouge}) = 0{,}79$.

10 **Réponse d.** Si on appelle n le nombre de billes rouges contenues dans le sac, on a donc $n+6$ billes en tout dans le sac (les 6 billes noires et les n billes rouges) ; les probabilités de tirer n'importe quelle bille du sac sont identiques, par conséquent :

$P(\text{tirer une bille rouge}) = \frac{\text{nombre de cas favorables}}{\text{nombre de cas possibles}} = \frac{n}{6+n} = 0{,}7$.

On résout l'équation à une inconnue : $\frac{n}{6+n} = 0{,}7$.

$n = 0{,}7 \times (6+n)$

$n = 4{,}2 + 0{,}7n$

$n - 0{,}7n = 4{,}2$

$0{,}3n = 4{,}2$

$n = \frac{4{,}2}{0{,}3}$

$n = 14$

Il y a 14 billes rouges dans le sac (et 6 billes noires).

Vérification : $P(\text{tirer une bille rouge}) = \frac{14}{20} = 0{,}7$.

Échauffement

→ Énoncés p. 388

1 Les nombres premiers compris entre 1 et 15 sont : 2, 3, 5, 7, 11 et 13 **(1 n'est pas un nombre premier ; par définition, un nombre est un nombre premier s'il n'a que deux diviseurs : 1 et lui-même, sous-entendu lui-même étant différent de 1)**. Ils sont au nombre de 6. Par conséquent, comme il y a équiprobabilité de tirer n'importe quel jeton, la probabilité de tirer un nombre premier est égale à :

$$p = \frac{\text{nombre de cas favorables}}{\text{nombre de cas possibles}} = \frac{6}{15} = \frac{2}{5} = 0{,}4.$$

2 **1. a)** Étant donné qu'Inès a lancé 200 fois le dé, le nombre d'apparitions du 6 est égal à 38. En effet : $200-(30+41+32+28+31)=38$.

b) La fréquence d'apparition du « 1 » est égale à $\frac{30}{200}=0{,}15$, soit 15 %.

2. a) Pour obtenir un produit égal à 9, elle doit avoir obtenu deux fois le nombre 3. À chaque lancer, elle a une probabilité égale à $\frac{1}{6}$ d'obtenir le 3 ; les deux lancers étant indépendants, les probabilités se multiplient, par conséquent la probabilité d'obtenir le produit 9 est égale à $\frac{1}{6}\times\frac{1}{6}=\frac{1}{36}$.

b) Pour obtenir un produit égal à 12, les lancers de dés ont pu être : (2 ; 6) ou (3 ; 4) ou (4 ; 3) ou (6 ; 2). Il y a donc 4 cas favorables sur les 36 cas possibles (36 couples possibles). Tous les couples étant équiprobables, la probabilité d'obtenir un produit égal à 12 est égale à $\frac{4}{36}=\frac{1}{9}$.

Pour résoudre cet exercice, on peut aussi construire le tableau à double entrée de tous les lancers et produits possibles.

3 **1.**

	Filles	Garçons	Total
Externes	**5**	**7**	12
Demi-pensionnaires	**10**	6	**16**
Total	15	**13**	28

2. a) On a une situation d'équiprobabilité ; il y a 15 filles (cas favorables) pour un total de 28 élèves (cas possibles), par conséquent :

$$P(\text{l'élève est une fille}) = \frac{15}{28}.$$

b) On a une situation d'équiprobabilité ; il y a 12 externes (cas favorables) pour un total de 28 élèves (cas possibles), par conséquent :

$$P(\text{l'élève est externe}) = \frac{12}{28} = \frac{3}{7}.$$

c) En considérant uniquement le groupe d'élèves externes, il y a 5 filles externes (cas favorables) sur un total de 12 externes (cas possibles), par conséquent :

$$P(\text{l'élève est une fille parmi les externes}) = \frac{5}{12}.$$

4 **L'affirmation 1 est vraie.** En effet, les questions sont indépendantes et la probabilité d'obtenir la bonne réponse est égale à $\frac{1}{3}$, donc les probabilités se multiplient :

P(obtenir trois réponses justes)

= (P(obtenir la bonne réponse à une question de QCM))^3

$=\left(\frac{1}{3}\right)^3=\frac{1}{27}$.

L'affirmation 2 est fausse. En effet, les questions sont indépendantes et la probabilité d'obtenir une mauvaise réponse est égale à $\frac{2}{3}$, donc les probabilités se multiplient :

P(obtenir trois réponses justes)

= (P(obtenir une mauvaise réponse à une question de QCM))^3

$=\left(\frac{2}{3}\right)^3=\frac{8}{27}$.

5 **1. a)** Il est possible de tirer deux nombres premiers : (2 ; 2), (2 ; 3), (2 ; 5), (3 ; 2), (3 ; 3), (3 ; 5). La somme la plus grande est 4 + 5 = 9. La somme des deux nombres ne peut donc pas être égale à 12.

b) Il y a 3 × 4 = 12 tirages différents et on a vu qu'il y en avait 6 donnant deux nombres premiers. La probabilité d'obtenir deux nombres premiers est donc égale à $\frac{6}{12}=\frac{1}{2}=0{,}5$.

2. On peut obtenir les doubles (2 ; 2), (3 ; 3) et (4 ; 4), donc 3 doubles sur 12 tirages possibles. La probabilité de tirer un double est donc égale à $\frac{3}{12}=\frac{1}{4}$.

3. a) Il faut remplacer A par 1 000, B par 4 et C par 5.

b) Il faut insérer le bloc « tirer 2 boules » après « répéter 1 000 fois ».

c) Il faut insérer le bloc « mettre nombre de doubles à zéro » avant « répéter 1 000 fois ».

d) Il faut placer à la fin la **proposition 2**.

(Voir visuels Scratch page suivante.)

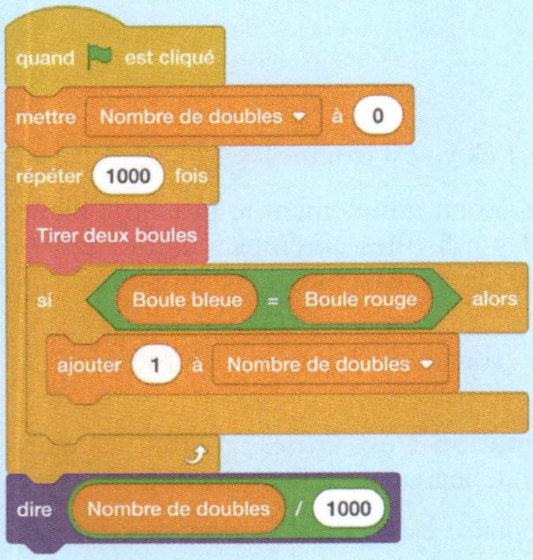

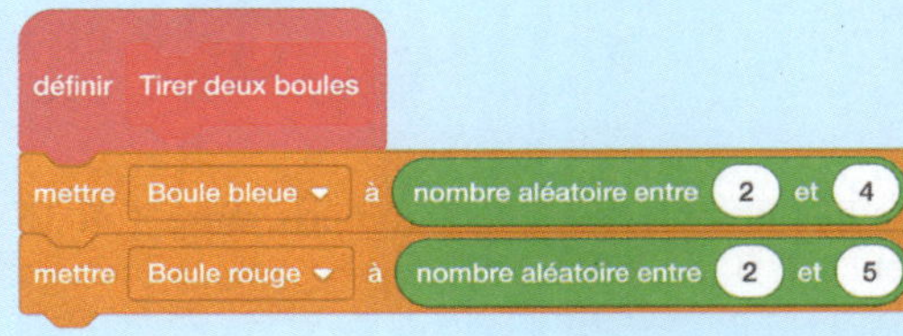

Pour réussir au concours

→ Énoncés p. 389

6 **1.**

	15-25	26-44	45-60	Plus de 60	TOTAL
Pas du tout	**22**	82	415	147	666
1 fois	682	**3 794**	1 243	589	**6 308**
2 fois	**413**	634	552	138	1 737
3 fois	174	95	**384**	**1 254**	1 907
4 fois ou plus	251	418	923	317	**1 909**
TOTAL	1 542	**5 023**	3 517	2 445	**12 527**

2. a) Le nombre de personnes qui sont allées deux fois au restaurant est égal à 1 737, sur un total de 12 527 personnes, donc la probabilité que ce numéro corresponde à une personne qui est allée exactement deux fois au restaurant pendant le mois de janvier 2020 est égale à $\frac{1\ 737}{12\ 527}$.

b) Les moins de 45 ans sont au nombre de 6 565 (1 542 + 5 023) sur un total de 12 527 personnes, donc la probabilité que ce numéro corresponde à une personne qui a moins de 45 ans est égale à $\frac{6\ 565}{12\ 527}$.

c) Les personnes de plus de 60 ans qui sont allées au moins trois fois au restaurant pendant le mois de janvier 2020 sont 1 571 (1 254 + 317) sur un total de 12 527 personnes, donc la probabilité que ce numéro corresponde à une personne qui a plus de 60 ans et qui est allée au moins trois fois au restaurant pendant le mois de janvier 2020 est égale à $\frac{1\ 571}{12\ 527}$.

7 **1.** Le nombre total de tickets gagnants est égal à 160, en effet on a : $1+5+10+14+30+100 = 160$.

La probabilité de gagner un lot est donc égale à 0,04. En effet on a :

$$\frac{\textit{nombre de cas favorables}}{\textit{nombre de cas possibles}} = \frac{160}{4\ 000} = 0{,}04.$$

2. La probabilité de gagner une peluche est égale à $\frac{1}{40}$ soit 2,5 %. En effet on a :

$$\frac{\textit{nombre de cas favorables}}{\textit{nombre de cas possibles}} = \frac{100}{4\ 000} = \frac{1}{40} = 2{,}5\ \%.$$

3. Nombre de tickets permettant de gagner un lot d'une valeur supérieure à 100 € : $10+5+1=16$.
La probabilité de gagner un lot d'une valeur d'au moins 100 € est égale à 0,004. En effet on a :

$$\frac{\textit{nombre de cas favorables}}{\textit{nombre de cas possibles}} = \frac{16}{4\ 000} = 0{,}004.$$

4. Valeur moyenne d'un lot en euros (en considérant uniquement les tickets gagnants) :

$$\frac{1\times899+5\times250+10\times125+14\times59+30\times15+100\times0{,}50}{1+5+10+14+30+100} = \frac{4\ 725}{160} = 29{,}53125.$$

La valeur moyenne d'un lot gagnant est d'environ 29,53 € (valeur arrondie au centime près).

5. Recette liée à la vente des billets :
$4\ 000\times2$ € $= 8\ 000$ €.
Montant des lots mis en jeu : 4 725 €.
Bénéfice : 8 000 € − 4 725 € = 3 275 €.
Cette tombola a rapporté 3 275 €.

6. Il y a 3 840 tickets perdants sur un total de 4 000 tickets (4 000 − 160 = 3 840), et une carte sur 3 est gagnante, donc la probabilité de gagner un lot publicitaire est égale à 0,32. En effet on a :

$$\frac{3\ 840}{4\ 000}\times\frac{1}{3} = 0{,}32.$$

8 Appelons n le nombre de billes noires contenues dans le sac ; on a la même probabilité de tirer n'importe quelle bille, ainsi :

$$\text{P(tirer une bille noire)} = \frac{n}{11+n} = 0{,}3125.$$

On doit résoudre l'équation :

$$\frac{n}{11+n} = 0{,}3125$$
$$n = 0{,}3125 \times (11+n)$$
$$n = 0{,}3125 \times 11 + 0{,}3125n$$
$$n - 0{,}3125n = 3{,}4375$$
$$0{,}6875n = 3{,}4375$$
$$n = \frac{3{,}4375}{0{,}6875}$$
$$n = 5$$

Il y a 5 billes noires dans le sac.

9 **1.** Les 3 issues de cette expérience sont : avoir tiré une bille noire ; avoir tiré une bille rouge ; avoir tiré une bille blanche.

2. Les probabilités de tirer n'importe quelle bille sont égales, par conséquent :

$$\text{P(tirer une bille noire)} = \frac{5}{5+3+2} = \frac{5}{10} = \frac{1}{2} = 0{,}5.$$

3. Les événements « tirer une bille noire » et « tirer une bille rouge » sont incompatibles (la bille tirée ne peut pas être à la fois noire et rouge), par conséquent :

P(tirer une bille noire ou une bille rouge)

= P(tirer une bille noire) + P(tirer une bille rouge)

$$= \frac{5}{10} + \frac{3}{10} = \frac{8}{10} = \frac{4}{5} = 0{,}8.$$

4. a) Appelons n le nombre de billes noires à rajouter dans le sac ; on a alors :

$$\text{P(tirer une bille noire)} = \frac{5+n}{10+n} = \frac{2}{3}.$$

On doit résoudre l'équation : $\frac{5+n}{10+n} = \frac{2}{3}$.

En multipliant les deux membres de cette équation par $(10+n) \times 3$, on obtient :

$$3(5+n) = 2(10+n)$$
$$15 + 3n = 20 + 2n$$
$$3n - 2n = 20 - 15$$
$$n = 5.$$

Il faut ajouter 5 billes noires dans le sac.

b) Il y a maintenant dans le sac 10 billes noires, 3 billes rouges et 2 billes blanches ; par conséquent :

$$\text{P(tirer une bille rouge)} = \frac{3}{15} = \frac{1}{5} = 0{,}2.$$

10 **1.** On est dans une situation d'équiprobabilité, donc :

P(gagner un téléviseur) $= \frac{2}{300} = \frac{1}{150}$.

2. Il y a 15 bons de réduction en tout, donc :

P(gagner un bon de réduction) $= \frac{15}{300} = \frac{1}{20} = 0{,}05$.

3. a) Le montant investi pour organiser la loterie (sans compter l'impression des billets de loterie) est égal à :

2×500 € $+ 5 \times 100$ € $+ 10 \times 50$ € $+ 20 \times 0{,}50$ €

$= 2\,010$ €.

Comme 300 billets sont vendus, pour ne pas perdre d'argent, il faut que chaque billet soit vendu 6,70 € (2 010 : 300 = 6,7).

b) Il faut qu'il vende 1 005 billets à 2 € (2 010 : 2) pour ne pas perdre d'argent.

Il faut qu'il ajoute 705 billets perdants (1 005 – 300).

11 **1. a)** Les donneurs universels sont les personnes du groupe O–, soit 6 % de la population française. Par conséquent : P(être donneur universel) = 0,06.

b) Les receveurs universels sont les personnes du groupe AB+, soit 3% de la population française. Par conséquent : P(être receveur universel) = 0,03.

2. Pour donner son sang à une personne B+, il faut être une personne des groupes O+ ou O– ou B+ ou B–, ce qui représente 52 % de la population française (36 % + 6 % + 9 % + 1 % = 52 %). Donc : P(pouvoir donner son sang à une personne B+) = 0,52.

3. Pour être donneur universel, il faut être du groupe O–, ce qui représente 6 % des Français. Les personnes du groupe O représentent 42 % de la population française (36 % + 6 % = 42 %), donc : P(être donneur universel parmi les personnes du groupe O) $= \frac{0{,}06}{0{,}42} = \frac{1}{7} \approx 0{,}14$ (valeur arrondie au centième près).

12 **1.** Le joueur a gagné 1 jeton, donc la somme de ses deux dés est un nombre pair différent de 6. Comme le premier dé chiffré a une valeur de 4, le second dé constellations doit prendre la valeur de 4 également, afin d'obtenir une somme égale à 8, seul nombre pair possible répondant aux contraintes du jeu, à savoir : être strictement supérieur à 4, différent de 6 et inférieur ou égal à 8 (sachant que seules les constellations de 2 à 4 sont présentes sur le second dé.)

2. **1re méthode.** Pour gagner trois jetons, il faut que la somme des dés soit égale à 6 ; **on peut faire le tableau de tous les tirages possibles :**

	⚁	⚁	⚂	⚂	⚂	⚃
1	1+2=3	1+2=3	1+3=4	1+3=4	1+3=4	1+4=5
2	2+2=4	2+2=4	2+3=5	2+3=5	2+3=5	2+4=6
2	2+2=4	2+2=4	2+3=5	2+3=5	2+3=5	2+4=6
3	3+2=5	3+2=5	3+3=6	3+3=6	3+3=6	3+4=7
4	4+2=6	4+2=6	4+3=7	4+3=7	4+3=7	4+4=8
6	6+2=8	6+2=8	6+3=9	6+3=9	6+3=9	6+4=10

À partir de ce tableau, on peut répondre à la question (et aux suivantes). Dans le tableau, il y a 7 additions qui permettent d'obtenir une somme égale à 6 sur les 36 cas possibles, donc :

P(obtenir 3 jetons) $= \dfrac{7}{36}$.

2nde méthode. Pour obtenir une somme égale à 6, on a comme additions possibles, le 1er terme correspondant au 1er dé (chiffré) et le 2nd terme au 2nd dé (constellations) :

- 2 + 4 avec deux faces 2 chiffrées et une face 4 constellations, ce qui donne 2 cas possibles ;
- 3 + 3 avec une face 3 chiffrée et trois faces 3 constellations, ce qui donne 3 cas possibles ;
- 4 + 2 avec une face 4 chiffrée et deux faces 2 constellations, ce qui donne 2 cas possibles.

On a au total 7 cas favorables sur les 36 cas possibles, donc :

P(obtenir 3 jetons) $= \dfrac{7}{36}$.

3. Pour ne pas obtenir de jetons, il faut avoir une somme impaire. Il y a 18 cas favorables (voir tableau) sur les 36 cas possibles, donc :

P(ne pas obtenir de jetons) $= \dfrac{18}{36} = \dfrac{1}{2} = 0{,}5$.

4. À ce jeu, soit on n'obtient pas de jeton, soit on obtient au moins un jeton, ce sont deux événements contraires, donc :

P(au moins 1 jeton)
= 1 − P(ne pas obtenir de jeton)
$= 1 - 0{,}5 = 0{,}5$.

13 1. Le triangle obtenu a pour longueurs de côtés 6,5 cm, 5 cm et 4 cm.

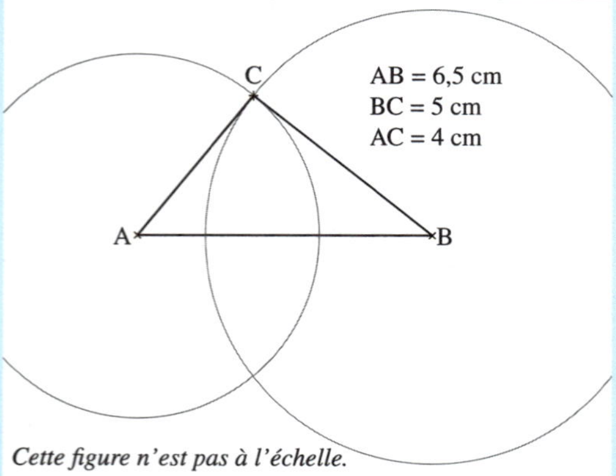

Cette figure n'est pas à l'échelle.

2. Le côté mesurant 6,5 cm sera toujours le plus grand côté de tous les rectangles constructibles ; appelons-le [AB] ; on appelle C le troisième sommet du triangle.

D'après l'inégalité triangulaire $AC + BC \geq AB$, $AC + BC \geq 6{,}5$. Par conséquent, il faut que la somme des longueurs correspondant aux deux dés soit supérieure ou égale à 7 cm (étant donné que c'est un nombre entier) pour que le triangle soit constructible. Sinon les deux cercles de la figure précédente ne se coupent pas et le point C n'existe pas.

3.

		Nombre réalisé par le dé n°1					
		1	2	3	4	5	6
Nombre réalisé par le dé n° 2	1	1+1 =2	2+1 =3	3+1 =4	4+1 =5	5+1 =6	**6+1 =7**
	2	1+2 =3	2+2 =4	3+2 =5	4+2 =6	**5+2 =7**	**6+2 =8**
	3	1+3 =4	2+3 =5	3+3 =6	**4+3 =7**	**5+3 =8**	**6+3 =9**
	4	1+4 =5	2+4 =6	**3+4 =7**	**4+4 =8**	**5+4 =9**	**6+4 =10**
	5	1+5 =6	**2+5 =7**	**3+5 =8**	**4+5 =9**	**5+5 =10**	**6+5 =11**
	6	**1+6 =7**	**2+6 =8**	**3+6 =9**	**4+6 =10**	**5+6 =11**	**6+6 =12**

Toutes les additions sont équiprobables, on a donc 21 cas favorables pour 36 cas possibles.

P(avoir un triangle constructible) $= \dfrac{21}{36} = \dfrac{7}{12}$.

4. Rappel : Un triange isocèle est un triange dont 2 côtés ont la même longueur. Pour que le triangle soit isocèle, parmi les 21 triangles constructibles, il faut que les deux dés donnent des valeurs identiques et on a donc 3 triangles isocèles (3 cas favorables) (« 6,5 cm, 4 cm et 4 cm », « 6,5 cm, 5 cm et 5 cm » et « 6,5 cm, 6 cm et 6 cm ») sur les 21 cas possibles. Par conséquent, la probabilité d'obtenir un triangle isocèle, sachant qu'on a obtenu un triangle constructible est égale à $\dfrac{3}{21} = \dfrac{1}{7}$.

14 Première méthode

Premier cas : aujourd'hui le temps est sec, il reste sec demain, puis devient pluvieux après-demain : la probabilité pour que le temps soit sec également demain est égale à $\dfrac{1}{5}$, puis la probabilité que le temps soit pluvieux après-demain est égal à $\dfrac{4}{5}$ $\left(1 - \dfrac{1}{5}\right)$; par conséquent :

P(sec demain et pluvieux après-demain)
= P(sec demain) × P(pluvieux après-demain)
$= \dfrac{1}{5} \times \dfrac{4}{5} = \dfrac{4}{25}$.

Second cas : aujourd'hui le temps est sec, il devient humide demain et il reste humide après-demain : la probabilité pour que le temps devienne humide demain est égale à $\dfrac{4}{5}$ et la probabilité pour que le temps reste humide après-demain est égale à $\dfrac{3}{4}$; par conséquent :

P(pluvieux demain et pluvieux après-demain)
= P(pluvieux demain) × P(pluvieux après-demain)
$= \dfrac{4}{5} \times \dfrac{3}{4} = \dfrac{3}{5}$.

On conclut :

P(pluvieux après-demain) = P(sec demain et pluvieux après-demain OU pluvieux demain et pluvieux après-demain)

P(pluvieux après-demain) = P(sec demain et pluvieux après-demain) + P(pluvieux demain et pluvieux après-demain) **car ces événements sont incompatibles.**

P(pluvieux après-demain)

$= \frac{4}{25} + \frac{3}{5} = \frac{4}{25} + \frac{15}{25} = \frac{19}{25} = 0,76.$

Seconde méthode : utiliser un arbre de choix pondérés

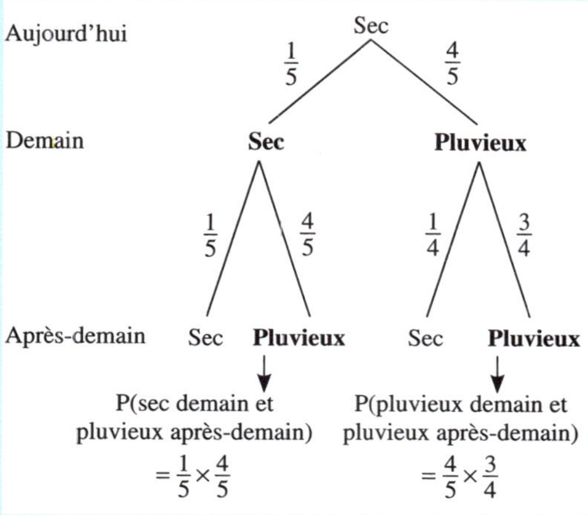

P(pluvieux après-demain) = P(sec demain et pluvieux après-demain) + P(pluvieux demain et pluvieux après-demain)

P(Pluvieux après-demain) = $\frac{1}{5} \times \frac{4}{5} + \frac{4}{5} \times \frac{3}{4} = 0,76.$

15 **1.** On peut regrouper toutes les possibilités dans le tableau suivant :

		Nombre réalisé par le dé n°1					
		1	2	3	4	5	6
Nombre réalisé par le dé n°2	1	max (1 ; 1) = 1	max (2 ; 1) = 2	max (3 ; 1) = 3	max (4 ; 1) = 4	max (5 ; 1) = 5	max (6 ; 1) = 6
	2	max (1 ; 2) = 2	max (2 ; 2) = 2	max (3 ; 2) = 3	max (4 ; 2) = 4	max (5 ; 2) = 5	max (6 ; 2) = 6
	3	max (1 ; 3) = 3	max (2 ; 3) = 3	max (3 ; 3) = 3	max (4 ; 3) = 4	max (5 ; 3) = 5	max (6 ; 3) = 6
	4	max (1 ; 4) = 4	max (2 ; 4) = 4	max (3 ; 4) = 4	max (4 ; 4) = 4	max (5 ; 4) = 5	max (6 ; 4) = 6
	5	max (1 ; 5) = 5	max (2 ; 5) = 5	max (3 ; 5) = 5	max (4 ; 5) = 5	max (5 ; 5) = 5	max (6 ; 5) = 6
	6	max (1 ; 6) = 6	max (2 ; 6) = 6	max (3 ; 6) = 6	max (4 ; 6) = 6	max (5 ; 6) = 6	max (6 ; 6) = 6

Sur les 36 cas équiprobables possibles, seuls 3 permettent d'obtenir la valeur 2 (3 cas favorables), par conséquent : P(obtenir 2) = $\frac{3}{36} = \frac{1}{12}$.

2. Sur les 36 cas équiprobables possibles, 11 cas (favorables) permettent d'obtenir 6, donc :

$P(\text{obtenir } 6) = \frac{11}{36}$.

3. Sur les 36 cas possibles, 9 cas permettent d'obtenir un nombre inférieur ou égal à 3, donc

$P(\text{obtenir 3 ou moins}) = \frac{9}{36} = \frac{1}{4}$.

4. 1re méthode : en utilisant les formules de probabilités

$P(\text{nombre} \leq n) = P(\text{dé n°1} \leq n \text{ et dé n°2} \leq n)$

$= P(\text{dé n°1} \leq n) \times P(\text{dé n°2} \leq n)$

Les scores des deux dés sont indépendants, donc :

$P(\text{nombre} \leq n) = \frac{n}{6} \times \frac{n}{6} = \frac{n^2}{36}$.

En effet pour chaque dé, il y a n cas favorables d'obtenir un nombre inférieur ou égal à n, sur les 6 nombres possibles.

2nde méthode : par exhaustivité des cas

Grâce au tableau construit précédemment et au calcul de la probabilité (nombre de cas favorables / nombre de cas possibles), on a :

	Calcul de la probabilité	Calcul de $\frac{n^2}{36}$
$n = 1$	$P(\text{nombre} \leq 1) = \frac{1}{36}$	$\frac{1^2}{36} = \frac{1}{36}$
$n = 2$	$P(\text{nombre} \leq 2) = \frac{4}{36} = \frac{1}{9}$	$\frac{2^2}{36} = \frac{1}{9}$
$n = 3$	$P(\text{nombre} \leq 3) = \frac{9}{36} = \frac{1}{4}$	$\frac{3^2}{36} = \frac{1}{4}$
$n = 4$	$P(\text{nombre} \leq 4) = \frac{16}{36} = \frac{4}{9}$	$\frac{4^2}{36} = \frac{4}{9}$
$n = 5$	$P(\text{nombre} \leq 5) = \frac{25}{36}$	$\frac{5^2}{36} = \frac{25}{36}$
$n = 6$	$P(\text{nombre} \leq 6) = \frac{36}{36} = 1$	$\frac{6^2}{36} = 1$

Pour les 6 valeurs de n, on constate que $P(\text{nombre} \leq n) = \frac{n^2}{36}$.

5. Pour tout nombre entier compris entre 1 et 6, si le nombre obtenu est inférieur ou égal à n, alors soit il est égal à n, soit il est inférieur ou égal à $n-1$, donc :

$P(\text{nombre} \leq n) = P(\text{nombre} = n \text{ ou nombre} \leq n-1)$

$P(\text{nombre} \leq n) = P(\text{nombre} = n) + P(\text{nombre} \leq n-1)$

Car les événements « nombre $= n$ » et « nombre $\leq n-1$ » sont incompatibles **(le nombre ne peut pas être en même temps strictement inférieur à *n* et en même temps égal à *n*).**

$$\begin{aligned}P(\text{nombre}=n) &= P(\text{nombre} \le n) - P(\text{nombre} \le n-1)\\ &= \frac{n^2}{36} - \frac{(n-1)^2}{36}\\ &= \frac{n^2}{36} - \frac{n^2 - 2\times n\times 1 + 1^2}{36}\\ &= \frac{n^2}{36} - \left(\frac{n^2}{36} - \frac{2n}{36} + \frac{1}{36}\right)\\ &= \frac{n^2}{36} - \frac{n^2}{36} + \frac{2n}{36} - \frac{1}{36}\\ &= \frac{2n-1}{36}\end{aligned}$$

16 **1.** Les 6 points sont les sommets d'un hexagone régulier ; on peut les appeler A, B, C, D, E et F.

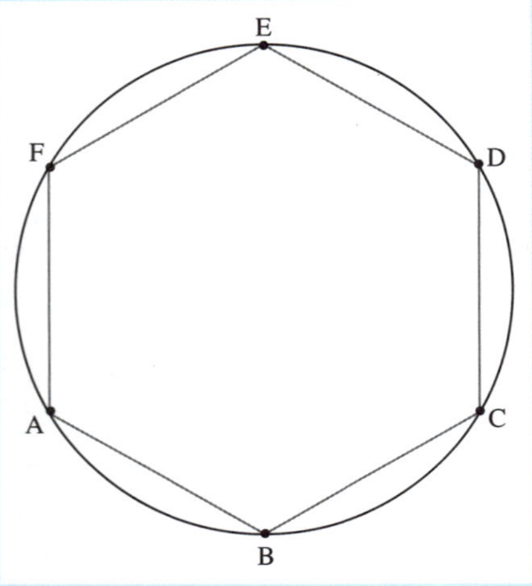

Pour déterminer le 1er sommet du triangle, on a 6 choix possibles ; une fois ce sommet choisi, pour déterminer le 2e sommet, il reste 5 choix possibles et enfin pour déterminer le 3e sommet, il reste 4 choix possibles. Cependant, en procédant ainsi, on compte six fois chaque triangle obtenu ; en effet, les triangles ABC, ACB, BAC, BCA, CAB et CBA sont identiques. Par conséquent, le nombre total de triangles différents possibles est égal à 20 : $\frac{6\times5\times4}{6} = 20$.

On peut également déterminer la liste des 20 triangles que l'on peut créer ainsi :
Tous les triangles qui ont comme sommet A :

ABC	ACD	ADE	AEF ↑ (Sommets A et E, mais pas B, ni C, ni D)
ABD	ACE	ADF ↑ (Sommets A et D, mais pas B ni C)	
ABE	ACF ↑ (Sommets A et C, mais pas B)		
ABF ↑ (Sommets A et B)			

Comme le nombre de triangles que l'on peut obtenir est important, pour en dresser la liste complète, il faut trouver une organisation à suivre dans sa recherche ; on peut s'appuyer sur l'ordre alphabétique.

On exclut maintenant le sommet A des autres triangles pour créer tous les triangles qui ont comme sommet B (mais pas A) :

BCD	BDE	BEF
BCE	BDF	
BCF		

On exclut maintenant les sommets A et B des autres triangles pour créer tous les triangles qui ont comme sommet C (mais pas A, ni B) :

CDE	CEF
CDF	

On exclut maintenant les sommets A, B et C des autres triangles pour créer le triangle qui a comme sommet D (mais pas A, ni B, ni C) : DEF.

2. a) Rappel : Un triangle équilatéral est un triangle dont les trois côtés sont de même longueur.

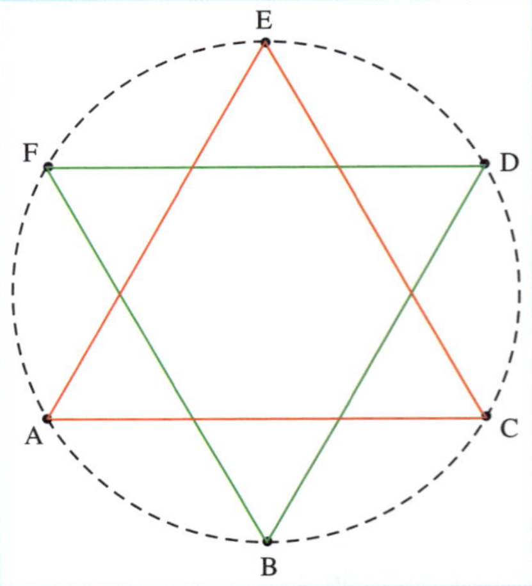

Parmi tous les triangles obtenus, seuls 2 triangles sont équilatéraux : ACE et BDF.

b) On est dans une situation d'équiprobabilité concernant la réalisation des triangles ; parmi ces 20 triangles (nombre de cas possibles), 2 triangles sont équilatéraux (nombre de cas favorables) ; par conséquent :

$$P(\text{obtenir un triangle équilatéral}) = \frac{2}{20} = \frac{1}{10} = 0{,}1.$$

3. a) Pour qu'un triangle inscrit dans un cercle soit rectangle, il faut (et suffit) que son hypoténuse soit un diamètre de ce cercle.

b) Les six points sur ce cercle définissent trois diamètres du cercle : [AD], [BE] et [CF].
Pour chacun de ces diamètres, il reste 4 sommets disponibles pour servir de 3e sommet du triangle qui permettent de construire 4 triangles rectangles différents, donc on peut obtenir 12 triangles rectangles au total.
Par exemple, pour le diamètre [AD], on peut créer 4 triangles rectangles (dont l'hypoténuse est [AD]) qui sont les triangles rectangles : ADB, ADC, ADE et ADF.

c) On peut obtenir 12 triangles rectangles différents (12 cas favorables) parmi les 20 triangles possibles (20 cas possibles). Par conséquent :

$$P(\text{obtenir un triangle rectangle}) = \frac{12}{20} = \frac{3}{5} = 0{,}6.$$

SUJET 1

→ Corrigés p. 406

Mathématiques

3 heures

• Le jury tiendra compte dans la notation de l'épreuve de la maîtrise de la langue française du candidat (vocabulaire, grammaire, conjugaison, ponctuation, orthographe).

• L'usage de la calculatrice électronique de poche à fonctionnement autonome, sans imprimante, est autorisé.

• L'usage de tout autre matériel électronique, de tout ouvrage de référence et de tout document est rigoureusement interdit.

Exercice 1 — 40 min

Un enseignant de moyenne section de maternelle souhaite créer un jeu sur le modèle du jeu de l'oie pour travailler avec ses élèves la construction du nombre et en particulier des décompositions et recompositions de nombres de 1 à 6.
Il fabrique deux dés équilibrés selon les patrons ci-contre.
Il crée un parcours sur lequel les élèves déplacent un pion selon le protocole suivant :
– l'élève lance les deux dés ;
– il avance son pion d'autant de cases que la somme des nombres inscrits sur les faces supérieures des deux dés ; s'il n'obtient aucun nombre sur les deux dés (deux faces vierges), il passe son tour.
Le plateau de jeu est matérialisé par une bande numérique comme ci-dessous.

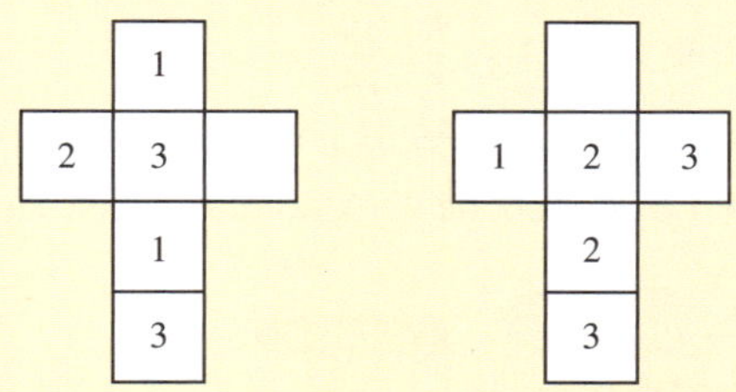

Dé vert — Dé bleu

Départ	1	2	3	4	5	6	7	8	9	10	11	12

1. On lance le dé vert seul. Quelle est la probabilité d'obtenir 3 ?

Dans la suite de l'exercice, afin de simplifier les réponses, on pourra considérer que les faces vierges correspondent au nombre 0.

2. Un élève lance les deux dés, il calcule la somme des nombres obtenus.

a) Quelles sommes peuvent être obtenues ?

b) Quelle est la probabilité qu'il doive passer son tour ?

c) Quelle est la probabilité qu'il doive avancer de 3 cases ?

d) Déterminer la probabilité de chacun des résultats possibles.

e) Quelle est la probabilité que le résultat du dé vert soit strictement supérieur à celui du dé bleu ?

3. Après deux tours de jeu, un élève est arrivé sur la case 10. Quelle est la probabilité qu'il se soit arrêté sur la case 4 au premier tour ?

Exercice 2 15 min

Un nombre décimal est souvent défini de la façon suivante : « Un nombre décimal est un nombre pouvant s'écrire sous la forme $\frac{a}{10^n}$ où a est un nombre entier et n est un nombre entier positif. »

1. On s'appuiera sur **la définition précédente** pour répondre aux deux questions suivantes.

a) Montrer que 0,127 est un nombre décimal.

b) Montrer que $\frac{1}{4}$ est un nombre décimal.

2. Dans une classe de CM2, un enseignant demande aux élèves de dire ce qu'est un nombre décimal. Voici trois réponses proposées par des élèves :

– Élève A : « *Un nombre décimal est un nombre avec une virgule.* »

– Élève B : « *Un nombre décimal est un nombre qui s'écrit avec une fraction qui a 10 ou 100 au dénominateur.* »

– Élève C : « *Un nombre décimal est un nombre qui n'est pas entier.* »

Expliquer pourquoi chacune des définitions proposées ne convient pas d'un point de vue mathématique. On pourra notamment s'appuyer sur des contre-exemples.

3. Parmi les nombres suivants dire, en justifiant, lesquels sont décimaux et lesquels ne le sont pas : 2,48 ; $\frac{7}{25}$; 12 ; $\frac{7}{9}$; $\frac{49}{14}$.

4. Le produit de deux nombres décimaux est-il toujours un nombre décimal ? Justifier.

5. Le quotient de deux nombres décimaux est-il toujours un nombre décimal ? Justifier.

Exercice 3 1 h 15 min

PARTIE A

Alice veut réaliser une activité avec ses élèves de petite section de maternelle. Elle a besoin de découper 30 disques de 14 cm de rayon dans des feuilles de dimensions 120 cm×80 cm, c'est-à-dire de 120 cm de longueur sur 80 cm de largeur.

Elle aimerait les dessiner en occupant l'espace de chaque feuille en commençant en haut à gauche puis en continuant comme dans la figure ci-contre.

Cette figure n'est pas à l'échelle.

1. Calculer l'aire de la feuille, en cm^2.

2. a) Expliquer pourquoi Alice peut tracer au maximum 4 disques dans la longueur de la feuille.

b) En déduire le nombre maximum de disques qu'elle pourra tracer dans cette feuille.

c) Combien faut-il au minimum de feuilles pour dessiner les 30 disques ?

3. Représenter à l'échelle 1/8 une feuille de dimensions $120 \text{ cm} \times 80 \text{ cm}$ avec les disques qu'elle peut contenir.

4. Calculer l'aire exacte d'un disque puis donner la valeur arrondie au centimètre carré près.

Dans la suite du problème, on considérera que l'aire d'un disque est de 616 cm^2.

5. a) Quelle est l'aire de papier non utilisé si Alice découpe 8 disques dans une feuille ?

Quelle proportion, exprimée en pourcentage et arrondie à l'unité de pourcentage, de l'aire totale de la feuille cela représente-t-il ?

b) Quelle est l'aire de papier non utilisé après avoir découpé 30 disques ?

Quelle proportion, exprimée en pourcentage et arrondie à l'unité de pourcentage, de l'aire totale des feuilles utilisées cela représente-t-il ?

6. Pour limiter le gaspillage de papier, Alice veut choisir le format qui permettra d'obtenir le moins de chutes (en cm^2) tout en gardant la même disposition que précédemment. Elle a le choix entre plusieurs formats proposés par un fournisseur :

Nom	Raisin	Jésus	Impérial	Grand Aigle	Grand Monde
Dimensions	65 cm × 50 cm	75 cm × 56 cm	80 cm × 60 cm	105 cm × 75 cm	120 cm × 80 cm

Pour obtenir les 30 disques, le format Grand Aigle permet-il d'obtenir moins de chutes (en cm^2) que le format Grand Monde ? Justifier la réponse.

PARTIE B

D'autres classes veulent réaliser la même activité. La directrice se demande quel format permettra d'obtenir moins de chutes en fonction du nombre de disques à découper.
Pour cela, elle utilise un tableur :

	A	B	C	D	E	F	G
1	Nombre de disques	Aires des disques (en cm²)	Raisin : surface des chutes (en cm²)	Jésus : surface des chutes (en cm²)	Impérial : surface des chutes (en cm²)	Grand aigle : surface des chutes (en cm²)	Grand monde : surface des chutes (en cm²)
2	1	616	2634	3584	4184	7259	8984
3	2	1232	2018	2968	3568	6643	8368
4	3	1848	4652	2352	2952	6027	7752
5	4	2464	4036	1736	2336	5411	7136
6	5	3080	6670	5320	6520	4795	6520
7	...	...	...	...	...	...	...
8	26	16016	26234	13384	17584	23359	22384
9	27	16632	28868	12768	16968	22743	21768
10	28	17248	28252	12152	16352	22127	21152
11	29	17864	30886	15736	20536	21511	20536
12	30	18480	30270	15120	19920	20895	19920
13	...	...	...	...	...	...	...
14	320	197120	322880	138880	186880	228130	186880
15	321	197736	325514	142464	191064	227514	195864
16	322	198352	324898	141848	190448	226898	195248
17	323	198968	327532	141232	189832	226282	194632
18	324	199584	326916	140616	189216	225666	194016
19	325	200200	328550	144200	193400	232925	193400

1. Sans justifier, donner la formule qui a été saisie dans la cellule B2 et étirée vers le bas.

2. Sans justifier, donner le format permettant d'éviter au mieux le gaspillage de papier si l'on veut réaliser 325 disques.

3. Les deux seuls fournisseurs disponibles ne disposent plus que de feuilles au format Grand Monde. La directrice veut choisir le fournisseur qui propose le tarif le plus avantageux pour acheter les feuilles nécessaires à la réalisation des disques. On a représenté graphiquement le prix en fonction du nombre de feuilles commandées chez chaque fournisseur : voir figure page suivante.

a) Chez un des deux fournisseurs le coût des feuilles est proportionnel au nombre de feuilles achetées. Lequel ? On justifiera la réponse.

Répondre aux questions suivantes par lecture graphique, sans justifier.

b) Quel est le prix que va coûter l'achat de 15 feuilles chez chaque fournisseur ?

c) Déterminer le nombre maximal de feuilles que l'on peut acheter chez chaque fournisseur si l'on dispose d'un budget de 45 €.

d) À partir de combien de feuilles est-il plus avantageux de commander chez le fournisseur B ?

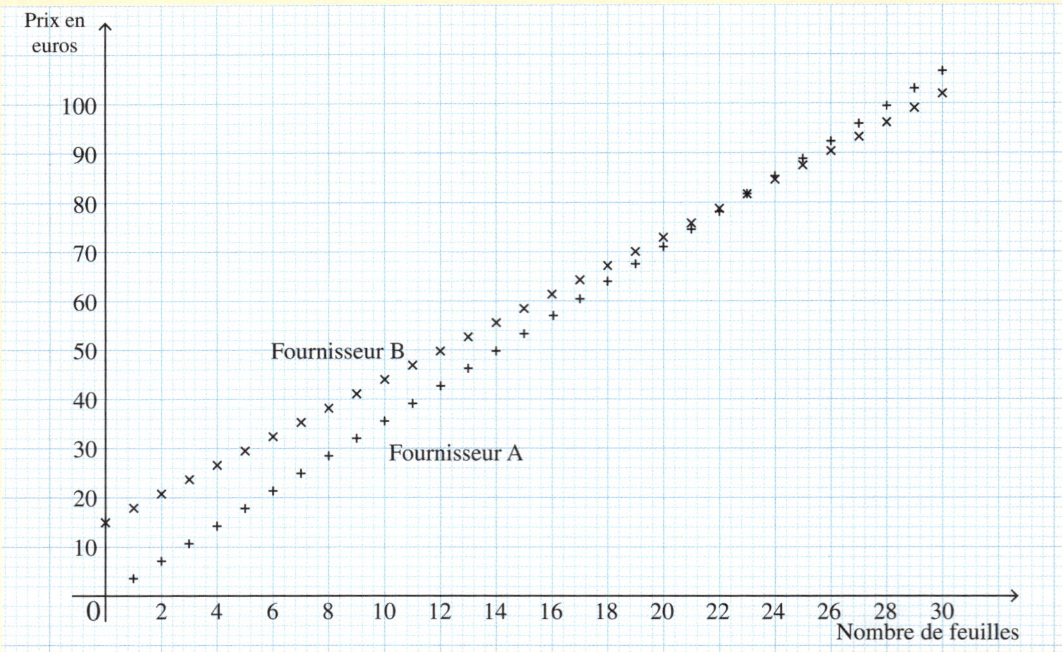

4. On a maintenant représenté sous forme de tableau les tarifs proposés par chaque fournisseur :

	Coût d'une feuille (en €)	Frais de port (en €)
Fournisseur A	3,55	Gratuit
Fournisseur B	2,90	14,90

a) Quel est le prix que va coûter l'achat de 15 feuilles chez chaque fournisseur ?

b) Déterminer le nombre de feuilles que l'on peut acheter chez chaque fournisseur si l'on dispose d'un budget de 312 €.

c) À partir de combien de feuilles est-il plus avantageux de commander chez le fournisseur B ? Justifier la réponse.

d) Sachant qu'il y a 325 disques à dessiner et que l'on peut en mettre 8 par feuille, quelle entreprise la directrice va-t-elle choisir ? Quel sera le prix de cette commande ?

PARTIE C

1. Après avoir découpé les 30 disques, Alice veut les border d'un fil de laine. Quelle longueur de laine devra-t-elle utiliser pour border tous les disques ? On donnera le résultat en mètre, arrondi au décimètre.

2. Alice met 48 minutes à dessiner et découper les 30 disques alors que son collègue Bertrand met 1 heure et 12 minutes à effectuer cette tâche.

a) Donner le temps moyen que met Alice pour découper un disque (en minute et seconde).

b) Combien de temps mettront-ils pour découper les 30 disques ensemble ? Donner le résultat en minute et seconde.

Exercice 4 — 20 min

Soit M un nombre entier naturel inférieur à 100. On note u le chiffre des unités du nombre M et d son chiffre des dizaines.
Soit N un nombre entier naturel inférieur à 100, ayant le même chiffre d des dizaines que M et tel que son chiffre v des unités vérifie $u+v=10$. Par exemple, pour $M=34$, alors $N=36$ vérifie ces conditions.
Pour M et N vérifiant les conditions ci-dessus, on propose d'utiliser l'algorithme ci-dessous pour calculer le produit $M \times N$.

Algorithme de calcul
– On calcule le produit de d et de l'entier suivant $d+1$.
– On calcule le produit de u et de v.
– On ajoute au produit de u et de v, 100 fois le produit de d et de l'entier suivant $d+1$.

1. Vérifier en détaillant les calculs que cet algorithme fonctionne pour 34×36.

2. Démontrer que cet algorithme de calcul donne effectivement le résultat escompté pour tous les couples de nombres M et N vérifiant les conditions mentionnées en début d'exercice. On pourra utiliser les égalités $M=10d+u$ et $N=10d+v$.

3. Montrer comment on peut utiliser cet algorithme de calcul, en détaillant les calculs, pour calculer mentalement $4{,}2 \times 4{,}8$.

Exercice 5 — 20 min

On propose un jeu dans une cour de récréation.
Pour cela, on s'appuie sur des croix peintes au sol comme indiqué sur le schéma ci-contre :
– la croix M est située à 30 m du mur d'enceinte de l'école (MR = 30 m) ;
– la croix L est située à 40 m du mur d'enceinte de l'école (LS = 40 m) ;
– les points R et S sont distants de 50 m (RS = 50 m).
Mila, une élève, se trouve sur la croix M et Lucien, un autre élève, se trouve sur la croix L. L'enseignante souhaite que Mila et Lucien courent tous les deux vers un même point de contact au mur ; le gagnant sera le premier à toucher ce point sur le mur. Pour que l'épreuve soit équitable, l'enseignante souhaite que le point de contact soit à égale distance des positions initiales des deux élèves, c'est-à-dire des croix L et M.

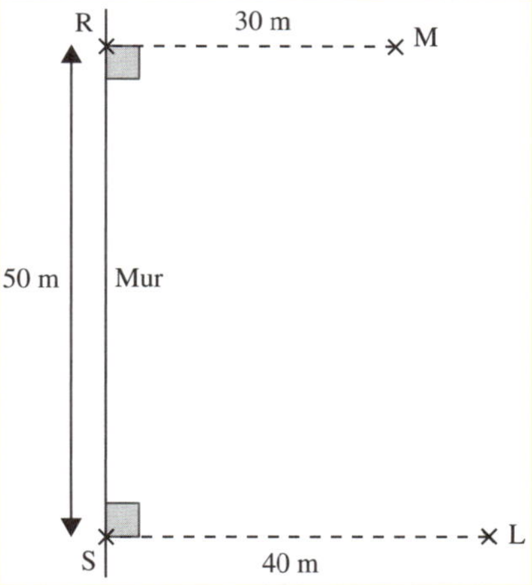

1. Construire à l'échelle le plan de la cour avec les points M, L, R et S en choisissant comme échelle 1 cm pour 5 m.

2. a) Sur la figure, construire le point T, milieu du segment [ML]. Tracer la droite perpendiculaire à (ML) et passant par T. On note C le point d'intersection de cette droite avec le mur.

b) Justifier que le point C est le point de contact cherché.

c) Mesurer la longueur RC sur le plan et en déduire une estimation de la distance entre les points R et C dans la cour de récréation.

3. On note x la distance, exprimée en mètre, entre les points R et C dans la cour de récréation.

a) Déterminer les longueurs MC et CL en fonction de x.

b) En déduire la distance entre les points R et C dans la cour de récréation.

Exercice 1

Les dés sont équilibrés, il y a donc équiprobabilité d'obtenir chacune des faces.

1. Il y a deux faces avec un 3 sur le dé vert à six faces.

En appliquant la formule :

$\dfrac{\textit{Nombre de cas favorables}}{\textit{Nombres de cas possibles}}$, on obtient :

la probabilité d'obtenir 3 avec le dé vert est $\dfrac{2}{6}=\dfrac{1}{3}$.

2. a) On peut représenter tous les cas possibles du lancer des deux dés dans un tableau à double entrée :

Avec cette représentation distinguant chaque face, il y a équiprobabilité d'obtenir chacun des contenus des cases du tableau et il y a 36 contenus possibles.

		Dé vert					
		0	**1**	**1**	**2**	**3**	**3**
Dé bleu	**0**	0 + 0 = **0**	1 + 0 = **1**	1 + 0 = **1**	2 + 0 = **2**	3 + 0 = **3**	3 + 0 = **3**
	1	0 + 1 = **1**	1 + 1 = **2**	1 + 1 = **2**	2 + 1 = **3**	3 + 1 = **4**	3 + 1 = **4**
	2	0 + 2 = **2**	1 + 2 = **3**	1 + 2 = **3**	2 + 2 = **4**	3 + 2 = **5**	3 + 2 = **5**
	2	0 + 2 = **2**	1 + 2 = **3**	1 + 2 = **3**	2 + 2 = **4**	3 + 2 = **5**	3 + 2 = **5**
	3	0 + 3 = **3**	1 + 3 = **4**	1 + 3 = **4**	2 + 3 = **5**	3 + 3 = **6**	3 + 3 = **6**
	3	0 + 3 = **3**	1 + 3 = **4**	1 + 3 = **4**	2 + 3 = **5**	3 + 3 = **6**	3 + 3 = **6**

On peut lire sur le tableau que les sommes obtenues peuvent être : 0 ; 1 ; 2 ; 3 ; 4 ; 5 ; 6.

b) Pour passer son tour, il doit obtenir une somme égale à 0.

Une seule case sur 36 vérifie cette condition, la probabilité est donc de $\dfrac{1}{36}$.

c) Pour avancer de 3 cases, il doit obtenir une somme égale à 3. On peut lire que 9 cases du tableau vérifient cette condition.

La probabilité qu'il doive avancer de 3 cases est donc $\dfrac{9}{36}=\dfrac{1}{4}$.

d) Pour chacun des résultats possibles, on procède comme pour la question **c)**.

On obtient la loi de probabilité :

Somme	0	1	2	3	4	5	6
Produit	$\frac{1}{36}$	$\frac{3}{36}$	$\frac{5}{36}$	$\frac{9}{36}$	$\frac{8}{36}$	$\frac{6}{36}$	$\frac{4}{36}$

Les fractions obtenues ayant toutes le même dénominateur, il est préférable de ne pas les simplifier afin de faciliter les prochains calculs.

On vérifiera bien que la somme des probabilités est égale à 1 :

$\dfrac{1}{36}+\dfrac{3}{36}+\dfrac{5}{36}+\dfrac{9}{36}+\dfrac{8}{36}+\dfrac{6}{36}+\dfrac{4}{36}=\dfrac{36}{36}=1.$

e) Les résultats où le dé vert est strictement supérieur à celui du dé bleu sont tramés en bleu dans le tableau ci-après.

		Dé vert					
		0	**1**	**1**	**2**	**3**	**3**
Dé bleu	**0**	0 + 0 = **0**	1 + 0 = **1**	1 + 0 = **1**	2 + 0 = **2**	3 + 0 = **3**	3 + 0 = **3**
	1	0 + 1 = **1**	1 + 1 = **2**	1 + 1 = **2**	2 + 1 = **3**	3 + 1 = **4**	3 + 1 = **4**
	2	0 + 2 = **2**	1 + 2 = **3**	1 + 2 = **3**	2 + 2 = **4**	3 + 2 = **5**	3 + 2 = **5**
	2	0 + 2 = **2**	1 + 2 = **3**	1 + 2 = **3**	2 + 2 = **4**	3 + 2 = **5**	3 + 2 = **5**
	3	0 + 3 = **3**	1 + 3 = **4**	1 + 3 = **4**	2 + 3 = **5**	3 + 3 = **6**	3 + 3 = **6**
	3	0 + 3 = **3**	1 + 3 = **4**	1 + 3 = **4**	2 + 3 = **5**	3 + 3 = **6**	3 + 3 = **6**

Il y a 12 contenus de cases favorables, la probabilité est donc de $\dfrac{12}{36}=\dfrac{1}{3}$.

3. Nous allons dénombrer tous les cas possibles pour arriver sur la case 10 après deux tours, puis nous dénombrerons les cas favorables à la réalisation de l'événement : « il est arrivé sur la case 10 après s'être arrêté sur la case 4 au premier tour ».

Cas possibles pour arriver sur la case 10

• Issues avec une somme égale à **4** au premier tour puis une somme égale à **6** au second tour.

Soit 8 couples de faces possibles dont la somme est égale à **4** lors du lancer du premier tour et 4 couples possibles dont la somme est **6** au second tour.

Il y a 8 cases du tableau précédent avec un contenu égal à 4 et 4 cases avec un contenu égal à 6.

Il y a donc $8\times4=32$ issues possibles.

• Issues avec une somme égale à **5** au premier tour puis une somme égale à **5** au second tour.

Soit 6 couples de faces possibles dont la somme égale à **5** lors du lancer du premier tour et 6 couples possibles dont la somme est **5** au second tour.

Il y a donc $6\times6=36$ issues possibles.

• Issues avec une somme égale à **6** au premier tour puis une somme égale à **4** au second tour.

Soit 4 couples de faces possibles obtenant une somme égale à 6 lors du lancer du premier tour et 8 couples dont la somme est **4** au second tour.

Il y a donc $4\times8=32$ issues possibles.

Le nombre de cas possibles pour arriver sur la case 10 est donc : $32+36+32=100$.

Cas favorables à la réalisation de l'événement : « il est arrivé sur la case 10 après s'être arrêté sur la case 4 au premier tour »

Cela correspond aux issues avec une somme égale à **4** au premier tour puis une somme égale à **6** au second tour que nous avons dénombrées précédemment.

Le nombre de cas favorables est donc 32.

En appliquant la formule :

$\dfrac{\textit{Nombre de cas favorables}}{\textit{Nombres de cas possibles}}$, on obtient :

la probabilité qu'un élève qui est arrivé sur la case 10 se soit arrêté sur la case 4 au premier tour est :

$\dfrac{32}{100}=\dfrac{8}{25}=0{,}32.$

Exercice 2

1. **Il est bien précisé dans l'énoncé qu'il faut s'appuyer sur la définition pour affirmer qu'un nombre est décimal, on veillera donc bien à écrire le nombre sous la forme $\frac{a}{10^n}$.**

a) $0,127=\frac{127}{1\,000}=\frac{127}{10^3}$.

0,127 peut s'écrire sous la forme $\frac{a}{10^n}$ où a est un nombre entier et n est un nombre entier positif, c'est donc bien un nombre décimal.

b) $\frac{1}{4}=\frac{1\times 25}{4\times 25}=\frac{25}{100}=\frac{25}{10^2}$ est aussi un nombre décimal.

2. Les définitions données par les élèves A et C ne conviennent pas car les nombres entiers sont des nombres décimaux et ne s'écrivent pas avec une virgule.
14 par exemple est un nombre décimal, on peut l'écrire $\frac{14}{10^0}$. **Rappel : $10^0=1$.**

La définition donnée par l'élève B ne convient pas car avec l'écriture sous forme de fraction décimale d'un nombre décimal, on n'a pas nécessairement 10 ou 100 au dénominateur.

On a vu que $\frac{127}{1\,000}=\frac{127}{10^3}$ est un nombre décimal.

3. • $2,48=\frac{248}{10^2}$ est un nombre décimal.

Voir chapitre 3, p. 61 (Propriétés) et p. 66 (Méthode 3)

• $\frac{7}{25}=\frac{7}{5^2}$ peut s'écrire sous forme de fraction irréductible avec au dénominateur des puissances de 5 ou de 2, donc c'est un nombre décimal.

On peut d'ailleurs le mettre sous forme de fraction décimale en multipliant ici le numérateur et le dénominateur par 2^2 pour obtenir des puissances de 10 au dénominateur :

$\frac{7}{5^2}=\frac{7\times 2^2}{5^2\times 2^2}=\frac{28}{(5\times 2)^2}=\frac{28}{(10)^2}=0,28.$

• 12 est un nombre entier, donc il est décimal.

• $\frac{7}{9}=\frac{7}{3^2}$ ne peut pas s'écrire sous forme de fraction irréductible avec au dénominateur des puissances de 5 ou de 2, donc ce n'est pas un nombre décimal.

$\frac{49}{14}=\frac{7^2}{2\times 7}=\frac{7}{2}$ peut s'écrire sous forme de fraction irréductible avec au dénominateur des puissances de 5 ou de 2 donc c'est un nombre décimal.

Ici, on aurait pu voir facilement que $\frac{7}{2}=3,5$ a une écriture finie et conclure.

4. Soit $\frac{a}{10^n}$ et $\frac{b}{10^{n'}}$ deux nombres décimaux avec a et b deux nombres entiers et n et n' deux nombres entiers positifs.
On calcule leur produit :

$\frac{a}{10^n}\times\frac{b}{10^{n'}}=\frac{a\times b}{10^n\times 10^{n'}}=\frac{a\times b}{10^{n-n'}}$.

$a\times b$ est un nombre entier et $n+n'$ est un entier positif, $\frac{a\times b}{10^{n+n'}}$ est donc un nombre décimal.

On peut conclure : le produit de deux décimaux est un décimal.

5. Le quotient de deux nombres décimaux n'est pas toujours un nombre décimal, il suffit de prendre un contre-exemple : 1 et 3 sont des nombres entiers donc décimaux or, $\frac{1}{3}$ n'est pas décimal.

Exercice 3

PARTIE A

1. L'aire est égale à : $120\times 80=9\,600$, soit $9\,600\text{ cm}^2$.

2. a) Les disques ont 14 cm de rayon, donc $2\times 14=28$, soit 28 cm de diamètre.
Pour déterminer combien Alice pourra tracer au maximum de disques dans la longueur de la feuille, nous effectuons la division de 120 par 28.
La partie entière du quotient est 4.

À la calculatrice $\frac{120}{28}\simeq 4,29$.

Alice pourra donc tracer au maximum 4 disques dans la longueur de la feuille.

b) De même, pour déterminer combien Alice pourra tracer au maximum de disques dans la largeur de la feuille, nous effectuons la division de 80 par 28.
La partie entière du quotient est 2.

À la calculatrice $\frac{80}{28}\simeq 2,86$.

Alice pourra donc tracer au maximum 2 disques dans la largeur de la feuille.
Ainsi, Alice pourra tracer au maximum $4\times 2=8$ disques sur cette feuille.

c) Pour connaître le nombre de feuilles nécessaires pour tracer 30 disques sachant que l'on peut tracer au maximum 8 disques par feuille, il suffit de faire une division.

$\frac{30}{8}=3,75$.

Il faudra donc 4 feuilles au minimum pour tracer les 30 disques.

$30=8\times 3+6$.

On peut préciser, en effectuant la division euclidienne de 30 par 8, que l'on peut tracer 8 disques sur les trois premières feuilles et 6 disques sur la quatrième feuille.

3. Une échelle 1/8 signifie que la longueur 8 cm dans la situation réelle sera représentée par 1 cm sur notre feuille.

Chaque dimension réelle sera donc divisée par 8 pour obtenir la dimension sur notre représentation.

La feuille de $120\text{ cm}\times 80\text{ cm}$ sera représentée par une feuille de $15\text{ cm}\times 10\text{ cm}$.

La longueur sera orientée horizontalement et la largeur verticalement.

Les disques de rayon 14 cm seront représentés par des disques de rayon 1,75 cm.

On placera d'abord leurs centres espacés entre eux verticalement et horizontalement de $2 \times 1{,}75 = 3{,}5$ cm en commençant par un centre situé à 1,75 cm du côté représentant la longueur et 1,75 cm du côté représentant la largeur.

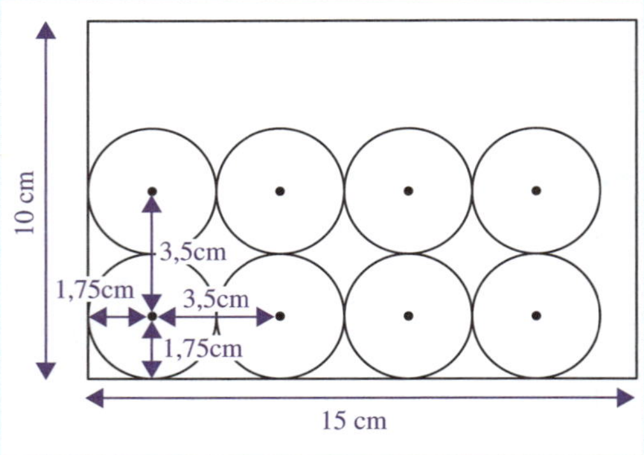

4. La valeur exacte de l'aire d'un disque est $\pi R^2 = \pi \times 14^2 = 196\pi$ cm^2.
On obtient, à la calculatrice, une valeur arrondie au centimètre carré près : 616 cm^2.

5. a) L'aire de papier non utilisé si Alice découpe 8 disques dans une feuille est obtenue en soustrayant l'aire des 8 disques à l'aire de la feuille.
On obtient : $9\,600 - 8 \times 616 = 4\,672$. Il y a donc 4 672 cm^2 de papier non utilisé.

Cela représente : $\frac{4\,672}{9\,600} \times 100 \simeq 49$ % de l'aire totale de la feuille.

b) Nous avons vu à la question **2. c)** que, pour tracer les 30 disques, il a fallu utiliser 4 feuilles en traçant 8 disques sur les trois premières et 6 disques sur la quatrième.
Sur la quatrième feuille, l'aire du papier non utilisé est : $9\,600 - 6 \times 616 = 5\,904$ cm^2.
L'aire de papier non utilisé après avoir découpé 30 disques dans les 4 feuilles est donc :
$4\,672 \times 3 + 5\,904 = 19\,920$ cm^2.
L'aire totale des feuilles utilisées est : $4 \times 9\,600 = 38\,400$ cm^2.
L'aire de papier non utilisé représente $\frac{19\,920}{38\,400} \times 100 \simeq 52$ % de l'aire totale des feuilles utilisées.

6. Nous reprenons les calculs précédents avec le format Grand Aigle.
$\frac{105}{28} = 3{,}75$ et $\frac{75}{28} \simeq 2{,}68$. On peut tracer 3 disques dans la longueur et 2 disques dans la largeur soit $3 \times 2 = 6$ disques par feuille.
$30 = 6 \times 5$. Il faut donc utiliser 5 feuilles avec 6 disques par feuille pour obtenir 30 disques.

L'aire de papier non utilisé pour une feuille est :
$105 \times 75 - 6 \times 616 = 7\,875 - 3\,696 = 4\,179$ cm^2.
Le papier non utilisé pour 5 feuilles avec le format Grand Aigle est donc : $5 \times 4\,179 = 20\,895$ cm^2.
Avec le format Grand Monde, l'aire de papier non utilisé était de 19 920 cm^2.
Le format Grand Aigle ne permet pas d'obtenir moins de chutes (en cm^2) que le format Grand Monde.

PARTIE B

1. La formule saisie dans la cellule B2 et étirée vers le bas est : =A2*616.

2. En comparant les données de la ligne 19 (colonnes C, D, E, F, G) du tableau, on peut voir que c'est le format Jésus qui permet d'éviter au mieux le gaspillage de papier si l'on veut réaliser 325 disques.

3.a) Si le prix des feuilles est proportionnel au nombre de feuilles, alors nécessairement, la représentation graphique représentant le prix en fonction du nombre de feuilles dans un repère est une droite passant par l'origine. Il s'agit donc du fournisseur A.

b) L'achat de 15 feuilles va coûter 54 € chez le fournisseur A et 59 € chez le fournisseur B.

c) Si l'on dispose d'un budget de 45 €, on peut acheter au maximum 12 feuilles chez le fournisseur A et 10 feuilles chez le fournisseur B.

d) Les droites représentant le prix des deux fournisseurs en fonction du nombre de feuilles se croisent pour 23 feuilles. Au-delà, le prix du fournisseur B devient inférieur à celui de A pour un même nombre de feuilles achetées.
Il est plus avantageux de commander chez le fournisseur B à partir de 24 feuilles.

4. a) Prix de 15 feuilles chez le fournisseur A : $3{,}55 \times 15 = 53{,}25$ €.
Prix de 15 feuilles chez le fournisseur B : $2{,}9 \times 15 + 14{,}9 = 58{,}4$ €.
On obtient ici des valeurs exactes qui diffèrent légèrement des résultats approximatifs obtenus par lecture graphique à la question 3. b).

b) En appelant x le nombre de feuilles, on peut écrire l'expression des fonctions donnant le prix des feuilles en fonction de x :
– pour le fournisseur A : $P_A(x) = 3{,}55x$;
– pour le fournisseur B : $P_B(x) = 2{,}9x + 14{,}9$.
Déterminer le nombre de feuilles que l'on peut acheter chez chaque fournisseur si l'on dispose d'un budget de 312 € revient à s'intéresser à l'antécédent de 312 pour chacune des fonctions.
Pour le fournisseur A, on résout donc l'équation : $3{,}55x = 312$.
Soit $x = \frac{312}{3{,}55} \simeq 87{,}89$.

Sachant que l'on ne peut pas dépasser le budget de 312 € et que le nombre de feuilles est un nombre entier, on peut conclure que l'on peut acheter 87 feuilles chez le fournisseur A.
Pour le fournisseur B, on résout l'équation : $2{,}9x+14{,}9=312$.
On obtient :
$2{,}9x=312-14{,}9$, soit $2{,}9x=297{,}1$
et donc $x=\dfrac{297{,}1}{2{,}9}\simeq 102{,}45$.
On peut donc acheter 102 feuilles chez le fournisseur B.

c) Déterminer à partir de combien de feuilles il est plus avantageux de commander chez le fournisseur B revient à résoudre l'inéquation :
$2{,}9x+14{,}9<3{,}55x$, soit :
$14{,}9<3{,}55x-2{,}9x$, soit :
$14{,}9<0{,}65x$, soit :
$\dfrac{14{,}9}{0{,}65}<x$.
$\dfrac{14{,}9}{0{,}65}\simeq 22{,}92$. Ainsi, à partir de 23 feuilles il est plus avantageux de commander chez le fournisseur B.

d) Sachant que $325=40\times 8+5$, il faut commander 41 feuilles pour dessiner les 325 disques.
Comme $41>23$, la directrice va choisir le fournisseur B. **Voir question précédente.**
$P_B(41)=2{,}9\times 41+14{,}9=133{,}8$.
Le prix de cette commande sera donc 133,8 €.

PARTIE C

1. Le périmètre d'un disque est $2\pi R=2\times 14\pi=28\pi$.
Pour 30 disques : $30\times 28\pi=840\pi\simeq 2\ 639$.
Pour border 30 disques, il faut donc 2 639 cm ≃ 26,4 m de longueur de laine.

2. a) Alice met 48 minutes à dessiner et découper les 30 disques, donc pour découper 1 disque elle met en moyenne :
$\dfrac{48}{30}=1{,}6$. Elle met 1,6 minute ;
$1{,}6 \text{ min}=1 \text{ min}+0{,}6\times 60 \text{ sec}$
$=1 \text{ minute}+36 \text{ secondes}$.

b) Afin d'effectuer des opérations, il est préférable de convertir les temps en utilisant une seule unité. Nous choisissons de convertir les temps en seconde pour opérer avec des nombres entiers.
Bertrand met 1 heure et 12 minutes pour fabriquer les 30 disques, soit 72 minutes, c'est-à-dire 4 320 secondes.
Pour un disque, il met en moyenne :
$\dfrac{4\ 320}{30}=144$ secondes.
Pour un disque, Alice met en moyenne 96 secondes.
Soit t le temps en seconde mis par Alice et Bertrand pour fabriquer les 30 disques ensemble.
Lors de ce temps t, Alice a fabriqué $\dfrac{t}{96}$ disques et Bertrand a fabriqué $\dfrac{t}{144}$ disques.

On a donc l'équation $\dfrac{t}{96}+\dfrac{t}{144}=30$.
Pour mettre au même dénominateur les deux fractions, on est amené à chercher le PPCM de 96 et de 144.
On décompose en facteurs premiers 96 et 144.
$96=2^5\times 3$ et $144=2^4\times 3^2$.
D'où : PPCM$(96\ ;\ 144)=2^5\times 3^2=288$.
Avec $288=3\times 96$ et $288=2\times 144$.
On obtient : $\dfrac{3\times t}{3\times 96}+\dfrac{2\times t}{2\times 144}=30$, soit :
$\dfrac{3t}{288}+\dfrac{2t}{288}=30$, soit :
$\dfrac{5t}{288}=30$, soit :
$5t=30\times 288$, soit :
$t=\dfrac{8\ 640}{5}=1\ 728 \text{ sec}=28 \text{ min}\,48 \text{ sec}$.
En écrivant l'équation de départ sous la forme : $t\times\left(\dfrac{1}{96}+\dfrac{1}{144}\right)=30$, les calculatrices collège permettent d'obtenir directement le calcul $\dfrac{1}{96}+\dfrac{1}{144}=\dfrac{5}{288}$ ce qui constitue un gain de temps certain.
Alice et Bertrand mettent 28 minutes et 48 secondes pour fabriquer ensemble les 30 disques.

Exercice 4

1. Avec $M=34$ et $N=36$, on a $d=3$, $u=4$ et $v=6$.
Algorithme de calcul
- **On calcule le produit de d et de l'entier suivant $d+1$:**
$3\times(3+1)=3\times 4=12$.
- **On calcule le produit de u et de v :**
$4\times 6=24$.
- **On ajoute au produit de u et de v, 100 fois le produit de d et de l'entier suivant $d+1$:**
$24+100\times 12=24+1\ 200=1\ 224$.
On vérifie bien que $34\times 36=1\ 224$.

2. Les conditions que doivent vérifier le couple de nombres M et N peuvent se traduire en écrivant :
$M=\overline{du}$ et $N=\overline{dv}$ avec $u+v=10$, soit $v=10-u$.
Ainsi N peut s'écrire : $N=\overline{d(10-u)}$.
On a donc $M=\overline{du}=10d+u$ et $N=10d+(10-u)$
$$\begin{aligned}M\times N&=(10d+u)\times(10d+(10-u))\\&=100d^2+10d(10-u)+10ud+u(10-u)\\&=100d^2+100d-10du+10ud+10u-u^2\\&=100d^2+100d+10u-u^2\\&=100d(d+1)+u(10-u)\end{aligned}$$
On remplace ici $(10-u)$ par v.
$M\times N=100d(d+1)+u\times v$.
Le produit de M par N revient donc à effectuer les trois étapes de l'algorithme.

3. On a : $4{,}2\times4{,}8$
$=42\times10^{-1}\times48\times10^{-1}$
$=42\times48\times10^{-2}$ avec 42 et 48 vérifiant les conditions pour appliquer l'algorithme.
Il suffit donc d'appliquer l'algorithme et de multiplier le résultat par 10^{-2} , c'est-à-dire de décaler la virgule vers la gauche de deux rangs.

• **On calcule le produit de d et de l'entier suivant $d+1$:**
$4\times(4+1)=4\times5=20.$

• **On calcule le produit de u et de v :**
$2\times8=16.$

• **On ajoute au produit de u et de v, 100 fois le produit de d et de l'entier suivant $d+1$:**
$16+100\times20=16+2\ 000=2\ 016.$
On trouve donc que $42\times48=2\ 016$ et donc $4{,}2\times4{,}8=20{,}16$.

Exercice 5

1. et 2. a) Avec une échelle de 1 cm pour 5 m, on effectue les conversions pour construire le plan.

	500 cm = 5 m	5 000 cm = 50 m	4 000 cm = 40 m	3 000 cm = 30 m	
÷ 500	1 cm	10 cm	8 cm	6 cm	× 500

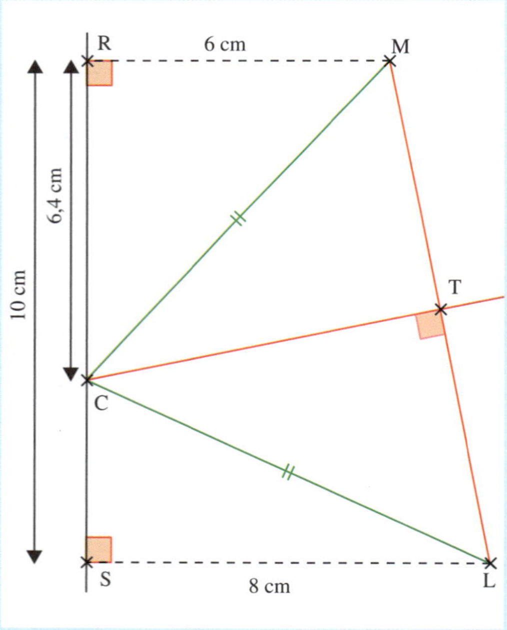

b) Par construction, la droite (TC) est la médiatrice de [ML].
C, étant un point de la médiatrice de [ML], est par définition à égale distance de M et de L.
De plus, C appartenant à (RS), il s'agit bien du point de contact à égale distance des positions initiales des deux élèves.

c) Une mesure directe de RC sur le plan donne 6,4 cm.
$RC\simeq6{,}4\times500=3\ 200$.
On peut donc estimer que, dans la cour de récréation, $RC\simeq3\ 200\text{ cm}=32\text{ m}$.

3. a) En se plaçant dans le triangle RCM rectangle en R, on peut appliquer le théorème de Pythagore :
$MC^2=RM^2+RC^2$, soit :
$MC^2=30^2+x^2$, soit :
$MC=\sqrt{900+x^2}$.
En se plaçant dans le triangle CSL rectangle en S, on peut appliquer le théorème de Pythagore :
$CL^2=SL^2+SC^2$,
soit : $CL^2=40^2+(50-x)^2$,
soit **(on utilise l'identité remarquable : $(a-b)^2=a^2-2ab+b^2$)** :
$CL^2=1\ 600+2\ 500-100x+x^2$,
soit : $CL=\sqrt{4\ 100-100x+x^2}$.

b) On sait que $MC=CL$, soit :
$\sqrt{900+x^2}=\sqrt{4\ 100-100x+x^2}$.
En élevant au carré, il vient :
$900+x^2=4\ 100-100x+x^2$,
soit : $100x=4\ 100-900$,
soit : $x=\dfrac{3\ 200}{100}=32$ m.

On retrouve par le calcul le résultat que l'on avait obtenu par mesure.
Une mesure étant toujours une approximation, nous aurions pu trouver des résultats différents mais relativement proches.

SUJET 2

→ Corrigés p. 415

Mathématiques

3 heures

• Le jury tiendra compte dans la notation de l'épreuve de la maîtrise de la langue française du candidat (vocabulaire, grammaire, conjugaison, ponctuation, orthographe).

• L'usage de la calculatrice électronique de poche à fonctionnement autonome, sans imprimante, est autorisé.

• L'usage de tout autre matériel électronique, de tout ouvrage de référence et de tout document est rigoureusement interdit.

Exercice 1 (30 min)

Dans une urne, un professeur de mathématiques du collège Paul-Valéry place les boules suivantes (sur chaque boule sont écrits une lettre et un nombre) :

I 14	V 25	E 6	L 8	E 6	S 16	M 10	T 11	H 20	E 6
M 10	A 12	T 11	I 14	U 17	E 6	S 16	V 25	A 12	Q 30

1. On considère la série statistique composée des nombres écrits sur les boules placées dans l'urne. Calculer l'étendue, la médiane et la moyenne de cette série.

2. On suppose que les boules sont indiscernables au toucher. Un élève tire au hasard une boule dans l'urne.

a) Montrer que la probabilité de « tirer un nombre pair » est 3/4.

b) Calculer la probabilité de « tirer une voyelle ou un nombre pair ».

c) Calculer la probabilité de « tirer une voyelle et un nombre pair ».

3. Le professeur tire successivement et sans remise 5 boules. Il a obtenu après les quatre premiers tirages les lettres M, A, T, H. Quelle est la probabilité qu'il obtienne grâce au cinquième tirage le mot « M A T H S » ?

Exercice 2 (15 min)

M. Petit a écrit pour ses élèves de CM2 le programme Scratch ci-contre.

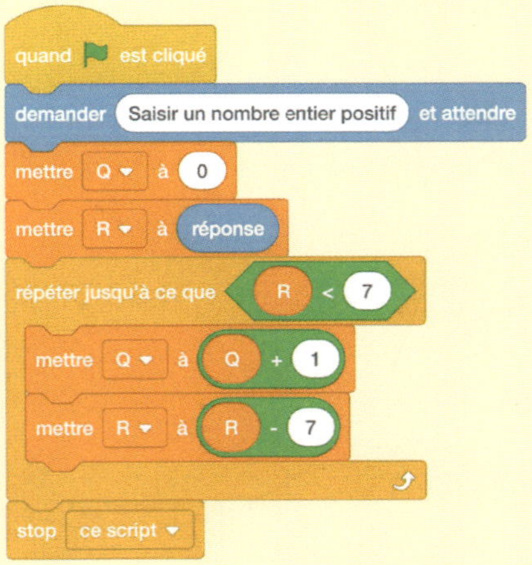

1. Si Paul saisit le nombre 17, quelles seront les valeurs des variables Q et R en fin d'exécution ?

2. Que représentent, par rapport au nombre saisi par un utilisateur, les valeurs des variables Q et R obtenues en fin d'exécution ?

3. En déduire les valeurs des variables Q et R obtenues en fin d'exécution lorsque M. Petit saisit le nombre 2020.

Exercice 3 15 min

On donne les coordonnées géographiques, arrondies au degré :
– de Tahiti : (17° S ; 149° O), soit, en écriture anglo-saxonne, (S 17°, W 149°) ;
– de l'île de Pâques : (27° S ; 109° O).
L'île de Pâques est aussi dénommée, en langue polynésienne, Rapa Nui. Les premiers habitants de l'île de Pâques étaient originaires de l'île de Rapa Iti située dans l'archipel des Australes (Polynésie française).
Les coordonnées géographiques de l'île de Rapa Iti sont (27° S ; 144° O).

On souhaite estimer la distance du voyage effectué sur l'océan Pacifique par ces premiers navigateurs polynésiens.
Estimer la distance entre l'île de Rapa Iti et l'île de Rapa Nui en suivant le 27e parallèle sud, sachant que le rayon du 27e parallèle sud est environ 5 676 km.

Exercice 4 1 h 35 min

Sur les pas d'Ératosthène
Au IIIe siècle avant notre ère, Ératosthène, astronome et géographe, fait l'hypothèse que la Terre est une boule et entreprend alors d'en calculer la circonférence en utilisant un obélisque situé à Alexandrie. Dans ce problème, les mesures faites à l'époque d'Ératosthène sont exprimées avec les unités actuelles.

PARTIE A : Calcul de la circonférence de la Terre

Ératosthène sait, d'après les voyageurs qui parcourent l'Égypte, que le jour du solstice d'été à midi à Syène (Assouan), les rayons du soleil frappent la Terre à la verticale car on peut voir l'astre se refléter dans les puits de la ville.
À Alexandrie, le même jour, à la même heure, il mesure l'ombre de l'obélisque et relève 3,07 m. La hauteur de l'obélisque est 24,3 m.
En prenant comme hypothèse le parallélisme des rayons du Soleil, on a alors la schématisation suivante :

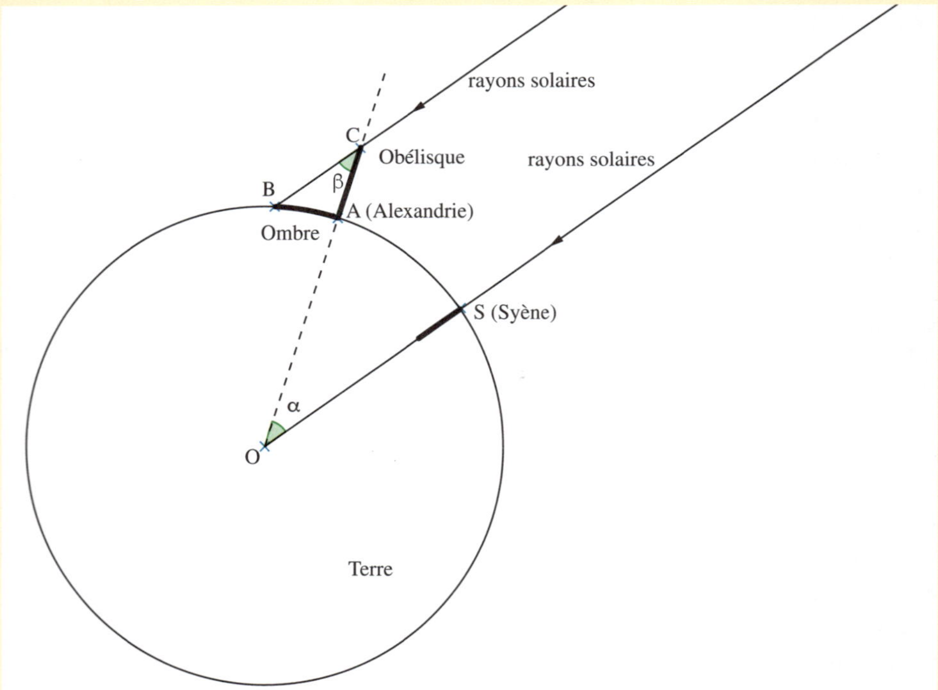

Hauteur de l'obélisque : $AC = 24,3$ m.
Longueur de l'ombre : $AB = 3,07$ m.
On note : β l'angle $\widehat{ACB}$, O le centre de la boule (Terre) et α l'angle $\widehat{AOS}$.

1. On cherche la mesure de l'angle α. On considère que le triangle ABC est un triangle rectangle en A.

a) Montrer que la mesure de l'angle β, arrondie au dixième de degré, est 7,2°.

b) Justifier que les angles α et β ont même mesure et en déduire la mesure en degré de l'angle α.

Ératosthène fait appel à un bématiste (arpenteur chargé de mesurer les distances entre les villes) pour connaître la distance de Syène à Alexandrie, c'est-à-dire la longueur de l'arc $\overset{\frown}{AS}$ sur le schéma précédent. Le bématiste lui indique 5 000 stades de l'époque, soit 787,5 km.

2. Calculer, en kilomètre, la circonférence de la Terre trouvée par la méthode d'Ératosthène.

3. En déduire la valeur du rayon de la Terre, arrondie au kilomètre, trouvée par la méthode d'Ératosthène.

4. On considère de nos jours que le rayon moyen de la Terre mesure 6 367 km. Calculer, en pourcentage, l'erreur commise en utilisant la méthode d'Ératosthène. Arrondir le résultat au centième.

PARTIE B : Étude d'un obélisque

On considère un obélisque constitué d'un tronc de pyramide régulière de base carrée coiffé d'une petite pyramide qui respecte les contraintes de construction suivantes :
– le tronc est obtenu en coupant une pyramide à la moitié de sa hauteur par un plan parallèle à la base ;
– la base de la petite pyramide est la face supérieure du tronc de pyramide ;
– la hauteur de la petite pyramide est $\frac{1}{20}$ de la hauteur du tronc de pyramide.
On appelle t la hauteur du tronc de pyramide.

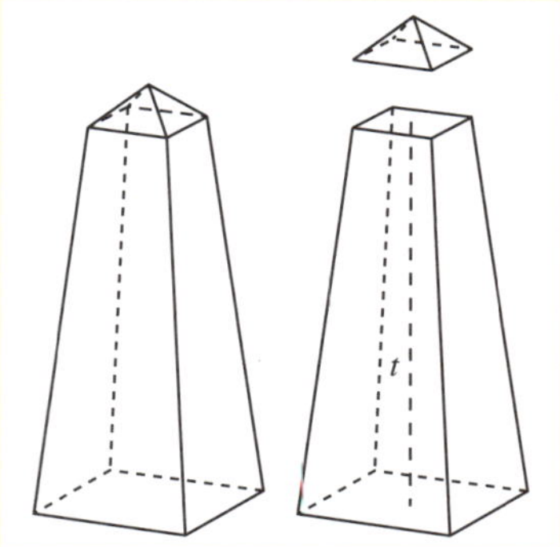

1. On a représenté ci-contre le tronc de pyramide ABCDA′B′C′D′. ABCD est un carré de centre O et A′B′C′D′ est un carré de centre O′. S est le sommet de la pyramide qui a été tronquée.
Ainsi, $OO' = t$ et O′ est le milieu du segment [SO].

a) Montrer que A′ est le milieu de [SA].

b) Montrer que $A'B' = \frac{1}{2}AB$.

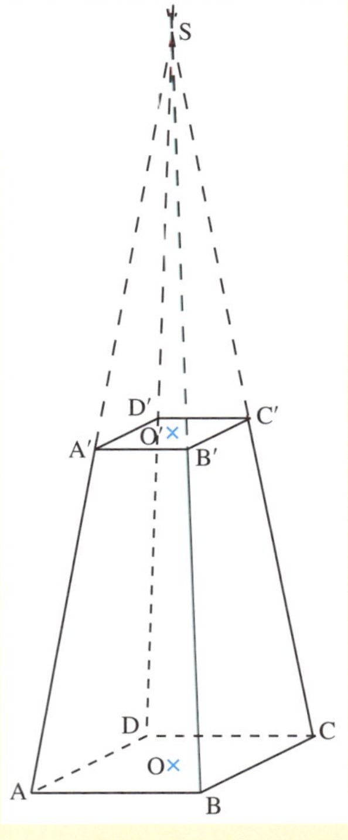

2. On appelle x la longueur AB du côté de la base ABCD de l'obélisque.
Soit V le volume de l'obélisque. Montrer que : $V = \frac{47}{80}x^2t$.
Rappel : volume d'une pyramide : $V = \frac{\text{Base} \times \text{Hauteur}}{3}$.

3. On appelle h la hauteur totale de l'obélisque.
On a alors : $h = t + \frac{1}{20}t$.

a) Vérifier que la hauteur t du tronc de pyramide s'exprime en fonction de h par : $t = \frac{20}{21}h$.

b) En déduire que : $V = \frac{47}{84}x^2h$.

PARTIE C : Dimensions de l'obélisque de Séthi Ier

Un élève souhaite connaître les dimensions de l'obélisque de Séthi Ier.
Il a effectué une recherche sur Internet et a trouvé les renseignements suivants :

Obélisque de Séthi Ier	Granit rose d'Égypte
Hauteur : 24 m Masse : 235 tonnes Matériau : granit rose Date de construction : XIIIe siècle av. J.-C.	Résistance à la compression : 200 MPa Masse volumique : 2 600 kg/m^3 Température de fusion : 1 250° C

Il veut déterminer la longueur du côté de la base carrée de l'obélisque.
En classe, il a démontré que le volume de cet obélisque est donné par la formule $V = \frac{47}{84}x^2h$ dans laquelle h est la hauteur de l'obélisque et x la longueur du côté de sa base carrée.
À l'aide de cette formule et des données trouvées sur Internet, il construit le graphique ci-après qui donne la masse, en tonne, d'un obélisque de granit rose de même forme que celui de Séthi Ier en fonction de la longueur x, en mètre, du côté de la base.

1. À l'aide du graphique, déterminer une valeur arrondie au décimètre de la longueur x du côté de la base de l'obélisque de Séthi Ier.

2. Déterminer par le calcul l'arrondi au centimètre de la longueur x du côté de la base de l'obélisque de Séthi Ier.

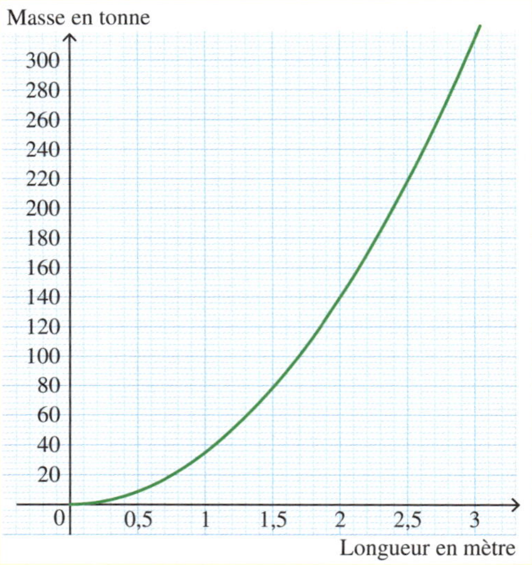

Exercice 5 25 min

1. a) Soit N un nombre entier compris entre 100 et 999.
N s'écrit sous la forme $N = a \times 100 + b \times 10 + c$ où a, b et c sont des entiers compris entre 0 et 9.
Démontrer que si le nombre formé par le chiffre des dizaines et le chiffre des unités est divisible par 4, alors N est divisible par 4.
Par exemple, pour 732, comme 32 est divisible par 4 alors 732 est divisible par 4.
b) Cette règle fonctionne-t-elle pour la divisibilité par 8, c'est-à-dire « si le nombre formé par le chiffre des dizaines et le chiffre des unités d'un nombre N supérieur à 100 est divisible par 8, alors N est divisible par 8 » ?

2. On considère toujours un nombre entier N compris entre 100 et 999 s'écrivant sous la forme $N = a \times 100 + b \times 10 + c$ où a, b et c sont des entiers compris entre 0 et 9.
Calculer $N - (a + b + c)$. Démontrer que si $a + b + c$ est divisible par 9, alors N l'est aussi.

CORRIGÉS SUJET 2

Exercice 1

1. Calculons l'étendue e, la médiane m et la moyenne M de cette série.

Pour répondre aux questions posées, on range dans l'ordre croissant les 20 valeurs de cette série : 6, 6, 6, 6, 8, 10, 10, 11, 11, 12, 12, 14, 14, 16, 16, 17, 20, 25, 25, 30. L'étendue est la différence entre le plus grand et le plus petit des nombres de la série.

On a $e = 30 - 6 = 24$.

Lorsque le nombre de valeurs de la série est pair, la médiane s'obtient en calculant la moyenne des deux valeurs centrales, donc ici la moyenne de la 10e et de la 11e valeur.

On a $m = \frac{12+12}{2} = 12$.

La moyenne est la somme pondérée de toutes les valeurs de la série divisée par leur nombre.

On a $M = \frac{6\times4+8+10\times2+11\times2+12\times2+14\times2+16\times2+17+20+25\times2+30}{20}$

$= 13,75$.

2. a) Montrons que la probabilité de « tirer un nombre pair » est $\frac{3}{4}$.

Dans une situation d'équiprobabilité, la probabilité d'un événement est le rapport entre le nombre de cas « favorables », c'est-à-dire ceux qui le réalisent, et le nombre de cas possibles.

On calcule le rapport entre le nombre de boules de valeurs paires et le nombre total de boules, soit $\frac{15}{20} = \frac{3}{4}$.

b) Calculons la probabilité de « tirer une voyelle ou un nombre pair ».

Il s'agit de dénombrer tous les cas qui réalisent cet événement.

L'événement est constitué des issues où on tire un nombre pair et de la seule issue où on tire une voyelle associée à un nombre impair (boule U 17), donc la probabilité cherchée est $\frac{15+1}{20} = \frac{16}{20} = \frac{4}{5}$.

On peut aussi utiliser une formule générale permettant de calculer la probabilité de la réunion de deux événements A (« tirer une voyelle ») et B (« tirer un nombre pair »), c'est-à-dire : $P(A \text{ ou } B) = P(A) + P(B) - P(A \text{ et } B)$.

Puisqu'il y a 9 boules portant des voyelles dont 8 sont associées à des nombres pairs, on obtient $P(A \text{ ou } B) = \frac{9}{20} + \frac{15}{20} - \frac{8}{20} = \frac{16}{20}$.

c) Calculons la probabilité de « tirer une voyelle et un nombre pair ». Il y a 8 boules où sont écrites des voyelles associées à des nombres pairs, donc la probabilité cherchée est $\frac{8}{20} = \frac{2}{5}$.

3. Calculons la probabilité que le professeur obtienne grâce au cinquième tirage le mot « M A T H S ». Après les quatre premiers tirages, il reste 16 boules dont 2 portent la lettre S, donc la probabilité cherchée est $\frac{2}{16} = \frac{1}{8}$.

Exercice 2

1. Déterminons les valeurs des variables Q et R en fin d'exécution si Paul saisit le nombre 17. **Les variables prennent successivement les valeurs : Q = 0 ; R = 17, puis Q = 1 ; R = 17 − 7 = 10, et enfin Q = 2 ; R = 10 − 7 = 3. Le programme s'arrête car 3 < 7.**

En fin d'exécution, $Q = 2$ et $R = 3$.

2. Le programme soustrait le nombre 7 au nombre R saisi, puis réitère cette opération jusqu'à obtenir un nombre strictement inférieur à 7, R est le résultat de la dernière soustraction et Q le nombre de soustractions effectuées.

Les valeurs des variables Q et R obtenues en fin d'exécution sont respectivement le quotient et le reste dans la division euclidienne par 7 du nombre saisi.

3. Lorsque M. Petit saisit le nombre 2020, il obtient en fin d'exécution $Q = 288$ et $R = 4$ car $2020 = 7 \times 288 + 4$ et $4 < 7$.

Exercice 3

Calculons la distance d entre l'île de Rapa Iti et l'île de Rapa Nui en suivant le 27e parallèle sud, sachant que le rayon du 27e parallèle sud est environ 5 676 km.

L'angle au centre qui intercepte l'arc séparant les deux îles est égal à la différence de leurs longitudes, soit : $144° - 109° = 35°$.

On sait que la longueur d'un arc de cercle est proportionnelle à l'angle au centre qui intercepte cet arc.

Ainsi d représente $\left(\frac{35}{360}\right)^{e}$ du périmètre du 27e parallèle, soit une distance :

$d = \frac{35}{360} \times 2\pi \times 5\,676 \approx 3\,467,27\ldots$,

donc $d \approx 3\,467$ km.

La question exige de bien connaître le repérage d'un point sur une sphère par ses coordonnées géographiques, c'est-à-dire par sa latitude (angle mesuré par rapport à l'équateur) et sa longitude (angle formé par le méridien sur lequel ce point se situe et un méridien choisi comme origine pour des raisons historiques, en l'occurrence celui passant par la localité de Greenwich).

Exercice 4

PARTIE A : Calcul de la circonférence de la Terre

1. a) Montrons que la mesure de l'angle β, arrondie au dixième de degré, est 7,2°.

Dans un triangle rectangle, on peut utiliser des formules de trigonométrie.

Puisqu'on considère que le triangle ABC est un triangle rectangle en A, on a $\tan\beta = \frac{AB}{AC} = \frac{3{,}07}{24{,}3}$, donc $\beta = \tan^{-1}\left(\frac{3{,}07}{24{,}3}\right) \approx 7{,}20045\ldots \approx 7{,}2$ valeur arrondie au dixième.

b) Justifions que les angles α et β ont même mesure et déduisons-en la mesure en degré de l'angle α. Puisqu'on suppose que les rayons du soleil sont parallèles, les angles α et β ont même mesure en tant qu'angles alternes-internes formés par une sécante commune (OC), donc $\alpha \approx 7{,}2°$.

2. Calculons, en kilomètre, la circonférence de la Terre trouvée par la méthode d'Ératosthène.

On sait que la longueur de l'arc $\overset{\frown}{AS}$, soit 787,5 km, est proportionnelle à l'angle au centre qui intercepte cet arc, soit 7,2°.

En utilisant un raisonnement de proportionnalité, on obtient que la circonférence trouvée par la méthode d'Ératosthène est, en km, de $\frac{360 \times 787{,}5}{7{,}2} = 39\ 375$ km.

3. Déduisons-en la valeur R du rayon de la Terre, arrondie au kilomètre, trouvée par cette méthode.

On sait que le périmètre d'un cercle de rayon R vaut $2\pi R$.

On a $R = \frac{39\ 375}{2\pi} \approx 6\ 266{,}725\ldots$

La valeur R du rayon de la Terre, arrondie au kilomètre, trouvée par cette méthode est donc 6 267 km.

4. On considère de nos jours que le rayon moyen de la Terre mesure 6 367 km. Calculons, en pourcentage, l'erreur commise en utilisant la méthode d'Ératosthène en l'arrondissant au centième.

On se ramène à la résolution d'une équation.

L'erreur est de $6\ 367 - 6\ 267$ et elle représente x % du rayon de 6 367, donc :

$6\ 367 - 6\ 267 = \frac{x}{100} \times 6\ 367$,

soit $x = 1{,}57059\ldots \approx 1{,}57$ %, valeur arrondie au centième.

PARTIE B : Étude d'un obélisque

1. a) Montrons que A′ est le milieu de [SA].

En géométrie spatiale, on raisonne si possible dans un plan de façon à pouvoir y utiliser les théorèmes classiques de géométrie plane.

Dans le triangle SOA, les droites (O′A′) et (OA) sont perpendiculaires à la même droite (SO), donc elles sont parallèles entre elles. De plus O′ est le milieu de [SO], donc, d'après la réciproque du théorème des milieux, A′ est le milieu de [SA].

On peut aussi considérer l'homothétie de centre S qui transforme O en O′. Son rapport est égal à $\frac{SO'}{SO} = \frac{1}{2}$ car O′ est le milieu de [SO], et, puisque le point A est transformé en A′, on doit avoir également $\frac{SA'}{SA} = \frac{1}{2}$, avec A′ appartenant à [SA] ; donc A′ est bien le milieu de [SA].

b) Montrons que $A'B' = \frac{1}{2}AB$. Le raisonnement de la question précédente montre que B′ est le milieu de [SB], donc, dans le triangle SAB, le théorème des milieux montre que [A′B′] est parallèle à [AB] avec $A'B' = \frac{1}{2}AB$. **On peut aussi utiliser l'homothétie définie précédemment.**

2. Montrons que le volume de l'obélisque est $V = \frac{47}{80}x^2t$ où x est la longueur AB.

En l'absence de formule donnant directement le volume d'un solide, on procède par soustraction ou addition.

• Calculons d'abord le volume V_1 du tronc de pyramide par soustraction. Pour cela, calculons les volumes V'et v de la pyramide SABCD et de la pyramide SA′B′C′D′ respectivement.

La hauteur SO de la pyramide SABCD vaut $2OO' = 2t$ et sa base est un carré de côté x, donc :

$V' = \frac{1}{3} \times x^2 \times 2t = \frac{2}{3}x^2t$.

D'autre part, la pyramide SA′B′C′D′ est une réduction de la pyramide SABCD de coefficient $\frac{1}{2}$, donc son volume vaut $v = \left(\frac{1}{2}\right)^3 V' = \frac{1}{8} \times \frac{2}{3}x^2t = \frac{1}{12}x^2t$.

Finalement, le tronc de pyramide a pour volume :

$$V_1 = V' - v = \frac{2}{3}x^2t - \frac{1}{12}x^2t = \frac{8}{12}x^2t - \frac{1}{12}x^2t = \frac{7}{12}x^2t.$$

• Calculons maintenant le volume v_1 de la petite pyramide qui coiffe le tronc. On sait que sa hauteur vaut $\frac{1}{20}t$ et que sa base est un carré de côté $A'B' = \frac{1}{2}AB = \frac{1}{2}x$, donc d'aire $\frac{1}{4}x^2$. Ainsi :

$v_1 = \frac{1}{3} \times \frac{1}{4} \times x^2 \times \frac{1}{20}t = \frac{1}{240}x^2t$.

• Calculons enfin le volume V de l'obélisque par addition $V = V_1 + v_1$, soit :

$$V = \frac{7}{12}x^2t + \frac{1}{240}x^2t = \left(\frac{7}{12} + \frac{1}{240}\right)x^2t = \left(\frac{140}{240} + \frac{1}{240}\right)x^2t = \frac{141}{240}x^2t = \frac{47}{80}x^2t.$$

3. On appelle h la hauteur totale de l'obélisque.

On a alors : $h = t + \frac{1}{20}t$.

a) Vérifions que la hauteur t du tronc de pyramide s'exprime en fonction de h par $t=\frac{20}{21}h$.

On a : $h=t+\frac{1}{20}t=\left(1+\frac{1}{20}\right)t=\left(\frac{20}{20}+\frac{1}{20}\right)t=\frac{21}{20}t$, donc $t=\frac{20}{21}h$.

b) Déduisons-en que $V=\frac{47}{84}x^2h$.

Pour cela, on remplace t par l'expression précédente dans la formule obtenue à la question **2.** et on simplifie la fraction obtenue. On a alors :

$V=\frac{47}{80}x^2\frac{20}{21}h=\frac{47}{84}x^2h.$

PARTIE C : Dimensions de l'obélisque de Séthi Ier

1. Déterminons graphiquement une valeur arrondie au décimètre de la longueur x du côté de la base de l'obélisque de Séthi Ier.

On sait que l'obélisque a une masse de 235 tonnes, donc on cherche l'abscisse du point de la courbe dont l'ordonnée est 235, soit $x\approx 2{,}6$.

Dans une lecture graphique, on doit déterminer la valeur des graduations de chaque axe.

Puisque chaque graduation représente un décimètre, la valeur arrondie au décimètre est bien 2,6.

2. Déterminons par le calcul l'arrondi au centimètre de la longueur x du côté de la base de l'obélisque de Séthi Ier.

On sait que $V=\frac{47}{84}x^2h$, donc $x^2=\frac{84}{47}\times\frac{V}{h}$ et on a $h=24$ m.

Il reste donc à déterminer V. Or la masse volumique du granit est 2 600 kg/m^3 **(la masse volumique d'un solide réalisé dans un matériau homogène est le rapport entre la masse et le volume de ce solide)** et l'obélisque a une masse de 235 tonnes, soit 235 000 kg, donc $V=\frac{235\,000}{2\,600}=\frac{1\,175}{13}$ **(on a intérêt à conserver les valeurs exactes jusqu'à la fin des calculs).**

Finalement, en remplaçant V et h par les valeurs trouvées et en simplifiant la fraction, on obtient $x^2=\frac{84}{47}\times\frac{1\,175}{13\times 24}=\frac{175}{26}$, donc $x=\sqrt{\frac{175}{26}}=2{,}594\ldots$ m. En arrondissant au centième de mètre, c'est-à-dire au centimètre, on obtient donc $x=2{,}59$.

Exercice 5

1. a) Démontrons que si le nombre formé par le chiffre des dizaines et le chiffre des unités de N est divisible par 4 alors N est divisible par 4.

Prouver un caractère de divisibilité suppose de traduire arithmétiquement des énoncés portant sur l'écriture décimale d'un nombre et d'exprimer qu'un entier est multiple d'un autre.

On a : $N=100a+10b+c=4\times 25a+10b+c$.

Donc, en supposant que $10b+c$ est divisible par 4, c'est-à-dire de la forme $4k$ où k est un entier, on obtient que $N=4\times 25a+4\times k=4(25a+k)$, qui est bien un multiple de 4 puisque $(25a+k)$ est un entier.

b) Pour réfuter une propriété, il suffit de fournir un contre-exemple.

Cette règle ne fonctionne pas pour la divisibilité par 8. En effet, 116 n'est pas divisible par 8, puisque $116=8\times 14+4$, alors que 16 est bien divisible par 8.

2. On considère toujours un nombre entier N compris entre 100 et 999 s'écrivant sous la forme $N=a\times 100+b\times 10+c$ où a, b et c sont des entiers compris entre 0 et 9 **(il s'agit de la décomposition canonique de N).**

Calculons $N-(a+b+c)$ et démontrons que si $a+b+c$ est divisible par 9, alors N l'est aussi.

On a :

$$\begin{aligned}N-(a+b+c)&=100a+10b+c-a-b-c\\&=99a+9b\\&=9(11a+b),\ \text{qui est divisible par 9.}\end{aligned}$$

Si on suppose que la somme des chiffres $a+b+c$ est divisible par 9, alors, d'après l'égalité précédente, on obtient $N=9(11a+b)+(a+b+c)$, qui est la somme de deux entiers divisibles par 9, donc N est également divisible par 9.

On a donc prouvé que si la somme des chiffres d'un entier N (de trois chiffres) est divisible par 9 alors cet entier N est divisible par 9. On peut montrer de la même façon la réciproque : si un entier est divisible par 9 alors la somme de ses chiffres est divisible par 9. On retrouve ainsi le critère classique de divisibilité par 9.

CALCULATRICE TI

1 Accéder aux fonctions en blanc

2 Écrire une fraction

3 Simplifier une fraction / Décomposer un nombre entier en produit de facteurs premiers

4 Convertir en heure, minute, seconde

5 Nombre π

6 Calculer la puissance d'un nombre

7 Calculer le carré / la racine carrée d'un nombre

8 Signe « – » devant un nombre négatif

9 Multiplier par une puissance de 10

10 Accéder au calcul du PGCD et du PPCM

11 Trigonométrie : sinus, cosinus, tangente d'un angle / Calculer la mesure d'un angle avec arcsin, arccos et arctan

12 Diviser / Calculer le quotient et le reste de la division euclidienne de deux nombres entiers

13 Passer de l'écriture mathématique (fraction, écriture scientifique) à l'écriture décimale

14 Donner le résultat d'un calcul, valider une commande ou un choix

Pour naviguer dans les différents menus, utiliser les flèches et valider avec la touche entrer

Choisir les modes adaptés mode

Pour calculer des angles	Pour afficher un résultat	Pour obtenir un arrondi	Pour simplifier une fraction	Pour afficher des calculs
DEG Les calculs avec des angles sont faits avec des angles exprimés en degrés.	**NORM** affiche le résultat sous forme décimale. **SCI** affiche le résultat en écriture scientifique.	**FLOTT** donne 9 chiffres après la virgule par défaut.	**SIMPMAN** permet de simplifier manuellement des fractions. **SIMPAUTO** simplifie automatiquement des fractions.	**AFFINATUREL** Les fractions, certains nombres et des expressions particulières sont écrits comme sur le papier.

Remplir le tableau de valeurs d'une fonction

1. Menu Fonction	2. Entrer la fonction	3. Paramétrer les calculs	4. Afficher le tableau
f(x)	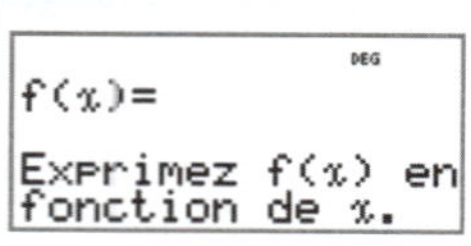	**Début** = première valeur du tableau. **Pas** = 1 : les valeurs de x vont de 1 en 1. Il faut adapter le pas au tableau à remplir. **Auto** : le tableau se remplit automatiquement. **x = ?** : on choisit de rentrer les valeurs de x manuellement	CALC 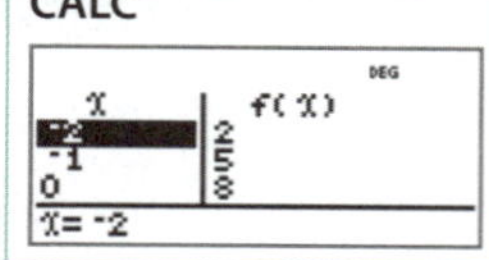

Calculer la moyenne et la médiane d'une série statistique

1. Accéder au menu Statistiques	2. Rentrer les valeurs du tableau avec leurs effectifs	3. Lancer le calcul	4. Faire défiler les valeurs jusqu'au résultat cherché
stats	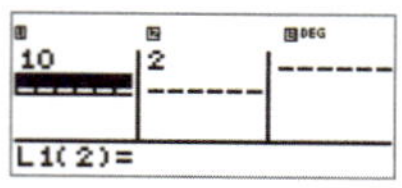 Les valeurs de la série dans L1. Les effectifs dans L2.	2nde stats (stats calc) 1 puis : 	1 : N = effectif total 2 : $\overline{x}$ = moyenne 3 : méd = médiane 

CALCULATRICE CASIO

ATTENTION ! Pour les calculs de base, toujours revenir au menu Calculer ×÷ +− 1

Pour y accéder : MENU CONFIG 1

Pour accéder à un choix ou valider, taper le numéro correspondant au mode ou utiliser les flèches et valider avec EXE

1 Accéder aux fonctions en jaune

2 Calculer le carré d'un nombre / la racine carrée d'un nombre

3 Calculer le PGCD et le PPCM

4 Calculer le quotient et le reste de la division euclidienne de deux nombres entiers / Décomposer un nombre entier en produit de facteurs premiers

5 Convertir en heure, minute, seconde

6 Calculer (ou multiplier par) une puissance de 10 / Nombre π

7 Écrire des fractions

8 Calculer la puissance d'un nombre

9 Trigonométrie : calculer le sinus, le cosinus, la tangente d'un angle / Calculer la mesure d'un angle avec Arcsin, Arccos et Arctan

10 Passer de l'écriture mathématique (fraction, écriture scientifique) à l'écriture décimale

11 Donner le résultat d'un calcul, valider une commande ou un choix

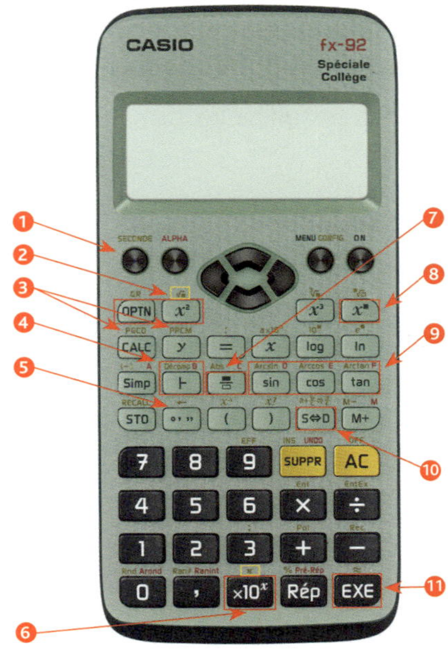

Choisir les modes adaptés

SECONDE MENU CONFIG

1 : Saisie / Résultat	2 : Unité d'angle	3 : Arrondi	4 : Résultat fract
1 : Smaths/Rmaths Les fractions, certains nombres et des expressions particulières sont écrits comme sur le papier dans le calcul et le résultat.	**1 : Degré** Les calculs avec des angles sont faits avec des angles exprimés en degrés.	**2 : Sci** affiche le résultat en écriture scientifique. **3 : Norm** arrondit automatiquement le résultat.	**2 : d/c** notation française des fractions.

Remplir le tableau de valeurs d'une fonction

1. Accéder au menu Tableau 3	2. Entrer la fonction	3. Paramétrer les calculs	4. Afficher le tableau
MENU CONFIG 3	f(x)= puis : g(x)= Il est possible d'entrer une deuxième fonction g	**Début** = première valeur du tableau. **Fin** = dernière valeur du tableau. **Pas = 1** : les valeurs de x vont de 1 en 1. Il faut adapter le pas au tableau à remplir.	EXE 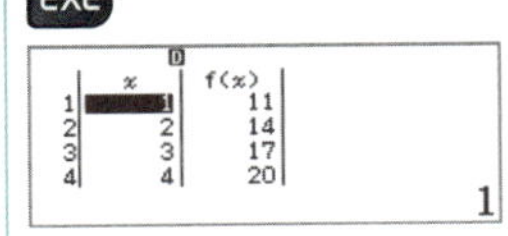 Utiliser les flèches pour afficher toutes les valeurs

Calculer la moyenne et la médiane d'une série statistique

1. Accéder au menu Statistiques 2	2. Rentrer les valeurs du tableau avec leurs effectifs	3. Lancer le calcul ×÷ +− 1	4. Faire défiler les valeurs jusqu'au résultat cherché
MENU CONFIG 2 puis 1 : **1 : 1 variable**	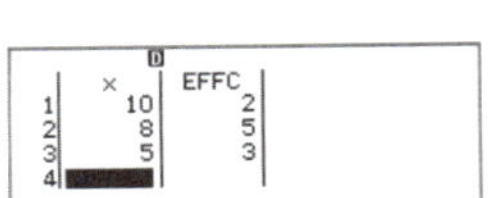	OPTN 3 **3 : Calc à 1 variable**	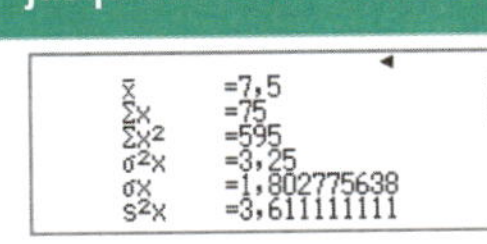 $\overline{x}$: moyenne de la série n : effectif total Med : médiane

SCRATCH

Des exercices nécessitant de connaître l'environnement Scratch sont présents dans de nombreux sujets du CRPE. Deux aspects du logiciel sont à envisager : les algorithmes de calcul et les algorithmes de tracés de figures (géométriques).

L'environnement de Scratch

- Scratch est utilisable en ligne à l'adresse suivante : https://scratch.mit.edu/.
- Cliquer sur l'onglet « Créer » pour ouvrir l'interface (puis fermer le tutoriel qui est proposé). On obtient alors à l'écran l'environnement suivant :

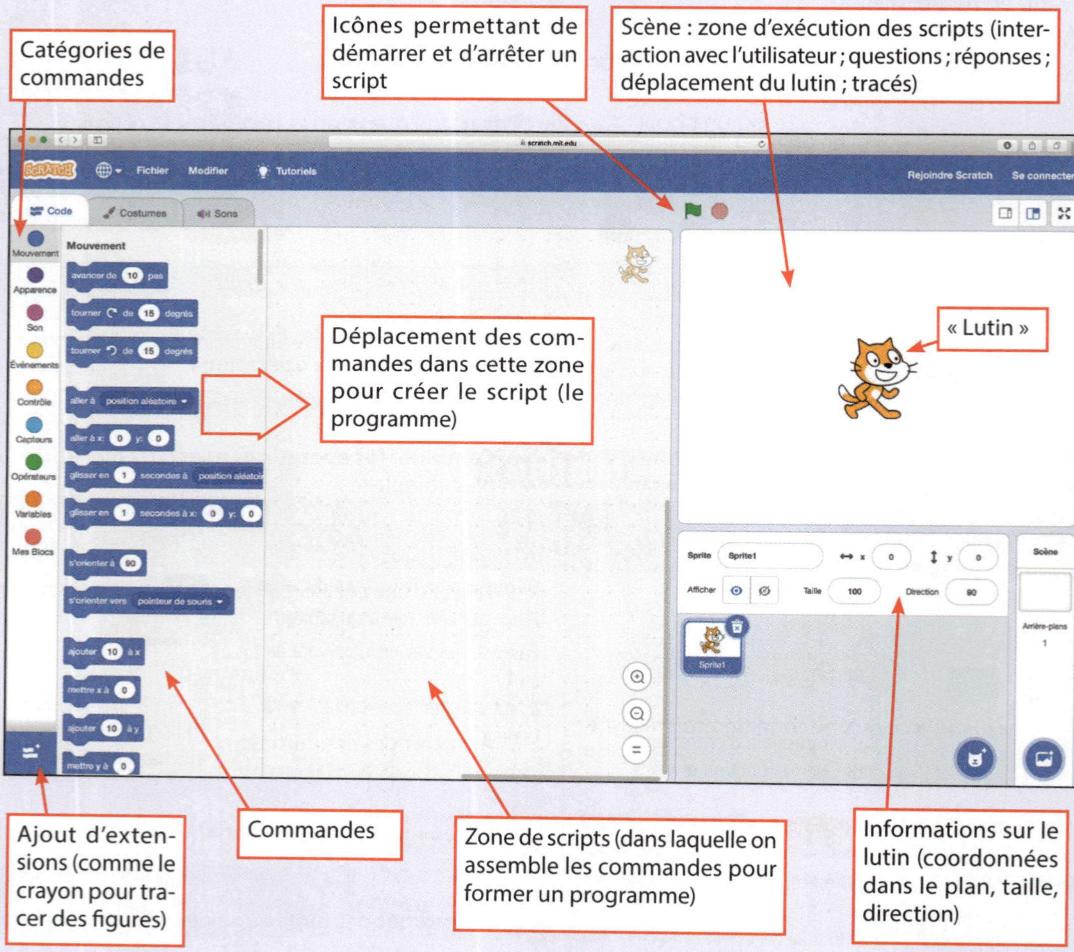

Commandes les plus utilisées (au CRPE) dans Scratch

Catégorie de commandes « Mouvement »

- **Avancer** d'une certaine longueur (mesurée en pas) :

  `avancer de (10) pas`

- **Tourner** dans un sens ou dans l'autre d'un certain angle (mesuré en degrés) :

  `tourner ↻ de (15) degrés`

  `tourner ↺ de (15) degrés`

- **Se placer** au point de coordonnées (*x* ; *y*) :

  `aller à x: (0) y: (0)`

- **S'orienter** dans une certaine direction :

  `s'orienter à (90)`

– s'orienter vers la droite : 90 (degrés)
– s'orienter vers le bas : 180 (degrés)
– s'orienter vers la gauche : -90 (degrés)
– s'orienter vers le haut : 0 (degré)

Catégorie de commandes « Contrôle »

- **Faire une pause** :

  `attendre (1) secondes`

- **Répéter des commandes** :

– **Répéter plusieurs fois** :

`répéter (10) fois`

– **Répéter jusqu'à** ce qu'une condition soit réalisée :

`répéter jusqu'à ce que < >`

– **Donner une condition** à l'éxécution des commandes :

`si < > alors`

`si < > alors` / `sinon`

Catégorie de commandes « Apparence »

- **Faire parler** « le lutin » :

  `dire (Bonjour !) pendant (2) secondes` `dire (Bonjour !)`

- **Rendre visible/invisible** « le lutin » :

  `montrer` `cacher`

Catégorie de commandes « Événements »

Déclencher un script :

`quand 🏁 est cliqué`

Catégorie de commandes « Capteurs »

Poser une question et **récupérer la réponse** :

`demander (Quel est ton nom ?) et attendre`

`réponse`

Catégorie de commandes « Opérateurs »

- Utiliser **les quatre opérations** :

  `( ) + ( )` `( ) + ( )` `( ) + ( )` `( ) + ( )`

- **Combiner les opérations** pour effectuer un calcul plus complexe :

  `(4) + ((5) * (réponse))`

- **Tester** si une égalité (ou inégalité) est vraie ou fausse :

  `< ( ) > (50) >` `< ( ) < (50) >`

  `< ( ) = (50) >`

- **Associer** des conditions :

  `< < > et < > >` `< < > ou < > >`

- Obtenir un **nombre entier aléatoire** :

  `nombre aléatoire entre (1) et (10)`

- **Regrouper** des mots et/ou des variables les uns à côté des autres :

  `regrouper (pomme) et (banane)`

- **Effectuer des calculs** :

  `racine ▾ de ( )` `( ) modulo ( )`

Catégorie de commandes « Variables »

- **Variable déjà existante** :

- **Créer** d'autres variables :

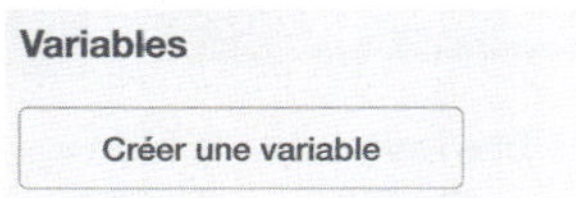

- **Donner une valeur** à une variable :

- **Ajouter un nombre** à une variable :

- **Montrer ou cacher** une variable :

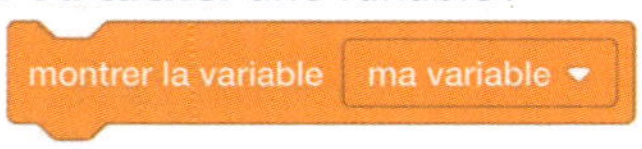

- **Créer une liste** :

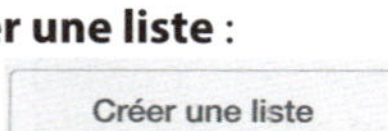

- **Ajouter un élément** à la liste (Exemple) :

- **Supprimer l'élément** numéro 1 d'une liste :

- **Supprimer tous les éléments** d'une liste :

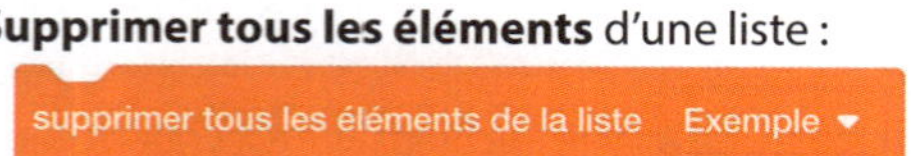

- **Montrer ou cacher** une liste :

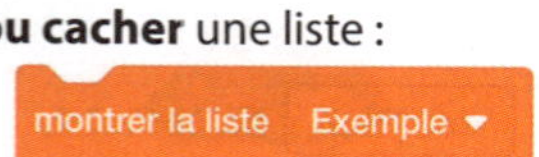

Catégorie de commandes « Stylo »

- **Ajouter une extension** :

- Extension « **Stylo** » :

- **Effacer** tous les anciens tracés :

- **Faire un tracé** en se déplaçant :

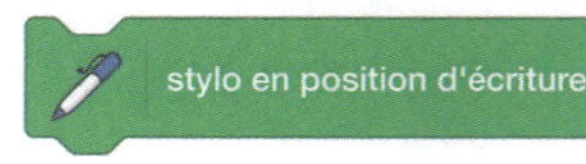

- **Se déplacer sans faire de tracé** :

- **Attribuer une couleur** au stylo :

- **Choisir l'épaisseur** de trait :

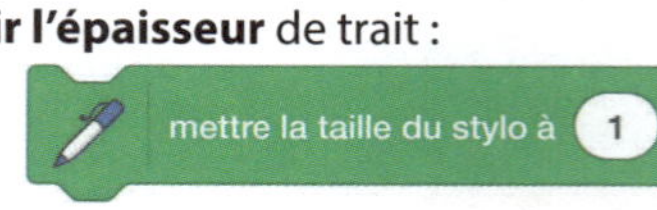

- **Augmenter l'épaisseur** de trait :

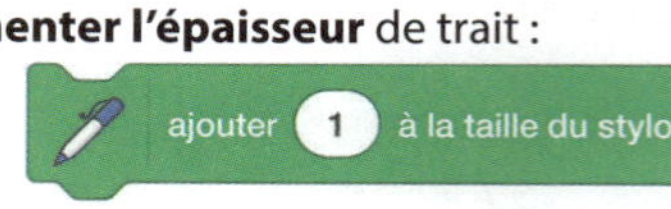

Créer un bloc

Catégorie de commandes « Mes blocs »

Après avoir cliqué sur « Créer un bloc » et avoir choisi un nom pour ce bloc (par exemple le bloc « Triangle équilatéral », on peut assembler des commandes pour constituer une partie de script qui pourra être insérée dans le script principal, simplement en nommant le bloc ainsi constitué.

Ce bloc, nommé « Triangle équilatéral » permet de tracer un triangle équilatéral dont les côtés mesurent 50 pas.

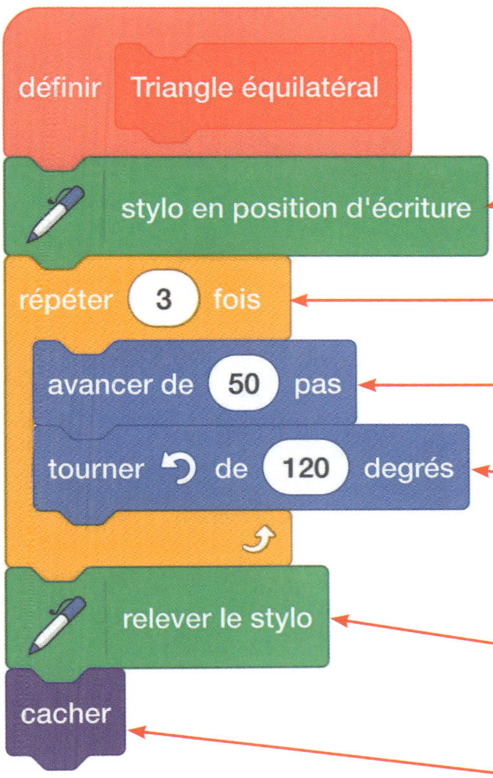

On met le stylo en position d'écriture pour que le lutin trace la figure sur la scène.

On utilise une boucle « répéter 3 fois » pour que le programme trace les trois côtés du triangle (sans avoir à répéter trois fois les mêmes instructions).

On avance de 50 pas (en ligne droite) pour tracer un segment de 50 pas de long.

On tourne le lutin de 120°, pour réaliser un angle de 60° à chaque sommet.

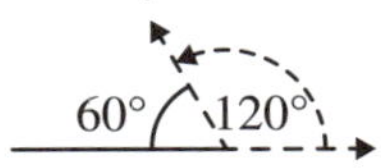

On relève le stylo pour éviter au lutin de tracer d'autres segments si on le déplace (après ce bloc) dans le script principal.

On cache le lutin pour qu'il ne masque pas le triangle équilatéral obtenu.

Enregistrer ou récupérer ses scripts

- Quand un script est écrit, on peut l'enregistrer dans son ordinateur en cliquant sur « Fichier », puis « Sauvegarder sur votre ordinateur ».
- Si on veut ouvrir un script sauvegardé dans son ordinateur, on clique sur « Fichier », puis sur « Importer depuis votre ordinateur ».

Exemples de programmes de tracés de figures géométriques

Tracer un hexagone régulier

On souhaite tracer un hexagone régulier dont la longueur des côtés mesure 70 pas.
Pour cela, nous allons utiliser une boucle « répéter 6 fois » pour tracer les 6 côtés sans avoir à répéter 6 fois les mêmes instructions ; on tracera un segment de 70 pas de long, puis on tournera de 60° pour former un angle de 120° à chaque sommet de l'hexagone régulier.

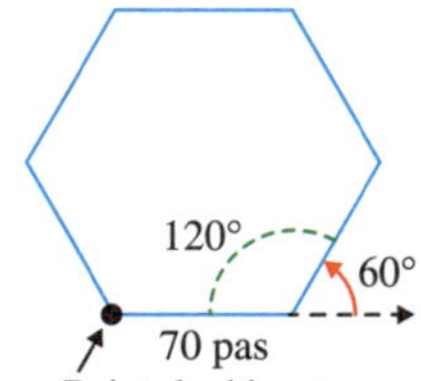

Point de départ (orientation horizontale vers la droite)

Commandes utilisées

- Pour indiquer le début du programme :

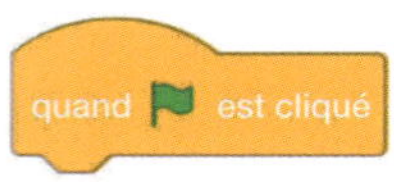

- Pour positionner le lutin au centre de la scène :

- Pour orienter le lutin horizontalement vers la droite :

- Pour effacer sur la scène tous les tracés antérieurs :

- Pour que le lutin puisse tracer les segments :

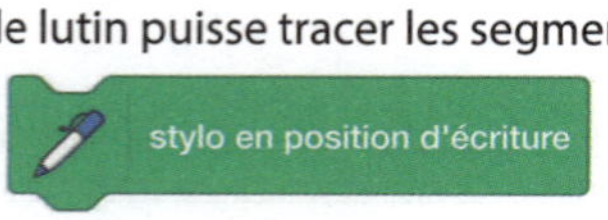

- Pour éviter de répéter 6 fois les mêmes instructions, on utilise une boucle « Répéter 6 fois » :

- Pour tracer des segments de 70 pas de long :

- Pour tourner de 60° aux extrémités de chaque segment (et ainsi former des angles de 120° à chaque sommet) :

- Pour cacher le lutin afin qu'il ne masque pas la figure obtenue :

Script obtenu

Figure obtenue

On clique sur [drapeau vert] et on obtient la figure :

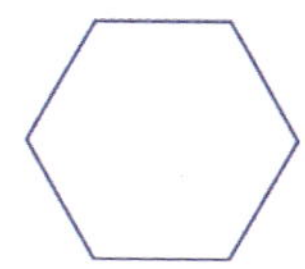

Tracer une spirale composée de segments perpendiculaires de plus en plus longs

On souhaite tracer une spirale composée de segments perpendiculaires qui s'allongent de 10 pas à chaque nouveau segment tracé, en partant d'un premier segment horizontal de 40 pas de long et en tournant dans le sens des aiguilles d'une montre.

On veut que ce soit l'utilisateur qui choisisse le nombre de segments composant la spirale (dans la limite de l'espace disponible sur la scène, sinon les grands segments de la spirale ne seront plus visibles).

On veut obtenir une spirale qui ressemble à ceci (si l'utilisateur choisit 8 segments) : 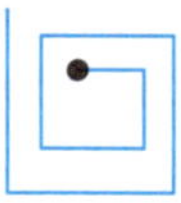

On crée au préalable une variable appelée « Longueur du segment ».

Commandes utilisées

- Pour indiquer le début du programme : 

- Pour effacer la scène de tous les tracés antérieurs : 

- Pour positionner le lutin au centre de la scène : 

- Pour orienter le lutin horizontalement vers la droite : 

- Pour que le lutin puisse tracer les segments : 

- Pour demander à l'utilisateur le nombre de segments qu'il souhaite :

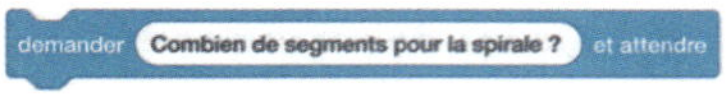

La réponse entrée au clavier sera stockée dans la variable « réponse » (tout ce qui est tapé au clavier par l'utilisateur est stocké dans l'ordinateur dans cette case mémoire (cette variable) intitulée « réponse »).

- Pour indiquer au programme la longueur du premier segment à tracer, on entre le nombre 40 (pas) dans la variable « Longueur du segment » :

- Pour tracer le nombre de segments souhaité par l'utilisateur (nombre qui est stocké dans la variable « réponse »), on utilise une boucle « Répéter réponse fois » : 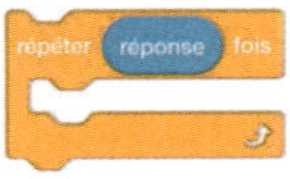

- Pour tracer un segment dont la longueur est égale au nombre stocké dans la variable « longueur du segment » : 

- Pour tourner de 90° (dans le sens des aiguilles d'une montre) aux extrémités de chaque segment : 

- Pour augmenter la longueur du segment de 10 pas à chaque nouveau segment tracé (on ajoute 10 (pas) au nombre stocké dans la variable « longueur du segment ») : 

- Pour cacher le lutin afin qu'il ne masque pas la figure obtenue : 

Script obtenu

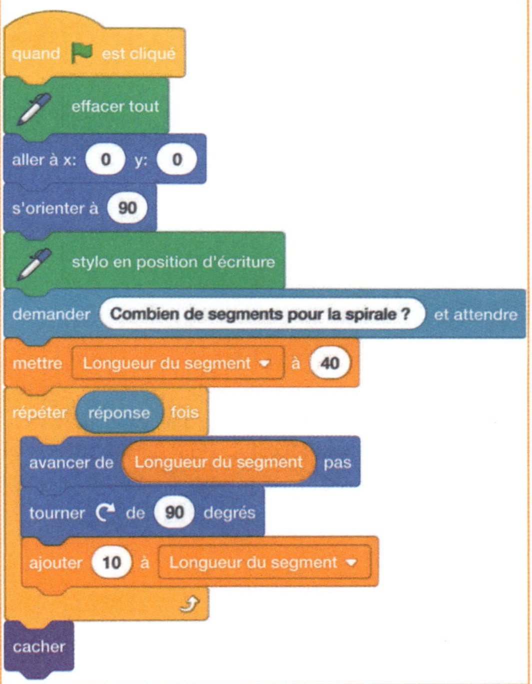

Figure obtenue pour une spirale de 12 segments

On clique sur . On choisit le nombre 12 et on obtient la spirale.

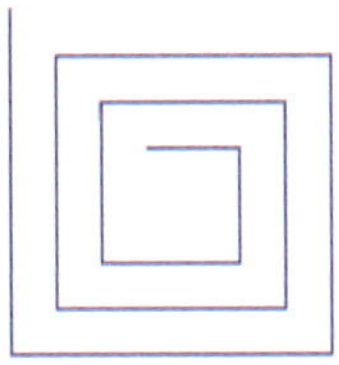

Exemples de programmes de calcul

Suivre un algorithme de calcul

On souhaite demander à l'utilisateur de choisir un nombre :
– si ce nombre est strictement supérieur à 5, on le multiplie par 4,
– si ce nombre est inférieur ou égal à 5, on le multiplie par 7 et on ajoute 3 au produit obtenu.
On affiche le résultat obtenu.

Commandes utilisées

- Pour indiquer le début du programme :

- Pour demander un nombre à l'utilisateur :

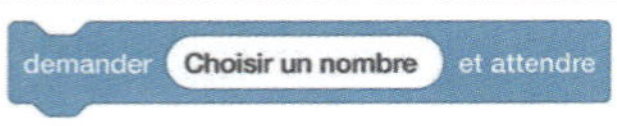

- Pour tester si le nombre choisi (qui est stocké dans la variable « réponse ») est strictement supérieur à 5 ou pas (c'est-à-dire inférieur ou égal à 5) :

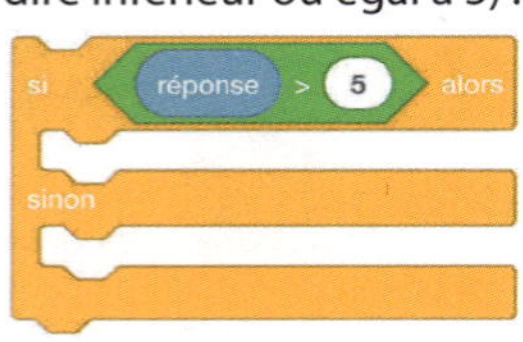

- Pour multiplier le nombre choisi par l'utilisateur par 4 (s'il est strictement supérieur à 5) et afficher le résultat en disant : « Le résultat est … » (4 fois le nombre choisi) :

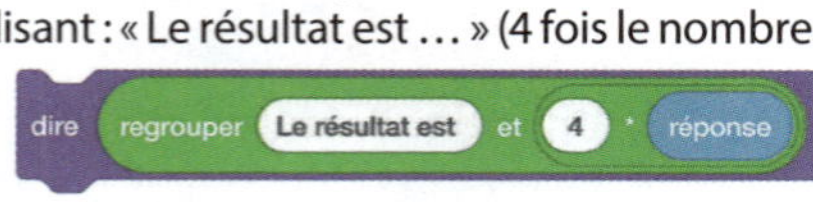

- Pour multiplier le nombre choisi par 7 et ajouter 3 au produit (dans le cas où le nombre choisi est inférieur ou égal à 5) et afficher le résultat en disant : « Le résultat est … » (7 fois le nombre choisi, plus 3) :

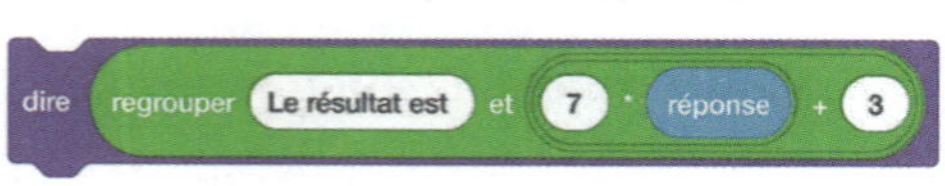

Script obtenu

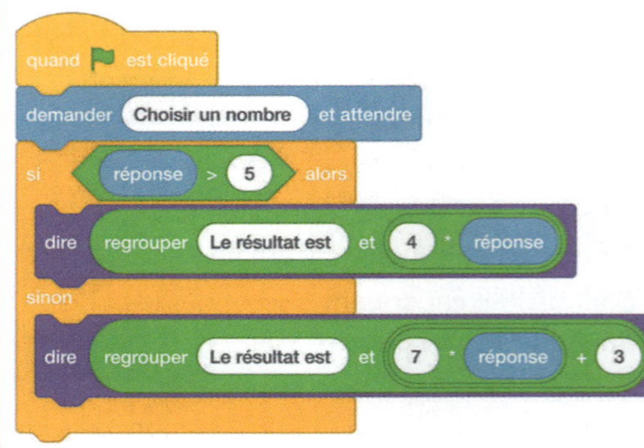

Exemples de résultats obtenus

- En lançant le programme, si on rentre le nombre 10, la réponse du lutin est :

En effet, comme $10 > 5$, le calcul effectué est $4 \times 10 = 40$.

- Si on choisit le nombre – 2,5 le lutin répond :

En effet, comme $-2{,}5 \leq 5$, le calcul effectué est $7 \times (-2{,}5) + 3 = -17{,}5 + 3 = -14{,}5$.

Attention : utiliser la « virgule » du pavé numérique (le « point ») pour écrire les nombres décimaux.

Deviner un nombre entier choisi de façon aléatoire entre 1 et 10

On souhaite retrouver un nombre entier caché compris entre 1 et 10 (1 et 10 sont autorisés). Ce nombre caché est généré de façon aléatoire et, quand l'utilisateur entre un nombre au clavier, le programme lui dit si sa proposition est trop grande ou trop petite (il lui demande dans ces cas de proposer un autre nombre) ou lui indique s'il a trouvé le nombre caché.

Commandes utilisées

- Pour indiquer le début du programme :

```
quand 🏴 est cliqué
```

- Pour cacher la variable appelée « Entier aléatoire compris entre 1 et 10 » (il ne faut pas qu'elle apparaisse sur la scène sinon il n'y a rien à deviner !) :

```
cacher la variable [Entier aléatoire compris entre 1 et 10 ▾]
```

- Pour attribuer à la variable « Entier aléatoire compris entre 1 et 10 » un nombre aléatoire (compris entre 1 et 10 inclus) :

```
mettre [Entier aléatoire compris entre 1 et 10 ▾] à (nombre aléatoire entre (1) et (10))
```

- Pour expliquer pendant 3 secondes le principe du jeu à l'utilisateur :

```
dire [Retrouver l'entier secret entre 1 et 10] pendant (3) secondes
```

- Pour demander à l'utilisateur de choisir, à l'aide du clavier, un premier nombre entier (qui sera stocké dans la variable « réponse ») :

```
demander [Quel entier proposez-vous ?] et attendre
```

- Pour permettre de faire des tentatives jusqu'à trouver, c'est-à-dire jusqu'à ce que la réponse entrée par l'utilisateur (la variable « réponse ») soit égale au nombre aléatoire qui a été généré précédemment par le programme (la variable appelée « Entier aléatoire compris entre 1 et 10 ») :

```
répéter jusqu'à ce que <(réponse) = (Entier aléatoire compris entre 1 et 10)>
end
```

- Pour savoir si la réponse choisie par l'utilisateur est strictement supérieure à l'entier aléatoire qui a été généré précédemment par le programme, ou inférieure ou égale (elle ne peut être égale, sinon, on ne serait pas dans la boucle « répéter jusqu'à ce que réponse = Entier aléatoire compris entre 1 et 10 ») :

```
si <(réponse) > (Entier aléatoire compris entre 1 et 10)> alors
sinon
end
```

- Pour indiquer pendant 2 secondes à l'utilisateur que le nombre qu'il a choisi est trop grand :

```
dire [Votre nombre est trop grand ! Recommencez] pendant (2) secondes
```

- Pour indiquer pendant 2 secondes à l'utilisateur que le nombre qu'il a choisi est trop petit :

```
dire [Votre nombre est trop petit ! Recommencez] pendant (2) secondes
```

- Pour demander à l'utilisateur de choisir un autre entier qui sera stocké dans la variable « réponse » (et qui remplacera le nombre choisi précédemment) :

```
demander [Choisissez un autre nombre entier] et attendre
```

- Pour indiquer à l'utilisateur qu'il a trouvé le nombre caché :

```
dire [Bravo vous avez trouvé !]
```

Script obtenu

```
quand 🏴 est cliqué
cacher la variable [Entier aléatoire compris entre 1 et 10 ▾]
mettre [Entier aléatoire compris entre 1 et 10 ▾] à (nombre aléatoire entre (1) et (10))
dire [Retrouver l'entier secret entre 1 et 10] pendant (3) secondes
demander [Quel entier proposez-vous ?] et attendre
répéter jusqu'à ce que <(réponse) = (Entier aléatoire compris entre 1 et 10)>
    si <(réponse) > (Entier aléatoire compris entre 1 et 10)> alors
        dire [Votre nombre est trop grand ! Recommencez] pendant (2) secondes
    sinon
        dire [Votre nombre est trop petit ! Recommencez] pendant (2) secondes
    end
    demander [Choisissez un autre nombre entier] et attendre
end
dire [Bravo vous avez trouvé !]
```

TABLEUR

Présentation d'un tableur

- Un tableur permet l'automatisation de calculs sur des données.
- Une « feuille de calcul » est composée de « cellules » repérées par une lettre et un nombre.

Exemple Sur cet écran, la cellule sélectionnée est la cellule **D3**.

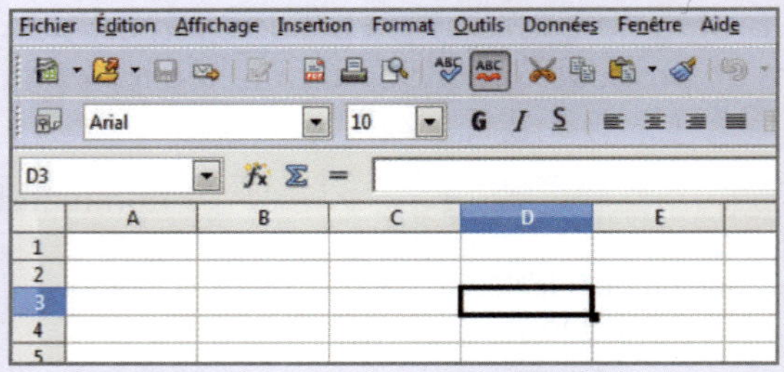

Entrer une formule de calcul dans une cellule

Pour indiquer au tableur qu'il doit effectuer un calcul, on commence par écrire « = » suivi du calcul à effectuer.

Exemple

- On entre le nombre **5** dans la cellule **A1**. Puis on écrit dans la cellule **B1** la formule **=A1*3+7** et on tape sur la touche « **Entrée** » du clavier.
- Dans la cellule B1 s'affichera le résultat du calcul, soit 22, qui correspond à :
  (nombre écrit dans A1) $\times 3 + 7$
- Si l'on entre dans la cellule A1 un autre nombre que 5, le calcul est refait automatiquement dans la cellule B1.

Ce que l'on écrit dans la cellule apparaît aussi dans la barre de calcul au-dessus de la feuille de calcul.

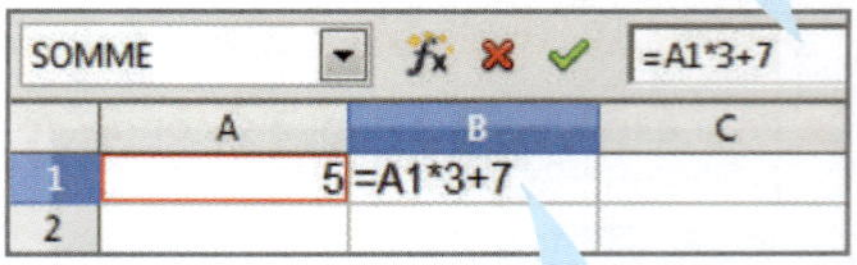

« * » remplace le signe × et « / » remplace ÷. Le symbole « ^ » permet de calculer des puissances : 4^3 s'écrit 4^3.

Recopier une formule vers le bas ou vers la droite

Pour reproduire les calculs effectués dans une cellule dans d'autres cellules, on peut utiliser la « poignée de recopie » :

- On clique sur la cellule qui contient la formule. On va utiliser la poignée de recopie : c'est le petit carré noir en bas à droite de la cellule sélectionnée.
- On clique sur la poignée de recopie et on tire vers le bas ou vers la droite en maintenant le bouton de la souris enfoncé.

Poignée de recopie

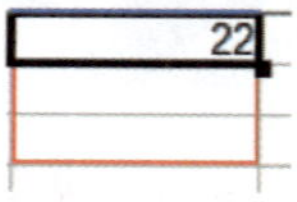

- On relâche la souris à la cellule souhaitée.

Exemples

Recopie vers le bas

- On remplit la colonne A.
- On saisit en B1 la formule **=A1*3+7**
- Lorsque l'on recopie la formule vers le bas, le numéro de la ligne dans la formule est augmenté de 1.

	A	B
1	1	10
2	2	=A2*3+7
3	3	16

Recopie vers la droite

- On remplit la ligne 1.
- On saisit en A2 la formule **=A1*3+7**
- Lorsque l'on recopie la formule vers la droite, la lettre de la colonne dans la formule s'incrémente d'une unité (elle est substituée par la lettre suivante).

	A	B	C
1	1	2	3
2	10	=B1*3+7	16

Pour recopier vers le bas ou vers la droite sans augmenter le numéro de la ligne ou la lettre de la colonne on utilise la touche $ pour bloquer le numéro ou la lettre :

Exemples

Recopie vers le bas en bloquant le numéro de la ligne

- On remplit la colonne A.
- On saisit en B1 la formule **=A$1*3+7**
- Lorsque l'on recopie la formule vers le bas, le numéro de la ligne dans la formule est bloqué.

	A	B
1	1	10
2	2	=A$1*3+7
3	3	10

Recopie vers la droite en bloquant la lettre de la colonne

- On remplit la ligne 1.
- On saisit en A2 la formule **=$A1*3+7**
- Lorsque l'on recopie la formule vers la droite, la lettre de la colonne dans la formule est bloquée.

	A	B	C
1	1	2	3
2	10	=$A1*3+7	10

Calculer une fréquence

On a relevé, dans la colonne A, le résultat de 10 lancers de dé. Pour calculer la fréquence de 1, il faut compter le nombre de fois que le nombre 1 apparaît :

- On sélectionne la cellule dans laquelle le résultat apparaîtra (C3 dans l'exemple ci-contre).
- On écrit la formule permettant de calculer l'effectif de 1 dans la plage de cellule allant de A1 jusqu'à A10 : **=NB.SI(A1:A10;1)**

Cette formule compte combien il y a de « 1 » dans les cellules entre A1 et A10.

- On appuie sur la touche « Entrée ».

C3 =NB.SI(A1:A10;1)

	A	B	C
1	5		
2	4		
3	1		3
4	5		
5	1		
6	2		
7	2		
8	1		
9	6		
10	3		

Pour compter le nombre de valeurs supérieures ou égales à 4, on utiliserait la formule : =NB.SI(A1:A10 ;">=4")

Construire une représentation graphique d'une série statistique

Pour représenter graphiquement des données :

Étape 1 : Sélection des données
On clique sur la cellule en haut à gauche et on va jusqu'à celle située en bas à droite du rectangle. Puis on relâche la souris.

	A	B	C
1		Collège Jacques Prévert	Collège Jean Rostand
2	Internes	68	76
3	Externes	184	125
4	Demi-pensionnaires	312	484
5		564	685

Étape 2 : Choix du type de diagramme
Dans l'onglet « Insertion », on sélectionne « Diagramme », puis on choisit un type de diagramme.

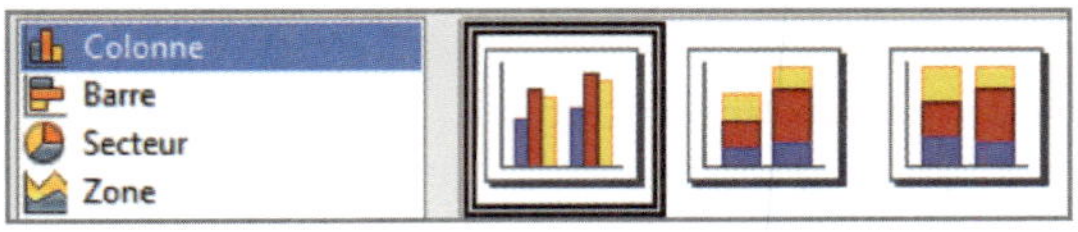

Afficher un nombre aléatoire compris entre 1 et *n*

- On sélectionne la cellule où le nombre doit apparaître.
- On écrit, dans cette cellule, la formule : **=ALEA.ENTRE.BORNES(1;6)**
- On appuie sur la touche « Entrée ».

Pour obtenir un nombre aléatoire entre 1 et 100, il suffit de remplacer 6 par 100 dans la formule.

LOGICIEL DE GÉOMÉTRIE DYNAMIQUE

Présentation du logiciel

GeoGebra est un logiciel de géométrie dynamique : il permet de tracer des figures et de les animer en déplaçant des points.

Zone de saisie
Au fur et à mesure des constructions, tous les objets mathématiques tracés s'afficheront dans ce cadre.

Lorsque l'on pointe la souris sur une icône, on accède à un **sous-menu**.

Cliquer ici pour faire apparaître le **menu des propriétés des objets**. On pourra par exemple choisir d'afficher ou non la grille, les axes.

Cliquer ici pour afficher le **menu principal**.

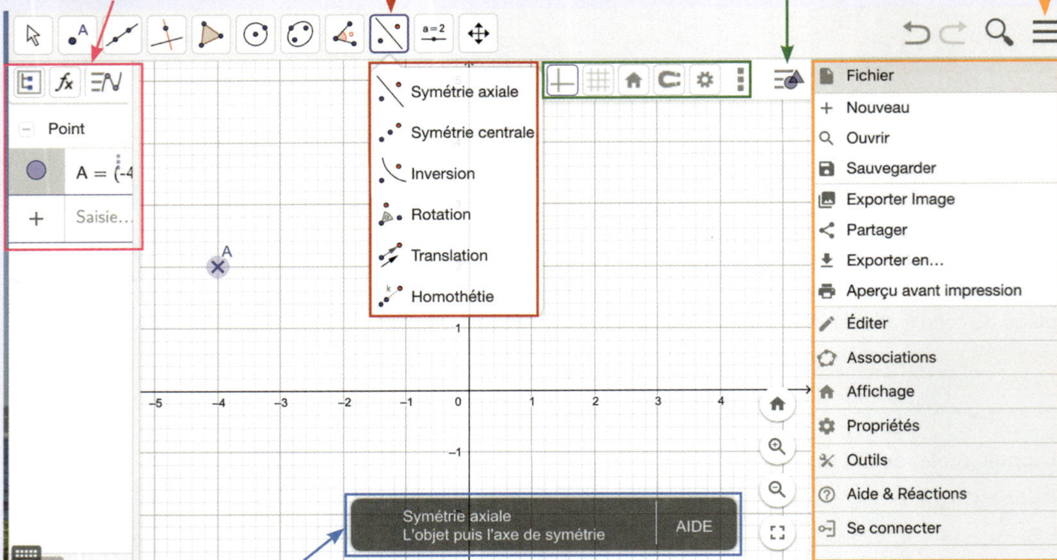

En laissant le curseur sur une icône, on obtient **l'aide** pour utiliser la fonction sélectionnée.

Tracer

Un point

- un point
- un point sur un objet
- un point à l'intersection de deux objets
- un point au milieu d'un segment

Une droite, un segment

- une droite passant par deux points
- un segment entre deux points
- un segment de longueur donnée
- une demi-droite dont on connaît l'origine

Une droite particulière

- la perpendiculaire à une droite passant par un point
- la parallèle à une droite passant par un point
- la médiatrice d'un segment

Tracer des figures planes

- un polygone
- un polygone régulier
- un cercle passant par deux points
- un cercle de centre et de rayon donné
- un angle de mesure donnée

Mesurer

- Afficher la mesure d'un angle.
- Afficher la longueur d'un segment, la distance entre deux points.
- Afficher l'aire d'une figure.

Construire l'image d'une figure par une transformation

 Symétrie axiale : sélectionner l'objet puis l'axe de symétrie.

 Symétrie centrale : sélectionner l'objet et le centre de symétrie.

 Translation : sélectionner l'objet, le point de départ et celui d'arrivée.

 Rotation : sélectionner l'objet, le centre et compléter l'angle et le sens dans la boite de dialogue.

 Homothétie : sélectionner l'objet, le centre et compléter le rapport dans la boite de dialogue.

Créer un curseur

Pour faire varier une grandeur, on peut utiliser un curseur.
Pour cela, on sélectionne 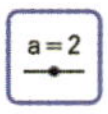 et on clique l'endroit où l'on veut faire apparaître le curseur sur la feuille de travail.
Une boite de dialogue s'ouvre alors.
Le nombre peut varier de **–5 à 5**.
L'**incrément** indique le pas, ici on compte de 1 en 1.
On peut par exemple faire varier la longueur d'un segment, le rayon d'un cercle ou animer la figure.

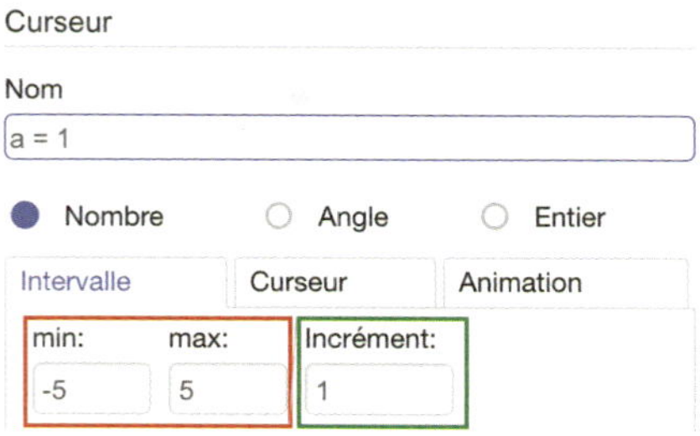

Construire des solides

Dans le menu « Affichage », on clique sur « Graphique 3D ».

Construire une pyramide, un cône

Pour construire une pyramide ou un cône :
- on trace le polygone ou le cercle de la base ;
- on sélectionne  extrusion pyramide ;
- on clique sur la base dans la zone « graphique 3D » ;
- une boite de dialogue apparaît ; on entre la hauteur.

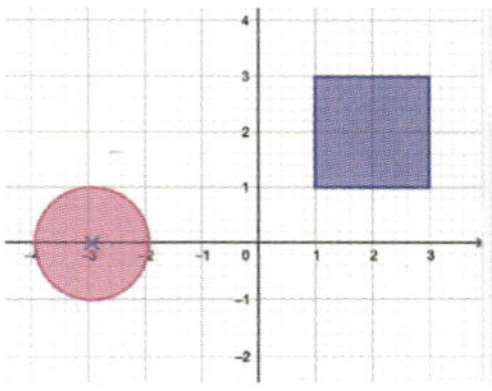

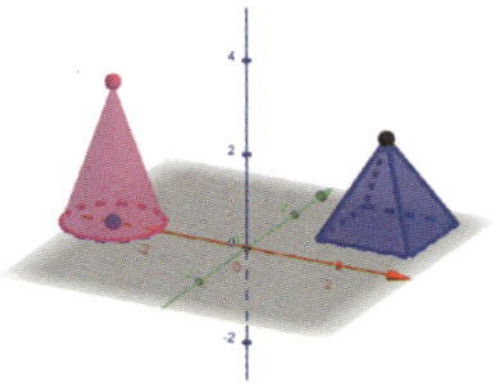

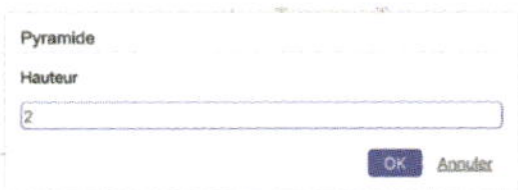

Construire une sphère

Pour construire la sphère de centre A et de rayon 1,5 cm :
- on sélectionne  ;
- on clique sur A dans la zone « graphique 3D » ;
- une boite de dialogue apparaît ; on entre le rayon 1,5.

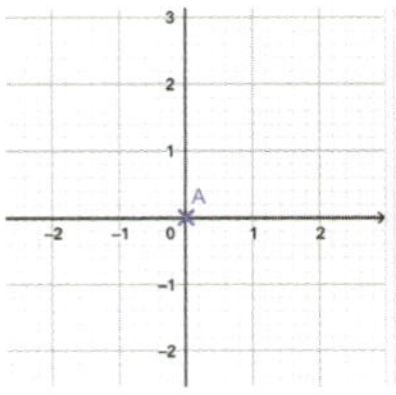

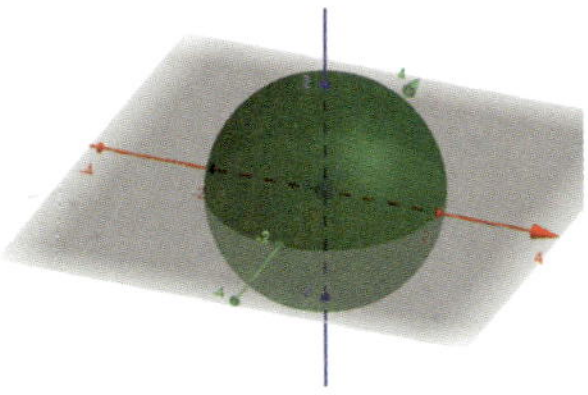

Tracer la représentation graphique d'une fonction

Pour tracer la représentation graphique de la fonction $f(x) = x^2 + 2x - 1$, on écrit dans la zone de saisie la formule : $f(x) = x^2 + 2x - 1$

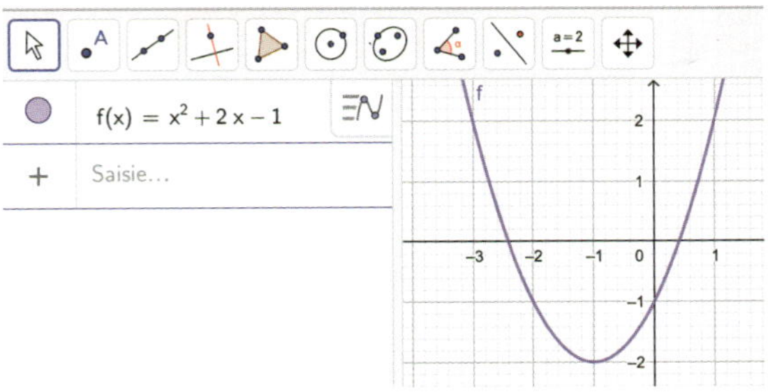